安徽省“十三五”规划教材

智慧会计特色专业系列教材

管理会计学

王建文 主编

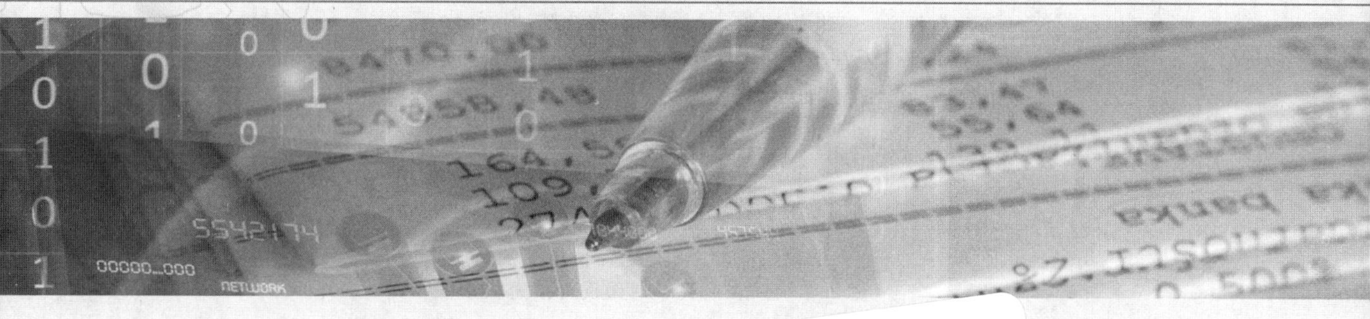

科学出版社

北 京

内 容 简 介

本书全面、系统地研究和讲解了管理会计的形成与发展、主要功能、基本原理和基本方法，在原有基础性管理会计内容框架的基础上，注重对前沿性理论研究成果与应用实践的嵌入性讲述，强调信息技术在管理会计中的应用；内容涵盖了管理会计服务于经营管理的基本逻辑体系、决策应用、控制方法、战略与绩效管理等；并通过例题帮助学生理解和掌握管理会计学的基本理念、分析方法和实际运用；注重培养学生对信息化时代会计人员转型发展的认知，用会计理论体系服务于企业管理的思维方式与职业素养，并全面提升和完善其在决策服务、绩效管理、战略与业务财务等方面的知识与能力结构；为会计学相关专业的后续学习奠定坚实的基础。

本书主要作为普通高校会计学专业、财务管理专业学生的学习用书，也可以作为普通高校经济管理类专业学生及实务界人士了解和学习管理会计的参考用书。

图书在版编目（CIP）数据

管理会计学 / 王建文主编. —北京：科学出版社，2020.6
智慧会计特色专业系列教材
ISBN 978-7-03-064541-8

Ⅰ. ①管… Ⅱ. ①王… Ⅲ. ①管理会计–教材 Ⅳ. ①F234.3

中国版本图书馆 CIP 数据核字（2020）第 033731 号

责任编辑：郝 静 / 责任校对：王萌萌
责任印制：霍 兵 / 封面设计：无极书装

科学出版社 出版
北京东黄城根北街 16 号
邮政编码：100717
http：//www.sciencep.com

北京市密东印刷有限公司 印刷

科学出版社发行 各地新华书店经销

*

2020 年 6 月第 一 版 开本：787×1092 1/16
2020 年 6 月第一次印刷 印张：29 1/2
字数：660 000

定价：78.00 元

（如有印装质量问题，我社负责调换）

安徽省“十三五”规划教材
智慧会计特色专业系列教材
编委会

总　序

智慧会计特色专业系列教材的完成，凝聚着参与编写教材的几十位教师的心血。在新一代信息技术的发展浪潮中，这套教材带着全新时代的印记面世了。在编写这套教材的过程中，我们反复论证，围绕信息时代会计人员的能力架构，进行了多方讨论和比较，最后确定了10本教材的框架体系。

我们编写这套教材的初衷是：突破传统、顺应时代、重构模式、凸显智慧。由于新一代信息技术的发展，学科交叉融合加速，新兴学科不断涌现，前沿领域不断延伸。这催生出一系列新产品、新应用和新模式，极大地改变了生产、消费、投融资的内容和方式，也使传统生产经营方式下的会计、财务、金融等服务行业发生了巨大变化，出现了学科融合的“大会计”范畴，重构了财务会计、管理会计、财务管理、审计与内部控制、投资与理财、金融等诸多学科之间的交融关系。从会计人员的工作实践看，伴随着会计领域全面智能化，财务会计的能力架构发生了根本性的转变。从经济发展的态势看，新市场形态和商业模式不断涌现，对会计人才也提出了更高的要求。为了适应市场环境对会计人才的新要求，与时俱进地改革现有的专业培养模式和课程体系，重构新课程体系迫在眉睫，由此我们决定编写这套教材。

本系列教材的“智慧”特色构架是：“智慧”特色既体现在新一代信息技术的应用上，又体现在会计内涵的转变上。首先，会计基础的重构。在系列教材中，我们重构了两大会计分支体系的基本内容：以财务会计为核心的《基础会计学》和以决策、控制为核心的《管理会计学》，它们体现了吸收最新应用、吐纳传统内容、改进创新体系的特点。其次，会计应用的延展。由于财务决策离不开金融市场，作为现代金融市场的两大支柱：货币市场与资本市场，其相关理论是企业财务决策的着眼点和出发点。由此，我们以“智慧”的视角，结合现代金融市场的特点添加了《货币金融学》《证券投资理论与实务》。《审计学》和《新编资产评估学》既是传统会计专业必修课，又是与信息变迁时代高度关联的课程。资本市场的有效性显现了价格对信息的反应程度，审计重在信息的公正，资产评估重在信息的合理。任何“智慧”的重点都是带有时代特征的，《智慧财务管理》既是偏向提炼关键信息的财务理论，又是偏向财务决策的智能化，这是对财务学和智能信息学的双重创新。最后，会计信息技术的筑底。《商务数据库技术与应用》《商务数据分析》《ERP与企业经营模拟》是新一代信息技术基础知识的构筑以及信息化工具在企业财务信息管理的综合运用，它们以各种手段方法挖掘市场商务数据，重构企业内部控制，合理构架企业经营模式，代表着现代会计专业的培养方向。由此，我们选择了上述 10 本教材作为智慧会计特色专业系列教材，打造本领域首个安徽省“十三五”规划教材。

处于变化时代的会计专业人才应该是复合型人才，他们有能力进行知识体系的自我完善，利用信息化、智能化手段进行创新与超越，利用交叉知识产生能力突破。他们是一群商业嗅觉灵敏、市场行为机警、业务财务双通、数据信息运用自如的财务运筹、决策与控制人员。那种会计专业人员只知道记账、算账、做凭证报表的时代，已随着信息化的逐步深入而渐行渐远。智能化社会已经来临，它所展现的会计结构应该是：后台是“智能化”程序，包括记账、算账、做凭证报表等，这些“智能化”程序在大型企业已基本纳入共享服务中心。而站在决策前台的会计人员需要做什么？他们是战略实现的内部构架能手，是服务战略的财务筹划高手，是重要的决策参谋，他们处处体现自己的“智慧”。与此同时，拥有“智慧”的会计才是成功企业不可或缺的。

本系列教材得到安徽省“十三五”规划教材省级质量工程项目（2017ghjc023）立项支持，在申请立项和实施完成的过程中，得到系列教材各位主编：姚禄仕教授、李姚矿教授、余本功教授、王刚教授、潘立生副教授、王建文副教授、吴勇副教授、王晓佳副教授、杨颖副教授和刘军航老师，以及诸多参编老师的鼎立支持。在教材审核出版过程中，科学出版社的各位编辑投入了大量的时间和精力，确保教材品质优良。在此一并向他们表示感谢！

张 晨

2019 年 12 月 28 日深夜

前　言

管理会计理论及其应用方法在新一代信息技术的催化下不断扩展，已成为当代会计专业人员的必备知识体系之一。随着管理决策内容和手段的丰富，管理信息系统的不断升级，应用管理会计综合解决业务与财务交叉的管理问题越发普遍，业务财务、战略财务等成为重点会计管理领域。尽管在我国内地企业中其方法和概念的运用还不十分普遍，然而，在市场竞争压力下，国内企业对管理会计信息系统的功能性需求在加大，与管理会计内容相关的各种应用软件系统也在不断升级，业务财务一体化及财务共享中心的建立使先行一步的企业获得了提升管理功效的回报。在这种示范效应下，对管理会计理论和实务方面的学习与研究在国内企业中已逐渐普及。

与此同时，管理会计的内容体系因信息技术的应用也在不断更新与延伸，而信息化手段的普及给管理会计的应用基础——信息收集带来了便利，这种便利也重新扩展了管理会计的应用空间。同样，在信息化、智能化背景下，传统财务会计人员的机械性记账、核算与报表流程工作正在被智能化程序所取代，基础财会人员面临着全面转型，即由以往的报账、记账、核算、财务报表的机械化功能操作转型到为企业的战略规划、经营与投融资决策、风险管理、内部控制、绩效考评等管理服务内容上来，这是对财务人员能力构架是否完整的考验，也是对企业能否适应环境变迁的检验。

2014 年 10 月，为适应新的形势和环境，财政部印发了《财政部关于全面推进管理会计体系建设的指导意见》，旨在推动管理会计尽快在各企事业单位普及开来。2016 年 6 月，财政部发布了具有专业指导意义的《管理会计基本指引》，提出了管理会计应用领域为战略管理、预算管理、成本管理、营运管理、投融资管理、绩效管理、风险管理等。这是极具专业色彩的应用划分，也对具体从事管理会计专业教学人员、企业财会管理人员等提出了新的要求。依此应用领域安排，传统的管理会计内容体系是否“太基础”，是否离应用现实“太远”，是否需要在《管理会计基本指引》的指引下，依据管理会计的逻辑向前延伸呢？

编者参照了美国管理会计师协会（The Institute of Management Accountants，IMA）编写的美国注册管理会计师（Certified Management Accountant，CMA）认证考试大纲辅导材料，发现其内容体系基本与财政部《管理会计基本指引》相符，只是前者在内部构架上体现了知识的接受逻辑。在接受了安徽省 2017 年省级质量工程项目——“十三五”规划教材编撰任务后，编者觉得责任重大，对多年的教案进行了重新审视和整理。

在传统内容部分，本书不是以简单的手算为基础，而是以信息化要求进行基于Excel化运算，并尽量体现其内在逻辑，将原始数据汇聚一起，利用单元格的关系和内部程序运算。在传统内容后半部，对标准成本及责任会计进行了完整的修订，许多例题是全新的，而且设计题目时，既考虑其实用性，又考虑其接受度。学生不妨看看其中的一些重点例题，就重点难点展开分析。这在教学中得到了具体应用，学生体会深刻，效果良好。

对具有发展性的内容，尤其是绩效管理，因为是可能的应用前沿，本书重点论述。其中既有参考性论述，也有编者自己的观点。绩效管理既有基于股东价值绩效的内容，也有基于战略绩效的平衡记分卡内容，将其放在一起，以体现股东价值、战略价值殊途同归的逻辑。

基于对投资决策的深刻理解和教学实践中学生的一些概念误解，本书对投资决策进行了尽可能详细的叙述，对许多基本概念进行了综合性解释，以达到让学生正确理解概念以解决复杂问题的目的。

本书在编写过程中得到了张晨教授、姚禄仕教授、唐运舒教授、郑宝红博士的大力支持和帮助，也得到了专业从事管理会计咨询业务工作的华领君和企业管理咨询有限公司总经理赵磊女士的大力支持，还得到了安徽总会计师协会王永民会长、吴建军秘书长的支持鼓励及全方位的帮助。而编者的学生陈蕾、龙会莉、王香香、顾雪妮、李大媛始终和编者坚守办公室，并参与了部分编写工作。具体各章编写人员如下：第一、五、六、七、八、十、十一、十二、十三、十四章由王建文撰写，第二章由唐运舒撰写，第三章由郑宝红撰写，第四、九章由姚禄仕撰写。

最后，提醒使用本书时，合理安排时间。全日制财经类、管理类本科生适宜60课时，当然不同程度的学生，时间花费不一样，可选择性进行教学。第四篇为弹性扩展，视专业要求而定，如果只有48课时，建议舍弃第四篇；如果是32课时，建议舍弃一些较难的部分，如投资决策中固定资产经济寿命的计算，责任会计中机会性边际成本（影子价格）决定转移价格的规划求解，等等。课时具体安排可以个人经验决定。另外，本书附有思考与练习，因篇幅所限，只能提供简单答案，其相关习题库已列于精品课程相关网站，并提供网上解题的便利。

编　者

2020年1月

目　　录

第一篇 基 础 篇

第二篇 决 策 篇

第三篇 控 制 篇

第四篇　战略、绩效动因与价值管理

第一篇

基 础 篇

会计从一开始诞生就是为管理服务的，现代会计之所以产生了管理会计与财务会计的分离，是因为公司制度变迁促进了“两权分离”，“委托代理关系”使得“委托人”要求得到公司的“公正”信息，“代理人”要求利用信息进行管理，这种“对外”与“对内”的不同会计体系便逐步形成了。起始于成本管理与控制的管理会计体系以经济概念的边际成本为核心，建立了直线式构架的边际成本——变动成本分析体系，不仅能有效用于决策，还能掌握企业的成本、业务量、利润之间具有的由企业经营特征决定的关系，也能揭示企业的经营风险。这一篇内容作为管理会计最基础的内容，在体系上没有大的变动，在方法上增加了信息化手段的应用。

（1）总论：对管理会计的形成与发展、管理会计与财务会计的联系和区别、管理会计的基本职能与内容体系及商业模式的创新对管理会计的影响都有观点式阐述。

（2）成本性态：成本的目的与成本的表象特征是成本概念的“两面”，它体现了对成本的“会计态度”与“经济态度”的不同，“经济态度”的性态分类使成本变得简明而易于分析，使成本能成为日常经营决策的重要参考。信息化环境下，成本性态分类不再像手工操作那样烦琐，这为管理会计的实际应用打开了广阔空间。

（3）变动成本法：作为一种基于成本性态分类的成本计算与核算方法，在与完全成本法的比较过程中，发现它对“产品成本”及“期间成本”的“态度”，从而勾勒出有利于提供决策与控制的成本核算体系。

（4）本量利分析：基于变动成本法建立的本量利逻辑关系在各种变量的变化环境中，分析决策者极为关心的盈亏临界点将如何变化。本章将从基础分析延伸至多品种扩展、非线性扩展、不确定性扩展、信息化扩展、本量利结构决定的经营风险与财务风险配置扩展。

第一章 总论

管理会计是服务于管理目的的会计，它将现代化管理理论与会计理论融为一体，为企业决策者和管理人员提供有价值的决策管理信息、控制方法、优化方案等，并使之成为企业信息管理系统中的一个子系统、决策支持系统的重要组成部分，它是20世纪初管理实践边缘突破的产物，是学科重叠后深度融合的结果，是古老会计学科从实践中逐步滋生的一个新兴领域，它把会计由记账及反映过去的功能推升至控制执行过程、预测与规划未来等管理决策功能。自 20 世纪初以来，该学科与管理学、决策理论、财务管理、投资学等各学科交叉融合，不断得到滋养，迅速地发展壮大，并在理论与实践上都取得了丰硕的成果。

学习目标

- 了解管理会计形成与发展的逻辑及阶段性特征
- 掌握管理会计与财务会计的联系和区别
- 掌握管理会计的基本职能与内容体系框架

第一节 管理会计的形成与发展

管理会计的前身就是成本会计，成本会计产生于19世纪，而20世纪初泰罗制的实施使成本会计得到质的飞跃——标准成本会计形成，这是成本会计向管理会计过渡的一个桥梁，也是管理会计形成的基础，被称为基础性管理会计。

基础性管理会计的形成与发展大致可分为两大阶段，即执行性管理会计阶段（20世纪初到20世纪50年代）和决策性管理会计阶段（20世纪50年代以后）。以成本会计为起点并逐步推升至以标准成本、预算管理为主要内容的管理会计为执行性管理会计，它的管理目的是对实施过程进行控制。而决策性管理会计则是以决策研究为其核心内容，为企业正确地进行经营决策、改善经营管理、全面提高经济效益提供信息与智力支持，它也包含执行性管理会计，但其内涵又比执行性管理会计更为丰富。在经过较长期的理论探索和实践经验的积累后，到20世纪70年代，以决策性管理会计为主体的管理会计体系已基本定型了。

20世纪后期，社会经济环境的重大变化和科学技术的迅猛发展使管理会计进入一个交叉发展时期，形成了许多新的领域，管理会计的发展进入一个多元、分散发展的阶段。已定型化的基础性管理会计与并未明确定义的管理会计新领域缺少交融机会，地区社会经济发展的不平衡，使不同发展水平的管理会计应用主体同时并存。许多管理会计新领域不是对基础性管理会计的否定，而是社会经济环境变化、信息技术应用手段的丰富等使管理会计内容方法不断向外延伸。传统的基础性管理会计也有其相适应的技术经济条件，仍具有广泛的适用性，从而使得管理会计的内容边界处于模糊状态。经过一段时间的发展，特别是传统财务会计工作方法体系被日益智能化，对管理会计内容聚焦的研究日益增多，管理会计的管理服务功能在现代企业经营中应用非常普遍，管理会计新旧融合的基本趋势已经形成。

一、成本会计——管理会计的第一块基石

成本会计是工业化的产物。工业革命催生了专业化分工与规模化的专业制造工厂，昂贵的生产设备提升了折旧费用，而生产的品种日趋多样化，使间接费用的分配、吸收成为成本计算面临的一大难题，竞争的压力又要求分产品提供较正确的成本数据，以实现成本计算与利润计算的直接联系，成本计算的技术方法主要是折旧费用的计算和产品间接费用的分配。在其起始阶段，这种计算是在账外进行的；经过一段时期的实践，账外计算的结果也开始转入账内，使成本的形成、积累与结转均纳入复式簿记的框架，这就是成本会计的雏形。这种成本会计侧重于成本的汇集、分配和产品成本的事后计算，其目的是为企业定期编制财务报表提供相关成本资料，通过正确的成本计算，区分产成品成本与在产品成本，并据此对已完工的产品成本进一步区分为本期已销售产品成本和期末未销售产品成本，从而分别将它们列入损益表和资产负债表。

这种单纯的成本计算在预期因素的影响下，发展为成本计算、成本预算、成本控制与管理相结合的成本会计，在企业生产经营过程中应用广泛，对企业有效降低成本、控制成本、挖掘成本潜力发挥着重要作用，从而为执行性管理会计奠定了第一块基石。

二、基础性管理会计形成与发展的两大阶段

如上所述，基础性管理会计的形成与发展是依托于管理实践及会计为管理服务的功能扩展，它可区分为两个大的阶段，即执行性管理会计阶段和决策性管理会计阶段。

（一）执行性管理会计阶段

20世纪初到20世纪50年代，经历了两次世界大战，这个时期的主要经济特点是“短缺”而非“过剩”。主要发达经济体社会物资缺乏、供不应求，企业之间的竞争并不激烈，企业对客观外界经济环境的分析、研究并不十分重要。泰罗的科学管理学说应运而生并大行其道。企业经营的核心在内部管理，即通过科学管理降低成本、提高生产效率，因为生产出来的东西总是卖得掉的。而所谓执行性管理会计，就是一个以泰罗科

学管理学说为基础形成的会计信息系统。而泰罗科学管理的核心是强调提高生产和工作效率，它要求企业把生产经营中一切可以避免的损失和浪费缩减到极致，并要求实行“最完美的计算和监督制度”，即科学地事前制定“标准成本”、严格地实施事中的“预算控制”、精确地进行事后的“差异分析”。这就是会计配合泰罗制实施所取得的重大进展，它为会计服务于企业管理开创了一条新路子。其基本应用条件就是在确定的企业经营方针、基本决策等重大问题的前提下，可协助企业在执行中提高生产效率和经济效果。将标准成本和差异分析纳入会计体系中，通过严密的事先计算与事后分析，促进企业提高材料利用率、劳动生产率、设备利用率，其综合表现就是生产成本的降低、生产经济效率的提高。

执行性管理会计对促进企业提高生产效率和生产经济效果的确帮助很大，其实在任何外部环境下都要求企业能降低成本、提高生产效率，但一味地追求内部挖潜，在外部市场竞争剧烈、产品供大于求时，它就没有那样重要了。但它是提高竞争力的要素，因而这部分管理会计的内容在随后的发展中得以继承，它像一块基石，随同企业经营复杂性、与外部市场相关性的提高，在发展中成熟并一起走向新时代。

在我国，管理会计的应用也经历了执行性管理会计阶段。从中华人民共和国成立到20世纪80年代的计划经济，因社会生产力水平不高，所生产的产品供不应求，经济管理上照搬苏联20世纪50年代僵化的体制，对整个国民经济实行权力高度集中化的管理。企业管理局限于生产领域的执行性管理，不需要企业研究市场需求及流通领域的问题，各级行政机构包办代替了所有供应与销售，企业就是一个大车间。企业内部管理的核心就是提高企业生产和工作效率，如编制全面的生产技术计划、财务计划、月度财务收支计划；建立流动资金归口分级管理制；推行以班组核算为基础的厂内经济核算；开展经济活动分析；等等。虽然没有使用“管理会计”这个名称，但它们都可看作我国特色的管理会计。总的来说，也是实行事前计划、事中控制和事后分析相结合，但工作重点却是围绕怎样使企业能较好地为执行上级下达的各项数量和质量指标服务，因而基本上也是属于执行性管理会计。它构成了我国管理会计形成和发展历程中的执行性管理会计阶段。

（二）决策性管理会计阶段

20世纪50年代，全球经济进入战后高速发展期，表现出两大特点：一是科学技术突飞猛进，促使生产力迅速提高。二是资本集中，超大型公司、跨国公司大量涌现，生产经营日趋复杂，市场瞬息万变，竞争残酷激烈。这对企业管理提出了新要求，它要求企业内部管理更加合理科学，还要求企业反应灵敏、调整迅速、适应力强，否则就会在激烈的竞争中被淘汰。战后资本主义经济发展的这种新格局，是战前风靡一时的泰罗科学管理学说无法应对的。

科学管理学说着眼于对生产过程进行科学管理，把重点放在对生产过程的高度标准化，为尽可能提高生产和工作效率创造条件，但较少考虑市场需要及企业在市场中的地位和作用、企业与外部的各种关系，显然是本末倒置的。大量实践证明，企业的成败首先取决于企业的方针、决策是否正确，经营目标是否同外部环境相容。现代管理科学认为，成功的企业会把正确的经营决策放在首位。所谓“管理的重心在经营，经营的重心在决策”，正是适应这种情况而提出来的企业管理的指导方针。

另外，科学管理学说不把人当作具有主动性、创造性的人，而是把人当作机器的奴隶或附属品，强调管得严，才能提高效率，使员工处于消极被动和极度紧张的状态，势必引起不满和反对，也无法激发员工的工作热情、创造激情，因而不可能取得应有的效果。

因为泰罗的科学管理学说有上述两个带根本性的缺陷，在战后资本主义经济发展形势和要求下，已逐步被一系列的现代管理科学所取代。

一般认为，现代管理科学包括运筹学、预测、决策科学和行为科学等，因为这些学科可以在很大程度上克服科学管理学说的重要缺陷，能较好地适应战后资本主义经济发展的新形势，因而在企业管理工作中得到广泛而有效的运用。

现代管理科学对决策性管理会计的形成和发展在理论上具有奠基与指导作用，在手段上赋予它更先进的管理方法和技术，使它以全新的面貌焕然诞生于新的历史条件。现代管理科学不仅为它丰富和发展了其早期形成的一些技术方法，提升了执行性管理会计体系，也大量吸收了现代管理学、经济学、决策科学等许多相关学科中的研究成果，产生了决策性管理会计，从而形成了一个全新的与管理现代化相适应的管理会计体系。

决策性管理会计包含决策会计和执行会计，这是按时间先后归纳的，决策在先、执行在后、计划（预算）承前启后，计划是决策所订目标的综合表现和对它做进一步的分解、落实与具体贯彻实施的重要依据。因此在决策性管理会计体系中，计划（预算）是从决策会计走向执行会计的桥梁。

决策性管理会计和前述执行性管理会计的不同在于：它是一种全局性的、以服务于企业提高经济效益为核心的管理会计。它包含了执行性管理会计，但无论从广度或深度看，同原始意义上的执行性管理会计已不可同日而语。因为执行性管理会计是以服务于企业提高生产效率和生产经济效果为核心的，而决策性管理会计则以服务于企业提高经济效益为核心。生产效率和生产经济效果是企业内部所体现的执行问题，经济效益是企业同外界联系所体现的货币化效应，其好坏主要取决于经营决策是否正确。这两个目标之间有时相容，有时是矛盾和脱节的。如果企业以一定的原材料、人工和设备生产出了更多的产品，可以在企业内部直接表现为生产效率高、成本低、效果好，企业能够顺利销售，则目标相容；但如果所生产的产品无法通过销售实现生产过程中所创造的价值和利润，就不可能产生经济效益，这样的产品生产效率越高、生产得越多，企业所受的损失也越大，甚至还可能由此而导致企业的破产、倒闭，这就是两个目标矛盾或不相容。因此，每一个企业要提高经济效益，就必须生产适销对路、符合社会需要、符合一定时期国家生产建设和人民生活消费需要的产品，才能在国民经济中发挥正能量，企业为生产产品所消耗的劳动才能得到社会的承认，产品的价值才能顺利通过销售而实现。否则，企业生产产品所消耗的劳动，从国民经济的全局看，只是一种无效劳动。决策性管理会计为全面提高企业经济效益服务，就意味着要促使企业努力实现内外目标相容，确保所做决策正确，使其主观判断同外界客观经济发展相适应。

三、20 世纪后期以来现代管理会计的发展及趋势

20 世纪后期，企业的经营环境发生了很大的变化，这就要求管理会计必须适应现代企业经营管理的需要，提供企业经营管理决策和评价企业综合经营业绩及战略竞争实力所需的信息。为适应社会经济条件的重大变化和科学技术的迅速发展，管理会计进入一个大变革、大发展的历史时期，从而形成了许多新的领域，使管理会计从广度、深度和高度上提到一个新的水平。具体地说，管理会计其后的发展具有如下几方面的特征。

1. 管理会计为战略管理服务

服务于战略管理包括两层意思：一是管理会计综合应用水平的提升为企业战略目标、战略决策的形成与实施提供了重要支持。介于业务与财务之间的管理会计拥有一个重要功能，即在企业既定的业务目标和实施战略前提下，确定财务战略如何跟进，如何依据业务特征和阶段性业务规模确定或估计各阶段现金流，从而确定资金的筹措和运用计划。二是信息化与智能化带来的信息系统不断升级为精细化战略管理提供了强大基础。例如，建立企业的竞争优势方面，需要企业管理者在把握内外情况的基础上，对战略目标及决策合理制定，如降低成本形成竞争优势，开展战略成本会计的研究，增加创造价值的作业，减少不创造价值而又增加费用成本开支的作业，等等。又如，合理的成本计算与产品定价、企业利润大小的长远关联研究。在智能化、个性化制造的年代，产品的成本结构发生了很大的变化。从整个生产过程看，固定费用（成本）在产品成本中占有的比重越来越大，而变动费用（成本）占有的比重越来越小，且产品生产越多，所需的固定费用也就越多，固定费用（成本）分摊标准选择显得尤为重要。否则，以成本定价的市场策略就会导致竞争不利或高估利润。再如，传统管理会计认为，企业可通过增加产量降低产品成本，但这会导致产品积压和储存费用增加而形成极大的浪费，这就需要站在战略高度来重新认识和计量成本。

2. 从财务指标向多方位推进的业绩评价体系

企业业绩究竟是什么？是财务结果吗？站在一个战略大系统角度来回答此类问题，业绩首先是财务指标，它是基础性评价。但企业是在连续运行中，有时企业以牺牲短期的财务业绩换取顾客与市场，有时以牺牲顾客换取财务上的亮丽，此时单纯的财务业绩评价就会南辕北辙，业绩就必须增加顾客与市场维度的评价。是不是有了顾客与市场维度就万事大吉了？不是，因为满足顾客与市场的流程存在差别，持续满足顾客的能力、效率就存在差别，这又将会影响今后一段时期的财务。因此，对业务流程的评价是企业技术进步程度、流程管理效率的综合评价。而且，多方位评价体系是不断向上延伸的，从逻辑上看，评价直指源头、通向财务。例如，企业内生的对流程改造的能力牵涉到企业的学习与成长，企业文化及组织构架等各个方面。这就是由美国著名管理会计学家卡普兰和诺顿提出的“战略平衡记分卡”，就是一个对企业经营业绩和竞争实力进行综合、全面衡量的指标体系。

另外，财务指标体系反映的绩效并不完整。例如，经济意义上的利润应是企业的净

经营收入扣除资本成本后的余额，但资本成本在普通财务账面上只反映负债利息，这就把属于股东的所有投入按无成本处理，从财务上并不能客观评价经营者的真实业绩。指标所反映的经营业绩不仅不准确，而且会导致一些企业为扭亏做“债转股”的资本游戏，以进一步掩盖企业的虚盈实亏。运用经济增加值（economic value added，EVA）作为财务业绩衡量指标，就是为了尽可能反映经营绩效的客观性，尽管它有许多实施上的困难，如在资本市场起伏中难以准确对资本成本进行衡量，个体企业风险与其资本成本计量，股权资本账面值与重估值有时相差甚远。这些都会导致经济增加值评估偏差。

业绩评价的研究不仅是为了简单的经营者考核，它更牵涉到资本市场的定价，直到现在仍有大量学者在做不懈的研究。

3. 结合资本市场的研究日益丰富

企业进行投资决策时，不仅要考虑其企业现有内部情况，也要比较环境及外部市场变化，要预估未来现金流及风险，要与资本成本比较才能确定项目是否可行。然而，过去对资本成本的研究偏于个体，主观成分多，对风险的研究也不深入。在资本市场系统性风险加大的前提下，资本资产定价非常不稳定，个别证券定价更是大起大落，导致公司股权资本、债权资本成本大幅波动，投资决策的难度加大，企业应如何把握投融资时机、降低资本成本、提高投资效益、控制风险就成为投资战略管理的重要内容。许多学者开始结合资本市场进行投资项目及战略研究，除了能顺应市场变化合理取舍项目外，还有一个更重要的目的就是对未来变化的关注，因为资本市场是经济发展的晴雨表。在管理会计研究领域，结合资本市场的研究正在日益增多，除了投融资决策，在经营者考评中所用的经济增加值，企业价值评估中被广泛使用的资本成本，都来自结合资本市场的深入研究，由此也派生了管理会计的一个分支——资本成本管理会计。

4. 向边缘学科的渗透

正因为管理会计拥有向其他学科渗透的强大能力，才有了旺盛的生命力，才能在管理实践中发挥更大的作用。管理会计为企业的经营管理和决策提供信息服务，需要管理学知识，而管理科学的发展为管理会计的发展提升了空间。管理会计是为企业管理和决策服务的信息系统，信息技术的发展又为管理会计提升了应用空间。信息网络、电子支付、电子凭证等可使企业业务系统与财务系统实现无缝对接，业财一体化得以实现，许多企业实现了以业财一体化为核心的财务共享中心，管理会计的现代化应用研究加速，它与供应链、智能化等融为一体，形成了崭新的研究和发展领域。而且，现代企业经营本身所需的不仅仅是财务信息，而是能将财务信息、管理学和营销学知识结合起来，形成为企业战略管理服务的综合信息，这样的信息才能满足现代企业管理的要求。企业管理者需协调社会各方面的关系，在谋求出资者利益极大化的同时，注重行为的社会与环境效益，管理会计也正向社会学、环境工程学等渗透。管理会计本身就包含责任会计等内容，但在新的历史条件下，管理会计工作不单纯是为了考核与激励，还应注重协调企业内部成员之间的关系，充分考虑成员的主动参与和潜能开发，需要深入研究行为科学，在发挥竞争与激励机制作用的同时，全面调动全体员工的积极性。

5. 定性分析内容增多

管理会计是为决策服务的，有时决策的有用信息只需要定性，且未来是模糊的，难以定量。例如，未来某产品市场需求将会增大，这将提供该产品生产保留或适当加大投资决策的信息支持。另外，管理会计已向社会学、行为科学等领域渗透，而这些方面的衡量指标多是定性分析指标，如员工的素质状况、企业经营发展策略、环境污染与环境保护指标等。在现代财务报告中，非财务信息占比一直在增加，并已成趋势。在我国上市公司披露的年度财务报告中，货币型、数量型报告占比已非常少，而对未来定性分析的文字描述很多，大多指出不确定性或风险，然而，这些定性的描述，如增长或减少之类的描述却往往是投资者最关心的信息。

6. 服务对象的多元化

管理会计侧重于为企业内部管理人员决策提供服务，是对内报告会计。但管理会计许多内容已开始向财务报告渗透。在我国，尽管管理会计的应用起步较晚，但在财政部 2014 年颁布《财政部关于全面推进管理会计体系建设的指导意见》以后，又接连推出《管理会计基本指引》及《管理会计应用指引》，其规定的相关服务对象已包括企业的管理人员、股东、潜在的投资者、客户以及其他利益相关者，其目的是在提高企业管理效率、提高决策水平的同时，引导资金通过市场进行优化配置。在财政部推进管理会计应用的环境下，企业信息化水平也进一步提升，许多企业尤其是央企都开始实施全面预算管理、完善项目管理、加大战略管理、精细日常管理，看似基本上是服务于内部的，但从行业归口看，它既服务于股东、债权人，也服务于相关行政管理部门及潜在投资者、利益相关者。管理会计服务于外部既是强势有效市场资源优化配置的信息披露需要，也是管理会计与财务会计在信息技术时代为提升管理效率、避免不必要的双重计算误解所产生的深度融合。

第二节 财务会计与管理会计的联系和区别

金融市场和公司制的产生与发展，导致公司规模越来越大、股权越来越分散，代理人机制使企业所有权与经营权一步步分离。正是基于这种“两权分离”，为满足公司分散的所有者与聚集于内部的经营者不同信息需求，会计信息产生了“同源分流”，并逐步形成了财务会计与管理会计两个相对独立的领域。本节通过分别阐述财务会计和管理会计的基本目的与内涵，使读者能够从本质上理解财务会计与管理会计的联系和区别。

一、财务会计的基本目的与内涵

财务会计是以企业或组织为主体，通过定期地提供财务报告，为企业或组织的利益相关者服务。金融市场和公司制的产生与发展，使得外部利益相关者对会计信息需求差异拉大。正是基于不同利益相关者对信息需求的侧重点、关注点不同，财务会计就要解决如何通过定期提供财务报告以无偏差的公正姿态去满足各不同相关利益者的信息需求。然而这种具有普遍意义的财务报表就是“机械的公正＋公正地反映和记录过去”，而这种所谓的“公正”是否“真实”却并不重要，因为它仅仅是所谓“依据”（如纳税、分红乃至投资），虽然有“原则＋准则”，但执行中的灵活性使它一直并长期存在信息披露的“真实性”问题。

利益相关者不直接参加企业或组织的经营管理活动，只能从财务报告中获得有关企业或组织的经营成果和财务状况等间接材料。为了保障其自身的经济利益，他们自然要求财务会计能站在“公证人”的立场，以求资料是客观的、公正的、可靠的、有法律效应的。因此，财务会计就有了“公认会计原则”（generally accepted accounting principle，GAAP），并成为一种社会化的会计，提供的信息也是公开化的产品。它成为当前及潜在投资者选择投资对象的依据。

二、管理会计的基本目的与内涵

管理会计通过内部报表、信息系统、绩效报告等为企业或组织的经营管理服务，它是以服务经营管理为目的，力求提供的信息“有效、真实、可靠”，管理会计就是个性化的会计，只为特定的信息使用者提供相关信息，即所谓“相关信息适时地提供给相关的人”，它服务于经营者，解决企业如何创造价值、进行最优决策等问题。

三、财务会计与管理会计的联系——“同源”

“同源”是指来源相同，表示它们之间存在密切的联系。这主要表现在财务会计与管理会计都是企业组织经营管理的基本组成部分，在企业内部，完全没有必要同时存在财务会计与管理会计这两个相对独立的系统，因为它们具有共同的基础原始资料。尽管各自对原始资料进行加工、整理和扩展路径方式不同，但服务对象有交叉，财务会计也可为企业或组织的内部经营管理决策服务，管理会计也可为企业或组织的外部利益相关者服务。从历史渊源看，会计从一开始诞生就没有区分财务会计和管理会计，它既为出资者及利益相关者服务，也为管理者服务。而且这里强调的是：会计最初的重点服务对象就是企业的管理者。

进入信息化社会后，许多企业内部实现了业务财务一体化的管理信息系统，在操作上极大地便利了传统财务会计的部门工作，许多原来繁重的归类记账和计算工作都变为系统后台的程序运作。而且，原始凭证的电子化使业务系统能紧贴财务系统，分类记账、报表生成与成本归集、成本分析、本量利分析、责任预算完成情况等都可依据同一资料源进行处理，财务会计与管理会计的“同源”更加明显。

四、财务会计与管理会计的区别——“分流”

因服务的对象与目的不同，财务会计与管理会计“分流”于提供信息的侧重点不同，这使得它们产生了一系列明显的差异，主要表现在以下几个方面。

1. 内部与外部的区别

财务会计侧重于为企业或组织的外部利益相关者提供投资决策信息，而管理会计侧重于为企业或组织的内部经营管理者决策提供相关信息。

2. 时间上的区别

财务会计不仅是记录和反映过去，而且在方法和理念上强调过去，机械地记录历史，没有变通；而管理会计则是通过对过去的客观分析，力图把控现在，让企业朝预定的目标前进，在制定目标时，系统规划出未来通向目标的路径。

3. 规则制约的区别

财务会计受“公认会计原则”的制约，机械地服从“会计准则”；而管理会计则不受这些制约，它主要考虑经营管理决策的“成本效益”与管理行为问题。

4. 法律效应的区别

财务会计信息具有法律效应，所以必须准确无误，信息必须是可证实的和货币化的；而管理会计信息一般不具备法律效应，较少强调绝对准确和可证实性，它要求提供的信息能成为控制与决策的基础，有一定的精确度便可，强调货币（财务）化信息与非货币化信息并重，实践方法多元化，数量计算、定性分析与决策者的综合判断相结合。

5. 反映主体的区别

财务会计以整个企业或组织为主体；而管理会计则强调多维的主体观念，它不仅可把企业或组织看成一个主体，还可根据经营管理需要将一个部门或一条生产线、一个人、一项作业作为主体。

6. 手段与方法的区别

财务会计采用的是从凭证到账簿、到报表的一套固定不变的核算方法和模式，是简单的算术运算加固定的核算程序；管理会计则可采用现代管理科学提供的方法进行决策分析、规划预算等，根据需要可采取各种方法，信息化、网络化带来了更多的分析、预算与决策的手段、方法和便利。

7. 强制性与灵活性的区别

财务会计是一种强制性会计，必须按照有关规定定期地提供财务报告；管理会计则是非强制性会计，根据经营管理决策需要可灵活机动地、择时、择地、择对象、择形式地提供相关信息。

8. 学科发展与职业前景的区别

财务会计是一门古老的学科，其内容相对成熟，从内容体系上看，它更多地像一门基础性技术，基于企业信息化后的财会实务已有重大变化，财务会计的工作重点将是系统设计、编程及系统的操作管理，即这门传统的财会技术将被智能化机器所取代，传统财会人员面临转型；而管理会计是一种综合性交叉学科，它涉及更多其他相关学科，如管理学、心理学、社会学和行为科学等，由于管理会计的分析判断复杂而且不具备重复性，企业外部环境的变迁使决策不仅是简单的计算与比较，更要把握事物发展变化的规律，需要理论支持与辩证思维，这就不是智能化机器所能替代的了，因此，管理会计工作正是未来财会人员发展的方向。

财务会计与管理会计的“同源分流”体现了两种会计由表至内的对立与统一，对立的是它们有各种明显区别，统一的是它们来自同一“记算账”源头，都是为提供决策信息而存在的。在让市场发挥资源优化配置决定性作用的大趋势下，资本市场的投资者也希望能接受更多的有参考价值和意义的管理会计信息，财务会计与管理会计的“同源分流”在未来或将是更多“趋同”而非“趋分”。

五、管理会计信息的基本特征

基于财务会计与管理会计存在的各种异同，对管理会计所提供的信息特征有了一些基本认识，以下进行简单归纳。

1. 量化信息与非量化信息并重

管理会计提供信息的重点是为决策服务，而决策或决定的重点就是判断，基于判断所需的信息首先应是能够“衡量”而非“计算”。这是什么概念呢？例如，针对成本的分析与计算，成本究竟是多少？这是“计算”问题，但成本是“高”还是“低”？是“节约”还是“浪费”？这是“衡量”问题。其次是信息的“认知性”高于“精确性”，“认知”是为了区分本质，“精确”是为了减少误差，判断的基础正是来自对本质的区分是否正确。例如，对投资风险的估量，当不确定因素增加时，风险会加大，对风险加大的“认知”通常会高于风险究竟是多少的“精确计算”。最后是对信息带来的“悟性”提升强于“理性”提升。“悟”即使受到启发、点亮心灵，从而从新的“认知”基础上发现事物发展变化的规律，“理”即是遵循既成的逻辑进行推导，是在原有的逻辑链条中的运转。如我们通常认为产量越高，则单位成本越低，因而尽可能地多生产，但在经营实践中发现，生产越多，单位成本并不能下降，企业反而受损，能找到的原因是库存问题，你或许能悟出来，但你非得要去理性计算每期单位库存成本与其库存量抑或是销售量之间的关系，也许得不偿失。

因此，为了使管理会计信息具有“衡量”“认知”和提高“悟性”的判断功能，必须做到量化信息与非量化信息并重、多种量化形式信息并重。

2. 财务信息与非财务信息并重

财务性信息就是货币化、价值化信息，通常属于结果导向的滞后性信息；而非财务性信息通常属于过程或原因导向的前置性信息。如企业人工成本上升，这是财务计算的结果。但从过程或原因看，一线工人要求加工资，否则就消极怠工，这里既包含要求所加工资数额的货币化信息，也包含是否加工资、是否怠工的非货币化信息。从更超前的过程看，人力资源市场紧缺，企业很难招到员工，再往前推，就是人口老年化、出生率下降等问题了。越是源头的信息越是非财务化，越具有预计性；越是结果化的信息就越是财务化，越具有事后肯定性。

财务性信息有助于企业证实问题，并确认问题的大小，但单纯求助于滞后的财务性信息未必有助于分析问题和解决问题，在确定存在哪些问题及寻求解决方案方面，依据财务性信息恐怕是“黄花菜都凉了”，而且，信息需求者“只知其然，不知其所以然”。管理会计既然强调信息的超前预计性、决策有用性、逻辑上的可追溯性，就必须做到财务性信息与非财务性信息并重，货币计量与非货币计量并重。

3. 强调信息的行为意义

管理会计并非一种技术性的会计方法，它涉及企业及经理人、员工的价值观念与行为取向，通过它去影响企业、经理人和员工，使企业形成有效率的机制，成为一个各种行为的信息支持系统。归根到底，管理会计职能属于行为职能，即能对人的行为施加积极影响的职能。管理会计信息支持系统的有效性取决于它如何影响企业经理人的行为，企业经理人的行为也影响管理会计信息支持系统的选择与运用。现代公司制度实际上就是人力资本的提供者（经理人与员工）与资金资本提供者（股权与债权）之间的特别合约，作为人力资本提供者的经理人以直接的思想、感情和行为投入公司，其动机就是获取薪酬或个人成长，而资金资本提供者只是投入了追求最大化收益或安全性收益的资本，而收益的实现必须依赖人力资本的行为。

管理会计是为企业经理人服务的，也就是为其行为服务，决策中的信息引导决策行为，控制中的信息引导组织个体行为，战略中的信息引导战略方向的确定，于是解释、预测和引导企业经理人或员工的行为是管理会计信息有效发挥作用的标志。例如，如果经理人知道某些预算或绩效评价的信息或指标，就会关注这些信息指标，由此产生与这些指标信息相关的经营活动并努力完成之。这就是管理会计信息的行为意义。

4. 管理会计信息是一种近似值

如果不是非常必要，管理会计信息大多不是准确的，尽管有些是准确的，如库存现金余额可以做到十分准确，但有些信息如未来现金流量数额、内含报酬率等都只能是一种粗略的近似，还有如市场容量、占有率、预估价格等根本无法准确，但不妨碍其作为决策支持信息。管理会计既然强调控制现在与规划未来，则现在的控制重在行为的方向，这犹如开车使用方向盘；未来的规划也是一幅未实现的蓝图，无须描绘得特别准确。科学的近似能说明和解决问题，这符合管理会计的宗旨。

5. 按信息需求者进行信息归类

管理会计信息具有高度的专业性和针对性，财务会计信息则具有一般性和普遍性，财务报告内容强调整体和完整，但管理会计只为特定的信息使用者提供相关信息，将相关信息适时地提供给相关人。例如，管理会计提供的成本信息按目的不同就有用于决策的相关成本、用于控制的标准成本、用于考评的责任成本。强调的是信息相关性，而非精确性。

第三节 管理会计的基本职能与内容体系

管理会计的职能就是指它能解决什么问题，或它在解决这些问题的过程中起何作用。从大的角度看管理会计的主要职能是解决管理问题，由于管理问题可进行具体细分，故它所形成的职能体系可以通过对管理过程中的职能聚集来明确划分，并以此合理安排具有逻辑关联的学科内容体系。

一、管理会计的基本职能

管理会计的职能是指它在企业管理过程中所承担的职责和具有的功能。从管理会计的产生和发展的过程来看，随着社会经济的发展、企业管理的内涵日益扩展，管理会计的职能也在逐渐扩大。传统的财务会计的职能被固定于核算和监督，但管理会计的基本职能已由最初的成本控制扩大到预测、规划、决策、控制及责任考评等各个方面。

1. 预测与规划职能

预测是指通过一定的方法科学地推测事物未来发展的必然性和可能性。管理会计的预测职能体现在企业如何确定未来的经营目标和方针，如何根据经济规律和经济条件的约束，以合乎逻辑的推导，有目的地预计企业未来的销售、利润、成本及资金变动趋势和变化水平，为企业经营决策提供可靠依据。

显然，以“算赢未来”为要义的全面预算管理是管理会计发挥规划职能的核心工具。管理会计的规划职能，是指通过编制各种计划和数量化计划——预算来实现决策目标，即当企业的最终决策方案确立后，通过经济目标的层层分解落实到各有关预算中，以有效地配置企业的各项资源，使企业各部门相互衔接以朝目标最有效率运转，获得最大的经济利益，也为过程控制和责任考评提供依据。

2. 决策职能

决策是指遵循事物变化的客观规律，在未来各种可能环境下，为达到企业或组织尽可能满意的或最佳的目标，以一定的方法、一定的程序对未来所采取的行动决定的过程。决策是现代企业经营管理的核心，它贯穿于企业管理的各个方面和整个过程。管理会计的决策职能主要是根据企业的决策目标，收集、整理各种相关信息资料，利用科学的方法计算出各方案的指标值，并做出各方案的财务评价，从中选出最优方案。管理会计主要为决策提供信息支持，而这些信息要想真正发挥决策支持作用，就需要根据决策的主题进行整合与处理，最终形成各种管理会计报告，如战略损益表、业务结构、资产负债表、单品效益表、人工成本表等。

3. 控制职能

控制是为了让实际经营活动能按计划或预算的轨道进行，控制的力度掌握在于偏差的大小，控制的最终目的是完成预期目标。管理会计的控制职能体现在将实施过程的事前控制和事中控制有机结合，对实施过程中实际脱离事先确定的预算或标准产生的差异进行分析，查明原因，并及时采取措施进行调整，以确保计划目标的顺利实现。

4. 责任考评职能

管理会计是通过建立责任会计制度来实现责任考评的。责任会计制度将企业内部划分为不同层次的，有明确责任、权限及义务的责任单位，通过考核评价各责任单位的责任指标执行情况，找出成绩和不足，从而为奖罚制度的实施和改进今后的工作提供依据。评价是针对部门、个人的业绩进行评价和考核，并据此对企业运营活动进行调整和控制的过程。现代绩效管理方法是管理会计发挥评价职能的核心工具。

二、本书构架的管理会计内容体系

（一）管理会计内容体系

2016年，财政部发布《管理会计基本指引》，将管理会计应用领域分为战略管理、预算管理、成本管理、营运管理、投融资管理、绩效管理、风险管理和管理会计报告八个部分。这是对管理会计体系构成的最权威和全面的阐释。

这八个部分内容可分为核心内容和拓展内容两个部分。核心内容包括预算管理、成本管理、绩效管理和管理会计报告，这是传统管理会计内容。拓展内容包括战略管理、营运管理、投融资管理和风险管理，这是对管理会计方法的应用拓展。

将预算管理、成本管理、绩效管理和管理会计报告确定为核心内容是基于对管理会计核心活动的认识。管理会计体系的核心活动是规划、控制、决策和评价。成本管理为预算管理、管理会计报告和绩效管理提供基础信息，并与其他内容融合直接参与到其应用过程中去，如成本预算、定额成本管理、作业成本管理等。预算管理反映了企业对未来的预见性。管理会计报告则是对当前战略运营情况的总结，从某种程度上说，管理会计报告是管理会计方法应用的最终结果，它可以报告绩效，可以报告成本，是管理会计信息的终端产品。绩效管理既是过程控制，又是评价与考核。

作为企业管理的决策部分，战略管理、营运管理、投融资管理、风险管理则揭示了管理会计价值的财务增长和延伸。

综上所述，现代管理会计内容体系与以往的区别是，它不再是简单依据管理过程来划分，而是一个交织体系，互相牵连而又相互呼应，其基本框架如表1-1所示。

表1-1 管理会计内容体系的基本框架

管理会计内容体系	与过程配套的管理会计	管理过程	嵌入每个过程的管理会计		
			成本管理	运营管理	风险管理
决策与规划会计	战略管理	使命、愿景、战略目标	量本利预算与企业目标	运营战略	风险辨识与风险战略
	决策、投融资管理	决策与规划	确定成本、资产、资本结构	运营系统设计	风险确定与风险安排
执行会计	预算管理	预算与控制	控制成本	价值链管控	风险控制
	绩效管理	评价与考核	差异分析与处理	指标与流程优化	风险评价

表1-1显示了管理会计八大部分内容，由于管理会计报告内容是嵌入管理过程每个部分、不做详细述说的内容，它仅是管理会计内容体系的再现。但决策管理却有重点，可以划分进来，所以增加了这部分的明确划分，即管理会计包括战略管理、决策管理、投融资管理、预算管理、绩效管理、成本管理、运营管理、风险管理等。按管理过程（纵向）划分，战略管理、决策管理、投融资管理、预算管理、绩效管理与过程衔接紧密，可明确划分为决策与规划会计、执行会计；而成本管理、运营管理、风险管理等

则嵌入管理过程的每个环节，这些管理会计内容既有思想方法的嵌入，也有管理理念的创新，它们不能明确划分到哪部分管理会计内容中。

（二）本书框架

本书在内容体系上既参照老版体系，又有所扩展，将管理会计内容分为：基础性成本管理会计，规划与决策会计，控制与绩效管理会计，战略、绩效动因与价值管理四个部分。

1. 基础性成本管理会计

作为管理会计的基础内容，以成本性态为起点，进而产生具有决策价值的变动成本法、量本利分析，这些都是基于成本呈现的性态而产生的逻辑，作为基础内容符合国内沿用的教学体系。（因涵盖总论，篇名为基础篇。）

2. 规划与决策会计

决策分析中有太多的方法体现了基础性成本管理会计的精髓，而且对决策成本概念又有重点阐述，故决策会计内容作为成本管理会计的延续，安排在预测内容之后，而预测就是决策的基础，是决策的组成部分。预算是规划的数量化体现，它展现了企业内部各部门未来应达到的目标，但预算同时又是内部控制不可或缺的，将其放在控制篇的最前面而不是本部分。所以，本篇的核心内容是预测与决策，即为决策篇。

3. 控制与绩效管理会计

这部分内容分章节与成本管理有许多重叠和交叉，标准成本系统主要是为控制成本而产生的，但它不宜进入基础性成本管理会计，原因在于目的不同。成本性态分析提供的是认识事物的逻辑方法，标准成本提供的是解决问题的具体方法，故标准成本系统放在此篇。责任会计是本篇的核心内容，但又不完整，它只提供了责、权、利配置，责任中心与考核指标，是非常概略的描述，内部转移价格实质上是分权设置中与决策相关的部分，体现了目标一致性。故本书兼顾几个方面，控制篇包含全面预算、责任会计、存货控制和标准成本系统。

4. 战略、绩效动因与价值管理

本篇作为传统管理会计内容的延续，重在绩效管理，但它的核心概念不是为了评价，而是为了提升价值，故称价值提升绩效。作业成本旨在提升作业增值，综合绩效体现了股东价值与企业战略绩效，资本成本勾勒了经济利润。本书也编写了有关财务共享中心的部分核心内容，以供参考。

第四节　商业模式的创新对管理会计的影响

一、商业模式创新

商业模式又称企业市场价值的实现模式。商业模式研究中最具代表性的成果是

Alexander Osterwalder 等提出的以价值主张、客户细分、渠道通路、客户关系、收入来源、核心资源、关键业务、重要合作、成本结构九个要素为基础的模型。商业模式是企业业务流程的决定因素，是企业资源配置的关键环节，选择商业模式又是根据企业拥有的核心资源，从能否获得持续竞争优势开始的，企业能为客户提供怎样的价值，又能为股东创造怎样的价值，这二者之间关系得到统一的商业模式就是比较优先的结果。随着社会需求的日益多元化，可供选择的商业模式增多，成本领先、技术领先、差异化战略等已很难适应新的商业环境，因为选择与自己核心资源相配的商业模式比成本、技术、细分市场更重要。而传统企业尤其是衰败中的企业，正处于创新商业模式以获重生的极好时期。企业商业模式创新可聚焦于五个维度：价值主张与关键业务，战略定位、核心资源与重要合作，资源能力改造、渠道通路与客户关系，商业生态环境创新、收入来源与成本结构，业务流程。应注意的是，创新商业模式就是对企业的经营业务模式、流程、方法、报酬取得等进行变革，它要回答几个问题：企业经营的是什么？即企业靠什么样的服务价值生存；企业提供的核心服务价值有竞争力吗？即企业有无核心资源和能力维护市场价值；企业赚谁的钱？即是直接客户还是另外的附加值，这在网络营销年代很关键；企业提供服务的技术与流程如何？这是企业的关键投资领域。商业模式是客户价值与股东价值的统一，只保证一方的商业模式都是不可持续的，它为企业赢得竞争优势指明了路径，也为企业变革要素间关系或者运行机制打通了脉络，它将使传统企业改头换面，以有效、崭新的方式创造商业价值、获取股东利益。

管理会计在商业模式不断创新的环境下，其实务得到了极大的丰富与创新，其重要性凸显。管理会计具备广泛的包容与兼容能力，作为环境适应性的产物，其理论研究应适应商业模式创新这一重要环境因素的变化，唯有如此，管理会计才能在变化的环境中获得长足发展并充分发挥其强大功能。

二、商业模式创新背景下应关注的管理会计问题

商业模式是一种价值创造方式，商业模式创新就是让价值以更新、更有效的方式在各利益相关者组成的价值链中传递和衔接，它也意味着旨在创造并提升企业价值的管理会计需要突破传统边界，从全局和战略高度关注价值链优化、预算管理与资源合理配置、管理控制与激励等，谋求企业利益相关者价值最大化，并最大限度地契合商业模式创新经济活动的实质。正因如此，管理会计必须契合创新的商业模式，进而主动适应商业模式创新引起的环境变化。唯有如此，管理会计才能永葆青春活力并充分发挥其应有功能。具体而言，商业模式创新背景下应关注的管理会计问题包括以下几个方面。

（一）基于价值链定位与取舍

管理会计本质上是站在业务视角看财务，基于业务变化分析财务，所以它关注销售、成本和资金。通过预测规划，进行过程管控，从而促使企业完成目标任务。而商业模式创新需要企业基于自身资源进行价值再定位，以价值链分析定位则需要管理会

计提取企业及区域、行业数据，结合政策环境、市场行情等，开展 SWOT（strengths weaknesses opportunities threats，优势、劣势、机会、威胁）分析，从而明确企业所处各产业链条中的地位，基于环境资源与自身条件，进行价值取舍、战略决策，从而设计真正属于自己的独特价值主张与盈利模式，制定精准发展战略。例如，苹果推出 iPhone，颠覆以往的商业模式，从单一的设备提供商变成了设备提供商、平台提供商和重要服务提供商“三合一”的价值创造载体。在设备制造上，苹果负责主要研发工作，将生产部分外包给 OEM（original equipment manufacturer，原始设备制造商）厂商，在价值链中进行了取舍。再如 GE（General Electric Company，通用电气公司）转换定位，从产品制造企业集团转换为客户提供服务导向的整体解决方案，包括产品与系统设计、融资服务、维护与技术升级服务等，解决方案所需产品、技术等资源均可从外部获得，而不是完全由自己制造，从而显著提升了企业价值创造能力。

（二）盈利模式的再设计

盈利模式是需要管理会计师认真考虑的，即从哪些方面获得收入，收入获得的形式和途径如何，这些收入又是以何种形式和比例在产业链中分配的，企业是否能主导收入的分配。例如，工程机械生产经营企业，管理会计可将其盈利模式设计为以下几种：一是直接让渡设备的所有权，把工程机械卖掉，这是传统的销售；二是只让渡工程机械的使用权，企业仍然保有所有权，把工程机械租出去，收取租金，这是租赁；三是用工程机械为工程服务，并提供一揽子解决方案；四是作为投资工具，如在工程公司中，以工程机械直接入股专业服务公司，而专业服务公司的工程机械车队，也可实现资产证券化，便于机构投资，以获得一个有固定收益的证券化资产包；等等。由此可见，在商业模式创新环境下，管理会计所关注的价值创造已经并非以往单一的商业模式，而是来自价值链系统的变革与创新。正因如此，管理会计必须高度关注企业价值链的管控工作。

（三）优化成本结构

改变成本性态通常是和固定资产投入水平关联的，但现行企业固定资产的投入都处于稳定饱和状态，靠继续投入大量资金以降低单位变动成本来提升竞争力的年代已经过去了，现今需要设法在既定生产力水平下优化成本结构以降低经营风险。这一优化的方式恰恰是变固定成本为变动成本，如何做到呢？可行的办法是从更大范围内整合资源，以合作外包的形式优化成本结构，以平台整合的方式优化产业链资源配置。而管理会计能基于这种整合，从量本利分析上寻找盈亏平衡点，估算正常销售额，为企业业务模式谋划提供支持。并通过提升销售水平，以标准成本、作业成本等方法控制消耗，达到提升利润的目的。尤其在新的商业环境下，企业价值已不是用资产规模衡量的，而是以业务支撑的经营价值衡量的。商业模式创新一般会打破传统成本结构，借力信息技术与金融工具，如信息平台支持的合作使半成品的成本全部变为变动成本，金融租赁也使成本性态发生改变，即把企业的固定成本转化为变动成本，这能使企业从更大范围创造收益来源，提升投资收益率。同时创新利益相关者的价值分配机制，使收益分配更灵活简单，进而有效地降低企业的经营和财务风险。现实商业环境中此类成功案例众多，如房地产按揭、复印机的按张收费等，其实质就是将企业固定成本投入转变成可变成本性态应用于客户，把一次性大额资金购买分成多次资金购买，降低客户支付门槛与资金压力，客户也因此可能使用更高级的设备或者更加频繁地使用机器，这都能为企业带来更多的收益。自2000年以来，生产服务、信息技术及金融工具的快速创新已经为企业化解高固定成本提供了多种途径，需要管理会计给予重视。

企业在明确价值定位、盈利模式后要制定业务模式、调配资源组合，首先要明确企业能向客户提供什么样的价值和利益、产品与品牌等；其次需要围绕为客户创造价值，明确企业如何调配资源、配置资产，这包括硬资产与软资产、固定成本与变动成本等。这些活动必须使资源与业务布局相匹配，固定成本与变动成本性态优化，才能为企业价值创造奠定基础。例如，苹果公司将其核心资源配置在设计研发与销售渠道上，而将生产外包，这样就将生产线等固定成本投资大大削减，同时外包生产提供的产品单位变动成本又很低，企业盈利能力显著增强。

为企业创造价值是财务战略关注的重点，在价值链上需要管理会计关注可支配资源的调配。关键资源能力是企业商业模式运行背后的关键，也是其运营能力区别于竞争对手并能持续发展的重要支撑，不同的关键资源能力决定着不同的商业模式，同类商业模式其业绩的差异也主要源于关键资源能力及其相应的成本性态。由此观之，成本性态优化是商业模式创新背景下管理会计应该持续推进的重点工作。

（四）实现分权化责任体系

新一代信息技术的发展促进了企业资源能力（研发、制造、物流、营销、服务）的提升，影响着企业组织构架变革；它彻底地改变了产业链价值分布、企业边界及运营条件，向传统商业模式与组织结构的有效性提出了挑战。为此，企业需要适应环境，有效利用新技术和存量资源能力创新商业模式，通过革新组织模式、共享流程等，建立面向客户的扁平型组织结构；以信息化技术整合战略、业务、财务等信息资源，构建大数据支持的预测、决策、控制系统。而此时，管理会计应根据组织结构改变，重新设计责权利配置，统筹战略目标与经济责任、激励考核、管理控制，建立更具灵活性的能自觉运行的成本控制、收益实现和资金调度的新型组织单位，从而适应新的商业环境，并能持续获得价值绩效创造优势。

新一代信息技术环境下企业边界突破了时空界限，经营管理空间从内部转向外部，并扩散到四周；经营管控从事后走向实时，从静态走向动态。这需要企业组织具备敏锐的反应能力，富有柔性和创造性，也需要各责任中心提升层次，从成本中心、收入中心等转变为利润与投资中心，实现分权式管理，这从本质上要求重构责任中心与管理会计系统。因为新的商业环境需要责任中心能够迅速调配资源、满足顾客需求，从时间、质量、价格和效率上让顾客满意，而且责任中心还要控制资源耗费，没有分权化组织结构是难以实现的。只有分权，责任中心才有资格与能力调节和控制经营活动，捕捉稍纵即逝的市场商机，统筹成本、利润与投资，提高经营水平和效率。

（五）企业经营预算创新

社会发展与收入水平的提升不断引导和改变人们消费理念与消费行为模式，企业需要对市场和客户重新认识，才能准确地定位市场需求和客户价值。传统的经营预算管理，基于稳定的市场格局、静态的历史数据，反映出未来销售、生产与资金的管控预期。而商业模式创新已经改变了传统的商业格局，客户与市场的偏好随时都可能发生转变，而且在竞争产品面临标准化和同质化趋势下，企业最大的竞争优势来自客户服务和关系管理。因此在新的商业模式下，需要创新企业预算管理，利用信息技术创建基于客户需求的全面预算管理系统。

企业营销是向客户传递业务和价值的过程，而新一代信息技术有利于企业对营销价值空间与交易成本进行有效分析管控，并从每一位客户身上获得最高的投资回报。全面预算管理系统首先需要锁定市场需求、发掘市场价值空间，促成战略目标实施，如此管理会计可以运用销售大数据与作业成本法等成熟的手段，锁定更加有利可图的客户，在客户忠诚度和利益相关者价值最大化之间找到平衡点，实现从产品至渠道至客户盈利分析的拓展。其次运用现代网络与信息技术，建立业务预算与评价考核、财务预算与评价考核、资本预算与评价于一体的综合管理系统。基于网络平台的系统，可以发挥实时协同作用，责任中心可以实时查询和编辑其权限内的预算信息。高效的信息传递提高了工作效率，面对客户需求改变能及时优化资源配置、提高经营效益。最后运用全面预算管理系统对预算执行情况进行动态跟踪监控，能实时查看预算执行记录，分析差异和原因，及早进行改进提升；对违规业务操作系统会发布预警信号，强化企业风险管控与业绩考评等监管机制。

在网络环境下，预算系统可以具备强大的数据处理功能，能够实现预算管理与核算系统自动化集成，对预算执行情况能及时跟踪分析；规范和固化预算编制分析的规则与流程，还能兼容责任主体在预算管理中的差异；最终实现预算编制、滚动预测、调整和执行、动态分析和监控的整体应用。领导层也能通过预算系统掌控企业运营状况，提升决策支持能力，并预测各项活动对企业运营产生的影响，对市场变化做出及时反应，发现和推进潜在的利润增长点，保持企业的竞争优势。

思考与练习

一、思考题

1. 管理会计的内容体系围绕着管理职能展开，能否从管理会计的形成发展视角谈谈管理会计内容体系不断丰富的过程，这与管理会计的职能又有何关系？

2. 管理会计对比财务会计有许多特点，各个特点都不是孤立的，能否找到特点间的联系？

3. 商业模式创新对管理会计发展有哪些影响？

二、单项选择题

1. 现代管理会计把预测决策会计放在首位，其主要原因是（　　）。

A. 任何经营行为都是决策在前，执行在后

B. 管理的重心在经营，经营的重心在决策

C. 决策包含预测、计划、组织、评价等各个方面

D. 决策体现在企业生产过程的各个方面

2. 下列选项不属于管理会计基本职能的是（　　）。

A. 预测职能　　B. 决策职能

C. 控制职能　　D. 向投资者提供财务报表

3. 管理会计与财务会计的关系是（　　）。

A. 起源相同、目标不同　　B. 目标相同、基本信息同源

C. 基本信息不同源、服务对象交叉　　D. 服务对象交叉、概念相同

4. 从服务对象来看，现代管理会计侧重服务于（　　）。

A. 企业的投资人　　B. 企业的债权人

C. 企业内部各级经营管理者　　D. 以上三项均正确

5. 以下除（　　）外，其他均是财务会计与管理会计的区别之一。

A. 服务对象不同　　B. 强调的基本原则不同

C. 成本计算方法不同　　D. 资本成本不同

6. 现代企业会计的两大分支是财务会计和（　　）。

A. 成本会计　　B. 预算会计

C. 财务管理　　D. 管理会计

7. 管理会计的服务对象主要是（　　）。

A. 投资人　　B. 内部经营管理人员

C. 债权人　　D. 政府机关

8. 下列说法正确的是（　　）。

A. 管理会计是经营管理型会计，财务会计是报账型会计

B. 财务会计是经营管理型会计，管理会计是报账型会计

C. 管理会计是对外报告会计

D. 财务会计是对内报告会计

拓展阅读

1. 李宗彦，瞿诗宇. 我国大学管理会计课程教了什么?——基于国内主流管理会计教材的内容分析[J]. 中国大学教学，2015（6）：81-87.

2. 胡玉明. 中国管理会计的理论与实践：过去、现在与未来[J].新会计，2015（1）：6-12.

3. 潘飞. 中国企业管理会计研究框架——以价值为基础和战略为导向[J]. 会计与经济研究，2012，26（2）：3-12.

4. 余绪缨. 管理会计学科建设的方向及其相关理论的新认识[J]. 财会通讯（综合版），2007（2）：6-8.

5. 余绪缨. 管理与管理会计理论的几点新认识[J]. 中国经济问题，2005（5）：3-10.

第二章

成本性态与变动成本法

成本是在产生价值活动时发生的付出或耗费的货币计量，是衡量一切价值活动质量和效率的重要综合指标。企业经营中，成本的发生额是同业务量相关联的，本章基于成本与业务量之间的关系特征，建立起变动成本计算的基本逻辑和方法，这是管理会计的核心内容，也是确立管理会计决策与控制功能的支持理论和技术方法基石。成本性态分析是管理会计的基础性分析，是本量利分析、变动成本计算法运用的基础条件。

任何组织的管理者都希望知道成本是如何受到该组织业务活动的影响的。例如，为了规划经营和编制预算，制造企业的管理人员需要预先知道在不同的生产和销售水平下成本将如何变动。解决这一问题的第一步就是分析成本性态。为便于进行成本的事前预测和规划，进行成本的事中控制和事后评价，更好地发挥成本信息的决策支持作用，让成本信息更好地服务于企业的经营管理，进行成本性态分析是非常必要的。变动成本之变动就是指成本在相关范围内随业务量变化的增量特征或边际特征，单位变动成本就是单位业务增量的增量成本或边际成本，这个概念在企业经营管理全过程中，都具有十分广泛而重要的意义，它在产品成本计算为管理决策服务的功能定位上具有里程碑意义。本章将进行深入阐述。

学习目标

- 理解成本的一般分类、成本性态的内涵
- 掌握混合成本分解的方法
- 理解贡献毛益与毛利的不同之处
- 掌握变动成本法和完全成本法的计算、区别与评价

第一节　成本分类的目的及方法

一、成本分类的目的

成本的本质就是对象化的费用，即生产和销售一定种类、数量的产品或服务所耗

费资源的经济价值。成本分类就是按某种经济目的将成本进行归类，如按照生产经营过程所产生的作用分类，便于考察计量成本的大小及功能；按照是否能够被控制分类，便于厘清经济责任关系，确定控制与考核成本的方法；按照与业务量的关系特征分类，确定成本的边际特征，为经营决策服务。

随着商品经济的不断发展，会计业务在不断地拓展和延伸，成本的内涵和外延也在不断地发展变化。管理会计的出现使成本的概念更加趋于多样化，人们在各种场合，用各种不同的方式表述成本这个概念。

在当今的信息社会中，任何经营管理决策都离不开信息，成本信息是企业管理者极为关注的信息。在企业组织经营管理决策过程中，决策者强调成本信息的相关性，企业管理决策是多样的，决策的多样化直接导致了成本信息的多样化，由此导致新的成本概念相继出现。

二、成本的一般分类

（一）成本按经济用途分类

成本按经济用途分类是财务会计中成本分类的主要方法，也是一种传统的分类方法，可以分为生产成本和非生产成本，其分类结果主要用于区分存货成本和期间费用，以满足财务对外报告的需要。

1. 生产成本

生产成本，也称制造成本，是构成产品实体、能够对象化计入产品成本的费用。生产成本包括直接材料、直接人工和制造费用等成本项目。

1）直接材料

直接材料是指企业组织在产品生产过程中所耗用的，构成产品主要成分并易于追溯到特定产品的材料成本。有些材料成本虽然也构成产品的实体，但难以追溯到该特定产品或需要花较多的精力才能追溯到该特定产品。根据成本-效益原则，这种材料成本就不归集为直接材料，而称为间接材料，归入制造费用项目。尽管从理论上说，这种材料成本也构成产品的实体。值得指出的是，直接材料与间接材料的区分主要根据成本-效益原则和重要性原则。

2）直接人工

直接人工是指企业组织在产品生产过程中直接参与产品的生产过程所耗用的，并能追溯到特定产品的人工成本。同样，对于那些难以或要花较多的精力才能追溯到该特定产品的人工成本，也不归集为直接人工，而称为间接人工，它与前述的间接材料一并归入制造费用项目。

3）制造费用

制造费用是指企业为生产产品和提供劳务而发生的各项间接费用，包括企业生产部门（如生产车间）发生的水电费、固定资产折旧、无形资产摊销、管理人员的职工薪酬、劳动保护费、国家规定的有关环保费用、季节性和修理期间的停工损失等。当制造费用按一定的标准在各受益对象即产品之间分配完毕后，制造成本也就演变成了

“产品成本”，实现了对象化。

2. 非生产成本

非生产成本，也称期间费用，是指与生产产品无关的成本，具体是指与销售活动、管理活动、理财活动有关的成本，包括销售费用、管理费用和财务费用三大类。

1）销售费用

销售费用是指企业销售商品或材料、提供劳务的过程中发生的各种费用，包括保险费、包装费、展览费和广告费、商品维修费、预计产品质量保证损失、运输费、装卸费等以及为销售本企业商品而专设的销售机构（含销售网点、售后服务网点等）的职工薪酬、业务费、折旧费等经营费用。

2）管理费用

管理费用是指企业为组织和管理企业生产经营所发生的各种费用，包括企业在筹建期间发生的开办费、董事会和行政管理部门在企业的经营管理中发生的或者应由企业统一负担的公司经费（包括行政管理部门职工工资及福利费、物料消耗、低值易耗品摊销、办公费和差旅费等）、工会经费、董事会费（包括董事会成员津贴、会议费和差旅费等）、聘请中介机构费、咨询费（含顾问费）、诉讼费、业务招待费、税金及附加、技术转让费、矿产资源补偿费、研究费用、排污费等。

3）财务费用

财务费用是指企业为筹集生产经营所需资金等而发生的筹资费用，包括利息支出（减利息收入）、汇兑损益以及相关的手续费、企业发生的现金折扣或收到的现金折扣等。

以上三类费用的共同特点是它们均可以使企业整体受益，但难以准确划分这些支出和特定产品之间的关系。故在财务处理上，它们被界定为期间费用，直接计入当期损益。

（二）成本按计量单位分类

成本按计量单位可以分为总成本和单位成本两类。

1. 总成本

总成本是指企业生产某种产品或提供某种劳务而发生的总耗费，即在一定时期内为生产和销售所有产品而发生的全部耗费。

2. 单位成本

单位成本是指生产单位产品而平均耗费的成本。一般只要将总成本除以总产量便能得到，是将总成本按不同消耗水平分摊给单位产品的费用，它反映同类产品的费用水平。单位成本对于分析企业成本管理水平具有重要作用，因为单位成本的高低反映了企业生产水平、技术装备和管理水平的好坏。

（三）成本按形成时间分类

成本按形成时间可以分为历史成本和未来成本两类。

1. 历史成本

历史成本是指根据以往实际发生耗费情况所计算的实际成本。

2. 未来成本

未来成本刚好与历史成本相反，是根据一定资料预测获得的尚未实际发生的成本。

财务会计采用历史成本原则进行资产计价，管理会计则在既有成本的基础上，更注重未来成本的研究。管理会计要为企业决策提供相关的会计信息，它要管理者事先知道未来将有哪些导致成本发生的事项，知道如何进行管控，故未来成本对于企业管理的意义更加重大。

（四）成本按是否可控分类

成本按是否可控可以分为可控成本和不可控成本两类。

1. 可控成本

可控成本，即能被某个责任单位或个人的行为所制约的成本。例如，直接材料的价格对于采购部门是可控的，直接材料的耗用量对于生产部门是可控的。

2. 不可控成本

不可控成本，是指不能为某个责任单位或个人的行为所制约的成本。例如，直接材料的耗用量对于采购部门来说是不可控的，直接材料的价格对于生产部门是不可控的。

可控成本与不可控成本的划分具有相对性，与成本发生的空间范围和时间范围有关。例如，直接材料的耗用量对于生产部门来说是可控的，对于采购部门来说则是不可控的；新厂房建造之前，管理部门可以决定厂房规模的大小、成本的多少，此时新厂房的建造成本是可控的，但厂房一经建成，厂房的建造成本就成为不可控成本。

（五）成本按性态分类

所谓成本性态（习性），就是指成本总额的变动与业务量之间的相关性，也就是在一个特定的相关范围内，如果某项业务量发生变动，与之相对应的成本将如何变动。成本按其性态可以分为固定成本、变动成本和混合成本。

1. 固定成本

固定成本是指在特定的业务量范围内不受业务量变动影响，一定期间的总额能保持相对稳定的成本。例如，固定月工资、固定资产折旧费、取暖费、财产保险费、职工培训费、科研开发费、广告费等。固定成本也并非死板的固定，原因如下。

（1）“特定的业务量范围”是指固定成本保持稳定的业务量的变动范围。例如，照明用电一般不受业务量在特定范围内变动的影响，属于固定成本。然而，如果业务量变动超出了特定范围，需要调增或调减生产班次，照明用电的成本也会发生变动。

（2）固定成本的稳定是相对于业务量来说的，但成本的实际发生额会受其他因素的影响，如照明用电在特定的业务量范围内不受业务量变动的影响，但实际用电度数和支付的电费会受操作因素、电价变动等的影响。

（3）单位产品分摊的固定成本与业务量成反比。

一定的范围内固定成本的发生额还取决于固定成本的另外两点本质特征。

（1）约束性固定成本。约束性固定成本是提供和维持生产经营所需设施、机构而发生的成本。例如，固定资产折旧费、财产保险、管理人员工资、取暖费、照明费等。其金额取决于设施和机构的规模与质量，它们是以前决策的结果，现在难以改变。它们是无法通过当前的管理决策行动加以改变的固定成本，它们给企业带来的是一定时期的持续生产能力，而不是产品，也称“生产经营能力成本”。

（2）酌量性固定成本。酌量性固定成本是为完成特定活动而发生的固定成本，如科研开发费、广告费、职工培训费等，其发生额是根据企业的经营方针由经理人员决定的，是可以通过管理决策行动而改变数额的固定成本。酌量性固定成本往往关系到企业的竞争能力，也是一种提供生产经营能力的成本，但不是产量决定的固定成本。酌量性固定成本通常按预算来支出，而预算是按计划期编制的，因此，预算一经确定，这类成本的支出额便与时间相联系，也视为“期间成本”。

2. 变动成本

变动成本是指在特定的业务量范围内，其总额随业务量变动而正比例变动的成本。例如，直接材料、直接人工、外部加工费、销售佣金等。这类成本直接受业务量的影响，两者保持正比例关系，比例系数稳定。这个比例系数就是单位产品的变动成本。

单位成本的稳定性也是有条件的，即业务量的变动是在“特定的业务量范围”内。例如，产品的材料消耗通常会与产量成正比，属于变动成本。如果产量很低，不能发挥套裁下料的节约潜力；或者产量过高，废品率上升，单位产品的材料成本就会增大。这就是说，变动成本和产量之间的线性关系，通常只在其“特定范围”内存在。在“特定范围”之外就表现为非线性。

（1）约束性变动成本。约束性变动成本是由技术或设计关系所决定的变动成本，如一部汽车需装配套发动机配件、一套传动系统配件、一套制动系统配件、一套转向系统配件、一套行驶系统配件等。这种与产量有明确的生产技术或产品结构设计关系的变动成本，也称技术性变动成本。这类成本是利用生产能力所必须发生的成本。固定成本给企业带来生产能力，如果不加以利用，不生产产品，则不会发生技术性变动成本，生产能力利用得越充分，则这种成本发生得越多。

（2）酌量性变动成本。酌量性变动成本是由经理人员决定的，如按销售额一定的百分比开支的销售佣金、新产品研制费、技术转让费等，是可以通过管理决策行动改变的变动成本，这种成本的效用主要是提高竞争能力或改善企业形象，其最佳的合理支出难以计算，通常要依靠经理人员的综合判断来决定。经理人员的决策一经做出，其支出额将随业务量呈正比例变动，具有变动成本的特性。

如果把成本分为固定成本和变动成本两大类，业务量增加时固定成本总额不变，只有变动成本总额随业务量增加而增加，则总成本的增加额就是由变动成本总额增加引起的。因此，变动成本是产品生产的增量成本。

3. 混合成本

混合成本是指除固定成本和变动成本之外的成本，它们因业务量变动而变动，但不成正比例关系。混合成本的情况比较复杂，需要进一步分类。至于如何对其进一步分类，人们的看法不尽相同。一般来说，可以将其分为三种主要类别：半变动成本、阶梯式成本和延期变动成本。

1）半变动成本

半变动成本，是指在初始成本的基础上随业务量正比例增长的成本。例如，电费和电话费等公用事业费、燃料、维护和修理费等，多属于半变动成本。这类成本通常有一个初始成本，一般不随业务量变动而变动，相当于固定成本。在这个基础上，成本总额随业务量变化呈正比例变化，又相当于变动成本。这两部分混合在一起，构成半变动成本。

2）阶梯式成本

阶梯式成本，是指总额随业务量呈阶梯式增长的成本，亦称步增成本或半固定成本。例如，受开工班次影响的动力费、整车运输费用、检验人员工资等。这类成本在一定业务量范围内发生额不变，当业务量增长超过一定限度时，其发生额会突然跳跃到一个新的水平，然后，在业务量增长的一定限度内其发生额又保持不变，直到另一个新的跳跃为止。

3）延期变动成本

延期变动成本，是指在特定业务量范围内总额保持稳定，超出特定业务量则开始随业务量比例增长的成本。例如，在正常业务量情况下给员工支付固定月工资，当业务量超过正常水平后则需支付加班费，这种人工成本就属于延期变动成本。延期变动成本在某业务量以下表现为固定成本，超过这一业务量则成为变动成本。

此外，有些成本和业务量有依存关系，但不是直线关系。例如，自备水源的成本，用水量越大则总成本越高，但增长越来越慢，变化率是递减的，两者不成正比例，而呈非线性关系。再例如，各种违约金、罚金、累进计件工资等，这种成本随业务量增加而增加，而且比业务量增加得还要快，变化率是递增的。虽然各种非线性成本与业务量不是比例关系，但是在业务量相关范围内可以近似地看成变动成本或半变动成本。在特定的业务量范围内，它们的实际性态虽为非直线，但与直线的差别有限，忽略这种有限的差别，不至于影响信息的使用，却可以大大简化数据的加工过程。

第二节　混合成本的分解

固定成本和变动成本是成本性态的两种极端类型，而企业绝大多数成本属于混合成本性态。为了经营管理的需要，可以采用专门的方法将混合成本分解成固定成本和变动成本，进而研究成本与业务量之间的关系，提高企业经营效率。通常，混合成本分解的方法主要包括历史成本分析法、技术测定法、账户分析法和合同确认法，其中，历史成本分析法最为常用，而历史成本分析法又包括高低点法、散布图法和回归分析法三种。

一、高低点法

高低点法通过观察相关范围内成本总额与业务量的最高点和最低点之间的差异分解混合成本。这种方法假设成本总额与业务量存在线性关系，即其成本表达式为

$$Y=a+bX \tag{2-1}$$

设 X_1、X_2 分别为最高点和最低点的业务量；Y_1、Y_2 分别为最高点和最低点的成本总额，那么

$$Y_1=a+bX_1$$

$$Y_2=a+bX_2$$

两式相减，得

$$Y_1-Y_2=b(X_1-X_2)$$

则

$$b=\frac{Y_1-Y_2}{X_1-X_2} \tag{2-2}$$

将 b 代入公式

$$Y_1=a+bX_1$$

或

$$Y_2=a+bX_2$$

得

$$a=\frac{Y_2X_1-Y_1X_2}{X_1-X_2} \tag{2-3}$$

这样既把混合成本分解成为固定成本与变动成本，又可用于预测在相关范围内基于某个业务量水平的混合成本总额。

【例 2-1】明湖公司 2019 年度 1～12 月维修成本的历史数据，如表 2-1 所示。

表 2-1　明湖公司 2019 年度 1～12 月维修成本的历史数据

月份	1	2	3	4	5	6	7	8	9	10	11	12
机器工作时间 X/小时	120	130	115	105	90	80	70	80	95	110	125	140
维修成本 Y/元	90	91	84	85	82	73	72	78	75	89	92	93

如果明湖公司 2020 年 6 月预计机器工作时间为 75 小时，则其维修成本将为多少？

根据表 2-1，首先确定在相关范围（70～140 小时）内的最高点与最低点，如表 2-2 所示。

表 2-2　相关范围内最高点与最低点

项目	机器工作时间 X/小时	维修成本 Y/元
最高点	140	93
最低点	70	72
最高点与最低点差异	70	21

其次，运用高低点法分解维修成本：

$b=\frac{93-72}{140-70}=0.3$（元/小时）

$a=93-0.3\times 140=51$（元）

或 $a=72-0.3\times 70=51$（元）

最后，写出维修成本的表达式为 $Y=51+0.3X$。

明湖公司 2020 年 6 月预计机器工作时间为 75 小时，则其维修成本将为 73.5 元（$51+0.30\times 75$）。

值得指出的是，在企业组织的经营管理实践中，高低点的业务量与成本总额未必严格对应，也就是说业务量最高，但与之相对应的成本总额却未必最高；业务量最低，但与之相对应的成本总额却未必最低。这时，应该以业务量的最高点或最低点确定成本总额的最高点或最低点，因为业务量是成本总额发生的动因。

高低点法计算简单，便于运用。但是，它只用最高点与最低点确定成本性态，如果最高点与最低点缺乏代表性，那么，其结果可能与实际相去甚远。

二、散布图法

散布图法是将观察的历史成本数据，在直角坐标系上作图，描绘出各期成本点散布图，并根据目测，在各成本点之间画出一条反映成本变动趋势的直线，其与纵轴的交点就是固定成本（a），然后再据此计算单位变动成本（b）的一种方法。具体地说，散布图法的基本步骤如下。

（1）画一个平面直角坐标系，以横轴代表业务量 X，以纵轴代表成本总额 Y。

（2）将业务量与成本总额坐标点逐一描绘在直角坐标上，形成若干坐标点即散布点。

（3）以目测的方法模拟一条能大致代表上述各点的直线，其表达式为 $Y=a+bX$。

（4）上述直线与纵轴的交点就是固定成本（a）。

（5）在直线上任意取一点（X_1，Y_1），即可确定单位变动成本（b），即 $b=\frac{Y_1-a}{X_1}$。

【例 2-2】根据表 2-1 数据，绘制散布图，如图 2-1 所示。

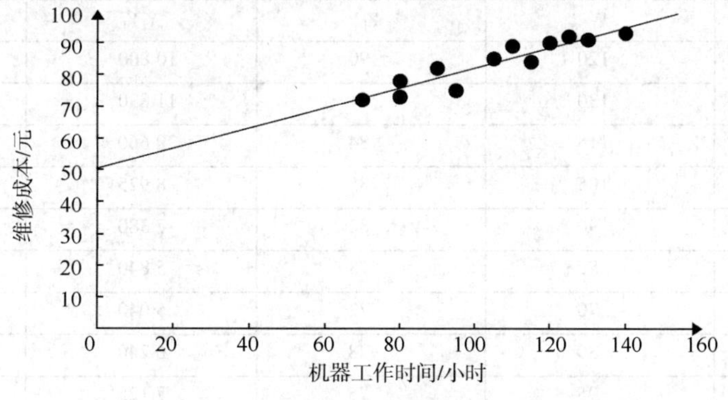

图 2-1　明湖公司维修成本散布图

根据图 2-1，目测画出的成本趋势直线与纵轴的交点为 50，即固定成本总额 a 为 50 元，成本趋势直线的斜率即为单位变动成本 b。在成本趋势直线上任意取一点如（120，90），那么 $b=\dfrac{90-50}{120}\approx 0.33$。由此，维修成本表达式为 $Y=50+0.33X$。

明湖公司 2020 年 6 月预计机器工作时间为 75 小时，则其维修成本将为 74.75 元（50＋0.33×75）。

由此可见，散布图法综合考虑了各观察点的成本总额与业务量的依存关系，而不是只凭最高点与最低点确定成本表达式。因而，相对于高低点法，其结果要精确一些。但是，它只是目测的结果，可能对同一组数据资料，不同的目测者可以描绘出各自不同的直线。

三、回归分析法

回归分析法，也称最小二乘法（least squares method，LSM）。如前所述，对于同一组数据资料，不同的目测者可以描绘出各自不同的直线，回归分析法就是要从这些众多的直线中寻找出一条最接近散布图各点的直线，这条直线的表达式为 $Y=a+bX$。根据微积分原理，这条直线就是使各个观察点引起的总误差最小的那条直线。这可以借助高等数学极值原理推导出 a 与 b 的数值，即

$$a=\frac{\sum_{i=1}^{n}X_i^2\sum_{i=1}^{n}Y_i-\sum_{i=1}^{n}X_i\sum_{i=1}^{n}X_iY_i}{n\sum_{i=1}^{n}X_i^2-\left(\sum_{i=1}^{n}X_i\right)^2} \tag{2-4}$$

$$b=\frac{n\sum_{i=1}^{n}X_iY_i-\sum_{i=1}^{n}X_i\sum_{i=1}^{n}Y_i}{n\sum_{i=1}^{n}X_i^2-\left(\sum_{i=1}^{n}X_i\right)^2} \tag{2-5}$$

【例 2-3】以表 2-1 资料为例，说明回归分析法的运用，其具体计算如表 2-3 所示。

表 2-3　回归分析数据表

月份	X_1	Y_1	X_1Y_1	X_1^2
1	120	90	10 800	14 400
2	130	91	11 830	16 900
3	115	84	9 660	13 225
4	105	85	8 925	11 025
5	90	82	7 380	8 100
6	80	73	5 840	6 400
7	70	72	5 040	4 900
8	80	78	6 240	6 400
9	95	75	7 125	9 025
10	110	89	9 790	12 100

续表

月份	X_1	Y_1	X_1Y_1	X_1^2
11	125	92	11 500	15 625
12	140	93	13 020	19 600
Σ	1 260	1 004	107 150	137 700

根据表 2-3，计算出 a 与 b 数值如下：

$$a=\frac{137\ 700\times 1004-1260\times 107\ 150}{12\times 137\ 700-1260^2}\approx 50.03$$

$$b=\frac{12\times 107\ 150-1260\times 1004}{12\times 137\ 700-1260^2}\approx 0.32$$

于是，得到维修成本表达式：$Y=50.03+0.32X$。

明湖公司 2020 年 6 月预计机器工作时间为 75 小时，则其维修成本将为 74.03 元（50.03＋0.32×75）。

回归分析法克服了高低点法和散布图法的局限性，运用高等数学方法求解成本表达式，具有严密性和科学性。如果手工计算，其计算过程比较复杂。当然，借助电子计算机，其计算过程还是相当简单的。

利用 Excel 软件对回归分析法中的截距项和斜率进行求解，步骤如下。

（1）收集以前各期的业务量（X）与总成本（Y）的历史数据，填入 Excel 表格中。

（2）设置计算公式，计算固定成本和单位变动成本。

运用 Excel 中的 INTERCEPT 函数计算参数 a 的值，SLOPE 函数计算参数 b 的值。INTERCEPT 函数用于求线性回归拟合方程的截距 a，SLOPE 函数用于求线性回归拟合方程的斜率 b。

（3）将固定成本及单位变动成本数据代入总成本公式，建立混合成本模型。

【例 2-4】以表 2-1 资料为例，说明用 Excel 求解回归分析法各参数的运用，其具体计算如表 2-4 所示。

表 2-4　混合成本分解计算过程

行号/列标	C	D	E
1	月份	机器工作时间 X/小时	维修成本 Y/元
2	1	120	90
3	2	130	91
4	3	115	84
5	4	105	85
6	5	90	82
7	6	80	73
8	7	70	72
9	8	80	78
10	9	95	75

续表

行号/列标	C	D	E
1	月份	机器工作时间 X/小时	维修成本 Y/元
11	10	110	89
12	11	125	92
13	12	140	93
14		固定成本 a /元	单位变动成本 b /元
15		50.03	0.32

注：

D15＝INTERCEPT（E2：E13，D2：D13）

E15＝SLOPE（E2：E13，D2：D13）

于是，得到维修成本表达式为

$$Y=50.03+0.32X$$

综合上述，各种混合成本分解的基本思路都是求出 a 与 b，从而，列出成本表达式 $Y=a+bX$。

第三节　贡献毛益与毛利

贡献毛益与毛利分别代表变动成本法与完全成本法不同利润计算路径的重要中间变量，以贡献毛益为中间变量的变动成本法体现了强调市场销售、完善决策信息、客观评价业绩的综合管理要求；而以毛利为中间变量的完全成本法体现了为所有成本的发生寻找依托来“合理计算”利润的要求。完全成本法在并非进行动因与作业关联分析的情况下，按某种比率对所有成本均匀分配，把“规则上合理”的职能成本当作产品成本，使管理者的视线模糊，同时，也使资本市场的投资者无法获取真实有效的信息。

一、贡献毛益

贡献毛益是变动成本法中引用的中间变量，又称创利额、边际贡献或边际利润，是产品销售收入扣减其变动成本后的余额。它是衡量产品或服务盈利能力的一项重要指标，通常有三种表现形式：贡献毛益总额（total contribution margin，TCM）、单位贡献毛益（the unit contribution margin，UCM）和贡献毛益率（contribution margin rate，CMR）。

1. 贡献毛益总额

贡献毛益总额是指产品销售收入总额与变动成本总额之间的差额，其基本计算公式为

$$贡献毛益总额=销售收入总额-变动成本总额 \tag{2-6}$$

贡献毛益总额反映企业全部销售收入为企业利润“贡献”的毛益，贡献毛益总额扣除固定成本总额后就是企业的利润，如果没有销售收入所“贡献”的毛益，利润就是负的固定成本，其计算公式为

利润＝贡献毛益总额－固定成本　　(2-7)

2. 单位贡献毛益

单位贡献毛益是指产品单价与单位变动成本之间的差额，其计算公式为

单位贡献毛益＝单价－单位变动成本　　(2-8)

单位贡献毛益反映销售单位产品所“贡献”的毛益。

3. 贡献毛益率

贡献毛益率（创利率、边际贡献率、边际利润率）是指贡献毛益占销售收入总额的百分比，或单位贡献毛益占单价的百分比，其计算公式为

贡献毛益率＝贡献毛益总额/销售收入总额×100%

＝单位贡献毛益/单价×100%　　(2-9)

贡献毛益率反映销售收入中所“贡献”的毛益比例，或每产生1元销售收入所创造的贡献毛益比重。

与贡献毛益率密切相关的另一个指标是变动成本率（variable cost rate，VCR）。变动成本率是指变动成本总额（total variable cost，TVC）占销售收入的百分比，或单位变动成本占单价的百分比，即

变动成本率＝变动成本/销售收入×100%

＝单位变动成本/单价×100%　　(2-10)

变动成本率又称补偿率，反映销售收入中需要弥补的变动成本比列。例如，企业的变动成本率为40%，表示企业每销售100元，需要补偿的变动成本就是40元。贡献毛益率反映每单位销售收入在弥补变动成本后所创造的毛益，故贡献毛益率与变动成本率之间具有“互补关系”，即贡献毛益率＋变动成本率＝1。

变动成本率越高，贡献毛益率就越低，盈利能力就越小；反之则相反。贡献毛益率与毛利率相比，其大小不受产销量的影响，能更好地衡量产品的获利能力。

【例2-5】某新建小区旁开设了一家美发店，为居民提供理发、美发服务。员工工资由基本固定工资加提供服务提成组成，每个理发服务员工提成5元、水电费0.5元，单个美发服务员工提成10元，水电材料费1.5元，理发的单价为10元/人，美发的单价为25元/人，则该理发店的两种居民服务的贡献毛益为

单位理发贡献毛益＝单价－单位变动成本＝10－（5＋0.5）＝4.5（元）

理发的贡献毛益率＝单位贡献毛益/单价×100%＝4.5/10×100%＝45%

单位美发贡献毛益＝单价－单位变动成本＝25－（10＋1.5）＝13.5（元）

美发的贡献毛益率＝单位贡献毛益/单价×100%＝13.5/25×100%＝54%

上述计算表明，美发的贡献毛益率高于理发，盈利能力应该更强，但具体情况还需分析，美发需要顾客在店内驻留较长时间，在人多时会受到场地资源制约，而且需要的技术手段更多，故贡献毛益率高是合理的。

二、贡献毛益与毛利的边际特征

在线性条件下，根据贡献毛益总额的计算公式，相关范围（保持其特征的业务量范

围）内，单位售价和单位变动成本都是固定不变的，如果贡献毛益总额对业务量求导数，正好就是单位贡献毛益，它就是经济学中的边际利润，如果总收入及总成本均对业务量求导数，得到的结果就是价格和单位变动成本，这就是边际收入和边际成本。在业务量发生一个单位变动时，单位贡献毛益就是边际利润，它正好等于价格扣减单位变动成本，即等于边际收入减去边际成本。

即便是价格和单位变动成本随业务量变化而变化，只要固定成本“固定”，这个边际利润的特征依然存在。在进行业务量优化分析时，这种边际特征至关重要。

毛利是指在不考虑税金和非生产费用的情况下，销售所购入的产品或自己生产的产品所产生的利润。它是从完全成本的角度计算利润的。

$$毛利=销售收入-销售产品成本 \tag{2-11}$$

$$毛利率=（销售收入-销售产品成本）/销售收入\times 100\% \tag{2-12}$$

$$单位毛利=毛利/销售量 \tag{2-13}$$

从毛利计算过程看，费用的分配过于复杂，销售产品成本与销售收入之间的比例会随着销售量的变化而变化，即毛利率会随着业务量上升而提高。单位毛利既不能固定，也不是业务量上的边际利润，它不具备边际特征。

企业在进行利润核算或计算的过程中，首先要考虑成本实际发生的状况，毛利是销售收入扣减销售产品成本，由于销售产品成本是当期生产中所发生的全部成本在在产品、库存产品（产成品）及销售产品之间分配，而且涉及期初库存结转销售产品成本问题，因此，销售产品成本具有非常复杂的结构，通常不经过最后（至一个会计年度结束）计算，是不能确定已销售的产品销售成本、当期生产产品成本、当期生产的单位产品成本、当期销售的单位产品成本的，当期生产的单位产品成本与当期销售的单位产品成本在存在期初库存时会存在差异。因此，企业无法在销售过程中了解或掌握成本发生的状况，单位成本数据随生产量的变化而不断变化，没法进行利润核算，而且估算的难度也大，这给企业的经营决策带来极大的不便。

反观贡献毛益，由于它是销售收入扣减销售产品变动成本，在售价确定的情况下，单位变动成本的确定性就确保了单位贡献毛益的确定性，企业管理者就能够确定在销售变化时，贡献毛益是如何变化的。在销售过程中，能确定贡献毛益的累计数据、阶段数据、边际数据乃至预估数据等，以贡献毛益的预估数扣减掉固定成本，税前利润就能预估或掌控。

贡献毛益扣减的不单纯是生产中的变动成本，也扣减销售与管理中的变动成本，故它扣减了整个作业链上所发生的变动（增量或边际）成本，为成本管控和本量利分析提供了重要依据。

第四节 变动成本法的特点

变动成本法是管理会计的基本方法之一。它是以成本的性态分类为基础进行企业利润的计算与核算，它是与传统的以成本的经济职能为基础的完全成本法相对应的一种成本核算方法。本节通过变动成本法与完全成本法的比较，使读者能清楚地认识和应用变动成本法。

一、变动成本法的理论依据

变动成本法认为，从严格意义上说，产品成本和期间成本是两个不同的概念。产品成本是在生产过程中发生且随着产量变动而变动，并且在本期发生后下期不再重复发生的成本，直接材料、直接人工及变动性制造费用符合产品成本的定义。而固定性制造费用则是为企业提供一定的生产经营条件，以保持生产能力，并使它处于准备状态而发生的成本，就其性质而言，属于期间成本。因为固定性制造费用同产品的实际产量没有直接联系，既不会由于产量的提高而增加，也不会因为产量的下降而减少。它们实质上是联系会计期间所发生的费用，并随着时间的消逝而逐渐丧失。所以其效益不应该递延到下一个会计期间，而应在费用发生的当期全额列入收益表内，作为本期贡献毛益总额的减除项目。

二、变动成本法的主要功能

采用变动成本法计算产品成本和存货成本，有如下主要功能。

（一）为每种产品提供盈利能力资料

每种产品的盈利能力资料，是管理会计要提供的重要管理信息之一。因为利润的规划和经营管理中有许多重要的决策，都要以每种产品的盈利能力作为考虑的重要依据。而每种产品的盈利能力可通过其“贡献毛益”来综合表现。显然，各种产品的贡献毛益要用来补偿整个企业的固定成本，补偿之后还有余额，企业才能实现最终利润。所以，各种产品的贡献毛益正是其盈利能力的表现，也是各种产品对企业最终利润所做贡献大小的重要标志。而产品贡献的确定，又有赖于变动成本的计算。

（二）为经营决策及成本计划控制提供有价值的依据

变动成本法以贡献毛益计算为基础，再扣除期间成本后形成税前利润，以此方法可进一步进行盈亏临界点和本量利分析，有助于揭示业务量与成本变动的内在规律，使生产成本和销售成本之间的关系简单与可直接辨认，使业务量与成本、成本与利润之间形成确切的依存关系，并用于预测前景、规划未来（如规划目标成本、目标利润及编制弹性预算等）。变动成本法也有利于正确地制定短期经营决策。因为企业的生产能力一旦形成，在短期内很难改变，而用于维持现有生产能力的固定成本就不会有增量变化，成为一种与短期决策无关的成本。但变动成本则会因短期决策方案的不同而改变，这同时也改变了贡献毛益，许多短期经营决策正是借助贡献毛益的数据来进行的。

（三）可嵌入标准成本、弹性预算、责任会计中，直接为计划与控制服务

依据变动成本与固定成本不同的成本特性，可分别制定标准成本。对于变动成本

可以单位成本为核心制定标准成本，并依此建立弹性预算进行日常成本控制。而固定成本以总成本为核心制定标准成本，再根据产能所确定的产量按标准分配率计算单位成本。通常，固定成本的高低不是基层生产单位所能控制的，应由管理部门负责，可以通过制定费用预算加以控制。而变动成本才是反映基层生产供应部门工作业绩的指标，如直接材料、直接人工和变动性制造费用的节约或超支是其内部执行好坏的反映。因此采用变动成本法，便于分清各部门的经济责任，有利于采用科学的成本分析方法和正确的成本控制方法，有利于正确评价各部门的工作业绩。

（四）为企业内部经营管理信息系统提供基础资料

变动成本法在许多企业中的应用已趋于成熟，已在一些企业内部形成了用于内部管理的成本会计制度。因此，除了成本项目必须按成本性态进行分类外，成本记录、账户设置、成本汇集、预算编制、标准成本制定、差异分析、内部报表编制等均需按此分类进行处理。但由于财务报表必须遵循有关会计准则，其对外公布的财务信息仍以完全成本法提供的成本资料为依据，如何将这两者结合？一些企业建立了综合信息系统以完成这种成本转换，还有的企业已着手建立起业务财务一体化的信息共享中心，这为成本分类、成本分析、预算编制提供了便利，而变动成本法是这类管理信息系统的灵魂和基础，这类信息系统也为变动成本法的应用提供了更为广阔的空间。

三、变动成本法的主要特点

（一）以成本性态为基础计算产品成本与期间成本

变动成本法将所有生产和非生产成本划分为变动成本与固定成本两大类，但仅把生产中的变动成本计入产品成本，而把所有固定成本作为期间成本直接从本期收入中扣减，变动非生产成本虽然扣减的方式与固定成本不一致，但事实上仍是期间成本，不存在结转。

（二）以贡献式损益表确定企业利润

为了便于取得贡献毛益信息，变动成本法把企业利润改由贡献式损益表确定，分两步计算。先通过销售收入扣减变动成本确定贡献毛益总额，再通过贡献毛益总额扣减固定成本来确定利润。贡献式损益表的利润计算是将随销售变化的成本费用置于扣减项目的上方，用于体现与销售额成比例变化的贡献毛益，而将固定不变的扣减项置于下方，体现贡献毛益与税前利润的固定差异。

（三）损益计算直接与销售环节挂钩

变动成本法将固定性制造费用作为期间成本处理，直接导致了产品成本下降、期间成本总额增加（相对于传统的完全成本法而言），使当期损益与销售量的关系更为直接，当期损益对销售变化更加敏感。由于客观上形成销售重于生产的效果，显示了利润是市场销售带来的，是满足顾客的结果，这是变动成本法的一个显著特点。

（四）不同类型成本采用不同补偿方式

变动成本法认为固定性制造费用与产品销售无关，它是企业经营的基础，或它与企业一开始预计形成的生产能力相关，而与实际生产或销售多少并无直接联系，因而不应该计入产品成本，而应该看作期间费用。只有变动性生产成本与产量构成直接联系，从而将其作为产品成本，变动非生产成本与销量形成直接联系，但不发生于生产过程，存货与在产品中不包含此类成本。但两类变动成本均可根据成本-效益原则，从其销售收入中扣除。

第五节　变动成本法的计算

变动成本法与完全成本法是一个既对立又联系的概念，所以只有通过与完全成本法的比较才能理解掌握变动成本法的计算。

一、产品成本与期间成本

在变动成本法下，产品成本全部由变动生产成本构成，而将固定生产成本、固定与变动非生产成本（尽管变动非生产成本扣除的方式不同，但事实上不发生结转）全部列入期间费用。

在完全成本法下，产品成本包括全部生产成本（直接材料、直接人工和制造费用），期间成本则仅包括非生产成本（销售费用、管理费用和财务费用）。

两种成本计算法下的产品成本与期间成本比较如表 2-5 所示。

表 2-5　两种成本计算法下的产品成本与期间成本比较

<table>
<tr><th>成本分类</th><th>变动成本法计算</th><th>完全成本法计算</th></tr>
<tr><td rowspan="3">产品成本</td><td>直接材料</td><td>直接材料</td></tr>
<tr><td>直接人工</td><td>直接人工</td></tr>
<tr><td>变动制造费用</td><td>制造费用（变动＋固定）</td></tr>
<tr><td rowspan="3">期间成本</td><td>固定制造费用</td><td rowspan="2">变动销售费用</td></tr>
<tr><td>变动销售费用</td></tr>
<tr><td>固定销售费用</td><td>固定销售费用</td></tr>
</table>

【例 2-6】宏源公司只生产 A 产品，本期业务资料如下：全年产量 15 000 件，期初存货 0 件，全年销售量为 10 000 件，期末存货量为 5000 件，销售单价为 100 元，本期发生的成本资料如表 2-6 所示。要求：分别按变动成本法和完全成本法计算当期发生的产品成本与期间成本。

表 2-6　宏源公司成本资料（单位：元）

成本项目	直接材料	直接人工	制造费用	销售费用	管理费用	财务费用
变动性	180 000	120 000	30 000	20 000	10 000	
固定性			150 000	30 000	50 000	10 000
合计			180 000	50 000	60 000	10 000

根据上述资料按两种方法计算产品成本和期间成本，如表 2-7 所示。

表 2-7　宏源公司产品成本和期间成本计算（单位：元）

成本项目	变动成本法计算			完全成本法计算		
	产品成本	单位产品成本	期间成本	产品成本	单位产品成本	期间成本
直接材料	180 000	12		180 000	12	
直接人工	120 000	8		120 000	8	
变动制造费用	30 000	2		30 000	2	
固定制造费用			150 000	150 000	10	
合计	330 000	22	150 000	480 000	32	
销售费用			50 000			50 000
管理费用			60 000			60 000
财务费用			10 000			10 000
合计			120 000			120 000
总计	330 000	22	270 000			120 000

注：站在经营的视角，财务费用不应该计入期间成本，因为它会影响不同资本结构下的企业成本结构，扩大负债企业对固定成本的估算，其实，不仅负债具有成本，所有的资本都是有成本的，所以，财务费用会影响评价的客观性

由以上计算结果可以看出，完全成本法单位生产成本为 32 元，比变动成本法单位生产成本 22 元多 10 元；变动成本法计算的期间成本为 270 000 元，比完全成本法计算的期间成本 120 000 元多 150 000 元。这种差异是固定制造费用处理不同，即每件产品负担固定制造费用 10 元（150 000/15 000）造成的。

二、销售产品成本与存货成本

企业的产品实体随着企业的经济活动不断处于流动状态。广义的完工产品是以销货和存货两种实物形态存在的。只要销货量与期末存货量不为零，本期所发生的产品成本则转化为销售产品成本与存货成本（假定生产线上期末在产品为零）。变动成本法将固定制造费用作为期间成本直接在当期损益表中扣除，不可能转化为存货成本，本期发生的固定制造费用也不会递延到下一期。而在完全成本法下，固定制造费用通过一系列的复杂分配计入产品成本，使得本期所发生的固定制造费用依附于产品，也随产品的流动而流动，只要存在期末存货，就需要在本期销售产品成本与存货成本间分配，只有计入销售产品成本中的固定制造费用才能从当期损益表中扣除，而计入存货成本中的固定制造费用随着存货的流动递延到下一期。因此，两种成本计算法所确定的销售产品成本与存货成本水平不同。【例 2-6】中两种成本计算法下的销售产品成本与存货成本的计算如表 2-8 所示。

表 2-8　宏源公司销售产品成本与存货成本的计算

项目	变动成本法计算	完全成本法计算
期初存货量	0	0
本期生产量/件	15 000	15 000
本期销售量/件	10 000	10 000

期末存货量/件	5 000	5 000

续表

项目	变动成本法计算	完全成本法计算
本期销售成本/元	10 000×22＝220 000	10 000×32＝320 000
期末存货成本/元	5 000×22＝110 000	5 000×32＝160 000

从表 2-8 可见，变动成本法的产品成本只包括了变动生产成本，完全成本法在已销售产品和存货中都包含了固定制造费用，而且，如果期末尚有在产品，则应按制造当量都分配固定制造费用，这必然使存货中的成本金额大于变动成本法存货的成本金额，此题假设的期末在产品为零，期末存货成本完全成本法高于变动成本法 50 000 元，这是不会从当期损益中扣除的。

在存在期初期末存货时，无论采取何种成本法，其本期的产品销售成本始终符合以下公式：

本期销售产品成本＝期初存货成本＋本期发生的计入产成品的生产成本－期末存货成本　　(2-14)

式（2-14）是采用先进先出法计算的销售产品成本。计算本期销售产品成本，必须计算出计入产成品的生产成本及期末存货成本。由于完全成本法的成本分配过程复杂，销售产品成本需要经过期末最后核算方可确认。而变动成本法的销售产品成本仅由变动生产成本构成，所以可使用简化公式计算，即

本期销售产品成本＝本期销售量×单位变动生产成本（单位产品成本）　　(2-15)

上述公式的含义是：只要确定了销售量，当单位变动生产成本固定不变时，则销售产品成本也确立下来了。即便各期单位变动生产成本存在差异，只要期初存货为零，则单位期末存货成本、本期单位产品成本和本期单位销售产品成本完全相等，可以用单位变动生产成本指标来表示；如果存在期初存货，只要前后期单位变动生产成本水平不变，仍可使用式（2-15），因为此时的单位期初存货成本、单位期末存货成本、本期单位产品成本和本期单位销售产品成本仍相等，这四个指标可以用统一的单位变动生产成本指标来表示。只有各期单位变动生产成本存在差异，即前后各期的原材料、人工、费用存在较大差异时才使用先进先出法计算销售产品成本。

三、损益确定程序与中间指标计算

产品的盈利能力是企业规划与决策的重要依据。变动成本法提供的贡献式损益表所确定的计算程序使体现产品盈利能力的贡献毛益指标计算简单明了，销售收入的第一个扣减项目就是变动成本，第一个中间指标便是贡献毛益，然后才是对企业的固定成本的补偿。损益的基本计算过程如下：

贡献毛益＝销售收入－变动成本总额　　(2-16)

其中，变动成本总额＝变动生产成本＋变动销售及管理费用

税前利润＝贡献毛益－固定成本总额　　(2-17)

其中，固定成本总额＝固定制造费用＋固定销售及管理费用

由以上公式可以看出，贡献毛益超过固定成本越多，企业的盈利就越大。因此，产品的贡献毛益可以反映盈利能力。

用完全成本法计算损益时，用销售收入扣除本期已销售产品成本的差额（销售毛利），再用销售毛利扣除期间费用后的差额，得到的就是税前净利。损益的确定和计算公式为

$$销售毛利＝销售收入－销售成本 \quad (2\text{-}18)$$

其中，销售成本＝期初存货成本＋本期生产成本－期末存货成本

$$税前利润＝销售毛利－销售及管理费用 \quad (2\text{-}19)$$

【例 2-7】仍以【例 2-6】资料，用两种成本计算方法计算损益，编制的损益表如表 2-9 所示。

表 2-9 宏源公司损益表（单位：元）

贡献式损益表		职能式损益表	
销售收入	1 000 000	销售收入	1 000 000
变动成本		销售成本	
变动生产成本	220 000	期初存货成本	0
变动销售费用	20 000	本期生产成本	480 000（15 000×32）
变动管理费用	10 000	期末存货成本	160 000
变动财务费用	0	销售成本合计	320 000
变动成本合计	250 000		
贡献毛益	750 000	销售毛利	680 000
固定成本		期间费用	
固定制造费用	150 000	销售费用	50 000
固定销售费用	30 000	管理费用	60 000
固定管理费用	50 000	财务费用	10 000
固定财务费用	10 000	期间费用合计	120 000
固定成本合计	240 000		
税前利润	510 000	税前利润	560 000

四、两种成本法的税前利润计算差异

表 2-9 显示，两种成本法计算的税前利润存在较大差异，原因是对固定性制造费用的处理方式不同，所以分期损益也不同。宏源公司当年的两种成本法损益计算差异是：完全成本法高于变动成本法 50 000（560 000－510 000）元，正好是 5000 件期末存货所包含的每件 10 元的固定性制造费用，如果情况复杂，通过分析也能找到两种成本法计算分期损益的差异，归纳如下。

（1）在产销平衡且无期初存货的情况下，两种成本计算法所确定的税前利润是相同的。这是因为，按变动成本法计算，本期所发生的固定制造费用是全额从本期销售收

入中扣除的；按完全成本法计算，本期所发生的固定制造费用先计入本期所发生的产品成本中，在产销平衡的情况下，本期所生产的产品又在本期全部销售出去，因此本期发生的固定制造费用也全额在本期中扣除。所以，两种成本计算法，在销售收入一样、扣减数也一样的情况下，当然所得的税前利润会相等。

（2）在产销平衡但有期初存货的情况下，两种成本计算法所确定的税前利润不一定相同。这是因为，即便是按变动成本法计算，各期的单位变动生产成本也难以保持一致，如果不一致，则会使期初单位存货成本（上期生产决定的）、本期单位生产成本、本期销售单位产品成本、期末单位存货成本不一致，这就无法简单计算贡献毛益，需用先进先出法计算。如果假定单位变动成本各期不变，固定成本总额各期不变，则变动成本法计算的贡献毛益就无须和生产过程发生联系，销售产品成本就是销售量乘以单位产品变动生产成本。而按完全成本法计算，各期生产的单位产品成本由当期产量决定，即

单位产品成本＝单位变动生产成本＋固定性制造费用/当期产量

上式等号右边唯一的变量就是当期产量，各期产量不同，就会使期初存货、本期生产、期末存货、销售产品的单位产品成本均不同，这种不同完全来自每单位产品所分担的固定性制造费用的差异。故当存在期初存货时，即使产销平衡，两种成本法计算的税前利润也可能不一样。只有当期初存货带到本期扣减的固定制造费用等于期末存货带到下期扣减的固定制造费用时，两种成本法计算的税前利润才会相等。

（3）在产销不平衡时，由于情况复杂，故需做必要的假定，即假定单位变动生产成本及固定性制造费用总额各期不变，则存在如下几种情况：①如果期初存货为零，由于完全成本法计算的单位产品成本、单位存货成本、单位销售产品成本一致，则两种成本计算法所确定的税前利润差异就是存货中的固定制造费用，即完全成本法计算的税前利润比变动成本法高，高出部分就是存货中的固定制造费用；②如果期末存货为零，则尽管单位期初存货成本、本期单位生产产品成本、本期单位销售产品成本不相同，但由于完全成本法没有将本期的固定性制造费用结转下期，反而多扣除了上期结转下来的固定性制造费用，故完全成本法计算的税前利润比变动成本法计算的税前利润要低，其差额就是期初存货的固定性制造费用；③如果期初期末存货均不为零，仅仅为了比较两种成本法在损益计算上的差异，只需要简单比较完全成本法下期初存货中的固定制造费用与期末存货中的固定制造费用大小即可。如果前者大于后者，则变动成本法计算的税前利润高于完全成本法，高出额就是期初存货中的固定制造费用减去期末存货中的固定制造费用。如果后者大于前者，则完全成本法计算的税前利润高于变动成本法，高出额就是期末存货中的固定制造费用减去期初存货中的固定制造费用。

（4）仅仅根据生产量大于销售量难以判断两种成本法计算的税前利润高低。一般情况下，按变动成本法计算的税前利润要小于完全成本法。如果不存在期初存货，结论显然正确；当存在期初存货时，生产量大于销售量，一定会产生期末存货，而且期末存货的数量也大于期初存货，如果期末存货带走的固定性制造费用大于期初存货带来的固定性制造费用，结论依旧成立；但如果期末存货带走的固定性制造费用小于

期初存货带来的固定性制造费用，则结论不成立。后面这种情况看似难以成立，怎么会更多的期末存货带走的固定制造费用反而比期初少量存货带来的固定制造费用更少呢?其实不难理解，如果上期比较萧条，产销不旺，单位产品成本及单位产品分担的固定性制造费用就比较高，而本期企业销售转旺，生产也全线恢复，就会出现这种情况。

（5）如果本期生产量小于销售量，一般情况下，按变动成本法计算的税前利润要大于完全成本法。如果不存在期末存货，结论显然成立；但当存在期末存货时，期末存货的数量一定小于期初存货，是否能判断变动成本法计算的税前利润就一定高于完全成本法呢？即期末存货带走的固定制造费用是否一定小于期初带来的固定制造费用呢？结论是不一定，因为在企业去库存过程中，当期生产量就较少，使得期末存货单位产品分担的固定制造费用高，少量的期末存货带走的固定制造费用可能高于较多的期初存货带来的固定制造费用，则上述结论就不成立。

无论处于何种情况，确切地说，两种成本法计算的税前利润之差就是期初存货与期末存货中的固定制造费用之差。以下举例进行说明。

【例 2-8】巨力公司连续三个会计年度有关资料如表 2-10 所示。

表 2-10　巨力公司连续三个会计年度有关资料

项目	第 1 年	第 2 年	第 3 年
期初存货/件			2 500
生产量/件	15 000	15 000	15 000
销售量/件	15 000	12 500	17 500
期末存货/件		2 500	
单位产品售价/元	20	20	20
单位变动生产成本/元	12	12	12
固定制造费用/元	75 000	75 000	75 000
固定的销售与管理费用/元	25 000	25 000	25 000

在本例中，假设巨力公司各月均无期初、期末在产品，成本在销售产品和库存产品中分配，由于各期生产量相同，故无论是变动成本法还是完全成本法，各期的单位产品成本相同。变动成本法为 12 元/件，完全成本法为 12＋75 000/15 000＝17(元/件)。

现分别采用变动成本法与完全成本法确定各年的净收益，如表 2-11 和表 2-12 所示。

表 2-11　按变动成本法计算（单位：元）

项目	第 1 年	第 2 年	第 3 年
产品销售收入	300 000	250 000	350 000
产品变动成本	180 000	150 000	210 000
贡献毛益	120 000	100 000	140 000
减：固定制造费用	75 000	75 000	75 000
销售与管理费用	25 000	25 000	25 000
固定费用合计	100 000	100 000	100 000

税前利润	20 000	0	40 000

表 2-12　按完全成本法计算（单位：元）

项目	第 1 年	第 2 年	第 3 年
销售收入	300 000	250 000	350 000
销售成本：			
期初存货	—	—	42 500
本期变动生产成本	180 000	180 000	180 000
固定制造费用	75 000	75 000	75 000
可供销售的产品成本	255 000	255 000	255 000
减：期末存货	—	42 500	—
销售成本合计	255 000	212 500	297 500
销售毛利	45 000	37 500	52 500
减：销售与管理费用（固定）	25 000	25 000	25 000
税前利润	20 000	12 500	27 500

上述计算结果表明以下几点。

（1）当生产量等于销售量时，只要不存在期初存货，或期初存货与期末存货中的固定性制造费用相等，不论是变动成本法还是完全成本法，其确定的分期损益都相同，详见表 2-11 和表 2-12 中的第 1 年。其理由是：如果没有期初存货且生产量等于销售量，在完全成本计算法下，没有机会以存货方式结转固定制造费用或从存货项下减除固定制造费用。

（2）当生产量大于销售量时，只要不存在期初存货，完全成本法所确定的税前利润大于变动成本法所确定的税前利润，详见表 2-11 和表 2-12 中第 2 年。其理由是：不存在期初存货且生产量大于销售量时，如前所说，在完全成本法下，本期发生的 75 000 元固定制造费用中只有一部分由销售成本吸收，共计 62 500 元（12 500×75 000/15 000）从本期的销售收入中扣减，其余部分 12 500 元（2500×75 000/15 000）以期末存货形式结转到第3年。然而，在变动成本计算法下，本期发生的固定制造费用全额从本期销售收入中扣除，使得当期税前利润为零。两种成本法所计算的税前利润差额正好是期末存货中固定性制造费用 12 500 元。

（3）当生产量小于销售量时，只要不存在期末存货，完全成本法所确定的税前利润就会小于变动成本法所确定的税前利润，详见表 2-11 和表 2-12 中第 3 年。其理由是：不存在期末存货且生产量小于销售量时，如前所说，在完全成本法下，本期发生的 75 000 元固定制造费用全部由销售成本吸收，上期结转至本期的存货包含有 12 500 元（2500×75 000/15 000）的固定制造费用需要本期扣除。然而，在变动成本计算法下，存货中每件只包含 12 元的变动生产成本，并不包含上期的固定性制造费用，只是扣除了本期发生的固定制造费用 75 000 元，使得当期税前利润比完全成本法所计算的税前利润多了 12 500 元。由于连续 3 年总的产销平衡，且以 3 年计无期初期末存货，故变动成本法与完全成本法所计算的 3 年税前利润之和相等。

在单位成本计算中，完全成本法的计算是全部发生的生产成本除以产出量，所以当各期产量不同时其计算就要复杂些。以下就这种情况进一步分析两种成本计算法可能出现的利润差异。

【例 2-9】高升公司只生产一种产品，一直用完全成本法计算存货的成本。现在要求同时采用变动成本法来计算存货的成本，并加以比较，相关信息如表 2-13 所示。

表 2-13 高升公司近 3 年相关产销量及成本、价格资料

项目	第 1 年	第 2 年	第 3 年
期初存货量/件	0	0	20 000
本期生产量/件	60 000	80 000	40 000
本期销售量/件	60 000	60 000	60 000
期末存货量/件	0	20 000	0
销售单价/（元/件）	20	20	20
单位变动生产成本/元	10	10	10
单位变动非生产成本/元	2	2	2
固定生产成本/元	240 000	240 000	240 000
固定非生产成本/元	60 000	60 000	60 000

表 2-14 和表 2-15 显示，在销量不变的情况下，由于扣减的生产成本随产量变化而变化，故完全成本法计算的利润也随产量的变化而变化，完全成本法能够通过增加产量降低成本而虚增利润。但变动成本法在销量不变的情况下，3 年计算出的利润保持不变。与【例 2-8】一样，由于连续 3 年总的产销平衡，且以 3 年计无期初期末存货，故变动成本法与完全成本法所计算的 3 年税前利润之和也是相等的。

表 2-14 完全成本法损益表（单位：元）

项目	第 1 年	第 2 年	第 3 年
销售收入	1 200 000	1 200 000	1 200 000
销售成本（合计）	840 000	780 000	900 000
期初存货	0	0	260 000
本期生产成本	（10＋240 000/60 000）×60 000＝840 000	（10＋240 000/80 000）×80 000＝1 040 000	（10＋240 000/40 000）×40 000＝640 000
期末存货成本	0	（10＋240 000/80 000）×20 000＝260 000	0
毛利	360 000	420 000	300 000
变动非生产成本	120 000	120 000	120 000
固定非生产成本	60 000	60 000	60 000
税前利润	180 000	240 000	120 000

表 2-15 变动成本法损益表（单位：元）

项目	第 1 年	第 2 年	第 3 年
销售收入	1 200 000	1 200 000	1 200 000

变动成本（合计）	720 000	720 000	720 000
变动生产成本	600 000	600 000	600 000

续表

项目	第 1 年	第 2 年	第 3 年
变动非生产成本	120 000	120 000	120 000
贡献毛益	480 000	480 000	480 000
固定生产成本	240 000	240 000	240 000
固定非生产成本	60 000	60 000	60 000
税前利润	180 000	180 000	180 000

从各年的单位产品成本看，变动成本法 3 年均是 10 元/件，单位销售产品成本、单位存货成本也均定格为 10 元/件，这就为企业决策、计划与控制带来了极大的便利；但完全成本法各年的单位产品生产成本分别为 14 元/件、13 元/件、16 元/件，因此，第 2 年的单位期末存货成本、第 3 年的单位期初存货成本就为 13 元/件，第 1 年与第 2 年的单位销售产品成本分别为 14 元/件、13 元/件，这与当年的生产成本一致，但第 3 年的单位销售产品成本为 15 元/件（900 000 元/60 000 件），这与当年的单位产品生产成本不一致，因为这一年销售有期初存货的 13 元/件和本期生产的 16 元/件，是其综合的结果。由于【例 2-9】只涉及一年生产的存货，在计算上相对简单，未能体现用完全成本法计算时，存货数量与存货价值之间在不同期间的关系。当同时存在期初与期末存货时，单位销售产品成本又与单位期末存货成本、单位期初存货成本、单位生产成本之间存在着各种区别。以本题第 3 年为例，假设生产量为 60 000 件，则第 3 年的单位生产成本就与第 1 年相等，为 14 元/件，20 000 件期末存货的单位成本也就为 14 元/件，但单位销售产品成本就为（20 000×13＋40 000×14）/60 000≈13.67（元），这种体现在报表上的单位产品成本是很难为决策者服务的，也给投资人正确评价企业带来很大困难。

第六节　变动成本法与 Excel 数据分析

一、现代信息技术环境下管理会计的应用

管理会计学自产生的那一天起就在不断地发展变化，它的目的就是满足管理需要。管理会计的发展不仅与管理理论的发展相适应，也与现代信息技术及管理手段、方法的发展相适应。如今管理会计已经吸收了社会科学、行为科学、运筹学、统计学、计量经济学以及管理学和数学相关理论，成为现代公司治理结构下加强企业内部管理、提升经济效益的重要管理工具和管理信息应用平台。由于运筹学、统计学等数学方法大量应用，大量原始数据需要在管理会计领域得到充分反复的使用，依靠传统的手工计算既费时又费力，有些几乎是不可能的。即便是得到了相对正确的结论，恐

怕是时过境迁，企业的内外部环境已经发生了根本性改变。依据大量人工所计算结果不仅成本高，而且依此进行决策已经失去了意义。现代企业之经营，犹如射猎空中飞鸟，瞄准的不是鸟体本身，而是它将达到的位置，精确的瞄准与快速的反应应体现在信息处理能力上，否则，会产生不良的决策后果。

现代企业是一个复杂大系统，它的诸多决策难题都必须借助信息技术进行解决。必须让数据在企业管理中发挥作用，使所有数据都能够灵活采集、应用和加工处理，如果没有信息技术的支撑，信息用人工传送于企业内部，其传递通常是低效的，而且，经常会失真。如果部门之间因沟通不充分，出现纠纷，发生相互扯皮、推诿的现象，也很难明确责任，但如果有信息技术的支持，则在信息系统上就会明确显示问题卡在哪个层次、哪个部门，是何原因造成的，而且也容易找到解决问题的方法。

管理会计是横跨业务与财务的会计，它需要借助信息技术将企业各个部门间的信息进行有效整合，综合分析与应用，并在企业内部进行共享，以利于整体及部门的协调一致，促进企业各部门间的信息交流，实现企业各部门之间的联动与快速响应。

现代信息技术功能强大，能够为企业综合决策与部门决策提供有效的数据支撑。例如，借助信息技术对企业内外部数据进行收集、整理、分析、加工，既准确又高效，经过加工后的数据能够为领导层制定决策提供良好的支撑。在决策制定阶段做好预测工作，能提前预知风险，进而规避高风险事件或提前做好风险防范或转嫁工作。

现代信息技术能够对目标实现过程进行有效监控，及时揭示经营目标实施过程中出现的偏差，协助管理层发现并纠正问题，从而保障经营目标的实现。

现代信息技术能够为企业建立一个良好的、高效的信息反馈机制、风险预警机制，责任与业绩评价考核机制，形成一个覆盖企业生产经营全过程的管理信息系统平台，增加管理会计的应用强度、深度和广度，提高企业适时反应能力，确保问题处理的时效性和针对性。例如，如果企业出现某项成本超预算的情况，借助信息技术手段，单项成本超支信息就会及时地传达给相关人员，提出红黄色预警，相关人员得知信息后，可立即做出应对措施。这与传统的手工工作方式相比，能显著增加管理会计的适时反应能力，同时也促进了管理会计方法得到普遍应用。

二、Excel 数据分析工具与变动成本法

本章前面提到了应用 Excel 表格进行成本性态分析，如果大量的成本数据能够在 Excel 表格中进行固定成本与变动成本的性态分割，则变动成本法的应用就有了基础性数据来源。假设企业已做到了对所有成本的分解和分类，信息系统也传达了这些分解后的数据，则盈亏计算在 Excel 表格中就变得简单而且能随业务数据及财务基础数据的变化而变化。

【例 2-10】飞鹰公司只生产和销售一种产品，某月月初没有存货，当月共生产产品 380 件且全部完工，销售 330 件，月末结存 50 件，产品销售单价为 400 元/件，销售费

用中变动费用 20 元/件，该公司成本数据如表 2-16 所示。

表 2-16　飞鹰公司成本数据表

行号/列标	B	C	D
4	成本项目	单位产品项目成本	项目总成本
5	直接材料/元	80	30 400
6	直接人工/元	40	15 200
7	变动制造费用/元	24	9 120
8	固定制造费用/元		15 200
9	管理费用/元		40 000
10	销售费用/元		30 000
11	合计/元		139 920

要求：分别运用完全成本法和变动成本法分析该企业的盈亏情况。

思路分析如下。

（1）设计 Excel 表格，将已知数据填入。

（2）设置计算公式，分别计算完全成本法和变动成本法下该企业的盈亏情况。

解：

第一步，设计 Excel 表格，将已知数据填入，如表 2-17 所示。

表 2-17　飞鹰公司盈亏计算表

行号/列标	B	C	D
14	基本资料		
15	期初产品结存/件	0	
16	产品生产数量/件	380	
17	产品销售数量/件	330	
18	产品结存数量/件	50	
19	产品销售单价/（元/件）	400	
20	单位变动成本/（元/件）	144	
21	固定制造费用/元	15 200	
22	管理费用/元	40 000	
23	销售费用/元	30 000	
24	其中：变动性销售费用/（元/件）	20	
25	损益计算与比较		
26	计算过程/计算方法		
27	销售收入		
28	期初存货成本		
29	当前生产成本		
30	单位产品成本		

31	期末存货成本		
32	销售成本		
33	贡献毛益（生产阶段）或毛利		

续表

行号/列标	B	C	D
34	管理费用		
35	销售费用		
36	变动销售费用		
37	贡献毛益（全部）		
38	固定成本		
39	固定制造费用		
40	管理费用和固定销售费用		
41	固定成本小计		
42	营业利润		

第二步，设置计算公式，结果如表 2-18 所示。

表 2-18　飞鹰公司盈亏计算结果表

行号/列标	B	C	D
14	基本资料		
15	期初产品结存/件	0	
16	产品生产数量/件	380	
17	产品销售数量/件	330	
18	产品结存数量/件	50	
19	产品销售单价/（元/件）	400	
20	单位变动成本/（元/件）	144	
21	固定制造费用/元	15 200	
22	管理费用/元	40 000	
23	销售费用/元	30 000	
24	其中：变动性销售费用/（元/件）	20	
25	损益计算与比较		
26	计算过程/计算方法	变动成本法/元	完全成本法/元
27	销售收入	132 000	132 000
28	期初存货成本	0	0
29	当前生产成本	54 720	69 920
30	单位产品成本	144	184
31	期末存货成本	7 200	9 200
32	销售成本	47 520	60 720
33	贡献毛益（生产阶段）或毛利	84 480	71 280
34	管理费用		40 000
35	销售费用		30 000

36	变动销售费用	6 600	
37	贡献毛益（全部）	77 880	
38	固定成本		

续表

行号/列标	B	C	D
39	固定制造费用	15 200	
40	管理费用和固定销售费用	63 400	
41	固定成本小计	78 600	
42	营业利润	−720	1 280

注：

C20＝SUM（C5：C7）

C27＝$C$17*$C$19　　D27＝$Cv17*$C$19

C28＝$C$15　　D28＝$C$15

C29＝C16*C20　　D29＝ C16*C20＋C21

C30＝C29/$C$16　　D30＝D29/$C$16

C31＝$C$18*C30　　D31＝$C$18*D30

C32＝$C$17*C30　　D32＝$C$17*D30

C33＝C27－C32　　D33＝D27－D32

D34＝C22　　D35＝C23

C36＝C24*C17　　C37＝C33－C36

C39＝C21　　C40＝C22＋C23－C24*C17

C41＝C39＋C40　　C42＝C37－C41

D42＝D33－D34－D35

从表 2-18 的损益计算过程可以看出，不同的成本核算方式差异很大。采用变动成本法计算，企业的营业利润为－720 元，处于亏损状态；而采用完全成本法计算，企业营业利润是 1280 元，处于盈利状态。两种计算方法，营业利润相差 2000 元。这 2000 元的差异就是由两种成本核算方法对 50 件未销产品分摊到的 2000 元固定制造费用的处理方式不同造成的。

需要说明的是，就具体某个会计期间而言，并不总是完全成本法计算得到的利润比变动成本法计算得到的利润高，要看期初期末存货所分摊的固定制造费用的对比情况。期末存货分摊的固定制造费用比期初存货分摊得多，完全成本法计算得到的利润多，反之，完全成本法计算得到的利润少。如果把期间放长，两种计算方法得到的利润应该基本持平。

思考与练习

一、思考题

1. 什么是成本性态？成本按性态可分为哪几类？
2. 简述混合成本分解的常用方法。
3. 简述贡献毛益的内涵。贡献毛益与毛利有什么区别？

4. 简述变动成本法的特点。

5. 简述变动成本法与完全成本法的区别和评价。

二、单项选择题

1. 电话费属于（　　）。

A. 半固定成本　　B. 延期变动成本

C. 曲线变动成本　　D. 半变动成本

2. 下列成本项目中不属于固定成本的是（　　）。

A. 广告费　　B. 管理人员工资

C. 计件工资形式下的生产工人工资　　D. 房屋租赁费

3.下列项目中属于酌量性固定成本的是（　　）。

A. 保险费　　B. 折旧费

C. 管理人员工资　　D. 职工培训费

4. 贡献毛益率与变动成本率的数量关系是（　　）。

A. 相等　　B. 相反

C. 差为 0　　D. 和为 1

5. 销售收入为 100 万元，贡献毛益率为 60%，则其变动成本额为（　　）万元。

A. 60　　B. 40

C. 25　　D. 16

6. 在完全成本法下，销售收入减去销售产品生产成本等于（　　）。

A. 贡献毛益　　B. 税后利润

C. 税前利润　　D. 销售毛利

7. 企业的广告成本一般属于企业的（　　）。

A. 边际成本　　B. 约束性固定成本

C. 差别成本　　D. 选择性固定成本

8. 混合成本不包括（　　）。

A. 酌量性固定成本　　B. 延期变动成本

C. 阶梯成本　　D. 半变动成本

9. 如果某企业连续 3 年按变动成本法计算的营业利润分别为 10 000 元、12 000 元和 11 000 元，则下列表述中唯一正确的是（　　）。

A. 第 3 年的销量最小　　B. 第 2 年的销量最大

C. 第 1 年的产量比第 2 年少　　D. 第 2 年的产量比第 3 年多

10. 如果某期按变动成本法计算的营业利润为 5000 元，该期产量为 2000 件，销售量为 1000 件，期初存货为零，固定性制造费用总额为 2000 元，则按完全成本法计算的营业利润为（　　）元。

A. 0　　B. 1000　　C. 5000　　D. 6000

三、计算分析题

1. 黄河集团主要生产销售A产品，该产品连续10期的产量及总成本资料如表2-19所示。

表2-19　A产品连续10期的产量及总成本资料

月份	1	2	3	4	5	6	7	8	9	10
产量/件	25	28	29	30	27	26	28	29	31	26
总成本/元	71 000	82 000	83 520	84 500	77 750	74 480	81 560	83 230	84 560	75 850

要求：采用高低点法和回归分析法对A产品进行成本性态分析。

2. 已知：某企业生产一种产品，第1年、第2年的生产量分别为170 000件和140 000件，销售量分别为140 000件和160 000件，存货的计价采用先进先出法。每单位产品的售价为5元，生产成本资料如下：每件变动生产成本为3元，其中包括直接材料1.30元，直接人工1.50元，变动性制造费用0.20元；固定性制造费用每年的发生额为150 000元。变动性销售与管理费用为销售收入的5%，固定性销售与管理费用发生额为65 000元，两年均未发生财务费用。分别在Excel中按变动成本法和完全成本法计算确定第一年和第二年的营业利润并分析差异产生的原因。

3. 丁企业只生产一种产品，第1年、第2年的产量分别为9000件和5000件，销售量分别为8000件和6000件，每件产品售价为60元，生产成本为：每件变动生产成本12元，固定生产成本每年发生额81 000元，变动性销售与管理费用为每件4.5元，固定性销售与管理费用为每年6500元，假设第1年初没有存货。要求：

（1）分别采用两种成本法计算单位产品成本；

（2）在Excel中分别采用两种成本法计算营业利润；

（3）分析两种成本法计算的营业利润发生差异的原因。

拓展阅读

1. 杨瑞涛. 从成本性态谈燃油税费改革[J]. 会计之友（中旬刊），2010（20）：98-99.

2. 林泓. 完全成本法与变动成本法下利润计算差异的模型分析[J]. 财会月刊，2010（21）：57-59.

3. 唐恒书，梁丽. 完全成本法与变动成本法下净利润差异探析[J]. 财会月刊，2015（14）：62-63.

4. 高樱. 变动成本法与完全成本法的结合运用[J]. 经济师，2010，252（2）：156-157.

5. 何苗. 再议全部成本法与变动成本法结合[J]. 财会通讯，2013（7）：66-67.

第三章 本量利分析

管理会计重在研究决策变量的相关性，而企业经营中最基本的相关性就是成本、业务量、利润之间的相关性，对其进行的分析称为本量利（cost volume profit，CVP）分析。这是一种基于变动成本法展开的以数学模型和图表形式来揭示固定成本、变动成本、销售量、单价、销售额、利润等变量之间的内在规律性联系，为企业经营决策和目标控制提供有用财务信息的定量分析方法，广泛应用于企业的预测、决策、计划和控制等活动中。

学习目标

- 掌握成本、业务量、利润基本关系式及盈亏临界点的计算方法
- 掌握安全边际、贡献毛益与销售利润的计算及基本关系
- 掌握各种盈亏临界图的 Excel 绘制方法及特征
- 掌握多品种盈亏临界图的绘制及盈亏临界点的计算
- 掌握营业杠杆与财务杠杆系数的计算及应用

第一节　本量利分析的基础

一、本量利分析基本假设

（一）相关范围假设

本量利分析是建立在成本按性态划分基础上的一种分析方法，而区分一项成本是变动成本还是固定成本时，均限定在一定的相关范围内。简言之，相关范围就是成本保持其特性的业务量范围。相关范围就是成本按性态划分的基本假设，所以它也构成了本量利分析的基本假设之一。

（二）模型线性假设

企业的总成本是业务量的函数，按性态可以或者可以近似地描述为 $y=a+bx$（y 为

总成本，x 为业务量，a，b 为常数）。在本量利分析中，由于利润只是收入与成本之间的一个差量，所以本假设只涉及成本与业务量（额）两个方面，具体来说，模型线性假设包括以下几个方面。

1. 固定成本不变假设

在企业经营能力的相关范围内，固定成本是不变的，用模型来表示就是 $y = a + bx$ 中的 a，表示在平面直角坐标图中，就是一条与横轴平行的直线。

2. 变动成本与业务量呈完全线性关系

在相关范围内，变动成本与业务量呈完全线性关系，用模型来表示就是 $y = a + bx$ 中的 bx，b 是单位变动成本，bx 表示在坐标图中是一条过原点的直线，斜率就是单位变动成本。

3. 销售收入与销售数量呈完全线性关系

在本量利分析中，通常假设销售价格为一个常数，因此，销售收入与销售数量之间就呈现完全线性关系，用数学模型表示就是 $s=px$（s 为销售收入，p 为销售单价，x 为销售数量），表示在坐标图中是一条过原点的直线，斜率就是销售单价。

（三）产销平衡假设

本量利分析的核心是分析收入与成本之间的对比关系，而产量的变动会影响成本的高低，销量的变动会影响收入的多少，因此就必须假设产销关系是平衡的。在本量利分析模型中，基于产销平衡假设，本量利分析中的“量”指的是销售数量而非生产数量。不过基于变动成本法对利润的计算方式，在相关范围内，单位变动成本不变，存货多少对利润不构成影响，即使产销不平衡，其分析的业务量只要是销售量或销售额，本量利基本模型仍然适应。

（四）品种结构不变假设

当一个企业生产和经营多种产品时，各种产品的贡献毛益率存在差别，在同样的销售收入下，品种结构不同会导致贡献毛益率及贡献毛益总额不一样。为了便于分析，在总体模型分析中，通常假设各种产品在总收入中所占的比重不会发生变化。当然，在多品种的条件下进行分析，增加了改变品种结构的决策空间，如何在改变品种结构的情况下进行本量利分析也需要进行动态设定。如果各种产品的获利能力差异较大，而品种结构也可能发生较大变动，可以通过优化品种结构实现利润的扩大。

上述假设之间的关系是：相关范围假设是基础；模型线性假设是相关范围假设的延伸和具体化；产销平衡假设与品种结构不变假设是模型线性假设的进一步补充；同时，品种结构不变假设又是多品种条件下产销平衡假设的前提条件。

二、本量利分析计算模型

（一）基本损益方程式

基本损益方程式是关于成本、价格、业务量、利润各因素之间相互关系的基本表

达式。根据上述基本假设，基本损益方程式可以写成

$$利润=单位销售价格\times销售量-单位变动成本\times销售量-固定成本 \tag{3-1}$$

需要说明的是，由于所得税既不是变动成本，也不是固定成本（除非那些实行定额征税的企业），因此，这里的利润是税前利润。另外，由于本量利分析只从经营层面分析企业，故固定成本中不包含财务费用。如果将财务费用作为固定成本，则不同财务结构的利润不可比。由此，此处的利润就是息税前利润（earnings before interest and tax，EBIT）。然而，如果企业有意将财务费用计入固定成本，并将此作为需要补偿的对象，则只能说是相对个案，其分析意义是对于自己负债环境的获利能力的测算，不能作为一般意义。

基本损益方程式是本量利分析的基本出发点，也是企业经营者开展预测、决策、控制和计划等工作的基本出发点。

（二）贡献毛益方程式

贡献毛益，也称边际贡献、边际利润、创利额、临界收益等，是产品销售收入扣除变动成本后给企业所做的贡献，这样做的意义在于变动成本是随业务量或业务额成比例变动的成本，是产生业务的相关成本，比例化的两项之差——贡献毛益仍然是业务量的比例项，即它也是业务量或业务额的正比例函数。它首先用于补偿企业的固定成本，如果还有剩余才形成利润，如果不足以补偿固定成本则产生亏损。关于贡献毛益的解释详见第二章。为方便阅读，此处仍列示其基本表达式。

$$贡献毛益=销售收入-变动成本 \tag{3-2}$$

$$单位贡献毛益=贡献毛益/销售量=单价-单位变动成本 \tag{3-3}$$

贡献毛益率，是指贡献毛益在销售收入中所占的百分比。贡献毛益率可以理解为每 1 元销售收入中贡献毛益所占的比重，它反映产品给企业做出贡献的能力，其表达式为

$$贡献毛益率=\frac{贡献毛益}{销售收入}\times100\%=\frac{单位贡献毛益}{单价}\times100\% \tag{3-4}$$

与贡献毛益率相对应的概念是变动成本率，即变动成本在销售收入中所占的百分比，其表达式为

$$变动成本率=\frac{变动成本}{销售收入}\times100\%=\frac{单位变动成本}{单价}\times100\% \tag{3-5}$$

由于销售收入被划分为变动成本和贡献毛益两部分，变动成本是产品自身的耗费，贡献毛益是给企业做的贡献，变动成本率和贡献毛益率之和应等于 1，即变动成本率＋贡献毛益率＝1。

由于引入了贡献毛益的概念，基本损益方程式可以改写成贡献毛益方程式，即

$$\begin{aligned}利润&=单位销售价格\times销售量-单位变动成本\times销售量-固定成本\\&=单位贡献毛益\times销售量-固定成本\\&=销售收入\times贡献毛益率-固定成本\end{aligned} \tag{3-6}$$

贡献毛益方程式可以用于多品种企业。由于多种产品的销售收入可以直接相加，

所以，问题的关键是计算多种产品的加权平均贡献毛益率。关于加权平均贡献毛益率的计算，本章后面将展开讨论。

第二节　线性条件下的损益平衡分析

一、盈亏临界点及相关概念

（一）盈亏临界点

盈亏临界点，又称保本点、盈亏平衡点，指企业销售收入恰好弥补其全部成本（固定成本和变动成本）时的销售量（额），即企业利润等于零的销售量（额）。

1. 盈亏临界点销售量

假设基本损益方程式的利润等于零，即

$$\text{单位销售价格}\times\text{销售量}-\text{单位变动成本}\times\text{销售量}-\text{固定成本}=0$$

便可得

$$\text{盈亏临界点销售量}=\frac{\text{固定成本}}{\text{单价}-\text{单位变动成本}}=\frac{\text{固定成本}}{\text{单位贡献毛益}} \tag{3-7}$$

某一产品销售量达到盈亏临界点销售量，意味着该产品处于不盈不亏状态。

2. 盈亏临界点销售额

盈亏临界点销售额的计算公式为

$$\text{盈亏临界点销售额}=\text{盈亏临界点销售量}\times\text{单位销售价格}=\frac{\text{固定成本}}{\text{贡献毛益率}} \tag{3-8}$$

当某一产品的销售额达到盈亏临界点销售额时，意味着该产品处于不盈不亏状态。

【例 3-1】甲公司生产并销售 A 产品，产品的单位售价为 40 元/件，单位变动成本为 36 元/件，固定成本总额为 100 000 元。试计算盈亏临界点销售量及销售额。

解：单位贡献毛益＝40－36＝4（元/件）

$$\text{贡献毛益率}=\frac{4}{40}\times 100\%=10\%$$

$$\text{盈亏临界点销售量}=\frac{100\ 000}{4}=25\ 000\text{（件）}$$

$$\text{盈亏临界点销售额}=\frac{100\ 000}{10\%}=1\ 000\ 000\text{（元）}$$

或：盈亏临界点销售额＝40×25 000＝1 000 000（元）

如果借助 Excel 软件实现，如表 3-1 所示。

表 3-1　盈亏临界点销售量（额）计算表

行号/列标	B	C
2	已知条件	
3	固定成本/元	100 000
4	单位变动成本/（元/件）	36
5	销售单价/（元/件）	40
6	计算结果	
7	盈亏临界点销售量/件	25 000
8	利润/元	0
9	盈亏临界点销售额/元	1 000 000

注：

C7＝C3/（C5－C4）（计算盈亏临界点销售量）

C8＝C7*（C5－C4）－C3（计算利润）

C9＝C7*C5（计算盈亏临界点销售额）

3. 单变量工具求解法

如果已知某个公式的预期结果，而用于确定此公式计算结果的输入值未知，则可使用 Excel 软件中提供的“单变量求解”功能。进行单变量求解时，Excel 会不断改变可变单元格中的值，直到结果单元格的公式返回预期的结果为止。

单变量求解工具要求有可变单元格（有且只有一个），有目标单元格。单变量求解工具用于盈亏平衡计算时，可变单元格应该是销售量，目标单元格应该是利润，存放利润的单元格需要有计算公式，此公式直接或间接引用存放销售量的单元格。为此，此操作的关键步骤是利润单元格公式的设定。

【例 3-2】接【例 3-1】，利用单变量求解工具求解盈亏临界点销售量及销售额。

第一步，设置表格，如表 3-2 所示。

表 3-2　盈亏临界点销售量（额）单变量求解表

行号/列标	B	C
2	已知条件	
3	固定成本/元	100 000
4	销售单价/（元/件）	40
5	单位变动成本/（元/件）	36
6	计算结果	
7	盈亏临界点销售量/件	10 000
8	利润/元	
9	盈亏临界点销售额/元	

注：

C7＝10 000（任意填写一个正整数作为盈亏临界点销售量）

C8＝C7*（C4－C5）－C3

C9＝C7*C4

第二步，单击“数据”选项卡下的“模拟分析——单变量求解”，弹出对话框，设置目标单元格为C8，目标值为0，可变单元格为C7，单击“确定”按钮，Excel报告求解结果如表3-3所示。

表3-3　盈亏临界点单变量求解结果

行号/列标	B	C
2	已知条件	
3	固定成本/元	100 000
4	销售单价/（元/件）	40
5	单位变动成本/（元/件）	36
6	计算结果	
7	盈亏临界点销售量/件	25 000
8	利润/元	0
9	盈亏临界点销售额/元	1 000 000

（二）盈亏临界点作业率

盈亏临界点作业率，又称保本作业率，指保本点销售量占企业现有或预计销售量的百分比，其计算公式为

$$\text{盈亏临界点作业率}=\frac{\text{盈亏临界点销售量（额）}}{\text{现有或预计销售量（额）}}\times 100\% \tag{3-9}$$

盈亏临界点作业率反映企业需要用来保本的销售量（额）占现有或预计的销售量（额）的比例。这个指标越低，表明用于保本的销售量（额）越低，则用于盈利的销售量（额）就越大。

（三）保利点

保利点是指企业为实现目标利润而应达到的销售量（额）。与盈亏临界点一样，保利点可以按实物量计算（保利量），也可按金额计算（保利额）。

1. 保利量

根据上述定义和基本损益方程式：目标利润＝单价×保利量－单位变动成本×保利量－固定成本，可得

$$\text{保利量}=\frac{\text{固定成本}+\text{目标利润}}{\text{单位贡献毛益}} \tag{3-10}$$

企业的所得税费用没有包括在上述变动成本和固定成本当中，因此，式（3-10）的目标利润指税前利润。如果企业所要达到的目标利润是税后利润，则必须将其转化成税前利润，才可以利用上述计算公式。由于税前目标利润＝$\frac{\text{税后目标利润}}{1-\text{所得税率}}$，相应的保利量计算公式为

$$保利量=\frac{固定成本+\dfrac{税后目标利润}{1-所得税率}}{单位贡献毛益} \tag{3-11}$$

2. 保利额

$$保利额=保利量\times单位销售价格=\frac{固定成本+目标利润}{贡献毛益率} \tag{3-12}$$

如果企业所要达到的目标利润是税后利润，则保利额的计算公式为

$$保利额=\frac{固定成本+\dfrac{税后目标利润}{1-所得税率}}{贡献毛益率} \tag{3-13}$$

【例 3-3】甲企业生产并销售 A 产品。产品售价为 8 元/件，单位变动成本为 6 元/件，固定成本为 60 000 元。

要求：计算目标利润为 30 000 元时的销售量及销售额。

解：单位贡献毛益＝8－6＝2（元/件）

贡献毛益率＝$\frac{2}{8}\times 100\%=25\%$

销售量＝$\frac{60\ 000+30\ 000}{2}=45\ 000$（件）

销售额＝$\frac{60\ 000+30\ 000}{25\%}=360\ 000$（元）

或：销售额＝45 000×8＝360 000（元）

如果借助 Excel 软件求解，如表 3-4 所示。

表 3-4 保利量（额）计算表

行号/列标	B	C
2	已知条件	
3	固定成本/元	60 000
4	销售单价/（元/件）	8
5	单位变动成本/（元/件）	6
6	目标利润/元	30 000
7	计算结果	
8	目标销售量/件	45 000
9	利润额/元	30 000
10	目标销售额/元	360 000

注：

C8＝（C3＋C6）/（C4－C5）（计算目标利润下的销售量）

C9＝C6

C10＝C8*C4（计算目标利润下的销售额）

当使用单变量求解工具求解时，具体步骤如下。

第一步，设计表格，如表 3-5 所示。

表 3-5　保利量（额）单变量求解表

行号/列标	B	C
2	已知条件	
3	固定成本/元	60 000
4	销售单价/（元/件）	8
5	单位变动成本/（元/件）	6
6	目标利润/元	30 000
7	计算结果	
8	目标销售量/件	10 000
9	利润额/元	
10	目标销售额/元	

注：
C8＝10 000（任意填写一个正整数作为目标销售量）
C9＝C8*（C4－C5）－C3
C10＝C8*C4

第二步，单击“数据”选项卡下的“模拟分析——单变量求解”，弹出对话框，设置目标单元格为C9，目标值为30 000，可变单元格为C8，单击“确定”按钮，Excel报告求解结果如表 3-6 所示。

表 3-6　保利量（额）单变量求解结果

行号/列标	B	C
2	已知条件	
3	固定成本/元	60 000
4	销售单价/（元/件）	8
5	单位变动成本/（元/件）	6
6	目标利润/元	30 000
7	计算结果	
8	目标销售量/件	45 000
9	利润额/元	30 000
10	目标销售额/元	360 000

（四）安全边际

1. 安全边际的衡量指标

衡量企业安全边际大小的指标包括安全边际量（额）和安全边际率。

1）安全边际量（额）

安全边际量（额）是指现有或预计销售量（额）超过盈亏临界点销售量（额）的部分，其计算公式为

$$安全边际量（额）=现有或预计销售量（额）-盈亏临界点销售量（额） \tag{3-14}$$

2）安全边际率

安全边际率是指安全边际量（额）占现有或预计的销售量（额）的百分比，其计算公式为

$$安全边际率=\frac{安全边际量}{现有或预计销售量}\times100\%=\frac{安全边际额}{现有或预计销售额}\times100\% \tag{3-15}$$

安全边际率与盈亏临界点作业率之间的关系为安全边际率＋盈亏临界点作业率＝1。

盈亏临界点作业率越高，说明现有或预计销售量（额）需要用来保本的部分所占的比例就越高，安全边际率就越低。盈亏临界点作业率越低，说明现有或预计销售量（额）需要用来保本的部分所占的比例就越低，安全边际率就越高。

2. 安全边际指标的作用

安全边际指标的作用主要包括以下两点。

1）反映企业经营的安全程度

安全边际量（额）是超过盈亏临界点销售量（额）的部分。安全边际越大，说明企业现有或预计的销售量（额）离保本点销售量（额）越远，企业发生亏损的可能性就越小，发生盈利的可能性就越大，企业的经营就越安全。安全边际的经验数据如表 3-7 所示。

表 3-7　安全边际的经验数据

安全边际率/%	经营安全状态
10 以下	危险
10～20	关注
20～30	安全
30～40	比较安全
40 以上	很安全

2）反映企业的获利水平

盈亏临界点销售额在弥补自身变动成本之后所创造的贡献毛益，正好能够弥补固定成本。超过盈亏临界点的销售额在弥补自身变动成本之后所创造的贡献毛益，不需要弥补固定成本，直接形成企业的销售利润，即安全边际中的贡献毛益等于企业销售利润。因此，安全边际越大，企业获利越多，其计算公式为

$$\begin{aligned}销售利润&=单位销售价格\times销售量-单位变动成本\times销售量-固定成本\\&=（安全边际量+盈亏临界点销售量）\times单位贡献毛益-固定成本\\&=安全边际量\times单位贡献毛益\\&=安全边际额\times贡献毛益率\end{aligned} \tag{3-16}$$

在上述等式两边同除以销售额，可得

$$\text{销售利润率}=\frac{\text{安全边际额}\times\text{贡献毛益率}}{\text{销售额}}=\text{安全边际率}\times\text{贡献毛益率} \quad (3\text{-}17)$$

【例 3-4】 某企业生产并销售单一产品，销售单价为 20 元/件，单位变动成本为 12 元/件，固定成本为 16 000 元，企业实际销售量为 5000 件。

要求：

（1）计算该企业的安全边际量、安全边际额、安全边际率；

（2）计算该企业的销售利润、销售利润率。

解：（1）单位贡献毛益＝20－12＝8（元/件）

$$\text{贡献毛益率}=\frac{8}{20}\times100\%=40\%$$

$$\text{盈亏临界点销售量}=\frac{16\ 000}{8}=2000\text{（件）}$$

$$\text{盈亏临界点销售额}=\frac{16\ 000}{40\%}=40\ 000\text{（元）}$$

安全边际量＝5000－2000＝3000（件）

安全边际额＝5000×20－40 000＝60 000（元）

$$\text{安全边际率}=\frac{3000}{5000}\times100\%=\frac{60\ 000}{5000\times20}\times100\%=60\%$$

（2）销售利润＝3000×8＝60 000×40%＝24 000（元）

销售利润率＝60%×40%＝24%

二、多品种盈亏临界点的计算

（一）加权平均法

如上所述，盈亏临界点的销售额$=\dfrac{\text{固定成本}}{\text{贡献毛益率}}$。由于企业生产的各种产品的盈利能力不同，即其贡献毛益率有所差异，因此，公式中的贡献毛益率应为加权平均贡献毛益率，该模型的关键就在于求出加权平均贡献毛益率。

$$\begin{aligned}\text{加权平均贡献毛益率}&=\frac{\sum_{i=1}^{n}\text{第 }i\text{ 种产品的贡献毛益}}{\sum_{i=1}^{n}\text{第 }i\text{ 种产品的销售收入}}\times100\%\\&=\frac{\sum_{i=1}^{n}\text{第 }i\text{ 种产品的贡献毛益}}{\text{销售收入总额}}\times100\%\\&=\sum_{i=1}^{n}(\text{第 }i\text{ 种产品的贡献毛益率}\times\text{第 }i\text{ 种产品的销售比重})\end{aligned} \quad (3\text{-}18)$$

其中，$\text{第 }i\text{ 种产品销售比重}=\dfrac{\text{第 }i\text{ 种产品销售收入}}{\text{销售收入总额}}\times100\%$

$$加权平均盈亏临界点销售额=\frac{固定成本总额}{加权平均贡献毛益率} \tag{3-19}$$

$$第\,i\,种产品盈亏临界点销售额=加权平均盈亏临界点销售额\times 第\,i\,种产品销售比重 \tag{3-20}$$

$$第\,i\,种产品盈亏临界点销售量=\frac{第\,i\,种产品盈亏临界点销售额}{第\,i\,种产品销售单价} \tag{3-21}$$

【例 3-5】甲公司生产销售 A、B 两种产品，假定产销平衡，固定成本总额为 36 000 元，其他有关资料如表 3-8 所示。

表 3-8 甲公司有关资料

项目	A 产品	B 产品
产销量/件	6 000	4 000
单位售价/（元/件）	20	10
单位变动成本/（元/件）	12	4

要求：（1）计算甲公司的盈亏临界点销售额；

（2）计算 A、B 产品的盈亏临界点销售量、盈亏临界点销售额。

解：（1）全部产品的销售收入总额＝6000×20＋4000×10＝160 000（元）

$$A\,产品的销售比重=\frac{6000\times 20}{160\ 000}\times 100\%=75\%$$

$$B\,产品的销售比重=\frac{4000\times 10}{160\ 000}\times 100\%=25\%$$

$$A\,产品的贡献毛益率=\frac{20-12}{20}=40\%$$

$$B\,产品的贡献毛益率=\frac{10-4}{10}=60\%$$

加权平均贡献毛益率＝75%×40%＋25%×60%＝45%

$$加权平均盈亏临界点销售额=\frac{36\ 000}{45\%}=80\ 000\ （元）$$

（2）A 产品盈亏临界点销售额＝80 000×75%＝60 000（元）

A 产品盈亏临界点销售量＝60 000÷20＝3000（件）

B 产品盈亏临界点销售额＝80 000×25%＝20 000（元）

B 产品盈亏临界点销售量＝20 000÷10＝2000（件）

如果借助 Excel 软件实现，如表 3-9 所示。

表 3-9 多品种盈亏临界点计算表

行号/列标	B	C	D	E
2	基本资料			
3		A 产品	B 产品	
4	产销量/件	6 000	4 000	

续表

行号/列标	B	C	D	E
5	单位产品售价/（元/件）	20	10	
6	单位变动成本/（元/件）	12	4	
7	固定成本/元	36 000		
8	盈亏临界点销售额及盈亏临界点销售量的计算			
9		A 产品	B 产品	合计
10	销售收入/元	120 000	40 000	160 000
11	各产品销售收入所占比重/%	75.00	25.00	100.00
12	变动成本/元	72 000	16 000	88 000
13	贡献毛益/元	48 000	24 000	72 000
14	贡献毛益率/%	40.00	60.00	45.00
15	企业的盈亏临界点销售额/元			80 000
16	各产品的盈亏临界点销售额/元	60 000	20 000	80 000
17	各产品的盈亏临界点销售量/件	3 000	2 000	

注：

C10＝C5*C4　D10＝D5*D4　E10＝SUM（C10：D10）

C11＝C10/$E$10*100　D11＝D10/$E$10*100　E11＝SUM（C11：D11）

C12＝C6*C4　D12＝D6*D4　E12＝SUM（C12：D12）

C13＝C10－C12　D13＝D10－D12　E13＝SUM（C13：D13）

C14＝C13/C10*100　D14＝D13/D10*100　E14＝E13/E10*100

E15＝C7/E14*100

C16＝$E$15*C11/100　D16＝$E$15*D11/100　E16＝$E$15*E11/100

C17＝C16/C5　D17＝D16/D5

（二）联合单位法

生产多品种的企业，也可以使用联合单位作为盈亏临界点销售量的计量单位。联合单位代表一个最小的聚合体，是严格按照销售比例销售时产生的最小聚合体，是由各种产品销售量除以最大公约数得到的。联合单位的本质是严格按照销售比去销售所得到的盈亏临界点，我们只需计算一个联合单位，把其看作一件产品，则可以计算达到盈亏临界点的联合单位。

【例 3-6】设 A 企业的年固定成本为 25 500 元，生产甲、乙、丙三种产品，有关资料如表 3-10 所示。

表 3-10　A 企业有关资料

项目	销售量/件	单价/（元/件）	单位变动成本/（元/件）	单位贡献毛益/（元/件）
甲产品	1 000	2	1.0	1.0
乙产品	500	2	1.2	0.8
丙产品	500	2	1.4	0.6

要求：（1）采用联合单位法计算盈亏临界点销售额；

（2）计算各产品盈亏临界点销售量和销售额。

解：（1）计算联合单位的贡献毛益，如表 3-11 所示。

表 3-11　联合单位的贡献毛益

项目	销售比	单位贡献毛益/（元/件）	联合单位的贡献毛益/（元/单位）
甲产品	2	1.0	2.0
乙产品	1	0.8	0.8
丙产品	1	0.6	0.6
联合单位的贡献毛益			3.4

表 3-11 表明，联合单位的贡献毛益为 3.4 元/单位，也就是说，每一个联合单位（包括甲产品 2 单位，乙、丙产品各 1 单位），可提供的贡献毛益为 3.4 元，则达到盈亏临界点的联合单位可按下式求得。

$$达到盈亏临界点的联合单位=\frac{固定成本总额}{联合单位贡献毛益}=\frac{25\ 500}{3.4}=7500单位$$

联合单位单价＝2×2＋1×2＋1×2＝8（元）

达到盈亏临界点的销售额＝7500×8＝60 000（元）

（2）甲产品盈亏临界点销售量＝7500×2＝15 000（件）

甲产品盈亏临界点销售额＝15 000×2＝30 000（元）

乙产品盈亏临界点销售量＝7500×1＝7500（件）

乙产品盈亏临界点销售额＝7500×2＝15 000（元）

丙产品盈亏临界点销售量＝7500×1＝7500（件）

丙产品盈亏临界点销售额＝7500×2＝15 000（元）

如果借助 Excel 软件实现，如表 3-12 所示。

表 3-12　多品种盈亏临界点计算结果表

行号/列标	B	C	D	E	F
2	基本资料				
3		甲产品	乙产品	丙产品	
4	产销量/件	1 000	500	500	
5	单位产品售价/（元/件）	2	2	2	
6	单位变动成本/（元/件）	1.0	1.2	1.4	
7	固定成本/元	25 500			
8	1 个联合单位	2	1	1	
9	盈亏临界点销售额及盈亏临界点销售量的计算				
10		甲产品	乙产品	丙产品	合计
11	1 个联合单位的售价/元	8.0			
12	1 个联合单位的变动成本/元	4.6			

续表

行号/列标	B	C	D	E	F
13	1 个联合单位的贡献毛益/元	3.4			
14	盈亏临界点销售量/联合单位	7 500			
15	盈亏临界点销售量/件	15 000	7 500	7 500	
16	各产品的盈亏临界点销售额/元	30 000	15 000	15 000	60 000

注：

C11＝C5*C8＋D5*D8＋E5*E8

C12＝C6*C8＋D6*D8＋E6*E8

C13＝C11－C12

C14＝ROUND（C7/C13，0）

C15＝$C$14*C8　D15＝$C$14*D8　E15＝$C$14*E8

C16＝C5*C15　D16＝D5*D15　E16＝E5*E15　F16＝SUM（C16：E16）

三、盈亏临界图

盈亏临界图可以体现销售、成本、业务量之间的关系。盈亏临界图围绕盈亏临界点，将影响企业利润的有关因素及其相应关系集中在一张图上，形象而具体地表现出来。通过盈亏临界图可以清楚地看到有关因素的变动对利润的影响，从而有助于决策者在经营管理工作中提高预见性和主动性。盈亏临界图可根据不同目的及掌握的不同资料而绘制成不同形式的图形，通常有基本式、贡献毛益式、量利式和单位式四种。每种盈亏临界图又可以拆分为两种：一种是以销售量为横轴的盈亏临界图，一种是以销售额为横轴的盈亏临界图。

（一）基本式盈亏临界图

基本式盈亏临界图，又称全成本式盈亏临界图，即在图形中会体现总成本和固定成本。基本式盈亏临界图的绘制方法如下。

（1）在直角坐标系中，以横轴表示销售量，以纵轴表示成本和销售收入。

（2）绘制固定成本线。在纵轴上确定固定成本的数值，并以此为起点，绘制一条平行于横轴的直线，即为固定成本线。

（3）绘制销售收入线。以坐标原点为起点，并在横轴上任取一个整数销售量，计算其销售收入，在坐标上标出该点，连接这两点就可画出收入线。

（4）绘制总成本线。在横轴上取一销售量并计算其总成本，在坐标上标出该点，然后将纵轴上的固定成本点与该点连接便可画出总成本线。

（5）销售总收入线与总成本线的交点即为盈亏临界点。

【例 3-7】某企业生产并销售单一产品，该产品的单位售价为 50 元/件，正常销售量为 5500 件，固定成本总额为 80 000 元，单位变动成本为 30 元/件。

要求：绘制基本式盈亏临界图。

解：单位贡献毛益＝50－30＝20（元/件）

贡献毛益率＝$\frac{20}{50}\times100\%=40\%$

变动成本率＝1－40%＝60%

盈亏临界点＝$\frac{80\ 000}{20}$＝4000（件）

安全边际＝5500－4000＝1500（件）

利润＝5500×（50－30）－80 000＝30 000（元）

分别以销售量和销售额为横轴，在 Excel 中绘制基本式盈亏临界图，如图 3-1 和图 3-2 所示。

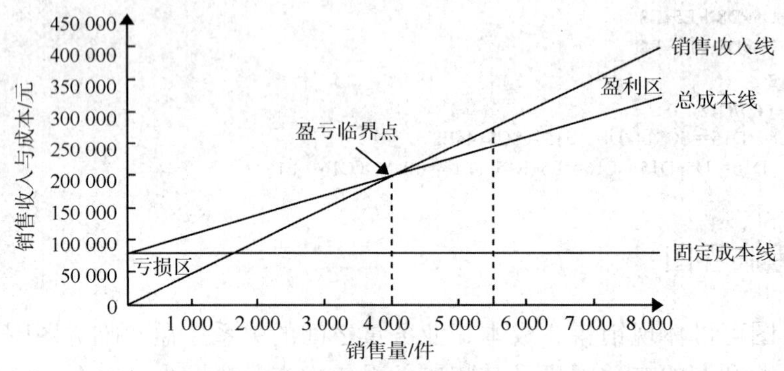

图 3-1　基本式盈亏临界图（销售量为横轴）

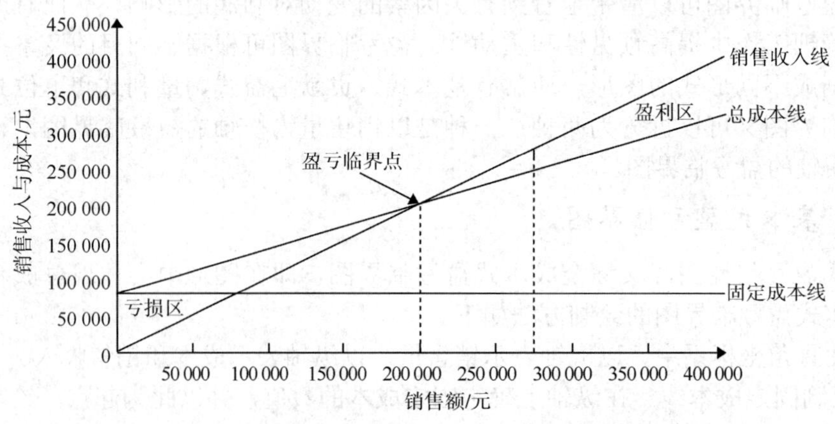

图 3-2　基本式盈亏临界图（销售额为横轴）

以销售额为横轴的基本式盈亏临界图，销售收入线为从原点出发的对角线，其斜率为 1，总成本线斜率为变动成本率，销售单价升高，总成本线斜率降低。这种图不仅可以用于单一产品，还可用于多种产品的情况，只不过需要计算加权平均变动成本率。

基本式盈亏临界图生动形象地反映了销售量（额）、成本与利润之间的相互关系，从中可以得出以下几条基本规律。

（1）盈亏临界点不变，销售量（额）越大，能实现的利润越多，或亏损越少；销售量越小，能实现的利润也越少，或亏损越多。

（2）销售量（额）不变，盈亏临界点越低，能实现的利润就越多，或亏损越少；盈亏临界点越高，能实现的利润就越少，或亏损越多。

（3）在销售总成本既定的条件下，盈亏临界点受单位售价变动的影响而变动。产品单价越高，表现为销售总收入线的斜率越大，盈亏临界点就越低；反之，盈亏临界点就越高。

（4）在销售收入既定的条件下，盈亏临界点的高低取决于固定成本和单位变动成本的多少。固定成本越多，或单位产品的变动成本越多，盈亏临界点就越高；反之，盈亏临界点就越低。其中，单位产品变动成本的变动对于盈亏临界点的影响，是通过变动成本线的斜率的变动而表现出来的。

借助 Excel 办公软件，可以将传统式盈亏临界图做成动态图表。动态的传统式盈亏临界图，通过单击滚动条按钮即可改变销售单价、单位变动成本、固定成本等影响盈亏临界点关键要素的数值，并查看盈亏临界点、盈利区、亏损区等的动态变化情况，分析起来更加形象直观，并且简单易懂。

（二）贡献毛益式盈亏临界图

贡献毛益式盈亏临界图可以使人直观地了解贡献毛益的数值。

【例 3-8】 以【例 3-7】资料为基础，绘制贡献毛益式盈亏临界图。

分别以销售量和销售额为横轴，在 Excel 中绘制贡献毛益式盈亏临界图，如图 3-3 和图 3-4 所示。

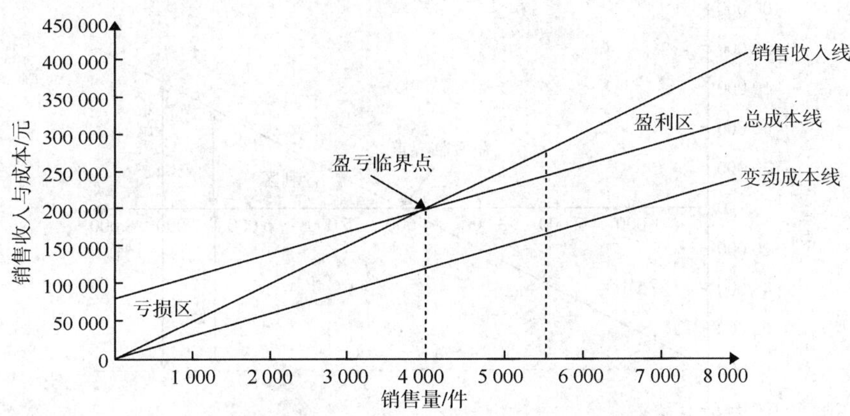

图 3-3　贡献毛益式盈亏临界图（以销售量为横轴）

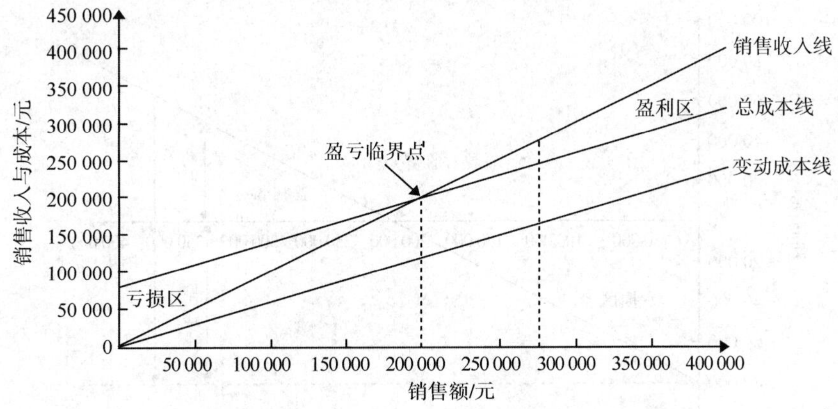

图 3-4　贡献毛益式盈亏临界图（以销售额为横轴）

贡献毛益式盈亏临界图与基本式盈亏临界图的主要区别在于：前者将固定成本置于变动成本之上，以便形象地反映贡献毛益的形成过程和构成，即产品的销售收入减去变动成本以后就是贡献毛益，贡献毛益再减去固定成本便是利润。而后者则将固定成本线置于变动成本线之下，以便表明固定成本在相关范围内稳定不变的特征。

（三）量利式盈亏临界图

量利式盈亏临界图，又称利润图，仅反映销售数量与利润之间的相互关系，是一种简化的盈亏临界图。量利式盈亏临界图是一种最常见的、企业使用最频繁的盈亏临界图，整个图中只表现出利润线，如果以销售量为横轴，则利润线斜率为单位贡献毛益，如果以销售额为横轴，则利润线斜率为贡献毛益率。量利式盈亏临界图虽然是一种简化的盈亏临界图，但其表达的信息丝毫不逊色于前两种盈亏临界图。由于量利式盈亏临界图图面清晰，比较适合于多品种盈亏临界点的分析。

1. 单一产品情况下的量利式盈亏临界图

【例 3-9】以【例 3-7】资料为基础，绘制量利式盈亏临界图。

分别以销售量和销售额为横轴，在 Excel 中绘制单一品种情况下的量利式盈亏临界图，如图 3-5 和图 3-6 所示。

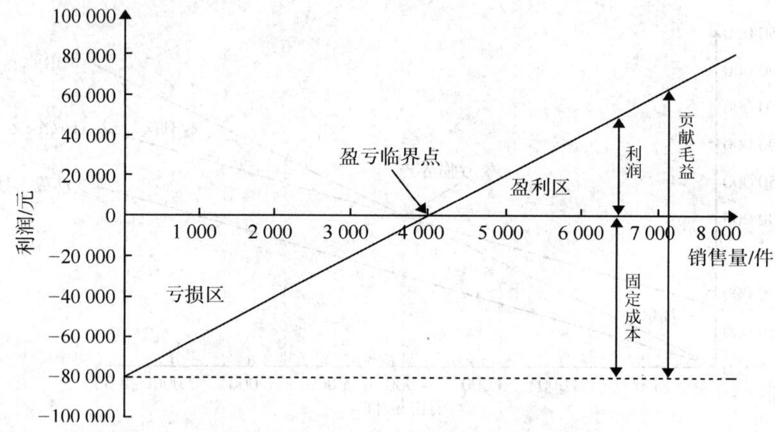

图 3-5　单一产品量利式盈亏临界图（以销售量为横轴）

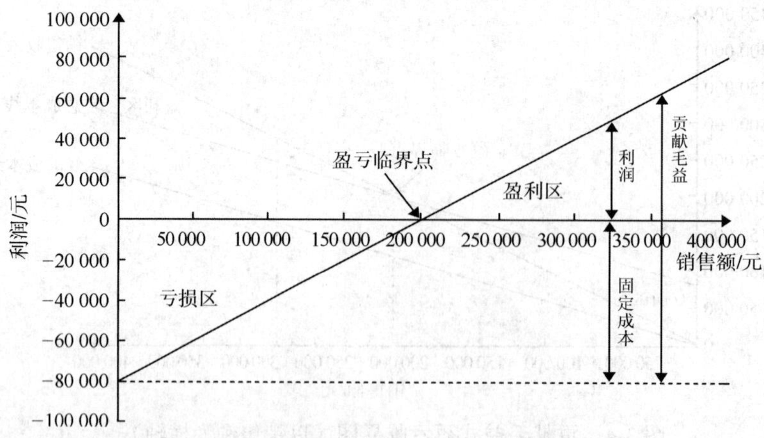

图 3-6　单一产品量利式盈亏临界图（以销售额为横轴）

从量利式盈亏临界图中可以得出以下两条规律。

（1）当销售量为零时，企业的亏损额等于固定成本。

（2）当产品的销售价格及成本水平不变时，销售数量越大，利润就越多，或亏损越少；反之，利润越少，或亏损越多。

2. 多品种情况下的量利式盈亏临界图

进行多品种盈亏临界分析，由于横轴为销售量的量利式盈亏临界图不好体现出来，所以大多数情况下使用以销售额为横轴的量利式盈亏临界图来进行分析。

【例 3-10】设某企业的年固定成本为 500 000 元，生产 A、B、C 三种产品，有关资料如表 3-13 所示。

表 3-13　某企业有关资料

项目	销售量/件	单位售价/（元/件）	单位变动成本/（元/件）	单位贡献毛益/（元/件）
A 产品	20 000	50	20	30
B 产品	10 000	50	25	25
C 产品	10 000	50	35	15

要求：根据所提供的资料绘制多品种情况下的量利式盈亏临界图。

解：销售总收入＝20 000×50＋10 000×50＋10 000×50＝2 000 000（元）

$$\text{A 产品销售比重}=\frac{20\ 000\times50}{2\ 000\ 000}\times100\%=50\%$$

$$\text{B 产品销售比重}=\frac{10\ 000\times50}{2\ 000\ 000}\times100\%=25\%$$

$$\text{C 产品销售比重}=\frac{10\ 000\times50}{2\ 000\ 000}\times100\%=25\%$$

$$\text{A 产品贡献毛益率}=\frac{50-20}{50}\times100\%=60\%$$

$$\text{B 产品贡献毛益率}=\frac{50-25}{50}\times100\%=50\%$$

$$\text{C 产品贡献毛益率}=\frac{50-35}{50}\times100\%=30\%$$

加权平均贡献毛益率＝60%×50%＋50%×25%＋30%×25%＝50%

$$\text{加权平均保本销售额}=\frac{500\ 000}{50\%}=1\ 000\ 000\text{（元）}$$

以销售额为横轴，在 Excel 中绘制多品种情况下的量利式盈亏临界图，如图 3-7 所示。

多品种情况下量利式盈亏临界图的绘制与单一产品情况下量利式盈亏临界图的绘制大体上一致。图 3-7 中的虚线是严格按照销售比销售时所绘制出来的利润线，斜率为加权平均贡献毛益率，与横轴的交点即为盈亏临界点。折线 ABC 表示的是产品按贡献毛益率由高向低销售所形成的利润线，而折线 CBA 表示的是产品按贡献毛益率由低向高销售所形成的利润线，两者与横轴的交点可通过以下公式计算得到

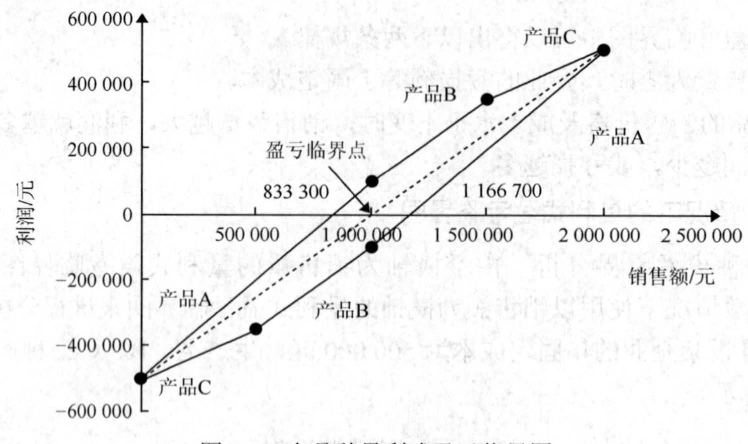

图 3-7　多品种量利式盈亏临界图

$$\text{ABC与横轴交点} = \text{点上产品的销售额} - \frac{\text{点上产品贡献毛益总额} - \text{固定成本}}{\text{点上产品贡献毛益率}} \quad (3\text{-}22)$$

$$\text{CBA与横轴交点} = \frac{\text{固定成本} - \text{点前产品贡献毛益总额}}{\text{点上产品贡献毛益率}} + \text{点前产品的销售额} \quad (3\text{-}23)$$

当企业按贡献毛益率由高向低销售产品时，形成的利润线与横轴的交点为盈亏临界点销售额的最小值；当企业按贡献毛益率由低向高销售产品时，形成的利润线与横轴的交点为盈亏临界点销售额的最大值；当企业以其他比例销售三种产品时，盈亏临界点销售额处于两者之间。需要说明的是，图中各条直线的斜率反映各种产品的贡献毛益率，其斜率各不相同，表明各种产品的盈利能力不同。

式（3-22）从计算方法上来说是一种特例，其一般表达式可统一于式（3-23）。

在【例 3-10】中，假设企业先按贡献毛益率由高向低高销售产品，产品 A 销售收入 1 000 000 元，贡献毛益为 600 000 元(补偿完固定成本 500 000 元后还有盈利 100 000 元），据此即可画出产品 A 的利润线；产品 B 销售收入为 500 000 元，贡献毛益为 250 000 元，A、B 产品累计销售收入为 1 500 000 元，累计贡献毛益额为 850 000 元，据此可画出产品 B 的利润线；产品 C 销售收入为 500 000 元，贡献毛益为 150 000 元，A、B、C 产品累计销售收入为 2 000 000 元，累计贡献毛益为 1 000 000 元，据此可确定产品 C 的利润线。同样的方法，我们可以画出企业按贡献毛益率由低向高销售产品时的利润线。最后，以纵轴上的固定成本点为起点，以累计贡献毛益额与累计销售收入的坐标点为终点，画出一条直线即企业的总利润线，它与横轴的交点即为盈亏临界点。从图 3-7 可以看出，盈亏临界点销售额为 1 000 000 元。当企业按贡献毛益率由高向低销售产品时，盈亏临界点销售额为 833 300 元；当企业按贡献毛益率由低向高销售产品时，盈亏临界点销售额为 1 166 700 元；企业按其他比例销售时，盈亏临界点销售额处于两者之间。

（四）单位式盈亏临界图

单位式盈亏临界图反映的是产品的单位售价、单位成本和单位利润之间的相互关系，以及它们与业务量总量之间的关系。

【例 3-11】某企业生产并销售单一产品，该产品的单位售价为 60 元/件，固定成本总额为 60 000 元，单位变动成本为 40 元/件。

要求：绘制该企业的单位式盈亏临界图。

解：盈亏临界点$=\dfrac{60\ 000}{60-40}=3000$（件）

分别以销售量和销售额为横轴，在 Excel 中绘制单位式盈亏临界图，如图 3-8 和图 3-9 所示。

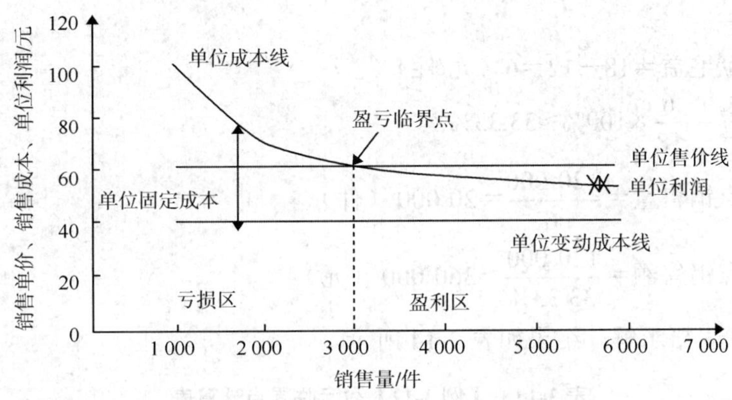

图 3-8　单位式盈亏临界图（以销售量为横轴）

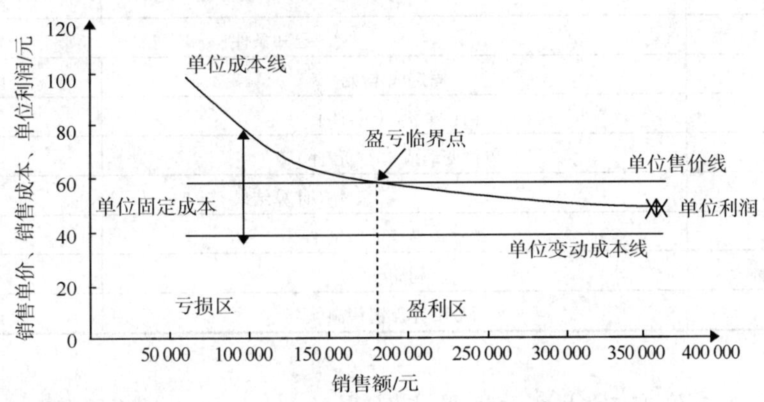

图 3-9　单位式盈亏临界图（以销售额为横轴）

单位式盈亏临界图与其他的盈亏临界图相比，具有以下特点。

（1）单位变动成本线是一条直线，被固化了；而单位固定成本线是一条曲线，被变动化了。因此，单位产品成本线也是一条曲线。

（2）产品销售量越趋近于零，企业的亏损数额越趋近于固定成本。

（3）随着产品销售量逐渐增加，单位产品负担的固定成本越来越少，而单位变动成本不变，故单位产品成本越来越少，当单位产品成本等于单位售价时，企业全部的销售收入刚好等于全部的成本，企业处于盈亏平衡状态。

（4）随着产品销售量进一步增加，单位产品成本进一步下降，越来越接近于单位变动成本，单位产品利润也就越来越接近于单位贡献毛益。

四、有关因素变动对盈亏临界点的影响

从盈亏临界点的计算模型中可以看到，产品销售价格、固定成本、变动成本以及品种结构等因素的变动都将对盈亏临界点产生影响。因此，若能事先了解有关因素对盈亏临界点的影响，就能及时采取措施降低盈亏临界点，以避免亏损或减少亏损。为便于说明，下面将通过一个例子来分别说明有关因素的变动对盈亏临界点的影响。

【例 3-12】设某产品单位售价为 18 元/件，单位变动成本为 12 元/件，全期固定成本为 120 000 元。

则单位贡献毛益＝18－12＝6（元/件）

$$贡献毛益率=\frac{6}{18}\times100\%\approx33.33\%$$

$$盈亏临界点销售量=\frac{120\ 000}{6}=20\ 000（件）$$

$$盈亏临界点销售额=\frac{120\ 000}{33.33\%}\approx360\ 000（元）$$

采用 Excel 表格求解，结果如表 3-14 所示。

表 3-14 【例 3-12】盈亏临界点计算表

行号/列标	B	C
2	已知条件	
3	固定成本/元	120 000
4	销售单价/（元/件）	18
5	单位变动成本/（元/件）	12
6	计算结果	
7	盈亏临界点销售量/件	20 000
8	利润/元	0
9	盈亏临界点销售额/元	360 000

（一）销售单价变动对盈亏临界点的影响

在盈亏临界图上，基于一定的成本水平，单价越高，表现为“销售总收入线”的斜率越大，盈亏临界点就越低。由于贡献毛益率＝1－单位变动成本/单位售价，当单价上升时，贡献毛益率升高，盈亏临界点销售额减少。

【例 3-12】中，如其他因素不变，产品的单价由原来的 18 元/件提高到 20 元/件，则盈亏临界点销售量由原来的 20 000 件变成 15 000 件，盈亏临界点销售额由原来的 360 000 元变成 300 000 元，即

单位贡献毛益＝20－12＝8（元/件）

$$贡献毛益率=\frac{8}{20}\times100\%=40\%$$

$$盈亏临界点销售量=\frac{120\ 000}{8}=15\ 000（件）$$

$$盈亏临界点销售额=\frac{120\ 000}{40\%}=300\ 000（元）$$

如果要分析的情况比较多，如想要观察销售单价由 18 元/件变为 20 元/件、16 元/件、14 元/件、12 元/件等多种情况下盈亏临界点销售量（额）的变化情况，可以使用 Excel 软件提供的模拟运算功能。

第一步，设置模拟运算表格式，如表 3-15 所示。设置模拟运算表计算区域左上方单元格的计算公式，本例为 C15 单元格和 D15 单元格。C15 单元格的计算公式为“＝C3/（B15－C5）”，D15 单元格的计算公式为“＝C15*B15”。

表 3-15　售价变动模拟运算表格式

行号/列标	B	C	D
14	销售单价/（元/件）	盈亏临界点销售量/件	盈亏临界点销售额/元
15	25		
16	24		
17	23		
18	22		
19	21		
20	20		
21	19		
22	18		
23	17		
24	16		
25	13		

第二步，选定 B15 至 D25 区域，单击“数据”选项卡下的“模拟分析——模拟运算表”命令，弹出模拟运算表对话框，本例只需设定“输入引用列的单元格”为 B15 单元格，单击“确定”按钮后，软件自行计算各种销售单价下的盈亏临界点销售量（额），如表 3-16 所示。

表 3-16　售价变动模拟运算表运算结果

行号/列标	B	C	D
14	销售单价/（元/件）	盈亏临界点销售量/件	盈亏临界点销售额/元
15	25	9 231	230 769
16	24	10 000	240 000
17	23	10 909	250 909
18	22	12 000	264 000
19	21	13 333	280 000
20	20	15 000	300 000
21	19	17 143	325 714
22	18	20 000	360 000
23	17	24 000	408 000

续表

行号/列标	B	C	D
24	16	30 000	480 000
25	13	120 000	1 560 000

从以上分析中可以得出结论：销售单价上升会使盈亏临界点销售量（额）降低；销售单价下降会使盈亏临界点销售量（额）升高。

（二）单位变动成本的变动对盈亏临界点的影响

【例 3-12】中，如其他因素不变，但单位变动成本由原来的 12 元/件提高到 13 元/件，则盈亏临界点销售量由原来的 20 000 件变为 24 000 件，盈亏临界点销售额由原来的 360 000 元变为 432 000 元，即

单位贡献毛益＝18－13＝5（元/件）

$$贡献毛益率=\frac{5}{18}\times 100\%\approx 27.78\%$$

$$盈亏临界点销售量=\frac{120\ 000}{5}=24\ 000（件）$$

$$盈亏临界点销售额=\frac{120\ 000}{27.78\%}\approx 432\ 000（元）$$

如果要分析的情况比较多，如想要观察单位变动成本由 12 元/件变为 15 元/件、14 元/件、10 元/件、8 元/件等多种情况下盈亏临界点销售量（额）的变化情况，可以使用 Excel 软件提供的模拟运算功能。

第一步，设置模拟运算表格式，如表 3-17 所示。设置模拟运算表计算区域左上方单元格的计算公式，本例为 C15 单元格和 D15 单元格。C15 单元格的计算公式为“＝C3/（C4－B15）”，D15 单元格的计算公式为“＝C15*C4”。

表 3-17　单位变动成本变动模拟运算表格式

行号/列标	B	C	D
14	单位变动成本/（元/件）	盈亏临界点销售量/件	盈亏临界点销售额/元
15	15		
16	14		
17	13		
18	12		
19	11		
20	10		
21	9		
22	8		
23	7		
24	6		
25	5		

第二步，选定 B15 至 D25 区域，单击“数据”选项卡下的“模拟分析——模拟运算表”命令，弹出模拟运算表对话框，本例只需设定“输入引用列的单元格”为 B15 单元格，单击“确定”按钮后，软件自行计算各种单位变动成本下的盈亏临界点销售量（额），如表 3-18 所示。

表 3-18 单位变动成本变动模拟运算表运算结果

行号/列标	B	C	D
14	单位变动成本/（元/件）	盈亏临界点销售量/件	盈亏临界点销售额/元
15	15	40 000	720 000
16	14	30 000	540 000
17	13	24 000	432 000
18	12	20 000	360 000
19	11	17 143	308 571
20	10	15 000	270 000
21	9	13 333	240 000
22	8	12 000	216 000
23	7	10 909	196 364
24	6	10 000	180 000
25	5	9 231	166 154

从以上分析中可以得出结论：单位变动成本增加会使盈亏临界点销售量（额）升高，单位变动成本减少会使盈亏临界点销售量（额）降低。

（三）固定成本变动的影响

【例 3-12】中，如其他因素不变，而固定成本由原来的 120 000 元增加到 150 000 元，则盈亏临界点销售量由原来的 20 000 件变成 25 000 件，盈亏临界点销售额由原来的 360 000 元变为 450 000 元，即

$$盈亏临界点销售量=\frac{150\ 000}{6}=25\ 000（件）$$

$$盈亏临界点销售额=\frac{150\ 000}{33.33\%}\approx 450\ 000（元）$$

如果要分析的情况比较多，如想要观察固定成本由 120 000 元变为 200 000 元、160 000 元、100 000 元、80 000 元等多种情况下盈亏临界点销售量（额）的变化情况，可以使用 Excel 软件提供的模拟运算功能。

第一步，设置模拟运算表格式，如表 3-19 所示。设置模拟运算表计算区域左上方单元格的计算公式，本例为 C15 单元格和 D15 单元格。C15 单元格的计算公式为“＝B15/（C4－C5）”，D15 单元格的计算公式为“＝C15*C4”。

第二步，选定 B15 至 D25 区域，单击“数据”选项卡下的“模拟分析——模拟运算表”命令，弹出模拟运算表对话框，本例只需设定“输入引用列的单元格”为 B15 单元格，单击“确定”按钮后，软件自行计算各种固定成本下的盈亏临界点销售量（额），如表 3-20 所示。

表 3-19 固定成本变动模拟运算表格式

行号/列标	B	C	D
14	固定成本/元	盈亏临界点销售量/件	盈亏临界点销售额/元
15	200 000		
16	190 000		
17	180 000		
18	170 000		
19	160 000		
20	150 000		
21	140 000		
22	130 000		
23	120 000		
24	110 000		
25	100 000		

表 3-20 固定成本变动模拟运算表运算结果

行号/列标	B	C	D
14	固定成本/元	盈亏临界点销售量/件	盈亏临界点销售额/元
15	200 000	33 333.33	600 000
16	190 000	31 666.67	570 000
17	180 000	30 000.00	540 000
18	170 000	28 333.33	510 000
19	160 000	26 666.67	480 000
20	150 000	25 000.00	450 000
21	140 000	23 333.33	420 000
22	130 000	21 666.67	390 000
23	120 000	20 000.00	360 000
24	110 000	18 333.33	330 000
25	100 000	16 666.67	300 000

从以上分析中可以得出结论：固定成本增加会使盈亏临界点销售量（额）升高，固定成本减少会使盈亏临界点销售量（额）降低。

（四）品种结构变动对盈亏临界点的影响

一般来讲，品种结构的调整是与市场有关的，当企业产品都畅销时，品种结构调整到能提供贡献毛益更多的产品上。但是，因为贡献毛益率并不代表生产该种产品更有效率，品种结构的调整不单单是按照单位贡献毛益或贡献毛益率这个唯一的因素去调整的，而是受制于许多其他因素。但不管怎样，调整品种结构时，加权平均贡献毛益率是会发生变化的，由此盈亏临界点也会发生变化。

【例 3-13】某企业生产并销售甲、乙、丙三种产品，单位售价分别为 12 元/件、20

元/件、30 元/件，单位变动成本分别为 8 元/件、16 元/件、18 元/件，该企业固定成本 30 000 元，甲、乙、丙三种产品预计最大产销量为3600 件、3400 件、2400 件。观察品种结构变动时，盈亏临界点的变化。

解：采用 Excel 表格求解，结果如表 3-21 所示。

表 3-21　【例 3-13】多品种盈亏临界点计算表

行号/列标	B	C	D	E	F
2	基本资料				
3		甲产品	乙产品	丙产品	
4	预计产销量/件	3 600	3 400	2 400	
5	单位产品售价/（元/件）	12	20	30	
6	单位变动成本/（元/件）	8	16	18	
7	固定成本/元	30 000			
8	盈亏临界点销售额及盈亏临界点销售量的计算				
9		甲产品	乙产品	丙产品	合计
10	销售收入/元	43 200	68 000	72 000	183 200
11	各产品销售收入所占比重/%	23.58	37.12	39.30	100.00
12	变动成本/元	28 800	54 400	43 200	126 400
13	贡献毛益/元	14 400	13 600	28 800	56 800
14	贡献毛益率/%	33.33	20.00	40.00	31.00
15	企业的盈亏临界点销售额/元				96 761
16	各产品的盈亏临界点销售额/元	22 817	35 915	38 028	96 761
17	各产品的盈亏临界点销售量/件	1 901	1 796	1 268	

观察品种结构变动对盈亏临界点的影响，如果要分析的情况比较多，如想要观察甲、乙、丙三种产品的品种结构由（20%，30%，50%）变为（40%，40%，20%）、（40%，30%，30%）、（30%，35%，35%）等多种情况下盈亏临界点的变化情况，可以使用 Excel 软件提供的模拟运算功能。

第一步，设置模拟运算表格式，如表 3-22 所示。设置模拟运算表计算区域左上方单元格的计算公式，本例为 B22 单元格。B22 单元格的计算公式为“＝C7/［C11*C14＋D11*D14＋（100－C11－D11）*E14］*10 000”。

表 3-22　【例 3-13】模拟运算表格式

行号/列标	A	B	C	D	E	F
21		甲产品比重/%				
22			40	35	30	25
23		40				
24	乙产品比重/%	35				
25		30				
26		25				

模拟运算表中只列示了甲、乙两种产品的销售比重，丙产品的销售比重由 100%减去甲、乙销售比重计算求得。

第二步，选定B22至F26区域，单击“数据”选项卡下的“模拟分析——模拟运算表”命令，弹出模拟运算表对话框，在“输入引用行的单元格”选定 C11 单元格，在“输入引用列的单元格”选定D11单元格，单击“确定”按钮后，软件自行计算各种品种结构下的盈亏临界点销售额，如表3-23 所示。

表 3-23 模拟运算表运算结果

行号/列标	A	B	C	D	E	F
21	甲产品比重/%					
22	乙产品比重/%	96 760.56	40	35	30	25
23		40	102 272.70	101 123.60	100 000.00	98 901.10
24		35	98 901.10	97 826.09	96 774.19	95 744.68
25		30	95 744.68	94 736.84	93 750.00	92 783.51
26		25	92 783.51	91 836.73	90 909.09	90 000.00

通过以上分析，我们可以得出结论：当产品品种结构发生变化时，盈亏临界点的变动方向取决于以各种产品的销售收入比例为权数的加权平均贡献毛益率的变化情况。当加权平均贡献毛益率提高时，盈亏临界点会相应降低，当加权平均贡献毛益率降低时，盈亏临界点会相应升高。由此可见，对一个生产多品种的企业来说，为了提高生产经营的盈利水平，必须综合考虑产、供、销等各方面的有关因素，及时调整品种结构，适当地增大贡献毛益率较高的产品的比重。

（五）产、销不平衡对盈亏临界点的影响

在计算盈亏临界点时，有一个基本假设即产销平衡，但实际上产销常常是不平衡的。那么，产销不平衡会不会影响盈亏临界点的计算？

如果企业的损益表是以变动成本计算法为基础编制的，产销是否平衡对盈亏临界点的计算都没有影响，因为每期盈亏临界点销售额的计算公式为

$$\text{盈亏临界点销售额}=\frac{\text{当期发生的全部固定成本}}{\text{当期销售产品的贡献毛益率}} \tag{3-24}$$

由此而确定的盈亏临界点的销售量和损益表上的有关数字是互相协调的。

但是，由于企业对外提供的损益表要以完全成本计算法为基础进行编制，当期发生的固定成本并不全部计入当期的产品销售成本，期末存货还要分摊当期固定成本的一定份额，所以产销是否平衡就会对盈亏临界点的计算产生一定的影响。

【例 3-14】设某企业只生产和销售一种产品，以完全成本计算法为基础编制的损益表如表 3-24 所示。

表 3-24 损益表（单位：元）

销售收入（销售 10 000 件×单价 6 元/件）	60 000
生产成本（生产 11 000 件）	

续表

固定成本		20 000	
变动成本（每件 2 元）		22 000	
减：期末存货（库存 1 000 件）			
变动成本（1 000×2 元）	2 000		
固定成本$\left(20\,000\times\frac{1}{10}\right)$	2 000		
合计			38 000
毛利			22 000
减：固定性销售与管理费用		5 000	
变动性销售与管理费用（每件 0.5 元）		5 000	
合计			10 000
税前利润			12 000

根据表 3-24 提供的数据，如何计算盈亏临界点的销售量？有以下两种方法均可求出。

第一种：按当期发生的全部固定成本计算。

$$盈亏临界点销售额=\frac{20\,000+5000}{1-\dfrac{22\,000+5000-2000}{60\,000}}\approx\frac{25\,000}{58.33\%}\approx 42\,859\text{（元）}$$

$$盈亏临界点销售量=\frac{42\,857}{6}\approx 7143\text{（件）}$$

这一方法看似简便易行，但由此而确定的盈亏临界点的销售量和损益表上的有关数字是脱节的。如前所述，在销售利润率、安全边际率和贡献毛益率之间存在着如下的关系：

销售利润率＝安全边际率×贡献毛益率

根据上述资料计算：

$$销售利润率=\frac{12\,000}{60\,000}=20\%$$

$$安全边际率=\frac{60\,000-42\,859}{60\,000}\approx 28.57\%$$

$$贡献毛益率=1-\frac{22\,000+5000-2000}{60\,000}\approx 58.33\%$$

但 20%≠28.57%×58.33%（约等于 16.66%）。

可见采用这一方法所确定的盈亏临界点的销售量不能同损益表上的有关数字相协调。

第二种：按当期由销售产品补偿的固定成本计算。

$$盈亏临界点销售=\frac{20\,000+5000-2000}{1-\dfrac{22\,000+5000-2000}{60\,000}}\approx\frac{23\,000}{58.33\%}\approx 39\,431\text{（元）}$$

$$盈亏临界点销售量=\frac{39\ 431}{6}\approx 6572\ （件）$$

如本期销售的产品不是 10 000 件，而是 12 000 件，也就是除本期生产的 11 000 件外，还包括了期初存货 1000 件（假定期初存货每件包括变动成本 2 元，共分摊上期的固定成本 2000 元），其盈亏临界点的销售额应按下式计算：

$$盈亏临界点销售额=\frac{20\ 000+5000+2000}{1-\dfrac{22\ 000+6000+2000}{72\ 000}}\approx\frac{27\ 000}{58.33\%}\approx 46\ 288\ （元）$$

采用这一计算方法，所确定的盈亏临界点的销售量可以和损益表上的有关数字相协调，不会出现第一种方法所产生的二者之间相互脱节的情况。

第三节　复杂本量利分析

一、非线性的本量利分析

当产销量、单价和成本与利润呈完全线性关系时，总销售收入线和总成本线都是一条直线，它们的交点即盈亏临界点只有一个；但如果它们之间呈不完全的线性关系，总销售收入线和总成本线就会表现为一条曲线，它们的交点（盈亏临界点）就可能不是只有一个而有多个。

如前所述，线性方程只是描述成本、收入与产销量之间依存关系的一种简化形式。在现实经济生活中，用非线性方程取代线性方程来描述成本、收入与产销量之间的依存关系，可能更符合客观实际情况。

当总销售收入线、总成本线均表现为曲线时，需分别确定其各自的函数表达式，然后建立利润函数式，并据以进行本量利分析。

下面通过一简例说明非线性本量利分析的基本方法。

【例 3-15】假设某企业收入、成本与产销量之间的关系，分别为

总收入 $TR=40\ 000x-4x^2$，

总成本 $TC=16\ 000\ 000+12\ 000x+6x^2$，

其中 x 代表产销量，假定产销平衡。

要求：求盈亏临界点及利润最大时的销量与销售价格。

解：如以 m 代表利润，则

$$m=TR-TC=(40\ 000x-4x^2)-(16\ 000\ 000+12\ 000x+6x^2)$$
$$=-16\ 000\ 000+28\ 000x-10x^2$$

由于使利润等于零的销售量即为盈亏临界点的销售量，因此，令 $m=0$，即有 $-16\ 000\ 000+28\ 000x-10x^2=0$

可解得 $x_1=800$（件），$x_2=2000$（件）

要使利润最大，则 $\frac{dm}{dx}$=28 000−20x=0，可得 x=1400（件），此时，最大利润为3 600 000 元。

当销售量为 1400 件时，销售收入＝40 000×1400−4×1400^2＝48 160 000（元），因此，销售价格＝48 160 000÷1400＝34 400（元/件）。

这种方法需要一定的数学基础，而且针对复杂的、盈亏临界点更多的业务，显然这种方法不太适用。此处，向大家介绍一种借助Excel规划求解工具解决此类问题的方法。

利用 Excel 规划求解工具求解的大体步骤如下。

（1）设计 Excel 表格，将已知数据整理进 Excel 工作表。

（2）确定变量及约束条件。

（3）确定目标函数及极值（最大值、最小值或指定值）。

（4）设置 Excel 公式。

（5）调出并运行规划求解工具，得出最优解。

对于【例 3-15】，我们采用规划求解工具来进行求解。

第一步，绘制出销售收入、成本随销售量变化的曲线图，如图 3-10 所示。

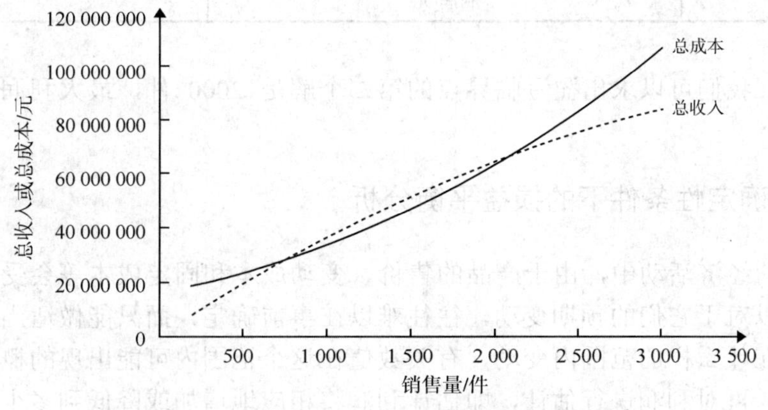

图 3-10　总收入、总成本随销售量变化情况

从图 3-10 可以看出，盈亏临界点有两个，大致落在［750，1000］、［1750，2250］两个区间内。

第二步，设置公式，总收入、总成本、利润等数据如表 3-25 所示。

表 3-25　【例 3-15】盈亏临界点计算表

行号/列标	B	C
9	盈亏临界点销售量/件	1 000
10	总收入 TR/元	36 000 000
11	总成本 TC/元	24 000 000
12	利润/元	0

注：

C10＝40 000*C9−4*C9^2

C11＝16 000 000＋12 000*C9＋6*C9^2

C12＝C10−C11

需要注意的是，盈亏临界点销售量是随意填写的数据，运行规划求解工具时，它们会被正确的解替换。

第三步，单击“数据”选项卡下的“模拟分析——规划求解”，在弹出的对话框中设置各参数和约束条件，具体设置如下：

“设置目标”：$C$9

“到”：0

“通过更改可变单元格”：$C$9

“遵守约束”：$C$9<＝1000，且$C$9>＝750

单击“求解”后，Excel 会报告规划求解结果，如表 3-26 所示。

表 3-26 【例 3-15】规划求解结果

行号/列标	B	C
9	盈亏临界点销售量/件	800
10	总收入 TR/元	29 440 000
11	总成本 TC/元	29 440 000
12	利润/元	0

类似地，我们可以求出盈亏临界点的第二个解是 2000 件，最大利润的销售量是 1400 件。

二、不确定性条件下的损益平衡分析

在实际的经济活动中，由于产品的售价、变动成本和固定成本等会受到各种因素的影响，所以对于它们的预期变动，往往难以在事前确定，而只能做适当的估计，即估计它们将在什么样的范围内变动，有关数值在这个范围内可能出现的概率是多少。在此情况下，再对利润进行估计，即估计利润将相应地增加或降低到多少。为此，需要对产品的售价、变动成本和固定成本等预期的变动进行概率分析，然后加以综合考虑，最终确定一个最可能达到的数值。

（一）不确定情况下的盈亏临界点的分析

【例 3-16】某企业进行销售利润预测时，对 A 产品销售量、变动成本、固定成本进行综合测定得到以下数据：A 产品预计单位售价是 60 元/件和 56 元/件，其概率各自为 80%和 20%，预计单位变动成本分别是 36 元/件、37 元/件和 40 元/件，其概率分别是 70%、20%和 10%，预计固定成本总额为 600 000 元和 560 000 元，其概率分别是 80%和 20%。

要求：计算盈亏临界点销售量。

解：采用 Excel 表格求解，结果如表 3-27 所示。

表 3-27　【例 3-16】盈亏临界点销售量计算表

行号/列标	B	C	D	E	F	G	H	I	J	K
4	单位售价		单位变动成本		固定成本		组合	盈亏临界点/件	联合概率	期望值
5	金额/（元/件）	概率	金额/（元/件）	概率	金额/元	概率				
6	60	0.8	36	0.7	600 000	0.8	1	25 000	0.448	11 200
7					560 000	0.2	2	23 333	0.112	2 613
8			37	0.2	600 000	0.8	3	26 087	0.128	3 339
9					560 000	0.2	4	24 348	0.032	779
10			40	0.1	600 000	0.8	5	30 000	0.064	1 920
11					560 000	0.2	6	28 000	0.016	448
12	56	0.2	36	0.7	600 000	0.8	7	30 000	0.112	3 360
13					560 000	0.2	8	28 000	0.028	784
14			37	0.2	600 000	0.8	9	31 579	0.032	1 011
15					560 000	0.2	10	29 474	0.008	236
16			40	0.1	600 000	0.8	11	37 500	0.016	600
17					560 000	0.2	12	35 000	0.004	140
18	预期的盈亏临界点销售量/件									26 430

注：

I6＝ROUND（F6/（B6－D6），0）　I7＝ROUND（F7/（B6－D6），0）　I8＝ROUND（F8/（B6－D8），0）　I9＝ROUND（F9/（B6－D8），0）

I10＝ROUND（F10/（B6－D10），0）　I11＝ROUND（F11/（B6－D10），0）　I12＝ROUND（F12/（B12－D12），0）　I13＝ROUND（F13/（B12－D12），0）

I14＝ROUND（F14/（B12－D14），0）　I15＝ROUND（F15/（B12－D14），0）　I16＝ROUND（F16/（B12－D16），0）　I17＝ROUND（F17/（B12－D17），0）

J6＝C6*E6*G6　J7＝C6*E6*G7　J8＝C6*E8*G8　J9＝C6*E8*G9

J10＝C6*E10*G10　J11＝C6*E10*G11　J12＝C12*E12*G12　J13＝C12*E12*G13

J14＝C12*E14*G14　J15＝C12*E14*G15　J16＝C12*E16*G16　J17＝C12*E16*G17

K6＝ROUND（I6*J6，0）　K7＝ROUND（I7*J7，0）　K8＝ROUND（I8*J8，0）　K9＝ROUND（I9*J9，0）

K10＝ROUND（I10*J10，0）　K11＝ROUND（I11*J11，0）　K12＝ROUND（I12*J12，0）　K13＝ROUND（I13*J13，0）

K14＝ROUND（I14*J14，0）　K15＝ROUND（I15*J15，0）　K16＝ROUND（I16*J16，0）　K17＝ROUND（I17*J17，0）

K18＝SUM（K6：K17）

不确定情况下进行盈亏临界点分析时，由于把各种可预计到的可能性都考虑进去了，因而结果更能接近客观实际情况，所以，盈亏临界点的概率分析虽然工作量较大，但可以得到较为准确的结果。

（二）不确定情况下的利润分析

【例 3-17】在【例 3-16】的基础上，请测算销售量为 30 000 件时的预期利润。

解：采用 Excel 表格求解，结果如表 3-28 所示。

表 3-28 【例 3-17】预期利润计算表格式

行号/列标	B	C	D	E	F	G	H	I	J	K
21	销售量/件									30 000
22	单位售价		单位变动成本		固定成本		组合	利润/元	联合概率	期望值
23	金额/（元/件）	概率	金额/（元/件）	概率	金额/元	概率				
24	60	0.8	36	0.7	600 000	0.8	1	120 000	0.448	53 760
25					560 000	0.2	2	160 000	0.112	17 920
26			37	0.2	600 000	0.8	3	90 000	0.128	11 520
27					560 000	0.2	4	130 000	0.032	4 160
28			40	0.1	600 000	0.8	5	0	0.064	0
29					560 000	0.2	6	40 000	0.016	640
30	56	0.2	36	0.7	600 000	0.8	7	0	0.112	0
31					560 000	0.2	8	40 000	0.028	1 120
32			37	0.2	600 000	0.8	9	−30 000	0.032	−960
33					560 000	0.2	10	10 000	0.008	80
34			40	0.1	600 000	0.8	11	−120 000	0.016	−1 920
35					560 000	0.2	12	−80 000	0.004	−320
36	预期利润/元									86 000

注：

I24＝$K$21*（B24－D24）－F24　I25＝$K$21*（B24－D24）－F25　I26＝$K$21*（B24－D26）－F26　I27＝$K$21*（B24－D26）－F27

I28＝$K$21*（B24－D28）－F28　I29＝$K$21*（B24－D28）－F29　I30＝$K$21*（B30－D30）－F30　I31＝$K$21*（B30－D30）－F31

I32＝$K$21*（B30－D32）－F32　I33＝$K$21*（B30－D32）－F33　I34＝$K$21*（B30－D34）－F34　I35＝$K$21*（B30－D34）－F35

J24＝C24*E24*G24　J25＝C24*E24*G25　J26＝C24*E26*G26　J27＝C24*E26*G27

J28＝C24*E28*G28　J29＝C24*E28*G29　J30＝C30*E30*G30　J31＝C30*E30*G31

J32＝C30*E32*G32　J33＝C30*E32*G33　J34＝C30*E34*G34　J35＝C30*E34*G35

K24＝I24*J24　K25＝I25*J25　K26＝I26*J26　K27＝I27*J27

K28＝I28*J28　K29＝I29*J29　K30＝I30*J30　K31＝I31*J31

K32＝I32*J32　K33＝I33*J33　K34＝I34*J34　K35＝I35*J35

第四节　杠杆系数的衡量

企业的业务模式决定了资产结构模式，业务流程决定了资产配置方式，而业务与资产配置决定了企业的成本结构，因此也就决定了由业务额确定的息税前利润，即企业实体资产的全部财务价值由息税前利润决定。实体财务价值不反映企业是属于谁的，单从这方面，EBIT 的波动特征反映的是实体特征，是经营风险的体现。

实体企业创造的所有财务价值流向三个方面：债权人利息、政府税收和股东权益增长，体现了实体企业利益相关者索求。由于股东是剩余索取者，也是最终风险的承担者，如果没有债务，全部经营风险就由股东承担。如果股东觉得经营风险小，他可决定是否引入其他投资人，如债权人。由于债权人不愿意承担太大风险或根本不承担风险，因引入债权人而使股东风险放大了，股东在承担经营风险的基础上因出现负债而叠加了另一层风险——财务风险。从而，又可以推断，经营风险制约着筹资方式选择和资本结构调整，经营风险的大小与财务风险密切相关。

资本结构体现了各种利益索求对息税前利润的瓜分，由于债息的固定和强制，公司需要考虑是否和如何利用经营杠杆与财务杠杆的作用。公司经营杠杆是由与产品生产或提供劳务有关的固定性经营成本所引起的，而财务杠杆则是由债务利息等固定性融资成本所引起的。两种杠杆具有放大盈利波动性的作用，从而影响公司的风险与收益。经营杠杆对财务杠杆有放大作用，这两个杠杆理论上不是互相抵消，而是互相加强的。财务杠杆大，经营风险就被财务杠杆放大；经营杠杆大，财务风险也会被经营杠杆放大，所以两者是互相加强的关系。分析经营杠杆，必定要分析财务杠杆。

一、经营杠杆系数的衡量

（一）经营风险

经营风险，是指企业未使用债务时经营的内在风险。影响企业经营风险的因素很多，主要有：①企业产品需求、售价、成本的稳定性；②企业调整价格的能力（当产品成本变动时，若企业具有较强的调整价格的能力，则经营风险小，反之，经营风险就大）；③固定成本的比重（在企业全部成本中，固定成本所占比重较大时，单位产品分摊的固定成本额较多，若产品数量发生变动则单位产品分摊的固定成本会随之变动，最后导致利润更大的变动，经营风险就大；反之，经营风险就小）。

（二）经营杠杆效应

在影响经营风险的诸多因素中，固定性经营成本的影响是一个基本因素。在一定的销售量范围内，固定成本总额是不变的，随着销售量的增加，单位固定成本就会降低，从而单位产品的利润提高，息税前利润的增长率将大于销售量的增长率；相反，销售量的下降会提高产品单位固定成本，从而单位产品的利润减少，息税前利润的下降率将大于销售量的下降率。如果企业不存在固定成本，则息税前利润的变动率将与销售量的变动率保持一致。这种在某一固定成本比重的作用下，由于销售量一定程度的变动引起息税前利润产生更大程度变动的现象被称为经营杠杆效应。固定成本是引发经营杠杆效应的根源，但企业销售量水平与盈亏平衡点的相对位置决定了经营杠杆的大小，即经营杠杆的大小是由固定性经营成本和息税前利润共同决定的。

（三）经营杠杆的衡量

经营杠杆放大了企业营业收入变化对 EBIT 变动的影响程度，这种影响程度是经营风险的一种测度。经营杠杆的大小一般用经营杠杆系数表示，它是企业计算利息和所得税之前的盈余（息税前利润）变动率与营业收入（或销售量）变动率之间的比率。经营杠杆系数的定义表达式为

$$DOL=\frac{息税前利润变化的百分比}{营业收入变化的百分比}=\frac{\Delta EBIT / EBIT}{\Delta S / S} \quad (3\text{-}25)$$

或

$$DOL=\frac{\Delta EBIT / EBIT}{\Delta Q / Q} \quad (3\text{-}26)$$

式中，DOL 为经营杠杆系数；ΔEBIT 为息税前利润变动额；EBIT 为基期息税前利润；ΔS 为营业收入变动额；S 为基期营业收入；ΔQ 为销售量变动量；Q 为基期销售量。

经营杠杆系数越大，表明经营杠杆作用越大，经营风险也就越大；经营杠杆系数越小，表明经营杠杆作用越小，经营风险也就越小。

假定企业的成本、销量、利润保持线性关系，变动成本在营业收入中所占的比例不变，固定成本也保持稳定，则可利用上述定义表达式推导出如下经营杠杆系数的计算公式：

$$DOL=\frac{\Delta EBIT / EBIT}{\Delta Q / Q}=\frac{(P-V)\times \Delta Q / EBIT}{\Delta Q / Q}=\frac{(P-V)\times Q}{EBIT}=\frac{EBIT+F}{EBIT} \quad (3\text{-}27)$$

式中，EBIT 为基期息税前利润；F 为固定成本总额。

从上述公式可以看出，如果固定成本等于 0，则经营杠杆系数为 1，即不存在经营杠杆效应。当固定成本不为 0 时，通常经营杠杆系数都是大于 1 的，即显现出经营杠杆效应（有关经营杠杆的进一步分析参见第四章第四节）。

【例 3-18】根据表 3-29 有关资料，计算销量为 10 000 件时的经营杠杆系数。

表 3-29 【例 3-18】有关资料

项目	基期	预计期
单价/（元/件）	10	10
单位变动成本/（元/件）	5	5
销售量/件	10 000	20 000
固定成本/元	20 000	20 000

解：EBIT＝（10－5）×10 000－20 000=30 000（元）

$$DOL=\frac{EBIT+F}{EBIT}=\frac{30\,000+20\,000}{30\,000}\approx 1.67$$

【例 3-19】某企业生产 A 产品，固定成本为 40 万元，变动成本率为 60%。计算企业的营业收入分别为 400 万元、200 万元、100 万元时的经营杠杆系数。

解：$DOL_{(1)}=\frac{400-400\times 60\%}{400-400\times 60\%-40}\approx 1.33$

$$DOL_{(2)}=\frac{200-200\times 60\%}{200-200\times 60\%-40}=2$$

$$DOL_{(3)}=\frac{100-100\times 60\%}{100-100\times 60\%-40}\to \infty$$

以上计算结果说明以下两个问题。

第一，在固定成本不变的情况下，经营杠杆系数说明了营业收入增长（减少）所引起息税前利润增长（减少）的幅度。例如，$DOL_{(1)}$说明在营业收入为 400 万元时，营业收入的增长（减少）会引起息税前利润约 1.33 倍的增长（减少）；$DOL_{(2)}$说明在营业收入为200 万元时，营业收入的增长（减少）会引起利润 2 倍的增长（减少）。

第二，在固定成本不变的情况下，营业收入越大，经营杠杆系数越小，经营风险也就越小；相反，营业收入越小，经营杠杆系数越大，经营风险也就越大。例如，当营业收入为 400 万元时，$DOL_{(1)}$约为 1.33；当营业收入为 200 万元时，$DOL_{(2)}$为 2；而如果营业收入为 100 万元时，恰好处于盈亏临界点，$DOL_{(3)}$为∞。显然，企业盈利状况越靠近盈亏临界点，盈利的不稳定性越大，表明经营风险也越大。

企业管理层在控制经营风险时，不仅应考虑固定成本的绝对量，更应关注固定成本与盈利水平的相对关系。企业一般可以通过增加营业收入、降低单位变动成本、降低固定成本比重等措施使经营杠杆系数下降，降低经营风险，但这往往要受到条件的制约。

二、财务杠杆系数的衡量

（一）财务风险

财务风险，是指由于企业运用了债务筹资方式而产生的丧失偿付能力的风险，而这种风险最终是由普通股股东承担的。企业在经营中经常会发生借入资本进行负债经营，不论经营利润多少，债务利息都是不变的。当企业在资本结构中增加了债务这类具有固定性筹资成本的比例时，固定的现金流出量就会增加，特别是在利息费用的增加速度超过息税前利润增加速度的情况下，企业则因负担较多的债务成本引发对净收益减少的冲击作用，发生丧失偿债能力的概率也会增加，导致财务风险增加；反之，财务风险就会减少。

（二）财务杠杆效应

在影响财务风险的因素中，债务利息或优先股股息这类固定性融资成本是基本因素。在一定的息税前利润范围内，债务融资的利息成本是不变的，随着息税前利润的增加，单位利润所负担的固定性利息费用就会相对减少，从而单位利润可供股东分配的部分会相应增加，普通股股东每股收益的增长率将大于息税前利润的增长率。相反，当息税前利润减少时，单位利润所负担的固定利息费用就会相对增加，从而单位利润可供股东分配的部分相应减少，普通股股东每股收益的下降率将大于息税前利润的下降率。如果不存在固定性融资费用，则普通股股东每股收益的变动率将与息税前利润的变动率保持一致。这种在某一固定的债务与权益融资结构下由于息税前利润的变动引起每股收益产生更大程度变动的现象被称为财务杠杆效应。固定性融资成本是引发财务杠杆效应的根源，但息税前利润与固定性融资成本之间的相对水平决定了财务杠杆的大小，即财务杠杆的大小是由固定性融资成本和息税前利润共同决定的。

（三）财务杠杆的衡量

财务杠杆放大了企业息税前利润变化对每股收益变动的影响程度，这种影响程度是财务风险的一种测度。财务杠杆的大小一般用财务杠杆系数表示，它是企业计算每股收益的变动率与息税前利润的变动率之间的比率。财务杠杆系数越大，表明财务杠杆作用越大，财务风险也就越大；财务杠杆系数越小，表明财务杠杆作用越小，财务风险也就越小。财务杠杆系数的定义表达式为

$$\text{DFL}=\frac{\text{每股收益变化的百分比}}{\text{息税前利润变化的百分比}}=\frac{\Delta \text{EPS/EPS}}{\Delta \text{EBIT/EBIT}} \tag{3-28}$$

式中，DFL 为财务杠杆系数；ΔEPS 为普通股每股收益变动额；EPS 为基期普通股每股收益；ΔEBIT 为息税前利润变动额；EBIT 为基期息税前利润。

依据上述定义表达式，可以推导出如下财务杠杆系数的计算公式：

$$\begin{aligned}\text{DFL}&=\frac{\Delta \text{EPS/EPS}}{\Delta \text{EBIT/EBIT}}=\frac{[\Delta \text{EBIT}\times(1-T)/N]/\text{EPS}}{\Delta \text{EBIT/EBIT}}\\&=\frac{\text{EBIT}\times(1-T)/N}{\text{EPS}}=\frac{\text{EBIT}\times(1-T)/N}{[(\text{EBIT}-I)\times(1-T)]-\text{PD}/N}\\&=\frac{\text{EBIT}}{\text{EBIT}-I-\text{PD}/(1-T)}\end{aligned} \tag{3-29}$$

式中，EBIT 为息税前利润；I 为债务利息；PD 为优先股股利；T 为所得税税率。

从上述公式可以看出，如果固定性融资成本债务利息和优先股股利都等于 0，则财务杠杆系数为 1，即不存在财务杠杆效应。当债务利息成本和优先股股利不为 0 时，通常财务杠杆系数都是大于1的，即显现出财务杠杆效应。此外，该公式除了用于单一产品外，还可用于计算多种产品的财务杠杆系数。

【例 3-20】A、B、C 三家公司息税前利润均是 200 000 元，其中：A 公司没有债务，B 公司债务为 500 000 元，C 公司债务为 1 000 000 元，假定利率均为 8%。要求分别计算三家公司的财务杠杆系数。

解：$\text{DFL}_A=\frac{\text{EBIT}}{\text{EBIT}-I_A}=\frac{200\,000}{200\,000-0}=1$

$$\text{DFL}_B=\frac{\text{EBIT}}{\text{EBIT}-I_B}=\frac{200\,000}{200\,000-500\,000\times 8\%}=1.25$$

$$\text{DFL}_C=\frac{\text{EBIT}}{\text{EBIT}-I_C}=\frac{200\,000}{200\,000-1\,000\,000\times 8\%}\approx 1.67$$

计算结果表明，除 A 公司外，B、C 两家公司的财务杠杆系数随着债务利息的增加而增加。显然，如果三家公司的负债结构保持不变，当息税前利润增加 1 倍时（从 200 000 元增加到 400 000 元），用同样的计算方法，A 公司仍维持财务杠杆系数是 1，而 B、C 两家公司的财务杠杆系数分别为 1.11 和 1.25（同样使用上述公式计算）。这说明，当盈利能力提高时，固定性利息成本占全部盈利的比重下降，导致财务风险下降，表现为财务杠杆系数下降。

企业管理层在控制财务风险时，不仅应考虑负债融资的绝对量，更应关注负债利

息成本与盈利水平的相对关系。

三、联合杠杆系数的衡量

从以上介绍可知，经营杠杆系数衡量营业收入变化对息税前利润的影响程度，而财务杠杆系数则衡量息税前利润变化对每股收益的影响程度。综合起来即衡量营业收入的变化对每股收益的影响程度，称为联合杠杆（总杠杆）作用。

联合杠杆是指由于固定性经营成本和固定性融资成本的存在而导致的每股收益变动率大于营业收入变动率的杠杆效应。联合杠杆直接考察了营业收入的变化对每股收益的影响程度，联合杠杆作用的大小可以用联合杠杆系数（degree of total leverage，DTL）表示，其定义表达式为

$$\text{DTL}=\frac{\text{每股收益变化的百分比}}{\text{营业收入变化的百分比}}=\frac{\Delta\text{EPS/EPS}}{\Delta S/S} \tag{3-30}$$

依据经营杠杆系数与财务杠杆系数的定义表达式，联合杠杆系数可以进一步表示为经营杠杆系数和财务杠杆系数的乘积，反映了企业经营风险与财务风险的组合效果。

$$\text{DTL}=\text{DOL}\cdot\text{DFL} \tag{3-31}$$

【例 3-21】甲公司的经营杠杆系数为 2，财务杠杆系数为 1.5，联合杠杆系数即 2×1.5＝3。

联合杠杆作用是经营杠杆和财务杠杆的连锁作用。营业收入的任何变动都会放大每股收益。联合杠杆系数对公司管理层具有一定的意义：①使公司管理层在一定的成本结构与融资结构下，当营业收入变化时，能够对每股收益的影响程度做出判断，即能够估计出营业收入变动对每股收益造成的影响。例如，如果一家公司的联合杠杆系数是 3，则说明当营业收入每增长（减少）1 倍，就会造成每股收益增长（减少）3 倍。②经营杠杆与财务杠杆之间的相互关系，有利于管理层对经营风险与财务风险进行管理，即为了控制某一联合杠杆系数，经营杠杆和财务杠杆可以有很多不同的组合。例如，经营杠杆系数较高的公司可以在较低的程度上使用财务杠杆；经营杠杆系数较低的公司可以在较高的程度上使用财务杠杆；等等。

思考与练习

一、思考题

1. 本量利分析的基本假设包括哪些内容？
2. 简述贡献毛益的含义。
3. 什么是盈亏临界点？单一品种条件下和多品种条件下的盈亏临界点分别如何计算？
4. 什么是安全边际？安全边际有什么作用？
5. 盈亏临界图有哪几种形式？如何绘制各种形式的盈亏临界图？

6. 非线性条件下和不确定性条件下盈亏临界点如何确定？

7. 分别简述经营杠杆效应和财务杠杆效应的含义。

二、单项选择题

1. 根据本量利分析原理，只能提高安全边际量而不会降低保本销售量的措施是（ ）。

A. 提高单价　　B. 增加产量
C. 压缩固定成本　　D. 降低单位变动成本

2. 甲公司只生产一种产品，变动成本率为 60%，盈亏临界点作业率为 50%。甲公司的息税前利润率是（ ）。

A. 12%　　B. 20%　　C. 28%　　D. 42%

3. 根据本量利分析原理，下列计算利润的公式中，正确的是（ ）。

A. 利润＝（销售收入－盈亏临界点销售额）×贡献毛益率
B. 利润＝盈亏临界点销售量×贡献毛益率
C. 利润＝销售收入×（1－贡献毛益率）－固定成本
D. 利润＝销售收入×变动成本率－固定成本

4. 经营杠杆系数与经营风险的关系是（ ）。

A. 经营杠杆系数越大，经营风险越小
B. 经营杠杆系数越小，经营风险越小
C. 经营杠杆系数越小，经营风险越大
D. 经营杠杆系数大小与经营风险大小无关

5. 只要存在固定成本，经营杠杆系数（ ）。

A. 等于 1　　B. 大于 1　　C. 小于 1　　D. 大于 0

6. 某产品实际销售量为 10 000 件，单价为 20 元，单位变动成本为 8 元，固定成本总额为 24 000 元，则该产品的安全边际率为（ ）。

A. 25%　　B. 60%　　C. 40%　　D. 80%

7. 产品贡献毛益是指（ ）。

A. 销售收入与产品变动成本之差
B. 销售收入与变动销售和管理费用之差
C. 销售收入与制造贡献毛益之差
D. 销售收入与全部变动成本（包括产品变动成本和期间变动成本）之差

8. 某企业只生产一种产品，月计划销售 600 件，单位变动成本 6 元，月固定成本 1000 元，欲实现利润 1640 元，则单价应定为（ ）元。

A. 16.40　　B. 14.60　　C. 10.60　　D. 10.40

9. 在销售量水平一定的条件下，盈亏临界点的销售量越小，说明企业的（ ）。

A. 经营风险越小　　B. 经营风险越大
C. 财务风险越小　　D. 财务风险越大

10. 一般情况下，单一产品中可以降低经营风险但又不改变盈亏临界点的措施是

（ ）。

A. 增加销售量　　B. 提高产品售价

C. 降低固定成本　　D. 降低单位变动成本

三、计算分析题

1. 甲公司生产并销售乙产品，全年预计销售量 80 000 件，单位售价 20 元，单位变动成本 12 元，全年固定成本 160 000 元。

要求用 Excel 记录基础数据后，再用合适的单元格计算并展示：

（1）乙产品的盈亏临界点销售量；

（2）安全边际；

（3）预计销售量下的预计利润。

2. 甲企业生产并销售乙产品，单位售价为30元，单位变动成本为18元，固定成本为 1200 元。

要求用 Excel 记录基础数据后，再用合适的单元格计算并展示：

（1）乙产品的盈亏临界点销售量；

（2）根据上述资料，计算当该产品销售多少件时可以获得 300 元的利润；

（3）若该产品单位变动成本增加 2 元，固定成本减少 300 元，计算此时的盈亏临界点销售量（要求绘制动态盈亏临界图，以展示相关变量变动对盈亏临界点的影响）；

（4）根据上述资料，若该产品销售量达到 500 件时利润为 800 元，此时，售价应为多少？

3. 已知：某公司生产甲、乙、丙三种产品，其固定成本总额为 19 800 元，三种产品的有关资料如表 3-30 所示。

表 3-30　三种产品的有关资料

品种	销售单价/（元/件）	销售量/件	单位变动成本/（元/件）
甲	2000	60	1600
乙	500	30	300
丙	1000	65	700

要求：

（1）采用加权平均法计算该公司的综合保本销售额及各产品的保本销售量；

（2）计算该公司营业利润、安全边际率、贡献毛益率、销售利润率、营业杠杆系数；

（3）绘制综合贡献毛益率下、折线式下的量利式盈亏临界图。

4. 设甲企业生产和销售 A、B 两种产品，有关资料如表 3-31 所示。

表 3-31　A、B 两种产品的有关资料

项目	A 产品	B 产品
单位售价/（元/件）	20	20
单位变动成本/（元/件）	16	12
全月固定成本/元		480 000

要求：

（1）若A产品和B产品的销售量分别为200 000件和100 000件，请据以计算达到盈亏临界点的销售量（用“联合单位”表现）。

（2）若销售产品的品种结构由原来的2∶1调整为1∶1，而总销售额保持不变，请据以计算达到盈亏临界点的销售量（用“联合单位”表现）。

5. 根据表3-32所示条件，计算销量为10 000件时的经营杠杆系数。

表3-32 习题5有关资料

项目	基期	预计期
单价/（元/件）	10	10
单位变动成本/（元/件）	5	5
销售量/件	10 000	20 000
固定成本/元	20 000	20 000

1. 颉茂华，王瑾，牛月生. 边际贡献分析法在蒙牛乳业产品生命周期管理中的应用[J]. 财务与会计，2015（22）：34-35.

2. 王平心，汪方军，杨敏. 以作业为基础的本量利分析[J]. 数量经济技术经济研究，2001，18（10）：121-124.

3. 温素彬. 管理会计中Excel的高级应用——随机条件下的本量利分析模型设计与应用（II）[J]. 财务与会计，2014（4）：57-59.

4. 孙义新，汪贇. 新常态下构建以效益为中心的油气田企业管理会计体系的思考[J]. 中国总会计师，2016（7）：46-49.

5. 曹伟. 作业成本法与变动成本法下的本量利分析模型比较[J]. 财会通讯，2005（9）：20-21.

第二篇

决 策 篇

管理的重心、核心就是决策，正确的决策是企业成功的关键。面对不确定性，决策失误是难免的，再精确的决策分析也无法涵盖未来所有的可能。然而，依据事物发展规律，对未来趋势进行科学的分析与判断——预测，可以最大限度地减少决策失误，并使行动方案的制订有了可依据的基础。

决策的过程就是方案选择的过程，是各个方案预期收入与投入成本比较的过程，对于短期将发生的收入或成本，即和短期决策方案有关的收入与成本，大多都是比较确定的，中间不存在太多的不确定，这是短期经营决策的特点。但涉及资本支出的决策，往往投资在前，取得收入或收益是在若干年之后，这其中包含着较多的不确定性，而且不同时点的预期现金流价值存在差异，所以，这类决策，需要综合考虑时间和风险两大因素，简单地说，就是要考虑：①各个时点上的现金流量能以恰当的贴现率在需要的时间轴上转换，或通过转换计算确定其项目报酬；②这些预期的现金流其概率分布如何，以此去计量和化解风险。

长期投资决策往往是企业的战略决策，涉及企业发展方向的调整，这类决策是系统化的决策，它既包含当下企业最优化的投资策略选择，也包含未来战略实施步骤，即它涵盖了时间轴上每个时间点上的空间选择，这牵涉到多种指标的深入比较与选优，这种复杂动态的决策需要结合企业的实际状况才能得出结果，而本书提供的方法也只能从一般情况出发，提供比较与决策的基本方法。

需要强调的是，决策是基于未来的决策，过去的因素是不能影响未来的，这犹如某公司股价已涨到 10 元，你是否决定卖出，你决策的依据是未来将如何，而不是因为你5元买的就必须卖，15元买的就不应该卖一样，依据过去的成本决策一定不是客观的决策，因为那样做，你会将过去的错误带给未来。决策正确与否取决于未来的趋势是否与你预想的一致，这是决策应有的基本理念。

由此，本篇构架了由预测到短期经营决策，再到长期投资决策的基本框架。

第四章

预 测 分 析

本章介绍了预测分析的概念、步骤及基本方法，以及如何进行销售预测、成本预测、利润预测和资金需要量预测。

- 了解预测分析的意义、类型与特点
- 理解预测分析在预测、决策、规划与控制过程中所处的地位
- 熟悉预测分析的定性分析法和定量分析法
- 掌握利用Excel进行销售预测、成本预测、利润预测、资金需要量预测的方法

第一节　预测分析概述

一、预测分析的概念

所谓预测，就是根据历史资料和现在所能取得的信息，用科学的方法来预计、推测事物发展的必然性或可能性。它的主要特点是根据过去和现在预计未来，根据已知推测未知。预测的理论根据是被研究对象的发展趋势具有一定的规律性，而且这种规律性可以为人们所认识和掌握，这就为人们对它们的发展变化事先进行科学预测提供了实际可能。

企业的预测分析是对未来企业产销数量、生产成本、利润和所需资金额等未来可能达到的水平的一种预计与推测。企业管理中，这些与产销数量、生产成本、利润和所需资金额相关的决策是日常经营决策，对其进行正确的决策又需以预测为前提。所以在企业管理中，预测重点服务于决策。

二、预测分析的基本特征

预测与预言不同，预测是科学，预言是判断，基于科学的预测分析有以下几个基本特征。

（一）基础资料的客观性

预测分析的基础资料应当是以客观准确的历史资料和与实际相符的经验数据为重要依据的，不能毫无依据地进行主观臆测。

（二）预测时间的相对性和延续性

预测分析的时间越短，受到不确定因素的影响就越小，预测的结果就越准确；反之，预测结果的精确性就越差。另外，预测假设过去和现在的某种发展规律将会延续下去，即假设决定过去和现在发展的条件同样适用于未来。根据这条特征，就可以把未来视作历史的延伸而进行推测。后面提到的趋势预测分析法，就是基于这条特征而建立的。

（三）经济变量的相关性、相似性和统计规律性

预测适应的经济变量之间存在着相互依存、相互制约的关系。根据这条特征，可以利用对某些经济变量的分析研究来推测受它们影响的另一个（或另一些）经济变量发展的规律。后面提到的因果预测分析法就是基于这条特征而建立的。

企业的经营活动中，有些经济变量是无关的，它们所遵循的发展规律有时会出现相似性的特征。根据这条特征，可以利用已知经济变量的发展规律类推出未知变量的发展趋势。后面提到的判断分析法就是基于这条特征而建立的。

在预测分析中，对某个经济变量所做出的某次观测结果，往往是随机的；但多次观测的结果会出现具有某种统计规律性的情况。预测分析根据这条原则，就可以利用概率分析及数量统计的方法进行推测。回归分析法就是基于这条特征而建立的。

（四）预测结论的可检验性

预测分析应当考虑到在预测过程中可能出现的误差，并且能够通过对误差的检验进行反馈、调整预测程序，尽可能地减少预测值与真实值之间的误差。

（五）预测方法的适用性和灵活性

在选择预测方法的过程中，应当事先在企业经营中进行测试，选择和企业实际情况相符、简便易行、成本低效率高的一种或者几种方法结合使用，以达到事半功倍的效果。

三、预测分析的基本程序

预测分析一般按照以下步骤进行。

（一）确定预测目标

预测分析首先要清楚预测对象及预测目的。根据总体目标选择预测内容、期限和范围等，并要保证预测分析能突出重点。

（二）收集和整理资料

预测目标是预测起点和进行预测的依据。而准确、系统、全面的资料是预测分析的基础。收集的资料要完整、全面、真实、可靠，同时还要对这些资料进行加工、整理，并进行系统分析，从中找出与预测对象有关的各因素之间的相互依存关系。

（三）选择预测方法

每种预测方法都有特定的用途，对于不同的预测对象，根据预测目标、内容、要求和所掌握的资料，选择相应的预测方法。对于定量预测，要建立数学模型，以确定最佳的定量预测分析方法。所建的经济数学模型应进行检验，确认可靠后再用于预测。对于定性预测，应结合以往经验选择最佳的定性预测方法。

（四）综合分析预测

应用选定的预测方法和建立的模型，分别进行定量和定性分析，在分析内部、外部的各种影响因素后，进行分析判断，揭示事物的变化趋势，并预测其发展结果。

（五）检查验证

检查前期预测结果是否与当前实际相符，检查过去的预测结果是否正确并分析找出误差原因，以便及时对最初选择的预测方法加以改进，使预测方法在本期预测过程中得到修正，从而完善预测机制。

（六）修正预测结果并输出最后预测结论

对于原用定量方法进行的预测，常常由于某些因素的数据不充分或无法定量而影响预测的精确，这就需要用定性分析方法考虑这些因素，并修正定量预测结果。而原用定性方法预测的结果，也需要用定量方法加以修正、补充，使预测结果更接近实际。

四、企业经营预测分析的主要内容

企业经营预测分析的主要内容包括销售预测、成本预测、利润预测和资金需要量预测几个方面。

（一）销售预测

销售预测是其他经营预测的前提，根据市场调查所得到的基础数据，对影响企业销售收入的有关因素进行分析和研究，预计和测算特定产品在一定时期内的市场销售量的变动趋势，进而预测企业产品未来销售量（额）的过程。

（二）成本预测

成本预测是根据企业未来的发展目标、销售预测及相关成本资料，运用科学的数学模型和方法，预计企业未来的目标成本水平及其变动趋势的过程。

（三）利润预测

利润预测是在企业销售预测和成本预测的基础上，根据企业未来的发展目标，预计企业应达到的目标利润及其变动趋势的过程。

（四）资金需要量预测

资金需要量预测是在企业销售预测、成本预测和利润预测的基础上，根据企业未来的经营目标并考虑影响企业资金的各项因素，运用一定的预测分析方法测算企业在未来一定时期需要从外部筹集的资金数量、来源渠道、运用方向以及使用效果的过程。

五、预测分析的常用方法

当代预测分析方法多种多样，可简单地分为定性预测方法与定量预测方法。

（一）定性预测方法

定性分析亦称非数量分析，是指主要依靠人们的主观分析判断来确定事物的未来状况和发展趋势的方法。在缺乏完整历史资料或有关变量之间不存在较为明显数量关系的情况下，适合采用该方法。一般是有经验的相关工作人员按照过去积累的经验进行分析与判断，先提出初步的预测意见，然后进行补充和修正，最后得出预测结论的方法。常见的定性预测方法主要有判断分析法和调查分析法两大类。

1. 判断分析法

判断分析法是具有丰富经验的经营管理人员或知识渊博的经济专家，对企业一定期间特定产品的销售情况进行判断和预测的一种方法，主要包括意见汇集法和专家判断法（专家个人意见法、专家小组法和德尔菲法）等。

2. 调查分析法

调查分析法是指通过对实际状况的调查，了解事物的变化趋势，并对事物的未来发展进行预测的一种方法。这种定性方法要求所选择的调查对象具有普遍性和代表性，所选择的调查方法应当简便易行，才能确保所收集的资料及变动趋势的真实性。

（二）定量预测方法

定量分析亦称数量分析，是指根据较为齐备的历史资料，采用统计分析推断的方法或建立数学模型，对事物未来发展趋势进行预测的方法。定量预测方法按照具体做法不同，又可分为以下四种类型。

1. 趋势预测分析法

趋势预测分析法，即根据与预测对象相关的按时间顺序排列的一系列数据，应用一定的数学方法进行加工、计算，借以预测其未来发展趋势的分析方法，亦称“时间序列分析法”或“外推分析法”。它的实质就是将过去的某种趋势延伸至未来。例如，算术平均法、加权平均法、指数平滑法、回归分析法、二次曲线法等都属于这种类型。

2. 因果预测分析法

因果预测分析法，即根据预测对象与其他相关指标之间相关的规律，建立相应的因

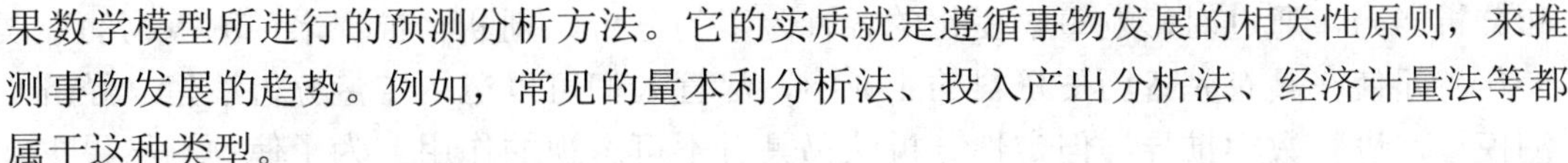

果数学模型所进行的预测分析方法。它的实质就是遵循事物发展的相关性原则，来推测事物发展的趋势。例如，常见的量本利分析法、投入产出分析法、经济计量法等都属于这种类型。

3. 系统动力学预测

系统动力学（system dynamics，SD）是一门综合运用系统论、信息论、控制论、系统力学、决策理论及仿真模拟技术等自然科学与社会科学领域的知识、理论、技术与方法，认识并解决系统问题，分析研究复杂系统反馈机制的交叉学科，是结构、功能与历史方法的有机统一。

利用系统动力学进行企业预测分析，是以系统、动态的理念来科学、全面地研究企业，专注于分析企业的经营管理活动，并进行合理的预测分析。

采用系统动力学进行预测分析，首先应将影响企业运营的各关键要素和变量作为一个整体，全面反映企业经营系统。而企业经营系统一般可分解成多个子系统，子系统间相互联系、相互影响；各子系统则由不同的因素、变量相互联结而成，变量间互为因果。弄清楚系统内部的反馈机制，明晰系统整体与部分的关系，厘清变量间的相互关系，最终绘制出因果关系图，并建立公司营运数据预测模型。运用系统动力学方法能够将影响预测的各因素以及需要预测的数据形成一个整体，从而为公司营运指标的预测提供基础。采用系统动力学建立公司预测模型的步骤包括：①建立模型假设；②模型构建；③建立公司营运数据模型。

4. 大数据预测

预测是大数据最核心的应用，大数据预测将传统意义预测拓展到“现测”，其优势体现在它把一个非常困难的预测问题，转化为一个相对简单的描述问题，而这是传统小数据集根本无法企及的。从预测的角度看，大数据预测所得出的结果不仅仅是处理现实业务简单、客观的结论，更能帮助企业经营决策，收集起来的资料还可以被规划，引导挖掘更大的市场潜力。例如，通过大数据分析用户行为及特征，支撑精准预测信息推送，投用户所好或筛选重点客户，清晰产品的客户特点，等等。大数据时代下，企业对客户的了解不再单一，大数据可以对目标用户进行多维度的分析，帮助企业更加了解产品消费者的特点。大数据支撑的分析具有如下特点。

（1）效率而非精确。传统抽样方法需要具体运算精确，因为偏差会放大。大数据全样本的偏差不会被放大，大数据基础上的简单算法比小数据基础上的复杂算法更加有效。精确计算是以时间消耗为代价的，小数据时代追求精确是为了避免放大偏差，大数据能快速获得大概轮廓和发展脉络，这比严格的精确更重要。

（2）相关而非因果。大数据研究需要对数量巨大的数据做统计性的搜索、比较、聚类、分类等分析归纳，与统计学一样关注数据的相关性，即关注两个或两个以上变量取值的某种规律性，但它不能说出规律的原因。所以大数据是相关性预测而非因果性预测。

实际中，各种分析是相辅相成的。定量分析法是运用数学模型确定各变量之间的数量关系，并据此预测事物未来的发展变化；定性分析法则是依据预测者个人的经验和分析能力，通过对影响事物变化的各种因素的分析、判断、推理来预测事物的发展变化。即使在具有完备历史资料的企业中，尽管人们可以运用定量分析法建立经济预测模型，进行数学推导，但定性分析法仍具有不可忽视的作用。为了使预测结果更加接近客观实际，我们在采用定量分析的同时，一定要与管理当局或有关专家的经验判断（定性分析法）结合起来进行综合研究，才能得出符合实际情况的预测结论，增强预测结果的准确性。

第二节 销售预测

一、销售预测的意义

销售预测就是企业根据已有的销售资料和市场对产品需求的变化情况，对未来一定时期内产品的销售量（额）及变化趋势进行的预计和推测。销售是企业生产经营中的最重要的环节，企业所做的预测和决策，大多又以销售预测为前提。为完成销售预测所收集的基本信息，也为其他预测（如利润预测、成本预测以及资金需要量预测等）的编制奠定了基础。

二、销售预测方法

（一）定量分析法

1. 趋势分析法

常见的销售预测定量方法有算术平均法、加权平均法、移动平均法、趋势平均法和指数平滑法等。

（1）算术平均法。算术平均法是以时间序列中各个时期的实际销售量（额）的算术平均值作为下一期的预测销售量（额），其公式为

$$F_t=\frac{1}{n}\sum_{i=1}^{n}x_i \tag{4-1}$$

式中，F_t为第 t 期的预测销售量（额）；x_i为第 i 期的实际销售量（额）；n 为实际销售量时间序列数据的个数。

【例 4-1】 假设某制造企业 2019 年销售额的资料如表 4-1 所示。

表 4-1 某制造企业 2019 年销售额的资料（单位：万元）

月份	销售额
1	131
2	114
3	250
4	201
5	334

续表

月份	销售额
6	295
7	137
8	186
9	312
10	219
11	284
12	322

要求：运用算术平均法对 2020 年 1 月的销售额进行预测。

解：运用算术平均法对 2020 年 1 月的销售额进行预测如下：

2020 年 1 月销售额＝（131＋114＋250＋201＋334＋295＋137＋186＋312＋219＋284＋322）/12≈232（万元）

如果借助 Excel 软件实现，如表 4-2 所示。

表 4-2 2020 年 1 月销售额算术平均预测表（单位：万元）

行号/列标	B	C
2	月份	销售额
3	1	131
4	2	114
5	3	250
6	4	201
7	5	334
8	6	295
9	7	137
10	8	186
11	9	312
12	10	219
13	11	284
14	12	322
15	2020 年 1 月销售额预测数	232

表 4-2 中，2020 年 1 月销售额预测数（C15）＝AVERAGE（C3：C14）。

算数平均法的优点是计算简单，其缺点是没有考虑近期的变化趋势，它把每个观察值看作同等重要，将各月的差异平均化，因而可能会导致预测计数与实际数产生较大的误差。所以，该方法一般只适用于各期销售量（额）基本稳定的产品。

（2）加权平均法。加权平均法是指将过去若干期的销售量（额），按照距离未来预测期的远近，根据近大远小的原则确定各期权数后，计算出加权平均数作为未来预测期的销售预测值的一种方法。

在这种方法下，由于距离未来预测期较近时期的实际销售量（额）对预测值的影响往往较大，因此该期权数应当较大；而距离未来预测期较远时期的销售量（额）一般对预测值的影响较小，因此其权数也应当小些。其计算公式为

$$F_t=\sum_{i=1}^{n}\omega_i x_i \tag{4-2}$$

式中，x_i 为第 i 个观察值；n 为观察值个数；ω_i 为第 i 个观察值的权数。

ω_i 应满足下列两个条件：① $\sum_{i=1}^{n}\omega_i=1$；② $\omega_1<\omega_2<\omega_3<\cdots<\omega_n$。

【例 4-2】仍用**【例 4-1】**中的资料，设 $n=12$，$\omega_1=\omega_2=\omega_3=\omega_4=0.07$，$\omega_5=\omega_6=\omega_7=0.08$，$\omega_8=\omega_9=0.09$，$\omega_{10}=\omega_{11}=\omega_{12}=0.1$。用加权平均法预测 2020 年 1 月的销售额。

解：根据表 4-1 中的资料，运用加权平均法预测企业 2020 年 1 月的销售量为

2020 年 1 月销售额＝131×0.07＋114×0.07＋250×0.07＋201×0.07＋334×0.08＋295×0.08＋137×0.08＋186×0.09＋312×0.09＋219×0.1＋284×0.1＋322×0.1≈237（万元）

如果借助 Excel 软件实现，如表 4-3 所示。

表 4-3　2020 年 1 月销售额加权平均预测表

行号/列标	B	C	D
2	月份	销售额/万元	ω_i
3	1	131	0.07
4	2	114	0.07
5	3	250	0.07
6	4	201	0.07
7	5	334	0.08
8	6	295	0.08
9	7	137	0.08
10	8	186	0.09
11	9	312	0.09
12	10	219	0.10
13	11	284	0.10
14	12	322	0.10
15	2020 年 1 月销售额预测数	237	

表 4-3 中，2020 年 1 月销售额预测数（C15）＝SUMPRODUCT（C3：C14*D3：D14）。

加权平均法，既考虑了近期发展的趋势，又根据时期远近进行加权，从而消除了各月份销售差异的平均化，故预测结果比较准确，适用于各期销售量（额）略有波动的产品预测。

（3）移动平均法。移动平均法包括一次移动平均数法和二次移动平均数法。

①一次移动平均数法。一次移动平均数法即用过去 m 个周期实际销售量（额）的算术平均值作为下期销售量（额）的预测值。这种方法只选取了时间序列中最靠近预测期的一组数据，选取的数据个数（m）固定不变，而随着预测期向前移动，每组数据的观察期也向前移动。公式如下：

$$F_t=\frac{1}{m}\sum_{i=1}^{n}x_{t-i} \qquad (i=1，2，\cdots，m，m<t) \tag{4-3}$$

式中，x_{t-i} 为第 $t-i$ 期的实际销售量； m 为移动平均所取实际销售量的期数，简称移动期数。

②二次移动平均数法。二次移动平均数法是利用预测目标时间序列的一次移动平均值和二次移动平均值的滞后偏差演变规律建立起线性方程进行预测的方法。二次移动平均值是以一次移动平均值作为时间序列，再计算第二次的移动平均值，移动期数不变。二次移动平均数法的线性方程式为

$$Y_{t+T}=a_t+b_tT \tag{4-4}$$

$$a_t=2M_t(1)-M_t(2) \tag{4-5}$$

$$b_t=\frac{2\left[M_t(1)-M_t(2)\right]}{N-1} \tag{4-6}$$

式中，t 为目前所处的周期；$t+T$ 为要预测的某一周期；a_t 为 t 期为起点的截距（Y_t）；b_t 为一个周期的偏差值（斜率）；$M_t(1)$ 为第 t 期的一次移动平均数；$M_t(2)$ 为第 t 期的二次移动平均数；Y_{t+T} 为第 $t+T$ 期的预测值。

运用一次移动平均数法求得的移动平均值，存在滞后偏差。特别是在时间序列数据呈现线性趋势时，移动平均值总是落后于观察值数据的变化。二次移动平均数法，可纠正这一滞后偏差，建立预测目标的线性时间关系数学模型，求得预测值。

二次移动平均数法解决了预测值滞后于实际观察值的矛盾，适用于有明显趋势变动的市场现象时间序列的预测，同时它还保留了一次移动平均数法的优点。二次移动平均数法适用于时间序列呈现线性趋势变化的预测。

【例 4-3】根据【例 4-1】中的资料，运用移动平均数法（$m=3$）对 2020 年 1 月的销售额进行预测。

解：2020年1月的销售额 $=\dfrac{219+284+322}{3}=275$（万元）

如果借助 Excel 软件实现，如表 4-4 所示。

表 4-4 2020 年 1 月销售额移动平均预测表

行号/列标	B	C	D
2	月份	销售额/万元	移动平均（$m=3$）
3	1	131	
4	2	114	
5	3	250	
6	4	201	165
7	5	334	188

续表

行号/列标	B.	C	D
8	6	295	262
9	7	137	277
10	8	186	255
11	9	312	206
12	10	219	212
13	11	284	239
14	12	322	272
15	2020 年 1 月销售额预测数	275	

表 4-4 中各计算单元格的公式分别为

D6＝AVERAGE（C3：C5）

D7＝AVERAGE（C4：C6）

D8＝AVERAGE（C5：C7）

D9＝AVERAGE（C6：C8）

D10＝AVERAGE（C7：C9）

D11＝AVERAGE（C8：C10）

D12＝AVERAGE（C9：C11）

D13＝AVERAGE（C10：C12）

D14＝AVERAGE（C11：C13）

C15＝AVERAGE（C12：C14）

（4）趋势平均法。趋势平均法是指在计算观察值移动平均值的基础上，进一步计算趋势值的移动平均值，然后运用某一特定观察值的移动平均值和趋势值来预测未来销售量或销售额的一种方法。假设销售的时间序列期数为 n，销售量（额）的移动平均期数为 m，销售量（额）的趋势值移动平均期数为 s，则预测销售量（额）可以按以下公式来计算：

预测销售量（额）＝基期销售量移动平均值＋基期趋势移动平均值×基期与预测期的时间间隔 （4-7）

其中，基期的序列值 T 可以按照以下公式来进行推算：

$$T=n-\frac{m+s-2}{2} \tag{4-8}$$

预测期与基期的时间间隔 t 可以按照以下公式来进行推算：

$$t=\frac{m+s}{2} \tag{4-9}$$

在销售预测中采用趋势平均法，假定未来时期的销售量（额）是与其相接近的销售量（额）的直接延伸，同时，为了尽量减少由于偶然因素所造成的损失，而采用最近若干时期的平均值作为预测期预测值的基础。

【例 4-4】根据【例 4-1】的资料，利用趋势平均法预测该企业 2020 年 1 月的销售额，如表 4-5 所示。

表 4-5 某企业销售额预测计算表（单位：万元）

月份	实际销售额	五期移动平均值	变动趋势	三期趋势平均值
1	131			
2	114			
3	250	206		
4	201	239	+33	
5	334	243	+4	8
6	295	231	−12	5
7	137	253	+22	−4
8	186	230	−23	−1
9	312	228	−2	4
10	219	265	+37	
11	284			
12	322			

表 4-5 中：

$$五期移动平均值=\frac{131+114+250+201+334}{5}=206（万元）$$

变动趋势＝239－206＝33

$$三期趋势平均值=\frac{33+4-12}{3}\approx 8$$

考虑到销售额的实际情况，相关的移动平均值均做了四舍五入的处理。其余变动趋势和趋势平均值均采用类似的处理方式，相关的计算方法和计算结果以此类推。

根据表 4-5，该企业的销售额时间序列期数为 12（$n=12$），销售额的移动平均期数为 5（$m=5$），销售额的趋势值移动平均期数为 3（$s=3$），因此基期的序列值 T 应当为

$$T=12-\frac{5+3-2}{2}=9$$

基期与预测期的时间间隔 t 应当为

$$t=\frac{5+3}{2}=4$$

接五期平均计算，基期销售额的平均值即 9 月的移动平均值为 228 万元，基期趋势值的移动平均值为－1，因此按照式（4-7）的计算方法，2020 年 1 月的销售额为

2020 年 1 月的销售额＝228＋4×（－1）＝224（万元）

采用趋势平均法既考虑了销售量（额）的移动平均，又考虑了趋势值的移动平均，所以能尽量减少偶然因素对预测的影响。

（5）指数平滑法。指数平滑法是以预测目标的上期实际销售量和上期预测销售量为基数，分别给两者以不同的权数，计算出指数平滑值，作为下期的预测值的一种方法。

计算公式为

$$F_t=\alpha x_{t-1}+(1-\alpha)F_{t-1} \tag{4-10}$$

式中，F_t为预测的销售量（额）；x_{t-1}为上期的实际销售量（额）；F_{t-1}为上期的预计销售量（额）；α为平滑系数，取值范围为$0\leqslant\alpha\leqslant1$。

平滑系数 α 越大，越接近 1，对近期数据的权数越大，反映需求变化的灵敏度越高；反之，对反映需求变化的灵敏度就越低。实务中，平滑系数α通常取0.7或0.8，如果预测精度要求比较高，可通过测算获得。

【例 4-5】某汽油销售企业连续 16 个月的汽油销售量列于表 4-6（Excel），根据资料，假定平滑系数为 0.7。用指数平滑法预测企业第 17 个月的销售量为

$$第17个月销售量=0.7\times251+(1-0.7)\times221\approx242（千升）$$

表 4-6　指数平滑法预测第 17 个月汽油销量（单位：千升）

行号/列标	A	B	C	D
22	时期/月	实际销售量	预测销售量	平滑系数预测数 F_t（α=0.7）
23	1	148	148	
24	2	141	148	148
25	3	232	142	143
26	4	220	203	205
27	5	168	215	215
28	6	213	180	182
29	7	212	202	203
30	8	203	206	209
31	9	156	203	204
32	10	262	169	170
33	11	186	233	234
34	12	251	198	200
35	13	205	235	235
36	14	159	212	214
37	15	242	175	175
38	16	251	221	222
39	17			242

表 4-6 中各计算单元格的公式为

$$C_i=\alpha B_{i-1}+(1-\alpha)C_{i-1}$$

2. 因果预测法

因果预测法的种类有很多，但最常用的是回归分析法。我们知道，回归关系一般是指变量之间存在的主从关系或因果关系。因此，回归分析法就是对具有相关关系的多个变量之间的数量变化进行数量测定，利用数学模型对因变量进行估计或预测的一种统计分析方法。一元线性回归模型的一般方程为 $y=a+bx$，采用一元线性回归模型

预计销售量（额）的步骤如下。

首先，收集销售量（额）y 及影响因素 x 的历史数据，历史数据越多，预测结果越精确，但计算也越复杂；历史数据越少，预测结果误差越大。

其次，按下列公式计算常数项 a 和系数 b：

$$a=\frac{\sum y}{n}-b\frac{\sum x}{n} \tag{4-11}$$

$$b=\frac{n\sum xy-\sum x\sum y}{n\sum x^2-\left(\sum x\right)^2} \tag{4-12}$$

最后，将预计销售量(额)x 代入方程 $y=a+bx$，求出预测对象 y 的预计销售量(额)。

当然，在企业实际的销售预测分析过程中，影响预测结果的因素有很多，既有企业外部因素，又有企业内部因素；既有客观因素，又有主观因素。在这些因素中，有些因素对销售预测值起着决定性的作用，回归分析法的原理就是找到与销售预测值有关的主要因素，建立回归方程来描述它们之间的变化规律，并利用这种规律来进行销售预测。

【例 4-6】甲公司生产并销售电动车，其下属的乙制造有限公司计划生产供电动车使用的电池，而决定电池销售量的主要因素是电动车的销售量。假定某地区 2010～2019 年电动车和电池的实际销售量如表 4-7 所示。

表 4-7 某地区 2010～2019 年电动车和电池的实际销售量

年份	电动车/万辆	电池/万个
2010	106	148
2011	119	157
2012	131	195
2013	125	168
2014	117	155
2015	109	151
2016	136	203
2017	147	218
2018	126	173
2019	149	248

假定2020年电动车销售量的预测数为160万辆，且乙公司电池的市场占有率为35%。

要求：预测乙公司 2020 年电池的销售量。

解：设 y 为乙公司电池的销售量，x 为电动车的销售量，则 $y=a+bx$，根据表 4-7 所给出的资料，将有关数据计算列示在表 4-8 中。

表 4-8 乙公司电池销售预测计算表

年份	x_i	y_i	$x_i y_i$	x_i^2
2010	106	148	15 688	11 236
2011	119	157	18 683	14 161

续表

年份	x_i	y_i	$x_i y_i$	x_i^2
2012	131	195	25 545	17 161
2013	125	168	21 000	15 625
2014	117	155	18 135	13 689
2015	109	151	16 459	11 881
2016	136	203	27 608	18 496
2017	147	218	32 046	21 609
2018	126	173	21 798	15 876
2019	149	248	36 952	22 201
合计	1 265	1 816	233 914	161 935

根据表 4-8 的数据，计算得出

$$b=\frac{n\sum xy-\sum x\sum y}{n\sum x^2-\left(\sum x\right)^2}=\frac{10\times 233\ 914-1265\times 1816}{10\times 161\ 935-1265^2}\approx 2.19$$

$$a=\frac{\sum y-b\sum x}{n}=\frac{1816-2.19\times 1265}{10}\approx -95.44$$

从计算结果中可以看出，市场上电动车销售量与电池销售量之间的关系模型为

$y=-95.44+2.19x$

2020 年市场对电池的需求量 $y=-95.44+2.19\times 160=254.96$（万个）

乙公司 2020 年电池的销售量预计 $=254.96\times 35\%\approx 89.24$（万个）

如果借助 Excel 软件实现，如表 4-9 所示。

表 4-9　2020 年销售量回归分析预测表

行号/列标	B	C	D
2	年份	电动车/万辆	电池/万个
3	2010	106	148
4	2011	119	157
5	2012	131	195
6	2013	125	168
7	2014	117	155
8	2015	109	151
9	2016	136	203
10	2017	147	218
11	2018	126	173
12	2019	149	248
13	b	2.19	
14	a	−95.44	
15	2020 年 1 月销售量预测数	254.96	
16	2020 年 1 月销售量预测数	254.96	
17	2020 年 1 月销售量预测数	254.96	

表 4-8 中各计算单元格的公式分别为

b（C13）＝SLOPE（C3：C12，B3：B12）

a（C14）＝INTERCEPT（C3：C12，B3：B12）

2020 年 1 月销售量预测数（C15）＝C14＋C13*160

2020 年 1 月销售量预测数（C16）＝FORECAST（160，C3：C12，B3：B12）

2020 年 1 月销售量预测数（C17）＝TREND（C3：C12，B3：B12，160）

说明：（1）SLOPE 函数为获取线性回归直线的斜率的函数。

（2）INTERCEPT 函数为获取线性回归直线的截距的函数。

（3）FORECAST 函数为获取线性回归预测值的函数。

（4）TREND 函数为获取线性回归纵坐标值的函数。

（二）定性分析法

定性分析法包括判断分析法和产品生命周期分析法。其中，判断分析法包括意见汇集法和专家判断法。专家判断法主要包括专家个人判断法、专家小组法和德尔菲法。

1. 意见汇集法

意见汇集法是销售预测中判断分析法中的一种，也称销售人员意见综合判断法，是由企业熟悉市场情况的销售人员，包括市场调研人员和销售人员对各类顾客进行的调查，并将调查的意见填入卡片或者表格，然后由销售部门结合具有丰富经验的销售部门经理意见进行综合汇总，对产品的销售趋势进行分析和预测的一种方法，可以采用算术平均或者加权平均的方法进行操作。当然意见汇集法是建立在假设参与预测的销售人员均能真实地反映企业的销售状况的前提之下的。然而由于业务人员的素质参差不齐，他们对销售的判断也有可能乐观或者悲观，从而影响到销售预测的结果。

【例 4-7】甲公司采用意见汇集法对销售额进行预测，该公司 15 名市场调研人员对 2020 年销售额的平均预测值是 2650 万元，30 名销售人员对 2020 年销售额的平均预测值是 2830 万元，而 6 名销售部门经理的平均预测值是 2510 万元。假定市场调研人员的权数为 0.45，销售人员的权数为 0.35，销售部门经理的权数为 0.2。

要求：分别采用算术平均法和加权平均法来确定 2019 年的销售预测值。

解：采用算术平均法确定的 2020 年销售预测值$=\dfrac{2650+2830+2510}{3}$

≈ 2663（万元）

采用加权平均法计算的 2020 年销售预测值$=2650\times 0.45+2830\times 0.35+2510\times 0.2$

$=2685$（万元）

2. 专家判断法

（1）专家个人判断法。这是一种由企业负责销售业务的有关专家，根据其所拥有的知识和长期销售工作的经验，结合市场调查的情况，对有关商品未来一定期间的销售变动趋势做出预测结论的预测方法。专家个人判断法费时短、耗费小，具有较强的实用价值。但由于受专家本身拥有的知识、经验、占有资料多少等因素的影响，对问题理解的广度和深度往往会受到一定的限制，因此，其预测结果难免存在一定的不足。

（2）专家小组法。这是一种由企业组织有关方面的专家组成小组，运用专家们的集体智慧，对预测对象的未来发展变化趋势进行估计和推断的预测方法。专家小组法可通过召开座谈会的方式，开展广泛讨论，相互启发，以弥补个人意见的不足，使预测结果更加全面具体。但这种方法容易受权威人士的影响，造成少数有独到见解的专家不愿发表自己的意见，从而在一定程度上影响所得出预测结论的客观性。

（3）德尔菲法。德尔菲法是以函询方式向若干名专家分别征求意见，各个专家独立地对企业某种产品的未来销售情况进行预测分析，然后企业将各个专家的预测结果进行汇总，并以不记名的方式反馈给各位专家，再次征求各位专家的意见，请各位专家参考他们的意见修正本人原来的判断。如此反复多次，最后集各家之所长，对销售做出综合预测。

采用德尔菲法，由于在函询意见时，参加预测的专家互不相知，因此，它可消除许多心理因素的影响，使各位专家能真正根据自己的经验、观点和方法进行预测，真正做到各抒己见。同时，由于该方法需反复征询意见，因此它可通过意见的反馈来组织各位专家之间的信息交流和讨论，通过反复的交流和讨论，使合理的意见为大多数专家接受，分散的意见趋于集中，最后得出一个比较全面的分析和判断。

这种方法的优点主要是简便易行，具有一定科学性和实用性，可以避免会议讨论时产生的因害怕权威而随声附和或固执己见、因顾虑情面不愿与他人意见冲突等弊病：具有一定程度综合意见的客观性。但其缺点是由于专家一般时间紧，回答往往比较草率，同时由于决策主要依靠专家，因此，归根到底仍属专家们的集体主观判断。尽管如此，本方法因简便可靠，仍不失为一种常用的有效的销售预测方法。

第三节 成本预测

一、成本预测的概念及意义

成本预测是成本管理的重要环节。它是根据企业现有经济、技术条件和今后的发展前景，通过对影响成本的各有关因素的分析，科学地测定企业未来一定期间成本水平和变动趋势。成本预测是企业进行短期经营决策的基础。通过成本预测，可以掌握未来的成本水平及其变动的趋势，为编制成本计划，进行成本控制、成本分析和成本考核提供依据。

成本预测，是进行成本计划、决策和编制的依据，是降低产品成本的重要措施，更是提高企业经济效益和增强企业竞争力的主要手段。

为了保证成本预测达到预期的目标，成本预测应该服从企业总体经营目标，各部门、单位的成本预测应该以企业经营目标为基准进行协调，以保证整个企业的成本预测、决策系统的协调性、一致性；成本预测的方案应该切实可行，包括技术上可行，产品质量能保证，符合国家有关法律及社会道德的约束，等等；成本预测方案应该具有应变能力，必须考虑可能发生的因素变化，并拟订应变措施，使成本预测、决策方案具有一定的弹性。

成本预测有近期预测（月、季、年）和远期预测（3 年、5 年、10 年）。远期预测通常用于分析宏观经济变动对企业成本的影响（如生产力布局变动、经济结构变动、价格变动等），为企业确定中长期预算和年度预算提供资料。近期预测着重分析影响成本的各个因素的变动，测算各种方案的成本指标，从中选择最优方案据以确定计划成本指标。在近期预测中，成本预测的侧重点是年度成本预测。

二、成本预测的方法

成本预测一般是根据成本的历史数据以及产量和成本的相互关系，按照成本的习性，运用数理统计的方法，预测未来一定期间内产品产量变化条件下的总成本和单位成本水平。具体的成本预测方法主要包括倒挤法、历史资料分析法和因素预测法。

1. 倒挤法

倒挤法是在产品价格、销售量、目标利润既定的基础上，倒算出目标成本的方法。其计算公式为

目标成本＝预计单位产品售价×预计产品销售量－
预计产品销售税金及附加－产品目标销售利润 （4-13）

将倒挤法确定的目标成本按可控性原则层层分解落实到企业每一个责任单位及责任人，从而调动全体员工努力降低成本的主动性和积极性，可大大提高决策目标实现的可能性。倒挤法在实务中有着广泛的应用。

2. 历史资料分析法

成本预测中的历史资料分析法是指根据成本的历史资料，按照成本的性态，应用数理统计的方法来预测成本变动趋势的分析方法。需要注意的是，选用资料的时期不宜过长或太短。时期过长，会使资料失去其可比性；时期太短，不能反映出成本变动的趋势。一般选择 3～5 年的成本资料为宜，同时还应剔除某些偶然性因素对成本变化的影响，以保证预测的质量。

在历史资料分析方法下，只要能够建立总成本模型 $y=a+bx$，就可以利用预测的产销量 x 很方便地预测出未来总成本和单位成本水平。该法的关键问题是如何利用有关的历史资料确定总成本模型 $y=a+bx$ 中的 a 和 b。常用的方法包括高低点法、一元线性回归分析法、加权平均法和指数平滑法等。

（1）高低点法。这种方法与混合成本分解的高低点法相同，也是将某一时期的最高业务量与最低业务量相减，然后将业务相应时期的成本相减，最后计算出单位变动成本以及预测期的总成本。

【例 4-8】某企业 A 产品 2019 年下半年的维修费与维修工时的历史资料如表 4-10 所示。

表 4-10 某企业 A 产品 2019 年下半年的维修费与维修工时的历史资料

月份	维修工时/小时	维修费/元
7	1 700	2 200
8	1 820	2 750
9	1 200	2 200
10	2 000	3 000
11	1 800	2 500
12	1 900	2 700

要求：①采用高低点法对维修费进行成本性态分析并建立模型；②假如 2019 年 1 月预计发生维修工时 2300 小时，预计 2020 年 1 月的维修费是多少？

解：①高点（2000，3000）；低点（1200，2200）

$b=\dfrac{3000-2200}{2000-1200}=1$（元/小时）

固定成本 $a=3000-2000\times1=1000$（元）

成本预测模型 $y=1000+x$

②2020 年 1 月的维修费＝1000＋2300＝3300（元）

（2）一元线性回归分析法。在一定期间内，如果成本数据波动较大，在进行成本预测时可采用一元线性回归分析法。这种方法要求预测数据间误差的平方和达到最小值。采用一元线性回归法进行预测时，在一定程度上能反映成本变动的趋势，但它们对于企业的外部条件（如市场的供需情况、国家的方针政策、原材料的供应和运输条件等）是否有变动，均未加以考虑，必然会影响预测分析的准确性。所以其预测结果通常也需要加以调整，如参考专家的调查资料和预测者本身的主观分析与判断等。

【例 4-9】仍采用【例 4-7】的资料，将该企业 2019 年下半年的维修费与维修工时资料及运算结果列示于表 4-11 中。

表 4-11 一元线性回归计算表

月份	x_i	y_i	$x_i y_i$	x_i^2
7	1 700	2 200	3 740 000	2 890 000
8	1 820	2 750	5 005 000	3 312 400
9	1 200	2 200	2 640 000	1 440 000
10	2 000	3 000	6 000 000	4 000 000
11	1 800	2 500	4 500 000	3 240 000
12	1 900	2 700	5 130 000	3 610 000
合计	10 420	15 350	27 015 000	18 492 400

如表 4-11 所示，首先编制一元线性回归计算表。

根据前面的公式，待定常数 a 与 b 的值为

$$b=\frac{n\sum xy-\sum x\sum y}{n\sum x^2-\left(\sum x\right)^2}=\frac{6\times 27\ 015\ 000-10\ 420\times 15\ 350}{6\times 18\ 492\ 400-(10\ 420)^2}\approx 0.90$$

$$a=\frac{\sum y-b\sum x}{n}=\frac{15\ 350-0.90\times 10\ 420}{6}\approx 995$$

则 $y=995+0.9x$，若 2020 年 1 月预计发生维修工时为 2300 小时，则有

$y=995+0.9\times 2300=3065$（元）

（3）加权平均法。在预测成本时，由于实际成本资料距计划期越近，对预测期的影响程度越大，因此，采用这种方法时，离预测期越近，其赋予的权数就应该越大；反之，其赋予的权数就应该越小。采用这种方法必须具有比较详细的成本资料，其中包括有详细的固定成本总额与单位变动成本的资料。其计算公式如下：

计划期预测成本＝加权平均变动成本×计划期生产量＋加权平均固定成本

$$=\frac{(\text{各期固定成本总额}+\text{各期变动成本总额})\times\text{权数}}{\text{各期权数之和}} \tag{4-14}$$

即

$$y=\frac{\sum a\omega_i}{\sum \omega_i}+\frac{\sum b\omega_i}{\sum \omega_i}x_i \tag{4-15}$$

式中，y 为预测总成本；a 为固定成本总额；b 为单位变动成本；x 为业务量；ω_i 为各期权数。

【例 4-10】某企业 2019 年下半年各期的生产成本水平变动资料如表 4-12 所示。

表 4-12　某企业 2019 年下半年各期的生产成本水平变动资料

月份	固定成本/元	单位变动成本/（元/件）
7	2 000	25
8	1 500	18
9	1 800	20
10	2 250	16
11	1 800	14
12	2 600	11
合计	11 950	104

要求：用加权平均法预测 2020 年 1 月该企业产量为 10 个的总成本。

解：

$$\text{计划期预测总成本}=\frac{2000\times 1+1500\times 2+1800\times 3+2250\times 4+1800\times 5+2600\times 6}{1+2+3+4+5+6}+$$

$$\frac{(25\times 1+18\times 2+20\times 3+16\times 4+14\times 5+11\times 6)\times 10}{1+2+3+4+5+6}$$

$$\approx 2095.24+15.29\times 10\approx 2248\text{（元）}$$

（4）指数平滑法。在销售预测中已讲过指数平滑法，这种方法可以排除在实际销售中所包含的偶然因素影响。实际工作中，由于近期资料和远期资料对预测未来值的

影响程度不同，所以，对过去不同时期的资料必须取不同的权数加以平均，其计算公式为

$$计划期预测成本=平滑系数（\alpha）\times上期实际销售成本+（1-\alpha）\times上期预测销售成本 \tag{4-16}$$

3. 因素预测法

因素预测法是指通过对影响产品成本的各因素的具体分析进而预测计划期成本水平的方法。

$$目标成本=（上年度实际单位成本-各因素变动导致的成本降低额）\times基期材料价格 \tag{4-17}$$

在目标成本预测的影响因素中，主要是材料耗用量、材料价格变动、工资水平和劳动生产率变动，以及产量变动等因素，具体因素影响的变动计算，其计算公式如下。

（1）材料耗用量变动对产品单位成本的影响。

$$材料耗用量变动对单位成本的影响=\sum（计划期单位产品材料消耗量-基期单位产品材料消耗量）\times基期材料单价 \tag{4-18}$$

（2）材料价格变动对产品单位成本的影响。

$$材料价格变动对单位成本的影响=\sum（计划期某材料单位价格-基期某材料单位价格）\times计划期单位产品耗用材料数量 \tag{4-19}$$

（3）工资水平和劳动生产率变动对产品单位成本的影响。

$$工资和劳动生产率变动对单位成本的影响=\left(\frac{1+平均工资增长率}{1+劳动生产增长率}-1\right)\times基期单位成本工资费用 \tag{4-20}$$

（4）产量变动对单位成本中固定费用的影响。

$$产量变动对单位成本中固定费用的影响=\left(\frac{1}{1+生产率增长率}-1\right)\times基期单位成本中的固定费用 \tag{4-21}$$

预测的产品成本降低率计算公式为

$$成本降低率=\frac{各因素变动导致的成本降低额}{上年度实际单位成本}\times100\% \tag{4-22}$$

【例 4-11】假定已知基期 A 产品平均单位成本为 80 元，已经测定计划期 A 产品产量为 1200 件。计划期各因素变动对成本的影响情况如下。

第一，A 产品耗用甲、乙两种原材料，基期单位产品耗用甲材料 1.5 千克，单价 8 元/千克；乙材料 1.2 千克，单价 6 元/千克。

第二，甲材料计划期单价下降到 7 元，乙材料计划期单价上升到 6.5 元；单位 A 产品计划期甲材料的耗用量下降到 1.2 千克，乙材料的耗用量下降到 1.0 千克。

第三，基期单位产品工资费用 15 元，工资增长率 8%，劳动生产率增长为 6%。

第四，基期 A 产品总成本中的固定费用 6000 元，基期 A 产品产量 1000 件，单位产品分摊的固定费用为 6 元，计划期 A 产品产量 1200 件，比基期增长 20%。

要求：计算计划期 A 产品预计总成本和 A 产品的成本降低率。

解：

材料耗用量变动对产品单位成本的影响＝（1.2－1.5）×8.0＋（1－1.2）×6.0＝－3.60（元）

材料价格变动对产品单位成本的影响＝（7.0－8.0）×1.2＋（6.5－6.0）×1＝－0.70（元）

工资水平及劳动生产率变动对产品单位成本的影响＝$\frac{15\times(1+8\%)}{1+6\%}-15\approx 0.28$（元）

产品产量变动对单位成本中固定费用的影响＝$\frac{6.0}{1+20\%}-6.0=-1.00$（元）

单位成本变化小计＝－3.60－0.70＋0.28－1.00＝－5.02（元）

计划期预计总成本＝（80－5.02）×1200＝89 976（元）

预算甲产品成本降低率＝$\left|\frac{-5.02}{80}\right|\times 100\%\approx 6.28\%$

如果借助 Excel 软件实现，如表 4-13～表 4-15 所示。

表 4-13 A 产品成本相关资料

行号/列标	B	C	D	E	F
4	项目	基期		计划期	
5	平均单位成本/元	80			
6	A 产品产量/件	1000		1200	
7					
8	耗用材料	重量/千克	单价/元	重量/千克	单价/元
9	甲材料	1.5	8.0	1.2	7.0
10	乙材料	1.2	6.0	1.0	6.5
11					
12	基期单位产品工资费用/（元/件）	15			
13	工资率增长/%	8			
14	劳动生产率增长/%	6			
15					
16	基期 A 产品总成本中的固定费用/元	6000			
17	基期单位产品固定费用/元	6.0			
18	计划期产量比基期产量增长/%	20			

表 4-14 各因素对单位成本的影响

行号/列标	B	C
21	材料消耗量变动对单位成本的影响	－3.60
22	材料价格变动对单位成本的影响	－0.70

续表

行号/列标	B	C
23		
24	工资水平及劳动生产率对单位成本的影响	0.28
25		
26	产量变动对单位成本中固定费用的影响	－1.00

表 4-15 计划期 A 产品预计总成本和 A 产品的成本降低率

行号/列标	B	C
28	单位成本变化小计/元	－5.02
29		
30	计划期预计总成本/元	89 976.00
31		
32	预算 A 产品成本降低率/%	6.28

表 4-14 中各计算单元格的公式分别为

C21＝ROUND（(E9－C9）*D9＋（E10－C10）*D10，2）

C22＝ROUND（(F9－D9）*E9＋（F10－D10）*E10，2）

C24＝ROUND（C12*（1＋C13）/（1＋C14）－C12，2）

C26＝ROUND（C17/（1＋C18）－C17，2）

表 4-15 中各计算单元格的公式分别为

C28＝SUM（C21：C22，C24，C26）

C30＝（C5＋C28）*E6

C32＝ABS（C28/C5）*100

说明：ABS 函数是取绝对值的函数。

第四节 利润预测

一、利润预测的概念

利润是衡量经济实体效益的综合性指标。影响利润的主要因素有产品单价、单位变动成本、销售量、固定成本。根据企业特征不同，利润对这些因素变化的敏感性不一。而产品质量、产品品种结构、材料消耗量、劳动生产率等因素变动也能间接使利润发生变化。利润预测则是指企业在营业收入预测的基础上，通过对销售量、商品或服务成本、营业费用及其他对利润发生影响的因素进行分析与研究，进而对企业在未来某一时期内可实现利润进行预计和测算。

利润预测要在了解企业过去和现在的生产经营状况及所处的经济环境的基础上运用科学的方法进行预测，也要对影响利润的各种因素（如单价、业务量、成本）进行分析，以测算出未来的可能利润水平。

二、目标利润预测

目标利润预测主要包括利润变动趋势预测与目标利润及实现措施预测，主要解决的问题是目标利润及其实现措施的预测。

（一）目标利润的概念

目标利润是指未来经过努力应该达到的最优化利润目标。它是一般企业经营的核心目标，也是企业规划目标市场与目标成本的依据。它主要根据企业在计划期间的能力、条件、供应状况及市场环境等因素提出来的最优化利润控制目标，也是企业未来经营的重要战略目标之一。

（二）目标利润预测的基本步骤

目标利润预测的基本步骤大致如下。

1. 分析上期利润计划的完成情况，确定利润率标准

为了保证预期利润的正确确定，应对上期的计划利润与实际利润进行比较，判明上期利润计划完成情况好坏和盈利水平高低，基于分析比较，尽可能把握上期经营计划对下期利润的影响，确定进行利润预测的利润率标准。可供选择的利润率计算口径主要包括销售利润率、产值利润率和资金利润率，所选择的利润率标准既可以是平均利润率、历史最高水平利润率和上级指令性利润率，也可以是国际、全国、同行业、本地区和本企业的利润率。

2. 考察利润影响因素的变动，计算目标利润基数

根据市场调查及销售预测资料，综合分析影响利润的各因素，以测定未来它们对利润的影响方向和程度，结合相关利润率标准确定企业的目标利润基数。

目标利润基数＝销售利润率标准×预计产品销售收入

＝产值利润率标准×预计总产值

＝资金利润率标准×预计资金平均占用额　　（4-23）

3. 进行利润敏感性分析，确定目标利润修正值

对影响目标利润的相关因素进行敏感性分析，形成目标利润修正值。

4. 确定下期要求实现的目标利润，分解落实纳入预算体系

目标利润的确定将指导着未来的生产经营活动。因此，要求企业管理者根据企业所面临的经营环境和条件，大体确定下一期间应实现的利润数额或应达到的盈利水平。然后，深挖内部潜力，基于现有经济资源，进行反复验算、平衡，确定计划期间（通常为 1 年）目标利润指标。目标利润一经确定就应当立即纳入预算执行体系，层层分解落实，以此作为采取相应措施的依据。

最终下达的目标利润＝目标利润基数＋目标利润修正值　　（4-24）

三、目标利润预测的基本方法

确定条件下目标利润预测是指产品价格、生产成本、产销结构等条件确定的情况下的预测，可采用下列方法。

1. 本量利分析法

本量利分析法是根据产品预计的销售量、价格和成本资料及本量利关系确定未来目标利润总额的一种方法，其计算公式为

$$\begin{aligned}\text{目标利润总额（}TP_1\text{）} &= \text{预计销售数量}\times\text{（预计单位售价}-\\&\quad\text{预计单位变动成本）}-\text{固定成本总额}\\&=(p_1-b_1)\times x_1-a\end{aligned} \tag{4-25}$$

【例 4-12】某企业产销 B 产品，预计下年度的销量为 1200 万件，单位变动制造成本 19 元，单位变动期间成本为 5 元，固定成本总额为 5600 万元，销售单价 30 元。试计算该企业下年度的目标利润。

解：根据本量利分析法公式可得

$TP_1=(p_1-b_1)\times x_1-a=1200\times[30-(19+5)]-5600=1600$（万元）

2. 比率预测法

（1）销售利润率预测法。销售利润率是产品销售利润与产品销售收入的比率。销售利润率预测法就是根据企业上年度的实际销售收入、下年度的预计销售增长率和预计的销售利润率来确定下年度目标利润的方法，其计算公式为

$$\begin{aligned}\text{目标利润总额（}TP_1\text{）} &= \text{上年度实际销售收入}\times\text{（}1+\text{下年度预计}\\&\quad\text{销售收入增长率）}\times\text{预计销售利润率}\\&=S_0\times\left(1+\frac{\Delta S}{S_0}\right)\times ROS_1\end{aligned} \tag{4-26}$$

【例 4-13】某企业 2019 年实际销售收入 1000 万元，2020 年预计销售收入增长率为 10%，预计销售利润率为 10%。试计算该企业 2020 年的目标利润总额。

解：目标利润总额＝1000×（1＋10%）×10%＝110（万元）

（2）成本利润率预测法。成本利润率是企业在一定时期内取得的销售利润与同一时期的销售成本的比率。成本利润率预测法就是根据企业上年度的实际销售成本、下年度的预计销售成本增长率和预计的成本利润率来确定下年度目标利润的方法，其计算公式为

$$\begin{aligned}\text{目标利润总额（}TP_1\text{）} &= \text{上年度实际销售成本}\times\text{（}1+\text{下年度预计}\\&\quad\text{销售成本增长率）}\times\text{预计成本利润率}\\&=C_0\times\left(1+\frac{\Delta C}{C_0}\right)\times ROC_1\end{aligned} \tag{4-27}$$

（3）产值利润率预测法。产值利润率是指企业一定时期内产品销售利润与工业总产值（产值包括已销售和未销售产品的价值之和）之间的比率。产值利润率预测法就是根

据企业上年度的实际产品总产值、下年度的预计产品总产值增长率和预计的产值利润率来确定下年度目标利润的方法，其计算公式为

$$
\begin{aligned}
\text{目标利润总额}(\mathrm{TP}_1) &= \text{上年度实际产品总产值}\times(1+\text{下年度预计产品总产值增长率})\times\text{预计产值利润率} \\
&= V_0\times\left(1+\frac{\Delta V}{V_0}\right)\times \mathrm{ROV}_1 \qquad (4\text{-}28)
\end{aligned}
$$

（4）销售比例增长法。销售比例增长法是以上年度实际销售收入总额和利润总额以及下年度预计销售收入总额为依据，按照利润与销售额同步增长的比例来确定下年度目标利润总额的一种方法，其计算公式为

$$
\begin{aligned}
\text{目标利润总额}(\mathrm{TP}_1) &= \frac{\text{下年度预计销售收入总额}}{\text{上年度实际销售收入总额}}\times\text{上年度实际利润总额} \\
&= \frac{S_1}{S_0}\times \mathrm{TP}_0 \qquad (4\text{-}29)
\end{aligned}
$$

【例 4-14】假设【例 4-12】中该企业 2019 年实际销售收入为 1200 万元，实际利润为 150 万元，2020 年预计销售收入为 1100 万元。试计算该企业 2020 年的目标利润。

解：目标利润总额$=\frac{1100}{1200}\times 150\approx 137.5$（万元）

3. 经营杠杆系数法

经营杠杆系数是本量利分析中的重要概念，利用它可帮助企业进行利润的预测分析，同时用来衡量企业的经营杠杆效应，反映企业经营风险（参见第三章第四节）。为方便预测，本处变换一下形式，并做更深入推导。

$$
\text{经营杠杆系数}(\mathrm{DOL}) = \frac{\text{利润变动率}}{\text{业务量变动率}} = \frac{R_{\mathrm{TP}}}{R_x} = \frac{\dfrac{\Delta \mathrm{TP}}{\mathrm{TP}_0}}{\dfrac{\Delta x}{x_0}} \qquad (4\text{-}30)
$$

进一步推导如下：

$$
\begin{aligned}
\mathrm{DOL} &= \frac{\dfrac{\Delta \mathrm{TP}}{\mathrm{TP}_0}}{\dfrac{\Delta x}{x_0}} = \frac{\dfrac{(p-b)(x_1-x_0)}{(p-b)\,x_0-a}}{\dfrac{(x_1-x_0)}{x_0}} = \frac{(p-b)\,x_0}{(p-b)\,x_0-a} \\
&= \frac{\mathrm{TCM}_0}{\mathrm{TP}_0} = \frac{\mathrm{TCM}_0}{\mathrm{TCM}_0\times \mathrm{MSR}} = \frac{1}{\mathrm{MSR}} = \frac{1}{1-bR} \qquad (4\text{-}31)
\end{aligned}
$$

式（4-30）及式（4-31）中，$\Delta \mathrm{TP}$ 为目标利润与基期利润之差；TP_0 为基期利润；R_{TP} 为利润变动率；x 为业务量；R_x 为业务量变动率；p 为价格；b 为单位变动成本；a 为固定成本；TCM 为贡献毛益总额；CM 为单位贡献毛益；MSR 为安全边际率；bR 为变动成本率（变量下标为 1 的指标为预测期指标，变量下标为 0 的指标为基期指标，下同）。

为方便记忆，经营杠杆系数经推导后的表达式如下：

$$经营杠杆系数=\frac{基期贡献毛益总额}{基期利润总额}=\frac{销售收入-变动成本总额}{销售收入-总成本}$$
$$=\frac{利润总额+固定成本总额}{利润总额}=1+\frac{固定成本总额}{利润总额}$$
$$=\frac{基期贡献毛益总额}{基期贡献毛益总额\times 安全边际率}$$
$$=\frac{1}{安全边际率}=\frac{1}{1-变动成本率} \tag{4-32}$$

可以看到，影响经营杠杆系数大小的因素主要是固定成本总额。从经营杠杆系数计算推导公式可知，只要企业存在固定成本，经营杠杆系数总是大于 1，且经营杠杆系数是随固定成本总额的变动而同方向变动的，即在利润一定的情况下，企业固定成本总额的比重越大，经营杠杆系数就越大；与此相反，企业固定成本总额的比重越小，经营杠杆系数也就越小。因此，在产销量相关范围内，降低固定成本总额，不仅能增加等额利润，而且能降低企业经营风险。

【例 4-15】某企业产销 C 产品，销售单价为 20 元，单位变动成本为 15 元，固定成本总额为 70 000 元。C 产品销售与成本的资料如表 4-16 所示。保本销售量为 14 000 个。要求：计算产销量为 20 000 个时的经营杠杆系数。

表 4-16　C 产品销售与成本的资料

销售收入/元	变动成本/元	销售量/个	固定成本/元	总成本/元	利润/元
300 000	225 000	15 000	70 000	295 000	5 000
400 000	300 000	20 000	70 000	370 000	30 000
500 000	375 000	25 000	70 000	445 000	55 000
600 000	450 000	30 000	70 000	520 000	80 000

解：在产销量 20 000 个时的经营杠杆系数，用该企业在产销由 20 000 个向 25 000 个变动时引起的利润变动数代入上述公式即可求出

$$DOL=\frac{\Delta TP/TP_0}{\Delta x/x_0}=\frac{(55\ 000-30\ 000)\div 30\ 000}{(25\ 000-20\ 000)\div 20\ 000}\approx\frac{83.33\%}{25\%}\approx 3.33$$

计算结果表明，在产销 20 000 个时经营杠杆系数约为 3.33。就是在产销量为 20 000 个时，若再增加产销量 5000 个，增加到 25 000 个时，即产销量增加 25%时，使利润由产销 20 000 个时的 30 000 元增加到产销 25 000 个时的 55 000 元，增加了 25 000 元的利润，利润变动百分比为 83.33%。也就是产销量增加 25%，使利润增加 83.33%。利润变动率是销售变动率的 3.33 倍。它说明在某产销量基础上产销量变动百分比对利润变动百分比的影响程度。

【例 4-16】仍用【例 4-15】某企业的本量利分析资料，代入式（4-31）计算产销量 20 000 个时的经营杠杆系数如下：

$$DOL=\frac{400\ 000-300\ 000}{400\ 000-370\ 000}\approx 3.33$$

运用经营杠杆系数预测利润、规划产销量规模，既简单又准确，其计算公式如下：

$$计划期利润预测数（TP_1）＝基期利润×（1±业务量变动率×经营杠杆系数）$$

$$＝TP_0×（1±R_x×DOL）\qquad（4\text{-}33）$$

【例 4-17】根据【例 4-15】的资料，假如基期产销量为 35 000 件，实现利润 60 000 元，计划期产销量增加 25.9%，经营杠杆系数为 2.35。试计算该公司计划期利润。

解：计划期利润＝60 000×（1＋25.9%×2.35）＝96 519（元）

此外，运用经营杠杆系数还可以预测实现目标利润应达到的业务量变动率。利用经营杠杆系数来预测保证目标利润实现应达到的业务量变动率，其计算公式如下：

$$实现目标利润应达到的业务量变动率（R_x）＝\frac{计划期目标利润－基期实际利润}{基期实际利润×经营杠杆系数}$$

$$＝\frac{R_{TP}}{DOL}＝\frac{\frac{\Delta TP}{TP_0}}{DOL}＝\frac{TP_1－TP_0}{TP_0×DOL}\qquad（4\text{-}34）$$

【例 4-18】假设基期实际产销量为 45 000 件，基期实际利润为 90 000 元，经营杠杆系数为 2，计划期目标利润为 108 000 元。要求：预测计划期产销量变动率。

$$解：实现目标利润应达到的产销量变动率＝\frac{108\ 000－90\ 000}{90\ 000×2}＝10\%$$

计算结果表明，产销量应该在基期 45 000 件的基础上增加 10%，即计划期产销量为 49 500 件时，才能保证利润的实现。

经营杠杆系数反映企业经营风险。引起企业经营风险的主要原因是市场供需的变化以及生产、成本等因素的不确定性，而经营杠杆本身并非企业利润不稳定的根源。但是，由于：

$$利润变动率＝产销量变动率×经营杠杆系数＝R_x×DOL\qquad（4\text{-}35）$$

如果企业的经营杠杆系数有所增加，那么意味着该企业产销量增加时，利润将以经营杠杆系数的幅度增加；反之，利润又将以经营杠杆系数倍数的幅度下降。由此可见，经营杠杆系数扩大了市场、成本等不确定因素对利润变动的影响。也就是说，经营杠杆系数越大，利润的变动越大，企业的经营风险也就越大。一般认为，对于销售情况多变的企业，保持较低水平的经营杠杆系数是有利的。

第五节　资金需要量预测

资金是企业进行生产经营活动必备的条件。资金需要量预测是企业经营预测中不可缺少的组成部分，通过资金需要量预测，可使企业合理地使用资金，提高资金使用的效率。对资金需要量影响最大的变量是企业年度销售额预测，根据销售预测数据预测资金需要量有以下两种常见的方法。

一、定性预测资金需要量

定性预测法就是依靠个人经验、主观分析和判断能力，对未来时期资金需要量进行估计和推算的一种方法。这种方法通常采用召开专业技术人员座谈会和专家论证会等形式。由于缺乏完整的历史资料，预测结果准确性和可行性较差，一般只作为预测的辅助方法。

二、定量预测资金需要量

定量预测是依据历史资料，通过数学模型对未来时期资金需要量进行预测。这种方法预测的结果相对科学准确，有较高的可行性，但计算较为复杂，要求具有完备的历史资料。定量预测常用的方法有资金性态预测法和报表平衡预测法。

（一）资金性态预测法

资金性态是指资金需要量与企业经营规模之间的依存关系。按照资金需要量与企业生产经营规模的依存性，可以把资金区分为固定资金、变动资金和半变动资金。

固定资金是指企业在一定时期与一定的经营规模之下，资金总额不随营业额变动。例如，为维持正常生产经营需占用最低数量资金，包括原材料保险储备占用资金、必要的产成品储备占用资金以及在固定资产方面占用的资金。

变动资金是指资金需要量与企业营业额变动成正比例变动的资金，一般包括原材料、外购件等方面的资金。此外，在最低储备以外的现金、存款、应收账款等都具有变动性质。

半变动资金是指资金需要量虽然受企业营业额的影响，但不成比例变动的资金。例如，辅助材料、备品配件方面的资金等。对于半变动资金，可以采用一定的方法将其分解为固定资金和变动资金两部分。

资金性态预测法就是在将资金划分为变动资金和固定资金的基础上，根据资金需要量和企业营业额（或业务量）之间的依存关系来测算资金需要量的方法。

【例 4-19】某企业近年来 D 产品的产量与资金占用量资料如表 4-17 所示。

表 4-17 某企业近年来 D 产品的产量与资金占用量资料

年份	2014	2015	2016	2017	2018	2019
D 产品产量（x_i）/万件	100	154	130	140	168	165
资金占用（y_i）/万元	50	60	55	58	75	72

若 2020 年该企业产品销售量为 180 万件，预测 2020 年该企业的资金需要量。

解：设 D 产品销量为 x，资金需要量为 y，a 为不变资金，b 为变动资金，直线方程为 $y=a+bx$。

运用回归分析法求出 a、b 值，其计算步骤如下。

（1）根据资料列表 4-18。

表 4-18 产品产量与资金占用回归分析表（单位：万元）

年份	x_i	y_i	$x_i y_i$	x_i^2
2014	100	50	5 000	10 000
2015	154	60	9 240	23 716
2016	130	55	7 150	16 900
2017	140	58	8 120	19 600
2018	168	75	12 600	28 224
2019	165	72	11 880	27 225
合计	857	370	53 990	125 665

（2）根据回归分析法计算公式，求出 a 和 b 并建立直线方程。

$$b=\frac{6\times 53\,990-857\times 370}{6\times 125\,665-857\times 857}\approx 0.35$$

$$a=\frac{370-0.35\times 857}{6}\approx 11.68$$

所以 $y=11.68+0.35x$

（3）将 2020 年 D 产品产量 180 万件代入直线方程，则 2020 年的资金需要量为

$y=11.68+0.35\times 180=74.68$（万元）

如果借助 Excel 软件实现，如表 4-19 和表 4-20 所示。

表 4-19 D 产品产量和资金占用汇总表

行号/列标	B	C	D
4	时间/年	D 产品产量（x_i）	资金占用（y_i）
5	2014	100	50
6	2015	154	60
7	2016	130	55
8	2017	140	58
9	2018	168	75
10	2019	165	72
11	2020 年 D 产品产量预计	180	

表 4-20 企业 2020 年度的资金需要量预测

行号/列标	B	C
14	$b=$	0.35
15	$a=$	11.68
16	2020 年预计资金需要量	74.68
17	2020 年预计资金需要量	74.68

表 4-20 中各计算单元格的公式分别为

C14＝SLOPE（D5：D10，C5：C10）

C15＝INTERCEPT（D5：D10，C5：C10）

C16＝C14*C11＋C15

C17＝FORECAST（C11，D5：D10，C5：C10）

（二）报表平衡预测法

报表平衡预测法是根据资产负债表项目随销售收入变化情况，分项目进行预测，再借助计算机，通过改变自主性融资金额，使报表达到平衡，从而确定资金需要量的一种方法。因部分资产负债表项目随销售收入呈正比例关系变化，部分资产负债表项目不随销售收入呈正比例关系变化，故资产负债表会出现不平的现象。资产总额与负债及所有者权益的差额部分需要通过调整自主性融资金额实现平衡。自主性融资金额的调整不仅影响资产负债表项目，还会影响到损益表项目，这需要借助 Excel 提供的单变量求解工具实现。

【例 4-20】某企业基期及预算期的收入、利润、股利支付率、融资成本等数据如表 4-21 所示，基期的资产负债表如表 4-22 所示。其中，长期负债 800 万元为无息负债。

表 4-21　企业基本财务数据

项目	基期	预算期
基期销售收入/万元	12 000	15 000
息税前利润/万元	1 200	
息税前利润率/%	10	10
股利发放率/%	50	50
预算期计划追加固定资产投资/万元		300
预算期资产折旧/万元		200
融资成本/%	10	10
企业所得税税率/%	25	25

表 4-22　基期的资产负债表（单位：万元）

资产		负债和所有者权益	
货币资金	820	应付账款	1 330
应收账款	890	应交税费	130
存货	1 220	长期负债	800
固定资产净额	1 870	股本	2 330
无形资产	220	留存收益	430
资产合计	5 020	负债及所有者权益合计	5 020

要求：对于预算期需追加资金需要量（融资成本 10%）进行预测。

解：第一步，将数据整理进 Excel 表格，计算过程如表 4-23、表 4-24 所示。

表 4-23　企业基本财务数据（单位：万元）

行号/列标	B	C	D
2	项目	基期	预算期
3	基期销售收入/万元	12 000	15 000

续表

行号/列标	B	C	D
4	息税前利润/万元	1 200	
5	息税前利润率/%	10	10
6	股利发放率/%	50	50
7	预算期计划追加固定资产投资/万元		300
8	预算期资产折旧/万元		200
9	融资成本/%	10	10
10	企业所得税税率/%	25	25

表 4-24 基期及预算期资产负债表（一）（单位：万元）

行号/列标	B	C	D	E	F	G
24	项目	基期	预算期	项目	基期	预算期
25	货币资金	820		应付账款	1 330	
26	应收账款	890		应交税费	130	
27	存货	1 220		长期负债	800	
28	固定资产净额	1 870		股本	2 330	
29	无形资产	220		留存收益	430	
30	资产合计	5 020		负债及所有者权益合计	5 020	

第二步，计算预算期资产负债表项目数据，如表 4-25 所示。

表 4-25 基期及预算期资产负债表（二）（单位：万元）

行号/列标	B	C	D	E	F	G
24	项目	基期	预算期	项目	基期	预算期
25	货币资金	820	1 025	应付账款	1 330	1 663
26	应收账款	890	1 113	应交税费	130	163
27	存货	1 220	1 525	长期负债	800	800
28	固定资产净额	1 870	1 970	股本	2 330	2 330
29	无形资产	220	220	留存收益	430	963
30	资产合计	5 020	5 853	负债及所有者权益合计	5 020	5 918

表 4-25 中各计算单元格的公式分别为

D25＝C25*$D$3/$C$3

D26＝C26*$D$3/$C$3

D27＝C27*$D$3/$C$3

D28＝C28＋D7－D8

D29＝C29

D30＝SUM（D25：D29）

G25＝F25*$D$3/$C$3

G26＝F26*$D$3/$C$3

G27＝F27＋C32

G28＝F28

G29＝（D3*D5/100－（C32＋F27）*D9/100）*（1－D10/100）*（1－D6/100）＋F29

G30＝SUM（G25：G29）

第三步，设计计算表格，如表 4-26 所示。

表 4-26　追加资金需要量的表格（单位：万元）

行号/列标	B	C
32	追加资金需要量	0
33	平衡校验	−65

表格 4-26 中的单元格计算公式为

C33＝D30－G30

第四步，计算追加资金需要量。

使用单变量求解工具，计算追加资金需要量。目标单元格：$C$33；目标值：0；可变单元格：$C$32。可得追加资金需要量为 393 万元。

思考与练习

一、思考题

1. 为什么说预测是一门科学，预言则不是？

2. 趋势预测分析的关键思想是什么，结合量变与质变谈谈你的看法。

3. 资金性态指的是什么？它能否揭示扩大业务对资金效率的影响？

二、单项选择题

1. 对企业经营状况进行预测分析，重要性处于首位的是（　　）。

A. 利润预测　　B. 销售预测　　C. 成本预测　　D. 资金预测

2. 不属于趋势预测的销售预测方法的是（　　）。

A. 算术平均法　　B. 指数平滑法　　C. 加权平均法　　D. 调查分析法

3. 已知企业上年利润为 200 000 元，经营杠杆系数为 1.8，下一年的预计销售量变动率为 20%，则下年利润预测额为（　　）元。

A. 200 000　　B. 240 000　　C. 272 000　　D. 360 000

4. 采用历史成本预测法来预测成本时，若企业各期成本变动趋势比较稳定，应使用（　　）。

A. 目标利润预测法　B. 加权平均法　　C. 回归分析法　　D. 高低点法

5. 高低点法和回归分析法在进行成本预测时所体现的差异是（　　）。

A. 区分成本性态　　B. 考虑历史资料时间范围

C. 成本预测假设　　　　　　　　　　D. 选用历史数据的标准

6. 在利用平滑指数法对销售量波动较大的产品进行预测时，应当选择（　　）。

A. 较小的平滑指数　　　　　　　　　B. 固定的平滑指数

C. 较大的平滑指数　　　　　　　　　D. 任意数值的平滑指数

7. 甲企业每月固定成本3000元，单价30元，计划销售产品450件，欲实现目标利润1500元，其单位变动成本应当为（　　）元/件。

A. 15　　　B. 18　　　C. 20　　　D. 25

三、计算分析题

1. 某公司2019年实际销售某产品2000件，单价为300元/件，单位变动成本为180元/件，营业利润为80 000元。若2020年销售量增加12%。要求：预测该公司2020年的营业利润。

2. 某公司2019年第四季度的销售情况如表4-27所示。

表4-27　某公司2019年第四季度的销售情况

月份	10	11	12
销售额/万元	42 000	47 000	43 000

要求：

（1）用算术平均法、移动加权平均法预测2020年1月的销售额（各月权数分别为0.1、0.4、0.5）；

（2）用指数平滑法预测2020年1月的销售额（已知测出的12月的预计销售额为46 000万元，平滑指数α=0.6）。

3. 某厂生产并销售一种产品，2015～2019年的成本历史资料如表4-28所示。

表4-28　某产品2015～2019年的成本历史资料

年份	2015	2016	2017	2018	2019
产量/台	20	80	60	40	100
单位变动成本/元	600	300	450	550	400
固定成本总额/元	4 000	5 200	5 400	4 800	6 000

若2020年预计产量为115台。要求：根据上述资料分别采用高低点法和回归分析法预测2020年的总成本与单位成本。

4. 某企业基期销售收入为100 000元，贡献毛益率为30%，实现利润为20 000元。要求：计算该企业的经营杠杆系数。

5. 某企业基期固定成本为80 000元，销售量为500件，利润为20 000元。

要求：

（1）计算该企业的经营杠杆系数；

（2）如果计划期追加8000元广告费，预计销量将增长20%，则利润将是多少？

（3）如果计划期目标利润为40 000元，固定成本保持在88 000元水平。问需要增加多少销量？

1. 程中和. 企业经营预测中盈亏平衡点的作用分析[J]. 商场现代化，2018（13）：157-158.

2. 王永才，范婷，陈轶斌. 基于大数据的电网生产、经营预测分析应用[J]. 微型电脑应用，2017，33（12）：61-63.

3. 殷建立. 基于系统动力学的酒店类上市公司经营预测研究[D]. 湘潭：湘潭大学，2013.

4. 吴艳红，周志勇，单昭祥. Excel 回归直线法用于经营预测的改进[J]. 财会月刊，2013（24）：88-90.

5. 廖荣华，江赛玭. 浅析杠杆原理及在经营预测与筹资决策中的运用[J]. 生产力研究，2011（11）：87-88，95.

第五章

短期经营决策

现代管理科学认为，提高企业局部的生产效率固然重要，但更为重要的是应把正确地进行经营与投资决策放在首位。管理会计所指的决策，即是指根据已有资料，对企业经营中出现的各种相关问题进行研究和分析，从若干个可供选择的方案中，选择并确定采用一个最优方案，以帮助管理人员做出科学、正确的决策。按时间长短，可以将企业决策分为短期（经营）决策与长期（投资）决策。

企业的短期决策，是指企业为有效地组织现有的生产经营活动，合理利用经济资源，以期取得最佳的经济效益而进行的决策，它通常只涉及1年以内的有关经济活动，不涉及新的固定资产投资，故被称为短期经营决策。

学习目标

- 掌握决策的含义、种类及决策相关成本概念
- 掌握短期经营决策分析的各种方法
- 掌握利用Excel进行规划求解的基本程序和方法

第一节　决策分析概述

一、决策的含义

所谓决策，通常是指人们为了实现一定的目标，借助于科学的理论和方法，进行必要的计算、分析和判断，从而从可供选择的诸方案中，选取最优方案的过程。由此看来，从某种意义上说，决策是选择的过程，它是对未来的各种可能行动方案进行选择或做出决定。

企业管理者常常面临着各种决策：如何正确安排产品的生产，实现产品生产的最优组合；半成品完成一定的加工程序后是立即出售还是进一步深加工后再出售；企业生产所需的零部件是自制或外购；等等，这都要求对可能采取的不同方案进行计算、分析、比较和判断，权衡利害，比较得失，从中选择最满意（可行）的方案。科学的

决策是实现经营管理现代化的关键，它能够指导人们正确地行动，并可获得良好的预期成果。

在日趋激烈的市场竞争中，企业必须运用科学的方法对市场进行预测，制定以市场需求为中心的经济决策，合理地组织生产，实现资源的最优配置，从而提高企业的经济效益，增强企业的竞争力。

二、决策的分类

企业生产经营活动多样又复杂，所以决策可以按照不同的标准进行分类。

（一）按决策项目的时间跨度分为短期决策和长期决策

1. 短期决策

短期决策是指企业为有效地组织生产经营活动，合理利用经济资源，以期在不远的将来取得最佳的经济效益而进行的决策。短期决策侧重于从资金、成本、利润等方面，对如何充分利用企业现有资源和经营环境进行规划，以取得尽可能大的经济效益。

常见的短期决策有产品零部件外购还是自制、亏损产品应该停产还是转产、产品品种最优组合决策等。短期经营决策的侧重点在于提高企业要素的利用效率，即有效组织企业生产经营活动，合理利用经济资源。因此，企业的短期经营决策通常不涉及资源的重新配置问题，如新的固定资产投资。因短期经营决策只涉及1年或一个经营周期的专门业务，决策项目面临的时间短，不确定性较少，因此不考虑货币的时间价值和风险价值。

短期经营决策涉及范围很广，利用管理会计的相关方法可以帮助管理人员进行生产、定价和存货等多方面的决策分析，从而有助于管理层制定正确的决策。

2. 长期决策

长期决策是指关乎企业今后发展方向的、全局性的、长远的、重大的决策。需要一定数量的投资，具有实现时间较长、风险较大的特点。长期决策对企业经济效益的影响时间在1年以上。常见的长期决策有新产品开发决策、固定资产购置决策、固定资产更新改造决策等。有关长期决策的相关介绍详见第六章。

（二）按决策条件的肯定程度分为确定型决策、风险型决策和不确定型决策

1. 确定型决策

确定型决策是指与决策相关的客观条件或自然状态都是肯定且明确的，每种备选方案通常只有一种结果。进行这类决策时，决策者通常已经掌握了决策相关的完整资料，因而很容易做出正确的决策。

2. 风险型决策

风险型决策是指决策问题面临的未来各种自然状态的发生是随机的，但决策者可根据相关情况的历史推进资料或实验测试等，估计出各种自然状态的概率，并依据大

小进行分析计算后做出的决策。风险型决策一般采用决策损益表、决策树方法依据期望值原则进行择优决策。

3. 不确定型决策

其和风险型决策类似，但是不确定型决策是指在连概率都不能确定的情况下进行的决策。决策者无法估计出各种状态发生的概率，经常依据决策者的个人偏好、经验和态度做出决策。不确定型决策也可以用效用值表示各种可能的后果，构造一张支付表，然后通过一定的评价标准来评定不同方案的优劣，最终选出最优方案。

（三）按决策项目本身的从属关系分为独立方案决策、互斥方案决策和最优组合决策

1. 独立方案决策

独立方案决策是指对各自独立存在，不受其他任何方案影响的不同方案的决策。对独立方案决策只需判断方案本身的可行性，不必择优，所以，也称“接受与否的决策”。例如，在企业中亏损产品是否停产的决策，是否接受特殊订单的决策，是否购买新设备的决策，等等。

2. 互斥方案决策

互斥方案决策是指在一定的决策条件下，存在几个相互排斥的备选方案，通过计算、分析对比，最终选出最优方案而排斥其他方案的决策。例如，零部件是自制还是外购的决策，联产品是否进一步加工的决策，开发哪种新产品的决策，是否更新旧设备的决策，等等。

3. 最优组合决策

最优组合决策是指有几个不同方案可以同时并举，但是在资源总量受限的情况下，如何将这些方案进行优化组合，使其综合经济效益达到最优的决策。例如，在几种约束条件下生产不同产品的最优组合决策，或在资本总额定量的情况下不同投资项目的最优组合决策，等等。

（四）按决策的人员层次分为高层决策、中层决策与基层决策

1. 高层决策

高层决策是指企业的最高阶层领导所做的决策，它所涉及的主要是有关企业全局性、长远性的大问题，如关系到企业生产规模、发展方向和重点以及提高企业素质，增强竞争能力等方面的问题，都属于这一类。这一类决策属于战略性决策。

2. 中层决策

中层决策是指由企业中级管理人员所做的决策，其基本内容是使高层决策从更低的层次，用更短的时间和在更小的范围内进行具体化，并制订最优利用资源，保证最高决策得以顺利实现的实施方案。这一类决策，又可以称为战术性决策。

3. 基层决策

基层决策是指由企业生产第一线的员工所做的决策，其目的是在执行上级既定决

策过程中，妥善解决所遇到的问题。生产第一线的员工的基本职责，是对上一层次所做出的决策付诸具体实施。因此，这一类决策属于执行性决策。

（五）决策的其他分类

决策除了按照上述四种标准进行分类外，还有一些其他的分类标准。例如，按照决策的重要程度可以分为战略决策和战术决策，按照决策目标的多少可以分为单目标决策和多目标决策，按照相同决策出现的重复程度可以分为程序性决策和非程序性决策，等等。

第二节　与短期经营决策相关的成本概念

短期经营决策中需要使用大量的会计信息，成本是重要的会计信息之一。在财务会计中，人们强调的是成本的承担者和承担的数量，但是在企业的管理决策中，人们强调的是成本的相关性。“不同目的，不同成本”的思想是美国经济学家克拉克（Clark）提出的，由此也就产生了决策相关成本与决策无关成本两种分类。企业在进行经营决策时，可供选择的多种方案中所涉及的各种成本，有些与方案的抉择有关，而有些与方案的抉择是无关的。

与备选方案相联系的、能对决策产生重大影响的、在决策中必须予以考虑的成本被称为决策相关成本。与之相反的则是决策无关成本。

直观判断某种成本是否为相关成本的依据是不同备选方案之间是否存在差异的未来增量现金流量。所有决策都是在未来执行的，历史（过去）的数据对决策是不起直接作用的，这些数据可能有助于预测未来，但是过去的数据本身与当前的决策是不相关的，因此，与决策相关，指的是与未来某一事件的发生有关。例如，“增加产量”这一方案的相关成本，应当是将来可能增加的成本，而与过去经营发生的成本不相关。如果在各个备选方案之间不存在差异，则对决策不产生影响；不论选择哪一个备选方案，成本都将发生或者都将不发生，则该成本为无关成本。例如，在继续生产或立即出售半成品的决策中，如果不论选择了哪一个方案，都不会改变当前半成品的成本，则当前半成品的成本就是与决策无关的成本。

常见的相关成本包括差量成本、机会成本、边际成本、付现成本、重置成本、专属成本、可避免成本、可延缓成本等，而沉没成本、共同成本、不可避免成本、不可延缓成本等就属于无关成本。

1. 差量成本

差量成本，也称差别成本，存在广义与狭义之分。广义的差量成本是指在进行方案的决策分析时，两个或两个以上备选方案之间预期成本的差异；狭义的差量成本是指两个或两个以上备选方案之间由于业务量增减变化而形成的预期成本差异。在企业的短期经营决策中，差量成本是一个广泛运用的重要成本概念，诸如零部件外购或自制决策，是否应该接受特殊订单决策等，都可以运用差量成本概念进行决策。

利用差量成本进行短期经营决策时，往往涉及两个相关概念，即差量收入和差量损益。差量收入是指各备选方案预期收入之间的差额，差量损益是差量收入减去差量成本的余额。

2. 机会成本

机会成本是指为特定目的使用有限资源而放弃（或错过）的可获得的最大收益（潜在收益）。通常每项资源都存在多种用途，但是由于资源的稀缺性，资源用于某个用途就不能同时用于另一个用途。这就是说，资源在某个用途之所得，正是由于放弃另一个用途之所失。就会计事项而言，机会成本就是由于放弃某一个方案实现的机会而失去的收益。这部分收益应当由被选方案的收益来补偿，如果被选方案的收益不能补偿机会成本，便不能认为被选方案是最满意的方案。机会成本虽然不是实际支出，也不计入会计账簿，有时甚至难以计量，但是，在决策时，要把它作为一个现实的重要因素加以考虑，否则就可能做出错误的决策，不能取得应有的效果。例如，某公司现有一台空闲车床，既可以用于甲产品的生产，又可以用于出租。在决策中，如果选择用于生产甲产品，则出租方案必然放弃，其本来可能获得的租金收入应作为生产甲产品的机会成本。

3. 边际成本

根据经济学一般理论，边际成本是指成本对业务量无限小变化的变动部分。在企业组织的经营管理实践中，业务量无限小变化，最小只能小到一个单位，业务量的变化小到一个单位以下如十分之一单位、百分之一单位，就没有什么实际意义了。因此，在经营决策中，边际成本的计量就是业务量增加或减少一个单位所引起的成本变动额。因而，在一定条件下，边际成本就是单位变动成本，是一种特殊形式的差别成本。

4. 付现成本

付现成本是指选定和实施某项决策而需要在未来支付现金的有关成本，是决策相关成本。例如，某公司拥有一台旧设备，某租赁公司愿意以“以旧换新”的方式收购该旧设备。其条件是新设备的价格为150 000元，旧设备按现行市场价格折价120 000元，余款以现金支付。这时，虽然新设备的价款是150 000元，但是，该公司只需要支付30 000元（150 000－120 000）。因此，该公司的付现成本就是需要动用该公司现金支付的数额即 30 000 元。在经营决策时，尤其是当企业的资金处于紧张状态，支付能力受到限制的情况下，往往会选择付现成本最小的方案来替代成本最低的方案，即在付现成本最低方案与成本总额最低方案之间选择付现成本最低方案取代成本总额最低方案。

5. 重置成本

重置成本是指按照现在的生产技术和市场条件重新取得目前所持有的某项资产所需支付的成本。财务会计提供的信息是以历史成本作为计量基础的，但是对于企业决策来说，历史成本信息只反映过去的交易价格，而管理会计方案是面向未来的，重视的是信息的相关性，所以它通常强调重置成本。例如，在企业的定价决策中，以200元购进某产品，两个月后市场发生变化，其购进价格为230元，那么230元就是该产品的重置成本。企业以成本为基础进行定价，按历史成本定价为220元，账面上盈利20元，实际上流入的现金连简单的再生产都无法支撑。久而久之，企业必将亏损。错误的定价源于使用了不恰当的成本信息，所以重置成本是决策中重要的相关成本。

6. 沉没成本

沉没成本是指过去已经发生，并不能由现在或将来的任何决策行为加以改变的成本，它代表的是过去的支出，无论这种支出有多大，都是无法回收的成本。无论未来的决策结论怎样，其发生额都不会变化，所以是决策无关成本。企业过去购置的资产的账面价值都是沉没成本。例如，企业曾经购置一套设备，价值50 000元，由于技术进步，目前该设备完全被淘汰，账面净值8000元就属于沉没成本。从财务会计角度看，账面资产还有8000元，但是从管理会计角度看，这8000元与企业当前的任何决策都不存在相关性，可以不必考虑该因素。在企业固定资产的更新决策方面要充分考虑沉没成本。

7. 专属成本与共同成本

专属成本是指可以明确归属某项作业，某种、某批、某类产品或某个部门等特定对象的成本，即专属成本有着明确的归属对象。没有这些产品或部门，就不会发生这些成本，所以专属成本是有与特定的产品或部门相联系的特点的成本，是决策相关成本，如专门生产某种产品的专用设备折旧费、保险费等。

共同成本是指由多项作业，多种、多批、多类产品或多个部门共同负担的固定成本。例如，在企业的生产过程中，几种产品共同的设备折旧费、辅助车间成本等，都是共同成本。通常情况下，共同成本是决策无关成本，可以不予考虑。

8. 可避免成本与不可避免成本

可避免成本是指通过企业决策层的某项决定可以改变其发生数额的成本，是决策相关成本。一般来说，企业的变动成本和酌量性固定成本都属于可避免成本。

不可避免成本是指通过企业决策层的某项决定不能改变其发生数额的成本，是决策无关成本。一般来说，企业的约束性固定成本就属于不可避免成本。再如，生产型企业，大多数情况下都需要占用厂房，厂房折旧费就是一个不可避免成本。

9. 可延缓成本与不可延缓成本

在企业资源的约束下，已经选定的某方案如果推迟执行，不至于对企业全局产生影响，那么与这一方案有关的成本就称可延缓成本。例如，为改善办公条件，在办公室安装空调，与安装空调相关的成本就是可延缓成本，因为安装空调与否不会影响企业全局工作。不可延缓成本是指即使受到企业资源的约束，对于已经选定的某一方案也必须立刻执行，否则将对企业的全局产生重大影响，那么与此方案相关的成本就是不可延缓成本。例如，企业设备出现故障导致停产，必须进行大修理，否则将会影响企业正常生产。这时，修理设备所开支的成本就是不可延缓成本。

判断某项成本是不是相关成本，可遵循如下步骤：将所有成本与各备选方案相联系，排除沉没成本，删除各个不同的备选方案之间没有差别的成本，剩余的即为相关成本。

第三节　短期经营决策分析的常用方法及应用举例

一、短期经营决策的主要内容

短期经营决策中最重要的决策是生产决策，即在企业现有的生产经营条件下，为了实现尽可能好的经营成果，就生产何种产品、亏损产品是否应该停产、是否接受特殊订货、零部件自制或者外购、半成品是否继续深加工等问题进行择优选择。

1. 生产何种产品的决策

对于制造类企业而言，首先面临的是生产何种产品的问题。企业所生产的产品能否及时满足市场的需要，又是决定其盛衰成败的关键，所以企业必须进行充分的市场调查，根据企业现有的资源和生产经营能力，在多种产品中选择一种产品进行生产。这时就需要管理人员进行分析决策，看看投产哪种产品对企业更为有利。

2. 亏损产品是否应该停产的决策

在会计核算上，亏损产品若要继续生产，则只能产生负面效益。但是从管理会计成本性态的角度来看，亏损产品是否应该停产就有必要进行重新判定。

当单位的某种产品发生亏损后，闲置下来的生产能力既无法转为生产其他产品，又不能将有关设备对外出租，即生产能力无法转移时，即使该产品发生亏损，只要边际贡献大于零，该产品就不应该停产；反之，则应该停产。因为在生产能力无法转移的情境中，一旦停产亏损产品，其固定成本并不会减少，减少的只有变动成本。如果继续生产亏损产品，亏损产品所带来的边际贡献就可以补偿一部分固定成本；而停产亏损产品不仅不会减少亏损，反而会将亏损放大。

3. 是否接受特殊订货的决策

在企业生产任务不饱和的情况下，如果客户要求以低于正常价格或低于计划产量的单位成本的特殊价格订货时，企业是否可以考虑接受这种特殊价格的订货呢？

通常这类决策问题又可以分为以下具体情景。

（1）特殊订货不冲击正常生产任务时。当追加订货不冲击正常生产任务时，剩余生产能力无法转移且生产特殊订货无须增加固定成本，只要特殊订货的单价大于该产品的单位变动成本，即可接受订货。

（2）特殊订货冲击正常生产任务时。如果企业接受的追加订货量大于剩余生产能力，此行为必然会有碍于正常业务量的完成，此时需将由于接受追加订货而导致损失的正常收入，作为追加订货的机会成本。

（3）特殊订货要增加专属成本时。若该订货的完成需要增加专属成本，则必须将增加的专属成本作为追加订货的成本加以考虑。

（4）企业剩余生产能力可以转移时。在企业剩余生产能力可以转移时，因转产而产生的收益也应视为追加订货的机会成本。

4. 零部件自制或者外购的决策

有些企业在产品的生产过程中所需要的零部件既可以自制，也可以从外部市场直接购买，这时，企业就面临零部件是自制还是外购的决策问题，它属于互斥方案的决策类型，通常涉及“自制零部件”与“外购零部件”两个备选方案。在这类问题中，备选方案一般不涉及相关收入，因为无论是自制或是外购，生产出来的产品售价都是相同的，所以只需考虑相关成本。外购的相关成本主要是因外购而发生的费用、外购单价及机会成本，自制零部件的相关成本主要包括变动成本、专属成本和机会成本。

5. 半成品是否继续深加工的决策

工业制造行业的有些产品加工程序较长，它们可以在加工到某一程序时以半成品的状态对外出售，也可以以最终产成品的形式出售，这时就会存在上述产品是以产成品的形式还是以半成品的形式出售的决策问题。在这类决策问题中，深加工前的半成品或联产品的成本都属于沉没成本，是决策无关成本。需要考虑的相关成本包括：按深加工业务量计算的将半成品深加工为产成品的加工成本，为了形成深加工能力而追加的专属成本，与已经具备且可以转移的深加工能力有关的机会成本。在“直接出售半成品”方案中，相关成本为零。因为半成品的成本（无论是固定成本还是变动成本）属于与决策方案无关的沉没成本，故不予考虑。相关收入包括直接出售半成品和深加工成产成品后出售的有关收入。

针对以上各种问题，有多种短期决策方法可以采用，以下介绍常用的短期经营决策方法，并利用这些方法解决以上的生产决策问题。

二、贡献毛益分析法

贡献毛益，是指产品销售收入扣减其变动成本后的余额，相较于利润这一指标，贡献毛益更能凸显利润最大化的短期经营决策目标。因为企业的生产能力一旦形成，在短期内就很难改变，而用于维持现有生产能力的固定成本就不会有增量变化，成为一种与短期决策无关的成本。

贡献毛益分析法是指只需通过比较不同方案之间的贡献毛益大小就可以确定最优方案的方法，选择标准可以是贡献毛益总额，也可以是单位生产能力贡献毛益。它适用于收入成本型决策。

【例 5-1】假设圣元公司拟用剩余生产能力生产甲产品或乙产品，只能二选一。甲产品单价 30 元，单位变动成本 15 元；乙产品单价 9 元，单位变动成本 3 元。该企业现有剩余生产能力 1000 台时，生产一件甲产品需耗 8 台时，生产一件乙产品需耗 2.5 台时。

要求：做出生产甲产品还是乙产品的决策。

相关资料如表 5-1 所示。

从表 5-1 中我们发现，甲产品的单位贡献毛益大于乙产品，如果以单位贡献毛益指标作为评价标准，则应选择甲产品。但若考虑到企业的剩余生产能力是有限的，则应按表 5-2 所示的分析结果进行选择。

表 5-1　圣元公司相关资料（单位：元）

项目	甲产品	乙产品
单价	30	9
单位变动成本	15	3
单位贡献毛益	15	6

表 5-2　圣元公司贡献毛益分析表

项目	甲产品	乙产品
单位变动成本/元	15	3
单位贡献毛益/元	15	6
剩余生产能力/台时	1000	1000
单位产品耗时/（台时/件）	8	2.5
生产量/件	125	400
贡献毛益总额/元	1875	2400

从表 5-2 中可以看到，虽然甲产品的单位贡献毛益大于乙产品，但其贡献毛益总额却小于乙产品贡献毛益总额，故应选择生产乙产品。采用贡献毛益分析法时，如果不同方案的生产量相同，则比较各方案的单位贡献毛益大小即可。另外本例约束条件主要是机器工时，加工甲产品 8 台时/件，单位台时贡献毛益为 15÷8＝1.875（元/台时），加工乙产品 2.5 台时/件，单位台时贡献毛益为 6÷2.5＝2.4（元/台时）。显然生产乙产品更合适。

决策中可供选择的方案所涉及的固定成本可能包括共同固定成本，也可能包括专属固定成本。共同固定成本是决策无关成本，专属固定成本是决策相关成本。若只涉及共同固定成本，因其与决策无关，故贡献毛益的多少就决定了利润的多少，比较贡献毛益的大小就可做出方案优选的决策；若涉及专属固定成本，因其是决策相关成本，故应将其从贡献毛益中扣除，计算出剩余贡献毛益，再利用剩余贡献毛益指标进行短期经营决策。

若各方案专属固定成本不相等，贡献毛益大的方案利润未必大，因而须先计算剩余贡献毛益：剩余贡献毛益＝贡献毛益总额－专属固定成本。

这种情况下采用贡献毛益分析法的一般步骤如下。

（1）判定各方案所涉及的固定成本是否为共同固定成本。

（2）分别计算各方案的剩余贡献毛益。

（3）选择剩余贡献毛益最大者为优。

【例 5-2】呈祥公司组织多品种生产经营，其中甲产品为亏损产品，每年亏损 80 000 元。已知该产品的完全成本为 580 000 元，变动成本率为 75%。

要求：就以下各不相关的情况做出是否继续生产甲产品的决策。

（1）生产甲产品无专属固定成本。

（2）生产甲产品有专属固定成本 150 000 元。

解：（1）由给定的资料可以看出，甲产品年亏损额 80 000 元，那么可否将甲产品停产而使企业减少亏损、增加盈利呢？计算过程如表 5-3 所示。

表 5-3 甲产品是否继续生产的贡献毛益分析（单位：元）

项目	继续生产甲产品
销售收入	580 000－80 000＝500 000
变动成本	500 000×75%＝375 000
贡献毛益	125 000

甲产品能够创造 125 000 元的贡献毛益，因此应当继续生产。因为甲产品虽然亏损 80 000 元，但仍能提供 125 000 元的贡献毛益，如果将其停产，企业将减少 125 000 元的贡献毛益，同时，原来分摊于甲产品的固定成本却不会消失，所以，停产甲产品会使整个企业的利润减少 125 000 元。

（2）涉及专属固定成本，故应将其从贡献毛益中扣减，计算出剩余贡献毛益，如表 5-4 所示。

表 5-4 甲产品是否继续生产的剩余贡献毛益分析（单位：元）

项目	继续生产甲产品
销售收入	580 000－80 000＝500 000
变动成本	500 000×75%＝375 000
贡献毛益	125 000
专属固定成本	150 000
剩余贡献毛益	－25 000

甲产品创造的贡献毛益扣除专属固定成本后，剩余贡献毛益为－25 000 元，该产品的生产反而会减少企业的贡献毛益，所以应当停产。通过（1）和（2）的比较看到，方案涉及专属固定成本之后，做出的决策可能就有所反转。

【例 5-3】鸿凯公司有三个生产部门，分别生产 A、B、C 三种产品，其 2019 年利润表如表 5-5 所示。要求：做出是否应该停止生产亏损产品的决策。

表 5-5 鸿凯企业 2019 年利润表（单位：元）

项目	产品			合计
	A	B	C	
销售收入	220 000	200 000	180 000	600 000
减：变动成本	165 000	170 000	156 000	481 000
贡献毛益	55 000	30 000	24 000	109 000
减：固定成本				
管理人员工资*	20 020	18 200	16 380	54 600
行政管理费用*	10 010	9 100	8 190	27 300
税前利润（亏损）	24 970	2 700	－570	27 100

注：*按收入分配

就利润表来看，C产品出现了亏损，公司就会考虑是否停产C产品。分析发现，停止生产C产品，则销售收入减少，而变动成本也将因此减少。固定成本中，由于管理人员不可随意解聘，其工资成本将照常发生，不论停产与否，该部分成本都不会发生变化，因此属于无关成本。而行政管理费用，按收入分配，即便停止生产C产品，也不会改变其总额，即原来由C产品分摊的固定成本，全部转由A产品和B产品来分摊。所以，停止生产C产品使鸿凯公司的总销售收入减少180 000元，而总变动成本减少156 000元，从而使总的贡献毛益减少24 000元。所以，停产不但不能使企业利润增加，反倒减少了贡献毛益，从而使利润减少。

如果鸿凯公司决定停产C产品，可以预见，C产品分担的固定成本24 570（16 380＋8 190)元将由A产品和B产品来分摊，B产品将担负(54 600＋27 300)×200 000/420 000＝39 000（元）的固定成本，B产品将亏损9 000（30 000－39 000）元，由此，B产品也应该停产，而当B产品停产后，企业81 900元的固定成本全由A产品承担，A产品将亏损26 900（55 000－81 900）元，A产品是不是也应停产？以此决策逻辑，公司就得关门大吉了。

一般地说，如果因停产而空出来的生产能力不能用作他用，那么只要产品的贡献毛益为正数，就应当继续生产产品，从而为补偿企业的固定成本提供来源。不过，如果停产后，能够将生产能力转移到其他盈利能力更高的产品的生产上，则停产也可能是明智的选择。

【例5-4】沿用【例5-3】，但是假设停产C产品后，闲置出来的生产能力转移到A产品和B产品的生产中，使A产品的销量增加40%，B产品的销量增加30%。

对表5-5的资料进行分析，发现，A产品的贡献毛益率为25%，B产品的贡献毛益率为15%，C产品的贡献毛益率为13.33%。如果停产C产品，贡献毛益将减少24 000元，然而与此同时，由于增加A产品和B产品的销量，将会使A产品和B产品的贡献毛益增加。

A产品的贡献毛益增加：55 000×40%＝22 000

B产品的贡献毛益增加：30 000×30%＝9000

合计	31 000
减：C产品的贡献毛益减少	24 000
贡献毛益增加	7000

所以，停止生产C产品在经济上是有利的。

三、差量分析法

管理会计把不同备选方案有关指标间的差额称为“差量”。差量分析法是指在几个备选方案中，两两方案之间进行比较，根据不同方案的预期收入和预期成本形成差量收入和差量成本，求得差量损益来分析选择最优方案的方法。

在运用差量分析法时，首先应明确以下几个概念。

（1）差量：是指两个备选方案同类指标之间的数量差异。

（2）差量收入：是指两个备选方案预期收入之间的数量差异。

（3）差量成本：是指两个备选方案预期成本之间的数量差异。

（4）差量损益：是指差量收入与差量成本之间的数量差异。

差量分析法的一般步骤如下。

（1）将各决策备选方案两两进行比较，分别计算差量收入和差量成本，差量收入＝A 方案相关收入－B 方案相关收入，差量成本＝A 方案相关成本－B 方案相关成本。

（2）通过得到的差量收入与差量成本计算差量损益，差量损益＝差量收入－差量成本。

差量分析法经常可通过编制差量损益分析表计算差量损益指标进行决策，如表 5-6 所示。

表 5-6 差量损益分析表

项目	A 方案	B 方案	差异额（Δ）
相关收入	R_A	R_B	差量收入 ΔR
相关成本	C_A	C_B	差量成本 ΔC
差量损益			ΔP

根据差量损益做出决策的判断标准如下。

（1）若差量损益 ΔP 大于零，则 A 方案优于 B 方案。

（2）若差量损益 ΔP 等于零，则 A 方案与 B 方案的效益相同。

（3）若差量损益 ΔP 小于零，则 B 方案优于 A 方案。

也就是说，在进行方案计算时，只有在“差量收入”与“差量成本”的差大于零时，此方案才可以采用。凡是能够准确计算出收入和成本的方案都可以采用差量分析法进行决策方案的优选。在进行决策的时候，若互斥方案的收益相同，则只需比较互斥方案的成本即可。

【例 5-5】仍以【例 5-3】资料，用差量分析法做出是否应停止亏损产品的决策。

解：此题中，设立 A 方案为停止生产亏损的 C 产品，B 方案为继续生产 C 产品，分析过程如表 5-7 所示。

表 5-7 鸿凯公司差量损益分析表（单位：元）

项目	A 方案	B 方案	差异额（Δ）
相关收入	0	180 000	－180 000
相关成本	0	156 000	－156 000
差量损益			－24 000

由表可知，ΔP＝－24 000 小于零，所以 B 方案优于 A 方案，即鸿凯公司应当继续生产 C 产品。

【例 5-6】仍以【例 5-4】为例，用差量分析法做出是否应停产亏损产品的决策。

解：由于增加 A 产品和 B 产品的销量，将会使贡献毛益增加，这些就成为相关成本和收入。所以，停产 C 产品的差量损益分析如下：

相关收入＝220 000×40%＋200 000×30%－180 000＝－32 000

相关成本＝165 000×40%＋170 000×30%－156 000＝－39 000

停止生产 C 产品的差量损益　　　　　　　　　＋7 000

ΔP＝＋7 000，大于零，所以，鸿凯公司应当停止生产 C 产品。

以上两例中，采用差量分析法做出的决策与采用贡献毛益分析法做出的决策一致。所以，对于某一类决策问题，通常有不止一种的经营决策方法，关键是能够灵活使用各种方法正确地分析解决短期经营决策问题。

【例 5-7】东泉企业生产甲产品的生产能力是 20 000 件，每年生产能力利用率为 80%，正常售价为 92 元，甲产品有关成本数据如表 5-8 所示。现在出现了以下独立的四种特殊订货情况，请抉择是否接受订货。

表 5-8　甲产品有关成本数据（单位：元）

项目	金额
直接材料	32
直接人工	25
制造费用	20
其中：变动性制造费用	8
固定性制造费用	12
单位产品变动成本	65
单位产品完全成本	77

（1）特殊客户要求订货 4000 件，每件定价 67 元，剩余生产能力无法转移，追加订货不需要专属成本。

（2）特殊客户要求订货 4000 件，每件定价 67 元，剩余生产能力无法转移，追加订货需购置一台专用设备，价值 4600 元。

（3）特殊客户要求订货 4500 件，每件定价 67 元，剩余生产能力无法转移。

（4）特殊客户要求订货 5000 件，每件定价 72 元，接受订货需追加固定成本 3800 元，若不接受订货，可将设备出租，租金 13 400 元。

解：（1）该企业每年有 4000（20 000－20 000×80%）件的剩余生产能力无法转移，客户的订货数量没有冲击正常生产，没有增加专属成本。在这种情况下，只要定价大于单位变动成本即可接受订货。特殊定价 67 元大于该产品的单位变动成本 65 元，所以接受此订货。

（2）在这种情况下，对接受或拒绝追加订货两个方案采用差量分析法，如表 5-9 所示。

表 5-9　东泉企业差量损益分析表（一）（单位：元）

项目	接受追加订货	拒绝追加订货	差异额
相关收入	67×4 000＝268 000	0	268 000
相关成本	264 600	0	264 600

续表

项目	接受追加订货	拒绝追加订货	差异额
其中：增量成本	65×4000=260 000	0	
专属成本	4 600	0	
差量损益			3 400

由表5-9结果知，差量损益大于零。因此，接受追加订货。

（3）客户订货4500件，已经超出企业剩余生产能力。如果接受订货，将减少正常销售量500件，因此，这500件的正常销售收入应作为接受特殊订货的机会成本。此外，此方案的增量成本的计算应该按4000件考虑，而不是4500件，因为无论接受特殊订货与否，其500件的生产是计划内总要发生的，与决策方案无关，差量损益分析如表5-10所示。

表5-10 东泉企业差量损益分析表（二）（单位：元）

项目	接受追加订货	拒绝追加订货	差异额
相关收入	67×4 500=301 500	0	301 500
相关成本	306 000	0	306 000
其中：增量成本	65×4 000=260 000	0	
机会成本	92×（4 500−4 000）=46 000	0	
差量损益			−4 500

由表5-10结果知，差量损益为负，表明接受追加订货将使利润减少4500元，故拒绝追加订货。

（4）客户订货5000件，超出剩余生产能力的件数为1000件，这1000件的正常销售收入应作为接受追加订货的机会成本，设备出租的租金收入也应作为接受追加订货的机会成本，差量损益分析如表5-11所示。

表5-11 东泉企业差量损益分析表（三）（单位：元）

项目	接受追加订货	拒绝追加订货	差异额
相关收入	72×5 000=360 000	0	360 000
相关成本	369 200	0	369 200
其中：增量成本	260 000	0	
机会成本	92×（5 000−4 000）+13 400=105 400	0	
专属成本	3800	0	
差量损益			−9 200

由表5-11结果知，差量损益为负，表明接受追加订货将使利润减少9200元，故拒绝追加订货。

此题也可以使用前述的贡献毛益分析法，简单分析如下。

（1）贡献毛益：

拒绝时：16 000×（92－65）＝432 000（元）

接受时：432 000＋4000×（67－65）＝440 000（元）

440 000 元＞432 000 元，所以接受追加订货。

（2）贡献毛益：

拒绝时：16 000×（92－65）＝432 000（元）

接受时：432 000＋4000×（67－65）－4600＝435 400（元）

435 400 元＞432 000 元，所以接受追加订货。

（3）贡献毛益：

拒绝时：16 000×（92－65）＝432 000（元）

接受时：4500×（67－65）＋（16 000－500）×（92－65）＝427 500（元）

427 500 元＜432 000 元，所以拒绝追加订货。

（4）贡献毛益：

拒绝时：16 000×（92－65）＋13 400＝445 400（元）

接受时：5000×（72－65）＋（16 000－1000）×（92－65）－3800＝436 200（元）

436 200 元＜445 400 元，所以拒绝追加订货。

【例 5-8】某企业每年生产 1500 件甲半成品，单位完全成本为 24 元，其中单位固定性制造费用为 4 元，市场售价为 25 元/件。企业目前已具备将 80%的甲半成品深加工为乙产品的能力，但每深加工一件甲半成品需要追加 7 元变动性加工成本。乙产品的单位售价为 35 元。假定乙产品的废品率为 1%。要求：

（1）如果深加工能力无法转移，做出是否深加工的决策。

（2）深加工能力可用来承揽零星加工业务，预计可获得贡献边际 4000 元，做出是否深加工的决策。

解：如前所述，在半成品是否继续深加工的决策问题中，深加工前的半成品成本都属于沉没成本，是决策无关成本，故方案“直接出售半成品”的相关成本为零。

乙产品的产量＝1500×80%×（1－1%）＝1188（件）

（1）要考虑的相关成本仅为按深加工业务量计算的将甲半成品深加工为乙产品的加工成本，具体差量损益分析如表 5-12 所示。

表 5-12　某企业差量损益分析表（一）（单位：元）

项目	深加工成乙产品	直接出售甲半成品	差异额
相关收入	35×1 188＝41 580	25×1 500×80%＝30 000	11 580
相关成本	7×1 500×80%＝8 400	0	8 400
差量损益			3 180

由表 5-12 结果知，差量损益大于零，所以应把甲半成品深加工为乙产品。

（2）因深加工能力可以转移，所以要考虑的相关成本不仅包括加工成本，还有与可转移的深加工能力有关的机会成本，具体差量损益分析如表 5-13 所示。

表 5-13 某企业差量损益分析表（二）（单位：元）

项目	深加工成乙产品	直接出售甲半成品	差异额
相关收入	35×1 188=41 580	25×1 500×80%=30 000	11 580
相关成本	12 400	0	12 400
其中：加工成本	7×1 500×80%=8 400		
机会成本	4 000		
差量损益			−820

由表 5-13 结果知，差量损益小于零，所以应直接出售甲半成品。

【例 5-9】红枫公司年需要 A 零件 1100 件，该零件既可以自制也可以外购，外购单价 26 元，每件的运费 1 元，每次外购差旅费 1000 元，每年采购 3 次。自制的单位成本 24元，若自制，全年需增加专属固定成本5350元。如果外购，自制设备可以对外出租，每年可获租金 5000 元。自制 A 零件的单位产品生产成本资料如表 5-14 所示。

表 5-14 自制 A 零件的单位产品生产成本资料（单位：元）

项目	金额
直接材料	8
直接人工	7
变动性制造费用	5
固定性制造费用	4
合计	24

要求：帮助红枫公司做出自制还是外购 A 零件的决策。

分析：自制 A 零件的单位产品生产成本为 24 元，其中，直接材料、直接人工及变动性制造费用构成的变动成本（20 元）是相关成本，固定性制造费用并不是由于该方案而增加的，所以是不相关成本，不予考虑。自制方案中为自制而新增的专属固定成本是相关成本，设备的租金收入是自制方案的机会成本，也是相关成本。外购的单价、运费、差旅费是外购方案的相关成本，具体差量损益分析如表 5-15 所示。

表 5-15 红枫公司差量损益分析表（单位：元）

项目	自制	外购	差异额
相关收入	0	0	0
相关成本	32 350	32 700	−350
其中：变动成本	20×1 100=22 000	（26+1）×1 100=29 700	
专属成本	5 350	3 000	
机会成本	5 000		
差量损益			350

从以上分析中可以看出，差量损益为 350 元，所以应选择自制方案。

在零部件自制或外购的决策中，我们发现无论是自制还是外购方案，都只涉及成本，而没有涉及两个方案的相关收入，或者相关收入都为零，此时还可以采用另一种方法——成本无差别点分析法。

四、成本无差别点分析法

成本无差别点是指某一业务量水平上，两个不同方案的总成本相等，但是当高于或低于该业务量水平时，不同方案就具有了不同的业务量优势区域。利用不同方案的不同业务量优势区域进行最优方案选择的方法称为成本无差别点分析法。当各备选方案的收入与决策不相关，相关业务量单位相同却未知，且各方案相关成本中固定成本与单位变动成本的高低相互矛盾时，采用此方法是最佳的。因此，成本无差别点分析法通常适用于只涉及成本，而业务量未知的方案决策。若已知业务量，可以先求出成本无差别点的业务量，再将已知业务量与成本无差别点业务量进行对比即可做出决策。

在本质上，成本无差别点分析法还是量本利分析，即量的界限决定了成本的质变，成本的质变产生了利益的重新构成。例如，自制还是外购、选用何种生产工具等。自制的成本构成中有固定成本 a，有单位变动成本 b，假设业务量为 x，则自制总成本 $y=a+bx$；外购单价为 p，则外购成本为 $y=px$，成本无差别点的业务量为 x_0。如果还存在另外一种生产方式，成本结构为 $y=a'+b'x$，则两种生产方式的成本无差别点为 x_1，成本无差别点分析如图 5-1 所示。

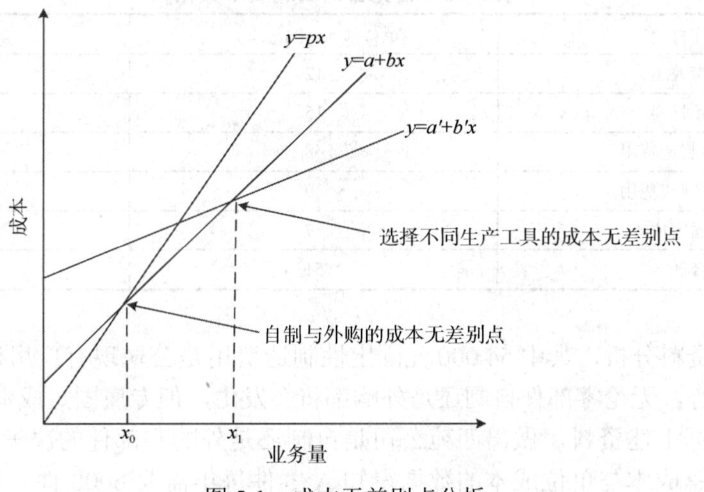

图 5-1　成本无差别点分析

从图 5-1 中得出，当业务量低于 x_0 时，外购的成本最低；当业务量介于 x_0 和 x_1 之间时，自制的成本最低；当业务量高于 x_1 时，宜采用另外一种自制方法。

【例 5-10】仍以【例 5-9】为例，用成本无差别点分析法做出自制还是外购的决策。

解：设成本无差别点业务量为 x。

自制的单位变动成本 $b=8+7+5=20$（元）

自制成本 $y=20x+5350+5000$

外购成本 $y=$（$26+1$）$x+3\times1000$

令 $20x+5350+5000=$（$26+1$）$x+3\times1000$，解得 $x=1050$，即成本无差别点业务

量为 1050 件。此时，外购成本与自制成本相同，均为 31 350 元。红枫公司成本无差别点分析如图 5-2 所示。

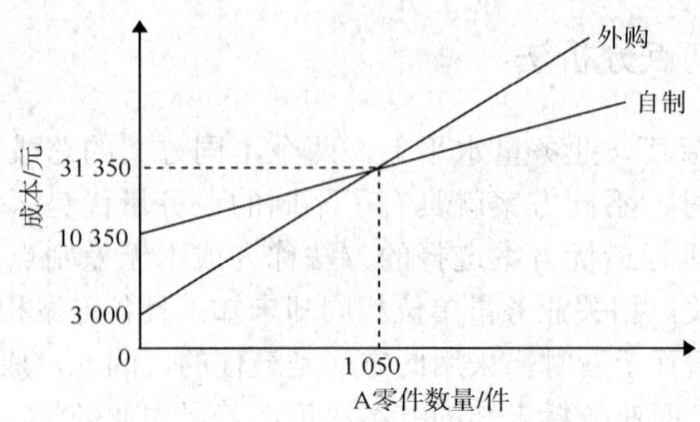

图 5-2 红枫公司成本无差别点分析

成本无差别点业务量为 1050 件，而红枫公司的 A 零件年需要量为 1100 件，在图 5-2 成本无差别点的右侧，所以自制成本较低，因此红枫公司应选择自制 A 零件。

【例 5-11】西苑公司 2017 年自制 A 零件总成本 306 000 元，其自制成本数据如表 5-16 所示，如从外部采购，每件单价为 50 元。另外，厂房设备生产能力可用于出租，每年可得租金 33 000 元。

表 5-16 西苑公司自制成本数据

项目	单位成本/（元/件）	总成本/元
直接人工	12	72 000
直接材料	15	90 000
变动性制造费用	8	48 000
固定性制造费用	9	54 000
专属固定成本	7	42 000
合计	51	306 000

根据有关资料分析，其中 54 000 元固定性制造费用是公司现有厂房设备的折旧、保险费及财产税等，无论零部件自制还是外购都将会发生，但专属固定成本不会发生。

要求：根据上述资料，做出西苑公司是自制还是外购零部件的决策。

解：根据总成本与单位成本的数据得知 A 零件每年需要 6000 件。设自制与外购的成本无差别点业务量为 x_0，题中已经指明，54 000 元的固定性制造费用在零部件自制或者外购时都将会发生，所以 54 000 元固定性制造费用是决策无关成本，但相关生产能力的出租收入却是自制的机会成本。故

外购成本：$y=50x_0$

自制成本：$y=（12+15+8）x_0+42\,000+33\,000=35x_0+75\,000$

令：　$50x_0=35x_0+75\,000$

解得 $x_0=5000$，即成本无差别点的业务量为 5000 件。此时，外购成本与自制成本相同，均为 250 000 元。西苑公司成本无差别点分析如图 5-3 所示。

零件数 6000 件，大于成本无差别点业务量，所以西苑公司应该自制该批零部件。

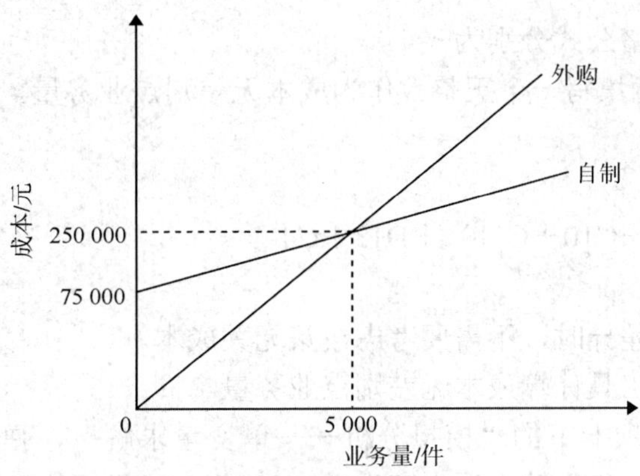

图 5-3　西苑公司成本无差别点分析

此题也可以借助 Excel 单变量求解工具进行求解，步骤如下。

（1）判断题干中给出的各成本项目中哪些是决策相关成本、哪些是决策无关成本。

根据题意，如果选择外购，设备租金 33 000 元、直接人工 12 元/件、直接材料 15 元/件、变动性制造费用 8 元/件、专属固定成本 42 000 元都不会发生，因此这五项是决策相关成本；而固定性制造费用 54 000 元仍会继续发生，因此它是决策无关成本。

（2）设计 Excel 表格，整理已知数据，如表 5-17、表 5-18 所示。

表 5-17　基础数据

行号/列标	B	C
2	计划外购零部件数量/件	6 000
3	计划外购零部件单价/（元/件）	50
4	出租厂房设备租金/元	33 000

表 5-18　自制成本数据

行号/列标	B	C	D
8	项目	单位成本/（元/件）	总成本/元
9	直接人工	12	72 000
10	直接材料	15	90 000
11	变动性制造费用	8	48 000
12	固定性制造费用	9	54 000
13	专属固定成本	7	42 000
14	合计	51	306 000

（3）设计成本差异计算表，如表 5-19 所示。

表 5-19　成本差异计算表

行号/列标	B	C
17	成本无差别点业务量/件	3 000
18	外购总成本/元	150 000
19	自制总成本/元	180 000
20	差异/元	30 000

表中各计算单元格公式分别为

C17＝3000（任意填写一个正整数作为成本无差别点业务量，便于对单元格 C18、C19 设置公式）

C18＝C17*C3

C19＝C17*（C9＋C10＋C11）＋D13＋C4

C20＝C19－C18

说明：计算成本差异时，不需要考虑决策无关成本。

（4）使用单变量工具计算成本无差别点业务量。

单击“数据”选项卡下的“模拟分析——单变量求解”，弹出“单变量求解”对话框，设置“目标单元格”输入框内容为“$C$20”，“目标值”输入框内容为“0”，“可变单元格”输入框内容为“$C$17”，单击“确定”按钮，Excel 即出现计算结果，如表 5-20 所示。

表 5-20　单变量求解结果

行号/列标	B	C
17	成本无差别点业务量/件	5 000
18	外购总成本/元	250 000
19	生产总成本/元	250 000
20	差异/元	0

（5）根据各方案的不同业务量优势区域选择最优方案。

根据步骤（4）的运算结果，成本无差别点业务量为 5000 件，当业务量超出这个成本无差别点一定范围时，因固定性制造费用的存在，单位产品零件生产成本会下降。在采购成本不变的情况下，业务量即该零部件的数量低于 5000 件，应该选择外购，否则应自制。

因 A 零件采购成本 50 元/件不会变化，零部件的需求量是 6000 件，大于 5000 件，故应该选择自制。

五、线性规划法

企业产品的生产可能会受到原材料供应、机器时间、特定劳动技能、资金等方面的约束，资源是会受到限制的，从而使企业不可能将生产能力全部用于单一产品的生产。在某些资源的供应存在限制时，企业就面临着这类决策问题：在一定约束条件下，如何充分利用有限的经济资源，将其在各产品之间做出最有效的优化决策问题。如果各变动因素的相互影响是线性的，就可以利用线性规划帮助决策者对如何充分利用有限的资源，实现资源的最佳配置进行分析，从而在多种约束条件下实现利润最大化或成本最小化。

线性规划，通常用来对多变量做出最优决策，明确相互关联的多变量约束条件下，解决或规划一个线性函数的最优解。此法是依据所建立的约束条件及目标函数进行分析评价的一种决策方法，基本程序如下。

（1）确定变量及约束条件，即确定反映各项资源限制情况的系列不等式。

（2）确定目标函数，它是反映目标极大或极小的方程。

（3）确定可能极值点。

（4）进行决策，将可能极值点分别代入目标函数，使目标函数最优的极值点为最优方案。

【例 5-12】艾蕴公司生产 A、B 两种服装，两种服装的生产都必须经过甲、乙两个部门进行加工，甲部门产能2000小时，乙部门产能2400小时，A、B两种服装的单位贡献毛益、额定工时及市场饱和需求量如表5-21所示。要求：如何生产能使利润最大？

表 5-21 A、B 两种服装的单位贡献毛益、额定工时及市场饱和需求量

服装	单位贡献毛益/（元/件）	甲部门/（小时/件）	乙部门/（小时/件）	市场饱和需求量/件
A	6	4	2	1000
B	4	2	3	1000

解：设生产 A 服装 x 件，生产 B 服装 y 件，则目标函数为

$$\text{MaxTCM}=6x+4y$$

约束条件：$\begin{cases}4x+2y\leqslant 2000\\2x+3y\leqslant 2400\\x\leqslant 1000\\y\leqslant 1000\end{cases}$

TCM 为贡献毛益总额，通过规划求解，得最优解为：$x=150$ 件，$y=700$ 件，TCM＝3700 元。此时贡献毛益总额最大，也就是利润最大。

当遇到数学计算比较复杂的线性规划时，可以借助 Excel 规划求解工具来寻找最优解，以下举例说明基本步骤。

【例 5-13】乡韵公司是一家专门为客户提供定制饲料配制业务的公司，客户可以根据自身需要指定饲料中包含的玉米、谷物、矿物质数量，以此来定制牲畜饲料。乡韵公司为了满足不同客户的具体需要而储存了4种半成品饲料，这4种半成品饲料可以通过各种比例的混合达到客户的要求，表5-22列出了它们包含的玉米、谷物、矿物质及每种饲料的单位成本。乡韵公司现收到一份8000千克的饲料订单，客户希望这份饲料至少包含 20%的玉米、18%的谷物、15%的矿物质，且客户希望以最低的价格来定制这批饲料。要求：确定乡韵公司要以什么样的配方完成这一订单。

表 5-22 饲料成分成本

成分	各饲料所含成分的百分比及单位成本			
	饲料 A	饲料 B	饲料 C	饲料 D
玉米	25%	10%	5%	30%
谷物	10%	30%	20%	15%
矿物质	20%	15%	25%	10%
单位成本/（元/千克）	18.00	21.60	23.00	14.40

（1）设计 Excel 表格，将已知数据整理进 Excel 工作表，如表 5-23 所示。

表 5-23 Excel 工作表

行号/列标	A	B	C	D	E	F	G	H
1	成分	所含成分的百分比				约束条件		
2		饲料 A	饲料 B	饲料 C	饲料 D			
3	玉米	25%	10%	5%	30%			
4	谷物	10%	30%	20%	15%			
5	矿物质	20%	15%	25%	10%			
6	单位成本/（元/千克）	18.00	21.60	23.00	14.40			
7	混合饲料/千克	1000	2000	2400	3000			

其中，B7、C7、D7、E7 单元格的数据为任意填写的数据，在运行规划求解时会被最优解替换掉。

（2）确定变量及约束条件。

依题意，变量为：混合饲料中饲料 A、饲料 B、饲料 C、饲料 D 的重量。

约束条件为：①玉米的含量大于等于 20%；②谷物的含量大于等于 18%；③矿物质的含量大于等于 15%；④混合饲料的重量等于 8000 千克；⑤变量均大于等于 0。

（3）确定目标函数与极值。

依题意，目标函数为：混合饲料的总成本，其计算公式为混合饲料中各半成品饲料的单位成本与其重量的乘积，然后加总求和；极值点为：混合饲料的总成本最小。

（4）设置 Excel 公式，如表 5-24 所示。

表 5-24 设置约束条件后的 Excel 工作表

行号/列标	A	B	C	D	E	F	G	H
1	成分	所含成分的百分比				约束条件		
2		饲料 A	饲料 B	饲料 C	饲料 D			
3	玉米	25%	10%	5%	30%	17.5%	≥	20%
4	谷物	10%	30%	20%	15%	19.4%	≥	18%
5	矿物质	20%	15%	25%	10%	16.7%	≥	15%
6	单位成本/（元/千克）	18.00	21.60	23.00	14.40			
7	混合饲料/千克	1 000	2 000	2 400	3 000	8 400	8 000	159 600

其中，各单元格计算公式如下：

F7＝SUM（B7：E7）

F3＝SUMPRODUCT（B3：E3，$B$7：$E$7）/ F7

F4＝SUMPRODUCT（B4：E4，$B$7：$E$7）/ F7

F5＝SUMPRODUCT（B5：E5，$B$7：$E$7）/ F7

H7＝SUMPRODUCT（B6：E6，B7：E7）

说明：SUMPRODUCT 函数的意思是乘积之和，即将选中的数组中对应位置的元素相乘，并返回乘积之和。

（5）调出并运行规划求解工具，得出最优解。

单击“数据”选项卡下的“分析——规划求解”，在弹出的对话框中设置各参数和约束条件，具体设置如下。

“设置目标”：$H$7

“到”：最小值（此处在选项按钮上单击选中即可）

“通过改变可变单元格”：$B$7：$E$7

“遵守约束”：$F$3：$F$5≥$H$3：$H$5 且$F$7＝$G$7

“使无约束变量为非负数”：是（此处在复选框上单击选中即可）

单击“求解”按钮，Excel 会报告规划求解结果，如表 5-25 所示。

表 5-25　规划求解后的 Excel 工作表

行号/列标	A	B	C	D	E	F	G	H
1	成分	所含成分的百分比				约束条件		
2		饲料 A	饲料 B	饲料 C	饲料 D			
3	玉米	25%	10%	5%	30%	20.5%	≥	20%
4	谷物	10%	30%	20%	15%	18.0%	≥	18%
5	矿物质	20%	15%	25%	10%	15.0%	≥	15%
6	每千克成本/元	18.00	21.60	23.00	14.40			
7	混合饲料/千克	0	800	2 400	4 800	8 000	8 000	141 600

因此，本题的最后结果是，客户订购的混合饲料应该选用 800 千克的饲料 B、2400 千克的饲料 C、4800 千克的饲料 D 进行混合，得到的 8000 千克的混合饲料能够满足客户的全部要求，且成本最低，成本为 141 600 元。

六、概率分析法

决策总是面向未来的，当前对未来所做的种种预测可能最终没有实现，所以管理者在决策中必须考虑不确定性和风险。如果影响决策的相关因素的未来情况存在各种可能的结果，并且可以根据过去的经验预计各个结果出现的可能性（概率），就可以采用概率分析法。

概率分析，是应用于对项目可行性和风险性以及方案优劣做出判断的一种分析方法。为投资者决策提供依据时，可以通过计算项目目标值（如净现值）的期望值及目标值大于或等于零的累积概率来测定项目风险大小。

【例 5-14】某公司准备开发一种新产品，现有 A 品种和 B 品种可供选择，有关成本资料如表 5-26 所示，销量资料如表 5-27 所示。

表 5-26　成本资料（单位：元）

项目	A 品种	B 品种
单价	325	300
单位变动成本	292	278
固定成本	25 000	25 000

表 5-27 销量资料

预计销量/件	概率	
	A 品种	B 品种
400	—	0.1
600	0.1	0.2
700	0.1	0.2
900	0.3	0.4
1100	0.3	0.1
1200	0.2	—

要求：利用概率分析法做出开发何种新产品的决策。

解：根据上述资料，编制以下期望值计算分析表，如表 5-28 所示。

表 5-28 贡献毛益期望值计算表

方案	销量/件	单位贡献毛益	贡献毛益	概率	贡献毛益期望值
A 品种	600	33	19 800	0.1	1 980
	700		23 100	0.1	2 310
	900		29 700	0.3	8 910
	1 100		36 300	0.3	10 890
	1 200		39 600	0.2	7 920
	合计				32 010
B 品种	400	22	8 800	0.1	880
	600		13 200	0.2	2 640
	700		15 400	0.2	3 080
	900		19 800	0.4	7 920
	1 100		24 200	0.1	2 420
	合计				16 940

从表 5-28 中的计算结果可以看出，因为 A 品种的贡献毛益期望值比 B 品种的贡献毛益期望值高，所以，开发 A 品种将使企业获利多。

第四节 差别化定价决策

一、以成本为基础的定价决策

（一）成本加成定价法

1. 成本加成定价法的基本原理

企业要持续经营，必须保证产品的价格能够补偿成本。因为产品成本本身就是制

定价格的最低限度。因此，售价是以成本为基数，在成本的基础上加上成本加成率得出，其基本公式为

$$拟定售价=单位产品成本\times(1+成本加成率) \quad (5-1)$$

产品的成本，可以是完全成本，也可以是变动成本；成本加成率会由于成本基数的不同而存在差异。

【例 5-15】思乐公司正在考虑对其标准产品 A 进行定价。产品 A 的预计单位成本资料如表 5-29 所示。

表 5-29　产品 A 的预计单位成本资料（单位：元）

项目	单位成本
直接材料	20
直接人工	18
变动性制造费用	6
固定性制造费用（400 000/20 000*1）	20
变动性销售和管理费用	6
固定性销售和管理费用（80 000/20 000*2）	4

注：（1）*1 按预计的年固定性制造费用除以预计的年产量；
（2）*2 按预计的年固定性销售和管理费用除以预计的年产量

根据表 5-29 可以计算产品的变动成本和完全成本，并以此为基础进行加成定价，如表 5-30 所示。

表 5-30　加成定价表

成本类型	基数	加成率/%	成本加成定价/元
变动成本	44	100	88
完全成本	64	37.5	88

单位产品变动成本是指单位产品的变动生产成本，所以仅包括直接材料、直接人工和变动性制造费用；单位产品完全成本是指单位产品的完全生产成本，所以仅包括直接材料、直接人工、变动性制造费用、固定性制造费用。不论选择哪种成本基数，定价必须足以弥补所有的成本并能够赚取额外的利润。如果成本基数加大，需要从加成数中弥补的成本就减少，因此完全成本加成率低于变动成本加成率，结合表 5-30，也就是 37.5%小于 100%。

在实际工作中，大多数企业倾向于采用完全成本加成法，其主要是基于以下几点理由。

（1）从长远的角度看，定价必须弥补企业的所有成本并保证有利润的产生。成本加成定价公式中的成本基数经常被视为定价的下限。如果以变动成本为基数，可能导致企业经理出现为了促销而过度削价的行为，影响企业的长期获利能力。甚至，如果定价极为接近变动成本，将使固定成本无法收回。

（2）完全成本加成法表明定价中包含企业必须收回的全部成本和一定的利润，容易

为客户所接受。

（3）完全成本信息可以立即从企业的财务会计信息系统中取得，其信息取得成本低。

当然，完全成本加成法也存在着缺陷。一方面，完全成本加成法忽视企业的成本性态，其中的固定成本是分配得来的。当企业的销售量发生变化时，实际的成本可能随之变化。另一方面，本量利分析要求企业通过对价格、销售量和成本变化的分析来预测对利润的影响，而完全成本加成法无法进行这种分析，即它与本量利分析的思想不一致。

为了了解成本性态对利润的影响，也有少数企业选择变动成本加成法，基于的理由如下。

（1）变动成本加成法使管理者关注贡献毛益，以及销售量、价格变化对利润的影响。

（2）变动成本加成法不需要分配固定成本，避免了主观分配导致的成本扭曲。

（3）变动成本加成法能够提供一些决策（如短期定价）所需要的相关信息。

显然，变动成本加成法所欠缺的，正是完全成本加成法所具备的。因此，在容易取得变动成本信息的情况下，企业还是会采用变动成本加成法，如零售行业。但是值得注意的一点是，在采用变动成本加成法进行定价时，要保持较高的加成率。

2. 成本加成率的确定

不论企业采用何种成本基数进行定价，都必须确保加成率足以弥补企业的全部成本并带来一定的利润，因此，加成率中包含了不在成本基数中的成本项目和企业的目标利润。所以在确定加成率之前，要确定出企业的目标利润。目标利润一般是以企业确定的利润目标或期望的投资报酬率为依据计算的。成本加成率的计算公式为

$$\text{完全成本加成率}=\frac{\text{目标利润}+\text{变动性销售与管理费用}+\text{固定性销售与管理费用}}{\text{完全生产成本总额}}\times 100\% \tag{5-2}$$

$$\text{变动成本加成率}=\frac{\text{目标利润}+\text{全部固定性成本}+\text{变动性销售与管理费用}}{\text{变动生产成本总额}}\times 100\% \tag{5-3}$$

可以将式（5-2）和式（5-3）概括为

$$\text{加成率}=\frac{\text{目标利润}+\text{成本基数中未包括的总成本}}{\text{产量}\times\text{单位成本基数}}\times 100\% \tag{5-4}$$

【例 5-16】沿用【例 5-15】的资料，假设思乐公司的投资额为 2 500 000 元，预期的投资报酬率为 20%。

要求：分别在完全成本计算法和变动成本计算法下采用加成定价法计算产品 A 的售价。

解：（1）完全成本计算的加成定价：

目标利润＝2 500 000×20%＝500 000（元）

$$\text{成本加成率}=\frac{500\,000+6\times 20\,000+80\,000}{64\times 20\,000}\times 100\%\approx 54.7\%$$

产品 A 售价＝64×（1＋54.7%）≈99（元）

（2）变动成本计算的加成定价：

目标利润＝2 500 000×20%＝500 000（元）

$$成本加成率=\frac{500\ 000+400\ 000+6\times20\ 000+80\ 000}{44\times20\ 000}\times100\%=125\%$$

产品 A 售价＝44×（1＋125%）＝99（元）

从【例 5-16】中发现，在成本加成定价法下，无论是按完全成本计算的数据，还是按变动成本计算的数据，两者计算出的定价是一致的。需要注意的是，成本加成制定的价格一般只是用来参考，在现实经济中依然需要根据市场需求调整价格。即使高价能够追求更多的利润，但是过高的定价会使客户最终放弃购买该产品，因此最后仍然由需求来决定价格。

3. 成本加成定价法的评价

由于成本加成的定价方式简便易行，且容易被客户接受，所以在现实中有很多企业采用，但是它也存在一些缺陷，主要有以下两点。

（1）要求成本分配精准。一旦成本分配不准确，有些产品的定价可能就会过高，导致丧失应有的市场份额；有些产品的定价可能过低，导致明明占有了市场却无法实现预期的利润，浪费市场资源。

（2）价格完全由成本这一个因素决定，忽视了价格与需求量之间的关系，也忽视了客户消费习惯等其他因素的影响。企业如果没有达到预计的销量，可能就会出现亏损，因此该方法无法完全保障利润的实现。

当产品的寿命周期相对较长，且竞争不太激烈时，成本加成定价法是可行的定价方法。成本加成定价法所确定的价格为管理者提供了价格参考和标杆，并预计出各种价格水平下的相应销量，进行比较分析，以便确定出最大利润下的最佳定价。但最终确定价格的是市场条件、竞争对手的可能行动、经济的总体状况、消费者的重要性等多种因素。

（二）边际成本定价法

1. 边际成本定价法的基本原理

边际成本定价法的基本原理是，在企业现有生产的基础上进一步生产其他产品所确定的价格，不会使企业的利润下降。此时对新增产品的定价，就是边际价格或者最低价格。只要定价在边际成本之上，就能给企业带来增量利润。

【例 5-17】景洪公司生产一款微型榨汁机，月生产能力为 8500 个，目前的产销量均为 6000 个。产品全部销售给固定的批发商，正常销售单价为 110 元，所有的变动成本均随销量的变化而变化。有关变动成本和固定成本的资料如表 5-31 所示。2019 年 2 月，一个新客户与景洪公司联系，希望能定制 2500 个榨汁机，该客户为直销，且自行提货，不发生增量营销成本和配送成本，只是景洪公司需要为此订单单独备料，成本为 1250 元，并单独调整流程，成本为 9000 元，因此相应的固定性制造费用将不能免。此外，客户要求在榨汁机上喷涂其规定的文字，每个榨汁机需要增加材料成本 2 元。在商谈中获悉，该客户已向其他家电生产商询过价，有竞争对手报出60元的单价，客户也透露其预算单价不超过60元。要求：请你帮助景洪公司对该批订单进行报价。

表 5-31　有关变动成本和固定成本的资料（单位：元）

成本项目	单位成本	成本合计
材料及包装	28	168 000
直接人工	6	36 000
变动性制造费用	5	30 000
变动性营销与配送费用	10	60 000
变动成本合计	49	294 000
月固定性成本：		
折旧		32 000
材料采购		8 000
流程调整		20 000
工程成本		24 000
小计	14	84 000
固定性营销与配送费用	23	138 000
月固定成本合计	37	222 000
成本总计	86	516 000

如果从企业当前的成本计算来看，单位产品的全部成本为86元，而客户已经说明报价不能超过60元，如果景洪公司接受该订单，看似将发生亏损，因此不会接受该订单。但是经过进一步分析将会发现，由于景洪公司目前的生产能力利用不足，不论接受订单与否，有些成本都将照常发生，如固定费用等不相关成本。由于该订单不需要提供营销与配送服务，所以相应的变动性成本将不会发生。综上，必须对该订单的相关成本进行分析后才能确定究竟该如何报价。对该订单的相关成本分析如表5-32所示。

表 5-32　对该订单的相关成本分析（单位：元）

成本项目	单位相关成本	相关成本合计
材料及包装	28.0	70 000
喷涂材料	2.0	5 000
直接人工	6.0	15 000
变动性制造费用	5.0	12 500
变动成本合计	41.0	102 500
月固定性制造费用		
材料采购费用	0.5（1 250/2 500）	1 250
流程调整费用	3.6（9 000/2 500）	9 000
相关成本合计	45.1	112 750

可以发现，该新订单的单位相关成本为45.1元，是在客户可接受范围内的，只要报价在45.1元到60元之间，是可能获得该订单的。

按照边际成本定价法，产品的价格是应该能够生产和销售该产品的增量成本（在相关范围内通常表现为变动成本）。从边际理论上分析，任何商品都应该是以边际成本为依据进行定价的，然而它并不是企业的实际定价，并不产生增量利润。那么它的意义何在？如果存在资源约束，采用该法定出的价格还应该能补偿产品所耗资源的机会成本。因此，该法实际上是以相关成本为基础进行定价的。它是企业制定价格的下限，只要定价高于边际成本定价法确定的价格，就能够使企业的利润增加。

2. 边际成本定价法的适用条件

边际成本定价法主要适用于以下三种情况。

（1）存在剩余生产能力。当企业存在剩余生产能力且在短期内无法作为他用时，企业可能就希望扩大销量，而扩大销量最直观的方式就是降价。此时，只要将价格定在边际成本（变动成本）与正常销售价格之间，企业就能增加利润。

（2）市场需求发生变化。当某种产品的需求急剧下降时，企业不得不降价销售。其实，只要价格依然维持在边际成本之上，就可以弥补部分的固定成本或减少损失。

（3）竞争性定价。当为战胜竞争时，企业就不能坚持成本加成的基础定价。成本受销量影响，销量受价格影响。另外，利润率受周转率的影响，如果企业固定投资很大，那就更不能坚持按成本加成定价了。因为企业只有赚取贡献毛益，才能弥补这些固定成本。

二、薄利多销的定价决策

（一）薄利多销概述

薄利多销是为了扩大销售量而主动降价的销售策略。应该降多少，需要测定后方能决定。一般可在现价的基础上设定若干个降价方案，并测定各方案可能达到的销售量，再根据各降价方案期望销售量，依次计算增量收入、增量成本和增量利润，以增量利润最接近于零而又不小于零的价格为新定价。

【例 5-18】某产品售价 30 元，现在每月销售量 350 只。产品单位变动成本 18 元，固定成本 1450 元。如果价格下降到 28 元、26 元、24 元、22 元，预计销售量及成本分别如表 5-33 所示。计算应定价多少可使企业利润最大。

表 5-33　产品价格和销售量变动后利润的计算表

销售单价/元	预计销量/只	销售收入/元	变动成本/元	固定成本/元	成本合计/元	增量收入/元	增量成本/元	增量利润/元	利润/元
30	350	10 500	6 300	1 450	7 750	—	—	—	2 750
28	440	12 320	7 920	1 450	9 370	1 820	1 620	200	2 950
26	500	13 000	9 000	1 450	10 450	680	1 080	−400	2 550
24	560	13 440	10 080	1 450	11 530	440	1 080	−640	1 910
22	615	13 530	11 070	1 450	12 520	90	990	−900	1 010

由于增量利润最接近于零且不小于零时增量利润为 200 元，对应销售单价为 28 元。

倒推验证也发现，利润最大时也是销售单价为 28 元，因此最佳售价是 28 元，预计销售量达到 440 只，利润为 2950 元。

（二）薄利多销的可行性分析方法

企业实现薄利多销必须考虑现有生产能力，并确保企业原有的盈利能力，在此基础上对各调价方案进行可行性分析。

1. 保利量分析法

保利量分析法是利用调价后预计销量与保利点销量之间的关系进行调价决策的分析方法。

保利点销量是为确保某种产品原有盈利能力在调价后至少应达到的销量指标，其计算公式为

$$保利点销量=\frac{固定成本+调价前利润}{拟调价格-单位变动成本} \tag{5-5}$$

调价方案可行性判断标准：最大生产能力≥预计销量＞保利点销量。

【例 5-19】某企业生产甲产品，其售价为 30 元/件，可销售 3400 件，固定成本 6000 元，变动成本为 20 元/件，企业现有最大生产能力为 5800 件。

调价方案（1）：售价调低为 28 元/件，预计销量可达到 4800 件。

调价方案（2）：售价调低为 25 元/件，预计销量可达到 6800 件。

调价方案（3）：售价调低为 24 元/件，预计销量可达到 9000 件，但企业必须追加 1500 元固定成本才能具备生产 9200 件产品的生产能力。

要求：用保利量分析法评价上述各不相关条件下调价方案的可行性。

解：调价前利润＝3400×（30－20）－6000＝28 000（元）

（1）拟调单价 28 元，预计销量 4800 件。

$$保利点销量=\frac{6000+28\,000}{28-20}=4250（件）$$

最大生产能力 5800 件＞预计销量 4800 件＞保利点销量 4250 件

因此，调价方案（1）可行。

（2）拟调单价 25 元，预计销量 6800 件。

$$保利点销量=\frac{6000+28\,000}{25-20}=6800（件）$$

最大生产能力 5800 件＜预计销量 6800 件＝保利点销量 6800 件

因此，调价方案（2）不可行。

（3）拟调单价 24 元，预计销量 9000 件，追加固定成本 1500 元，所以固定成本变为 7500 元。

$$保利点销量=\frac{7500+28\,000}{24-20}=8875（件）$$

最大生产能力 9200 件＞预计销量 9000 件＞保利点销量 8875 件

因此，调价方案（3）可行。

此题也可以借助 Excel 单变量求解工具进行求解，具体过程参考第三章第二节。

2. 利润增量法

如果调价在成本水平不变、生产能力许可的前提下，可通过计算调价后的利润增量来分析方案的可行性。利润增量计算公式为

$$利润增量=\begin{matrix}价格调低后效率变动\\带来的边际贡献增加额\end{matrix}-\begin{matrix}按照调价前销量计算的价格\\降低带来的销售收入减少额\end{matrix}$$

$$=（调价后价格-单位变动成本）\times 销量增加额$$

$$+（调价后价格-调价前价格）\times 调价前销量 \quad (5\text{-}6)$$

【例 5-20】按【例 5-19】资料中有关内容及调价方案（1）。

要求：用利润增量法进行调价决策。

解：调价后价格 28 元，单位变动成本 20 元，调价前销量 3400 件，调价后销量 4800 件。

销量增加额＝4800－3400＝1400（件）

价差＝28－30＝－2

利润增量＝（28－20）×1400＋（－2）×3400＝4400（元）

所以，价格调低为 28 元之后，销量增加到 4800 件，可使企业利润增加 4400 元，因此，此调价方案可行。

思考与练习

一、思考题

1. 用于决策的成本为什么不能是历史成本？举例说明。

2. 基于一项失败的投资决策产生的会计成本，以此进行的产品成本核算，其成本对经营决策尤其是定价决策会有怎样的负面作用？能否举例说明其间产生的沉没成本、重置成本？

二、单项选择题

1. 在管理会计中，将决策划分为确定型决策、风险型决策以及不确定型决策的分类标准是（ ）。

A. 决策的重要程度　　B. 决策条件的肯定程度

C. 决策规划时期的长短　　D. 决策解决的问题内容

2. 机会成本是指其他可选项目的（ ）。

A. 差别成本　　B. 潜在成本　　C. 沉没成本　　D. 潜在收益

3. 下列各项中属于无关成本的是（ ）。

A. 沉没成本　　B. 机会成本　　C. 专属成本　　D. 增量成本

4. 在零部件自制或外购的决策中，如果零部件的需用量尚不确定，应当采用的决策方法是（ ）。

A. 贡献毛益分析法　　B. 差量分析法

C. 成本无差别点法　　D. 线性规划法

5. 企业利用剩余生产能力接受追加订货的最低条件是客户的开价（ ）。

A. 小于产品的单位成本　　B. 大于产品的单位变动成本

C. 等于产品的单位变动成本　　D. 小于产品的单位变动成本

6. 在有关产品是否进一步深加工的决策中，进一步加工前的半成品成本属于（ ）。

A. 沉没成本　　B. 机会成本　　C. 重置成本　　D. 专属成本

7. 对于亏损产品 B 产品是否应该停产，应根据下面方法来决策（ ）。

A. 看 B 产品亏损数是否能由盈利产品来弥补，如能弥补，继续生产

B. B 产品的亏损数如能由盈利产品来弥补，也停止生产

C. B 产品的贡献毛益如为正数，不应停止生产

D. B 产品的贡献毛益如为正数，应停止生产

8. 表 5-34 给出了甲公司生产的四种产品的相关数据，则该公司应首先生产哪种产品？假设对每种产品均有无限的需求。（ ）

表 5-34　甲公司生产的四种产品的相关数据（单位：元）

产品	单价	单位贡献毛益	每机器工时的贡献毛益
A	100	40	10
B	80	50	8
C	75	35	12
D	110	55	11

A. 产品 A　　B. 产品 B　　C. 产品 C　　D. 产品 D

9. 某大型零售商各个业务部门的现行营运数据如表 5-35 所示。

表 5-35　某大型零售商各个业务部门的现行营运数据（单位：元）

项目	商品	汽车	饭店	合计
销售收入	500 000	400 000	100 000	1 000 000
变动成本	300 000	200 000	70 000	570 000
固定成本	100 000	100 000	50 000	250 000
营业利润（亏损）	100 000	100 000	（20 000）	180 000

管理层正在考虑终止饭店业务，因为饭店部门正在赔钱。如果饭店部门被取缔，固定成本能够减少 30 000 元。此外，商品部门和汽车部门的销售将在当前水平的基础上下降 5%。如果终止饭店业务，总边际贡献将为（ ）元。

A. 160 000　　B. 220 000　　C. 367 650　　D. 380 000

三、计算分析题

1. 假设某公司原来生产老产品甲，现拟利用现有生产能力开发新产品 A 或 B。若开发新产品 A，老产品甲需减产 1/3；若开发新产品 B，老产品需减产 2/5。这三种产品的产量、售价和成本资料如表 5-36 所示。

表 5-36　某公司三种产品的产量、售价和成本资料

产品名称	老产品甲（实际数）	新产品 A（实际数）	新产品 B（实际数）
生产量/件	6 000	2 000	2500
销售单价/元	60	80	73
单位变动成本/元	40	56	51
固定成本总额/元	40 000		

要求：根据上述资料为该公司做出开发哪种新产品较为有利的决策。

2. 某企业现有生产能力 40 000 机器小时，尚有 20%的剩余生产能力，为充分利用生产能力，准备开发新产品，有甲、乙、丙三种新产品可供选择，资料如表 5-37 所示。

表 5-37　某企业三种产品的相关资料

项目	甲	乙	丙
预计单价/元	100	60	30
预计单位变动成本/元	50	30	12
单件定额工时/小时	40	20	10

要求：

（1）根据上述资料做出开发哪种新产品的决策。

（2）如果新产品丙的市场需要量为 500 件，为充分利用生产能力又将如何安排，使企业的利润最大化。

3. 某企业每年需要 A 零件 2000 件，自制年总成本为 20 000 元。其中固定生产成本为 12 000 元。该生产能力可对外出租，可得收入 4000 元/年，市场采购单价为 8 元/件，该企业应该外购还是自制 A 零件？请计算分析。

1. 希尔顿 R W. 管理会计学：在动态商业环境中创造价值[M]. 5 版. 阎达五，李勇，等译. 北京：机械工业出版社，2007.

2. 熊细银，熊晴海. 管理会计[M]. 北京：清华大学出版社，2006.

3. 周传丽. 短期经营决策模型的相关范围及其改进[J]. 财会通讯，2004（10）：16-18.

4. 徐中平. 浅谈确定型条件下短期经营决策分析方法[J]. 技术经济，1999（12）：48-50.

5. 贺永振. 浅谈成本无差别点决策分析[J]. 会计之友，1986（5）：39-41.

6. 赵静，李露. 差量分析法在短期经营决策中的应用[J]. 品牌，2015(10)：39-40.

第六章

长期投资决策

长期投资决策也称资本支出决策，是指投入资金量大，投资收益获取的期间超过1年，能改变企业经营方向或影响企业经营获利能力的决策。因长期投资项目的决策分析涉及项目整个生命周期，又需要事先投入大量资金，获取收益的不确定性意味着它有较大的风险，但它影响企业长期获利能力，事关企业战略与生死存亡，是企业管理者及投资者重点关心的决策。

学习目标

- 掌握长期投资决策的概念、特征及基本评价指标
- 掌握净现值、内部报酬率、外部收益率、外现再投资收益率的计算方法及它们之间的基本关系，各自的优缺点
- 掌握项目的利率敏感性并利用费雪交叉点分析项目
- 掌握可比较的年使用成本及可比较的现实价值概念、计算与应用方法
- 掌握固定资产经济寿命的含义，了解其计算方法
- 掌握大小项目差额分析比较的含义与计算方法

第一节　长期投资决策概述

一、长期投资决策的含义

对于企业而言，长期投资主要有固定资产的增加、扩建、改造等资金投入，也包括长期股权与债权的投资。简单地说，企业投资有对外投资（主要是间接投资，企业不参与实物投资或对实物进行经营）和对内投资（主要是直接投资，企业参与实物投资过程并对实物进行经营）两种。对外投资是指企业向其外部投入资金或实物，并以利息、使用费、股利、股权增值或租金收入等形式获取收益，使资产增值的行为，主要方式有：买入其他企业的股票、债券，参与金融租赁、保付代理等。对内投资是指为提高企业的生产经营能力和获利能力而对企业内部进行的投资，如厂房设备的扩建、改

建、更新或购置、现有产品的改造、新产品的研制等。另外，投资兴办新企业、资源的开发利用是完全基于独立项目视角的决策分析，因为属于实物类投资，本书也将其视为对内投资。在管理会计中涉及的投资决策，通常是指对内投资。

投资按时间长短可分为短期投资和长期投资。短期投资主要是指能在1年内变现的投资，如利用剩余流动资金投资短期债券，进行期货套期保值，等等。长期投资一般需投入大量资金，是指获取报酬累计超过1年，且能长期影响企业经营能力和获利能力的投资。长期投资有对内长期投资（企业内项目投资）和对外长期投资（股权与债权投资等）。管理会计中所指的长期投资主要是指对内长期投资。

长期投资支出不能由当年的营业收入来补偿，这在会计中被称为资本性支出，在支出发生的当期是不能直接转化为本期费用并由当期营业收入补偿的，资本性支出是在未来若干期内以折旧方式连续转化为费用分批补偿收回。在尚未完全回收投资之前的存在形式是资产项目，它对企业今后的现金收支将产生重大影响。与资本性支出相对立的概念是收益性支出，这是日常经营中发生的由本期收入补偿的支出，如生产中的直接成本、管理费用、销售费用等。

长期投资决策是指用科学的方法对所拟订的各种投资方案进行分析、评价，最后确定最佳方案的过程。它是涉及企业生产经营全局性、战略性问题的决策，是以提升企业总体经营能力、获利能力、核心竞争力为目标的战略决策，是企业生产经营长远规划的体现，是确定企业未来经营战略方向、战略目标、资源配备、筹资规划的重要基础。长期投资决策确定，就要编制资本支出预算，这是对长期投资决策方案的系统化、表格化的详细表述。如此，长期投资决策又称资本支出决策或资本预算决策。

二、长期投资决策的特征

长期投资决策方案中会存在许多未知的影响因素，且投资期限相对较长，因此特别需要衡量期间的风险及时间性因素影响，应该在决策前尽可能多地收集信息、尽可能辨识风险，对未来的现金流量和资本成本等因素进行预估，通过分析确定决策方案的优劣。

投资的风险是多方面的，一是来自项目所服务的市场，它会影响投资项目未来现金流；二是来自时间本身，因为时间越长，不确定性越大，另外，时间的长短还与利率风险大小有关，时间越长的项目越具有利率敏感性；三是来自公司财务，如果财务上不能给予项目后续支持，则会导致投资失败；四是来自经济与金融政策，如税收、利率政策等变化都会使原本可行的方案变得不可行。除此之外，长期投资决策还存在一些明显特征。

（1）长期投资决策是企业生产经营能力转变或提升的决策。投资主要针对固定资产的增加，如为生产新产品而购置设备、建设厂房等，提高现有的生产能力而增购设备、置换设备、扩建厂房等。

（2）长期投资决策是长效决策。成功的投资，往往需要对未来趋势进行分析，当投资吻合未来市场时，则可使企业持续获得收益与成长。

（3）长期投资资金庞大，会加大企业的不确定性，其决策风险非常大。所以长期投资决策会有详细的可行性研究和未来现金流预估，伴随有与之风险相适应的筹资决策，并设立专门部门进行筹资和投资工作。

（4）长期投资不可逆转，其决策必须事先周到，尽量降低决策的失误概率。否则，投资失误会使企业陷入困境、倒退或倒闭。由于一旦投资，企业很难回头，其损失便难以弥补。

三、长期投资的意义

长期投资的意义有以下几点。

（1）正确的投资决策对确保企业拥有持续的竞争力、先进的生产经营能力、稳定的长期获利能力起决定性作用。固定资产是企业构成生产能力的基础，是企业业务流程的重要资源配置，没有资源投入，企业就不能正常运营。大型资产投资是战略性投资。如前所述，它不可逆转、风险大，但成功的决策者怎能随意放弃机会？在决策中，选择自己擅长的、有利的方案，趋利避害才是长期投资决策的重要意义。

（2）优化成本的构成是企业价格竞争的法宝，投资于固定资产，会加大企业的经营风险，但带来明显的好处是能降低单位变动成本，在前述内容中提到，单位变动成本是企业接受价格的底线，虽然经营风险因营业杠杆的提升加大了，但如果有市场前景，投资转化为强大的生产能力和产品竞争力，则是值得的。

（3）长期投资一般金额较大。它是企业扩大规模、增强竞争力与提升市场形象的重要手段。虽然资本边际效应递减的规律在行业接近饱和时成立，但规模化经营是企业从成长走向成熟的标志，也是企业向社会提供物美价廉的产品和服务的必然趋势。

第二节 货币时间价值

一、货币时间价值的概念

货币时间价值是指不同时点货币价值之差，基于投资的视角，经历一定时间的货币会因投资而增加一定的价值，其数额表现形式就是利息，比率表现形式就是利率。时间价值既是占有资金所要付出的代价或机会成本，也是企业资金成本构成的一部分。

因存在货币的时间价值，则现在的 1 元钱与将来的 1 元钱或过去的 1 元钱是不等价的，这种经济上的不等价如何能折算到同一个时点上进行价值比较或换算呢？理论上，货币的时间价值率是在无风险、无通货膨胀下的社会平均利润率，但经济活动过程是复杂的，完全剔除风险和通货膨胀既无可能也无必要，市场上大多用国债的收益率来近似替代其时间价值（无风险利率）。

二、终值和现值

终值和现值是复利概念。所谓复利，就是按计息期“利滚利”，计息期就是指相邻两次计息的时间间隔，如年、月、日等。除非特别指明，计息期通常为1年。与复利相对的是单利。单利是指只对本金计算利息，而不将以前计息期产生的利息累加到本金中去计算利息的一种计息方法，即利息不再生息。

1. 复利终值

复利终值就是未来值，指现在的资金按复利计算到未来某一时间的价值，如在年报酬率为10%的条件下，10 000 元投资经过 2 年时间的期末金额为

$$F=[P\cdot(1+i)]\cdot(1+i)=P\cdot(1+i)^2=10\,000\times(1+10\%)^2=12\,100\text{（元）}$$

式中，P 为现值或初始值；i 为报酬率或利率；F 为终值或本利和。

按上述计算推算至一般，P 元现值在经历 n 年后的终值为

$$F=P\cdot(1+i)^n \tag{6-1}$$

式（6-1）中的 $(1+i)^n$ 被称为复利终值系数或 1 元的复利终值，用符号（F/P，i，n）表示。

2. 复利现值

复利现值是指未来一定时间的资金按复利计算的现在价值，即未来的资金相当于现在的多少，由终值计算反推，即

$$P=\frac{F}{(1+i)^n}=F\cdot(1+i)^{-n} \tag{6-2}$$

式（6-2）中的 $(1+i)^{-n}$ 是把终值折算为现值的系数，称为复利现值系数、1 元的复利现值或贴现因子，用符号（P/F，i，n）来表示。例如，2 年以后的 10 000 元在 10%的利率下相当于现在的 $P=F\cdot(1+i)^{-n}=10\,000\times(1+10\%)^{-2}\approx8264.46$（元）。

3. 年金终值和现值

年金是指在一定时期内，每隔相同时间就发生相同数额的系列收款或付款，也称等额系列款项。例如，分期等额形成或发生的各种偿债基金、折旧费、养老金、保险金、租金、等额分期收付款、债券利息和优先股股息以及等额回收的投资额等，都属于年金的范畴。年金按收付款的具体时间方式不同，又分为普通（后付）年金、预付年金、递延年金和永续年金等几种形式。其中，普通年金应用最为广泛，其他几种年金均可在普通年金的基础上推算出来。

1）普通年金终值和现值

普通年金又称后付年金，是指各期期末有等额收付的年金。按一定的利率，若干期普通年金本利总和称为普通年金终值；若干期普通年金折现到现在的价值总和称为普通年金现值。普通年金是一种标准形态的年金，需要记住的时间点是：现在或现值点是第 0 年末或第 1 年初，第 t 年收付是指第 t 年末收付，终值点是第 n 年末。所有现金流的标注方法是时间数字 t 对应的第 t 年末。所以普通年金是指从现在开始 1 年后（第 1 年末）持续 n 期的等额现金收付。

设 A 为每年年金金额，F_A 为年金终值，P_A 为年金现值，i 为利息率，n 为年金期数，年金终值的计算公式为

$$F_A=A\cdot\sum_{t=1}^{n}(1+t)^{t-1}=A\cdot\frac{(1+i)^n-1}{i} \tag{6-3}$$

式中，$\frac{(1+i)^n-1}{i}$被称为年金终值系数、一元年金终值或年金终值因子，记作（F/A，i，n），它等于n年内各期年金的复利终值系数之和。

若已知年金终值F_A，反求每期等额年金A的过程叫偿债基金计算，所求得的年金A亦称年偿债基金，又叫积累基金。其计算公式如下：

$$A=F_A\cdot\frac{i}{(1+i)^n-1}=F_A\cdot\frac{1}{(F/A,\ i,\ n)} \tag{6-4}$$

式中，$\frac{i}{(1+i)^n-1}$为偿债基金系数。该系数就是年金终值系数的倒数。

根据普通年金终值的计算过程，同理推出年金现值公式：

$$P_A=A\cdot\sum_{t=1}^{n}(1+t)^{-t}=A\cdot\frac{1-(1+i)^{-n}}{i} \tag{6-5}$$

式中，$\frac{1-(1+i)^{-n}}{i}$被称为年金现值系数、一元年金现值或年金现值因子，记作（P/A，i，n），代表在已知A，i和n的情况下求P_A所用的系数，它等于n年内各年复利现值系数之和。

若已知年金现值P_A，反求每期等额年金A，所求得的年金A亦称投资回收额，即指在事先已知原始投资额的情况下，于特定的时期内，每期期末收回相同数额的款项。其计算公式如下：

$$A=P_A\cdot\frac{i}{1-(1+i)^{-n}}=P_A\cdot\frac{1}{(P/A,\ i,\ n)} \tag{6-6}$$

式中，$\frac{i}{1-(1+i)^{-n}}$被称为资本回收系数或投资回收系数。这个系数就是年金现值系数的倒数。

2）预付（收）年金终值和现值

预付（收）年金是指每期期初收付的年金，又称即付（收）年金、期初年金或先付（收）年金。预付（收）年金终值与现值同普通年金终值与现值的差异仅在于收付款项的时间，一个在期初，一个在期末，在年金收付时间上向前推了一年，与标准的普通年金相比，第一笔收付发生在现在，故称即付（收）年金，导致n期先付（收）年金终值比n期普通年金终值多计算了一期利息，因此在n期普通年金终值的基础上乘以（$1+i$）就可以计算出n期先付（收）年金终值。先付（收）年金终值的计算公式为

$$F'_A=A\cdot(F/A,\ i,\ n)\cdot(1+i) \tag{6-7}$$

或

$$F'_A=A\cdot[(F/A,\ i,\ n+1)-1] \tag{6-8}$$

同理，从n期先付（收）年金与n期普通年金的关系看，两者发生的次数相同，区别仅在于首次发生的时间不同，导致n期先付（收）年金现值比n期普通年金现值少计算了一期利息，因此，在n期普通年金现值的基础上乘以（$1+i$）就可以计算出n期先

付（收）年金现值。先付（收）年金现值的计算公式为

$$P'_A = A \cdot (P/A, i, n) \cdot (1+i) \tag{6-9}$$

或

$$P'_A = A \cdot [(P/A, i, n-1)+1] \tag{6-10}$$

3）递延年金终值与现值

递延年金终值、现值的计算原理与普通年金相同，其特点在于递延年金有一个递延期。递延期为从现在起至有资金收付事项发生时的时间间隔。因此，递延年金终值与现值的计算也完全可以被分解为复利与年金的综合计算。这将在后续决策分析中结合实例分析，此处不再赘述。

4）永续年金的终值与现值

永续年金的特征是没有一个特定的期限，其年金期限一直持续到永远，n趋向于无穷大。对于永续年金而言，因其没有终止时间，也就不存在终值，只能计算现值，永续年金的现值就是当年金期限n趋向于无穷大时，普通年金现值的极限值，根据极限运算法则可知，永续年金现值计算公式为

$$P_A = \frac{A}{i} \tag{6-11}$$

三、现金流量

现金流量用于揭示企业未来货币资金收支情况，尤其是它能反映项目投资的流向与回收之间的投入产出关系。现金流量指标避免了利润指标的相关性、可比性差的问题；现金流量指标严格在时间点上，有助于正确使用货币时间价值进行动态投资评价。因此，现金流量是企业进行长期投资决策分析的主要根据和关键的价值信息。

（一）现金流量的定义

现金流量是指一个投资决策方案从筹建、设计、施工、正式投产使用直至报废为止的整个期间内形成的现金流入量与现金流出量的统称。这里的“现金”是广义的，它包括各种货币资金、非货币资源变现价值。例如，项目需要使用原有的厂房、设备和材料时，则相关的现金流量是指它们的变现价值，而不是其账面成本。需要注意的是，决策中的现金流量与财务会计编制现金流量表中所界定的现金流量在构成内容和计算标准上完全不同，这是不可混淆的。

现金流量包含现金流出量、现金流入量，其代数和为现金净流量。现金流入量包括方案在整个投入和产出过程中所引起的企业各项现金收入。例如，企业更新设备时会引起营业现金流入增加、新老设备出售（报废）时的残值或变卖收入、部分收回的流动资金等现金流入量。现金流出量是指某方案在整个投资和回收过程中所引起的企业各项现金支出。例如，企业设备更新会引起各项新增投入、增加垫支流动资金等现金流出量。现金净流量是指一定期间现金流入量和现金流出量的差额，即现金净流量＝现金流入量－现金流出量。

确定现金流量应遵循的基本原则是：只有增量现金流量才是与项目相关的现金流

量。所谓增量现金流量，就是指接受或拒绝某个投资方案后，企业总现金流量因此发生的变动。只有那些由于采纳某个项目引起的现金支出增加额，才是该项目的现金流出；只有那些由于采纳某个项目引起的现金流入增加额，才是该项目的现金流入。

（二）现金流量计算期

所有长期投资方案（项目）都有其生命周期，它对企业影响久远，涉及复杂的投入与产出，一个完整的投入产出周期的现金流量包罗万象，必须通过一定的方法简化其估算。可以根据投资项目的特点，划分现金流量的计算期。以项目正式开始投入资金的时点为初始投资点，在初始投资点到项目开始正式运营之间，一般称为建设期；项目建成并投入运用时点称为投产日，从投产日起，项目在其寿命周期内将延续产生各项收入和支出，直至项目寿命期结束，最后进行项目资产的清理和回收垫支，该段期间被称为持续运营期；项目的最终结束日被称为终结点。

（三）各期现金流量

1. 建设期的现金流量

建设期的现金流量一般包括以下几个部分。

（1）固定资产投资：包括投资新建厂房，购买机器设备、土地，支付运费和安装费，等等，它是建设期现金流量的最主要构成部分。

（2）流动资金垫支：投产期开始时，企业需要在流动资产上垫付资金，如原材料、存货储备、应收账款等，这部分垫支资金会在以后的经营中一直存在，直到项目结束后收回。

（3）旧设备变现收入：对某些固定资产更新的投资项目，会有老设备变现的现金流入量，其所得变现净收入应该作为一项现金流入量。

综上，假设建设期 t 年，则有

$$\text{建设期各年现金净流量 } NCF_{0\sim t-1} = -\text{固定资产投资} - \text{流动资金垫支} + \text{旧设备变现收入}$$

2. 持续经营期的现金流量

项目投产后便进入持续经营期，它持续至固定资产停止使用转入清理为止，此期间所产生的现金流量体现了产品和服务所带来的收入以及其间所产生的大量成本与费用，是为企业创造收益的阶段。

（1）营业收入：是指项目投产后每年实现的销售或业务收入，是经营期内主要的现金流入量。这里需要提醒的是某期的营业收入并非等于当期由营业收入带来的现金收入量，只有当经营期内每年发生的赊销额与收回的应收款项一致才能使二者相等。

（2）付现成本：为满足生产经营需要，企业需要在当期以现金形式支付的成本费用。它等于当期与项目相关的总成本费用扣除相关折旧与各种摊销的差额。因为包含在全部成本费用中的资产折旧与摊销，其支付款项已包含在建设期的资产投资中。

（3）各项税款：项目投产后将依法缴纳各种税费，其中最主要部分为所得税款。

因此，持续经营期各年现金净流量（$NCF_{t\sim n}$）＝营业收入－付现成本－所得税

=营业收入-(总成本-折旧及摊销)-所得税
=营业收入-总成本-所得税+折旧及摊销
=税后净利+折旧及摊销

3. 终结点的现金流量

终结点的现金流量主要包括资产清理的残值收入,且这一时期企业也不再需要流动资金了,如应收账款回笼、原材料与产成品存货处理等。流动资金的回收也是重要的现金流入量。

终结点各年现金净流量(NCF_n)=资产残值收入+回收流动资金

上式中NCF_n的计算应与$NCF_{t\sim n}$中最后一项合并计算。

项目投资的未来现金流量预估非常复杂,每年能产生多少现金净流量涉及的变量多,需要企业许多部门同时参与。通常,销售部门要预测售价和销量,这需要研究产品价格弹性、广告效果和竞争者动向等;产品研发部门要估计投资方案的资本支出,这需要预估研发费、设备购置费、厂房建筑投资等;生产和成本费用部门要估计制造成本,对原材料采购价格、生产工艺安排、产品成本等要有详细分析;财务部门则需要为生产经营部门的预测提供基本假设条件和筹资方案,如物价水平、贴现率、可供资源的限制条件等;此外,还需要有专门的协调人员,去协调参与预测工作的各部门人员,使之相互衔接与配合,防止预测者因主观偏见或利益驱动高估或低估收入和成本。

(四)现金流量与利润

利润是个会计概念,它将不同时点的收入和支出直接进行加减,不能体现货币的时间价值。现金流量是个经济概念,它以企业或项目全过程为视角,将收入或支出现金的数额与时点联系起来,系统计量其经济价值。利润是个空间上的一维概念,而现金流量是空间与时间结合的二维概念,它对于长期投资决策具有不可替代的重要意义。在项目投资中,现金流量之所以比盈亏更重要,是因为项目维持能力不取决于利润而是取决于现金流量。而现金一旦支出便无法更改用途,只有将现金收回后才能用来进行再投资。另外,从整个投资有效年限角度看,利润总计与现金净流量代数和是相等的,故现金净流量可以取代利润评价投资效益,而且现金流量大小确认比利润客观,利润大小核算依赖于会计程序的选择。例如,在计提折旧时,可以选用直线折旧法或加速折旧法,对于存货计价,可以选用先进先出法或后进先出法或其他方法等。而且有关项目数据依赖人为估计,如固定资产使用年限、报废清理时的残值等项目。

第三节 投资风险价值与资本成本

一、投资风险价值

(一)投资风险价值的概念

投资风险价值是指投资者承担风险进行投资获得的超过货币时间价值(无风险利

率）的风险补偿收益（率），又称风险收益（率）或风险报酬（率）。风险和收益的基本关系来自两个现代投资的基础性理论：哈里·马科维茨（Harry M. Markowitz）均值方差理论及在此基础上建立的资本资产定价模型（capital asset pricing model，CAPM），前者说明了风险来自收益不确定，并以其未来收益分布的离散性指标——方差或标准差来衡量投资总风险的大小，该理论从证券组合出发，发现了组合的收益是所有被组合证券的收益加权平均，组合的风险则不符合这种加权平均，其风险大小与它们收益的相关性有很大关系，只有相关系数为＋1 时，组合不会降低风险，其他情况下，组合都会降低风险。通过组合分析，引入无风险证券，在风险厌恶偏好假设下，建立起资本市场线（capital market line，CML），投资者通过组合风险证券和无风险证券比重在资本市场线上达到自己满意的风险收益配比，而这条资本市场线上显示了投资组合的收益 $E(R_P)$ 是无风险利率加风险补偿率，风险补偿率与风险的大小（标准差）成正比，单位风险的补偿水平是风险证券的组合（全市场组合）预期收益与无风险利率的差值除以全市场组合标准差。其基本公式如下：

$$E(R_P)=R_f+\frac{E(R_m)-R_f}{\sigma_m}\cdot\sigma_P \tag{6-12}$$

资本市场线建立起了无风险利率（资金时间价值）与风险补偿率（风险价值）的基本关系，简单地说，投资收益满足如下关系：

投资收益率＝无风险利率＋风险补偿率（或风险报酬率）

然而均值方差理论只确立了投资组合的风险收益关系，对特定的投资对象而言，上述关系并不成立，原因是组合化解了非系统性风险，单个项目或证券并没有化解非系统性风险，这类风险因为能够以不降低收益的方式化解，故从个体项目或证券上看，非系统性风险并不能得到风险补偿，能得到补偿的只有系统性风险部分。这就是由资本资产定价模型所确立的证券市场线（security market line，SML）提供的资产证券定价确认的收益，它是无风险利率加上系统性风险补偿，其系统性风险大小由与市场收益关联度指标 β 确定，而单位 β 的收益补偿正好是风险市场预期收益与无风险利率之差，用公式表达就是

$$E(R_i)=R_f+\beta_i\cdot\left[E(R_m)-R_f\right] \tag{6-13}$$

式中，$\beta_i=\dfrac{\sigma_{im}}{\sigma_m^2}$；$\sigma_{im}$ 为 i 证券收益与市场收益的协方差。

（二）项目投资风险的计算

新建项目投资风险具有不易计量的特性，由于是单个项目，区分其系统性与非系统性风险异常复杂，通常的做法是行业比较，依据项目所处行业的平均 β 值作为该项目 β 值，进而计算风险补偿率，加上无风险利率后，就得到该项目要求的最低投资报酬率（资本成本）。当然，如果缺少行业比较资料，而且项目建设与投产过程中，企业能将其最重要的非系统性风险（经营风险与财务风险）控制在较低水平，这样，就可以用估算出来的全部风险（标准差）去计算与此风险相对应的投资报酬率。

【例 6-1】假设有一个孤立项目方案 A，投资总额 1 000 000 元，投资 1 年后进入投

产期，投产期为8年，在预计的8年经营期间内可能实现的现金净流量有三种情况：第一种情况，每年现金净流量可能达到300 000元，其概率为0.25；第二种情况，每年现金净流量可达200 000元，其概率为0.50；第三种情况，每年现金净流量只有100 000元，其概率为0.25。8年后项目无残值，资金成本10%，计算该投资项目的风险。

第一步，计算现金净流量的"期望值"。

根据每年现金净流量概率分布，计算每年现金净流量的"期望值"（E）如下。

设以 E_i 代表第 i 种情况下可能出现的现金净流量；P_i 代表第 i 种数值发生的概率；n 代表各有关数值的顺序号。则

$$E=\sum_{i=1}^{n} E_i \cdot P_i \tag{6-14}$$

以上例中的数字代入式（6-14）进行计算，得

E=300 000×0.25+200 000×0.5+100 000×0.25=200 000（元）

很显然，这是一个含有不确定性因素的方案，每年现金净流量的"期望值"提供了计算项目预期收益（预期内含报酬率）的基础性数据，由于把各种可预计到的可能性都考虑进去了，以它为基础还可以进行其他有关评价指标的预期值的计算和分析评价。

第二步，计算"标准差"和"变化系数"。

此处的"标准差"计算与均值方差理论标准差计算完全一致，只不过均值方差理论中的标准差是收益率的标准差，是一个相对数的标准差，即它是一个可以完全横向比较的标准差；而每年现金净流量是一个绝对数，故它是一个绝对数的标准差，以 d 表示，它是各种可能值与"期望值"离差的平方根。其计算公式为

$$d=\sqrt{\sum_{i=1}^{n}(E_i-E)^2 \cdot P_i} \tag{6-15}$$

以上述方案A的有关数据代入式（6-15）进行计算，得

$$d=\sqrt{(300\,000-200\,000)^2\times 0.25+(200\,000-200\,000)^2\times 0.5+(100\,000-200\,000)^2\times 0.25}$$
$$\approx 70\,710$$

"标准差"主要是由各种现金净流量的可能值与"期望值"之间的差距所决定的。它们之间的差距越大，说明有关数值分布的离散程度越大，这意味着有关方案包含的风险越大；它们之间的差距越小，说明各种可能值的分布越紧凑（越靠近于期望值），实际发生数将会更接近于期望值，这就意味着有关方案包含的风险越小。所以，一般地说，一个方案标准差的大小，可以看作其所含风险大小的具体标志。

由于现金净流量的"标准差"是以现金净流量这一"绝对数"计算的，不像均值方差模型的收益率标准差是以"相对数"计算的，故还应转化为相对数才可以横向比较。

为了克服现金净流量"标准差"缺陷，可转化计算与它相联系另一个指标——"变化系数"（以 q 代表）来代表风险的大小，其计算公式为

$$q=\frac{d}{E} \tag{6-16}$$

即变化系数就转化为相对数了，它不受投资额大小的影响，可以独立地评价风险大

小。例如，上述方案每年现金流的变化系数为

$$q=\frac{d}{E}=\frac{70\ 710}{200\ 000}=0.3536$$

以上关于“标准差”和“变化系数”的计算，只涉及一个期间。前已指出，一个投资方案的现金流动实际上会涉及许多期间。在这种情况下，整个方案的“标准差”（以 D 代表）应以其各个期间的“期望值”和“标准差”为基础做进一步的综合，其计算公式为

$$D=\sqrt{\sum_{t=1}^{n}\frac{d_t^{\ 2}}{(1+r)^{2t}}} \tag{6-17}$$

【例 6-1】中的整个项目标准差为

$$D=\sqrt{\sum_{t=1}^{n}\frac{d_t^{\ 2}}{(1+r)^{2t}}}=\sqrt{\frac{70\ 710^2}{(1+10\%)^{1\times2}}+\frac{70\ 710^2}{(1+10\%)^{2\times2}}+\cdots+\frac{70\ 710^2}{(1+10\%)^{8\times2}}}\approx136\ 483.98$$

同时还应把各个期间的“期望值”统一换算为现值，称为“预期的现值”（以 EPV 代表），其计算公式为

$$\text{EPV}=\sum_{t=1}^{n}\frac{\overline{E_t}}{(1+r)^t} \tag{6-18}$$

【例 6-1】中的整个项目预期的现值为

$$\text{EPV}=\sum_{t=1}^{n}\frac{\overline{E_t}}{(1+r)^t}=\frac{200\ 000}{(1+10\%)^1}+\frac{200\ 000}{(1+10\%)^2}+\cdots+\frac{200\ 000}{(1+10\%)^n}\approx1\ 066\ 985.24$$

而整个方案的“变化系数”（以 Q 代表），则按式（6-19）计算

$$Q=\frac{D}{\text{EPV}} \tag{6-19}$$

【例 6-1】中的整个项目变化系数为 $Q=\frac{D}{\text{EPV}}=\frac{136\ 483.98}{1\ 066\ 985.24}\approx0.1279$

项目的变化系数 Q 与项目应该达到的最低要求报酬率之间可建立起经验数据统计关系，它与资本市场线类似，是无风险利率加上与 Q 的大小成正比的风险补偿（图 6-1）。即

项目最低要求报酬率＝无风险利率＋风险补偿率

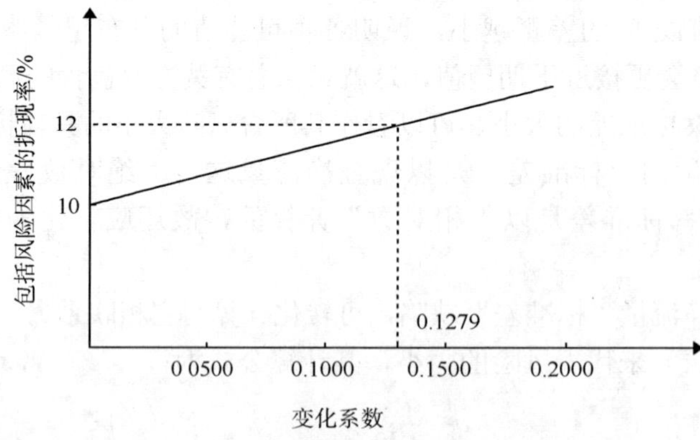

图 6-1　项目变化系数与要求的投资报酬率

二、资本成本

所有的资本都是有成本的，无论是股权资本还是债权资本，这是管理会计的一个非常重要的概念，理解这一概念的要点有两个：一是客观决策与评价的需要，资本成本是站在企业经营实体的立场分析所有使用资金的成本，不会因为该资金是股东的可以不计成本，而是债权人的就必须计算财务费用等去影响企业客观的经营分析，在评价经营业绩时，不会因为使用股东的资产就可以不计成本而使用债权人的资金时就要扣除财务费用，它能抛开资本层次客观看业绩，又能结合资本层次客观计量资本成本；二是正确计算项目预期现金流在不同时间转换的需要，因为公司只能投资于投资报酬率高于资本成本率的项目，正确估计项目的资本成本是制定投资决策的基础。

（一）资本成本是资本提供者的机会成本

资本成本是指投资资本的机会成本。这种成本不是实际支付的成本，而是一种潜在收益，是资本选择本项目后所放弃的其他投资机会的收益，因此才被称为机会成本。总之，资本成本是指公司为取得资本所付出的代价。它主要包括筹资费用和支付的利息或股息。另外，资本成本是个财务概念，而非会计概念，如股息在财务决策中当作成本，而在会计中不计作成本。

例如，股票投资人投资某公司的股票收益率10%，它包含当前的红利支付率及可预期的未来成长率，从另一角度也可以概括为对承担公司预期风险相对等的要求的投资回报率。公司股权资本成本就是股东这种相对比较的结果，站在所有股东的立场，依据他们要求的报酬率计算股权资本成本，虽然不是实际支付的成本，但他们是企业的所有者，他们决定投资新项目时，会考虑到自己预期收益，这种预期收益就是股权资本成本。他们是否愿意投资于项目就要看该项目能否提供更多的报酬。财务会计的成本概念是已经发生的为筹资支付的费用，如财务费用，它也不是真正意义的可比较的资本成本，因为它是税前支付的，降低了应税额，站在统一筹资者的角度，其计算仍存在偏差。

（二）资本成本的主要变动来自资本市场与企业特征

企业资本成本的高低，除了有自身因素外，还会受制于资本市场。自身因素包括资本结构、经营与财务风险、信誉、增长等，它们构成了企业的特征，这些因素的存在使企业的收益波动与资本市场整体收益波动相关，由此决定了资本成本的风险补偿。外部因素包括无风险利率、市场风险偏好、税率、企业资本结构等。这些因素发生变化时，就需要调整资本成本。

1. 无风险利率

无风险利率就是国债收益率，它直接影响公司债务成本，债券投资人可比较的机会就是投资于国债或其他风险债券，故无风险利率的升降都会改变投资人的机会成本。根据资本资产定价模型，无风险利率变化也会引起普通股和优先股的成本变化。

2. 市场风险偏好

市场风险偏好是市场特征，它决定了市场风险溢价，资本市场由投资者和筹资者组成，是市场主体，一般情况下，乐观的市场投资者风险偏好处于较高水平，高风险股票定价高、收益低，说明风险溢价低；悲观的市场则相反。这会影响风险市场收益与无风险利率之差，根据资本资产定价模型，市场风险溢价会影响股权资本成本。

3. 税率

所得税率变化直接影响税后债务成本以及公司加权平均资本成本。此外，资本性收益的税收政策变化也会影响人们的风险偏好，改变其在权益投资和债务投资的选择，从而间接影响公司的最佳资本结构。

4. 企业资本结构

权衡理论提出，最优资本结构是资本成本最低的结构，这也说明资本（股权＋债权）成本会随资本结构的改变而改变。通常债权资本成本低于股权资本成本，增加债务比重是合适的，这会使平均资本成本降低，然而，这会加大公司的代理成本及财务风险，又会引起债务成本和股权成本同时上升。因此，公司的资本结构有一个最优点，那就是整体资本成本最小化的资本结构。

5. 股利政策

股利政策既是客观的又是主观的，客观性来自公司所处的行业及成长，成长型公司是不会大量分红的，主观性来自决策者的判断、市场管理层制定的分红政策要求，这些都会影响净利润中分配给股东的比例。在使用股利折现模型计算资本成本时，会增加许多对未来持续分红的假设，但无论如何假设，股利政策还是决定股权资本成本的因素之一。

6. 资产变动

公司的资本成本的风险溢价反映现有资产的平均风险。如果公司新项目的投资风险与原有资产不一致，或使得资产的结构或性质改变，经营风险就发生了变化。另外，如果为新项目筹资而改变了资本结构，公司的资本成本也就随之改变了。通常，业务结构决定资产的结构、资产结构决定资本的结构，这其中任何一项变动都会改变资本成本。

（三）资本成本的基本作用

由于公司资本来源于资本市场，资本的本质是逐利的，是企业灵魂之所在，它表达了各类不同资本统一在企业治理机制下的本质追求，它有基本的底线要求。因此资本成本体现了资本市场的要求收益率；另外，公司筹集资本的目的是投资，因此资本成本是公司投资决策的基础，公司投资的要求收益率和预期收益率必须高于或等于资本成本，因此资本成本也常作为计算资金现值的折现率。

从另一方向看，公司需要在现有资本结构下保证现有资本所有者的利益，它必须融合投资和筹资以保证资产结构与资本结构的合理配置，使资本成本达到最小。因此资本成本既是公司筹资决策的重要指标，也是投资决策的重要指标。资本成本既与公司的筹资活动有关，因为资本成本是使用资本提供者资源的机会成本；也与公司的投资活动有关，因为它是资本提供者所要求的必要报酬率。这两个方面既有联系，也有区别。为了加以区分，我们称前者为公司的资本成本，后者为投资项目的资本成本。

三、债权资本成本

（一）债权资本的特征

如果站在资本主体的立场，债权资本的说法是正确的；如果站在企业法人及股东的立场，称其为债务资本也合适，因为现代企业的经营目标是股权利益极大化，债权人是企业的客体，故称债务资本。由于处在管理会计的分析体系中，管理会计要综合所有资金提供者索求，站在完全独立的视角观察资本成本，故本书称债权资本。

债权资本索求的是稳定的、确定的收益率，与股权资本相比有以下特征。

（1）债权人因债权投资与公司（终极归属为股东）产生合同及相应的收益权及其他权利，筹资公司在取得资金的同时，必须承担规定的合同义务，它包括在未来某一特定日期归还本金及支付本金之外的利息费用或票面利息。债权投资者重点关心的是合同的保障程度而非冒险的收益，因为多余的收益只能保障债权而不是债权所得。

（2）公司在履行债务义务时，是在所得税缴纳之前，这与股东收益确认完全不一样。显然，归还债权人本息的请求权优先于股东的股利。企业作为一个实体的经济价值是息税前利润，它按照优先次序依次是债权人得债息、政府征税、股东得税后利润。债权资本的这个特征使同级别的、不受影响的企业息税前利润在负债经营时能产生税上好处，也能对股东利益产生财务杠杆。

（3）债权资本的投资者具有利益互斥性，如同级别的债券越多，债权人利益越难保证，债券信用就越低，如果企业增加债务比重，势必造成对前面发行的债券产生信用损害。而且这种损害并不能带来收益补偿，因为它无权获得高于合同规定利息之外的任何收益。

（4）所有债权资本的安全性都是由股东资产提供支持保障的，股权资本的大小显示了债权资本安全性高低，债权人承担的风险显著低于股东，所以其期望报酬率也低于股东，即债权资本成本低于股权资本成本。

（二）债权资本成本计算

1. 债券到期收益率

如果公司有上市的债券，则可假定按市场价买入并持有到期所能获得的收益率，称为到期收益率，其间的所有收益都是来自公司支付。因此，此法计算的又是公司的税前债权资本成本。到期收益率是使式（6-20）成立的 r_d：

$$P_0=\sum_{t=1}^{n}\frac{C}{(1+r_d)^t}+\frac{P_n}{(1+r_d)^n} \tag{6-20}$$

式中，r_d 为到期收益率即税前债权资本成本；n 为债券的剩余期限，通常以年表示；C 为每年债息额；P_0为债券当前市价；P_n为第 n 年还本额。

此法计算的基本要求是：有已上市债券，剩余期限与再筹资期限基本相同，债券价格基本稳定即无大起大落，市场信用利差及利率期限结构稳定平稳。

当然，如果公司没有上市债券，可找一个拥有可交易债券的可比公司作为参照物。计算可比公司长期债券的到期收益率，作为本公司的税前债权资本成本。

可比公司应当与目标公司处于同一行业，具有类似的商业模式。最好两者的规模、负债比率和财务状况也比较类似。

2. 风险调整法计算税前债权资本成本

如果公司既无上市债券，又无合适的可比公司，就可使用风险调整法估计债权资本成本，即通过同期限同息票率政府债券的到期收益率与企业的信用风险补偿相加求得：

税前债权资本成本＝同期限同息票率政府债券的到期收益率＋企业的信用风险补偿率

政府债券的到期收益率存在复杂的期限结构，支付债息的债券到期收益率并不能等同那一期限的无风险利率，因为债券久期低于债券期限。掌握这个问题的解决方法还需参考其他研究或书籍。

信用风险的大小及风险补偿完全靠估算，理论与实际差别较大，这极度考验我国信用评级机构的公正性。简单做法如下。

第一步：选择若干信用级别及规模与本公司相同或相近的上市的公司债券（不一定符合可比公司条件），并计算这些上市公司债券的到期收益率。

第二步：计算这些公司的信用利差，即这些上市公司债券与长期政府债券到期收益率（无风险利率）之差。

第三步：以上述平均信用利差作为本公司的信用风险补偿率。

3. 发行费率与税前债权资本成本估算

发行债券时存在的市场磨损就是发行费率，它使得投资者收益低于筹资者成本。因此，以到期收益率估计债券资本成本时，真实的税前资本成本 r_d应符合式（6-21)：

$$P_0\times(1-F)=\sum_{t=1}^{n}\frac{C}{(1+r_d)^t}+\frac{P_n}{(1+r_d)^n} \tag{6-21}$$

式中，r_d为调整后的税前债权资本成本；n 为债券期限，通常以年表示；C 为每年债息额；P_0为债券当前市价；P_n为第 n 年还本额；F 为发行费用率。

显然，对同一债券而言，此 r_d高于式（6-20）确定的 r_d，这说明债券投资者的收益低于筹资者的成本。

4. 税后债权资本成本的估计

资本成本的本质是站在资本提供者的立场思考他们的机会成本，它统一于企业获取资本的代价，这个代价统一于税后口径。由于利息可从应税收入中扣除，如在所得税率为 25%的情况下，支付债息 1 元仅相当于税后支付 0.75 元。因此，税后债权资本成本是税率的函数。

税后债权资本成本＝税前债权资本成本×（1－所得税税率）

由于所得税的作用，公司的税后债权资本成本小于债权人要求的收益率。

四、股权资本成本

普通股资本成本有增发新股的资本成本及留存收益的资本成本，两者的差别就是发行新股的费率，留存收益是不需要发行费用的股东提供的新增资本，也是普通股资本。优先股的资本成本计算简单，是普通股永久恒定股利模型的特例计算，以下将予以提示。

（一）发行费率为零时普通股资本成本

1. 资本资产定价模型

资本资产定价模型是估计普通股资本成本（留存收益资本成本）的常用方法。根据资本资产定价模型，普通股资本成本等于无风险利率加上系统性风险溢价。

$$r_S=r_{RF}+\beta\cdot\left(r_m-r_{RF}\right) \tag{6-22}$$

式中，r_{RF}为无风险利率；β为被估算公司的贝塔系数，由公司股票收益与风险证券市场收益率的相关性决定，它只代表系统性风险大小；r_m为风险证券市场收益率（全综合指数收益率）；$\left(r_m-r_{RF}\right)$为风险证券市场平均风险溢价；$\beta\cdot\left(r_m-r_{RF}\right)$为被估算公司的风险溢价。

2. 股利增长模型——戈登公式

股利增长模型假定收益以固定的年增长率 g 递增，在第 1 年股利确定为 D_1、股价为 P_0时，则股权资本成本的计算公式就是如下的戈登公式：

$$r_S=\frac{D_1}{P_0}+g \tag{6-23}$$

式中，r_S为普通股资本成本；D_1为预期下年现金股利额；P_0为普通股当前市价；g为股利的年增长率。

式（6-23）中，当 g 为零时，即股利恒定，符合优先股条件，依此可计算优先股资本成本。

（二）新发行普通股资本成本

新发行普通股资本成本，也被称为外部股权成本。新发行普通股会有发行费用，所以它比留存收益进行再投资的内部股权成本要高一些。如此，只能依据戈登公式，从发行人的筹资额角度计算的新发行普通股资本成本的计算公式为

$$r_S=\frac{D_1}{P_0}\times(1-F)\ +g \tag{6-24}$$

式中，F 为发行费率，当 g 为零时，即股利恒定，依此可计算优先股资本成本。

五、加权平均资本成本

当上述各项资本成本确定以后，企业的全部资本成本就可以通过加权计算得出。

这里的各类资本权重可根据资本市场各类资本的市场价值计算权重，也可根据项目筹资的比重计算权重，前者适应于计算公司的经济增加值（economic value added，EVA）以评价经营者成效，后者适应于具体项目筹资。

第四节 投资决策分析的主要评价指标与方法

评价长期投资项目的经济可行性是复杂的，有许多评价指标，但各有利弊。其中静态指标就是直观简略的评价指标，不考虑货币时间价值因素，直接按投资项目形成的现金流量进行计算的指标，包括计算投资利润率和计算静态回收期等。而动态指标计算复杂，其中难以确定的因素较多，也受制于利率的变化及项目的利率敏感性。

一、投资利润率

投资利润率一般指的是项目建成投产后在一个正常的经营年份内年利润总额平均值与项目总投资之比。其计算公式为

$$投资利润率=\frac{年平均利润}{总投资} \tag{6-25}$$

以该指标评价方案时，决策者会有一个比较标准，如果项目的投资利润率高于预先确定的基准投资利润率，则项目是可行的，反之则不可行。互斥项目则除必须高于基准投资利润率外，还要对可行方案进行比较并选取投资利润率最高者。该指标简单明了，易于理解和掌握，资料容易收集。但该指标不考虑项目现金流量的时间分布，又以利润为计算基础，难以反映投资项目的真实效益。而且，随着时间的推移，折旧收回，项目的投资额逐渐减少，而该指标中的分母始终保持在初始投资额水平，不能反映这种实际情况，所计算出来的投资利润率偏低。故该指标只能用来初步评估项目的经济效益，不能作为投资决策的主要依据。

二、年平均利润率

以年平均投资替代投资利润率计算中的总投资即为年平均利润率：

$$年平均利润率=\frac{年平均利润}{年平均投资} \tag{6-26}$$

该指标大于投资利润率指标，主要是由于折旧使投资逐年减少，年平均投资为各年投资额的平均数。而各年的投资额也是平均值（年初年末数的平均），在项目寿命周期内若固定资产无残值，则年平均投资额正好等于总投资额的1/2。年平均利润率正好等于投资利润率的两倍。其优缺点与投资利润率基本一致。

三、静态投资回收期

静态投资回收期是指项目的预期现金流量的累计值等于其初始现金流出量所需要

的时间（以年计），即项目累计现金净流量为零的时间。其计算公式为

静态投资回收期＝累计净现金流量开始出现正值的年份数－1＋上年累计现金流量的绝对值/当年净现金流量　　(6-27)

用此指标简单评价项目则是投资回收期越短越好、越短项目风险越小。但要确定比较标准，大于标准的项目不能接受。该指标作为未来承担风险程度的标志，计算简单，容易理解，因此在实务中经常被人们使用。例如，投资股票所用的市盈率指标，就是投资回收期。但是，它不仅未考虑货币时间价值，而且该指标只考虑项目前期的现金净流量，不考虑项目在回收期后的现金净流量，因此不能反映项目盈利性全貌。且投资回收期比较标准也是一种主观选择。

尽管投资回收期指标在理论上存在着不少缺陷，但是在实务中，该指标的应用却比较普遍。因为，当企业在流动性方面受到限制，必须尽快收回投资时，该指标对于项目的排序非常重要。另外，当企业在设计和产品更新非常快的市场进行投资时风险很大，或者难以预测未来现金流量时，也可以应用此指标。因为回收期指标促使企业关注早期的现金流，且该指标对粗略估计项目风险有较大意义，常和净现值指标、内含报酬率等综合运用，以求尽快判断项目的可行性。

四、动态投资回收期

动态投资回收期考虑货币时间价值的项目投资的返本年限。该指标与静态投资回收期的本质区别在于静态投资回收期不能区分回收期以前不同年份不同时点现金流对指标影响的差别，而动态投资回收期能够区分这种差别。虽然均可用来反映项目收回初始投资额的能力，都可作为衡量风险的标志，但动态投资回收期是以按企业要求达到的最低收益率（资本成本）进行贴现的现金流量为基础计算的。其计算公式为

动态投资回收期＝累计净现金流量现值开始出现正值的年份数－1＋上年累计现金流量现值的绝对值/当年净现金流量　　(6-28)

动态投资回收期与静态投资回收期指标计算公式上看起来无差异，但由于现金流量的贴现值小于其未来值，计算结果会大于静态投资回收期，因此对项目的选择标准和静态投资回收期指标应存在差异。该指标计算比静态投资回收期略微复杂，也不易直接观察，但指标反映的信息全面且优于静态投资回收期指标。不过也存在只计回收段不计回收后现金流的缺陷，需要和其他反映营利性的指标结合使用。

五、净现值

净现值（net present value，NPV）是按企业要求达到的最低收益率（资本成本）将项目各年现金净流量贴现到零年年末（现在）的现值之和。其计算公式为

$$\mathrm{NPV}=\mathrm{NCF}_0+\sum_{t=1}^{n}\frac{\mathrm{NCF}_t}{(1+i)^t}=\sum_{t=0}^{n}\frac{\mathrm{NCF}_t}{(1+i)^t} \tag{6-29}$$

式中，i 代表贴现率，t 代表时间，NCF_t 代表第 t 期的现金流量，NCF_0 表达的是初始投资额，其现金净流量本来就是负数，故此式中不应该减而是应该加。该式更精练的形

式便是将NCF_0写入求和符号中，而将$t=1$改为$t=0$即可。当数据较多时，难以直接计算，Excel 里提供了函数，能快捷方便地计算净现值。

通常，独立方案净现值大于等于零时，则项目可接受；净现值小于零时，则项目不可接受。而多个方案进行对比时，在投资额相等的条件下净现值越大越好，因此应当优选净现值最大的方案。

贴现率的选择对计算结果具有很大的影响。对于常规项目（现金净流量只存在一次反号的项目），净现值会随着贴现率的提高而单调下降，只是不同项目因现金流的差别这种单调下降的斜率会有差别，这个下降斜率能观看到利率风险的大小。总的来说，贴现率越大，项目的净现值越小，净现值随贴现率上升而下降的速度表明了项目的利率风险。对于非常规项目（现金净流量存在二次及以上反号的项目），净现值不随利率上升而单调下降，其变化特征复杂。尽管如此，净现值对方案判断也有意义，也是重要的评价指标。

项目的净现值对贴现率变化的敏感性是大多数项目评估者易忽视的问题，它类似于债券的久期，项目也存在久期。以净现值取代债券的价格 P_0，以项目每年现金净流量取代债券债息，按债券的久期计算方法就能计算出项目久期。它的意义就是衡量项目的利率风险，当市场利率上升时，无风险利率的提升会加大企业的资本成本，项目的贴现率就会抬高，使净现值下降，让可行的方案变得不可行，或让多选优先方案的原有排序打乱。在这种情况下，必须认真研究其利率可能的变化方向，尽可能不用简单刻板的净现值比较后拍板决策。

我们可以建立一些直观的净现值对贴现率变化敏感性的比较判断与决策方法：①期限越长的项目对贴现率变化越敏感；②同期限项目比较时现金流越是集中在后期回收的项目对贴现率变化越敏感；③如果两个方案投资额、净现值相同，在利率有下降趋势的环境下应选择对贴现率变化敏感的项目，在利率有上升趋势的环境下应选择对贴现率变化不太敏感的项目；④应在资本成本下降的环境中进行产业投资扩张，反之，留下资金等待更优的扩张机会。

该指标存在的一个简单缺陷就是：如果不同初始投资额方案进行净现值比较，就犹如大象与野牛比体重，不具有可比性。因为投资额大，净现值也比较大的投资方案不一定是最优方案。如何让大象与野牛比体重呢？只能比其比重，即在方案投资额不一致的情况下，可采用以下现值指数与净现值率进行评价比较。

六、现值指数与净现值率

这是一对与净现值存在关联的评价指标，它们与净现值的本质差别是都是用比率表示。净现值是投资方案未来现金流量的现值与项目初始投资额现值的差额，现值指数（present index，PI）是投资方案未来现金流量的现值与项目初始投资额现值的比值，简单地说是一种盈利指数。其以公式表示为

$$PI=\sum_{t=1}^{n}\left[\frac{NCF_t}{(1+i)^t}/(-NCF_0)\right]=-\frac{NPV-NCF_0}{NCF_0} \tag{6-30}$$

式中，通常情况 NCF_0 是负数，为保持正数加了负号。从净现值和现值指数的公式对比可以看出，二者之间存在如下简单关系：

当净现值≥0 时，现值指数≥1；当净现值＜0 时，净现值率＜1。因此，现值指数大于等于 1 的项目才是可行的。如果存在多选项目，现值指数大于等于 1 且现值指数越大方案越好。

现值指数的优点就是使不同投资规模的方案之间具有可比性。当 Excel 不能直接提供该函数计算时，先计算净现值，然后再简单算术计算求另一单元格数据即可。

净现值率（net present value rate，NPVR）是指投资项目的净现值占原始投资现值总和的百分比。净现值率的计算如下：

$$NPVR=\sum_{t=0}^{n}\left[\frac{NCF_t}{(1+i)^t}/(-NCF_0)\right]=-\frac{NPV}{NCF_0} \tag{6-31}$$

其评价标准是 NPVR＞0，方案可行，横向比较是越大越好。

七、内部报酬率

项目的内部报酬率（internal rate of return，IRR）又称内含报酬率、内部收益率，其含义就是项目内部所隐含的利率，是让净现值等于零的贴现率。它类似于债券的到期收益率，是对项目评价的一个非常重要的指标。

1. 内部报酬率的计算

净现值和净现值率反映了项目收益率是否超过了企业所要求的最低收益率（资本成本），但不能确切计算投资方案自身的收益率。内部报酬率可以做到这一点。它就是让投资方案在建设和生产经营期限内的各年现金流量的现值累计为零的贴现率，即净现值为零的贴现率，在式（6-32）中的 r 即为内部报酬率。

$$0=\sum_{t=1}^{n}\frac{NCF_t}{(1+r)^t}-NCF_0 \tag{6-32}$$

内部报酬率反映项目在寿命期间里，为企业提供了一个内部报酬平台，这个平台对所使用资源所支付的内部利率。它与净现值之间存在的关系即是净现值将为零时的贴现率。但实际计算内部报酬率则很复杂，手工计算一般可以采用逐次测试法来确定。其基本步骤是：先用经验估算一个让净现值在零左右的贴现率 i_1，再计算项目的净现值 NPV_1，如果 NPV_1 为正数，说明方案的内部报酬率高于估计的贴现率 i_1，应提高贴现率到 i_2 进一步测试净现值 NPV_2，如果 NPV_2 继续大于零，则再提高贴现率，直到方案的净现值出现负数为止，为方便表述，仍以 NPV_2 表示。此时，说明方案的内部报酬率在估计的贴现率 i_2 之下。这样，经过多次测试后可以找出净现值由正数向负数转化的相邻的两个贴现率（如果第一次测试的 NPV_1 为负数，则逐次降低贴现率直至 NPV_2 为正。此举目的就是找到一正一负的两个净现值及对应的贴现率）。方案的内部报酬率就介于两个贴现率之间，具体可通过内插法来计算。内插法的含义就是将贴现率在 i_1 与 i_2 间净现值的变化看成是线性的（图 6-2），其公式为

$$\mathrm{IRR}=i_1+(i_2-i_1)\times\frac{\mathrm{NPV}_1}{\mathrm{NPV}_1-\mathrm{NPV}_2} \tag{6-33}$$

式中，i_1 表示试算时使净现值为正数的较低的贴现率；i_2 表示试算时使净现值为负数的较高的贴现率；NPV_1 表示以 i_1 贴现的正净现值；NPV_2 表示以 i_2 贴现的负净现值。

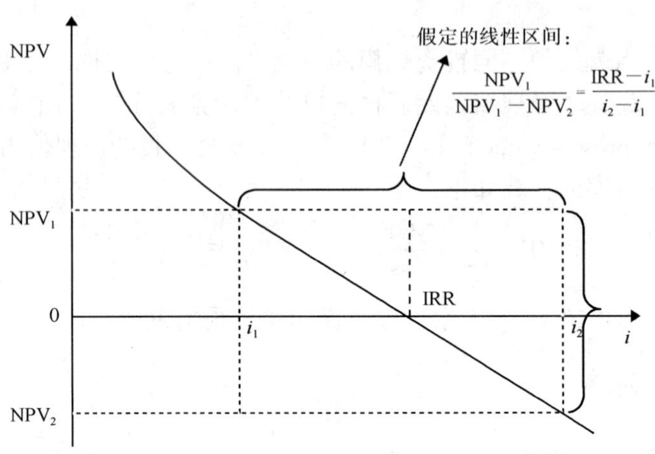

图 6-2　内插法原理示意图

用 Excel 计算内部报酬率非常方便，但由于内部报酬率对现金流量图显示的时间点非常标准和严格，这与实际状况也不同，Excel 还提供了非标准现金流的内部报酬率的计算，所用函数为 XIRR。有兴趣者不妨试试。

【例 6-2】某企业拟购置一项固定资产，需投资 1100 万元。该项目预计使用寿命为 10 年，期满净残值为 100 万元，投产使用后无须追加流动资金和其他长期资产投资，每年可为企业新增经营收入 500 万元，付现经营成本 200 万元。企业按直线法计提折旧，所得税率为 25%，折现率为 5%。复利现值系数（*P*/*F*，5%，10）＝0.6139，年金现值系数（*P*/*A*，5%，10）＝7.7217，（*P*/*A*，5%，9）＝7.1078，要求计算该项目：（1）每年净现金流量；（2）净现值；（3）内含报酬率。（注：当折现率为 16%时，净现值为 82.65 万元；当折现率为 20%时，净现值为－77.65 万元）。

解：（1）NCF_0＝1100 万元

$\mathrm{NCF}_{1\sim 9}$＝［500－200－（1100－100）/10］×（1－25%）＋100＝250（万元）

NCF_{10}＝250＋100＝350（万元）

（2）NPV＝250×（*P*/*A*，5%，9）＋350×（*P*/*F*，5%，10）－1100＝891.815（万元）

（3）NPV＝250×（*P*/*A*，IRR，9）＋350×（*P*/*F*，IRR，10）－1100＝0

因为当折现率为 16%时，净现值为 82.65 万元；当折现率为 20%时，净现值为－77.65 万元，所以，利用内插法得 IRR＝16%＋82.65/（82.65＋77.65）×（20%－16%）≈18.06%。

2. 内部报酬率的评价

内部报酬率在计算时没有引入外部变量，它完全由项目自身的现金流所决定，因此，在外部资金成本等尚不能确定的情况下，它可以独立计算。由于它反映了项目内部能获得的收益率，从而反过来可以去确定项目能够接受的资金成本上限，有助于统筹融资与投资。而且，由于内部报酬率是相对数，可横向简单比较，便于建立起多种非排斥方案之间的优先顺序。但是，内部报酬率存在许多深层次缺陷。

（1）久期问题。内部报酬率是项目内部实现的收益率，当现金净流量大于零的情况出现时，这部分现金如何处置，该方法没给出答案，这里存在的假设是项目部分终结，即项目是随现金流的逐步回收而逐步终结的，故项目的这种终结时间是以现金流现值占比为权数对对应时间点的加权平均，这类似于债券久期，它短于项目最终结束期。如果项目久期远短于项目期限，则存在现金净流量再投资何处的问题，假设再投资项目本身，则与项目本身冲突，即项目是无法吸纳这些现金流的。如果投资于外部市场，则会牵涉外部资本市场收益率与内部报酬率不一致的问题，如果资本市场收益率低于内部报酬率，则整体投资收益率就低于内部报酬率，反之则相反。

一个具有较高内部报酬率的项目，如果久期过短，看似是高报酬的投资，实际上则是项目投产初期就有大量的现金净流量无法使用，只能投资于外部资本市场去获取平均收益，根本就算不上长期投资，也就算不上真实的高报酬。因此，内部报酬率必须和项目久期结合使用，而且最好能结合融资方案进行整体设计。

（2）非常规项目现金流反号问题。所谓常规方案是在建设和生产经营年限内各年的现金净流量在开始年份出现负值，以后各年出现正值，正、负符号只改变一次的投资方案。常规方案的净现值（贴现率的函数）是随贴现率上升而单调下降的，因此，它只与横轴（净现值为零）相交一次，故只存在一个内部报酬率。如果项目的投资支出和投资收入交叉发生，现金净流量就可能会出现多次由负转正及由正转负的“反号”，我们称超过一次以上的现金流反号项目为非常规项目。这时，净现值随贴现率上升而单调下降的规律被打破了，它会在某一阶段随贴现率上升而下降，又会在某一阶段随贴现率上升而上升，据此，净现值（贴现率的函数）可能会多次出现零，也即净现值线（贴现率的函数）会多次与横轴相交，从而产生多个内部报酬率。根据程序推算，有多少次“反号”出现就可能得出多少个内部报酬率。而数学上可以证明，内部报酬率的最多个数＝反号次数，内部报酬率的最少个数＝反号次数－2×（反号次数－1），内部报酬率的一般个数＝反号次数－2×（低于反号次数的正整数－1）。

非常规方案在实践中是经常出现的，如矿场开采项目在结束时需要有一笔自然生态恢复投入，从而使项目现金流在最后出现由正转负的“反号”；又如森林经营在开始投入后一段较长时间里，并无砍伐，一旦进入砍伐，便存在随后年份的森林恢复的投入，现金流就会交错出现“反号”；高速公路经营会出现中途预期中的长时间封路大修，也会使现金流“反号”；房地产投资项目在开发商竞标得地块后，进入正式开发，先预售得一部分预售收入，然后再投资建房，正式出售时收入很少，有的门面房甚至以租金方式延续若干年，这也是典型的非常规方案；还有一些项目，单一周期是常规项目，但其中会存在反复投资，从全周期看就是非常规项目。以下就某非常规方案的现金流模式举例说明。

【例 6-3】某投资方案的现金流动模式如表 6-1 所示。

表 6-1 某投资方案的现金流动模式（单位：元）

$t=0$	$t=1$	$t=2$
−2000	+5000	−3080

此方案的现金流包括两次“反号”，是非常规方案，可据以算出两个内部报酬率 10%和 40%，即

$5000\times(1+10\%)^{-1}-3080\times(1+10\%)^{-2}=2000$（元）

$5000\times(1+40\%)^{-1}-3080\times(1+40\%)^{-2}=2000$（元）

为了克服内部报酬率缺陷，可辅之以外部收益率（external rate of return，ERR）及外现再投资收益率（external reinvestment rate of return，ERRR）综合判断。

尽管内部报酬率在理论上存在许多不足，但结合项目久期及其他指标，内部报酬率在项目评价中的作用是会提升的，而且是独一无二的。

八、外部收益率

所谓外部收益率，就是指使一个投资方案的初始投资额的终值与各年现金净流量按最低收益率或设定的贴现率计算的终值之和相等时的收益率。以上这句话可以解释为：投资方案的初始投资产生了未来一系列的现金净流量，这些每年的现金净流量需要继续投资，它们无法回到项目中，只能按项目外某个收益率进行再投资，这个收益率可以是资本成本或要求的最低收益率，也可以是资本市场平均收益率，以该收益率投资到项目结束，得到的终值就是投资所得到的结果，如果此结果与初始投资额比较，按复利计算，使初始投资额终值等于此结果时所得到的贴现率即为外部收益率。其以公式表示为

$$\mathrm{NCF}_0(F/P,\ r,\ n)=\sum_{t=1}^{n}\mathrm{NCF}_t(F/P,\ i,\ n-t) \tag{6-34}$$

式中，r 为项目的外部收益率；i 为最低收益率；NCF_0 为初始投资额；NPV_t 为各年现金流量。

外部收益率强调的是将所有中间出现的现金净流量按外部利率再投资到项目结束，也即它不认同流出项目的现金是项目部分终结，而是按外部利率将其延伸至终，它考察了整个项目周期的全过程收益率。这对于各方案之间在等量固定周期比较报酬率大小方面无疑是最全面的。

外部收益率也是一个内部报酬率，只不过是将现金流按固定的外部利率延伸至项目终了后，再次计算的内部报酬率，是项目概念的时间与空间延伸。因此，在评判标准上与内部报酬率一样，即只有当外部收益率大于企业所要求的最低报酬率时，方案才是可行的。并且，外部收益率越大方案越好。与内部报酬率相比，外部收益率具有以下优点。

（1）对于非常规项目，外部收益率不会出现多个正实数解，只有唯一解，避免了非常规项目存在多个内部报酬率的问题。

（2）外部收益率计算可以更广泛，即可以按各年现金流出量按外部收益率折算后的终值，等于各年现金流入量按外部市场平均收益率再投资后得到的终值。这样就克服了项目尚未回收的投资和项目回收取得的资金都能获得相同的收益率的弊病。

（3）外部收益率所用的再投资报酬率是外部市场平均收益率或基准收益率，它是根据特定的经济环境、资金市场、投资项目以及特定的时期用科学方法进行预测得到的，是项目可行的最低要求，因此外部收益率与实际再投资报酬率更为接近。

（4）对于多个可行项目，可直接采取各项目外部收益率的值直接进行优劣排序，从而大大简化了比选过程。因此，外部收益率不仅比内部报酬率计算简便，而且其计算结果更为客观正确，在投资决策中更能为决策者提供可靠有用的信息。

当然，外部收益率也存在缺点，如常规项目的外部收益率难以准确反映项目投入资金年动态收益率的大小，而且对于多次投资且寿命周期比较长的建设项目来说，外部收益率的计算也比较麻烦。尤其是多次投资时，外部收益率要将投资额的现值先计算出来，即将投资额最终汇集于现在的综合 NCF_0，然后将投产期的现金净流量汇集于第 n 年的综合 NCF_n，投资报酬体现了这两点间的复利回报。这中间对于一般性项目是不存在麻烦的，但是，许多表述仍存在模糊空间，投资是一种现金流出，报酬是未来的现金流入，如果极端异化为如下表述："使项目现金流出量按确定的贴现率计算的现值按某个报酬率投资所得的终值正好等于项目现金流入量按确定贴现率所计算的终值，这个报酬率就是外部收益率 ERR，确切地说，就是彻底的收益率修正，可称之为修正内部收益率 MIRR。"然而，这个异化表述让概念模糊在经营期限内每年都存在现金流入与流出，是不是全部现金流出都要异化为投资？显然不是。于是，就有了另外一个指标：平均收益率（average rate of return，ARR），它的实质就是只计算初始投资的回报率，中间的投资都按贴现率与现金流入量一起折算到最后终值，再计算复利回报。外部收益率、修正内部收益率（modified internal rate of return，MIRR）、平均收益率对中间现金流的处理差异，使存在中间投资的项目收益存在差异，但如果只有一期投资，三者是无差异的。为不使问题复杂，本书认为这三者都是广义的外部收益率。细节差异就是中间现金流出量的处理。

【例 6-4】某项目投资 1000 万元，分两年进行，每年投资 500 万元，但投资开始 1 年后便有现金净流入，并持续 5 年每年 300 万元现金净流入，计算该项目的内部报酬率与外部收益率。项目资本成本为 5%。

项目各年的现金流量如下：

$NCF_0=-500$ 万元，$NCF_1=-500+300=-200$ 万元，$NCF_{2\sim5}=300$ 万元。

通过计算，项目的净现值 NPV＝322.65 万元，内部报酬率 IRR＝18.83%，但外部收益率 ERR 有四种算法。

（1）转化现金流：第 0～5 年分别为：－500 万元、－500 万元、0 元、0 元、0 元、1657.69 万元，计算的外部收益率 ERR＝12%。

（2）转化现金流：第 1 年末的现金净流量直接按 200 万元折算为投资现值 190.48 万元，相当于现在投资 690.48 万元，5 年后获得终值 1293.04 万元，这个中间的报酬率（外部收益率的转化 $MIRR_1$）为 13.37%。

（3）转化现金流：将投资与经营性现金流分开，即现在投资 500＋500/1.05≈976.19 万元，获得连续 5 年每年 300 万元的现金流，终值为 1657.69 万元，中间的报酬率（外部收益率的转化 $MIRR_2$）为 11.17%。

（4）转化现金流：只计算第 1 年投资 500 万元，其他年份现金流按贴现率统一折算到终值，其和为 1049.94 万元，中间的报酬率（外部收益率的转化平均收益率）为 16%。

由此，我们看出，外部收益率对现金流的处理极为重要，尤其是那些投资与收入重叠严重的现象。扣减式折算现金流意味着现金流出被项目吸收，在内部报酬率大于项目资本成本时，它计算的外部收益率比较高；分开式折算意味着现金流出以项目资本成本再投资，在内部报酬率大于项目资本成本时，它计算的外部收益率比较低。上述结论在内部报酬率小于项目资本成本时，是反过来成立的。基于资金综合利用的视角，本书认为第一种计算合理，这也是本质上的外部收益率。

九、外现再投资收益率

外现再投资收益率是以“年净利润”除以原投资额得到的投资收益率，在这里，确定“年净利润”时扣减的折旧费用是按“偿债基金法”计算的年折旧额。外现再投资收益率假设每年的“年净利润”都是相等的，“偿债基金法”计算的每年提取的折旧额 $(P_0-S)\cdot\dfrac{i}{(1+i)^n-1}$ 也是相等的，其中 (P_0-S) 为投资额减残值。故

$$年净利润=NCF_{1\sim n}-(P_0-S)\cdot\frac{i}{(1+i)^n-1} \tag{6-35}$$

式中，$NCF_{1\sim n}$ 为经营年限的年现金净流量。如果将“年净利润”看成项目最纯粹的现金流，被提取的折旧额 $(P_0-S)\cdot\dfrac{i}{(1+i)^n-1}$ 按利率 i 投资到项目结束，则这部分折旧额的终值正好就是 (P_0-S)，加上收回的残值 S，第 n 年的现金净流量就为 P_0，即整个项目的现金流量表达为 $NCF_0=P_0$，$NCF_{1\sim n-1}=$年净利润，$NCF_{1\sim n}=$年净利润$+P_0$。

这意味着现金流模式已变成一个通常使用的发行债券的模式，而这个债券的到期收益无须贴现计算，它可直观地用每年债息除以发行价。所以，外现再投资收益率就是

$$ERRR=\frac{年净利润}{投资额P_0} \tag{6-36}$$

外现再投资收益率 ERRR 与外部收益率 ERR、内部报酬率 IRR 相比，由于它用“偿债基金法”计提“年折旧额”，并用各年提取的折旧基金按所用的折现率（外部市场收益率 i）进行再投资，故当 $i<IRR$ 时，就一定会导致 ERRR＜IRR，由于 ERRR 只用了每年的一部分现金净流量作为偿债基金，并按 i 进行再投资，而 ERR 则是用所有的年现金净流量进行再投资，故当 $i<IRR$ 时，ERRR＜IRR。因此，我们得出如下结论：

当 $i<IRR$ 时，则有 $i<ERR<ERRR<IRR$。

同理，当 $i>IRR$ 时，则有 $i>ERR>ERRR>IRR$。

外现再投资收益率计算简便，特别适用于只发生一次性原始投资、建成投产后各

年的经营收支又能基本保持均衡的投资方案。

【例 6-5】某项目现在投资 1500 万元，投资开始 1 年后便有持续 5 年每年 300 万元现金净流入，第 5 年末收回残值 500 万元。计算该项目的内部报酬率、外部收益率、外现再投资收益率。项目资本成本为 5%。

用 Excel 计算。结果如下：

IRR＝8.82%

ERR＝7.54%

外现再投资收益率的计算需先提按偿债基金法提取折旧，折旧额为（1500－500）/（F/A，5%，5）＝1000/5.525≈180.99（万元），则

ERRR＝（300－180.99）/1500≈7.93%

该数字也是按如下现金流计算的内部报酬率：

NCF_0＝－1500（万元）

$NCF_{1\sim4}$＝119.01（万元）

NCF_5＝119.01＋1500＝1619.01（万元）

其结果读者可自行验证。由于 IRR＞i，故有：i＜ERR＜ERRR＜IRR 成立。

第五节　各类项目投资决策分析

长期投资决策是对可选长期投资方案分析比较后，以投资收益为标准，选择最满意的方案。实际决策中，是按照方案对企业经营目标的贡献度来评价方案的，当企业目标复杂且综合时，需要平衡每个目标的关系。例如，当前的盈利与后续发展能力，这是既统一又矛盾的，决策就要平衡当前利益与长远利益。另外，还要平衡经济利益与社会利益。在现代公司治理框架下，企业战略目标统一于各种资本的综合索求之下，而公司价值极大化即是资本总市值极大化，这就相当于在项目投资中，综合各种因素，既保证了未来项目现金流量所获得的综合现值及投资报酬极大化，又实现了综合资本成本极小化。

长期投资方案分为如下三类：①独立投资方案。这是一种独立决策的投资项目，它的实施也不牵涉其他项目，因此，决策时只需要单独判断它是否可行、是否能达到投资决策指标就行了，最典型的就是创业者自己拥有的专利进行产业化投资，商业计划书一般只提供一个独立方案。②互斥投资方案。这是在一定的约束条件下，存在若干备选方案，接受某个方案就必须放弃其他投资方案，其约束条件有如资金、场地、人员、产品市场等的约束，接受一个方案就必须放弃其他方案。③最优组合投资方案。如果多个项目可以同时实施，企业或投资公司的资金总量可以涵盖多个项目，但又不是无止境的，这时就需选择多个方案组合，对投资公司而言，这种组合不仅要计量预期收益，使其最大化，还要考虑项目组合中的非系统性风险抵消。

一、独立投资方案的决策分析

独立投资方案的决策分析，主要是取决于经济评价指标能否达到标准。例如，净现值是否大于零？内部报酬率是否高于企业要求达到的最低收益率？净现值和内部报酬率指标所得出的结论是否一致？如果不一致还需有其他指标配合等。对于独立非常规方案，其取舍就不能依据内部报酬率指标，前节指标分析已有介绍。【例 6-6】就是一个独立非常规方案，结合外部收益率便可进行决策。

【例 6-6】某期限较短的矿场开采项目的每年现金净流量如下所示：

第 0 年投资 80 000 元，$NCF_0=-80\ 000$ 元。

第 1 年开采并卖出矿场资源 500 000 元，$NCF_1=500\ 000$ 元。

第 2 年为恢复环境及对周边居民赔偿需支付 500 000 元，$NCF_2=500\ 000$ 元。

这是一个独立非常规方案，有两个内部报酬率 25%和 400%。

$80\ 000=500\ 000\times(1+25\%)^{-1}-500\ 000\times(1+25\%)^{-2}$

$80\ 000=500\ 000\times(1+400\%)^{-1}-500\ 000\times(1+400\%)^{-2}$

这个项目的净现值 $NPV=500\ 000\times\left[(1+i)^{-1}-(1+i)^{-2}\right]-80\ 000$

当贴现率 $i=0$ 时，$NPV=-80\ 000$ 元，随着贴现率 i 增加，净现值反而增加，$i=25\%$时，$NPV=0$；且在此基础上 i 继续增加时 NPV 也继续增加，至 $i=100\%$达到极大值的 $NPV=45\ 000$ 元；此时再增加 i 时 NPV 减少，且一直减少下去，并在 $i=400\%$时净现值减少至 0，随后再次为负。这就是此方案净现值随贴现率变化的过程。显然，这个过程很难为投资者所接受，原因就是各年现金净流量的现值因为存在多次反号，其重要性或权重大小随 i 变化而交错出现，如 i 在数学意义上处于较小阶段时，前期正的现金净流量在 i 上升时虽然折现值下降，但远不及后期负的现金净流量折现值下降得快，从而使净现值上升。但当净现值上升到一定阶段时，后期负的现金净流量已折现到非常小了，再降低折现因子也无关紧要，而前期正的现金净流量折现值就会因为贴现率上升而下降，并使初始投资成为净现值构成重点。对【例 6-6】的理解可以推演到一般，读者也可以通过反复验证理解。

内部报酬率的这种跨越界限数学呈现，本质上源于对报酬的计算周期，即所谓的久期。内部报酬率只反映现金净流量收回点之前的报酬，即当项目收回现金时，它是保留在项目内部还是如何继续投资取得报酬？按投资方案要求，它无法继续保持在项目内部，它若流出到项目外部，就应该取得外部市场收益率或资本成本，如果都不是，则就认为项目部分结束。如果项目随着现金的一步步收回而逐步结束，则可以认为项目的真实周期是久期而不是彻底结束的那个期限。其实有许多房地产项目就存在这个问题：开发商投资开发商品房，投资一开始就是买地，然后有预售，就有现金流入，随后进入建设期去投资建房，如果还有没卖掉的将继续在漫长的时间内销售，即尾盘会有数年时间，如果还有设计中的门面房以租代售，这个周期就很长了。这种项目用内部报酬率评价肯定存在极大错误，因为它根本不能代表项目彻底结束时项目所取得的报酬率，如果现金流中间不反号也充其量只是一个项目久期收益，如果中间现金流反号则是项目久期出现异常波动，在极短或极长时间中变化呈现，而久期的特征正好是随收益率的变化而变化，它不是随项目或债券固定的。在可辨识的空间里，用一般收益率计算所有现金流到项目结束几乎是唯一解决问题的方法，即用外部收益率来取代内部报酬率。对于【例 6-6】，即使设定要求达到的最低收益率来计算净现值，也可能成为谬误。例如，设定最低收益率为 50%，净现值高达 31 111 元，当然，这个设定或许就是高了，但无论如何摆脱不了那根变异的、反复无常的净现值随贴现率变化曲线的困扰。而外部收益率无论怎样计算都是正常的，因为它将项目周期统一到彻底结束的那一天。对于【例 6-6】，假设外部市场收益 10%，则第 1 年现金流终值就是 550 000 元，加上第 2 年的－500 000 元，综合得 50 000 元，显然这是一个投资 80 000 元，获得本息和 50 000 元的投资，则有

$80\,000\times(1+\text{ERR})^2=50\,000$

得 ERR≈－20.94%

显然，这是一个亏损的投资，不可行。

二、互斥项目的比较选优

互斥项目不仅要分析项目是否可行，而且要在可行项目中选择最优的，这就需要在计算各投资项目经济效益的基础上排序选优。静态指标常用于简单的比较判断，但项目的深度比较还需要各种动态指标的综合运用，如采用净现值、净现值率、内部报酬率、外部收益率等对互斥项目进行排序，应结合现金流量模式的特征与差异、利率环境等进行综合判断。

（一）项目久期与利率敏感性

1. Macaulay 久期理论

F. R. Macaulay 在 1938 年首次提出了久期的概念。他将久期定义为债券在未来产生现金流的时间的加权平均，其权重是各期现金流现值在现金流现值总值中所占的比重，即

$$P=\sum_{t=1}^{n}\frac{C_t}{(1+r)^t} \tag{6-37}$$

$$D=\frac{\sum_{t=1}^{n}\frac{tC_t}{(1+r)^t}}{P} \tag{6-38}$$

式中，D 为 Macaulay 久期；C_t 为第 t 期的现金流量；t 为收到现金流的时间（$t=1, 2, \cdots, n$）；n 为现金流发生的次数；r 为到期收益率，即使债券未来现金流量的现值等于债券当前市价 P 的折现率。

久期是指债券的平均期限，它也表达利率风险，久期越大，债券的利率风险越大；久期具有线性可加性，一个债券组合由 n 种不同债券组成，那么这个债券组合的久期为这 n 种债券久期的加权平均和。

2. 项目久期

以项目的投资额替代债券价格，它在营运期间产生的现金净流量替代债息，则可类比定义项目久期。项目久期即项目在未来产生的现金净流量时间的加权平均值，权重是各期现金流现值在项目投资现值总值中所占的比重。但项目久期与债券久期还存在细节上的区别，主要是项目的资金投入期长，如果是在1年之内完成的，项目即使存在不同时间点投资的时间差，也可以忽略不计，则项目久期的计算与债券久期是完全相同的；如果项目资金投入期是在几年内分阶段进行的，则项目久期与债券久期是存在一定差别的，因此需要将项目分阶段的资金投入通过设定的利率（资本成本或要求的最低投资报酬率）贴现为现在的一次性投入，则项目久期的计算仍然可以用债券久期的计算方法，只是起始计算的时间有所差别。

假设某项目现金流量如图6-3所示：项目投资期为m年，每年都进行项目的投资，第t年投资额为I_t，从第$m+1$年项目开始有现金净流入，第t年现金净流量为C_t，且项目运营期为$n-m$年。

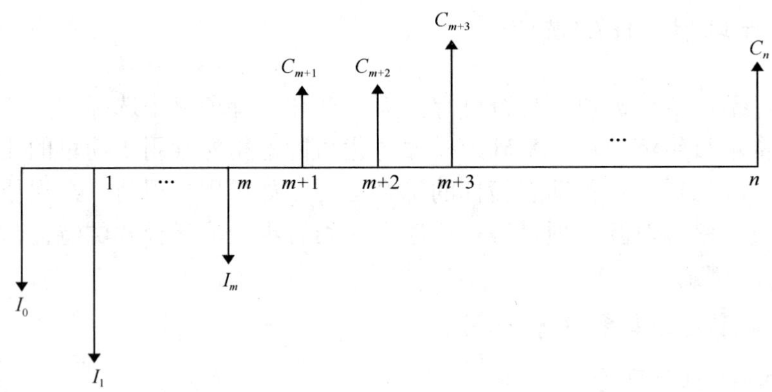

图6-3　某项目现金流量

当$m=1$时，项目投资额$P=I_1$，由式(6-37)确定折现率r，其r即是内部报酬率，再由式（6-38）计算项目久期D。

当$m>1$时，即按照债券久期的定义来类比，在确定项目的折现率i时应为

$$\sum_{t=1}^{m}\frac{I_t}{(1+i)^{t-1}}=\sum_{t=m+1}^{n}\frac{C_t}{(1+i)^{t-1}} \tag{6-39}$$

其中，i为项目的总投资现值与项目未来现金净流量现值相等的折现率，这是项目的内部报酬率，即项目1年以上的投资折到1年内投资的折现率应该和项目未来现金流贴现率相同，但等式两边都是不固定的值，计算相对麻烦。考虑到项目的投资期相对于项目的运营期来说短很多，所以用资本成本或要求的最低投资报酬率来折现项目不同期限的投资额，固定住项目总的投资额。

设项目投资现值为P_0，项目久期为D，企业资本成本或要求的最低投资报酬率为r，修正的内部报酬率为i，则由$P_0=\sum\limits_{t=1}^{m}\frac{I_t}{(1+i)^t}$确定$P_0$，由$P_0=\sum\limits_{t=m+1}^{n}\frac{C_t}{(1+i)^t}$确定修正的内部

报酬率 i，那么项目久期 D 为

$$D=\frac{\sum_{t=m+1}^{n}\frac{tC_t}{(1+i)^t}}{P_0} \tag{6-40}$$

项目久期即为“项目平均期限”，它并不是项目结束时的期限，若项目最后一年才有现金流的流入，那么项目久期等于项目的期限。定义中的项目为常规项目，即只有在项目的初始投资阶段出现现金流出，其他各期都是现金的流入，即在项目的存续期内现金流的方向只存在一次反号，非常规项目因存在多个内部报酬率，久期不能确定，故不在本书的研究范围内。

（二）项目久期存在差异的方案比较

【例 6-7】某公司的 A、B 两个项目互斥，初始投资额均为 600 000 万元，项目期限均为 3 年，项目 A、B 的现金净流量如表 6-2 所示。

表 6-2 项目 A、B 的现金净流量（单位：元）

年末	现金净流量	
	A 项目	B 项目
0	−600 000	−600 000
1	500 000	50 000
2	250 000	300 000
3	50 000	500 000

公司 A、B 两项目的投资额与寿命周期相同，A 项目现金净流量逐年递减，B 项目现金净流量逐年递增。A 项目的内部报酬率为 22.79%，B 项目的内部报酬率为 14.93%，单纯从内部报酬率分析是 A 项目优于 B 项目。

互斥项目 A 和项目 B 的净现值如图 6-4 所示，图中显示，B 项目净现值对贴现率变化更敏感，当贴现率为 5.8%时，A、B 两项目的净现值相等；当贴现率小于 5.8%时，B 项目净现值大于 A 项目净现值；当贴现率大于 5.8%时，A 项目净现值大于 B 项目净现值。于是，以 5.8%的贴现率为界限，在此之下的贴现率 B 项目优于 A 项目，在此之上的贴现率 A 项目优于 B 项目，5.8%贴现率即为费雪的交叉利率。如果企业要求的最低收益率低于交叉利率，按净现值和内部报酬率进行排序就会出现矛盾结果。如何解决此问题，以下几点至关重要。

（1）项目的隐含周期（项目久期）不同，A 项目所提供的投资周期比 B 项目短。A、B 项目久期 D_A、D_B 计算如下：

$$D_A=[500\,000\times1\times(1+\mathrm{IRR}_A)^{-1}+250\,000\times2\times(1+\mathrm{IRR}_A)^{-2}+50\,000\times3\times(1+\mathrm{IRR}_A)^{-3}]/600\,000$$

$$\approx1.366\text{（年）}(\mathrm{IRR}_A=22.79\%)$$

$$D_B=[50\,000\times1\times(1+\mathrm{IRR}_B)^{-1}+300\,000\times2\times(1+\mathrm{IRR}_B)^{-2}+500\,000\times3\times(1+\mathrm{IRR}_B)^{-3}]/600\,000$$

≈ 2.476（年）（$IRR_B = 14.93\%$）

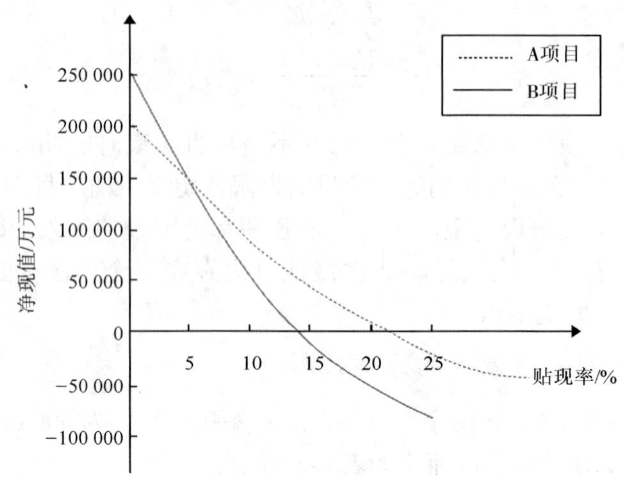

图 6-4 互斥项目 A 和项目 B 的净现值

A 项目的 22.79%的内部收益率只相当于 1.366 年的投资，但 B 项目的 14.93%则相当于有 2.476 年的投资。后者更接近于投资项目终了期，它进行再投资的压力比 A 项目小，更为真实地表达了项目周期的报酬。

（2）如果按 3 年计算投资报酬，A、B 两项目都必须按选用的贴现率再投资，尽管 $IRR_A > IRR_B$，但致命缺陷就是这个报酬率不能保证在一个需要的较长周期中实现，必须依赖外部市场投资，以获得总计 3 年的报酬，这就要计算外部收益率比较了。由于净现值是按资金成本或外部市场平均收益率为贴现率计算的现值，故它是按此贴现率评估投资收益的，在给定的贴现率水平下，它比内部收益率准确，可信度大，但它存在的缺陷就是随贴现率变化而漂移，现代资本市场的收益率变化是非常快的，利率的波动也是比较大的，故净现值这种评估方法应考虑今后利率的走向，如果利率下降，在相同净现值的方案比较中选择对利率敏感的方案（如 B 项目）；反之，选择对利率不太敏感的方案（如 A 项目）。

（3）互斥项目的选择取决于项目主体的特征。主体就是指谁去投资，他有资金吗？他的资金是负债资金还是股权资金？他有明确的使用期限吗？他的其他资产提供的现金流如何？对未来可承受多大风险？以上例，如果投资主体现金流充裕、有较多闲置资金且负债率低、希望进行较长期限的投资，而且利率水平处在低于 5.8%的环境中，选择 B 项目合适；否则，应进行风险较小的投资，尽快收回现金，缩短投资周期，当条件成熟时再投资其他项目。

（4）投资方案与融资方案匹配。假如项目现金流状况能比较方便地计算出来，如高速公路、收费性公共服务设施等，则可用债券融资，此时融资期限及债券需要支付的现金流应与项目提供的现金流匹配，从而达到项目久期与融资久期匹配。

（三）互斥项目的差额分析法

即使互斥项目的初始投资额不同，只要期限相同，就可进行比较。

【例 6-8】某公司有甲、乙两个互斥项目，只能选择一个项目投资，其各年预期现金净流量如表 6-3 所示。

表 6-3　项目甲、乙各年预期现金净流量（单位：元）

t 年末	现金净流量 NCF_t		差量
	项目甲	项目乙	甲乙差额（大－小）
0	−50 000	−100 000	−50 000
1	40 000	50 000	10 000
2	30 000	50 000	20 000
3	5 000	50 000	45 000

项目数据填进 Excel 表中，可引用 Excel 表中财务类函数进行相关指标计算，相关计算可直接找到 IRR、NPV 函数或 XIRR、XNPV 函数，后者适应非标准时点现金流。例如，上述数据直接复制并粘贴于 Excel 表中，从另一单元格计算。实际中，所有数据均在 Excel 表中，计算更方便。

经计算，项目甲的内部报酬率为 31.44%，项目乙的内部报酬率为 23.38%。假设公司资本成本为 8%，项目甲净现值为 16 726.36 元，项目乙净现值为 28 854.85 元，净现值率 NPVR 分别为 16 726.36/50 000≈0.3345 和 28 854.85/100 000≈0.2885，按不同标准的排序结果如表 6-4 所示。

表 6-4　按不同标准的排序结果

项目	项目甲	项目乙	比较结果
IRR	31%	23%	甲优于乙
NPV（8%贴现率）	16 726.36	28 854.85	乙优于甲
NPVR（8%贴现率）	0.3345	0.2885	甲优于乙

从表 6-4 可初步得出甲优于乙，因为属于乙优项是投资额扩大 1 倍产生的效果。当我们继续分析差额时，表 6-3 最右边的差额项目的各项指标为：IRR＝18.22%，NPV＝12 128.49 元。这说明，项目乙在保证 50 000 元投资完全具有项目甲所有经济效益的基础上，对剩余 50 000 元投资（假定不能投资两个项目甲），产生了 IRR＝18.22%，NPV＝12 128.49 元的投资效益，无论如何，这个差额完全能满足企业要求，是不能放弃的。因此，我们可以理解为

项目乙＝项目甲＋差额项目

只要差额项目是可行的，则大项目优于小项目，反之则相反。

（四）项目寿命周期不同的投资方案的比较选优

当互斥项目的寿命周期不同时，将面临寿命周期较短的项目结束后如何投资。一个最为主观的假设便是项目可循环投资，即社会经济环境在很长一段时间内保持不变。这种假设虽与社会历史前进的步伐是不相容的，但实际项目有太多存在这类情形，应用到实际时，可以循环假设，也可将比较的标准分解到每年，时间长短的问题

也不存在了。

1. 最小共同寿命周期分析

【例 6-9】新月公司欲买一辆水泥搅拌车，有两种水泥搅拌车可供选择，XM 牌买价为 810 000 元，预计使用年限为 8 年，因使用它每年可新增税后利润 80 000 元；RJ 牌买价为 610 000 元，预计使用年限为 6 年，因使用它每年可新增税后利润 60 000 元，两车使用终了残值均为 10 000 元，公司资本成本 10%，直线法计提折旧。请从两种品牌中选择一种。

单独计算购买 XM 牌和 RJ 牌所获得的现金净流量如表 6-5 所示。

表 6-5 单独计算购买 XM 牌和 RJ 牌所获得的现金净流量（单位：元）

品牌	NCF_0	$NCF_{1\sim5}$	NCF_6	NCF_7	NCF_8
XM	−810 000	180 000	180 000	180 000	190 000
RJ	−610 000	160 000	170 000	0	0

注：经营年限每年现金净流量＝净利润＋折旧，两种车的年折旧额均为 100 000 元

购买 XM 牌及 RJ 牌的内部报酬率、净现值、净现值率分别如下：

IRR_{XM}＝15.04%　　NPV_{XM}＝154 951.79 元　　$NPVR_{XM}$＝0.191 3

IRR_{RJ}＝14.99%　　NPV_{RJ}＝92 486.45 元　　$NPVR_{RJ}$＝0.151 6

从内部报酬率看，购买 XM 牌与购买 RJ 牌几乎相等，XM 牌略优；从净现值及净现值率看，购买 XM 牌优势明显。尽管如此，假设此类问题仍可能无法完全可比。因为存在期限不同的问题，需重新制定比较基础。

由于购买不同的搅拌车寿命周期不同，为建立可比基础，假设购买 XM 牌并使用 8 年后仍然购买 XM 牌使用，共投资 3 次，年限 24 年；假设购买 RJ 牌并使用 6 年后仍然购买 RJ 牌使用，共投资 4 次，年限也为 24 年。24 即为 6 与 8 的最小公倍数。这样两方案的投资期限就统一为 24 年了，两方案各年现金净流量如表 6-6 所示。

表 6-6　两方案各年现金净流量（单位：元）

方案	购买 RJ 牌	购买 XM 牌
NCF_0	−610 000	−810 000
NCF_1	160 000	180 000
NCF_2	160 000	180 000
NCF_3	160 000	180 000
NCF_4	160 000	180 000
NCF_5	160 000	180 000
NCF_6	−440 000	180 000
NCF_7	160 000	180 000
NCF_8	160 000	−620 000
NCF_9	160 000	180 000
NCF_{10}	160 000	180 000
NCF_{11}	160 000	180 000

续表

方案	购买 RJ 牌	购买 XM 牌
NCF_{12}	−440 000	180 000
NCF_{13}	160 000	180 000
NCF_{14}	160 000	180 000
NCF_{15}	160 000	180 000
NCF_{16}	160 000	−620 000
NCF_{17}	160 000	180 000
NCF_{18}	−440 000	180 000
NCF_{19}	160 000	180 000
NCF_{20}	160 000	180 000
NCF_{21}	160 000	180 000
NCF_{22}	160 000	180 000
NCF_{23}	160 000	180 000
NCF_{24}	170 000	190 000

Excel 计算结果是：

$IRR'_{XM}=14.86\%$　　$NPV'_{XM}=260\ 959.96$ 元　　$NPVR'_{XM}=0.32$

$IRR'_{RJ}=14.77\%$　　$NPV'_{RJ}=190\ 796.18$ 元　　$NPVR'_{RJ}=0.31$

在这样一个长周期中，现金流存在若干次反号，内部报酬率应该会有许多个。然而，Excel 表上提供的内部报酬率计算结果为 $IRR'_{XM}=14.86\%$、$IRR'_{RJ}=14.77\%$，显示比原来均有所下降。这是有依据的。因为中间有反号，但它们并没有显示异常答案，说明虽然 NPV 曲线随贴现率出现了异型波动，但未波动过零轴，Excel 未能显示这种异型波动。修正的净现值 NPV'_{XM}、NPV'_{RJ} 及修正的净现值率 $NPVR'_{XM}$、$NPVR'_{RJ}$ 都与原来相比发生了变化，原因就是计算周期拉长了。而净现值 NPV'_{XM}、NPV'_{RJ} 由于存在投资额的不同，故比较净现值率大小是最为恰当的。两方案经过细致的比较，购买 XM 牌略微占优（净现值率略高所致）。

2. 等年值分析

如果【例 6-9】不进行循环投资计算，也可以计算每个项目在寿命周期内每年现金净流量，其含义是净现值是有投资额不同、时间不同等因素干扰的，通过净现值率化解了投入资金额不同的干扰，通过循环让项目持续时间相等，以化解时间不同的干扰，从而让不同投资额不同持续期的项目能规整为统一尺度进行比较。但这种通过外化手段统一尺度的方法既麻烦又难理解，而内化手段即是通过等年值去形成可比性，使时间周期不同的项目统一到每年的现金净流量进行比较，更进一步是统一到平均每年每单位投资的现金净流量进行比较。

所谓等年值，就是将项目在预定期限内各年的现金流入量与流出量重新排布，重新排布的标准就是各年现金净流量相等，即按照预定的折现率等额地分摊不同时点的现金流，使其变为年金式现金流，这个年金值就是等年值。根据年金的具体内容不同，等年值可以是等年现金流入量、等年现金流出量或等年净现值。而且此法在固定资产的更新决策中，因对每年销售不构成影响，即项目产生的经营现金流入量一致，只有经营现金流出量存在差异时更具比较便利，这就是设备可比较的年使用成本，即等年值分析对比。简单地说，等年值就是净现值的寿命周期内的年均分解，它不是简单的算术分解，而是按资本回收系数（年金现值系数的倒数）分解。

项目等年值＝项目寿命周期内的净现值/寿命周期内的年金现值系数

【例 6-9】中，购买 XM 牌及 RJ 牌的净现值分别为 NPV_{XM}＝154 951.79 元、NPV_{RJ}＝92 486.45 元，其等年值 A_{XM}、A_{RJ} 分别如下：

A_{XM}＝NPV_{XM}/（P/A，10%，8）＝154 951.79/5.334 9≈29 044.93（元）

A_{RJ}＝NPV_{RJ}/（P/A，10%，6）＝92 486.45/4.355 3≈21 235.38（元）

即在购买 XM 牌的寿命周期内，每年可以给企业带来的等年值是 29 044.93 元，大于购买 RJ 牌的等年值 21 235.38 元。是否可以做结论了？回答是否定的，因为等年值仍未单位化，极致的可比较必须解决投资额不等的问题，即应进一步计算单位投资等年值 a_{XM}、a_{RJ} 方可。

a_{XM}＝A_{XM}/P_{XM}＝29 044.93/810 000≈0.0359

a_{RJ}＝A_{RJ}/P_{RJ}＝21 235.38/610 000≈0.0348

结果已经一目了然了，购买 XM 牌水泥搅拌车优于购买 RJ 牌水泥搅拌车。

（五）互斥项目总结

互斥项目选优存在不同久期而产生的利率敏感性差别问题，需要通过利率变动趋势判断结合到项目选优中，有简单的久期比较方法：①项目期限，一般期限越长则久期越长。②现金净流量处于项目前期还是后期，越倾向于后期，或越往后现金净流量越高，项目久期越长；反之，项目久期越短。久期是对项目投资的一个深层次判断，是投资成功必须重点研究的，对未来资金市场有宽松预期或预期利率会下降时，应倾向选择久期长的项目；反之，应选择久期短的项目，以尽快收回资金，等利率上升后，资金价值提升，再选择投资机会较好。

大小项目差额分析法的原理很简单，但需仔细理解适应条件，当大项目全面优于小项目时用不着差额分析，但大项目比小项目指标均劣或部分劣时，都要差额分析，理由就是剩余资金能否高于资本市场平均收益率，这是差额分析的本质。于是，它的适应条件便是：小项目投资只有一次，不可重复叠加投资；不存在除平均报酬以外的其他投资机会。因此，差额分析法可扩展到小项目短于大项目周期的情况。

不同投资期限的互斥项目比较可以重复投资约当法让项目等周期，这里牵涉对复杂环境的简单假设，而投资的逻辑是复杂的，市场环境瞬息万变，短周期和长周期的比较还有久期问题，虽然此问题没有切入题中，但不等于不存在，【例 6-9】中，如果计算项目久期，显然购买 XM 牌水泥搅拌车更长，它的利率风险也更大，所以当市场利率有上升趋势时，选择 RJ 牌水泥搅拌车更有利，因为它的久期短，利率风险更小。

这里还要强调等年值问题，有许多分析认为项目比较到等年值已经可以了，然而，不同投资额的等年值肯定不能直接比较，应化为单位投资等年值才有比较基础，否则，会得出错误结论。另外，等年值方法大量应用于固定资产更新，这种更新决策有一个重要的可比基点，即它只影响成本，不影响收入，因此将这种可用于比较决策的成本称为可比较的年使用成本。（参见本章第六节）

三、项目组合决策

如果待选项目之间不是互斥的，企业或投资公司在资金总量一定的情况下，可以优选出若干方案进行投资，或者有许多符合标准的项目被筛选出来，就需要将资金分配在这些不同方案上，实现项目的综合效益最佳。如果存在不确定性，还应该力求对冲风险，实现风险小、收益高的目的。这种情况常见于风险投资公司、专项基金项目、长期资产管理、大型企业对分（子）公司投资等。这就产生了投资项目组合的问题。

项目组合投资会涉及多个期内的资金总量限制，这与证券组合投资有根本区别，即一旦选定了组合，就会有与项目相关的现金流入或流出，决策者只有被动接受，而证券组合是灵活的、可以随时调整的组合。因此，项目组合需要企业针对组合的未来进行细致的规划，尽可能使各项目现金流相互耦合，很多情形需要运用线性规划、目标规划等去分析。

但假设项目组合的决策当期资金投入总量成为最重要的限制时，问题就变简单了，即只需使项目总投资额保持在控制资金量以下实现收益极大化。各项目只需按照净现值率由高到低进行排序后再比较选择即可。

【例 6-10】高飞公司在下一个预算年度安排了 100 万元的资金用于长期投资项目，现有 6 个可选项目，各项目的初始投资额、净现值、净现值率、内部报酬率如表 6-7 所示。

表 6-7　各项目的初始投资额、净现值、净现值率、内部报酬率

投资方案	初始投资额/万元	净现值/万元	净现值率	内部报酬率/%
A	42	42	1.00	30
B	20	12	0.60	26
C	30	15	0.50	18
D	20	16	0.80	20
E	40	30	0.75	25
F	18	6	0.33	15

假设根据净现值、净现值率和内部报酬率等指标，6 个方案在经济上都是可行的。但6个方案总投资额170万元，超过资金总量100万元限制，不可能同时安排所有项目，只能按照其盈利率高低排序，从高自低优选投资项目，直到100万元资金被用完为止，分别根据净现值、内部报酬率和净现值率由高到低排序，可以构成三种可能的组合，如表 6-8～表 6-10 所示。

表 6-8 组合一（单位：万元）

投资方案	净现值	初始投资额
A	42	42
E	30	40
F	6	18
合计	78	100

注：净现值由高到低选择，至 E 项目后，资金只剩 18 万元了，剩余资金只能选择 F 项目

表 6-9 组合二

投资方案	内部报酬率/%	初始投资额/万元	净现值/万元
A	30	42	42
B	26	20	12
D	20	20	16
F	15	18	6
合计		100	76

注：内部报酬率由高到低，至 B 项目后，剩余资金 38 万元，不能投资 E 项目，依次选 D 项目，D 项目后剩余资金 18 万元，只能投资 F 项目

表 6-10 组合三

投资方案	净现值率	初始投资额/万元	净现值/万元
A	1.00	42	42
D	0.80	20	16
B	0.60	20	12
F	0.33	18	6
合计	0.76	100	76

注：净现值率由高到低，至 D 项目后，资金剩余 38 万元，不能投资 E 项目，依次选择 B 项目，B 项目后剩余资金 18 万元，只能投资 F 项目

按照净现值排序结果为组合一，总的净现值为 78 万元；按照内部报酬率排序结果为投资组合二，总的净现值为 76 万元；按照净现值率排序结果为组合三，总的净现值为 76 万元。组合一的总净现值最大，因此是最优的组合。

排序的目的是让净现值最大，因为内部报酬率不能体现整个时间段的投资回报，即使按内部报酬率排序，也不能以内部报酬率作为总体评价指标。净现值率排序有其合理性，但本题也未能体现最优，所以，最优组合方案是需要反复测算的。

第六节 固定资产更新决策

一、更新方案中的现金流量

固定资产更新是指对技术经济上不适应的旧资产进行更换或技术改造，其决策包含两个层次问题：一是是否更新，二是决定更新时选择怎样的资产更新。这两层问题如

果归纳到一起，即企业如果将旧资产看成最便宜的新资产，实际上就变成一个问题了，即选择什么样的固定资产。当然，用这种方法进行比较的先决条件就是旧设备需要有价格，市场价或是潜在买家的出价。

在企业持续经营的环境中，更新决策不能改变企业的生产能力，也不会因为更新而改变企业的经营收入，但会改变企业的现金流量在各年的分布。由于更新决策方案中不存在太多的差量收入，说其存在，也只是各方案的残值收入不同。因此，更新决策是一种经典类型的决策，一定要掌握其中的技巧。

【例 6-11】瑞和公司拟对某固定资产进行更新，旧设备是 4 年前购置的，还可使用 4 年，购价为 200 000 元，从开始使用直到 8 年后的残值 40 000 元，如现在处理，可得净值 80 000 元，若继续使用，每年使用费 10 000 元；现有一新设备，购价 260 000 元，可使用 10 年，10 年后残值 60 000 元。新设备每年使用费 3000 元，试计算新旧设备可比较的年使用成本及旧设备可比较的现时价值，并得出是否应该更新的决策。假设企业资本成本 6%，（*P*/*A*，6%，4）＝3.465，（*P*/*A*，6%，10）＝7.360，并假设旧设备变卖后的净值 80 000 元已包含抵扣所得税部分。

此题已知条件并不包含现金流入，所以不能通过比较净现值和内部报酬率进行取舍。因此假定收入相同，只需比较成本便行了。是否可以通过比较新旧方案现值总成本来判别优劣呢？肯定不妥。因为新旧设备可使用时间不同，即新旧设备“贡献”存在差异。化解“贡献”差异的方法就是均摊到年，因为新旧设备每年的“贡献”相等。因此，我们将全部相关现金流在剩余使用期限均摊，即将所有相关成本均摊到年的平均年成本称为“可比较的年使用成本”，这个可比较的基础就是新旧设备使用期限的每年“贡献”相等。表 6-11 列示了新旧设备各年的成本性现金流及其差额。

表 6-11　新旧设备各年的成本性现金流及其差额（单位：元）

年限/年	旧设备投资与使用成本性现金流	新设备投资与使用成本性现金流	新旧设备投资使用成本性现金流差额
0	80 000	260 000	180 000
1～3	10 000	3 000	－7 000
4	－30 000	3 000	33 000
5～9	0	3 000	3 000
10	0	－57 000	－57 000

注：成本性现金流是指与收入性现金流符号方向相反，只要大家习惯，将符号反过来也可以，在现金流量图上一般按收入为向上的标准标注

这里容易出现的理解错误就是差额分析法，即根据实际的现金流进行独立项目决策分析。新旧方案投资相差为 260 000－80 000＝180 000 元，作为更新独立项目的现金流出；新旧设备每年运行成本相差 3 000－10 000＝－7000 元，这是更新带来的成本节约额，视同现金流入；如果旧设备 4 年后报废，新设备第 5～10 年仍可使用，则新设备后 6 年成本节约额是否可视为 3000－0＝3000 元呢？无须计算，这是错误的，因为按独立项目分析，增量投资 180 000 元产生了前 4 年每年 7000 元的使用费节约后，后 6 年没有形成节约，还有增量 3000 元的使用成本，这个方案肯定不可行。一开始便提到了“贡

献”相等的概念，成本单独比较的基础是“贡献”相等，旧设备在第5年已不存在，何来“贡献”？因此，使用年限不等的新旧设备决策应基于“贡献”相等去比较成本，“贡献”不等时差额分析显然不妥。只有“贡献”相等的新、旧设备，即未来使用年限相同的新、旧设备，比较决策才可使用差额分析法。而一般情况下，如何进行正确的比较决策呢？

二、局外观与可比较的年使用成本

假设有一个虚拟的第三家公司，情形和瑞和公司一模一样，它需要一台设备，而它没有旧设备，它可以花80 000元购买旧设备，也可花260 000元购买新设备，哪个合算？这就是瑞和公司跳出自己的固有立场，站到第三方观察问题了。这就是局外观，为的是保持自己判断的客观性。在表6-11中，就是按局外观计算现金流的。

可比较的年使用成本（以符号 AVC 表示）是指以局外视角，对固定资产所引起的现金流在使用期限分摊，使现金流转变为年金的形态。其每年的年金额即为可比较的年使用成本。它包括如下三个部分。

1. 投资的年摊销额

投资的年摊销额（AI）是指固定资产的净投资（初始投资额 I－残值 S）分摊到使用期限各年后的年金值，由于起始时点在现在，向未来各年分摊，且使各年现金流量相等，则有

$$\mathrm{AI}=\frac{I-S}{(P/A,\ i,\ n)} \tag{6-41}$$

2. 年使用费用

如果每年使用费用相同，则不需要均摊；如果每年使用费用不同，则要均摊，均摊的方式是将各年的使用费用全部折成现值或终值，然后将现值或终值相加，其和再除以$(P/A,\ i,\ n)$或$(F/A,\ i,\ n)$，即现值除$(P/A,\ i,\ n)$，终值除$(F/A,\ i,\ n)$，两者计算的结果相同。年均使用费用用 C 表示。

3. 残值利息

由于投资年摊销额以净值计算，故残值收入的分摊是以资本回收系数分摊的，而残值的实际收入产生在项目结束的时点，本应除以年金终值系数$(F/A,\ i,\ n)$分摊到各年，但当残值收入除以年金现值系数$(P/A,\ i,\ n)$分摊后，就应该每年加上残值利息 $S\times i$，其验证如下：

$$\frac{-S}{(F/A,\ i,\ n)}=\frac{-S\times i}{(1+i)^{n}-1}=\frac{-S\times i\times(1+i)^{-n}}{1-(1+i)^{-n}}=\frac{S\times i\times\left[1-(1+i)^{-n}-1\right]}{1-(1+i)^{-n}}$$

$$=S\times i-\frac{S\times i}{1-(1+i)^{-n}}=S\times i-\frac{S}{(P/A,\ i,\ n)}$$

上述验证表明，可比较的年使用成本 AVC 可有如下两种表达式：

$$\mathrm{AVC}=\frac{I-S}{(P/A,\ i,\ n)}+C+S\times i \tag{6-42}$$

$$\mathrm{AVC}=\frac{I}{(P/A,\ i,\ n)}+C-\frac{S}{(F/A,\ i,\ n)} \tag{6-43}$$

【例 6-11】中新旧设备可比较的年使用成本分别为

旧设备可比较的年使用成本＝（80 000－40 000）/（P/A，6%，4）＋10 000＋40 000×6%

＝40 000/3.465＋10 000＋2400≈23 944.01（元）

新设备可比较的年使用成本＝（260 000－60 000）/（P/A，6%，10）＋3000＋60 000×6%

＝200 000/7.360＋3000＋3600≈33 773.91（元）

从计算结果中看出，旧设备可比较的年使用成本低于新设备，所以应使用旧设备，不应更新。从相对比较来看，使用旧设备每年节约使用成本为 33 773.91－23 944.01＝9829.90（元），在使用旧设备期间一共节约的现值是 9829.90×3.465≈34 060.60 元。

站在第三方立场，在选择新旧设备时，如果让旧设备的可比较的年使用成本等于新设备可比较的年使用成本，旧设备的作价即为旧设备可比较的现时价值（旧设备重估值），而站在企业自己的立场，因存在所得税抵扣等因素，则存在差别。以【例 6-11】计算，假设旧设备可比较的现时价值为 x，则

$$\frac{x-40\ 000}{(P/A,\ 6\%,\ 4)}+10\ 000+40\ 000\times 6\%=33\ 773.91$$

$$\frac{x-40\ 000}{3.465}+10\ 000+2400=33\ 773.91$$

$$x=114\ 060.60$$

旧设备可比较的现时价值为 114 060.60 元，而旧设备作价 80 000 元，二者差值为 34 060.60 元，它正好等于使用旧设备形成的节约额［9829.90×3.465＝34 060.60（元）］。

三、固定资产的经济寿命

固定资产在使用周期中，会发生两大类成本：一类是投资成本，另一类是使用成本。这两大类成本均摊到年后就是可比较的年使用成本。

（1）投资成本。通过分析计算发现，投资的年摊销额在概念上类同于每年按资本回收系数提取的折旧，它高于按偿债基金法提取的折旧额，因为偿债基金系数是终值还本，资本回收系数是现值还本。而且，当我们计算净投资（$I-S$）时，将残值部分看成借用的资金，应从总投资中扣除，从项目终结点流出，所以每年要计算利息。这就是投资成本的年均摊额（AVI）。

$$\mathrm{AVI}=\frac{I-S}{(P/A,\ i,\ n)}+S\times i \tag{6-44}$$

AVI 是期限 n 的函数，并随 n 的增加而单调递减，即随着使用期限的延长，年投资成本是下降的。

（2）使用成本。使用固定资产是会发生运行费用、维修费用的，这些称为使用成

本，它每年都会发生，但一般情况下每年不相等（假设第 t 年为 C_t），实际发生额应该是一系列无明显规律的现金流。而要将其化为年平均使用成本（average cost，AC），基本方法就是用各年使用成本贴现值之和除以年金现值系数。

$$\mathrm{AC}=\frac{\sum_{t=1}^{n}\frac{C_t}{(1+i)^t}}{(P/A,\ i,\ n)} \tag{6-45}$$

从自然周期分析，固定资产的运行与维修费用在投入使用初期应比较低，随着使用期限 n 增加，因设备陈旧、性能变差而会使维护费用、修理费用、能源消耗等运行成本逐年增加。因此，AC 会随使用时间 n 的增加而增加。

（3）固定资产可比较的年使用成本随使用期限 n 变化形态。由于 AVC＝AVI＋AC，故 AVC 随 n 变化的曲线具有“双曲线”特征，即可比较的年使用成本由 AVI 曲线及 AC 曲线叠加而成，如图 6-5 所示，它有一个最低点 n^*，而且大致在 AVI、AC 两曲线相交点 $n^{*\prime}$ 附近，在其周围探测即可寻找到固定资产的经济寿命，即使可比较的年使用成本 AVC 最低的使用年限。

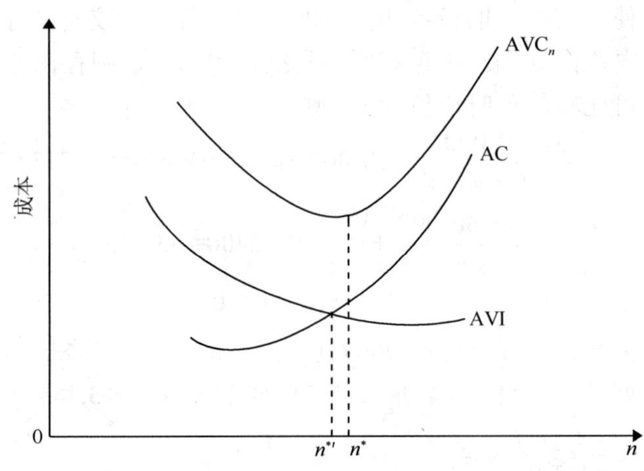

图 6-5　固定资产可比较的年使用成本变化

则

$$\mathrm{AVC}=\mathrm{AVI}+\mathrm{AC}=\frac{I-\frac{S_n}{(1+i)^n}+\sum_{t=1}^{n}\frac{C_t}{(1+i)^t}}{(P/A,\ i,\ n)} \tag{6-46}$$

式（6-45）即由 $\mathrm{AVC}=\frac{I}{(P/A,\ i,\ n)}+C-\frac{S}{(F/A,\ i,\ n)}$ 推算而至，将 $(F/A,\ i,\ n)$ 由 $(P/A,\ i,\ n)\cdot(1+i)^n$ 替代，将 C 用经过年均化处理的 AC 替代即得 AVC 一般式，使 AVC 最低的点就是固定资产经济寿命。

（4）固定资产更新决策中的经济寿命分析。更新决策中最复杂的分析不是“是否更新”的分析，而是何时更新，经济寿命孤立地分析了固定资产使用多长时间最为经济，使用成本最低，但有新的替代品出现时，问题就变得复杂了。新的替代品有经济寿命，以新的替代品经济寿命期确定的可比较的年使用成本为标准，再进行老设备的经济寿命分析，其分析要注意如下几点。

其一，新设备税后现金流是比较好计算的，就投资而言，因为不影响税收，故实际投资多少则现金流出就是多少。在使用期限，如果不存在提前折价卖出，也不存在因影响税收抵扣而产生的现金流，也即设备使用到经济寿命期止收回残值。但旧设备就不一样，就投资而言，前述“局外观”阐述的第三方购买决策并不能完全代表需要更新的企业，因为旧设备的折价卖出会因资产损失而少交所得税，如果固定住具有比较基础的新设备方案，则继续使用旧设备时，旧设备的初始投资就应该是旧设备的折价加上一个机会成本，这个机会成本就是处理旧设备时产生的“税上好处”。

其二，在继续使用的期限里，旧设备每一期都会有账面值与折价值之差，在经济寿命分析中，每当继续使用旧设备时，实际上都隐含着处理设备所产生的税上好处，这都会成为继续使用旧设备的机会成本。

其三，如果以资本成本作为贴现率，现金流要化解为可比较的税后现金流，这样才能与资本成本统一，即所有中间发生的使用成本，都回归税后比较。

【例 6-12】宏宇公司有一旧设备，账面值 500 000 元，如立即对外出售，可得 400 000 元，预计旧设备在今后几年的处理价、账面值、年使用费如表 6-12 所示。

表 6-12　预计旧设备在今后几年的处理价、账面值、年使用费（单位：元）

年次	年末处理价	年末账面值	年使用费
0	400 000	500 000	
1	300 000	380 000	50 000
2	200 000	260 000	100 000
3	100 000	140 000	180 000

宏宇公司发现有一新设备完全可替代旧设备，新设备购价 I_N 为 1 000 000 元，预期经济寿命 6 年，残值 S_N 为 100 000 元，年均使用费 C_N 为 10 000 元，宏宇公司资本成本 10%，按直线法计提折旧，所得税率 20%。

第一步，计算新设备可比较的年使用成本 AVC_N：因为新设备已知其经济寿命 6 年，无须计算使用其他年份的可比较的年使用成本，年使用费也已平均，故经济寿命周期的可比较的年使用成本 AVC_N 为

$$\begin{aligned}AVC_N &= \frac{I_N - S_N}{(P/A,\ i,\ n)} + C_N + S_N \times i \\ &= \frac{1\ 000\ 000 - 100\ 000}{(P/A,\ 10\%,\ 6)} + 10\ 000 + 10\ 000 \times 10\% \approx 226\ 659.01\text{（元）}\end{aligned}$$

由于可比基础在税后，故重新计算使用该设备的平均年账面成本 BC 为

$$BC = \text{折旧} + \text{使用费用} = 900\ 000/6 + 10\ 000 = 160\ 000\text{（元）}$$

上式账面成本使企业每年相对减少税前利润 160 000 元，按 20%所得税率，少缴税 32 000 元。因而经过税后调整，新设备税后可比较的年使用成本 AVC_{NT} 为

$$AVC_{NT} = AVC_N - 32\ 000 = 226\ 659.01 - 32\ 000 = 194\ 659.01\text{（元）}$$

第二步，直接计算老设备使用 1 年的税后可比较的年使用成本 AVC_{01T}。

站在宏宇公司的立场，继续使用旧设备的税后投资成本不是400 000元，而是应该加上因按400 000元处理设备存在100 000元固定资产损失产生的20 000元所得税抵扣，因为继续使用，这20 000元也成为机会成本。故投资额为420 000元。按新设备税后可比较的年使用成本计算方法，旧设备每年折旧额120 000元，第一年使用费50 000元，合计账面使用成本170 000元，少缴所得税34 000元，第1年末处理设备，处理价300 000元，账面值380 000元，资产损失80 000元，少缴所得税16 000元。所以有

$I_{0T}=420\ 000$（元）

$S_{01}=300\ 000+16\ 000=316\ 000$（元）

故经税后调整的可比较的年使用成本AVC_{01T}为

$$AVC_{01T}=\frac{I_{0T}-S_{01}}{(P/A,\ i,\ n)}+C_{01}+S_{01}\times i-34\ 000$$

$$=\frac{420\ 000-316\ 000}{(P/A,10\%,1)}+5000+316\ 000\times 10\%-34\ 000\approx 162\ 000\text{（元）}$$

由于$AVC_{01T}<AVC_{NT}$，故在第1年期间应继续使用旧设备。

第三步，直接计算旧设备使用2年的税后可比较的年使用成本AVC_{02T}。

如果旧设备使用2年，初始投资没变，即$I_{0T}=420\ 000$元，第2年末处理价200 000元，账面值260 000元，处理设备存在60 000元固定资产损失，抵扣所得税12 000元，故

$S_{01}=200\,000+12\ 000=212\ 000$（元）

使用2年时，第1年使用费50 000元，折旧120 000元，共170 000元，为方便起见，用税后使用成本C_{01T}替代。

$C_{01T}=50\ 000-170\ 000\times 20\%=16\ 000$（元）

第2年使用费100 000元，折旧120 000元，共220 000元，税后使用成本C_{02T}为

$C_{02T}=100\ 000-220\ 000\times 20\%=56\ 000$（元）

好像继续使用旧设备的现金流都计算好了，不仔细分析就会产生错误，就是第2年初(第1年末)，由于继续使用旧设备，产生了一项机会成本。旧设备处理价300 000元，账面价380 000元，账面损失80 000元，抵税16 000元。这是第2年初继续使用旧设备的机会成本，从机会产生的时点看，应加入第1年使用成本中，故修正使用费C'_{01T}为

$C'_{01T}=C_{01T}+16\ 000=16\ 000+16\ 000=32\ 000$（元）

旧设备使用2年的税后可比较的年使用成本AVC_{02T}为

$$AVC_{02T}=\frac{420\ 000-212\ 000+\dfrac{32\ 000}{(1+10\%)}+\dfrac{56\ 000}{(1+10\%)^2}}{(P/A,10\%,2)}+212\ 000\times 10\%$$

$$\approx 184\ 432.62\text{（元）}$$

显然，$AVC_{02T}<AVC_{NT}$，旧设备使用2年的税后可比较的年使用成本AVC_{02T}仍低于新设备，因此，进入第四步。

第四步，继续计算使用3年的税后可比较的年使用成本AVC_{03T}：用表6-13显示各年的现金流。

表 6-13　各年的现金流（单位：元）

年次	机会性税后现金流
0	I_{0T}=420 000
1	$C'_{01T}=C_{01T}$+16 000=16 000+16 000=32 000
2	$C'_{02T}=C_{02T}$+12 000=56 000+12 000=68 000
3	C_{03T}=180 000−(180 000+120 000)×20%=120 000 S_{03}=100 000+40 000×20%=108 000

$$\mathrm{AVC}_{03T}=\frac{420\ 000-108\ 000+\dfrac{32\ 000}{(1+10\%)}+\dfrac{68\ 000}{(1+10\%)^2}+\dfrac{120\ 000}{(1+10\%)^3}}{(P/A,\ 10\%,\ 3)}+108\ 000\times10\%$$

$$\approx 206\ 798.04（元）$$

显然，$\mathrm{AVC}_{03T}>\mathrm{AVC}_{NT}$，旧设备使用 3 年不合适，旧设备的经济寿命为 2 年。

思考与练习

一、思考题

1. 在互斥项目决策时，为什么项目内部报酬率横向比较时必须考虑项目久期？

2. 举例说明固定资产更新决策时，“税上好处”成为机会成本会对更新决策产生何种作用。（注：可以本章【例 6-12】展开分析）

二、单项选择题

1. 两个互斥项目期限相同，净现值相等，但内含报酬率不同，如果折现率下降，应（　　）。

A. 选高内含报酬率方案　　B. 选低内含报酬率方案
C. 二者任选　　D. 二者均放弃

2. 存在所得税的情况下，以“利润＋折旧”估计经营期净现金流量时，“利润”指的是（　　）。

A. 利润总额　　B. 净利润　　C. 营业利润　　D. 息税前利润

3. 假定某项目的原始投资在建设期初全部投入，其预计的净现值率为 15%，则该项目的现值指数为（　　）。

A. 6.67　　B. 1.15　　C. 1.5　　D. 1.125

4. 在长期投资决策时，越小越好的指标是（　　）。

A. 静态投资回收期　　B. 现值指数
C. 净现值率　　D. 内部收益率

5. 内部收益率是指（　　）时的收益率。

A. 现值指数＝0　　B. 净现值率＝1　　C. 净现值＝0　　D. 净利润＝0

6. 投资方案的 NPV>0，说明该方案的内含报酬率（　　）其资金成本。

A. 大于　　B. 小于　　C. 等于　　D. 不一定

7. 项目内含报酬率 IRR 小于折现率，则应（　　）。

A. IRR>ERR>ERRR　　B. IRR<ERR<ERRR

C. IRR>ERRR>ERR　　D. IRR<ERRR<ERR

三、计算分析题

1. 某固定资产投资项目在建设起点一次投入 1000 万元，建设期为 1 年。该项目寿命为 10 年，期满无残值，按直线法计提折旧。投产后每年获净利润 100 万元。设定折现率为 10%。要求计算每年折旧、建设期净现金流量、经营期净现金流量、静态投资回收期、净现值、内含报酬率，并综合评价该项目的财务可行性。

2. 云飞公司欲更新一设备，旧设备 A 于 4 年前购置，购价 10 万元，每年使用成本 2000 元，设备使用寿命 8 年，终了残值 20 000 元，如现在处理，可折价 3 万元；现有设备 B 购价 6 万元，每年使用成本 1000 元，设备使用寿命 5 年，终了残值 10 000 元；综合资本成本 10%，在不考虑“税上好处”（局外观）的情况下计算新旧设备可比较的年使用成本及旧设备可比较现时价值，并说明是否应更新设备。附：$n=4$，$i=10\%$的一元年金现值系数为 3.169；$n=5$，$i=10\%$的一元年金现值系数为 3.79。

3. 佳佳公司有 A、B 两个互斥项目，A 项目投资 9 万元，1～4 年每年现金净流量 30 000 元，第 4 年项目终了回收残值 10 000 元；B 项目投资 12 万元，1～4 年现金净流量 40 000 元，第 4 年项目终了回收残值 10 000 元；企业综合资本成本 10%，应选择 A 项目还是 B 项目？

4. 在同期限的常规项目投资中，甲乙两个互斥项目在 10%的贴现率条件下净现值均大于零且相等，但甲项目的 IRR 高于乙项目，如果贴现率为 8%，则哪个净现值更高？当未来利率存在较大下降预期时应如何选择项目？（请提供选择的利率关键点）

1. 田高良，张原. 管理会计[M]. 北京：高等教育出版社，2017.

2. 曹中. 管理会计学[M]. 上海：立信会计出版社，2012.

3. 肖文峰. Excel 在长期投资决策中的应用[J]. 会计师，2012（16）：21-22.

4. 余绪缨，汪一凡. 管理会计 [M]. 3 版. 沈阳：辽宁人民出版社，2009.

5. 李泽红，王薛. 用 Excel 实现考虑通货膨胀因素的内部长期投资决策[J]. 中国管理信息化（会计版），2007（2）：44-46.

第三篇

控　制　篇

决策后的首要任务是确定与之相关的行动方案，即系统规划未来各路径的时间与具体目标，预算是具体化、阶段化目标的分解，预算使企业各部门形成了一个相互衔接的整体，并为完成整体目标构架了一个协调的立体机制，形成了具体指导行动的目标体系。预算的合理与否牵涉目标最终能否完成，但这不是全部，因为为完成目标任务，不仅要布置任务、确定任务，更重要的是形成完成目标任务的内部控制机制，这就是要实施责任会计。

（1）现代企业管理的复杂性、专业性需要企业分权，要对专业化知识和信息的拥有者配置权力与责任。问题是如何让分出的权力与相关的责任结合得合理，并让其依据整体的目标要求行事，达到“目标一致”呢？责任会计根据几大原则确立了责任中心的划分及各责任中心的指标设置方法，显然，在科学划分责任中心及指标设置、转移价格设置的基础上，企业就能形成合力、效率和对市场的快速反应机制，这是传统企业改革的重点，也是责任会计大有可为的领域。

（2）作为成本控制的重点领域——存货控制，有其经典的理论模型，但理论模型的应用局限是条件苛刻，对模型的扩展研究使模型实际应用有了很大的空间。尽管零库存及供应链管理使其经济订购批量的应用受限，但大量商业零售或批发企业仍必须有适当库存，模型的应用环境发生了变化，但不影响模型的有效性。存货控制作为一章内容，做铺垫式介绍。

（3）标准成本系统是管理会计的最基础、最原始的内容，但思想体系并不落后，它结合成本的可控性进行的成本分析和分解是值得进一步研究的，尤其是结合智能化制造所带来的成本构成变化，动态地建立标准、动态地分析差异，与预算紧密联系，建立起更为科学的成本控制系统、标准成本是大有可为的。现代信息技术为标准成本的建立与分析提供了便利，企业应思考如何利用这些便利为成本控制服务。

由此，本书构架了全面预算、责任会计、存货控制和标准成本系统组成的控制篇。

第七章

全面预算

预测的目的就是为决策服务，决策的执行需要有计划安排，预算就是一个精细化、数量化的计划纲要。全面预算就是让整个预算体系成为一个相互衔接的系统，使全企业的每项经济活动都纳入量化控制的预算系统之下，它既可用于控制，又可用于评价。

学习目标

- 掌握全面预算的概念、特点、作用
- 了解全面预算管理组织机构的构成及组织机构的主要职责
- 掌握全面预算的内容体系、编制模式、编制逻辑、编制方法
- 掌握全面预算考评的概念及内容
- 了解全面预算的执行与监控、差异分析、预算调整程序
- 掌握弹性预算、滚动预算、零基预算的概念及方法

第一节　现代企业全面预算管理概述

一、全面预算管理的概念

新的营销方式创新及外部社会环境对商品及服务需求的动态变化，特别是大数据时代的到来，对企业的生存和发展提出了挑战，这势必导致企业管理理念和思想的更新。因此，企业必须由传统的过程管理转为现代的战略管理，由单纯市场的产品管理转为企业的价值链管理，由保守的内向型管理转向开放的外向型管理，由行为管理转向企业核心文化管理。所以需要实施一种全新的预算管理体系，对企业内部资源进行有效整合，促进企业管理架构变革，从而提高核心竞争力，而实现公司治理和企业整合的有效方法就是实施全面预算管理。

所谓全面预算管理，就是以企业的战略定位为导向，以企业规范的流程所编制的全面预算为基础，涉及全方位、监督全过程、面向全员，集执行、监控、考评、激励

于一体的企业综合管理控制系统。

二、全面预算管理的特点

全面预算管理的主要特征是预算的全面性、系统性、目标一致性，具体来看，它有六个方面的特点。

（一）战略导向性

现代企业要想长期生存和发展就必须形成自己的核心竞争力。企业战略涉及企业的使命、愿景、核心价值的具体体现，即企业长期及短期目标的制订。因此企业就必须从企业战略管理的大系统入手，以企业制订的战略目标为导向来编制符合本企业实情的全面预算。

（二）全面性

全面预算管理的预算体系包括企业业务预算、资本预算、筹资预算和财务预算，既能反映企业日常经济活动，也能反映企业资本性财务安全筹措和使用。

（三）全员性

全面预算管理是一种涉及企业内部权责利关系的制度安排，它不是某个部门的事，而是需要上下配合、全员参与。

（四）全程性

对企业经营活动全过程的控制以及对企业经营活动结果的评价考核都在全面预算管理中得到体现。

（五）目标性

全面预算管理的目标明确，各部门的预算犹如系统目标分解，目标之间是一个高度融合的整体，体现了系统的分工与协作，但各分部目标的作用方向总是有利于整体目标实现的。

（六）指令性

全面预算管理由预算委员会负责，预算经确定后一般不轻易调整，要更改也要按规定的程序进行更改。

企业全面预算管理不仅是降低成本和削减费用，而是通过全面的预算管理，强化企业各项经济活动的管理，有效控制企业风险，确保战略规划和经营目标的如期实现。

三、全面预算管理在企业中的地位和作用

（一）全面预算管理在企业中的地位

凡事预则立，不预则废。全面预算管理在现代化企业中已经发挥着重要作用，它通过业务、资金、信息、人才的整合，明确适度的分权授权，战略驱动的业绩评价，等

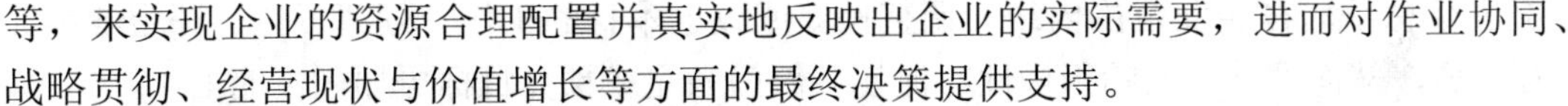

等，来实现企业的资源合理配置并真实地反映出企业的实际需要，进而对作业协同、战略贯彻、经营现状与价值增长等方面的最终决策提供支持。

（1）全面预算是单位奋斗目标的具体化。

（2）全面预算是协调各部门的重要手段。

（3）全面预算是控制日常经济活动的工具。

（4）全面预算是业绩考核的标准。

（二）全面预算管理在企业中的作用

全面预算管理既是企业奋斗目标的具体化，也是协调各部门工作的重要手段，更是控制日常经济活动的主要工具，还是企业各部门工作的业绩考核标准，具体有以下几个作用。

1. 促进企业发展战略和经营目标的实现

企业战略制定得再好，如果得不到有效实施，终不能将美好蓝图和愿景转变为现实，甚至可能因实际运营背离战略目标导致经营失败。为了实现企业整体的经营目标，就必须按照目标一致的原则明确各职能部门的具体工作目标。为了确定目标是否达到，就需要有度量手段，度量目标完成情况的一种方法就是依靠全面预算。全面预算作为计划的数量化，不仅明确了企业一定时期的经营总目标，而且也明确了各个部门的具体工作目标和努力方向，为企业提供了经营目标的一个全面框架。将根据发展战略制定的经营目标进行分解、落实，可以使企业的发展战略规划和具体行动方案紧密结合，从而实现“化战略为行动”，确保企业发展和经营目标的实现。

2. 沟通和协调提高运作效率

通过实施全面预算管理，明确各单位的分工，可减少各单位操作中的隔阂，防止部门之间出现不协调的现象，提高运作效率。预算是企业成员行动的路线，它表明了企业内部各级、各部门、各成员怎样工作才能达成企业的总体目标，不同层次、不同单位之间预算信息的传递、协调可以引导企业的整体活动，能有效地避免无序的部门行为。通过预算编制协调企业资源，使资源达到最优配置，并通过预算的执行控制、分析、调整，使企业实现整体战略目标。

3. 实施内部控制，防范企业风险

全面预算管理的本质是企业内部管理控制的一项工具，即预算本身不是最终目标，而是为实现企业目标所采用的管理与控制手段，该手段可以有效控制企业风险。通过全面预算管理，管理层能在过程中控制和监督业务执行情况，及时发现执行中存在的偏差并确定偏差的大小，利于企业在完成目标的过程中稳定运行，并发现企业隐藏的潜在风险。因此，实施全面预算管理是企业内部控制的重要方法和手段，并有利于防范企业风险。

4. 考核各部门的业绩，起到激励作用

全面预算为企业对各部门的考核提供了依据。企业可以根据全面预算的完成情况，在分析各部门实际偏离预算的程度和原因的基础上，进行详细的分析。根据实际

情况进行总结，在企业范围内统一调整预算或改进本身的工作。划清责任、评定业绩、实行奖惩，从而调动员工的积极性，促使各部门为完成预算目标更加积极地工作。

第二节　全面预算管理组织机构的构成与主要职责

一、全面预算管理组织机构的构成

（一）全面预算管理组织机构概述

全面预算管理组织机构是由全面预算管理的决策机构、工作机构和执行机构三个层面组成的，是承担预算编制、审批、执行、控制、调整、监督、核算、分析、考评及奖惩等一系列预算管理活动的主体。它是全面预算管理有序开展的基础环境，企业全面预算管理能否正常运行并发挥作用，全面预算管理的组织体系将起到关键性的主导作用。

建立健全预算管理组织机构是企业开展全面预算管理工作的基础环境之一。由于全面预算管理是一项复杂的系统工程，所以需要有一个健全的组织体系来保障预算管理各环节能够有效顺畅运行。预算部门包括预算管理委员会（Budget Management Committee，BMC）、计划/预算管理部等部门，具体组织机构如图 7-1 所示。

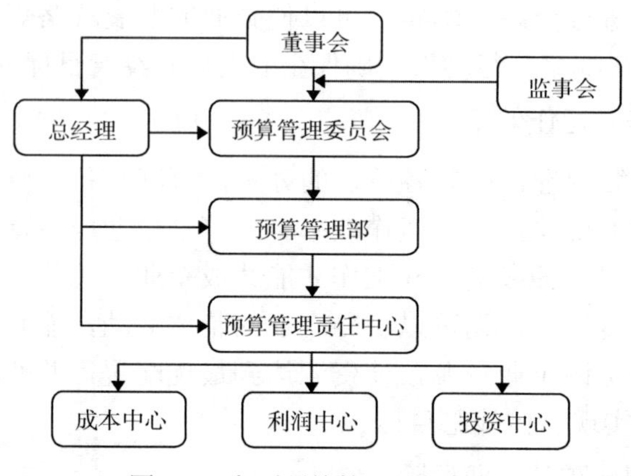

图 7-1　全面预算管理组织机构

其中，预算的决策机构为董事会和预算管理委员会，预算的工作机构为预算管理部及各级财务部门，预算的执行机构为各责任中心。此外，预算的监控机构为各级财务部门和审计部门，预算的考核机构一般为人力资源部门和财务部门。

（二）预算管理机构

企业预算管理的组织体系是管理过程中起主导作用的集合体，也是预算管理模式运行的主体，它主要是由预算管理委员会、预算管理部以及预算管理的责任网络构成的。

1. 预算管理委员会

预算管理委员会是专门为全面预算管理而设置的机构，全面负责预算管理的组织与协调工作。预算管理委员会在组织体系中居于领导核心地位，一般由企业的董事长或总经理任主任委员，吸纳企业内各相关部门的主管人员参加。对全面预算管理来说，预算管理委员会是最高管理机构。

2. 预算管理部

预算管理组织机构除了预算管理委员会之外，还可以设置一个预算管理职能部门作为专门的办事机构，以处理与预算相关的日常事务。因预算管理委员会的成员大部分是由企业内部各责任单位的主管兼任，预算草案由各相关部门分别提供，获准付诸执行的预算方案是企业的一个全面性生产经营计划，预算管理委员会在预算会议上所确定的预算草案也绝不是各相关部门预算草案的简单汇总，这就需要在确定、提交通过之前对各部门提供的草案进行必要的初步审查、协调与综合平衡，因此必须设立一个专门机构来具体负责预算的汇总编制，并处理日常事务。同时，在预算执行过程中，可能还有一些潜在的提高经济效益的改善方法，或者发生责任单位为了完成预算目标有时采取一些短期行为的现象，而管理者可能无法及时得到这些信息，这就决定了预算的执行控制、差异分析、业绩考评等环节不能由责任单位或预算管理委员会单独完成，以免出现部门满意但对企业整体来说不是最优的预算执行结果。因此，必须实行预算责任单位与预算专职部门相互监控的方式，使它们之间具有内在的互相牵制作用。预算专门办事机构应直接隶属预算管理委员会，以确保预算机制的有效运作。

3. 预算管理的责任网络

不同的预算管理责任中心在企业中处于不同的地位。投资中心处于最高层次，就利润和投资向企业最高层领导负责，下辖若干利润中心或成本中心；利润中心就利润向投资中心负责，下辖若干成本中心；成本中心就其责任向上级利润中心或投资中心负责，下辖若干下级成本中心，成本中心属于企业中最基础的层次。高层次责任预算统御着低层次的责任预算，低层次责任预算又支撑着高层次的责任预算，不同层次的责任预算以责任网络的方式系统地规范了企业各个部门、各个环节和全体人员的目标责任，这样整个企业就形成了一个预算管理责任网络。

预算的编制与执行以及组织工作都和企业的全体成员有着密切的关系，都离不开集体智慧的结合和集体行动的配合。各种预算编制与执行过程中的责任归属、权力划分、利益分配，必须有一个枢纽中心来进行组织管理，以便发挥预算协调、控制与考评的作用，充分调动各个部门、每个成员的积极主动性。这个枢纽中心就是预算管理组织体系中的预算管理委员会。

二、全面预算管理组织机构的主要职责

企业本身是一个整体，在这个整体中，各职能部门是相对独立的，它们各自担负着不同的工作任务。各职能部门从本部门角度出发提出的设想和需求，有时与其他部门的工作相冲突，有些则可能根本行不通。在全面预算管理模式下，通过设置专门的预算管理机构——预算管理委员会来协调这些关系，能够有效地平衡各部门的工作计划，使各部门相互配合，使目标利润的实现成为可能。

（一）董事会

董事会是具体负责全面预算管理的最高决策机构，在全面预算管理中的主要职责如下。

（1）决定企业年度经营计划和投资方案。

（2）制订企业年度经营目标，决定年度经营目标偏差的修订。

（3）提出预算总目标，审议并批准全面预算方案。

（4）决定企业资本性投资预算。

（5）决定企业整体预算考评与奖惩方案。

（6）审核并批准企业年度财务决算。

（二）预算管理委员会

预算管理委员会的主要职责是组织有关人员对目标进行预测，审查、研究、协调各种预算事项。预算管理委员会主持召开的预算会议是各部门主管参加预算目标的确定，对预算进行调整的主要形式。预算管理委员会的主要职责包括以下几项。

（1）制定有关预算管理的政策、规定、制度等相关文件。

（2）组织企业有关部门或聘请有关专家对目标的确定进行预测。

（3）审议、确定目标，提出预算编制的方针和程序。

（4）审查各部门编制的预算草案及整体预算方案，并就必要的改善对策提出建议。

（5）在预算编制、执行过程中发现部门间有抵触现象时，予以必要的协调。

（6）将经过审查的预算提交董事会，通过后下达正式预算。

（7）接受预算与实际比较的定期预算报告，在予以认真分析、研究的基础上提出改善的建议。

（8）根据需要，就预算的修正加以审议并做出相关决定。

（三）预算管理部

预算管理部的主要职责有以下几个方面。

（1）根据下达的预算总目标及年度经营计划，编制企业预算大纲，确定预算编制的原则和程序，具体分解各预算责任单位的预算指标，分别在投资中心、利润中心和成本（费用）中心设计预算指标体系。

（2）组织预算培训工作，提供统一编制业务计划和预算所使用的表格，指导各预算责任单位编制业务计划和预算草案，提供相关定员、定额、费用开支标准等基础信息。

（3）负责初步审查各预算责任单位的业务计划和预算草案。

（4）汇总编制预算草案并上报预算管理委员会审查。

（5）负责企业预算管理制度的起草和报批，并负责监控各预算责任单位预算管理制度的执行。

（6）负责审核各预算责任单位预算偏差分析及预算纠偏措施报告，负责汇总编制预算偏差分析报告并提交预算管理委员会。

（7）对预算责任单位提出的预算修改、调整方案做出初步判断并提出意见。

（8）根据全面预算管理需要，调整会计核算工作。

（9）定期向预算管理委员会提交预算执行报告，负责组织相关部门对预算的执行情况进行考评。

企业根据自身实际，可以单独设立预算管理部，也可以依托财务部门从事有关工作或将预算管理部设在财务部门内。

（四）预算管理下责任中心的构建

确定责任中心（responsibility center）是预算管理的一项基础工作。责任中心是企业内部成本、利润、投资的发生单位，这些内部成本、利润、投资的发生单位被要求完成特定的职责，其责任人被赋予一定的权力，以便对该单位的责任区域进行有效的控制。根据不同责任中心的控制范围和责任对象的特点，可将其分为三种：成本中心、利润中心和投资中心。其具体内容参见第八章。

第三节 全面预算的编制

一、全面预算的内容体系

全面预算的内容主要包括业务预算、财务预算和资本预算。

（一）业务预算

业务预算是指与企业组织日常业务直接相关的基本活动的预算，它主要包括：①销售预算；②生产预算；③直接材料预算；④直接人工预算；⑤制造费用预算；⑥期末产品成本预算；⑦销售和管理费用预算。这些预算以实物量指标和价值量指标分别反映企业组织的收入与费用构成情况。

（二）财务预算

财务预算是指与企业组织的现金收支、经营成果和财务状况相关的各项预算。它主要包括：①现金预算；②预计损益表；③预计资产负债表。这些预算以价值量指标总括反映经营预算和资本支出预算的结果。

（三）资本预算

资本预算主要涉及长期投资，是指企业组织不经常发生的一次性业务的预算，如企业组织固定资产的购置、扩建、改建等都必须在投资项目可行性研究的基础上编制预算，具体反映投资的时间、规模、收益以及资金的筹措方式等。

全面预算的基本体系内容，是指以本企业的经营目标为出发点，通过对市场需求的研究和预测，以销售预算为起点，进而延伸到生产、成本费用及资金收支等各方面的预算，最后编制预计财务报表的一种预算体系。各项具体预算之间相互联系、关系复杂。图 7-2 以制造业企业为例，勾画了全面预算体系中各项预算之间的关系。

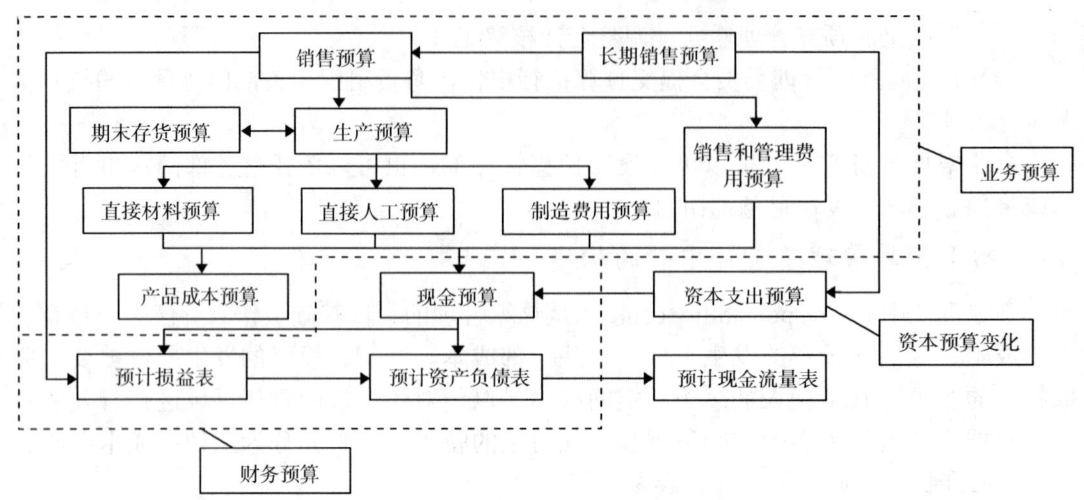

图 7-2 以销售预算为主导的预算体系

二、全面预算的编制流程模式及编制逻辑

（一）编制的起点

全面预算是由若干相互关联的预算组成的有机整体，预算编制的起点一旦确定，企业就要根据各种预算之间的约束关系，按照一定程序和技术方法进行预算的编制，通过层层预算的汇总和审核，直至预算管理委员会或企业高层管理者批准之后，即可下达执行。企业预算编制的起点主要有以下几种类型。

1. 以销售收入或者销售量作为预算编制的起点

体现“以销定产”战略。先编制销售预算，进而编制生产预算、采购预算、成本费用预算和财务预算等，此时销售收入、销售量、市场占有率等是预算考核的主导指标。

2. 以利润作为预算编制的起点

体现“利润最大化”战略。净利润预算是主要的考核指标，围绕净利润指标编制销售预算、生产预算、采购预算和成本费用预算等。

3. 以成本作为预算编制的起点

体现“成本领先”战略。通过价值工程分析、控制影响成本和实施 ABC 管理来降低成本。此时成本控制是预算考核的关键环节。

4. 以现金流量作为预算编制的起点

体现“现金为王”战略。将现金流量控制在预算额度之内，体现较强的流动性是实际工作的重心。同时，现金流量是预算考核的核心指标。

预算起点的确定是预算编制最为困难的环节，也是预算编制的核心，耗时最长，需要上下反复磋商、理性分析，避免由上边管理层拍脑袋决定。否则会极大地浪费企业资源，挫伤执行者信心，引起绩效考核的混乱，出现预算编制和控制“两张皮”的现象。

（二）假设条件的设定和历史问题的解决

在进行全面预算编制之前，需要预先设定相当多的假设条件，大致可以分为三类：损益表、资产负债表和现金流量表。例如，损益表各种比率假设：毛利率、成本中的直接材料和人工、制造费用率、营业费用率、管理费用率假设等；资产负债表中的应收账款、存货、应付账款等的周转天数假设等；现金流量表中的现金范围界定、支付时间界定等。一旦这些假设条件设定后，编制预算的基础就奠定了。

另外一个问题是历史的遗留问题如何在下年的预算中处理，它涉及各种费用的处理和部门、公司的绩效评价问题，如上一年度的存货损失、应收账款的坏账处理问题等。一般不计入下一年度的预算中，单独处理，在绩效考核中进行剔除。

（三）预算编制的流程管理和时间管理

全面预算的流程管理一般通过流程图的形式进行列示和管理，并且严格规定各事业部、各公司、各部门编制预算的内容、提交的时间、审核的程序、调整的方式、分析的内容与时间、考核的频度和方式等。

全面预算编制的时间管理主要是指集团公司作为一个预算编制主体在编制年度预算时，从预算编制准备，至培训、正式编制、层层审核、汇总、预算批准和下达等全过程，每个程序都需要严格的时间控制和管理，否则局部的预算程序延迟会严重延滞整个集团公司的预算完成时间。预算编制的时间管理需要集团公司预算管理委员会的统筹安排，需要上下协调和沟通。在严格按照预算管理委员会总体时间的安排下，应该充分尊重下一层级预算单位的时间需求，并严格按照时间程序完成相关预算的编制、汇总和审核。

（四）预算编制的审核

单一的预算编制完成后，需要进行预算的汇总和审核，形成部门预算；各级部门预算汇总后，形成三大部门的预算，再经过公司预算管理委员会的审核后，形成公司的预算；各公司的预算经过汇总和审核后，形成本事业部的预算；经过预算管理委员会对各事业部的预算汇总和审核后，形成整个集团公司的预算，报送董事会审议批准后即可以下达执行。

（五）全面预算管理的执行和控制

预算经过批准和下达后，即进入执行状态。预算执行中的控制主要在于实际运营中的各个最小的 SBU（strategic business unit，战略业务单位），能够严格按照预算执行。实践中可以按照部门的责任性质，如费用中心、成本中心、利润中心和投资中心进行控制，在各部门设置预算兼职控制人员，业务部门和财务部门进行配合，实时记录业务实际数据并与锁定的预算相比较，实时预警或者控制实际与预算的偏差，并分析偏差原因，能够控制偏差在容许的范围之内，以便达到预算的目标。

三、全面预算的编制方法

（一）业务预算的编制方法

1. 销售预算

全面预算的编制通常是以销售预算为起点，即销售预算是所有其他经营预算和绝大多数财务预算的基础，而销售预算又必须以销售预测为基础。因而，销售预测的准确性对全面预算的准确性有着极大的影响。

销售预测主要涉及许多主观性因素，为了增加其可信度，要尽可能多地收集信息。销售预测一般是在分管销售副总经理的指导下编制的，采用的方法是一种自下而上法，要求每位销售经理提交一份所管辖地区的销售预测报告，再合计这些销售预测，从而形成总销售预测。

销售人员与客户的联系最为密切，在公司中，他们能较为准确地掌握中短期客户的需求信息，应充分发挥他们在销售预测中的作用。同时也应向市场研究人员进行咨询，因为他们能从更长远的角度，来预测社会经济和文化的变化对公司销售、潜在市场和产品的影响。

销售预测报告应提交给预算管理委员会从更广阔的视野进行讨论，如考虑宏观经济形势、竞争、定价政策等，以弥补自下而上法的不足。

必须明确的是，销售预测与销售预算并不完全一致。销售预测是给定条件下的销售预计，而销售预算是管理当局决策的结果，这项决策是要创造相应的条件来实现某一特定的销售水平。例如，预算管理委员会认为销售预测的结果低于公司发展战略所需要的销售水平时，它可能建议采取行动来提高预期的销售量，如加大广告投入，适当降价来扩大市场份额，雇用和培训更多训练有素的销售人员，等等。以此为基础，确定销售预算。

销售预算确定了未来期间预计的销售量和销售单价后，就可以求出预计的销售收入，即

$$预计销售收入＝预计销售量×预计销售单价 \tag{7-1}$$

2. 生产预算

生产预算就是计划为满足预算期的销售量以及期末存货所需要的资源。如果没有期初期末存货，生产量就等于销售量，然而，尚未采用适时制的企业用存货作为缓冲储备，以应付需求和生产的不确定性，因此，生产预算必须考虑期初期末存货。其计算公式为

$$预计生产量＝预计销售量＋预计期末存货数量－预计期初存货数量 \tag{7-2}$$

为了确切了解现有生产能力是否能够完成预计的生产量，生产设备管理部门还必须再审核生产预算，若无法完成，预算管理委员会则可以修订销售预算或者考虑增加生产能力；若生产能力超过需要量，则可以考虑把生产能力用于其他方面。

编制生产预算的一个好处是易于协调各方面的活动，如果能事先了解销售预算与生产能力不匹配，则可以采取补救措施。因此可以避免因生产能力不足或不必要的生

产能力闲置而丧失销售机会。

3. 直接材料预算

完成生产预算后，就可以着手编制直接材料预算、直接人工预算以及制造费用预算。直接材料预算是一项采购预算，取决于生产材料的预计耗用量和原材料存货的需要量。

预算期所需直接材料的采购量可用下列公式求得

直接材料预计采购量＝预计生产量×单位产品材料用量＋
预计期末直接材料存货－预计期初直接材料存货
＝预计生产需用量＋预计期末直接材料存货－
预计期初直接材料存货 （7-3）

直接材料的预计耗用量取决于产品的生产需用量，预计期初期末直接材料存货的数量取决于企业的存货政策，它是根据通常所用的存货控制模型进行确定的。其目的在于避免直接材料存货不足而影响生产，或因存货过多而形成资金的积压和浪费。

直接材料预计采购金额＝预计材料采购量×预计材料单价 （7-4）

预计材料单价一般是指该材料的平均价格，此数据可以从采购部门获得。

为便于编制现金预算，该表下还常附有预计现金支出表。

4. 直接人工预算

直接人工预算列示根据预算生产量进行生产所需的直接人工小时以及相应的成本。与直接材料一样，直接人工小时预算由人工与产出的关系确定，如生产100件产品需要10个直接人工小时，那么生产每件产品则需0.1个直接人工小时；如果每小时人工成本为5元，则生产每件产品的直接人工成本为0.5元。

直接人工成本的预算数通常从生产管理部门和工程技术部门获得。根据生产预算给定的每单位产出所需直接人工以及生产量，就可编制直接人工预算，其计算公式为

预期直接人工总成本＝预计生产量×单位产品直接人工小时×
单位工时工资率 （7-5）

在式（7-5）中，单位工时工资率一般是用每工时平均工资来计算的。

5. 制造费用预算

制造费用是在直接材料和直接人工以外为生产产品而发生的间接费用。制造费用预算列示了所有间接制造项目的预期成本，与直接材料和直接人工不同，制造费用项目不存在易于辨认的投入产出关系，其预算需要根据生产水平、管理当局的意愿、长期生产能力、公司政策和国家的税收政策等外部因素进行编制。由于制造费用的复杂性和多样性，常常运用几种不同的方法进行编制。为简化预算的编制程序，我们按成本性态把制造费用分为固定性制造费用和变动性制造费用两大类。

（1）固定性制造费用。固定性制造费用包括厂房和机器设备的折旧、租金及一些车间管理费用、财产税等，它们支撑企业总体的生产经营能力，一经形成，在较短期间内会保持不变。

（2）变动性制造费用。变动性制造费用通常包括动力、维修费、间接材料、间接制造人工等。计算变动性制造费用关键在于确认那些可变的具体项目，并选择成本分配

的基础，如机时、人工小时、产量、作业量等，然后计算变动性制造费用分配率。

预计制造费用＝预计变动性制造费用＋预计固定性制造费用

＝预计业务量（机时、人工小时等）×预计变动性制造费用分配率＋预计固定性制造费用　　（7-6）

为了给编制现金预算提供必要信息，在制造费用预算中，通常包括费用方面预算的现金支出，尽管固定资产折旧是计算制造费用分配率所必需的，但由于它在预算期间内无须现金支出，因此，在编制制造费用现金预算时，应将折旧这一项目从中予以扣除。因此

预计需要支付现金的制造费用＝预计制造费用－折旧　　（7-7）

6. 期末产成品存货预算

期末产成品存货预算不仅提供了编制预计资产负债表所需的信息，同时也为编制预计损益表提供产品销售成本的数据，其编制的基本步骤为：先计算确定产成品单位成本（根据前述的直接材料、直接人工、变动性和固定性制造费用的预算资料），然后将产成品单位成本乘以预计期末产成品存货数量，即可得出预计期末产成品存货额。

7. 销售与管理费用预算

销售与管理费用预算包括预算期内将发生的除制造费用以外的各项费用。像制造费用一样，销售与管理费用也可划分为变动部分和固定部分。变动性销售与管理费用通常是销售佣金、运杂费和物料用品费等，随销售量的变动而变动；固定性销售与管理费用在一定相关范围内不受销售量的影响，如租金、保险、折旧和基本工资等，其编制方法与制造费用预算的编制方法相同。

（二）财务预算的编制方法

1. 现金预算

现金预算是用来反映预期由于经营和资本支出等原因而引起的一切现金收支及其结果的预算。这里的现金是指企业的库存现金和银行存款等货币资金。编制现金预算对于保证公司的偿付能力和研究公司是否能产生足够的现金以满足现在与未来的需要，是十分重要的。现金预算一般是由现金收入、现金支出、现金多余与不足以及资金的筹集与运用四个部分组成的，其基本关系是

期初现金余额＋现金收入＝当前可动用现金合计　　（7-8）

当前可动用现金合计－现金支出＝现金溢余或短缺　　（7-9）

现金溢余（短缺）＋资金的筹集与运用＝期末现金余额　　（7-10）

预计的现金收入是相应期间现金的所有来源，包括现销、应收账款收回、应收票据到期兑现、票据贴现收入、出售长期性资产、收回投资等产生现金的业务。现金的主要来源是销售，由于大部分销售通常采用赊销方式。因此，企业的一个主要任务是确定其应收账款的收账方式。

现金支出是指预算期内预计发生的现金支出，如采购材料支付货款、应交税金、应付投资者利润以及资本性支出等。所有那些不导致现金支出的费用都应排除在外，

如折旧费等。短期借款的利息支付不列入该项，而是放在资金的筹集与运用上。

现金溢余或短缺是当前可动用现金合计数与预计现金支出合计数的差额，差额为正，说明现金多余；差额为负，表明现金不足。

资金的筹集与运用是根据预算期现金收支的差额和企业有关资金管理的各项政策，确定筹集或运用资金的数额。如果现金不足，可向银行取得借款或通过其他方式筹措资金，并预计还本付息的期限和数额。如果现金多余，除了可用于偿还借款外，还可用于购买作为短期投资的有价证券。

2. 预计损益表

在上述各项经营预算的基础上，根据权责发生制会计原则，即可编制损益表。预计损益表中的营业收益扣除利息费用和所得税后，可求出净收益。所扣除的利息费用来自现金预算，应付所得税是根据当前的税法对利润总额调整后乘以所得税税率计算的。预计损益表是经营预算的一个重要环节，它可以揭示企业预期的盈利情况，从而有助于管理人员及时调整经营策略。

3. 预计资产负债表

预计资产负债表是反映企业预算期末财务状况的总括性预算，它是依据当前的实际资产负债表和全面预算中的其他预算所提供的资料来编制的。

预计资产负债表可以为企业管理当局提供会计期末企业预期财务状况的信息，据此，有助于管理当局预测未来期间的经营状况，并采取适当的改进措施。

（三）资本预算的编制

资本支出预算是长期投资计划的反映，主要包括拟投资的现金支付进度及数量计划，综合反映为投资各年的现金流量预计表，它是企业组织编制预计财务报表的重要数据。

四、全面预算编制例解

在前面章节中，已详细介绍了变动成本法，并与完全成本法进行了比较。为将各成本法与预算相结合，我们在下例中分别采用变动成本法和完全成本法编制预算。

【例 7-1】假设建安公司只生产和销售一种标准混凝土块，其有关资料如下。

资料 1：2019 年末资产负债表如表 7-1、表 7-2 所示。

表 7-1 资产负债表（完全成本法）（单位：万元）

流动资产			流动负债		
现金		240	应付账款	200	
应收账款		600	流动负债合计		200
存货		226			
原材料	100		股东权益		
产成品	126		普通股	1 200	

续表

流动资产合计		1 066	留存收益	13 666	
固定资产			股东权益合计		14 866
厂房设备	23 000				
减：累计折旧	9 000				
固定资产合计		14 000			
资产总额		15 066	负债及股东权益总额		15 066

表 7-2　资产负债表（变动成本法）（单位：万元）

流动资产			流动负债		
现金		240	应付账款	200	
应收账款		600	流动负债合计		200
存货		206			
原材料	100		股东权益		
产成品	106		普通股	1 200	
流动资产合计		1 046	留存收益	13 646	
固定资产			股东权益合计		14 846
厂房设备	23 000				
减：累计折旧	9 000				
固定资产合计		14 000			
资产总额		15 046	负债及股东权益总额		15 046

资料 2：2020 年各季度的预计销售量和销售单价如表 7-3 所示。

表 7-3　2020 年各季度的预计销售量和销售单价

时间	季度				全年
	1	2	3	4	
预计销售量/万块	4 000	12 000	12 000	4 000	32 000
单价/（元/块）	0.70	0.70	0.80	0.80	0.75

一半的销售以现金结算，另一半是赊销，其中 70%的赊销款在销售当季收讫，余下的 30%在下季度收讫。2019 年第 4 季度的销售额为 4000 万元。

资料 3：设该公司政策要求在第 1、4 季度应保持 200 万块混凝土块的期初存货，在第 2、3 季度应保持 1000 万块的期初存货，第 4 季度末的存货数量应保持 200 万块。

资料 4：设生产一块标准混凝土块需水泥、沙子、砾石、页岩和水，为方便起见，我们将所有原材料当成一个整体，假定每一混凝土块需要 2.6 千克原材料，每千克原材料 0.1 元。该公司存货政策要求第 3、4 季度末原材料存货 1000 万千克，第 1、2 季度末为 1600 万千克，第 1 季度初为 1000 万千克。

购料款中，80%以现金结算，20%赊购，其购料款在下一季度支付。2019 年第 4 季度购料款为1000万元。

资料5：设生产每件产品需要0.015直接人工小时，每小时直接人工成本为10元。

资料6：假定该公司变动性制造费用分配率是8元/人工小时，固定性制造费用的预算全年为2560万元（每季度640万元，其中折旧400万元）。

资料7：设单位变动性销售及管理费用为0.05元/块，固定性销售及管理费用预算第1、2、4季度为130万元，第3季度为160万元，其中包括每季度折旧30万元。

资料8：有关现金预算其他资料：

2020年的资本预算表明，公司计划在西北建一座分厂所需的现金支出1200万元将于第一季度发生。购买设备的资金来源将主要依靠营业现金，必要时将借入短期借款。每季度的最低现金余额为200万元。公司所得税全年约为720万元，都在第四季度末支付。假定借款发生在季初，还款发生在季末，年利率为6%。

根据上述资料，编制基础资料表，并用两种成本法编制全面预算如下（多数预算两法相同就不重复列示）。

（一）基础资料

在Excel中把已知条件汇总资产负债表、2020年各季度的预计销售量和销售单价与基础资料，如表7-4～表7-7所示。

表7-4 资产负债表（完全成本法）（单位：万元）

行号/列标	B	C	D	E	F	G
5	流动资产			流动负债		
6	现金		240	应付账款	200	
7	应收账款		600	流动负债合计		200
8	存货		226			
9	原材料	100		股东权益		
10	产成品	126		普通股	1 200	
11	流动资产合计		1 066	留存收益	13 666	
12	固定资产			股东权益合计		14 866
13	厂房设备	23 000				
14	减：累计折旧	9 000				
15	固定资产合计		14 000			
16	资产总额		15 066	负债及股东权益总额		15 066

表7-5 资产负债表（变动成本法）（单位：万元）

行号/列标	B	C	D	E	F	G
19	流动资产			流动负债		
20	现金		240	应付账款	200	
21	应收账款		600	流动负债合计		200
22	存货		206			
23	原材料	100		股东权益		

续表

行号/列标	B	C	D	E	F	G
24	产成品	106		普通股	1 200	
25	流动资产合计		1 046	留存收益	13 646	
26	固定资产			股东权益合计		14 846
27	厂房设备	23 000				
28	减：累计折旧	9 000				
29	固定资产合计		14 000			
30	资产总额		15 046	负债及股东权益总额		15 046

表 7-6　2020 年各季度的预计销售量和销售单价

行号/列标	J	K	L	M	N	O
5		季度				全年
6		1	2	3	4	
7	预计销售量/万块	4 000	12 000	12 000	4 000	32 000
8	单价/（元/块）	0.70	0.70	0.80	0.80	0.75

表 7-7　基础资料

行号/列标	J	K	L	M	N	O	P
11		2020 年					2019 年
12		1 季度	2 季度	3 季度	4 季度	全年	4 季度
13	产品期初存货/万块	200	1000	1000	200	200	
14	原材料期末存货/万千克	1600	1600	1000	1000	1000	
15	固定性制造费用/万元	640	640	640	640	2560	
16	其中折旧/万元	400	400	400	400	1600	
17	固定性销售及管理费用/万元	130	130	160	130	550	
18	其中折旧/万元	30	30	30	30	120	
19	销售额/万元						4000
20	购料款/万元						1000
21	购入厂房设备/万元	1200					
22	所得税/万元				720		
23	单位产品所需原材料	2.6	千克	销货款	现金结算		50%
24	每千克原材料	0.1	元		赊销款	当季收讫	70%
25	单位产品所需工时	0.015	小时			下季收讫	30%
26	每小时直接人工成本	10	元	购货款	现金结算		80%
27	变动制造费用分配率	8	元/小时		赊购款	当季支付	
28	单位变动性销售及管理费用	0.05	元/块			下季支付	20%
29	每季度最低现金余额	200	万元	短期借款年利率			6%

（二）销售预算表

根据资料2，在Excel工作表中编制2020年销售预算表和预期现金收入表，如表7-8、表7-9所示。

表7-8 销售预算表

行号/列标	B	C	D	E	F	G
3		季度				全年
4		1	2	3	4	
5	预计销售量/万块	4 000	12 000	12 000	4 000	32 000
6	单价/（元/块）	0.70	0.70	0.80	0.80	0.75
7	预计销售量/万元	2 800	8 400	9 600	3 200	24 000

表7-9 预期现金收入表（单位：万元）

行号/列标	B	C	D	E	F	G
11		季度				全年
12		1	2	3	4	
13	现销	1 400	4 200	4 800	1 600	12 000
14	收到赊销款情况					
15	2019年第4季度	600				600
16	2020年第1季度	980	420			1 400
17	2020年第2季度		2 940	1 260		4 200
18	2020年第3季度			3 360	1 440	4 800
19	2020年第4季度				1 120	1 120
20	现金收入总额	2 980	7 560	9 420	4 160	24 120

该销售预算显示了公司的销售额呈季节性变动，由于单价变化，反映全年业务活动的那一栏只能用平均价格（0.75＝24 000/32 000）。

表7-9中各计算单元格的公式分别为

C13＝C7*基础资料!P23

C15＝基础资料!D7

C16＝＝C7*基础资料!P23*基础资料!P24

其他季度以此类推。

第4季度末还有应收账款480万元。

（三）生产预算

根据资料3和销售预算表，在Excel工作表中编制2020年生产预算表，如表7-10所示。

表 7-10 生产预算表（单位：万块）

行号/列标	B	C	D	E	F	G
3		季度				全年
4		1	2	3	4	
5	预计销售量	4 000	12 000	12 000	4 000	32 000
6	加：预计期末存货	1 000	1 000	200	200	200
7	合计	5 000	13 000	12 200	4 200	32 200
8	减：预计期初存货	200	1 000	1 000	200	200
9	预计生产量	4 800	12 000	11 200	4 000	32 000

预计生产量＝预计销售量＋预计期末存货－预计期初存货

由于各季的期初存货为上季的期末存货，所以各计算单元格的公式为

C9＝C5＋C6－C8

其他季度以此类推。

（四）直接材料预算

根据资料 4 和生产预算表，在 Excel 工作表中编制 2020 年直接材料预算表和预计直接材料现金支出表，如表 7-11、表 7-12 所示。

表 7-11 直接材料预算表

行号/列标	B	C	D	E	F	G
3		季度				全年
4		1	2	3	4	
5	预计生产量/万块	4 800	12 000	11 200	4 000	32 000
6	单位产品所需直接材料/千克	2.6	2.6	2.6	2.6	2.6
7	预计材料需要量/万千克	12 480	31 200	29 120	10 400	83 200
8	加：预计材料期末存货/万千克	1 600	1 600	1 000	1 000	1 000
9	合计	14 080	32 800	30 120	11 400	84 200
10	减：预计材料期初存货/万千克	1 000	1 600	1 600	1 000	1 000
11	预计原材料采购量/万千克	13 080	31 200	28 520	10 400	83 200
12	单价/（元/千克）	0.1	0.1	0.1	0.1	0.1
13	预计直接材料采购额/万元	1 308	3 120	2 852	1 040	8 320

表 7-12 预计直接材料现金支出表（单位：万元）

行号/列标	B	C	D	E	F	G
17		季度				全年
18		1	2	3	4	
19	现销	1 046	2 496	2 282	832	6 656

续表

行号/列标	B	C	D	E	F	G
20	支付赊销款情况					
21	2019 年第 4 季度	200				200
22	2020 年第 1 季度		262			262
23	2020 年第 2 季度			624		624
24	2020 年第 3 季度				570	570
25	2020 年第 4 季度	—	—	—	—	—
26	直接材料现金支出总额	1 246	2 758	2 906	1 402	8 312

预计直接材料需要量＝预计生产量×单位产品材料

所以各计算单元格的公式分别为

C7＝C5*C6

C11＝C7＋C8－C10

C13＝C11*C12

C19＝C13*基础资料!$P$26

C21＝基础资料!$P$20*基础资料!$P$28

C26＝SUM（C19：C25）

其他季度以此类推。

第四季度末还有应付账款 208 万元。

（五）直接人工预算

根据资料 5 和生产预算表，在 Excel 工作表中编制 2020 年直接人工预算表，如表 7-13 所示。

表 7-13　直接人工预算表

行号/列标	B	C	D	E	F	G
3		季度				全年
4		1	2	3	4	
5	预计生产量/万块	4 800	12 000	11 200	4 000	32 000
6	单位产品直接人工/小时	0.015	0.015	0.015	0.015	0.015
7	预计各期需要的直接人工/万小时	72	180	168	60	480
8	每小时平均工资/元	10	10	10	10	10
9	预计的直接人工/万元	720	1 800	1 680	600	4 800

各计算单元格的公式为

C9＝C5*C6*C8

其他季度以此类推。

（六）制造费用预算

根据资料 6 和直接人工预算表，在 Excel 工作表中编制制造费用预算表，如表 7-14 所示。

表 7-14 制造费用预算表

行号/列标	B	C	D	E	F	G
3		季度				全年
4		1	2	3	4	
5	预计直接人工小时/万小时	72	180	168	60	480
6	变动性制造费用分配率/（元/人工小时）	8	8	8	8	8
7	预计变动性制造费用/万元	576	1440	1344	480	3840
8	预计固定性制造费用/万元	640	640	640	640	2560
9	预计制造费用合计/万元	1216	2080	1984	1120	6400
10	减：折旧	400	400	400	400	1600
11	预计现金支付的制造费用/万元	816	1680	1584	720	4800

各计算单元格的公式分别为

C7＝C5*C6

C9＝C7＋C8

C11＝C9－C10

其他季度以此类推。

（七）期末产成品存货预算

根据前述有关数据，在Excel工作表中编制该企业期末产成品存货预算表，如表7-15、表 7-16 所示。

表 7-15 期末产成品存货预算表（完全成本法）

行号/列标	B	C
3	单位产成品成本/元	
4	直接材料/元	0.26
5	直接人工/元	0.15
6	制造费用/元	
7	变动性/元	0.12
8	固定性/元	0.08
9	单位成本合计/元	0.61
10	期末产成品存货/万元	122.00

注：预计固定性制造费用/预计直接人工小时＝2560/480≈5.33

各计算单元格的公式分别为

C4=基础资料!K23*基础资料!K24

C5=基础资料!K25*基础资料!K26

C7=基础资料!K25*基础资料!K27

C8=基础资料!K25*5.33

C9=C4+C5+C7+C8

C10=C9*'7−10 生产预算'!G6

表 7-16 期末产成品存货预算表（变动成本法）

行号/列标	B	C
14	单位产成品成本/元	
15	直接材料/元	0.26
16	直接人工/元	0.15
17	变动制造费用/元	0.12
18	单位成本合计/元	0.53
19	期末产成品存货/万元	106.00

各计算单元格的公式分别为

C15=基础资料!K23*基础资料!K24

C16=基础资料!K25*基础资料!K26

C17=基础资料!K25*基础资料!K27

C18=C15+C16+C17

C19=C18*'7−10 生产预算'!G6

（八）销售及管理费用预算

根据资料 7 和销售预算表，在 Excel 工作表中编制销售及管理费用预算表，如表 7-17 所示。

表 7-17 销售及管理费用预算表

行号/列标	B	C	D	E	F	G
3		季度				全年
4		1	2	3	4	
5	预计销售量/万块	4 000	12 000	12 000	4 000	32 000
6	单位变动性销售及管理费用/（元/块）	0.05	0.05	0.05	0.05	0.05
7	预计变动性销售及管理费用/万元	200	600	600	200	1 600
8	固定性销售及管理费用					
9	工资/万元	70	70	80	70	290
10	广告费/万元	20	20	40	20	100
11	折旧费/万元	30	30	30	30	120

续表

行号/列标	B	C	D	E	F	G
12	保险费/万元	—	—	—	—	—
13	差旅费/万元	10	10	10	10	40
14	固定费用合计/万元	130	130	160	130	550
15	预计销售及管理费用/万元	330	730	760	330	2 150
16	减：折旧	（30）	（30）	（30）	（30）	（120）
17	预计现金支付的销售及管理费用	300	700	730	300	2 030

各计算单元格的公式分别为

C7＝C5*C6

C15＝C7＋C14

C17＝C15－C16

其他季度以此类推。

（九）现金预算

根据资料 8、销售预算现金收入、直接材料预算的现金支出、制造费用预算和销售及管理费用预算，并将建设分厂、支付所得税等的现金支出转入现金预算中的现金支出部分，然后加总各季度的现金支出数。考虑公司预定的最低现金余额，求出现金需求总量，并计算现金溢余（短缺）数。再根据现金溢余（短缺）金额，决定是借款还是还款，还要计算各季的利息支出数。

在 Excel 工作表中编制现金预算表，如表 7-18 所示。

表 7-18　现金预算表（单位：万元）

行号/列标	B	C	D	E	F	G
3		季度				全年
4		1	2	3	4	
5	期初现金余额（表 7-4）	240	338	342	2 026	240
6	加：现金收入（表 7-8）	2 980	7 560	9 420	4 160	24 120
7	可供使用现金总额	3 220	7 898	9 762	6 186	24 360
8	减：现金支出					
9	直接材料（表 7-11）	1 246	2 758	2 906	1 402	8 312
10	直接人工（表 7-13）	720	1 800	1 680	600	4 800
11	制造费用（表 7-14）	816	1 680	1 584	720	4 800
12	销售及管理费用（表 7-17）	300	700	730	300	2 030
13	所得税	—	—	—	720	720
14	资本支出	1 200	—	—	—	1 200
15	现金支付总额	4 282	6 938	6 900	3 742	21 862

续表

行号/列标	B	C	D	E	F	G
16	最低现金余额	200	200	200	200	200
17	现金需求总额	4 482	7 138	7 100	3942	22 062
18	现金溢余（短缺）	（1 262）	760	2 662	2 244	2 298
19	筹资与运用					
20	借款（期初）	1 400			—	1 400
21	还款（期末）		（600）	（800）	—	（1 400）
22	利息		（18）	（36）	—	（54）
23	合计	1 400	−618	−836	—	（54）
24	期末现金余额	338	342	2 026	2 444	2 444

利息付款分别为600×6%×6/12＝18和800×6%×9/12＝36。因为借款发生在季初，还款发生在季末，所以第一笔本金于6个月后偿还，第二笔本金于9个月后偿还。

各计算单元格的公式分别为

C15＝SUM（C9：C14）

C17＝C15＋C16

C18＝C7－C17

C24＝C7－C15＋C23

其他季度以此类推。

（十）预计损益表

根据销售预算、销售及管理费用预算、期末存货预算和现金预算等资料，在Excel工作表中编制预计损益表，如表7-19、表7-20所示。

表7-19 预计损益表（完全成本法）（单位：万元）

行号/列标	B	C
3	销售收入	24 000
4	产品销售成本	19 524
5	期初存货成本	126
6	本期产品成本	19 520
7	期末存货成本	122
8	销售毛利	4 476
9	销售及管理费用	2 150
10	息税前利润	2 326
11	利息费用	54
12	税前利润	2 272
13	所得税（按20%税率计算）	720
14	税后净利润	1 552

表 7-20 预计损益表（变动成本法）（单位：万元）

行号/列标	B	C
18	销售收入	24 000
19	减：变动成本	18 560
20	制造成本	16 960
21	销售与管理费用	1 600
22	贡献毛益	5 440
23	减：固定成本	3 110
24	制造性费用	2 560
25	销售与管理费用	550
26	息税前利润	2 330
27	减：利息费用	54
28	税前利润	2 276
29	减：所得税（按 20%税率计算）	720
30	净利润（税后利润）	1 556

各计算单元格的公式分别为

C5＝基础资料!C10

C6＝'7－15 期末产成品存货预算表'!C9*'7－10 生产预算表'!G9

C7＝'7－15 期末产成品存货预算表'!C10

C14＝C3－C4－C9－C11－C13

C20＝'7－11 直接材料预算表'!G13＋'7－13 直接人工预算表'!G9＋'7－14 制造费用预算表'!G7

C21＝'7－17 销售及管理费用预算表'!G7

C24＝'7－14 制造费用预算表'!G8

C25＝'7－17 销售及管理费用预算表'!G14

C30＝C18－C19－C23－C27－C29

（十一）预计资产负债表

根据 2020 年初的资产负债表，经过对前述各表中的有关数字做适当调整，即可编制其 2020 年末预计资产负债表，如表 7-21、表 7-22 所示。

表 7-21 预计资产负债表（完全成本法）（单位：万元）

行号/列标	B	C	D	E	F	G	H
3	资产				负债及股东权益		
4	流动资产				流动负债		
5	现金		2 444		应付账款	208	
6	应收账款		480		流动负债合计		208
7	存货		222		股东权益		
8	原材料	100			普通股	1 200	

续表

行号/列标	B	C	D	E	F	G	H
9	产成品	122			留存收益	15 218	
10	流动资产合计			3146	股东权益合计		16 418
11	固定资产		24 200				
12	减：累计折旧		10 720				
13	固定资产合计			13 480			
14	资产总额			16 626	负债及股东权益总额		16 626

表中有关数字说明如下：

D5＝'7－18 现金预算表'!G24

D6＝'7－8 销售预算表'!F7*基础资料!P23*基础资料!P25

C8＝'7－11 直接材料预算表'!G8*'7－11 直接材料预算表'!G12

C9＝'7－15 期末产成品存货预算表'!C10

E10＝SUM（D5：D7）

D11＝基础资料!C13＋'7－18 现金预算表'!C14

D12＝基础资料!C14＋'7－14 制造费用预算表'!G10＋'7－17 销售及管理费用预算表'!G16

E13＝D11－D12

E14＝SUM（E10，E13）

G5＝'7－11 直接材料预算表'!F13*基础资料!P28

G8＝基础资料!G10

G9＝基础资料!G11＋'7－19 预计损益表'!C14

表 7-22 预计资产负债表（变动成本法）（单位：万元）

行号/列标	B	C	D	E	F	G	H
18	资产				负债及股东权益		
19	流动资产				流动负债		
20	现金		2 444		应付账款	208	
21	应收账款		480		流动负债合计		208
22	存货		206		股东权益		
23	原材料	100			普通股	1 200	
24	产成品	106			留存收益	15 202	
25	流动资产合计			3 130	股东权益合计		16 402
26	固定资产		24 200				
27	减：累计折旧		10 720				
28	固定资产合计			13 480			
29	资产总额			16 610	负债及股东权益总额		16 610

表中有关数字说明如下：

D20＝'7－18 现金预算表'!G24

D21＝'7－8 销售预算表'!F7*基础资料!P23*基础资料!P25

C23＝'7－11 直接材料预算表'!G8*'7－11 直接材料预算表'!G12

C24＝'7－15 期末产成品存货预算表'!C19

E25＝SUM（D20：D22）

D26＝基础资料!C13＋'7－18 现金预算表'!C14

D27＝基础资料!C14＋'7－14 制造费用预算表'!G10＋'7－17 销售及管理费用预算表'!G16

E28＝D26－D27

E29＝SUM（E25，E28）

G20＝'7－11 直接材料预算表'!F13*基础资料!P28

G23＝基础资料!G10

G24＝基础资料!G25＋'7－20 预计损益表表'!C30

第四节　全面预算执行监控

全面预算执行监控是根据企业发展战略，逐层分解，对总部各个部门以及下属公司下达经营目标，全程管理其经营活动，并对其实现的业绩进行考核与评价的内部管理会计制度。通过全面预算执行监控，管理层可以及时发现和解决企业经营过程中遇到的问题，适时制定出强有力的经营应对策略，提高管理水平，构筑企业的核心竞争力。

全面预算执行监控的目的在于以一系列的预算、控制、协调、考核为手段，管理企业生产经营活动全过程，最终实现企业的战略目标。全面预算管理体系是由一系列预算及差异分析表格、相应制度和说明组成的，根据企业经济活动前后衔接、相互关联、有序排列形成的一个完整的报表体系，它完整地体现了企业对未来经济活动的预期，通过将经营结果与预算进行分析、比较，可以对企业经营活动实行过程监控，促进企业经营目标的完成。

一、全面预算的执行与监控

全面预算的执行是指以预算为标准组织实施企业生产经营活动的行为，包括从预算审批下达到预算期结束的全过程；全面预算的监控是指企业以预算为标准通过过程监督、信息反馈与预算调整等方法促使预算执行不偏离预算标准的行为。

预算从编制到审批，一般经过自上而下和自下而上的多次反复。预算编制与审批的过程，也是各层预算组织之间相互交流和沟通的过程。只有经过一个上下反复的过程，才能提高预算的合理性和准确性，才能使最终付诸实施的预算既符合企业全局利益，又切合企业内部各个部门、各个环节的具体情况，避免由于高层管理人员的主观臆断而造成的预算脱离实际的结果。由此可见编制预算过程的重要性。但是预算编制的完成，只是全面预算管理工作的第一步。如果把编制好的预算束之高阁不去执行，那么再好的预算也无异于纸上谈兵；如果不按编制好的预算执行，就很可能偏离预算的目标和方向。

预算的执行与监控的关系相辅相成，预算的执行必须以预算为标准进行严格的控制，预算的控制必须以预算执行为载体进行规范的实施。有执行没有控制，执行将无的放矢，预算的执行过程和结果就无从谈起。因此预算的执行过程就是企业以预算为标准，控制各项经营活动的过程。企业通过预算的编制为预期的经济活动提供目标和依据，通过预算的执行将编制好的预算付诸实施，通过预算控制确保预算的执行不偏离预算的目标和方向。可见，预算的执行与监控是全面预算管理的重要环节，是企业能否实现预算目标的关键。

二、预算差异分析

（一）预算差异分析的概念

预算差异分析，即通过比较实际执行结果与预算目标确定差异额及差异原因。当实际结果与预算标准的差异较大时，企业管理层应审慎调查，查明发生原因，并且采取适当的措施进行矫正。预算差异分析有利于及时发现预算管理中所存在的问题，是控制和评价职能作用赖以发挥的重要手段。

（二）预算差异的分析方法

1. 预算差异的定量分析方法

定量分析应根据不同情况分别采用比例分析法、比较分析法、因素法、盈亏平衡分析法，从定量上充分反映预算执行单位的现状、发展趋势及存在的问题和潜力，对产销量、品种结构、价格、变动成本、边际收益、费用等诸多因素进行分析。从盈亏形成过程来看，差异的形成可以归纳为两个方面：销售收入差异和成本差异。根据销售收入和成本的构成，销售差异和成本差异又不外乎价格差异与数量差异两类。所谓的价格差异，就是指由于价格因素变动而导致的差异额；所谓的数量差异，就是指由于数量变动而导致的差异额。差异分析应该是一个循序渐进的过程，即从综合指标入手，逐步分解，最后落实到具体的生产技术指标上。

2. 预算差异的定性分析方法

预算差异定性分析的主要目的是找到差异的原因，预算差异定性分析的主要分析方法：所涉及特定主管、领班及其他人员开会磋商；分析工作情况，包括工作流程、业务协调、监督的效果，以及其他存在的环境因素；直接观察，由直接人员进行实地调查，由辅助者（明确指定其责任）进行调查；由内部稽核辅助进行稽核工作；特殊研究；等等。

在评估与调查差异发生的基本原因时，应当考虑的因素有：①差异可能是微不足道的。②差异可能是由于报告上的错误所致——会计部门所提供的目标及实际资料，应当检查书写上有无错误。例如，因一笔会计分录误记到某部门，便可能使该部门发生不利的差异，而造成了另一部门的有利差异。③差异可能是由于特定的经营决策所致——为了改善效率或为了应对某些紧急事故，管理层下达决策而导致差异的发生。④许多差异可能是不可控因素造成的，而这些因素又可加以辨认，如洪涝损失等。⑤不知道真正原因的差异，应予以格外关心，并且应予以认真调查。

（三）差异分析报告

1. 差异分析报告的概念

差异分析报告，是企业依据预算差异分析表及经营活动和财务活动所提供的丰富、重要的信息及其内在联系，运用一定的科学分析方法，对企业的预算执行情况，做出客观、全面、系统的分析和评价，并针对所发生的差异明晰权责，提出科学合理的解决建议，进一步强化企业预算控制的书面报告。

2. 预算差异分析报告的基本内容

预算差异分析报告通常包括进度分析、业绩分析及分析建议。首先进度分析是指累计计算汇总各月完成情况，以收入预算完成进度为起点分析成本和费用预算完成进度，为调整计划和控制提供指导。其次业绩分析是指根据各部门预算完成情况，通过差异分析方法，评价部门业绩，为考核提供依据。最后分析建议部分是为各级领导决策提供支持和建议。

（四）责任报告

内部责任报告是责任会计编制的反映责任预算实际执行情况，揭示责任预算与实际执行差异的内部会计报告。预算责任报告主要有报表、数据分析和文字说明等几种形式。将责任预算、实际执行结果及其差异用报表予以列示是责任报告的基本形式，通过编制责任报告，可完成责任中心的绩效评价和考核。

责任报告必须逐级编制，通常只采用自下而上的程序逐级编报。最低层次的责任预算中心责任报告应当最详细，随着层次的提高，责任报告的内容应以更为概括的形式表现。内部责任预算报告是预算差异报告的延续，侧重于对预算执行进行总结，并提出弥补措施，继而通过相关指标的对比，对各个责任区域工作的好坏做出相应的评价。

三、全面预算管理预警系统

（一）全面预算管理预警系统的定义

全面预算管理预警系统就是以企业的财务报表、全面预算资料、相关经营资料及收集的外部资料为依据、依托建立的组织体系，采用各种分析方法，将企业所面临的经营波动情况和危险情况预先告知企业经营者与其他相关利益关系人，并分析企业发生经营波动和财务危机的原因及企业财务运营体系隐藏的问题，以督促企业管理者提早做好防范措施，为管理者提供决策和控制依据的组织手段与分析系统。

（二）全面预算管理预警系统的内容

1. 企业财务环境预警

建立企业全面预算管理预警体系基本前提之一是企业内外部财务管理环境不发生重大变化，因此，企业应当关注企业内外部财务管理环境并建立预警机制，一旦发生重大变化，就要能够及时发出警报信号，以做到能够及时采取应对措施。

2. 企业资金运用活动预警

企业资金运用主要反映在采购、生产、营销和基础管理活动中，从其循环过程看，一部分购买原材料，另一部分以人工费用进入生产成本和费用，还有一部分购入固定资产，以折旧的形式进入成本和费用。

客户是企业的上帝，企业的各项经营活动都要以客户为中心展开，任何一项活动都会影响客户的满意度，营销是企业的龙头，财务是为营销服务的，因此，全面预算管理预警体系，是站在综合性角度，全面跟踪、反映、监督、评价企业增值业务过程。

（三）全面预算管理预警系统的程序设计

1. 寻找全面预算管理预警的警源

警源是指警情产生的根源，包括内生警源和外生警源两个种类。内生警源是指企业内部运行机制不协调产生的警源，如投资失误，而投入资金是银行借款，导致企业因为资金链断裂而难以用流动资产偿还即将到期的流动负债，此时企业可能会被迫变卖长期资产以解燃眉之急，投资失误则成为企业出现财务预警的内生警源。外生警源是指由于企业外部经营环境发生变化产生的警源。例如，国家产业政策的调整可能会导致企业被迫转产或做出重大经营政策上的调整，甚至导致巨额亏损乃至破产。此时，政策调整为外生警源。

2. 分析全面预算管理预警的警兆

警兆是指警素发生异常变化时的先兆。在警源的作用下，当警素发生变化导致警情爆发前，会有一些预兆或先兆。全面预算管理预警的目的就是在警情爆发前，分析警兆、控制警源、拟定排警对策。分析全面预算管理预警的警兆，是全面预算管理预警系统的关键一环。

3. 检测并预报警度

警度是指警情的级别程度，一般设计为五种：无警、轻警、中警、重警和巨警。警度的确定一般是根据警兆指标的数据大小，找到与警素的警限相对应的警限区域，警兆指标值落在某个警限区域，则确定为相应级别的警度。

4. 建立预警模型

预报警度有两种方法：一是定性分析法，如经验分析法、特尔斐法、专家调查法等；二是定量分析法，包括指标和模型两种形式。模型的形式，一般是建立关于警素的普通模型，并做出预测，然后根据警限转化为警度。

5. 拟定预警对策

预警的目的，就是要在警情扩大或爆发之前，采取排警对策。从而有效地寻找警源，通过分析警兆、测定警度，进而采取行之有效的排警对策。监测财务风险和危机的目的是有效地防范财务风险与危机。当出现实际警情或已测定实际警度时，企业应当制定有效的排警对策。

四、预算调整

（一）预算调整的概念

预算调整是指当企业内部或外界环境发生变化，预算出现较大偏差从而导致原有预算不再适宜时所进行的预算修改。预算调整事项应遵循以下原则。

（1）不能偏离企业发展战略和年度预算目标。

（2）调整方案应当在经济上能够实现最优化。

（3）调整重点应当放在预算执行中出现重要的、非正常的、不符合常规的关键性差异方面。

（二）预算调整的流程

预算调整不改变年度企业预算总额，只是对月度预算额在不同月份之间或不同部门之间的增减。在预算执行过程中，由于经营管理的需要和其他因素的变化，可以调整部门预算，但必须保证在本预算年度内的其他月份和其他部门予以平衡与弥补。

预算调整程序如下。

（1）由各责任预算单位提出调整预算的初步方案。

（2）由预算考核办公室授权监察部门、审计部门进行调查。

（3）由财务管理部门对预算调整方案进行审核。

（4）根据财务管理部门的审核意见和监察部门、审计部门的调查结论，预算管理委员会提出预算调整方案。

（5）预算管理委员会审查核准调整幅度较小的调整预算。

（6）调整幅度较大的调整预算报企业最高权力机构审查批准。

第五节　全面预算的考评

一、全面预算考评的概念

全面预算考评是以企业各级预算执行为主体考评对象，以预算目标为考评标准，以预算完成情况为考评核心，通过比较预算的实际完成情况与预算目标，确定差异并查明差异产生的原因，进而据以评价各级责任单位和个人的工作业绩，并与其相应的激励制度挂钩，使其利益与工作业绩相匹配，充分调动各级责任单位和个人的工作积极性，促进企业整体效益的提高。

二、全面预算考评的内容

具体地讲，全面预算考评包括期中预算考评和期末预算考评两种形式。所谓的期中预算考评，就是指预算执行过程中依照企业全面预算内容的实际执行情况和预算指标进行考核、比较、发现及分析造成差异原因，为企业生产经营过程中的纠偏和事中控制提供及时可靠的依据；期末考评是在预算期末对各项预算执行主体的预算情况进行分析评价。目前企业对预算考评多以期末考评为主（期中考评更多地体现在预算控制过程中），期末预算考评又多以成本费用、利润及投资报酬率的考核为主。

三、基于预算的业绩激励

在建立预算激励制度时，要根据预算激励对象是各责任中心还是企业的员工，分别实施基于预算的业绩激励。

（一）对责任中心的激励

对责任中心的奖惩方式可根据企业具体情况制定，一般有以下三种方式。

1. 直接奖惩

首先将各项预算目标作为奖惩方案的基数，并制订超额完成预算或未能完成预算目标时的额外奖励或扣除奖金的计算方法，再根据各责任中心的预算目标完成情况计算相应的奖惩。

2. 按比例奖惩

针对各责任中心的各项预算目标采取不同方式，并制订不同预算目标的权重和分值加减方案，据此计算各责任中心在预算管理期间的总分值，最后根据事先规定的奖惩方案按比例奖惩。

3. 收益分享计划

收益分享计划是一种把部门或群体的生产率提高作为收益评价指标，并在员工与企业之间分享生产率提高带来的收益的计划。该计划使各责任中心的利益与企业总体利益相结合，促使责任中心更好地为企业总体利益而努力。收益分享计划一般包括斯坎伦计划、拉克计划等。在运用收益分享计划时，要先根据过去经验制定一个基准分配率，据此确定各责任中心当期的分配额，并以此确定奖励额。

（二）对员工的激励

对员工的激励制度的设计应考虑员工多层次的需要。根据马斯洛的需要层次理论，员工的需要层次由低到高分别为生理需要、安全需要、社交需要、尊重和自我实现。员工的需要不仅包括物质上的需求，更多的是精神和心理上的需要，因此一般员工的激励机制要综合考虑他们的物质和精神需要。

1. 物质层面

物质层面的激励是最基础的一层，可依据激励的形式分为以下三个方面。

（1）员工基本工资的确定。其中既包括员工合理的基本工资，也包括基本工资的提升与企业预算考评结果的结合，并体现企业预算考评的结果。

（2）员工奖金的确定。员工奖金一般可分为效益奖金和绩效奖金，效益奖金是基于公司整体经济效益的，而绩效奖金是基于员工业绩的。在预算考评和激励体系中主要涉及的是员工的绩效奖金，它是根据预算执行期间员工的业绩或责任预算目标完成情况确定的。因此，绩效奖金的制定要与企业预算考评结果紧密联系，准确、及时地反映预算考评结果。

（3）员工福利的确定。企业应充分考虑员工的各类需要，设计出全面的员工福利制度，解除员工的后顾之忧，弥补薪酬激励的不足。福利强调长期性、计划性和整体性。福利的一般形式包括法定福利（五险一金等）、培训、带薪假期、旅游奖励等，公司在发放福利时也可以结合员工业绩，更好地激励员工的工作积极性。

2. 精神层面

物质层面得到满足后，员工必然会追求更高层次的精神需要，这就需要企业注重使员工获得精神上的认同和满足，可制定的精神激励包括以下几个方面。

（1）文化激励。企业文化是一个企业在发展中形成的经营理念、价值观念、经营方针政策的集合。将企业文化融入员工的思想观念中，可以使员工的世界观、价值观自觉符合企业的文化，使员工的行为自觉符合企业整体利益。

（2）环境激励。这里的环境包括政策环境和客观环境。政策环境指的是企业的各项规章制度，合理规范的企业制度可以使员工认为自己的工作环境是公平公正的，从而激发他们的工作积极性。客观环境包括工作地点、工作空间大小、工作环境舒适程度等，也会影响员工工作的积极性。

（3）成就激励。成就感来源于员工的工作业绩达到自己期望的感受。一般成就的大小取决于人们在工作中贡献程度的大小，企业可以从团队构建、权力分配等角度来设计对员工的成就激励。

（4）愿景激励。愿景激励使员工对自己职业生涯的目标有一个清晰的认识，激励他们更好地朝着愿景目标而努力。企业在进行愿景激励的时候，可以通过讲解企业未来愿景或者为每个员工制订预见性的培养计划来实现。

第六节　预算的类型

一、固定预算和弹性预算

预算按其是否可按业务量调整，分为固定预算和弹性预算两种。

（一）固定预算

所谓固定预算，又称静态预算，就是根据预算期内正常的可实现的某业务量水平而编制的预算。前面所述的销售预算、生产预算、成本预算等都是以某业务量水平为基础编制的，故皆为固定预算。固定预算的基本特征是：①不考虑预算期内业务量水平可能发生的变动，只以某一确定的业务量水平为基础预计其相应的金额；②将实际结果与按预算期内计划规定的某一业务量水平所确定的预算数进行比较分析，并据以进行业绩评价、考核。

固定预算用来考核非营利组织或业务量水平较为稳定的企业是比较合适的。事实上，固定预算对控制的有用性仅限于当实际业务水平与预期业务活动水平完全一致的情况下，否则，就难以为控制服务。

（二）弹性预算

弹性预算是指企业按照预算期内可预见的多种生产经营活动业务量水平分别确定相应数据而编制的预算，适用于业务量水平经常变动的企业。其基本特征是：①可按预算内某一相关范围内的可预见的多种业务活动水平确定不同的预算额，也可按实际业务活动水平调整其预算额；②待实际业务量发生后，将实际指标与实际业务量相应的预算额进行对比，使预算执行情况的评价与考核建立在更加客观可比的基础上，从而更好地发挥预算的控制作用。

弹性预算的编制程序如下。

（1）确定某一相关范围，预期在未来期间内业务活动水平将在这“相关范围内变动”。

（2）选择经营活动水平的计量标准（如产量单位、直接人工小时、机器小时等）。

（3）根据成本与计量标准之间的依存关系将企业的成本分为固定成本、变动成本、混合成本三大类。

（4）按成本函数（$y=a+bx$）将混合成本分解为固定成本和变动成本。

（5）确定预算期内各业务活动水平。

（6）可利用多栏式的表格分别编制对应于不同经营活动水平的预算。

弹性预算的关键在于能频繁地向管理人员提供反馈信息，使得他们能进行控制并有效地将组织的计划付诸实施。

二、增量预算和零基预算

预算按其编制是否可以基期水平为基础，分为增量预算和零基预算。

（一）增量预算

所谓增量预算，就是在基期预算执行结果的基础上，结合预算期的情况加以调整来编制预算的方法，它适用于比较稳定的老企业预算的编制。这种方法的基本假定是：①企业现有的每项活动都是企业不断发展所必需的；②在未来预算期内企业至少必须以现有的费用水平继续存在；③现有费用已得到有效的利用。因此，这种方法在指导思想上是以承认现实的基本合理性作为出发点，如果原来不合理的费用开支也可能继续存在下去，就可能造成资金的浪费。

在增量预算法下，预算编制单位的负责人常常竭力用完全年的预算指标，以致到了年底毫无剩余（政府机关尤其如此）。这种行为有利于他们维持预算的现有水平，并能得以要求增加预算。例如，某部门上一年度的预算支出是120万元，为了与上一年度的水平持平，该部门可能要求下一年度的预算增加5%，增加支出的理由通常是投入成本的增加（如人工、材料等），增量预算法并没有认真评价所提供的服务水平及效率，因而助长了浪费和低效。

（二）零基预算

零基预算是区别于传统的增量预算而设计的一种编制费用预算的方法，是指在编制预算时，基期的预算水平不再被视为理所当然，而是以零为基础，从根本上考虑各开支项目的必要性、合理性和实际需要量来编制的一种预算。它是由美国得州仪器公司于20世纪70年代创建的，目前已被大多数企业广泛采用作为费用预算的一种编制方法，零基预算比较传统的增量预算编制的不同之处在于：它不是以现有费用水平为基础的，而是如同新创办一个机构时一样，一切以“零”为起点，规划预算期内的业务活动及其费用开支标准。其基本做法是：首先，划分基层预算单位；其次，对基层预算单位的业务活动计划的目的性以及需要开支的费用逐项进行考核；再次，由基层预算单位对本身的业务活动做具体分析，并提出“一揽子业务方案”；然后，对每项业务活动计划进行“费用效益分析”，权衡得失，排出优先顺序，并把它们分成等级；最后，根据生产经营的客观需要与一定期间内资金供应的实际可能，判定纳入预算中费用项目可以达到几级，并对已确定可纳入预算中的费用项目进行加工、汇总，形成综合性的费用预算。

零基预算由于冲破了传统预算方法框架的限制，以零为起点，观察分析一切费用开支项目，确定预算金额，因而具有以下优点：①合理、有效地进行资源分析；②有助于企业内部的沟通、协调，激励各基层单位参与预算编制的积极性和主动性；③目标明确，可区别方案的轻重缓急；④有助于提高管理人员的投入产出意识；⑤特别有助于产生较难辨认的服务性部门克服资金浪费的缺点。

然而，由于一切支出均以零为起点进行分析研究，编制预算的工作量较大，费用较昂贵，而且评级和资源分配具有不同程度的主观性，易于引起部门间矛盾。因此，一个合理的折中办法是：每三年至五年编制一次零基预算，以后几年内再做适当调整，以减少浪费和低效。在信息时代，竞争尤为激烈，编制零基预算能使管理人员打破陈规，从一个全新的视角来审视各项工作。

三、定期预算和滚动预算

预算按预算期是否连续，分为定期预算和滚动预算。

（一）定期预算

定期预算一般在其执行年度开始前两三个月进行编制，执行到最后两三个月再编制下一年度的预算，一年一次定期进行预算的编制。这种做法的优点在于与会计年度相配合，便于预算执行结果的考核与评价，但是，这种预算也有一定的缺陷：①定期预算多是在其执行年度开始前的3个月进行，在编制时，难以预测预算期的某些活动，特别是对预算期的后半阶段，往往只能提出一个较为笼统的预算，从而给预算的执行带来种种困难；②预算中所规划的各种经营活动在预算期内往往发生变化，而定期预算却不能及时调整，从而使原有的预算显得不相适应；③在预算执行过程中，由于受预算期的限制，使管理人员的决策视野局限于剩余的预算期间的活动，从而不利于企业长期稳定的发展。为了克服定期预算的缺陷，在实践中可采用滚动预算的方法编制预算。

（二）滚动预算

滚动预算又称永续预算或连续预算。它在预算的执行过程中自动延伸，使预算期永远保持在 1 年。其基本特点是：凡预算执行过 1 个月后，即根据前 1 个月的经营成果，结合执行中发生的变化等新信息，对剩余的 11 个月加以修订，并自动后续 1 个月，重新编制新一年的预算。这样逐期向后滚动，连续不断地以预算的形式规划未来的经营活动。

滚动预算的要点在于预算期与会计年度相脱节，始终保持 12 个月或 4 个季度的预算。

综合上述，滚动预算较之传统的定期预算具有以下优点：①可以保持预算的连续性与完整性，使有关人员能从动态的预算中把握企业的未来，了解企业的总体规划和近期目标；②可以根据前期预算的执行结果，结合各种新的变化信息，不断调整或修订预算，从而使预算与实际情况更相适应，有利于充分发挥预算的指导和控制作用；③可以使各级管理人员始终保持对未来 12 个月甚至更长远的生产经营活动做周密的考虑和全盘规划，确保企业各项工作有条不紊地进行。

采用滚动预算法的不足之处是编制预算的工作量较大。因此，也可以采用按季度滚动来编制预算，而在执行预算的那个季度里，再具体地编制各月份的预算，这样可以适当地简化预算的编制工作。总之，预算的滚动期限应视实际需要而定。

思考与练习

一、思考题

1. 什么是全面预算？如何理解全面预算管理在现代企业中的作用？
2. 全面预算管理的组织机构有哪些？各自的职责是什么？
3. 全面预算管理的流程是什么？
4. 如何进行基于全面预算的考评？
5. 什么是增量预算、零基预算和滚动预算？它们分别适用什么范围？

二、单项选择题

1. 下列哪个中心是最高层次的预算责任单位？（　　）

A. 利润中心　　B. 销售中心　　C. 成本中心　　D. 投资中心

2. 在成本习性分析的基础上，分别按照一系列可能达到的预计业务量水平编制能适应多种情况的预算是（　　）。

A. 固定预算　　B. 弹性预算　　C. 增量预算　　D. 滚动预算

3. 某产品销售款的回收情况是：销售当月收款60%，次月收款40%，201×年1～3月的销售额估计为7000元、9000元、6000元。由此可预测201×年2月的现金收入为（　　）。

A. 7200元　　B. 7800元　　C. 8200元　　D. 9000元

4. 在基期成本费用水平的基础上，结合预算期业务量及有关降低成本的措施，通过调整有关原有成本项目而编制的预算，称为（　　）。

A. 弹性预算　　B. 零基预算　　C. 增量预算　　D. 滚动预算

5. 在预算管理循环中，处于承上启下关键环节的是（　　）。

A. 预算编制　　B. 预算执行　　C. 预算调控　　D. 预算考评

6. 构建财务预警系统，首先有赖于建立高效的（　　）。

A. 计算机辅助管理系统　　B. 财务信息收集传递机制

C. 财务风险分析机制　　D. 预警分析的组织机制

7. 在下列各项中，能够同时以实物量指标和价值量指标分别反映企业经营收入与相关现金收支的预算是（　　）。

A. 现金预算　　B. 销售预算　　C. 生产预算　　D. 产品成本预算

8. 下列项目中，原本属于日常业务预算，但因其需要根据现金预算的相关数据来编制，因此被纳入财务预算的是（　　）。

A. 财务费用预算　　B. 预计利润表

C. 销售费用预算　　D. 预计资产负债表

9. 全面预算编制的起点是（　　）。

A. 财务费用预算　　B. 销售预算　　C. 销售费用预算　　D. 现金预算

10. 在编制制造费用预算时，计算现金支出应予剔除的项目是（　　）。

A. 间接材料　　B. 间接人工　　C. 管理人员工资　　D. 折旧费

三、计算分析题

假定新华公司生产并销售甲产品，2019年末的资产负债表如表7-23所示。

表7-23　2019年12月31日资产负债表（单位：元）

流动资产			流动负债		
现金		26 000	应付账款	10 000	
应收账款		41 000	银行借款	800	
存货		9 576	流动负债合计		10 800
原材料	5 250				
产成品	4 326		股东权益		
流动资产合计		76 576	普通股	90 000	
固定资产			留存收益	10 176	

续表

厂房设备	30 000		股东权益合计	100 176
减：累计折旧	5 600			
固定资产合计		24 400		
无形资产		10 000		
资产总额		110 976	负债及股东权益总额	110 976

资料 1：2020 年各季度的预计销售量和销售单价如表 7-24 所示。甲产品每季的销售中有 60%能于当季收到现金，其余 40%要到下季度收讫。

表 7-24 2020 年各季度的预计销售量和销售单价

时间	季度				全年
	1	2	3	4	
预计销售量/件	100	150	200	180	630
销售单价/（元/件）	400	400	400	400	400

资料 2：假定新华公司季末存货为下一季度销售量的 10%，年初存货 14 件，年末存货 24 件。

资料 3：新华公司生产甲产品耗用的 A 材料，年初和年末材料存量分别为 350 千克和 380 千克，单位产品所需 A 材料 10 千克，每千克 A 材料 15 元。各季度期末材料存量为下季度生产量的 20%。每个季度材料采购货款的 50%在本季度内付清，另外 50%在下季度付清。

资料 4：生产每件甲产品所需直接人工 12 小时，每小时直接人工成本 6 元。

资料 5：变动性制造费用分配率为 4 元/小时，2020 年各季度预计固定性制造费用如表 7-25 所示，其中每季度折旧为 2000 元。

表 7-25 2020 年各季度预计固定性制造费用

时间	季度				全年
	1	2	3	4	
预计固定性制造费用/元	8 862	6 495	4 446	5 157	24 960

资料 6：预计每季度现金支付的销售及管理费用 10 518 元。

资料 7：新华公司在第 1 季度支付股利 5000 元，第 2 季度购置设备花费 30 000 元，设备安装费用 5000 元。每季度缴纳所得税 3000 元。该公司现金余额每季度最低应保持 26 000 元，最高为 36 000 元，当现金不足时向银行借款；多余时归还借款。借款在季初，还款在季末。借款年利率为 10%，还款时同时支付所还款的全部利息。向银行借款的金额要求是 10 000 元的倍数。

要求：为新华公司 2020 年的每一季度和全年编制预算。预算必须包括以下几个部分：

（1）销售预算。
（2）生产预算。
（3）直接材料预算。
（4）直接人工预算。
（5）制造费用预算。
（6）销售和管理费用预算。
（7）期末产成品预算。
（8）现金预算。
（9）预计收益表。
（10）预计资产负债表。

1. 潘爱香，景东丽. 如何解读全面预算管理[J]. 财务与会计，2002（8）：30-32.
2. 张素会. 论全面预算管理在我国企业中的运用[J]. 经济论坛，2011（12）：203-207.
3. 廖敏霞. 我国企业实施全面预算管理的实践与探讨[J]. 企业经济，2013，32（5）：42-45.
4. 刘永泽，况玉书. 论行政事业单位管理会计体系构建[J]. 会计与经济研究，2014，28（2）：28-34.
5. 张继德，王伟. 我国全面预算管理的问题、原因和对策[J]. 会计之友，2014（33）：119-122.

第八章

责任会计

信息技术使社会经济及企业组织形式发生了质的转变，促使其质变的因素主要是：企业内部的沟通与信息传递在高效的基础上还能做到高质，企业经营环境日益变迁，商业模式进入多样化年代。与此相适应的企业的组织结构也开始出现复杂多样的变更，许多具有传统纵向等级制、直线职能制的组织结构开始向横向扁平型、动态网络型等现代内部组织结构转变。组织结构的改变要求内部管控系统做出重大调整，尤其是建立一套与内部组织结构、内部管控系统相适应的、能激发创新潜能的共享型绩效评价与激励制度。而这一套制度的完美设计需要的理论支撑就是责任会计的理论。

学习目标

- 了解及掌握分权制与责任会计的联系
- 掌握如何划分责任中心及进行各类责任中心的业绩指标设置
- 掌握内部转移价格的各种制定方法
- 掌握依据决策目标一致的原理按机会性边际成本制定转移价格的规划求解方法
- 掌握各种责任中心责任报告的大体框架

第一节　责任会计概述

一、分权制与责任会计

公司制的形成与发展已有400多年，在这种制度下，众多的、分散的货币资本以两种形态——股权资本与债权资本凝聚成庞大的职能资本，使企业的规模越来越大。在企业规模扩大的过程中，有两个重要的趋势尤其引人注目：一是公司所有者或股东越来越多，他们根本无法参与企业管理，只能将企业经营管理权交给富有经验和知识的管理者；二是公司内部复杂程度提高，管理者个人很难对企业各个细节进行管理和监控，有必要将一些难以直接管控的外部交易型工作委派给有能力的人，而自己成为管理“人”的人，这就加长了“受托责任链条”，由于内部经营环境变得愈加复杂，用于管控的工具——“责任会计”便出现了。“受托责任链条”的延长，不仅使大公司在内部组织结构及管理上产生了各种创新，如事业部制式、扁平式、网络式组织结构就是适时性的组织管理创新，它们与传统的直线职能式组织管理结构相比有一个显著特点，就是“分权”。所谓分权，就是将决策权随同相应的责任下放给下属管理人员，大多数决策由接近这些问题的经理人员做出，使“做事的人”与“决策人”统一，减少了上级的“了解调查”和下级的“情况汇报”工作，促进了工作效率提升，上级只需确定相应的业绩评价考核指标和方法。总结起来，分权管理产生的直接原因有如下三点。

（1）在市场变幻莫测的环境下，决策信息越来越专门化，脱离第一现场的决策很难达到决策目标，因此，决策应交由掌握更多决策信息的人去处理比较恰当。

（2）脱离第一现场的决策具有迟滞性，决策送达时不仅机会丧失了，而且已完全不能适应已经变化的信息环境，总是通过高层来处理问题会影响企业的灵敏性，而恰当的分权确保了企业对外界反应的灵敏性、及时性。

（3）分权与合适的激励结合，将有利于调动下级管理人员的潜在能量和工作的主动性、积极性，分权还能使管理核心层管理更多的事务，由“管事”转变为“管人”，管理核心层可不深入决策事物的细节。

如何将复杂的决策事物交给别人去管理，应通过何种恰当的方式，让别人能按自己的要求将自己下达的任务做好呢？这里必须强调的是：分权不是只让自己做“甩手掌柜”，除了用一套完整的激励方法外，管理核心层还必须有能力了解实施中是否脱离目标、有办法控制“偏差”、有方法评价实施结果、有手段奖励与惩罚等。权利越分散，对内部的激励与约束就越困难。许多大型企业在预算管理的框架下，进行了分权化的制度设计，这对责任会计的发展起到了很大的推动作用。

分权化与内部控制系统的精密设计是分不开的，分权而不能控制会使企业变为失控状态，企业无法形成有机联系的整体去完成整体目标。分权使控制变得复杂，因为必须让下属有更广阔的自主决策空间，你需要控制与考核下属是否在努力的方向和程度上都符合企业利益要求。所以分权必须由三部分内容构成。

（1）分派权力的性质，即下属部门能决定什么。

（2）与权力性质相关的绩效评价体系，即根据下放权力的性质设定控制内容及考核指标、考核方法与标准，这些控制和考核内容方法是否合适取决于与权力的相关性。

（3）公正绩效评价基础上的奖惩激励。它是否让下属部门的行为方式与企业整体目标要求相一致？这些控制与考核内容是下属部门能够通过努力改变的吗？

如果解决了上述问题，则分权就成为可能，超大企业尽管“受托责任链条”延长，但因为严密的责权利设计而不致出现问题。

二、企业组织结构与管理控制系统

（一）企业内部控制的关键环节

企业组织结构是与商业模式、业务环境需要紧密相连的。然而，组织结构反映的是企业内部构造及部门之间的基本关系，这种关系已不是简单的命令与执行，它需要认真地进行管控。一个大型企业的管控，是一个组合精密的复杂系统，管理决策者应该使用怎样的方法，让别人能够按照自己的意图，把你所要做的事情按照你的标准做好呢？它又牵涉四个关键环节。

（1）下达命令：应该在制度基础上下达命令，没有制度的命令是不会得到贯彻与执行的。而命令的依据是全面预算，它要通过分解后下达到个人与部门，变成行动的指南，对全面预算的责任分解就是目标分解，是科学地将责权利结合起来的任务分配。

（2）观测与控制预算实施过程：观测与控制是关联的，被控制的对象如果不可观测，犹如手握方向盘在黑暗中不开灯行驶，你看不清就不能控制，所以，它包括各部门的实时反馈、重点记录、例外管理、调整预算参数、加强对重点、盲点的控制等。

（3）评价预算执行结果：预算执行后不进行评价，就找不到影响预算完成的因素，或尽管预算整体上完成了，但仍然会存在部门间的不平衡、不调和因素，应通过分析筛选出各类影响因素，找到预算制定与执行中的问题；评价是奖惩的依据、是内部反馈系统的探测器，它包括整体评价、部门评价、个人评价等。

（4）激励与约束：将评价与奖惩挂钩，只有评价没有奖惩将会失去评价的意义，奖惩适当将提升未来行动力，奖惩不当将削弱未来行动力；奖惩本身不是目的，是为了引导企业各部门协调一致，以尽可能少的内部摩擦产生内部利益与整体利益的一致性，使未来行动力与企业战略挂钩，使各部门行动力的方向与企业完成战略目标的方向统一，这便是企业上下一致的价值取向。而企业内部控制系统就是上述四个方面的细化。

（二）企业内部管理控制系统

罗纳德·科斯（1937、1960）在《企业的性质》《社会成本问题》中引入了两个基本的问题：企业为什么会存在？企业的规模由什么因素决定？他用市场成本与组织成本构架了企业存在的理由与价值，企业规模的决定因素。由此，企业竞争力实际上是企业组织的效率问题，企业在根据总体战略的要求合理配置组织范围内资源时，如何降低内部交易与组织管理成本，使之低于外部市场交易与市场组织管理成本，并保持持续的优势。优势企业能通过最有效方式，用内部化手段代替市场交易，产生内部资源优化配置的效果。然而，这一过程在企业的组织规模、业务范围不断扩大到某个边界时，企业内部的监督管理就复杂化了，与此相关的成本也增加了，企业由“规模经济”走向“规模不经济”。通常，在企业规模较小时，不存在太多的分（子）公司，企业与市场的关系简单且容易识别，经理人行为受制于完全公平的市场，核心管理者可以根据个人能力分派决策权力并配置相应资源。但随着企业规模扩大，企业内部结构过于烦琐复杂，企业内部与市场的外部纵横交织着难以清晰辨识的交易网络时，企业内部就应设置管理与控制工具，即需要对其经营过程实施事先、事中、事后的控制以达成企业经营目标。

企业依据发展阶段和业务模式，会选择不同的组织结构，以下仅对两种较为典型的组织结构进行分析。

1. 直线职能型组织结构

直线职能型组织结构是中小型企业中最常见的一种组织结构形式，主要特点是：上下级直线管理，下级从属并绝对服从于上级。在各级主管之周边设置辅助性、专业性职能部门进行专业管理以充当主管参谋，各级负责人行使该级高度集中的权力。其是一种按管理职能划分部门，由最高管理者直接指挥职能部门的体制。直线职能型组织如图 8-1 所示。

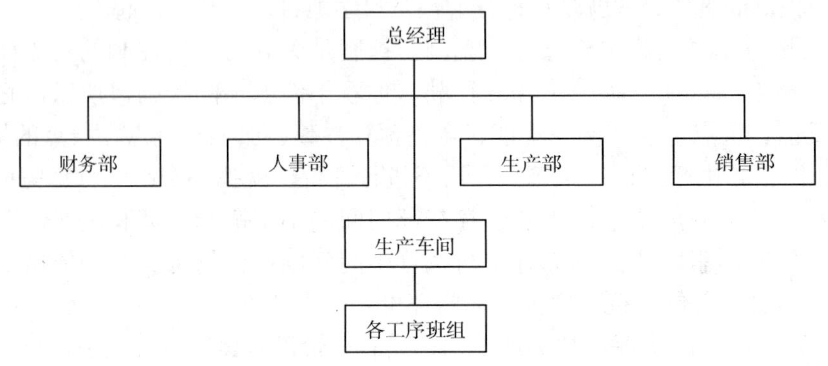

图 8-1 直线职能型组织

直线职能型组织结构可明显划分为三个层次：决策层、管理层和执行层（车间或分厂、分公司）。责任链自上而下，决策权集中在高层，执行层权力较小，执行层完全无经营自主权，无财务独立性。这种体制因集权程度高，管理控制严格，职能部门目标明确、统一，且控制及规划简单明了，所以企业的战略决策能得到最有效的贯彻执行；由于内部资源集中，内部分配快捷，资源利用及组织效率高，易于避免不必要的重复与浪费；另外，在绩效评价时，各部门常被划分为营收中心、成本中心和费用中心，评价简单且缺少弹性；直线职能制一般在业务单一的企业中适应，这些企业处在发展的初级阶段，它们非常注重企业的财富积累，绩效评价时也就注重财务成果与财务指标；直线职能制是一种命令型组织，部门间沟通需要上级协调，难以避免的是为争夺内部资源，会让上级陷入两难处境；直线职能制企业对环境变化反应慢，因为接触环境的部门或员工并没有决策责任，养成了机械完成任务的习惯，长此下去，会使企业员工目光短浅，发现问题也不上报；部门间的专业分工也导致了绩效的横向比较困难，各部门只关注本部门的具体目标，对企业整体目标关注不够。

2. 事业部制结构

事业部是一种普遍应用的分权制设计，它将分权管理与独立核算结合，在总公司统一领导下，各个事业部实行相对的独立经营、独立核算，具有生产销售的全部职能，具有自己的产品和市场，可能是产品责任单位，也可能是某地区市场责任单位，是在总公司控制下的利润中心，总公司以各个事业部为单位制定预算。它们实行统一政策、分散经营的基本管理原则。事业部的含义复杂，虽然不是完全独立，但有相对独立可分的业务，有三种划分方式：①按职能划分的事业部；②按产品品种或经营项目划分的事业部；③按地区划分的事业部。

事业部制结构（M 型结构）有三个层次：一是负责战略管理和协调的最高决策层；二是与整体业务需要匹配的职能服务部门；三是以公司核心业务为基础建立的分（子）公司，即统一于公司经营战略下从事某种业务的经营单位。事业部负责人是受公司指派的代理人，而不是事业部自身利益的代表。事业部制的优点是：事业部可设置非常专业的执行总经理，可对事业部的经营活动实行更接近现场的领导；企业最高层经理只对重大问题进行决策，减轻了高层负担；还可提高决策效率，激励基层提高工作效率；等等。M 型结构示意图如图 8-2 所示。

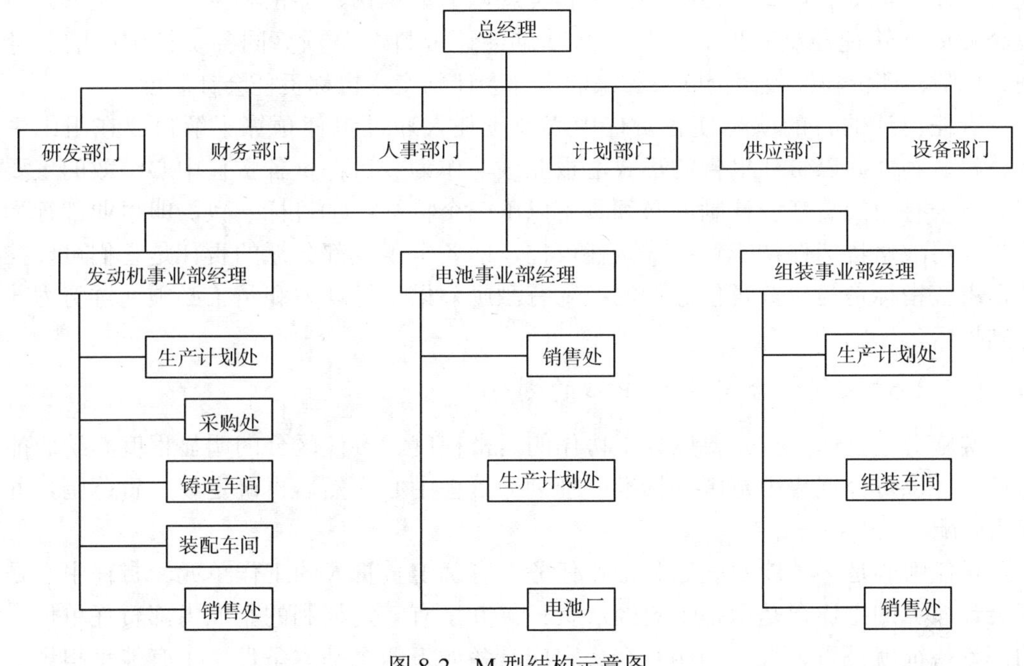

图 8-2　M 型结构示意图

事业部制式公司组织实行集中决策下的分散经营，总部保留的集中决策权力仅限于战略和设计组织结构。各事业部在经营战略与管理上具有独立的决策权，中小型事业部常被划分为利润中心，大型事业部也可能被划分为投资中心。

事业部制已经成为当今大多数大中型企业的组织结构模式，事业部制式的产生主要与公司资本扩张后边际利润不济而寻求多元化战略及竞争性扩张相关。如果各事业部之间具有较高的业务共享程度及协同效应，就应在企业上下建立起一致的愿景、使命与战略认同，在创新核心价值观的企业文化基础上，推行责任会计，使企业在各个管理层次、各个环节都建立起沟通和联系机制。

在分权化的组织结构中，各事业部追求各自绩效最大化是评价与激励的结果，但自身绩效最大化的驱动力与公司目标利益的一致性是需要实践中考量的，也是需要最高管理层进行重点监控的。如果仅仅依靠财务指标来进行绩效评价极有可能损害企业整体绩效。因此，分权化组织结构的绩效评价应有非财务指标，以更加全面地体现事业部对集团总体目标的协同性贡献。然而如果各事业部之间业务协作少，协同效应弱，公司就如同一个“投资组合”公司，企业总部最好参照市场标准管理事业部。此时，评价指标可偏重于价值创造、财务评价等。

三、责任会计概念及责任中心划分

（一）责任会计概念、目的及特征

责任会计是以行为科学理论为指导，在与企业组织结构相匹配的分权管理责任要求下，以业务或职能为区分标志划分责任中心，建立起以责任中心为主体的权、责、利统一体，将责任预算、控制、评价和奖惩以信息积累、加工和反馈的系统形式组合成企业内部管理控制制度。它也是将基础会计资料、总预算同各责任中心的业务规划、控制、评价与绩效评价联系起来的内部会计制度，也称责任会计制度。

责任会计的目的就是使各责任中心及责任人通过责任预算了解自己在组织中的责、权、利，并以责任报告的形式汇报业绩，作为今后评价各责任中心绩效的主要依据。一个有效的责任会计制度必须具备以下三个特征：①目标一致，即事业部行为方式与公司战略目标保持一致；②责任可控，即各个事业部分派的责任是它们可以控制的，考核指标是与决策责任挂钩的；③有激励效果，经理人和员工必须通过努力才能达到目标。

（二）责权利聚合与责任中心的划分

实施责任会计，首先要以分工协作的紧密程度、责任区分的明显程度归纳职能与责任，并以可分派权力范围为标准合理划分责任中心。然后再确定权、责范围，并使权责匹配。

责任中心是一种能明确划分工作任务、有确定负责人的工作单元。责任中心是责任会计核算的主体，是承担一定经济责任，并享有一定权利的企业内部责任单位。它的基本特征就是责、权、利相结合。它应具备如下四个基本条件：①有能承担经济责任的主要责任者；②能以货币形式确定经济责任，经营成果能够用具体会计数据衡量；③有考核经济绩效的标准；④配备了与承担经济责任匹配的职责权限。

责任中心的范围很广，可以是子公司、事业部、车间、科室等。所以，责任中心与法律上的独立地位没有必然联系，划分标准完全是根据企业实际经营管理与控制需要。但划分时，需要注意以下几点。

1. 明确的责任与相对应的权限匹配

企业组织结构确定的责任与权限应保持一对一的关系，即所有的责任有人担当，分拆的责任不能多人担当，责任担当与分配权限是匹配的。

2. 分权的程度取决于控制能力与效率

企业必须适当地分权给责任担当人，但分配多寡取决于企业对责任中心的控制能力与激励效果的平衡。例如，对分（子）公司进行投资决策放权，如果只用考核指标控制显然是不够的，因为，机会主义的分（子）公司管理者是否会寻求外部利益来满足自己呢？然而，如果不放权，很有可能会影响工作效率和积极性。因此，分权的程度仍需要艺术掌控。

3. 责任中心是内部要素的聚合体

在企业中提供特质服务以交换评价式奖励回报，是企业内部界定的具有计划特征的市场合约模拟行为。企业为调整责任中心之间的经济利益关系，可以更改许多交易许可或条款。因为，责任中心与责任中心之间、责任中心与母公司之间不是真正的市场关系。

4. 内部契约的不完整需要有协调机构、仲裁部门

这是独立的非责任中心部门，主要是内部契约在外部环境变化时，可能产生各方利益与组织整体利益冲突，这时需要重新调整关系，以达到各方利益协调一致。

（三）实施责任会计的基本原则

责任会计的原则是依据责任会计设立的本意和目标要求、企业内部运行的机理而制定的，如不遵守，将事与愿违。通过归纳，总结出如下几点。

1. 责、权、利匹配原则

划分责任中心时，一定要明确责任中心应承担的责任，并赋予各责任中心相应的管理权力，以其责任履行结果的好坏给予适当的奖惩。责、权、利三者的关系简单概括为：责任是企业实现目标的保证；权力是顺利履行职责的前提条件；奖惩是完美履行职责的根本动力。不匹配的责、权、利会使企业内部机制混乱，给企业长期发展带来隐患。

2. 目标一致原则

各责任中心的局部目标实现一定要有助于企业总体目标的实现，局部努力的结果与整体利益要求完全一致。因此，要特别强调指标的科学设定，防止局部与整体的冲突，防止局部利益损害整体利益。例如，某施工公司在设计考核指标时，特别重视工期，使施工质量得不到保证，于是放宽工期要求，单纯强调质量指标，其结果是工期延误。这说明企业整体目标未能有效分解，有一定冲突的工期与质量指标在科学的标准制定后便可统一于企业整体目标框架下。

3. 公平性原则

各责任中心之间的相互经济关系应公平合理，避免苦乐不均，奖惩不合理，这样才能调动各责任中心的积极性。公平不仅体现在绩效评价和奖惩环节，还体现在指标设计、内部交易价格等各方面。可以监测的公平性就是各责任中心的人才流动情况，因此，企业的内部舆情监测和各种意见反馈应认真分析，否则会给企业带来负面影响。

4. 可控性原则

必须使各责任中心只对其可控制的经济活动负责，非控制范围的经济活动内容及包含于形式中的考核指标尚有非控制因素应进行有效剥离。例如，某生产车间的生产成本会受原材料价格影响，价格是生产车间不可控因素，如果考核指标未能将价格因素剥离，则会影响考核结果。总之，应使责任中心权力不及或控制不了的经济活动排除

在考核指标之外。

5. 反馈性原则

反馈是控制的一种方法，即根据执行偏差调整标准或控制行进的方向和力度，行动偏差的监测来自各责任中心定期对生产经营活动提供的及时、准确的信息，而提供信息的主要形式为责任报告，责任报告的反馈形式周期太长，如果缩短周期会增加太多的工作量，建立总部可观测的信息系统并加上预算控制就是一种比较好的反馈控制形式。

6. 重要性原则——例外原则

通过反馈所表现出来的各责任中心在其生产经营过程中发生的重点差异应该予以特别重视，并进行重点分析和控制。重点差异是指：①存在内部质变的差异，如对实现企业总预算、责任预算以及社会效益有实质性影响的差异，无论数额大小均应关注；②量的差异明显超出预期，如有效处理，能产生事半功倍的效果，这类差异也应进行例外管理。重点差异存在有利差异以及不利差异，而无论是有利差异还是不利差异，只要是重点差异就应该关注。

第二节　责任中心考核指标的设定

根据上节内容，企业在划分责任中心时，可根据决策责任的性质和层次，将企业内部各部门按工作性质划分责任中心，这些责任中心分别是成本及费用中心、收入中心、利润中心和投资中心。

一、成本及费用中心

（一）成本及费用中心的概念

成本及费用中心是指有权发生并控制成本的单位，它没有收入来源，没有经营权或销售权，不必对收入、收益和投资负责，是企业内层次最低的责任中心，如分厂或车间、部门、班组、机器等。其主要任务目标就是：在保质保量完成生产任务或搞好管理工作的前提下，控制和降低成本费用。成本及费用中心有以下两种类型。

1. 标准成本中心

标准成本中心是指所生产的产品或服务是固定明确的，业务量是能够明确计量的，各单位业务量需要的各要素投入量可以标准化的责任中心。它具有如下三个特点：①大多数活动为重复性的活动，能方便计量产出的实际数量；②要素投入与产出之间存在必然联系；③责任中心接受的业务量是被动的，无法自己控制的。如果是能够主动决定业务量的责任中心，并不能定为成本及费用中心，将其确定为收入中心或利润中心更为合适。

标准成本中心在制造业中普遍存在，如工厂、车间、工段、班组等。非制造业或公共服务部门也存在这类成本中心，如学校中的考务部门、宾馆中的洗衣部门等也可作为标准成本中心。

2. 费用中心

费用中心（酌量性成本中心）是指产出物不能用财务指标来衡量，投入与产出之间没有密切联系的责任中心。它唯一能合理计量的是费用，所以被称为“无限制的费用中心”。公司一些管理部门，如会计、人事、劳资、计划部门等，在销售部中的广告、宣传、仓储等，也是这样的费用中心。由于这类费用中心的考核指标——费用标准难以标准化，是与实际环境变迁与实时需要相联系的，故又称酌量性成本中心。

（二）成本及费用中心的考核指标

成本及费用中心的考核指标只能考核其责任成本，责任成本又必须是该责任中心的可控成本。所谓责任成本，就是以该责任单位承担的责任范围所归集的成本，也是该责任中心的全部可控成本。所谓可控成本，就是具有相对性的，从企业最高决策层的角度来看，可控成本是企业的全部可控成本，但企业决策者也有不可控的成本，如由市场定价的发电企业燃煤成本、运输成本等。对于企业的全部可控成本，也会区分对谁而言可控、对谁而言不可控，在特定时间内、对特定责任中心能够直接控制其发生的成本才能称为该责任中心的可控成本。它具有三个基本特征：一是该成本及费用中心能够及时了解发生了什么性质的耗费，二是该成本及费用中心能够计量其耗费，三是该成本及费用中心能够控制并调节其耗费。如若不然，则是该成本及费用中心的不可控成本。

可控成本与不可控成本具有相对性，对于企业整体而言，在成本消耗或支付的当期是可控的，一旦消耗或支付后便变为不可控，如折旧费用在添置设备或签约时是可控的，但在经营期则不可控。对于各个责任中心而言，成本的可控性由特定权限决定，如原材料的单位成本对采购部门可控，但对生产部门不可控。研发费用是高层决策中心的可控费用，但对于基层研发机构便是不可控的。从企业长期战略视角分析，企业的所有成本费用都是可控的。对成本费用依据其可控性进行分解剥离以达到责任与权限可控相匹配是非常必要的。以下通过一个例题来说明如何达到这种匹配。

【例 8-1】飞达公司有生产车间Ⅰ和生产车间Ⅱ，另有一个为生产车间服务的维修车间，2019年8月和9月维修车间发生的维修工作小时及费用向生产车间实际分配情况如表 8-1 所示。

表 8-1 维修费用的全额分配法

部门	生产车间Ⅰ		生产车间Ⅱ		维修车间	
月份	8	9	8	9	8	9
维修工时/小时	10 000	10 000	10 000	6 000	20 000	16 000
维修费用/元	21 000	22 500	21 000	13 500	42 000	36 000
维修费用分配率/（元/小时）	2.10	2.25	2.10	2.25	2.10	2.25

此例中维修车间所发生的所有维修费用按实际维修工时实际发生额全额分配到了两个生产车间，但8月与9月的全额分配率是不同的。简单地看维修车间，似乎8月单

位维修费用低于 9 月，9 月形成了超支；而生产车间分配的维修费用是要进入产品成本的，并最终形成责任成本以考核各生产车间。对此，我们进一步研判发现有如下问题。

（1）生产车间Ⅰ两个月发生的维修工时均是 10 000 小时，但 9 月却多分配了 1500 元，这不是生产车间所能控制的，进入责任成本不合理。

（2）维修车间用单位分配率指标评价工作好坏仍包含不可控因素，9 月分配率的提升与维修工作量下降有关，而维修工作量不是维修车间的可控因素。

（3）8、9 月生产车间Ⅰ分配的维修费用差额不仅受维修车间工作好坏的影响，还受生产车间Ⅱ维修工时的影响。

上述三点说明在实际费用分配中，简单的全额分配法根本就不能用来区分责任，不能用来考核各责任中心的绩效，全额分配法混淆了视线，影响了各个责任中心降低成本费用的积极性。以下提供一种按成本可控原则进行成本费用分配的方法——二重分配法。

二重分配法原理很简单，维修车间的费用有固定和变动两大部分，按不同的方法分配，固定部分按预算总额分配，因为固定部分是形成产能时所固定下来的，它包含折旧及一部分其他耗费，每月总额控制；变动部分按标准小时分配率分配。

假定【例 8-1】中维修产能是按 20 000 工时/月设计的，预算中每月固定维修费用 20 000 元，经过测算的变动维修费用的单位标准为 1 元/小时，则按二重分配法分配的维修费用及未分配的差额如表 8-2 所示。

表 8-2　维修费用的二重分配法

部门		生产车间Ⅰ			生产车间Ⅱ			维修车间		
工时与费用		维修工时	维修费用	分配率	维修工时	维修费用	分配率	维修预算费用	维修实际费用	差额
8月	变动	10 000	10 000	1	10 000	10 000	1	20 000	21 000	1 000
	固定	10 000	10 000		10 000	10 000		20 000	21 000	1 000
9月	变动	10 000	10 000	1	6 000	6 000	1	16 000	16 000	0
	固定	10 000	10 000		6 000	10 000		20 000	20 000	0

按表 8-2 进行分配，上述三个问题均解决了。维修车间向生产车间分配维修费用时，不管实际发生多少维修工时，固定的部分按预算额以预算产能分配，变动部分按实际维修小时用标准分配率分配。其未分配部分作为考核维修车间工作成效的指标进入相关差异账户。生产车间只计算标准成本，但所耗维修工时反映生产部门的工作成就。分配率是价格因素，是生产部门不能控制的，维修工时是用量因素，是生产部门控制的重点。固定性维修费用是产能因素，只能由决策部门承担。

对于不同成本中心，其考核指标的设置是有差别的，对于标准成本中心，主要考核的是在明确规定的产品质量及产出数量条件下的成本水平，其比较标杆即是预先确定的标准成本，以显示对既定产出数量的投入量负责，它要求责任中心在规定质量、规定时间内生产出规定的产量，既不能减产、提前产出，也不能超产和延期产出。其主要量化考核指标就是成本，最重要的工作内容就是保质保量保时完成工作任务，不能做价格决策、产品生产决策、设备和技术决策，不能对产能的使用效率负责。

对于费用中心，工作内容涉及许多难以量化的工作，如果单纯强调节约，可能影响工作质量，这就特别要求管理者能根据工作质量以及服务水平做出专业判断。而工作任务的非量化，使得其费用预算不能按任务确定，只能根据行业类似职能的支出水平确定，如研发部门就是一个酌量性成本中心，研发工作的难度、工作量大小是难以量化的，只能由经验确定，如按销售收入的一定百分比制定研发费用预算。

费用中心可以根据历史经验来确定费用预算，虽然预算简单易行，但有明显的缺点，如果过去的费用水平不合理，就会将这种不合理带入预算中，影响未来的工作成绩的考核，正因为这样，对责任单位会产生费用上的反向激励，越节约，以后的预算压力越大，这又会延缓对错误预算的修正。

比较正确的做法就是采用零基预算法，它能排除历史干扰，只有从管理者内心深处忘却支出项目的历史数据，才能做到仅按支出的必要性以及取得的预期效果确定费用预算。

二、收入中心

（一）收入中心的概念

收入中心是只对收入负责的责任中心，其典型特征就是所承担的经济责任只有收入，没必要对成本负责，因此，在责任中心费用总额固定的情况下，收入中心的量化任务就是提高收入，因而只需考核其收入情况。此类责任中心是企业产生收入的对外窗口部门，如企业的某个门市部，其重点责任就是销售，由于销售费用弹性空间很小，几乎是总量控制，如果控制过于严格又会影响销售，故将其划为收入中心。

收入中心管理者的决定能影响销售收入和各种销售费用，如销售量、销售折扣和回款、销售员激励性佣金等。收入中心的目标就是考核期间的销售收入、销售回款和销售费用等指标。收入中心的确定是为了便于组织营销活动。一般，收入中心是不具备产品定价权的，若赋予定价权，则该中心就要对企业部分毛利负责，这就不是收入中心而是利润中心了。因此，收入中心只需对实际销售量和销售结构负责。

如果将收入中心的考核指标延伸到销售成本和对消费者的服务成本，企业用作业成本法也能将收入中心变成利润中心，以使考核更加完整可行。将收入中心提升至利润中心，可以使许多分散的销售单位在管理上实现分权，以利节约成本。某些公司内部强行采用利润指标衡量收入中心或成本中心的经营成果，想让考核指标单一化，但这些责任中心仍旧不是本质上的利润中心。例如，企业制造人为利润中心，将某些生产服务部门利润中心化，因内部服务量是一定的，人为利润迫使这类中心为提高业务量而不专注质量，如维修部门就会将一次能完成的维修工作变相化作两次等，这就使得企业生产率大为下降。当然，成本中心和收入中心的区别也是明显的，成本中心“别人定业务量”下降成本，收入中心“别人定成本、定价格”下增收入，而增收入就是增业务量。将收入中心提升至利润中心考核比成本中心要简单得多，原因就是业务量的弹性使它具备可用于考核的利润弹性，但成本中心不同，业务量的被动使它只能降低成本去提高没有多大弹性的“利润”，这样既没有激励效果，反而会出现劣质的内部服务。因此，如果将不具有广泛权力的生产或销售部门定为利润中心，并用利润指标评价其绩效，往往会引起内部冲突或次优化，不利于加强管理。

收入中心是为了加强对企业的收入管理，及时收回货币资金和控制坏账而划分的部门。在许多企业中，设置以推销产品为主要职能的收入中心，即只对产品或劳务的销售收入负责，当然是指公司设立的大量销售部门。这些销售部门也发生销售费用，但由于其主要职能是产品销售和取得收入，因此，以收入来确定其经济责任，更为合理，但费用也需要计量，可以比成本中心相对简化，只需根据收入大小进行弹性预算确定即可。收入中心也需要对收入或部分边际贡献的差异负责，如果产品的定价政策由企业高层决定，或价格超出收入中心所控制的范围，则可以以销售数量差异及销售组合差异作为评价该中心绩效的指标。由于收入中心责任过于单一，有些收入的增加可能只对收入中心有利，而对企业整体并没有好处，即只对收入负责而不对利润负责的收入中心的大量设计，最终会使其占用公司大量资产而降低公司整体的资产使用效能，因此，许多企业不设收入中心。

（二）收入中心的考核指标

收入中心的考核指标主要包括以下三个方面。

1. 销售额

销售额主要包括销售总额及完成目标销售额百分比。确定分类指标时一定要使收入中心的目标与企业整体目标协调一致，也要使收入中心为实现其销售目标所制定的推销措施符合企业的长远发展要求。

2. 销售回款

为保证销售收入的资金回收，考核量化指标就是回款天数。但也要有制度约束，如货款回收制度一定要健全，避免失控等，对销售人员都要订有明确的收款责任制度，对已过付款期限的客户要有明确的催款制度。

3. 坏账损失

坏账损失主要考核指标就是坏账损失发生率，另外还要考察对客户是否进行了相关信用调查等。

三、利润中心

（一）利润中心的概念

随着企业规模的增大，企业会出现多品种、多地区经营的组合式业务构架，在分权制的设计框架下，最高决策层会将各产品分部、各地区分部等设计成利润中心，使其能同时控制生产和销售，这种责任中心所担负的责任比成本中心或收入中心更大，因为它不仅要控制成本，又要尽可能提高收入，其考核的综合指标就是责任中心的利润，而利润指标具有高度的综合性，它绝非单纯降低成本或提高收入便能实现利润极大化。这其中包含对市场的综合预判及组织管理决策的有效性，这些预判和决策是企业最高决策层无法企及或替代的，是由具有特有信息与专业知识结构的责任中心对辖区市场或专业产品市场所拥有的独特决策能力决定的。所以，分权势在必行。不仅如此，分权带来的好处还有诸如：有利于企业对市场产生快速反应能力，提高管理的效率等。利润中心的出现，是企业正式走向分权制的重要一步，使企业核心管理者真正能够实现"运筹于帷幄之间，决胜于千里之外"。利润中心在设计上仍有一项权责是排除在外的，那就是投资决策权及相应的责任，即它没有权力决定该中心资产投资的水平。以此可以简单归纳利润中心的概念：一个既要对成本负责又要对收入负责，归根到底是要对利润负责的责任中心，在配置相应权限后，以其利润的大小来评价业绩责任中心就是利润中心。

很显然，利润中心适应于大型分散式经营组织或跨行业、跨地区经营组织等，是企业中具有独立收入来源且具有短期经营决策权的较高层次责任中心，利润中心最重要和难以控制的权力就是有权对其进货来源、市场选择及定价等进行决策。这种广泛的难以控制的权力需要更好的制度约束与激励才能实现，否则，会使企业形成失控或逆向选择。

利润中心因拥有产品或劳务的生产经营决策权，是既对成本负责，又对收入和利润负责的责任中心。它有独立或相对独立的收入和生产经营决策权，因而，可以根据综合性高一层次的指标——利润的多少来评价绩效。它也是一个可以用利润衡量绩效的责任单位。但可以计量利润的责任中心并不一定都是利润中心。利润中心的建立是为了让决策者享有决策信息，鼓励掌握决策信息的下级制定有利于整个企业的决策并努力工作。而仅仅规定一个内部责任单位将企业的产品价格及投入的成本都从会计意义上装进该责任中心，而不给予它独立的自主决策权，这不是利润中心，充其量叫作利润计量中心。

（二）利润中心的分类

利润中心分为两类：其一就是自然的利润中心，如某大型企业经营某产品的事业部，它独立地对外部市场提供产品和劳务，独立地在市场上进行购销业务，拥有产品定价权，拥有选择供货商及供应渠道的权力，其目的就是直接以既定的经营模式获取利润；其二就是人为的利润中心，顾名思义，这是原本不是利润中心的责任中心，通过制定对内销售的产品和劳务，使之在形式上变为有"利润"的内部责任单位，如辅助生产部门，在【例 8-1】中，维修车间本是一个费用中心，但如果只考核其中的维修成本而不顾工作完成的质量和数量，必将引起维修效率的下降，维修中的惰性增加，如何将质量和数量的因素嵌入考核指标中呢？这就可将维修工作任务制定价格，形成内部买卖关系，维修部门以价格结算后，考核的核心指标就是利润了，不仅能降低成本，还能提高工作积极性。人为利润中心只对企业内部销售产品或劳务，不对外进行销售，其"利润"只能通过内部转移价格实现。

（三）利润中心的考核

考核利润中心的主要指标是利润或贡献毛益，然而以一个单独的绩效评价指标评价责任中心工作成果时或多或少都会存在激励或约束漏洞，也不能够完全反映某个责任中心的所有经济效果。利润及贡献毛益指标均综合了成本、收入两个方面的成果，其计算具有强制性、规范化特征，但作为考核指标的利润计算并不是一个很单纯的概念，它既包含收入的可控性，也包含成本的可控性。

【例 8-2】运达公司的某一个地区营业部经营数据如表 8-3 所示。

表 8-3　营业部经营数据（单位：元）

项目	金额
销售收入	3 000 000
销售产品变动生产成本	1 000 000
变动性销售费用	500 000
营业部可控固定成本	100 000
营业部不可控固定成本	200 000
分配的公司管理费用	200 000

假设该部门的利润表如表 8-4 所示。

表 8-4　营业部利润表（单位：元）

项目	金额
销售收入	3 000 000
销售产品变动成本与费用	1 500 000
营业部贡献毛益（1）	1 500 000
营业部可控固定成本	100 000
营业部可控利润（2）	1 400 000
营业部不可控固定成本	200 000
营业部利润（3）	1 200 000
分配的公司管理费用	200 000
营业部税前利润（4）	1 000 000

表 8-4 所提示的（1）～（4）分别表示四个利润考核指标，如果以营业部贡献毛益（1)1 500 000 元为业绩评价依据，营业部努力的目标就是在提高销售收入的同时，尽可能降低生产和销售中的变动成本。为此也可能通过多支出可控固定成本以减少变动成本支出，从而使可控固定成本处于失控状态，显然不合理。因此，业绩评价应将可控固定成本计算在内。

如果以营业部可控利润（2）1 400 000 元作为业绩指标，既能反映营业部经理在其权限全部控制范围有效配置资源的边际和能力，又能反映资源配置的效果——收入，并综合收入与全部可控成本，计算出可控利润，对其承担责任是较为合理的。这里又需要再一次分析成本可控性与考核内容的关联性问题，营业部存在的可控固定成本和不可控固定成本，不仅区分困难，即使有了区分，如折旧、保险等被划分为不可控固定费用，但当部门间横向比较时，不可控固定成本所发挥的功能因不可替代而成为考核的难点，各责任中心会有更多的固定资产要求，如要求总部增加对营业部的投资以替代部分可控固定成本。为了便于比较，我们假设运达公司有另外一个营业部，其营业部可控利润为1 300 000元，但营业部不可控固定成本仅100 000元，只有本营业部的一半，如果强行用营业部可控利润考核责任中心，势必会造成内部不公平而影响积极性。此时如果将不可控成本叠加进去，反而显得合理，因为总部资源分配不均造成可控利润并不能横向比较，反而用部门利润直接比较更合理。因此，应该仔细分析，以免“弄巧成拙”。可控利润只可纵向比较，横向比较必须根据资源配置制定比较标准。

可控成本与不可控成本划分上的困难会增加可控利润确定的难度，如员工工资水平是企业总部集中决定还是由部门经理人决定？部门应雇用多少员工？直接关系到工资成本的可控程度，如何做对公司是有利的呢？如果让工资成本成为完全的可控成本，是否会存在部门利润被掏空的现象？如果让工资成本完全成为不可控成本，有无可能影响部门积极性？正因如此，许多公司的做法就是总部决定工资高低限制，部门决定用人数量，工资成本成为可分离的可控成本。

如果以营业部利润（3）1 200 000元作为业绩评价指标，其主要意义在于该部门对企业总体的作用与贡献，用于总部对营业部的取舍决策是非常合适的。但用于评价营业部经理人的绩效，如前所述，因各种投资决策的不合理以及难以控制的成本变动，也会使考核指标不具备可比性。尤其当部分固定成本是过去企业高层决策的结果，而现在部门经理人又很难改变时，部门利润就超出部门经理的控制范围了。

很显然，以营业部税前利润（4）1 000 000元作为业绩评价指标完全不合适。企业总部的管理费用是营业部经理人完全无法控制的成本，这部分管理费用引起的营业部税前利润的不利变化，根本不能由部门经理人负责。不仅如此，分配给各部门的管理费用的计算很难制定统一可接受的标准，而部门活动与分配来的管理费用高低毫无关系。这种“没有胸怀和高度”的考核指标出现仅仅来自一种“干扰下属决策”的“非必要提醒”，其目的就是提醒部门经理人注意各部门提供的利润必须抵补总部的管理费用，否则，企业组织作为一个整体就可能亏损。这种“提醒”其实很可能形成部门决策目标与公司整体目标的非一致性，也会制造出内部的不公平，应该摈弃。

四、投资中心

（一）投资中心的概念

一些大型的跨国集团，对国外分部的控制没有像利润中心那么简单，因为分部市场环境仍然是分部领导者最为熟悉，这些分部将如何投资、如何进行布局等问题直接牵涉投资决策，如果将决策权交给总部，不仅不能有效解决问题，因为总部对分部的具体情况并无深入了解，还会因决策的迟滞及失误给分部带来积极性挫伤和工作效率下降等负面影响。所以对这种类型的责任中心最好是设计成投资中心，使它既能控制整个分部的成本和收入，又能对分部投入资金的大小、分部经营与财务风险等进行控制。

投资中心既要对成本和利润负责，具有利润中心的所有责任和权限，又要对资金的运用效果负责，从而需要将利润与其所占用的资产结合起来考核经营成果。在所有责任中心中，投资中心的层次最高，具有最高的层次与分权的权力。许多大型集团公司所属分（子）公司一般都有独立法人资格，公司章程所确定的管理者投资权限设定了公司属于投资中心。

（二）投资中心的考核

考核投资中心的主要指标是投资报酬率（return on investment，ROI），这是需要综合利润（成本与收入）与资产占用指标的，由于投资报酬率在计算上存在各种方法，企业应根据自己的实际情况量身定制，否则会使得投资中心出现评价偏差或内部目标与企业整体目标不一致。投资中心是指某些分散经营的单位或部门，其责任负责人所拥有的自主权不仅包括制定价格、确定产品和生产方法等短期经营决策权，而且包括投资规模和投资类型等投资决策权。投资中心的负责人不仅能控制除企业组织分摊管理费用外的全部成本和收入，而且能控制占用的资产，因此，不仅要衡量其利润，而且要衡量其资产，并把利润与其所占用的资产联系起来。评价投资中心的绩效指标通常包括投资报酬率、剩余收益（residual income，RI）、经济增加值和现金回收率。

1. 投资报酬率

投资报酬率是指投资中心所获利润占投资额的百分比，它可以反映投资中心的综合盈利能力，其计算公式为

$$投资报酬率=利润/投资额\times 100\% \quad (8\text{-}1)$$

或

$$ROI=\frac{营业利润}{投资中心资产} \quad (8\text{-}2)$$

或

$$\begin{aligned}ROI&=销售利润率\times 资产周转率\\&=（营业利润/销售收入）\times（销售收入/投资中心资产） \quad (8\text{-}3)\end{aligned}$$

由式（8-1）～式（8-3）可以看出，投资报酬率的决定变量较多，而每个公司可能用不同的方法计算利润和资产。需要重点关注的点是：①由于利润是个会计概念，利润是账面利润还是应综合其余因素，是否应考虑借款利息（包括总公司借款利息）和各地所得税的不同，是否要通过资本成本来确定剩余利润或经济增加值；②投资中心资产是投资中心经理负责的资产还是全部资产，是总资产还是营运资本。要避免各投资中心为提高投资报酬率而使用弹性化手段降低资产的行为。如果使用总资产，非利息负债的存在会使投资中心减少使用商业信用购买原材料及设备等，以降低资产负债表的两边，从而减少资产，这不符合企业最大利益。因此，资产占用额使用营运资本较好，即总资产中减去非利息负债。另外，对大多数工业企业而言，投资中心资产是从应用价值估算还是从账面价值计算，是采用原值合理还是净值合理？这些问题，集团总部也应仔细分析，以使企业能有一个可比基础来规定投资报酬率的计算，以使指标既有利于横向比较，又有利于纵向比较。

投资报酬率是最常见的投资中心绩效评价指标。由于计算口径有许多差别，以

下为简明说明其他问题，假定所说的投资报酬率是部门利润除以该部门所拥有的资产总额。

【例 8-3】泛海公司 A 投资中心的账面资产总额为 100 000 元，A 投资中心利润为 20 000 元，则投资报酬率为

ROI＝20 000/100 000×100%＝20%

用投资报酬率评价投资中心绩效固然有许多优点：由于它依据现有的会计资料计算，简单易行，被考核单位能依照考核标准做具体努力，不仅用于企业各投资中心之间业绩比较，还广泛用于企业及不同行业间的报酬比较，市场投资者非常关心这个指标，公司战略发展部门也非常关心这个指标，用它来评价每个投资中心业绩是不可或缺的。但投资报酬率指标的不足也是十分明显的：如果仅用投资报酬率评价业绩，势必使投资中心经理人放弃高于资本成本率而低于部门平均投资报酬率的项目，或者有意减少现有投资报酬率较低但高于资金成本率的某些资产，使中心业绩提高，但却使企业整体利益受损。

【例 8-4】假设泛海公司的资本成本为 15%，A 投资中心经理人面临一个投资报酬率为 16%的投资项目，需要追加投资额为 50 000 元，每年部门利润为 8000 元。尽管对泛海公司来说，该投资报酬率高于资本成本率，应当利用这个投资机会，但该投资项目却由 A 投资中心掌握并决定，A 投资中心经理人会如何决定呢？接受新投资项目后的投资报酬率为

ROI＝（20 000＋8000）/（100 000＋50 000）≈18.67%

显然，接受新项目将使考核指标投资报酬率下降，A 投资中心经理人会放弃新项目。

【例 8-5】假设泛海公司的 A 投资中心有一项资产价值 10 000 元，每年获利 1700 元，投资报酬率为 17%，超过了资本成本率，A 投资中心经理人却愿意出售该项资产缩表操作，以提高部门的投资报酬率：

ROI＝（20 000－1700）/（100 000－10 000）≈20.33%

A 投资中心经理人通过加大公式分子或减少公式的分母来提高投资报酬率。实际上，减少分母更容易实现。尽管这样做并不是最有利的，但可以扩大企业组织的净利润项目。从引导部门经理人采取与企业组织的总体利益一致的决策来看，投资报酬率并不是一个很好的指标。

投资报酬率的主要优点就是可以方便利用会计资料直接计算，它综合了许多考核指标，但由于计算口径的问题，为达到客观可比，需要企业内部进行修正。如果利润指标采用的是净利润，分母上的资产就应该是净资产或股东权益，如果利润指标是净利润加利息，分母上的资产就应该是投资中心长期资本（总资产减流动负债），如果企业用单纯的销售利润，分母上的资产就应该是总资产、资产平均占用额或是营运资本。由于投资报酬计算复杂，投资中心中也存在许多约束性固定成本，可控利润计算上存在的弹性使投资中心出现利润难以横向比较，资产在经历折旧后账面价值下降但使用效能并未下降，使得新设立的投资中心投资报酬率会低于老中心的投资报酬率。而最需要关切的是，作为用于激励的关键指标，在各个投资中心投资报酬率相差较大

时，就会出现与企业整体目标冲突的选择。例如，某个公司有两个投资中心，A 中心的投资报酬率 20%，B 中心的投资报酬率 10%，A 中心会拒绝掉一个报酬率为 18%的好项目，B 中心会接受一个报酬率为 12%的差项目，假如企业平均资本成本为 15%，在没有强制规定的前提下，B 中心经理选择了一个报酬率低于资本成本的项目，A 中心经理放弃了高于资本成本的项目，如何让这种状况改观呢？我们可依赖另一评价指标——剩余收益。

2. 剩余收益

剩余收益是投资中心获得的利润减去其投资额按预期最低投资报酬率计算的投资报酬后的余额。其计算公式为

剩余收益＝利润－投资额×预期最低投资报酬率　　（8-4）

剩余收益＝投资中心利润－（资本成本率×经营资产）　　（8-5）

上述两公式有不同意义，式（8-4）主观弹性大，要求总部确定预期最低投资报酬率，中心的利润也可以根据预期最低投资报酬率要求而使用不同口径，如税前利润、税后利润加利息、税后利润等。但式（8-5）的资金成本却是中心指标，如果企业能统一确定一致的资本成本率，则投资中心利润一定是税后利润加利息，否则就体现不了投入资本回报的对应关系，因为，投资中心的资本是股权资本和债权资本，剩余收益应体现对它们的额外回报。这个计算与经济增加值的概念等同。

【例 8-6】环球公司的资金成本为 15%，A 分公司有一项投资项目，预计每年收益为 800 000 元，需投资 4 000 000 元，该项目的投资报酬率为 20%（800 000/4 000 000），因此该项目已达到环球公司要求的最低投资报酬率，应该接受该项目，但如果 A 分公司投资报酬率已高于 20%，则 A 分公司经理会拒绝投资此项目。假设该投资中心当前收益水平为

ROI＝2 000 000/8 000 000＝25%

如果接受新投资，则 A 分公司预期投资收益为

ROI＝（2 000 000＋800 000）/（8 000 000＋4 000 000）≈23.3%

A 分公司进行项目投资后预期业绩水平比原有业绩水平有所下降，因此，即使该项目可为环球公司带来好处，但 A 分公司经理仍会拒绝该项目。而如果环球公司用剩余收益指标进行考核，则情况就截然不同。

A 分公司增加投资前的剩余收益：

当前 RI＝2 000 000－（15%×8 000 000）＝800 000（元）

A 分公司增加投资后的预期剩余收益：

预期 RI＝（2 000 000＋800 000）－［15%×（8 000 000＋4 000 000）］

＝1 000 000（元）

由于接受项目可使 A 分公司剩余收益增加 200 000 元，故 A 分公司会接受项目，接受项目的决策行为符合环球公司整体利益。

以剩余收益评价投资中心的业绩，避免了部门利益与公司利益的冲突，环球公司将投资决策权下放给 A 分公司才可行，因为 A 分公司决策目标与环球公司整体目标一致。

采用剩余收益指标允许使用不同的风险调整资本成本率，可以对不同部门或不同资产规定不同的资本成本率，使绩效评价更为灵活。

当然，剩余收益不利于不同资产规模的部门横向比较，同时，它只衡量了一年的业绩，并不能衡量当前的行为对未来公司价值的影响。例如，减少正常维护支出会增加当期剩余收益及投资报酬率，但可能会对未来现金流和公司价值带来负面影响。因此，比较合理的做法就是常态下用投资报酬率考核投资中心业绩，存在项目投资时使用剩余收益指标补充，以这两个指标同时考核投资中心业绩。

3. 经济增加值——剩余收益的变形

投资中心业绩评价可用另外一个与剩余收益形态相似的指标——经济增加（附加）值，经济增加值本是衡量企业整体经营、评价其是否真实盈利、判断管理者是创造还是在毁灭价值的一个重要指标或方法。经济增加值与会计核算利润相比，它是以出资者的基本要求报酬——资本成本为底线计算的剩余收益，如果经营者能提供超越底线的报酬，则经营者创造了价值，如果不能超越底线，则说明经营者在毁灭价值，理由是你（公司）若不存在，我（投资者）可以从市场上获得我（投资者）所需要的风险报酬，你（公司）的存在让我蒙受损失。而会计上的利润是指税后股东权益的增加值，是以股东投入资本成本为零计算的，税后利润并没能全面、真正反映股东要求的盈利或价值。经济增加值的一般计算公式为

$$\text{EVA}=\text{税后利润}+\text{利息支出}-\text{资本总额}\times\text{加权平均资本成本} \tag{8-6}$$

税后利润和利息支出是股东与债权人的投资报酬之和（调整后的会计利润），他们的底线就是资本成本，经济增加值体现的是经济利润，只有大于零，才能说明企业存在对于资本投入者是有意义的。

经济增加值的主要问题是计算上的困难：一是股权资本成本依赖一个有效的资本市场才能确定其 β 值，以确定成本大小；二是对会计利润的调整项目过多，Stern Stewart 管理咨询公司建议实施经济增加值的企业选择30个以下的调整事项。但调整所花费的人工成本、时间都较多。

4. 现金回收率

在投资评价实践中，投资评估所用的系列指标应与企业业绩指标有所联系，但无法与当前会计利润形成关联。投资评估所用的系列指标以现金流量为基础，企业业绩指标以账面收益为基础。一个通过现金流量分析认为足够好的投资项目被采纳了，因其有较好的净现值或内含报酬率或回收期。这个投资项目执行以后，人们不再根据实际数据计算这些指标，而是另外建立一套以收益为基础的指标，如投资报酬率和剩余收益，这些指标在投资项目实施以前通常并未计算过。

为了使投资项目评估和绩效评估趋于一致，有两种选择：一是投资决策改为以收益指标为基础，这显然会影响决策的正确性，而且会受到费用分配等复杂因素的影响；二是让绩效评价改为以现金流量为基础，经营期限的主要考核指标就变为 NCF_t，或净利润加折旧，这是一种比较可行的方法。

以现金流量为基础的绩效评价指标是现金回收率和剩余现金流量。现金回收率的

计算公式为

$$现金回收率=经营现金净流量（NCF_t）/资产总额 \tag{8-7}$$

在式（8-7）中，NCF_t 是年现金收入与现金支出的差额，分母是部门资产的历史平均值。

【例 8-7】假设环球公司某投资中心经营现金流量为 20 000 元，资产的历史平均值为 80 000 元，则现金回收率为

现金回收率＝20 000/80 000×100%＝25%

如果各年现金流量相同，则现金回收率为回收期的倒数。对于长期资产来说，如使用期限在 15 年以上的资产，现金回收率近似于内含报酬率，即接近实际的投资报酬率。因此，这个指标可以检验投资项目评估指标的实际执行结果，减少为争取投资项目而夸大投资项目获利水平的现象。

因为现金流 NCF_t 不受所采用折旧方法或使用资产期限主观确定的影响，故它更能代表企业盈利的实际状况。因此，尽管在计算现金回收率时并未遵循权责发生制，但实际经验表明，企业组织的经营现金回收率相当稳定，并且长期来看，与净利率相关程度很高，因而可以作为绩效评价标准。

由于现金回收率是一个相对数指标，也会引起部门经理人投资决策的次优化，出现与投资报酬率类似的问题。为了解决这个问题，可以同时使用剩余现金流量来评价部门绩效。剩余现金流量计算公式为

$$剩余现金流量=经营现金流量-部门资产×资本成本率 \tag{8-8}$$

【例 8-8】沿用【例 8-7】，假设环球公司资本成本为 15%，则

剩余现金流量＝20 000－80 000×15%＝8000（元）

企业内部各责任中心层级是不一样的。大型企业或集团公司可能包含若干投资中心，每个投资中心可能包含若干利润中心，每个利润中心又可能包含若干成本及费用中心。它们之间的基本层级关系是：基层成本中心对复合成本中心或利润中心负责，利润中心对投资中心负责，投资中心对董事会负责。企业的各种层级责任中心形成了一个责任包容的“连锁责任”网络，以保证每个责任中心目标一致地协调运转。

第三节　内部转移价格

内部转移价格是指企业内部各责任中心相互提供产品、半成品或劳务而相互结算所制定的计价标准。分权化程度较高的企业中，内部转移价格的变动会直接影响责任中心的行为。在既定的考核指标下，如何以合适的内部转移价格达到分权有效呢？我们担心的问题无非就是两个：一是达到激励的效果，即这个价格对于内部买卖双方是公平合理的，而且对完成考核指标要求是有正向激励的；二是目标一致性，即当我们制定好了内部转移价格后，买卖双方的行为模式应与公司总部利益是一致的，没有做到目标利益一致，责任会计体系就存在大问题了。

企业制定内部转移价格的主要好处是有利于分权。例如，某成本中心，其考核指标

就是责任成本，但如果单纯控制成本，企业总部或比它高一级的责任中心就必须为它的生产进行质量要求和生产数量的决策，假如这个成本中心生产的半成品能够直接卖给市场，如果再让其当作成本中心，它就会只是在规定任务的前提下去控制成本，至于生产多少，如何以合适的质量向外提供产品完全由上级责任中心决定，成本中心就只是一颗被摆布的棋子。但如果让其成为利润中心，则它可能不仅对降低成本产生动力，还会努力调动内部潜能，以市场为导向多生产符合要求的产品，上级的决策功能下移，带来的好处是决策迅速有效。另外也避免了成本转移带来的部门之间责任转嫁，使每个利润中心都能作为单独的组织单位进行绩效评价。在企业内部制造市场机制，以价格引导下级部门采取明智的决策，对企业决策层而言，就可以腾出精力进行更重要的决策。

内部转移价格的制定需要买卖双方存在互惠互利的基础，并能正确引导责任中心做出合理决策，即理想的转移价格主要考虑绩效评价和决策机制，它需要根据企业的具体情况来选择。

一、以市场价格作为内部转移价格

在企业内部构建小市场，必须融合大市场环境，完全脱离大市场的小市场是没有生命力的。尤其是在中间产品存在外部市场的情况下，市场价格是理想的转移价格。

【例 8-9】鸿桥公司有两个经营部门，部门 A 生产半成品主要提供给部门 B 加工后出售，但也可直接出售给外部市场，售价 4 元/件，半成品的单位变动成本 2 元/件，部门 B 对半成品加工后出售，售价 8 元/件，加工变动成本 2 元/件，对此鸿桥公司应如何制定内部转移价格才能符合企业最大利益要求呢？

如果以市场价格 4 元/件作为内部转移价格，部门 A 的利益得到保证，且得到了部门 B 这一稳定“客户”，由于单位贡献毛益 2 元/件，部门 A 会在努力满足部门 B 需要的前提下，尽量多销售半成品到市场。部门 B 在接受半成品 4 元/件的价格后，单位变动成本 6 元/件，单位贡献毛益 2 元/件，在市场价格不变的环境下，部门 B 同样也会努力生产和销售。两部门单位成品共获得贡献毛益 4 元/件。

测试一：当部门 B 的成品市场价格下降到 6 元/件以下时，部门 B 将停止生产销售，这一决策对鸿桥公司是否有利？单从鸿桥公司的单位变动成本看，每件仅 4 元，即价格需降到 4 元/件以下才应停产，而放权于部门 B，是不是因内部转移价格的存在使得部门 B 的成本结构与鸿桥公司的成本结构不一致而出现“目标不一致”呢？假如部门 A 生产的半成品仍可继续按 4 元/件卖出，则部门 A 的 2 元/件的贡献毛益就是鸿桥公司的贡献毛益，即使强行让部门 B 继续加工，在外部市场价格 6 元/件的状态下鸿桥公司的贡献毛益仍是 2 元/件，在低于 6 元/件时停产有利，故以市场价作为内部转移价格能确保鸿桥公司的利益。

测试二：当部门 A 失去部门 B 这个“客户”时，生产能力无法转移，即部门 A 的部分生产能力赋闲时，部门 B 的停产将会使鸿桥公司蒙受损失，因为对全公司而言，价格底线在 4 元/件，而部门 B 的停产决定发生在 6 元/件以下，如何让部门 B 的决策与鸿桥公司利益保持一致呢？此时只有将转移价格调整为 2 元/件，从而使部门 B 的单位变动成本也为4元，以保证公司的决策利益。然而，这对部门A又形成了新的不公平，为使公司保持较好的激励效果，部门 A 的卖出价定为 4 元/件，部门 B 的买入价定为 2 元/件，形成不相等的双重内部转移价格。

测试三：当部门 A 生产的半成品价格上涨到 6 元/件以上时，如果内部转移价格仍固定为 4 元/件，部门 A 很可能对提供给部门 B 半成品有抵触情绪，而且带给部门 B 错误的决策引导，因为部门 B 生产得越多，在部门 A 生产能力一定的条件下，将减少部门 A 的利润，部门 B 在成品价为 8 元/件的条件下单位贡献毛益仍为 2 元/件，其实这是侵吞了部门 A 应得的贡献毛益所致。部门 A 本来单位贡献毛益为 4 元/件，现在因强行按 4 元/件卖出，故只能得到 2 元/件的贡献毛益，这不仅不能提高决策效益，还会产生内部矛盾。故内部转移价格应根据市场价格的变化而调整至一致，即便部门 B 决定停产，也符合公司最大利益。

测试四：当部门 A 生产的半成品价格下降到 2 元/件以下时，如果转移价格仍固定为 4 元/件，部门 B 很可能对接受部门 A 的半成品有抵触情绪，而且带给部门 B 错误的决策引导，因为部门 B 的单位变动成本仍为 6 元/件，它不会接受 6 元以下的订单，此时，部门 A 实际上对产生企业的贡献毛益无任何作用，而且提供了负的贡献毛益，本就应该停产，让部门 B 对外采购半成品最合适。因此，只有市场价格作为内部转移价格才能让分部门决策能保证企业的整体利益。

市场价格的变化使内部经济关系也随之而变，为了建立一种相对稳定的内部经济利益，企业内部转移价格可以通过协商确定。

二、协商的内部转移价格

协商内部转移价格是根据外部市场价格，参考内部责任中心或与市场上的交易价格，在仲裁委员会的主导下，内部买卖单位共同协商确定一个双方可接受的价格作为内部转移价格。由于在现实市场中存在价格非理性波动，以市场价格作为内部转移价格不利于制造内部稳定氛围，协商的内部转移价格可通过反复验证达到双方满意或基本满意。以各自取舍的机会成本确定底价，寻找买卖重合点是一个可行的办法。

内部协商价格的制定一定要公正，公正的参照物就是外部市场，公正是保持内部交易得以顺利进行、实现内部决策目标一致的基本条件。但如果缺少外部市场，就会产生垄断，这不利于企业内部实现决策优化，其价格确定的过程也不是公平的，此时最好的方式就是内部资源重组，减少内部交易。

内部协商价格的制定一定要公开公平，要努力促成内部交易双方共同分享所有的信息资源，以便能使协商价格尽可能公平、尽可能接近双方的机会成本。

内部协商价格的制定需要最高管理层站在整体利益角度干预。若双方谈判导致的内部转移价格使企业内部决策机制失灵或难以产生最优决策，则必须进行调解。

内部协商价格不仅会耗费时间和精力，导致部门之间的矛盾及产生不公平，还会因谈判技巧不均等导致不公平，会对今后产生协商价格制造新的障碍。但内部协商价格被广泛采用的基本原因在于它可以在高层管理者的操控范围内，而且可以弹性化确定。为形成公正基础，可通过少量外购或外卖获取外部市场价格信息，为合理制定协商价格提供一个基准。

三、以成本为基础的内部转移价格

使用以成本为基础的内部转移价格的企业组织要求所有转移都要在某种形式的成本上发生。以成本为基础的内部转移价格包括完全成本、完全成本加成和变动成本加固定性费用。

1. 完全成本

如前所述，完全成本包括直接材料、直接人工、变动性制造费用和固定性制造费用。也许，这并不是最可取的一种内部转移价格，但它简单易行。以完全成本作为内部转移价格可能提供不正当的激励并扭曲绩效评估。对于决定内部转移是否适当而言，购买分部和销售分部的机会成本很重要，同时，这些机会成本为决定一个双方都满意的内部转移价格提供了有用的参考点。但是，只有在极少数的情况下，完全成本能够提供关于机会成本的准确信息。

2. 完全成本加成

以完全成本为基础加上一定利润作为内部转移价格，可能是最差的选择。它既不是绩效评价的良好尺度，也不能引导部门经理人做出有利于企业组织的明智决策。

（1）它以目前各部门的成本为基础，再加上一定百分比作为利润，在理论上缺乏说服力。以目前成本为基础，可能鼓励部门经理人维持较高的成本水平，并据此取得更多的利润。越是节约成本的单位，越有可能在下一期被降低内部转移价格，使利润减少。成本加成率的确定也是一个困难问题，很难说清楚它为什么会是5%、10%或20%。

（2）在连续式生产的企业组织，成本随产品在部门之间不断流转，成本不断积累，使用相同的成本加成率可能使后序部门的利润明显高于前序部门。如果在加成基数中扣除半成品成本转移，则因各部门投入原材料出入很大而使利润分布失衡。

但采用完全成本加成作为内部转移价格操作简单。因此，只有在无法采用其他形式确定内部转移价格时，才考虑用完全成本加成来确定内部转移价格。

3. 变动成本加固定性费用

这种方法要求中间产品的转移用单位变动成本定价。与此同时，还应该向购买部门收取固定性费用，作为长期以低价获得中间产品的一种补偿。这样，供应部门有机会通过每期收取固定性费用来补偿其固定成本并获得利润；购买部门每期支付特定数额的固定性费用之后，对于购入的产品只需支付变动成本，通过边际成本等于边际收入的原则来确定产量水平，可以使其利润达到最优水平。

按照这种方法，供应部门收取的固定性费用总额为期间固定成本预算额与必要的报酬之和，它按照各购买部门的正常需要量比例分配给购买部门。此外，为单位产品确定标准的变动成本，按购买部门的实际购入量计算变动成本总额。如果总需求量超过了供应部门的生产能力，变动成本不再表示需要追加的边际成本，那么，这种内部转移价格将失去其积极作用。反之，它仍然需要支付固定性费用。在这种情况下，市场风险全部由购买部门承担了，而供应部门仍能维持一定的利润水平，显得很不公平。实际上，供应部门和购买部门都受到最终产品市场的影响，应当共同承担市场变化引起的市场波动风险。

四、内部转移价格与边际成本

内部转移价格的制定是为优化内部责任中心的责任考核、权限设置与决策机制而产生的，旨在以价格导向去影响优化企业内部责任单位的行为，使各责任中心的利益目标与企业整体目标达到一致。但内部责任单位直接努力的目标还是如何完成自己的考核指标，而内部转移价格的变化就可能使完成考核指标的方式发生改变，从而使决策模式也发生变化，这些变化对企业整体目标实现是否有利呢？从保障部门利益和整体利益视角，以提供产品部门的边际成本及接受产品部门的边际收益确定内部转移价格是最合理的。

对企业而言，边际收入（marginal revenue，MR）等于边际成本（marginal cost，MC）的业务量是企业利润最大点，其产品的定价也是最优定价。这对于内部追求利润最大的责任中心而言也是合适的，只是需要将这个过程分拆。

【例 8-10】假设星月公司有甲、乙两个部门，甲部门生产产品 A 的边际成本为 MC_J，它提供中间产品 A 给乙部门继续加工成产品 B 出售。而 MR_Y 为乙部门最终销售产品 B 的边际收入，乙部门加工产品 A 的加工边际成本为 MC_Y，乙部门出售产品 B 可获得的边际利润为 MP_Y：

$$MP_Y = MR_Y - MC_Y - P_Z$$

其中，P_Z 为内部转移价格，乙部门是根据边际利润 MP_Y 为零来确定生产数量及价格的，乙部门的决策逻辑是否与企业整体利益一致呢？假如企业整体的边际利润为 MP，甲部门无对外销售途径，则有

$$MP = MR_Y - MC_Y - MC_J$$

为使乙部门与企业的决策利益一致，必须使

$$P_Z = MC_J$$

显然，此价格已经保证了甲部门的边际收入等于其边际成本，乙部门决策时，只要使边际利润 MP_Y 为零即可，并使决策利益与企业总部保持一致。

（一）中间产品的市场价格是甲部门的机会性边际成本

如果甲部门是利润中心，它的决策逻辑就不这么简单，因为它提供产品 A 给乙部门的边际成本是机会成本。假设甲部门对外出售产品 A 的价格为 P，它独自的最优决策是要让

$$P = MC_J$$

但要让甲部门将产品 A 以低于自己的边际成本 MC_J 转移给乙部门，显然会影响其决策，因为在边际成本随业务量提升的环境下，它只能在原来外部价格体系下缩减业

务，降低利润水平，降低的利润能否由乙部门补偿回来呢？以单位产品计算，在一个确定的内部转移价格 P_J 下（$P_J<MC_J$，$P_J<P$），甲部门损失额为 $P-P_J$，乙部门如果按市场价购入，其成本为 P，以 P_J 的价格购入则正好补回甲部门损失 $P-P_J$。但这样会使内部决策机制随价格环境变化而不稳定。因为乙部门以 MP_Y 为零作为决策依据，乙部门要做到表面的边际成本 MC_Y+P_J 与边际收入 MR_Y 相等，因人为降低的边际成本使得乙部门扩大产出规模，它会对甲部门有更多的产品需求，甲部门损失额会进一步扩大，此时乙部门就不能补偿损失了。

因此，从保障企业利益最大化的角度，企业的最大利润来自两部门利润之和。如何化作边际成本来计算呢？只有固定甲部门的总业务量，再来计算企业的边际利润 MP 如下：

$$MP=\text{乙部门边际利润}+\text{甲部门边际利润}=MP_Y-MC_Y-P_J+(P_J-P)$$
$$=MR_Y-MC_Y-P$$

甲部门边际利润（P_J-P）是指每提供一件产品 A 给乙部门时，边际收入为 P_J，边际成本为卖给市场的潜在收益，即机会成本 P。显然，MP 为零时是企业的最优决策点，即 $MR_Y=MC_Y+P$，企业最优点在乙部门边际收入等于边际加工成本＋产品 A 市场价格处。但乙部门的最优决策点却在 $MR_Y=MC_Y+P_J$ 点，显然，这两个最优决策点是不一致的。但只要让内部转移价格 P_J 等于市场价 P，两个最优决策点就一致了。而产品 A 的市场价格正好是将产品 A 转让给乙部门的机会成本，也是以机会成本构成的转让给乙部门的边际成本。

（二）影子价格也是机会性边际成本

如果甲部门提供的产品 A 没有市场价格，内部转移价格应如何制定呢？如果甲部门有剩余生产能力，又没能将剩余能力出租，则内部转移价格只能是甲部门因生产而需要发生的边际成本，过程验证非常简单，这个价格能确保乙部门决策与企业决策利益一致。

但如果甲部门能将剩余生产能力出租并获得收益，则甲部门很有可能因向乙部门提供产品 A 而部分或全部丧失这部分收益，这是向乙部门提供产品 A 的机会成本，掌握这种机会成本的边际特征就掌握了内部转移价格制定的方式和原则。这从本质上仍与按市场价格确定内部转移价格的原理是一致的。

我们不妨假定甲部门还生产产品 A_1，A_1 可直接对外出售，如果生产产品 A 则需要减少产品 A_1，假如每生产一个产品 A 需要减少 n 个产品 A_1，产品 A_1 的价格为 P_{A1}，单位变动成本为 b_{A1}，生产单个产品 A 的变动成本为 b_A，则每件产品 A 的机会性边际成本为生产产品 A 的变动成本与放弃生产产品 A_1 的潜在收益（机会成本），将其称为产品 A 的影子价格，统称产品 A 的机会性边际成本，以此作为产品 A 的内部转移价格。具体公式为

$$P_Z=n(P_{A1}-b_{A1})+b_A \tag{8-9}$$

当甲部门单个产品 A 的边际成本与 n 个产品 A_1 的边际成本相同时，只需要比较收益便可，即内部转移价格 P_Z 应为 nP_{A1}。

至此，可如此总结。

（1）当市场约束产品 A 销量的同时而甲部门还具有生产能力时，生产能力若不能出租或转让，提供给乙部门的产品 A 的边际成本就是 MC_J，通常就是单位变动成本，应使转移价格 $P_Z=MC_J$。

（2）当甲部门无剩余生产能力且市场不约束产品 A 的销量时，提供给乙部门的产品 A 的边际成本就是机会成本——产品 A 的价格 P，应使内部转移价格 $P_Z=P$。

（3）当甲部门无剩余生产能力却能无市场约束销售另一产品或出租生产能力时，提供给乙部门的产品 A 的边际成本就是机会成本——产品 A 的影子价格 $[n(P_{A1}-b_{A1})+b_A]$，内部转移价格应该等于影子价格。而关于中间产品的影子价格计算，存在各种复杂情况，需要仔细计算。

【例 8-11】接【例 8-9】，星月公司的甲部门生产产品 A 可对外出售，售价 10 元/件，单位变动制造费用 6 元/件，变动销售与管理费 1 元/件（只发生于对外销售）。甲部门也可提供产品 A 给乙部门继续加工成产品 B，单位变动加工成本 5 元/件，售价 24 元/件。如何制定产品 A 的内部转移价格？

（1）如果产品 A 无市场约束，但有生产能力约束，因为甲部门转让给乙部门一件产品 A 的边际成本是变动成本 6 元/件＋机会成本 3 元/件（出售给市场的潜在收益 3 元/件），共计 9 元/件，故转移价格宜为 9～10 元，为确保乙部门决策利益与企业整体利益一致，以 9 元/件作为转移价格合适。

（2）如果甲部门有剩余生产能力且市场饱和，且剩余能力无法转移，则以甲部门边际成本 6 元/件作为转移价格合适，如果以利润考核甲部门则宜加上合适的内部利润。

（3）如果甲部门有剩余生产能力且市场饱和，且剩余能力可以转移，则以甲部门转移剩余能力的收益作为机会成本制定转移价格，假设剩余能力可以加工产品 A_1，产品 A_1 的价格为 12 元，单位变动成本 8 元，单位贡献毛益 4 元，每生产一件产品 A_1 的工时耗费是 1.4 件产品 A 的工时耗费，则剩余能力用于向乙部门提供产品 A 的机会成本为

$4/1.4\approx2.86$（元/件）

转移价格应定为

$2.86+6=8.86$（元/件）

【例 8-12】【例 8-11】中如果甲部门本来就是生产产品 A_1，产品 A_1 的价格为 12 元，单位变动成本 8 元，同时也向乙部门提供产品 A，单位变动成本 6 元/件。设内部转移价格为 P_A，甲部门生产能力由两个工序组成，其产品加工工时如表 8-5 所示。

表 8-5 甲部门产品加工工时（单位：小时）

工序	产品 A	产品 A_1	生产能力工时
工序一	3	2	1000
工序二	4	2	1000

设产品 A 及产品 A_1 的生产量为 x_1 及 x_2，甲部门优化决策由下面模型决定，则有

$3x_1+2x_2\leqslant1000$

$4x_1+2x_2\leqslant 1000$

x_1，$x_2\geqslant 0$

目标函数：

max TCM＝（P_A－6）x_1+4x_2

如果甲部门不生产产品 A 只生产 A_1 时可实现的总贡献毛益为

$x_2=500$，$x_1=0$

max TCM＝（P_A－6）x_1+4x_2＝2000

甲部门生产能力充分利用，两道工序均无剩余生产能力。

生产能力转向生产产品 A 的影子价格可按如下方法计算。

转向生产产品 A 最受限制的是工序二，因为产品 A 在此道工序加工时间长，在此工序上生产产品 A_1 的单位工时边际价值为 4/2＝2（元/小时），而在此工序生产产品 A 需 4 个小时，故要求单位产品 A 提供的边际价值为 4×4/2＝8（元/件）。产品 A 的影子价格为

$P_A-6=8$

$P_A=14$（元/件）

即内部转移价格应为 14 元/件。以此价格回转目标函数，其最优决策结果有无数个，正好在工序二的限制条件线上，如果甲部门推销产品 A_1 存在费用，它会全力生产产品 A 250 件，如果内部转移价格低于 14 元，它会选择生产产品 $A_1$500 件。

五、用规划求解确定最优内部转移价格

假如【例 8-11】中甲部门中工序一的生产能力工时不变，但工序二的生产能力工时为 1200 小时，甲部门生产产品 A_1 的单位贡献毛益为 4 元，即各产品所耗工时如表 8-6 所示。

表 8-6 各产品所耗工时（单位：小时）

工序	产品 A	产品 A_1	生产能力工时
工序一	3	2	1000
工序二	4	2	1200

则甲部门优化决策模型为

约束条件：

$3x_1+2x_2\leqslant 1000$

$4x_1+2x_2\leqslant 1200$

x_1，$x_2\geqslant 0$

目标函数：

max TCM＝（P_A－6）x_1+4x_2

如果甲部门不生产产品 A，只生产 A_1 时可实现的总贡献毛益仍为

$x_2=500$，$x_1=0$

max TCM＝（P_A－6）x_1+4x_2＝2000

甲部门生产能力未能充分利用，工序二剩余生产能力200小时。如果剩余生产能力的影子价格为零，内部转移价格仍可定为14元/件。但统筹考虑时，价格有优化空间。这需要结合乙部门的情况综合考虑。

假设乙部门继续加工产品A成为产品B的加工变动成本5元/件，售价24元/件，乙部门可单独生产销售产品B_1，单位贡献毛益5元，乙部门也要经过两道工序（工序三、工序四）完成产品B及产品B_1的生产，具体如表8-7所示。

表8-7　乙部门产品加工工时（单位：小时）

工序	产品B	产品B_1	生产能力工时
工序三	2	3	1000
工序四	3	2	1000

为统筹考虑，对甲、乙两部门及星月公司整体分别建立优化决策模型。利用Excel表格对甲、乙部门及星月公司的优化决策模型分别进行规划求解，即打开一个Excel表格，然后将上述优化决策模型的目标函数、约束条件、值域等信息的方程式改写成便于Excel表格操作的形式，并在各单元格里面输入相应的常数或方程式。以下显示甲、乙部门及星月公司整体的规划求解模型及在不同转让价格下甲、乙部门及公司整体的优化决策结果（表8-8、表8-9）。

表8-8　甲部门不同价格下的最优决策

P_A/元	x_1/件	x_2/件	甲部门（最优）/元
6	0	500	2000
7	0	500	2000
8	0	500	2000
9	0	500	2000
10	0	500	2000
11	0	500	2000
12	200	200	2000
13	200	200	2200
14	300	0	2400
15	300	0	2700
16	300	0	3000
17	300	0	3300
18	300	0	3600
19	300	0	3900

表8-9　乙部门不同价格下的最优决策

P_A/元	x_1/件	x_3/件	乙部门（最优）/元
6	333	0	4333
7	333	0	4000
8	333	0	3667

续表

P_A/元	x_1/件	x_3/件	乙部门（最优）/元
9	333	0	3333
10	333	0	3000
11	333	0	2667
12	333	0	2400
13	200	200	2200
14	200	200	2000
15	200	200	1800
16	0	333	1667
17	0	333	1667
18	0	333	1667
19	0	333	1667

甲部门优化决策模型为

约束条件：

$3x_1+2x_2\leqslant 1000$

$4x_1+2x_2\leqslant 1200$

$x_1，x_2\geqslant 0$

目标函数：

$\max \mathrm{TCM_j}=（P_A-6）x_1+4x_2$

表 8-8 显示，甲部门如果让产品 A 的内部转移价格 P_A 定价在 14 元及以上时，将放弃产品 A_1 的生产，全力生产产品 A，并随内部转移价格 P_A 的提升而得到利润提升，工序一将浪费 100 小时，而且该决策不能得到乙部门确认。当内部转移价格 P_A 在 11 元以下时，甲部门放弃生产产品 A，全力生产产品 A_1 500 件，获得贡献毛益 2000 元。

根据表 8-7，由于产品 A 只能转让给乙部门加工成产品 B，故产品 A 的生产数量就是产品 B 的生产数量。据此，可得到乙部门规划决策模型为

约束条件：

$2x_1+3x_3\leqslant 1000$

$3x_1+2x_3\leqslant 1000$

$x_1，x_3\geqslant 0$

目标函数：

$\max \mathrm{TCM_y}=（24-5-P_A）x_1+5x_3=（19-P_A）x_1+5x_3$

与甲部门求解最优解同样的方式，得到乙部门在不同的内部转移价格下的优化决策结果。

表 8-9 显示，内部转移价格 P_A 越低，乙部门优化决策的结果越优，当内部转移价格低于 13 元时，乙部门将放弃产品 B_1 的生产，全力生产产品 B，然而，这也是一厢情愿的事。当内部转移价格 P_A 高于 16 元时，乙部门将全面放弃产品 B 的生产，全力生产

产品 B_1，获得最低贡献毛益 1667 元。

由两部门自我决策，离开另一部门，甲部门独立贡献毛益 2000 元，乙部门独立贡献毛益 1667 元，相互依存能使两部门贡献毛益均提升，内部转移价格 P_A 的两部门交接点在 13 元，甲、乙两部门各自得到 2200 元贡献毛益，且甲部门愿意提供的产品 A 的数量 x_1 正好等于乙部门愿意接受的数量 x_1，均为 200 件。这一结果是否符合星月公司的整体最优利益呢？

我们将两部门的目标函数合并，并将约束条件也合并，得星月公司的整体优化决策模型为

约束条件：

$3x_1+2x_2\leqslant 1000$

$4x_1+2x_2\leqslant 1200$

$2x_1+3x_3\leqslant 1000$

$3x_1+2x_3\leqslant 1000$

$x_1，x_2，x_3\geqslant 0$

目标函数：

$\max \mathrm{TCM_x}=(P_A-6)x_1+4x_2+(19-P_A)x_1+5x_3=13x_1+4x_2+5x_3$

星月公司整体决策模型中，两部门目标函数中内部转移价格变量 P_A 相互抵消，可直接求解最优值，整体最优决策结果如表 8-10 所示。

表 8-10 星月公司整体最优决策结果

自变量	x_1	x_2	x_3	约束条件		
目标函数	13	4	5			
约束方程	3	2	0	1000	≤	1000
	4	2	0	1200	≤	1200
	2	0	3	1000	≤	1000
	3	0	2	1000	≤	1000
	−1	0	1	0	≤	0
	1	0	0	200	≥	0
	0	1	0	200	≥	0
	0	0	1	200	≥	0
x_1	200					
x_2	200					
x_3	200					
目标函数	4400					

表 8-10 显示，星月公司的最优决策结果就是生产产品 A、B 的数量 200 件，产品 A_1、B_1 各 200 件，整体最优贡献毛益 4400 元，而这个过程只要两部门是理性的，决策机制是合适的，甲、乙两部门就能找到最优结果。总部的任务就是促成两部门协作，并提供透明的成本数据便可。

第四节 责任报告

各责任中心的绩效评价与报告是责任会计最核心的内容。从绩效评价的视角编制责任报告，其内容需与绩效评价高度相关。

一、成本中心的责任报告

由于成本中心只对成本及费用负责，没有经营权或销售权，只有成本发生，没有收入，因而其责任就只是对职权范围内发生的成本及费用负责。成本中心的目标也就是在保质和保量完成生产任务的前提下，控制和降低成本及费用。

在成本中心的责任报告中，要体现以具体的责任单位为对象，以其承担的责任范围归集成本，即责任中心的全部可控成本。标明可控成本与不可控成本、成本发生的时间范围。因为，有些成本在消耗或支付的当期成本是可控的，一旦消耗或支付就不再可控。成本部门所耗费的成本，有些是可控的，有些是不可控的。可控成本都能找到合理的依据来分配，如动力费、维修费等。如果成本中心能自己控制使用量，则可以根据其用量来分配。分配时要使用固定的内部结算价格，防止供应部门的责任向使用部门转嫁。在区分责任成本时，关键是分配时采用的计量标准，有几种方法可供参考。

1. 按受益基础分配

有些费用不是专门属于某个责任中心的，也不宜用责任基础分配，但与各中心的受益多少有关，可按受益基础分配，如按装机功率分配电费等。

2. 归入某一个特定的责任中心

有些费用既不能用责任基础分配，也不能用受益基础分配，则可以将其归属于某个特定的责任中心。例如，车间的运输费用和试验检验费用，难以分配到生产班组，不如建立专门的成本中心，由其控制此项成本，不向各班组分配。

3. 不能归属于任何责任中心的固定成本不进行分摊

如车间厂房的折旧是历史上的决策造成的结果，短期内无法改变，其大小不需要控制，则作为不可控费用。

总之，对成本中心的评价，应以责任成本为重点，以绩效报告为依据，计量责任成本的实际数和预算数的差异，并分析研究其发生的原因。如果预算数大于实际数，称为有利差异；如果预算数小于实际数，称为不利差异。

责任报告以责任预算为基础，是对责任预算的执行情况进行系统记录和计量的汇总，以此对比实际完成情况和预定的目标，客观评价各个责任中心的绩效。成本中心责任报告的基本内容和特点，可用表 8-11 来说明。

表 8-11 某成本中心责任报告（单位：元）

项目	实际数	预算数	差异
下属成本中心汇集责任成本：			
一工段	65 000	64 000	+1 000
二工段	56 000	60 000	−4 000
合计	121 000	124 000	−3 000
本成本中心总部的可控成本：			
间接人工	50 000	48 000	+2 000
管理人员工资	56 000	58 000	−2 000
设备折旧费	26 000	30 000	−4 000
设备维修费	8 000	5 000	+3 000
合计	140 000	141 000	−1 000
本成本中心的责任成本总计	261 000	265 000	−4 000
本成本中心不可控成本：			
设备折旧费	30 000	30 000	
其他受分配费用	20 000	18 000	
合计	50 000	48 000	
总计	311 000	313 000	

二、收入中心的责任报告

收入中心考核的重点是收入而非成本或利润，是衡量其推销力度的，其报告应该相对简单，但考核指标至少应体现重点考核内容，如表 8-12 所示。

表 8-12 某收入中心责任报告

项目	实际数	预算数	差异
销售量/件	15 000	14 000	1 000
销售收入/元	300 000	280 000	20 000
平均销售回款天数	29.8	30.0	−0.2
180 天应收款/销售收入/%	5	4	1
平均应收款周转率/%	4.6	5.0	−0.4
坏账发生率（坏账发生数/销售收入）/%	1.0	0.5	0.5
可控费用：			
收入中心变动销售费用（1 元/件）	15 200	15 000（弹性）	200
收入中心可控固定销售费用/元	11 000	10 000	1 000
合计	26 200	25 000	1 200

三、利润中心的责任报告

由于利润中心是中心责任人有权对其供货的来源和市场的选择进行决策的责任中

心，且利润中心要向客户销售其大部分产品，可以自由选择大多数材料、商品和服务等项目的来源。利润中心责任报告的基本内容和特点，应该反映该中心收入和可控成本，然后才是不可控成本，可用表 8-13 来说明。

表 8-13 利润中心责任报告（单位：元）

项目	实际数	预算数	差异
销售收入	420 000	400 000	+20 000
责任中心可控变动成本	200 000	200 000	—
责任中心贡献毛益	220 000	200 000	+20 000
责任中心可控固定成本	120 000	150 000	−30 000
责任中心可控利润（EBITDA）	100 000	50 000	+50 000
责任中心不可控固定成本（折旧）	20 000	20 000	—
责任中心利润	80 000	30 000	+50 000
其他部门分配来的管理费用	12 000	13 000	−1 000
责任中心息税前利润（EBIT）	68 000	17 000	+51 000

注：EBITDA＝净利润＋所得税＋利息＋折旧＋摊销，或 EBITDA＝EBIT＋折旧＋摊销

四、投资中心的责任报告

投资中心是既对成本、收入和利润负责，又对投资效果负责的责任中心。投资中心具有利润中心所描述的全部职责，同时对于营运资本和实物资产也具有责任与权力。投资中心是分权管理最突出的表现，其责任报告的基本内容和特点，可用表 8-14 来说明。

表 8-14 投资中心责任报告

项目	实际数	预算数	差异
销售收入（1）/元	2 560 000	2 500 000	+60 000
成本及费用总额（2）/元	1 800 000	1 600 000	+200 000
部门息税前利润 EBIT（3）＝（1）－（2）/元	760 000	900 000	−140 000
利息总额（4）/元	60 000	60 000	0
税前利润（5）＝（3）－（4）/元	700 000	840 000	−140 000
所得税（6）＝（5）×25%/元	175 000	210 000	−35 000
净利润（7）/元	525 000	630 000	−105 000
（年初总资产＋年末总资产）/2（8）/元	3 800 000	3 600 000	+200 000
息税前投资报酬率（9）＝（3）/（8）/%	20	25	−5
平均资产收益率（10）＝（7）/（8）/%	13.82	17.50	−3.68
EVA（11）＝ （7）＋（4）－（8）×资本成本 10%/元	205 000	330 000	−125 000
剩余收益（12）＝（3）－（8）×最低要求报酬率（12%）/元	304 000	468 000	−164 000
折旧（13）/元	120 000	120 000	0
现金净流量（14）＝（7）＋（13）/元	645 000	750 000	−105 000
现金回收率（15）＝（14）/（8）/%	16.97	20.83	−3.86

思考与练习

一、思考题

1. 责任中心建立的原则有哪些？请简要说明。
2. 投资中心的考核指标有哪些？请简要说明。
3. 内部转移价格有哪几种？进行简要叙述。

二、单项选择题

1. 成本中心控制和考核的内容是（　　）。

A. 责任成本　　B. 产品成本　　C. 直接成本　　D. 目标成本

2. 下列项目中，不属于利润中心负责范围的是（　　）。

A. 成本　　B. 收入　　C. 利润　　D. 投资效果

3. 产品在企业内部各责任中心之间销售，只能按照内部转移价格取得收入的利润中心是（　　）。

A. 责任中心　　B. 局部的利润中心
C. 自然的利润中心　　D. 人为的利润中心

4. 对于任何一个成本中心来说，其责任成本应等于该中心的（　　）。

A. 产品成本　　B. 固定成本之和
C. 可控成本之和　　D. 不可控成本之和

5. 某投资中心投资额为100 000元，年净利润为18 000元，企业为该投资中心规定的投资利润率为15%，则该投资中心的投资利润率和剩余收益分别为（　　）。

A. 17%，2500 元　　B. 17%，3000 元　　C. 18%，2500 元　　D. 18%，3000 元

6. 已知A公司2019年的销售收入为40 000元，营业资产为16 000元；B公司2019年的销售收入为100 000元，营业资产为20 000元。如果两家公司均希望其2019年的投资利润率达到15%，则A、B公司在2019年的销售利润率分别为（　　）。

A. 6%，5%　　B. 6%，3%　　C. 8%，5%　　D. 8%，3%

7. 投资中心的考核指标中能使部门的业绩与企业的目标协调一致，避免次优化问题的指标是（　　）。

A. 投资报酬率　　B. 剩余收益　　C. 现金回收率　　D. 可控边际贡献

8. 如果企业内部的供需双方分别按照不同的内部转移价格对同一笔内部交易进行结算，则可以断定它们采用的是（　　）。

A. 成本转移价格　　B. 市场价格　　C. 协商价格　　D. 双重价格

9. 计算投资利润率时，其经营资产计价采用的是（　　）。

A. 原始价值　　B. 账面价值　　C. 评估价值　　D. 市场价值

10. 管理会计将在责任预算的基础上，把实际数与计划数进行比较，用来反映与考核各责任中心工作业绩的书面文件称为（　　）。

A. 差异分析表　　B. 责任报告
C. 预算执行情况表　　D. 实际执行与预算比较表

11. 某投资中心第一年经营资产平均余额 100 000 元，经营利润 20 000 元，第二年该中心新增投资 20 000 元，预计经营利润 3000 元，接受新投资后，该部门的投资利润率为（　　）。

A. 15.5%　　B. 20%　　C. 17.5%　　D. 19%

12. 协商价格的下限是（　　）。

A. 生产成本　　B. 市场价格

C. 单位固定成本　　D. 单位变动成本

三、计算分析题

1. 某公司设有若干分厂，其中甲分厂 2019 年经营资产 80 万元，营业净利润 24 万元，公司现决定投资 40 万元扩充甲分厂的经营规模，预计甲分厂 2020 年全年可增加营业净利润 10 万元，总公司的平均投资报酬率为 20%。

要求：

（1）计算甲分厂 2019 年的投资报酬率及剩余收益。

（2）计算甲分厂 2020 年预计的投资报酬率及剩余收益。

（3）若以投资报酬率考核甲分厂的经营业绩，甲分厂是否乐意接受新的投资？若以剩余收益考核呢？为什么？

2. 假定盛大公司有甲、乙两个投资中心，2018 年和 2019 年的有关营业利润与投资额资料如表 8-15 所示。

表 8-15　甲、乙投资中心的有关资料（单位：元）

项目	甲投资中心		乙投资中心	
	2018 年	2019 年	2018 年	2019 年
营业利润	300 000	360 000	500 000	625 000
投资额	2 000 000	2 000 000	2 500 000	2 500 000

若盛大公司为投资中心规定的最低投资报酬率为 14%。

要求：

（1）试用投资报酬率指标来评价甲、乙两个投资中心的业绩，通过计算，你认为哪个投资中心较优？

（2）试用剩余收益指标来评价甲、乙两个投资中心的业绩，通过计算，你认为哪个投资中心较优？

（3）结合两个投资中心近两年营业利润的增长情况，你认为哪个指标的评价更有说服力？为什么？

3. 伟业电子仪器公司下设几个分部均为投资中心。其中打印机分部专门生产与电脑配套用的打印机，它的产品既出售给本公司的电脑分部，也出售给市场上的电子公司。计划年度打印机分部准备生产 10 000 台打印机，其中 4000 台出售给市场上的电子公司，销售单价为 575 元；其余 6000 台转给本公司电脑分部，作为电脑的配套产品出售。该公司产销打印机发生的成本数据如表 8-16 所示。（按产销 10 000 台为基础预计的）

表 8-16　伟业电子仪器公司产销打印机发生的成本数据（单位：元）

项目	金额
变动性制造费用	100
固定性制造费用	50
变动性推销费用	55
固定性推销费用	25
单位成本	230

目前该公司财务部及总会计师提出下列五个标准作为制定内部转移价格的基础：①变动成本；②变动成本加成 40%；③全部成本；④全部成本加成 50%；⑤市场价格（575 元）。

要求：

（1）按上述五种标准分别计算打印机分部转给本公司电脑分部 6000 台打印机的内部销售收入，并确定打印机分部销售 10 000 台打印机（包括 4000 台对外销售）的全部销售利润。

（2）对于内部转移价格的上述五个标准，就伟业电子仪器公司来说，宁愿选用哪一个标准？若站在电脑分部的立场上，又该选用哪一个标准？

1. 成法民，侯紫岚. 企业集团内部转移定价研究——以 T 集团铸造公司为例[J]. 会计之友，2014（35）：12-16.

2. 徐祥龙. 现代企业制度下责任会计运用浅探[J]. 财会通讯，2014（10）：24-25.

3. 李红霞，陈绍刚. 基于差异化竞争的集团内转移定价研究[J]. 统计与决策，2012（4）：58-61.

4. 郑露杰，黄玉清. 内部转移价格成本控制理论分析及风险防范[J]. 财会通讯，2018（23）：89-92.

第九章

存货控制

存货，是指企业的原材料、在产品、产成品、包装物、低值易耗品等。储备一定的存货是企业持续生产经营的前提，一方面，在市场形势多变、竞争激烈的情况下，可以保证存货的充足、完备；另一方面，储存存货会占用一部分资金，降低资金的流动性，并且增加仓储、保险和管理等费用，还可能发生各种存货损失，因而增加经营风险。由此可见，制定适当的存货政策，是企业决策和现代化管理的客观要求，也是保证企业各项生产经营活动正常进行的物质基础。

学习目标

- 掌握存货决策成本及基本经济订购批量模型
- 掌握经济订货批量的各种扩展形式
- 掌握存货控制的基本方法、ABC 分类法、零库存管理的基本概念

第一节　存货的功能和存货成本的分类

一、存货的功能

存货的功能是指存货在生产经营过程中的作用，具体包括以下几点。

（1）防止生产中断。原材料是生产中必需的物质资料，为了保证生产顺利进行，必须适当地储备一些原材料。尽管有些企业自动化程度很高，并借助电脑加强管理，提出了“零存货”的管理目标，但要完全达到这一目标并非易事。即使生产能按事先规定好的程序来进行，但要每天都采购原材料也不现实，经济上也不一定合算。所以，为了保证生产正常进行，储存适当的原材料是必需的。出于同样的原因，在产品也需要保持一定的储备。

（2）利于产品销售。企业的产品，一般不是生产一件出售一件，而是要组织成批生产成批销售，这样才经济合算。这是因为：一方面，客户为节约采购成本和其他费用，一般会成批采购；另一方面，为了达到运输上所要求的最低数量，节约运输费

用，也应组织成批发运。此外，为了应对市场上的临时需求，也应适当储存一些产成品。

（3）便于企业维持均衡生产，降低生产成本。有的企业生产的产品属于季节性产品，有的企业产品需求很不稳定。如果根据需求状况时高时低地进行生产，有时生产能力得不到充分利用，有时又会出现超负荷生产，无论哪种情况都会使生产成本大大提高。为了降低生产成本，维持均衡生产，就要储备一定的产成品存货，也要相应地保持一定的原材料存货。

（4）防止意外事件造成的损失。在采购、运输、生产和销售过程中，都可能发生意外事故，保持必要的存货保险储备，可避免或减少损失。

二、存货成本的分类

存货必然耗费和占用一定数量的资金，由此产生存货成本。存货成本包括取得成本、储存成本和缺货成本三部分。

（一）取得成本

存货的取得成本是指为了取得某种存货而发生的成本，取得成本又可以分为采购成本和订货成本。

1. 采购成本

采购成本是指购买存货而发生的买价和运杂费等各项支出，其总额取决于采购数量和单位采购成本。当采购单价不变时，采购成本总额只取决于购买总量。因此，在决定采购批量的决策中，存货的采购成本通常属于无关成本；但是如果供应商为扩大销售而采用数量折扣等优惠方法，单价会随采购批量和折扣条件的不同而变化，采购成本就成为决策的相关成本。

2. 订货成本

订货成本是指为订购存货而发生的各种成本，包括采购人员的工资、差旅费、验收成本等。订货成本又可以分为固定订货成本和变动订货成本。固定订货成本是指为维持一定的采购能力而发生的、各期金额比较稳定的成本，与订货次数无关，属于决策的无关成本，如采购人员的工资等。变动订货成本是指随订货次数成正比例变动的成本，属于决策的相关成本，如差旅费等。

（二）储存成本

储存成本是指为储存存货而发生的各种费用。按与存货存储数量的多少是否有关，储存成本可以分为变动储存成本和固定储存成本。变动储存成本包括存货在储存过程中所发生的仓储费、保险费等，也包括存货占用资金的机会成本，这部分成本随存货储存数量的变化而成正比例变动，因而是与经济订购量决策相关的成本。固定储存成本主要是指仓库房屋、设备的折旧费等费用，在相关范围内，固定储存成本的发生额是固定不变的，属于存货订购量决策的无关成本。

（三）缺货成本

缺货成本是指由于存货数量不能及时满足生产和销售的需要而给企业带来的损失，如因停产待料发生的损失、因库存不足而失去销售机会的利润损失、因不能按时履约而造成的信誉损失等。其大多属于机会成本，一般采用一定的方法估计单位平均缺货成本进行计量。只有在缺货发生时，这项成本才是相关成本。

第二节　经济订货批量及决策模型

订货批量是指企业每次从外部购买存货的数量。所谓经济订货批量，就是指某种存货在全年需求总量一定的条件下，确定每次订购数量为多少，能使全年发生的存货相关总成本最小，即全年相关总成本最小时的每批订购量。

一、基本经济订货批量模型

构建经济订货批量基本模型需要的假设条件有以下几方面。

（1）企业能够及时补充存货，即需要订货时便可立即取得存货。

（2）能集中到货，而不是陆续入库，且仓储条件不受限制。

（3）不允许出现缺货情形，不存在缺货成本，这是因为良好的存货管理本来就不应该出现缺货。

（4）需求稳定，并且能预测。

（5）存货的价格稳定，且不存在商业折扣。

（6）企业现金充足，不会因现金短缺而影响进货。

（7）所需存货市场供应充足，不会因买不到需要的存货而影响其他。

在上述假设下，与经济订货决策相关的成本只有变动订货成本和变动储存成本两部分。当订货批量增加时，变动订货成本减少而变动储存成本增加；当订货批量减少时，变动订货成本增加而变动储存成本减少。因此，需要确定经济订货批量，使全年总成本（变动订货成本与变动储存成本之和）最少。三种成本与订货批量的关系可用图 9-1 表示。

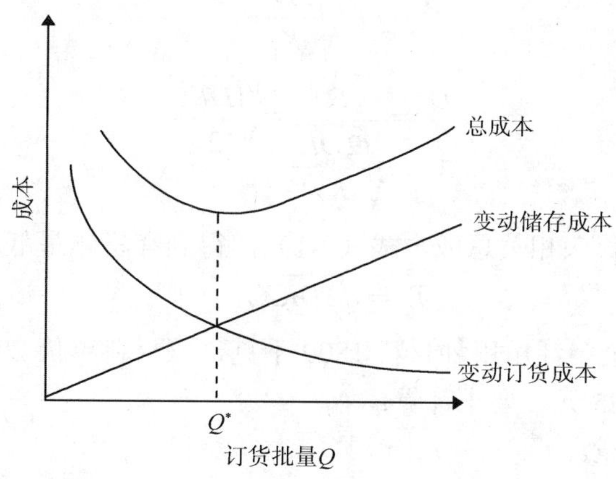

图 9-1　不同批量的成本变动情况

假设D代表全年存货需要量，Q代表订货批量，K代表每批订货的变动订货成本，K_C代表单位存货年均变动储存成本，T_C代表相关总成本，则

$$T_C=\frac{D}{Q}\times K+\frac{Q}{2}\times K_C \tag{9-1}$$

经济订货批量就是使全年存货相关总成本T_C最低的订货批量Q^*。

在式（9-1）中，用$\frac{D}{Q}$代表年订货次数，用$\frac{Q}{2}$确定全年平均存货量。这是由于在基本经济订货批量模型的假设下，存货一次集中到货，随后陆续均衡使用，直至存货领用完毕，下批存货又及时集中到达，如此周而复始，形成存货的变动形态，如图 9-2 所示。

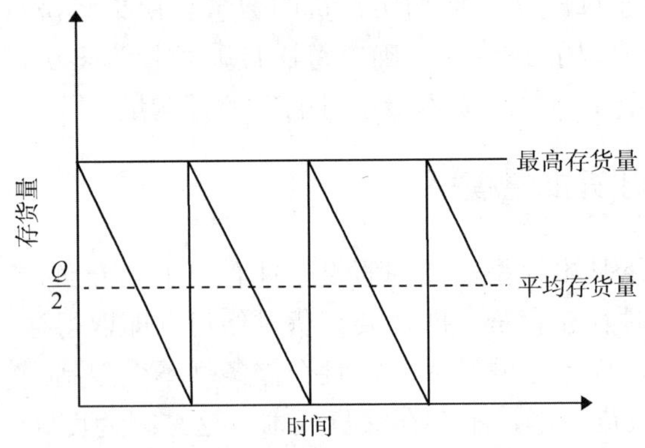

图 9-2　基本经济订货批量模型下的存货变动

在年需求量D一定的条件下，每次订货批量越多，年订货次数就越少，订货成本相应下降。但平均库存量上升将引起储存成本的相应增加；相反，则年平均库存量下降，储存成本也相应减少，但订货成本会提高。因此，经济订货批量Q^*可利用微积分极值原理，令T_C的一阶导数为零解出Q^*。其推导过程如下：

式(9-1)中，求T_C对Q的一阶导数得$T_C{}'=-\frac{D}{Q^2}\times K+\frac{K_C}{2}$，令$T_C{}'=0$，得$Q^2=\frac{2DK}{K_C}$，

则经济订货批量和最优订货次数分别为

$$Q^*=\sqrt{\frac{2DK}{K_C}} \tag{9-2}$$

$$\frac{D}{Q^*}=\frac{D}{\sqrt{\frac{2DK}{K_C}}}=\sqrt{\frac{DK_C}{2K}} \tag{9-3}$$

将经济订货批量代入相关总成本式（9-1），得到存货年最低相关总成本

$$T_C=\sqrt{2DKK_C} \tag{9-4}$$

【例 9-1】某公司全年耗用甲种材料 1800 千克，该材料单价 20 元，年单位储存成本 4 元，一次订货成本 25 元。要求计算：

（1）经济订货批量。

（2）最小相关总成本。

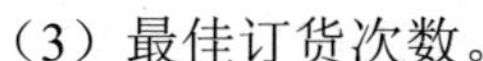

（3）最佳订货次数。

解：由题意可知：D＝1800 千克，K＝25 元，K_C＝4 元。

（1）$Q^*=\sqrt{\dfrac{2\times1800\times25}{4}}=150$（千克/次）

（2）$T_C=\sqrt{2\times1800\times25\times4}=600$（元）

（3）$\dfrac{D}{Q^*}=\dfrac{1800}{150}=12$（次）

二、基本经济订货批量模型的扩展

基本经济订货批量模型是在各种假设条件下建立的，但现实生活中为使模型更具实用性，需放宽假设条件对模型进行改进。

（一）存在商业折扣时的经济订货批量

在建立基本经济订货批量模型时，假设不存在商业折扣，但在实际中，供应商为鼓励客户大量购买，往往根据购货方订货批量多少而给予一定折扣。购货方如果要取得折扣优惠，就需要增加订货的数量。这样虽然增加了储存成本，但可以节约订货成本和采购成本。在存在商业折扣的情况下，订货批量的多少直接决定采购价格的高低，订货批量越大，价格上的优惠折扣就越多。因此，订货成本、储存成本以及采购成本成为订购批量决策中的相关成本，只有三者的年合计成本最低时的方案才是最优方案。

【例 9-2】某企业每年销售某种商品 10 000 千克，每次订货成本为 100 元，每千克商品的年储存成本为 2 元。该种商品的采购价格为每千克 20 元。但是，当一次订购数量在 2000 千克以上时，可获得 2%的折扣；一次订货数量在 5000 千克以上时，可获得 5%的折扣。试确定商品的经济订货批量。

解：分别计算该企业在不享受和享受不同商业折扣条件下的相关总成本，选择相关总成本最低的订货批量。

（1）不享受商业折扣时：

经济订货批量 $Q^*=\sqrt{\dfrac{2\times10\ 000\times100}{2}}=1000$（千克/次）

采购成本＝10 000×20＝200 000（元）

订货成本＝$\dfrac{10\ 000}{1000}\times100=1000$（元）

储存成本＝$\dfrac{1000}{2}\times2=1000$（元）

年总成本＝200 000＋1000＋1000＝202 000（元）

（2）当订货批量为 2000 千克时，享受 2%的折扣：

采购成本＝10 000×20×（1－2%）＝196 000（元）

订货成本＝$\frac{10\,000}{2000}$×100=500（元）

储存成本＝$\frac{2000}{2}$×2=2000（元）

年总成本＝196 000＋500＋2000＝198 500（元）

（3）当订货批量为 5000 千克时，享受 5%的折扣：

采购成本＝10 000×20×（1－5%）＝190 000（元）

订货成本＝$\frac{10\,000}{5000}$×100=200（元）

储存成本＝$\frac{5000}{2}$×2=5000（元）

年总成本＝190 000＋200＋5000＝195 200（元）

由以上分析可知，经济订货批量为每次 5000 千克，此时，年总成本最低。

（二）存在缺货情况的经济订货批量

在建立基本经济订货批量模型时，假设不存在缺货情况，但实际中，企业可能存在缺货，就会发生缺货成本，因此，在允许缺货的情况下，订货成本、储存成本和缺货成本是基本经济订货批量模型的相关成本，经济订货批量就是使三项成本的总成本最低的订货量。

假设缺货量为S，单位缺货成本为C，则存在缺货情况下的经济订货批量

$$Q^{*}=\sqrt{(2DK \div K_C)\times(K_C+C)\div C} \tag{9-5}$$

平均缺货量为

$$S=Q^{*}\times K_C \div(K_C+C) \tag{9-6}$$

【例 9-3】某公司全年耗用甲材料 32 000 千克，每次变动性订货成本 60 元，年平均变动性储存成本 4 元，单位缺货成本 8 元。要求计算：允许缺货情况下的经济订货批量和平均缺货量。

解：经济订货批量$Q^{*}=\sqrt{(2\times 32\,000\times 60\div 4)\times(4+8)\div 8}$ =1200（千克/次）

平均缺货量S＝1200×4÷（4＋8）＝400（千克）

（三）存货陆续入库、陆续消耗的经济订货批量

在建立基本经济订货批量模型时，假设存货集中一次全部入库，实际上，各批存货可能陆续入库，使存货陆续增加。企业因生产经营的需要，也可能是边入库边耗用。当订货全部到达后，存货量将不断降低，至存货量降为零时，下一次存货又将陆续入库。在这种情况下，需要对图 9-2 做一些修改（图 9-3）。

设每批订货批量为Q，每日进货量为P，故该批存货全部入库所需日数则为$\frac{Q}{P}$，我们称为送货期。设存货每日耗用量为d，故送货期内的全部耗用量为$\frac{Q}{P}d$。

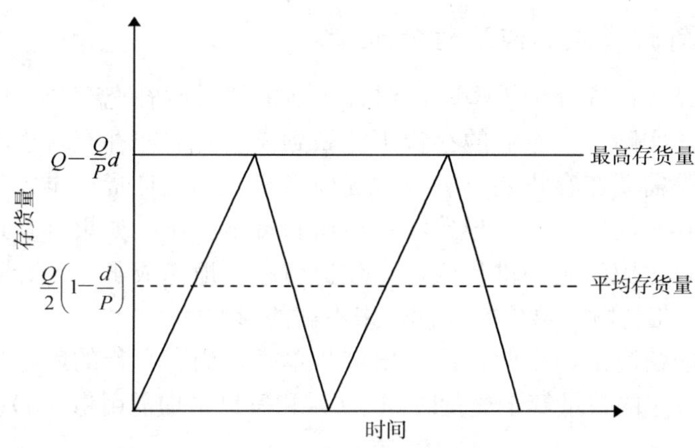

图 9-3 存货陆续入库、陆续消耗的存货变动

由于存货边入库边耗用，所以每批存货送完时，最高存货量为$Q-\frac{Q}{P}d$，平均存货量为$\frac{Q}{2}\left(1-\frac{d}{P}\right)$。这种情况下，与经济订货批量有关的总成本为

$$T_C=\frac{D}{Q}\times K+\frac{Q}{2}\left(1-\frac{d}{P}\right)\times K_C \tag{9-7}$$

求 T_C 对 Q 的一阶导数得 $T_C'=-\frac{D}{Q^2}\times K+\frac{\left(1-\frac{d}{P}\right)K_C}{2}$，令 $T_C'=0$，得 $Q^2=\frac{2DK}{K_C}\times\frac{P}{P-d}$，则经济订货批量和经济订货次数分别为

$$Q^*=\sqrt{\frac{2DK}{K_C}\times\frac{P}{P-d}} \tag{9-8}$$

$$\frac{D}{Q^*}=\sqrt{\frac{DK_C}{2K}\left(1-\frac{d}{P}\right)} \tag{9-9}$$

将经济订货批量代入式（9-7），可得出存货陆续入库、陆续耗用的经济订货批量的年最低相关总成本公式为

$$T_C=\sqrt{2DKK_C\left(1-\frac{d}{P}\right)} \tag{9-10}$$

【例 9-4】某公司全年耗用乙材料 2700 千克，每次变动性订货成本 100 元，年平均变动性储存成本 6 元。每次订货后每天能运达乙材料 25 千克，而该公司每天生产消耗乙材料 9 千克。要求计算：经济订货批量和全年最小相关总成本。

解：经济订货批量 $Q^*=\sqrt{\frac{2\times2700\times100}{6}\times\frac{25}{25-9}}=375$（千克/次）

相关总成本 $T_C=\sqrt{2\times2700\times100\times6\times\left(1-\frac{9}{25}\right)}=1440$（元）

（四）考虑再订货点的经济订货批量

在建立基本经济订货批量模型时，假设企业能够及时补充存货，即需要订货时便可立即取得存货。实际上，企业的存货不能做到需要时立即补充，也不能等到存货用完再去订货，而是需要在存货还有剩余时提前订货。如果订货过早，订货时的库存量过大，将会增加存货的储备量，导致物资积压和资金积压；如果订货过晚，订货时的库存量过少，一旦供应商延期供货或者企业提前超额地完成了生产计划，都将会导致库存空虚，造成停工待料，给生产经营带来不利的影响。

在提前订货的情况下，企业再次发出订货单时，尚有存货的库存量被称为再订货点，用 R 来表示，它的数量等于交货时间（L）和每日平均需用量（d）的乘积，即

$$R=L\times d \tag{9-11}$$

【例 9-5】接【例 9-4】，假设原材料在途时间为 10 天。要求计算：该公司乙材料的再订货点。

解：再订货点 R=9×10=90（千克）

这意味着，企业在尚存 90 千克存货时，就应当再次订货，等到下批订货到达时（再次发出订货单 10 天后），原有库存刚好用完。此时有关存货的每次订货批量、订货次数、订货间隔时间等并无变化。订货期提前对经济订货批量并无影响，可仍以原来瞬时补充情况下的 375 千克为订货批量，只不过在达到再订货点（库存 90 千克）时即发出订货单。

（五）考虑保险储备量的经济订货批量

上面所述几种情况均假定存货的供需是稳定并且确切的，但在企业中，存货每日需求量可能发生变化，供应商交货时间也可能发生变化。若对存货的需求大增或存货的供应延迟，就会发生缺货或供货中断，为避免发生这类情况给企业造成不必要的损失，就需要多储备存货以备不时之需，这部分存货被称为保险储备量或安全存量。通常保险储备量在企业正常的生产经营中是不会被使用的，只有当企业存货使用过量或送货延迟时才动用。

设立保险储备量会使存货的平均储备增大而使储备成本升高，因此就要找出合理的保险储备量，以使缺货或供应中断的损失（缺货成本）和保险储备成本之和最小。

设总成本为 $T_{C(S、B)}$，缺货成本为 C_S，保险储备成本为 C_B，则

$$T_{C(S、B)}=C_S+C_B \tag{9-12}$$

设单位缺货成本为 K_U，一次订货缺货量为 S，年订货次数为 N，保险储备量为 B，单位存货储存成本为 K_C，则

$$C_S=K_U\times S\times N \tag{9-13}$$

$$C_B=B\times K_C \tag{9-14}$$

$$T_{C(S、B)}=K_U\times S\times N+B\times K_C \tag{9-15}$$

一般来说，缺货量 S 具有概率性，其概率可根据历史经验估计得出，保险储备量 B 可选择而定。

【例 9-6】某存货的年需要量为 5000 件，单位储存变动成本为 4 元，单位缺货成本

为 6 元，交货时间是 10 天；已计算出的经济订货批量为 500 件，每年订货次数为 10 次。交货期内的存货需要量及其概率分布如表 9-1 所示。

表 9-1 交货期内的存货需要量及其概率分布

需要量/件	150	160	170	180	190	200	210
概率	0.01	0.04	0.20	0.50	0.20	0.04	0.01

要求：确定合理的保险储备量。

解：（1）不设立保险储备量时，即 $B=0$，以 180 件为再订货点。该情况下，当存货需要量低于 180 件时，不会发生缺货，只有当存货需求量高于 180 件时，才会发生缺货，此时，缺货的期望值

$S_0=(190-180)\times 0.2+(200-180)\times 0.04+(210-180)\times 0.01=3.1$（件）

$T_{C(S、B)}=K_U\times S_0\times N+B\times K_C=6\times 3.1\times 10+0\times 4=186$（元）

（2）保险储备量为 10 件时，即 $B=10$ 件，以 190 件为再订货点。该情况下，当存货需要量低于 190 件时，不会发生缺货，只有当存货需求量高于 190 件时，才会发生缺货，此时，缺货的期望值为

$S_{10}=(200-190)\times 0.04+(210-190)\times 0.01=0.6$（件）

$T_{C(S、B)}=K_U\times S_{10}\times N+B\times K_C=6\times 0.6\times 10+10\times 4=76$（元）

（3）保险储备量为 20 件时，即 $B=20$ 件，以 200 件为再订货点。该情况下，当存货需要量低于 200 件时，不会发生缺货，只有当存货需求量高于 200 件时，才会发生缺货，此时，缺货的期望值为

$S_{20}=(210-200)\times 0.01=0.1$（件）

$T_{C(S、B)}=K_U\times S_{20}\times N+B\times K_C=6\times 0.1\times 10+10\times 4=86$（元）

由此可见，当 $B=10$ 件时，总成本为 76 元，低于 $B=0$ 和 $B=20$ 时的总成本，故应设定的保险储备量为 10 件或应设定的再订货点为 190 件。

（六）储备资金受限制条件下的经济订货批量

在建立基本经济订货批量模型时，假设企业资金充足，不会发生短缺，但实际上，储存存货不会占用企业全部资金，企业只会拿出一部分资金用来储存存货，因此，在企业储备资金受限制的条件下存货的经济订货批量和最佳订货次数又该如何确定？

设储备资金总量受限制条件下的资金总量为 I，每种商品平均分得的资金为 I_i，每种商品需求量为 A_i，每种商品购进单价为 u_i，$i=1，2，\cdots，n$，则有

$$Q^*=\frac{2\sqrt{A_iu_i}}{u_i\sum\sqrt{A_iu_i}}\times I=\frac{2I_i}{u_i}\quad (i=1，2，\cdots，n) \tag{9-16}$$

【例 9-7】某企业经营甲、乙、丙三种商品，其有关资料如下：甲商品全年销售量为 800 件，购进价格为每件 50 元；乙商品全年销售量为 900 件，购进价格为每件 100 元；丙商品全年销售量为 1000 件，购进价格为每件 250 元。另外，甲、乙、丙三种商品的

每次订货成本与单位商品年储存成本相同，平均投资总额为20 000元。试确定甲、乙、丙三种商品的经济订货批量和最佳订货次数。

解：在平均投资总额为 20 000 元的限制条件下，甲、乙、丙三种商品的经济订货批量和最佳订货次数的计算结果如表9-2所示。

表9-2 计算结果（一）

商品	A_i	u_i	$\sqrt{A_i u_i}$	$\frac{\sqrt{A_i u_i}}{\sum\sqrt{A_i u_i}}$	I_i	Q^*	$\frac{A}{Q^*}$
甲	800	50	200	0.2	4 000	160	5.0
乙	900	100	300	0.3	6 000	120	7.5
丙	1 000	250	500	0.5	10 000	80	12.5
合计			1 000		20 000		25.0

（七）订货次数受限制条件下的经济订货批量

前面已经提到，企业会通过限制储备资金来减少储存成本，从而使全年总成本减少。但有的企业对储备资金不加以限制，而是通过限制存货订购次数来控制订货成本，从而使全年总成本减少。那么，这种情况下，经济订货批量又该如何确定呢?

假设总订货次数为 n，每种商品的订货次数为n_i次，每种商品需求量为A_i，每种商品购进单价为u_i，$i=1，2，\cdots，n$，则有

$$Q^*=\frac{A_i}{n_i} \tag{9-17}$$

其中，$n_i=n\times\frac{\sqrt{A_i u_i}}{\sum\sqrt{A_i u_i}}$。

【例9-8】接【例9-7】，假设甲、乙、丙三种商品的全年订货总次数不得超过40次，平均投资总额不受限制，其他条件不变。试确定甲、乙、丙三种商品的经济订货量。计算结果如表9-3所示。

表9-3 计算结果（二）

商品	A_i	u_i	$\sqrt{A_i u_i}$	$\frac{\sqrt{A_i u_i}}{\sum\sqrt{A_i u_i}}$	n_i	Q^*
甲	800	50	200	0.2	8	100
乙	900	100	300	0.3	12	75
丙	1000	250	500	0.5	20	50
合计			1000		40	

第三节 存货控制的方法

一、ABC 分类法

ABC 分类法是存货日常控制中广泛采用的一种方法，其创始人是意大利的巴雷特，后来美国通用电气公司把它引进作为原材料和零件的库存管理方法。ABC分析法基本原理是：按照一定的标准，把存货分为 A、B、C 三类，按照存货的重要程度分别进行管理。

分类的标准主要有两个：一是金额标准，二是品种数量标准。其中金额标准是最基本的，品种数量标准仅作为参考。A类存货，品种数量占全部存货品种数量的10%左右，累计占用资金数额占库存资金总额的 60%～75%；B 类存货，品种数量占全部存货品种数量的 20%～30%，累计占用资金数额占库存资金总额的 15%～25%；C 类存货，品种数量占全部存货品种数量的60%～75%，累计占用资金数额占库存资金总额的 15%以下。

ABC 分类法可分为以下五个步骤。

（1）分别计算每种存货所占用的资金数额。

（2）按各种存货所占用资金数额的大小排序。

（3）将各种存货实行分层归类，以减少品种项目数。

（4）计算各层的存货品种数和资金占用数，再计算出各层存货品种累计数和占用资金累计数。

（5）计算各层存货品种累计数占全部存货品种数的累计百分比和占用资金累计数占全部资金数额的累计百分比。

在上述分类基础上，就可以对库存存货实行有效的管理。

【例 9-9】甲企业有原材料存货 8 种，如表 9-4 所示，要求用 ABC 分类法对存货进行分类，A 级存货的成本占成本总额的 70%，B 级占 20%，C 级占 10%。

表 9-4 甲企业原材料库存

存货编号	单价/元	年平均耗用量/件	成本金额/元
1	80.0	400	32 000
2	0.5	3 000	1 500
3	25.0	600	15 000
4	400.0	300	120 000
5	25.0	800	20 000
6	20.0	1 100	22 000
7	2.5	3 600	9 000
8	1 600.0	100	160 000
合计	—	9 900	379 500

将表 9-4 各项存货按年平均耗费的成本额依次排列，然后分成三类，如表 9-5 所示。

表 9-5　甲企业原材料库存分类

存货编号	成本金额/元	占金额比重/%	等级	占总件数比重/%
8	160 000	42.2	A	1
4	120 000	31.6		3
1	32 000	8.4	B	4
6	22 000	5.8		11
5	20 000	5.2		8
3	15 000	4.0	C	6
7	9 000	2.4		37
2	1 500	0.4		30
合计	379 500		—	100

表 9-5 中，A 级存货件数只占 4%，但金额约占总数的 74%；B 级存货的件数占 23%，然而金额约占 19%；至于 C 级存货，价值更是低廉，件数占总数的 73%，金额只约占 7%。三个金额的比例基本符合原定的要求 70∶20∶10。

将存货分类以后就需要分别进行管理。A 级存货数量最少，而金额最大，应特别加强管理。对于 A 类存货，在需求量有明显变动时，应该及时调整订货量，并相应调整安全储备量，即在需求淡季时，应尽可能减少这类存货的库存，减少资金占用，节约储存成本，淡季过后，应按需求量相应调高订货量，同时相应调高安全储备量。在订货成本或储存成本变动时，也应及时调整经济订货批量。在账户处理上，A 类存货应采用永续盘存制，存货管理部门应设置存货分类账或存货卡，随时登记收（发）货业务，并且应当同会计部门的存货总分类账进行定期核对，保持平衡。

对于 B 类存货，由于其数量比 A 类存货多，而价值相对 A 类存货较低，并不需要与 A 类存货同等对待，以节约人力和物力。对于 B 类存货，订货量和安全储备量可适当放宽。

至于 C 类存货，因种类繁多、品种复杂，且价格低廉，占用资金少。所以，管理工作可以简化，以节约人力。C 类存货订货量和安全储备量与 B 类存货相比，可进一步放宽，以简化订货手续。在账户处理上，B 类存货及 C 类存货都可以采用期末盘存制。

二、存货的归口分级管理

（一）存货资金的统一管理

财务部门对存货实行统一管理，可以综合平衡资金的使用。财务部门对存货统一管理的重要内容包括：根据财务制度和企业具体情况，制定资金管理的各种制度，计算原材料、在产品、产成品等存货的资金占用数额，汇总编制存货资金计划。将有关控制指标分别归口落实到采购、生产、销售等具体部门；对各部门资金运用情况进行检查、分析和考核。

（二）存货资金的归口管理

对存货资金进行归口管理，是指根据存货管理和资金管理相结合的原则，每项存货由哪个部门使用，其资金就由哪个部门管理。资金归口管理的分工一般如下：原材料、燃料、包装物等占用的资金归采购部门负责，在产品和自制半成品占用的资金归生产部门管理，产成品占用的资金归销售部门负责，工具、用具占用的资金归工具部门负责，修理用备件占用的资金归维修部门负责。

（三）存货资金的分级管理

各归口的管理部门要根据具体情况，将资金控制计划进行层层分解，分配给所属的仓库、车间、班组等基层单位：原材料资金计划指标分解到采购计划、材料采购、仓库保管、整理准备等业务组管理，在产品资金计划指标分解到各车间、半成品库管理，产成品资金计划指标分解到仓库保管、成品发运、销售等业务组管理。

三、存货储存期控制法

无论是哪家企业，其存货一旦入库，紧接而来的就是如何将存货尽快销售出去的问题。储存存货，会增加企业的储存成本，按照与储存时间的关系，储存成本可以分为固定储存成本和变动储存成本。固定储存成本与存货储存期的长短没有直接联系，如进货运杂费、包装费、行政管理费等；变动储存成本则随着存货储存期的长短成正比例增减变动，如保管费、库存商品占用资金的利息、储存期间损耗等。

企业销售商品后，实现的毛利要抵补费用和税金，剩下的才是企业经营利润，计算公式为

利润＝毛利－固定储存成本－税金及附加－变动储存成本×储存天数　　（9-18）

由式（9-18）可见，变动储存成本的大小，会直接影响到企业利润。存货储存的时间越长，利润将越少，当“毛利－固定储存成本－税金及附加”的金额抵减变动储存成本后，剩余部分刚好为企业目标利润，表明存货储存到了保利期；当“毛利－固定储存成本－税金及附加”的金额与变动储存成本相等时，企业利润为零，便意味着存货存储已经到了保本期。显然，如果存货能在保利期内售出，所获得的利润将会超过目标利润；反之，将难以实现预期的利润目标。如果存货不能在保本期内售出，便会使企业蒙受损失。

存货储存期控制法，重点在于计算分析其保本期、保利期，尽量缩短存货储存时间，节约储存成本，加速资金周转。计算公式为

$$\text{存货保本储存天数}=\frac{\text{毛利}-\text{固定储存成本}-\text{税金及附加}}{\text{每日变动储存成本}} \tag{9-19}$$

$$\text{存货保利储存天数}=\frac{\text{毛利}-\text{固定储存成本}-\text{税金及附加}-\text{目标利润}}{\text{每日变动储存成本}} \tag{9-20}$$

【例 9-10】红星企业购进甲商品 10 000 件，单位购买价（不含增值税）为 10 元，单位销售价（不含增值税）为 12 元，经销该批商品固定费用为 5000 元，若货款均来自银行贷款，年利率为 18%，该批存货月保管费用率为 6‰，销售税金及附加为 1000 元，

要求：

（1）计算该批存货的保本储存期。

（2）若企业要求获得5%的投资利润率，计算保利期。

（3）若该批存货实际储存了150天，问能否实现目标投资利润额？差额是多少？

（4）若该批存货亏损了1400元，则实际储存了多久？（一年按360天计算，一个月按30天计算。）

解：有关指标计算如下：

（1）保本储存天数$=\frac{(12-10)\times 10\ 000-5000-1000}{10\times 10\ 000\times(18\%\div 360+6‰\div 30)}=\frac{14\ 000}{70}=200$（天）

（2）保利储存天数$=\frac{(12-10)\times 10\ 000-5000-1000-10\times 10\ 000\times 5\%}{10\times 10\ 000\times(18\%\div 360+6‰\div 30)}=\frac{9000}{70}\approx$ 129（天）

（3）经销该批商品获利额$=70\times(200-150)=3500$（元）

差额＝实际利润－目标利润$=3500-10\times 10\ 000\times 5\%=-1500$（元）

（4）实际储存天数$=200+\frac{1400}{70}=220$（天）

通过对存货储存期的分析与控制，可以及时地将存货储存信息传递给决策部门，如有多少存货已过保本期或保利期、比重多高、金额多大，这样决策者就可以针对不同情况，采取相应的措施。一般而言，已过保本期的存货，大多属于积压呆滞的存货，企业应当积极推销，降低损失；对超过保利期但未过保本期的存货，需尽早采取措施，力求在保本期之前销售出去；至于那些尚未超过保利期的存货，应密切监督、控制，以实现企业利润目标。

四、零库存管理策略

如前所述，企业持有一定数量的存货目的是防止生产中断。然而存货过多不仅会产生较多的耗费，还可能导致低效率或浪费。为降低成本和提高生产效率，存货必须控制在最低限度。在传统制造环境中，是根据经济订购批量来控制存货数量的。随着生产自动化时代的到来，企业根据客户需要随时生产、改产或转产不同批量与种类的产品，使得存货的重要性显著下降，而促进了存货管理的重大发展，企业在生产与流通中不留有库存已成为一套现代库存经营管理技术。

（一）零库存管理的基本内容

零库存管理的思想源于20世纪五六十年代发展起来的物料需求计划（material requirement planning，MRP）与适时制（just in time，JIT）。一般认为，物料需求计划是对传统库存管理方法的一种改进，适时制是对传统库存管理方法的一种革命。随着信息技术的进步，物料需求计划与适时制已融合在一起，组成了现代库存管理体系。

零库存管理的基本内容包括以下几个。

（1）零库存管理是企业管理存货追求的一种理想状态。企业通过改进库存管理，最

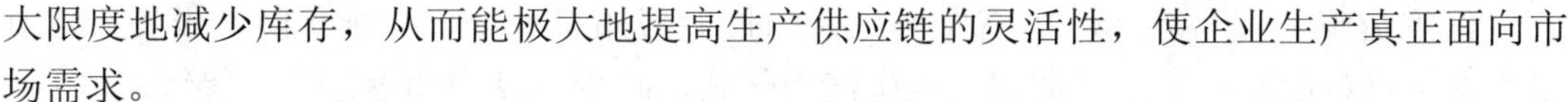

大限度地减少库存，从而能极大地提高生产供应链的灵活性，使企业生产真正面向市场需求。

（2）超过增加产品价值所必需的物料、机器和人力的部分，对于企业而言都是浪费。所以，库存不仅不会增加产品价值，反而会增加成本。因此要尽可能地降低库存，减少浪费，使生产的效率和绩效达到最大化。

（3）零库存管理是一种动态的持续改进过程。随着库存的不断降低，问题逐渐暴露，这样需要对生产经营过程进行不断改进来配合，以提高管理水平和效率，从而增加企业的经济效益。

（4）推行零库存管理需要综合的管理技术。零库存管理实施难度较大，涉及企业采购、生产、销售各个环节，并渗透到企业的每一项活动中。因此，实施零库存管理需要企业在管理、技术、生产过程等方面不断探索和创新，建立一套适合企业实际情况的经营管理技术体系。

（二）实施零库存管理的基本策略

推行零库存管理，企业可考虑采取如下策略。

（1）做好销售预测，确保销售与生产的一致性。为避免供过于求导致存货积压和供不应求导致缺货等情况，企业要做到根据市场需求来组织生产，因此，企业应先根据市场需求制订可靠的销售计划，然后根据销售计划做到按周甚至按天来组织生产。

（2）与存货供应商和物流服务商建立长期的互利互惠的战略合作伙伴关系。零库存管理不仅取决于企业内部管理，更依赖于供应商和物流服务商的配合，需要企业建立一套高效率的快速集散物流服务系统。这要求企业对其生产供应链系统进行合理规划与设计，如选择高品质且能保证经常性小批量供货的供应商，这样可以在保证供货质量的前提下，按生产计划及时供货，缩短采购时间。

（3）缩短机器从加工一种零件到另一种零件的转换时间。在资金充足的情况下，可以增加设备，采取并列设备的方式，在并列的设备上进行作业转换准备工作；尽可能采用模具，做到只安装不调整；在关键工作中心采用数控机床和数控加工中心辅助转换；加强人员培训，规范操作过程，提高人员责任，在短期内完成调整工作。

（4）采用平行移动方式，减少运输在制品。运输在制品是处在移动和停放状态的在制品，其数量大小与企业采取的物料移动方式紧密相关。一般来说，企业习惯采用逐步移动方式，这时运输批量与加工批量相等，运输在制品库存与加工批量相等，库存较高。而采用平行移动方式，可以分离加工批量和运输批量，能够大幅降低库存。若能做到在制品以一件一批的方式从上道工序向下道工序流动，将最大限度地减少运输在制品库存。

（5）消除加工时间的变异度，降低安全在制品库存。安全在制品是为防止加工时间的变异度和不匹配可能造成的生产中断而设立的缓冲在制品，其库存高低主要取决于生产系统加工时间的变异度和期望的平均生产水平。要降低安全在制品库存，关键在于消除变异性，也就是消除生产中的不确定性。消除生产中的不确定性可从以下几方面着手：第一，制定标准的零件加工流程及操作内容，稳定生产系统的生产时间；第二，组织员工教育与培训，提高操作工人的技能与知识水平，实施预防性设备维修制度，减少设备故障；第三，加强工人生产责任感，减少废品率和返修率，等等。

（6）采用台账零库存方式，减少流动资金的占用。原材料、零配件及产成品管理可采用台账零库存方式，即列入计划的存货及收回现金的产成品不上台账。这种方式要求存货到库之前就已列入生产计划内，存货到库与投入生产间隔时间短，可在台账上不反映库存；产成品完成质检后及时交货结算，回收资金，即使产成品短期在库，也能减少流动资金占用。采用台账零库存方式管理存货是合理的，但需要采购计划与生产计划时间衔接紧凑，需要及时的产成品运输计划和合理的财务结算制度。

思考与练习

一、思考题

1. 存货的成本包括哪几项内容？每项成本的含义是什么？

2. 基本经济订货批量模型的假设条件包括哪些内容？

3. 经济订货批量的扩展形式有哪些？简要阐述一下每种形式下经济订货批量如何确定。

4. 存货控制的方法有哪些？简要阐述一下 ABC 分类法和零库存管理的基本内容。

二、单项选择题

1. 根据ABC分类法，某存货占一个企业整个储存成本的70%，实物量比重为10%，则该种存货应（ ）。

A. 重点控制　B. 简单控制　C. 一般控制　D. 任意控制

2. 某种存货的全年需要量为 36 500 千克（一年为 365 天），该种存货的再订货点为 1000 千克，则其交货期应为（ ）天。

A. 36　B. 10　C. 18　D. 12

3. 存货经济订货批量基本模型所依据的假设条件不包括（ ）。

A. 存货集中到货　B. 一定时期的存货需求量能够确定

C. 存货进价稳定　D. 允许缺货

4. 存货每日耗用12件，每日进货32件，其余条件相同，则陆续到货的经济订货批量比基本模型的经济订货批量要（ ）。

A. 大　B. 小　C. 相等　D. 无法确定

5. 甲公司生产产品所需某种原料的需求量不稳定，为保障产品生产的原料供应，需要设置保险储备，确定合理保险储备量的判断依据是（ ）。

A. 缺货成本与保险储备成本之和最小　B. 缺货成本与保险储备成本之和最大

C. 边际保险储备成本大于边际缺货成本　D. 边际保险储备成本小于边际缺货成本

6. 下列不属于存货的储存变动成本的是（ ）。

A. 存货占用资金的应计利息　B. 紧急额外购入成本

C. 存货的破损和变质损失　D. 存货的保险费用

7. 某零件年需要量36 000件，日供应量150件，一次订货成本20元，单位储存成本3元/年。假设一年为360天。需求是均匀的，不设置保险储备并且按照经济订货批量进货，则下列各项计算结果错误的是（ ）。

A. 经济订货批量为1200件　　B. 最高库存量为400件

C. 平均库存量为200件　　D. 与进货批量有关的总成本为1000元

8. 建立存货合理保险储备的目的是（ ）。

A. 在过量使用存货时保证供应　　B. 在进货延迟时保证供应

C. 降低存货的储备成本　　D. 使存货的缺货成本与储存成本之和最小

9. 在存货的管理中，与建立保险储备量无关的因素是（ ）。

A. 缺货成本　　B. 平均库存量　　C. 交货期　　D. 存货需求量

10. 根据存货陆续供应和使用模型，下列情形中能够导致经济订货批量降低的是（ ）。

A. 存货需求量增加　　B. 一次订货成本增加

C. 单位储存变动成本增加　　D. 每日消耗量增加

三、计算分析题

1. 甲公司预计年耗用A材料8000千克，单位采购成本12元，单位储存成本4元，平均每次订货成本40元，假设A材料不存在缺货情况。

要求：

（1）计算A材料的经济订货批量；

（2）计算经济订货批量下的相关总成本；

（3）计算年度最佳订货次数。

2. 甲公司每年需要乙材料10 000吨，每次订货成本400元，每件材料的年储存成本为50元，乙材料买价为120元/吨。

要求：

（1）计算经济订货批量；

（2）若乙材料一次订购量在1000吨以上时可获得3%的折扣，在2000吨以上可获得5%的折扣，计算经济订货批量。

3. 甲公司每年需用乙材料36 000千克，该项材料的耗用率全年基本上保持均匀(全年生产期平均为360天)，但有时也会超过平均耗用量的10%，该公司最近做过一次调查，得知乙材料的采购成本为10元/千克，年平均储存成本为每千克20元，采购一次的订货成本为100元，根据以往的经验，材料采购自提出申请后，需要10天才能由供货单位交货入库。

要求：

（1）计算该公司的经济订货批量及每年的订货次数；

（2）计算该公司全年相关总成本；

（3）计算该公司的安全存量；

（4）计算该公司的再订货点。

4. 甲公司全年需要乙材料 36 000 千克，一次订货成本为 200 元，单位储存成本为 30 元，该公司的订货陆续到货，每日到货量为 150 千克。

要求：计算该公司陆续到货情况下的经济订货批量（一年按 360 天计算）。

1. 尤高会. 企业存货管理“三大链条”分析及完善建议[J]. 财会月刊，2011（8）：10-11.

2. 任生明. 存货管理的问题及对策[J]. 会计之友，2009（30）：64-65.

3. 王丽莉. 企业存货管理中存在的问题及对策[J]. 会计之友，2011（35）：72-73.

4. 黄静. 完善企业存货管理的几个重要措施[J]. 会计之友，2009（17）：19.

5. 符蓉. 存货管理的优化——从沃尔玛公司的供应链管理谈起[J]. 财务与会计，2002（9）：19-20.

第十章

标准成本系统

标准成本系统是最早的管理会计方法之一，它是泰罗制、成本控制、会计核算相结合的产物，产生于20世纪20年代的美国。初期，标准成本系统仅仅为了配合泰罗制的实施，只是一种比较简单的统计分析方法。其主要任务是向管理者及时提供实际成本脱离标准成本的程度，以便管理者能及时采取相应措施来消除偏差，实现对成本的控制。之后，随着全面预算管理的兴起，标准成本制度在成本预算和控制上得到广泛的应用，对企业管理模式产生了重大的影响。它不再是单一的成本计算方法，而是集标准成本制定、实施、控制、差异分析、处理于一身的内部控制体系，作为预算管理子系统而被各国企业广泛使用。

学习目标

- 了解标准成本系统的含义、特点、作用以及标准成本的种类
- 掌握标准成本制定的基本思路，并且会制定标准成本
- 熟练掌握各种成本差异的计算，并能够对差异结果进行解释
- 了解标准成本差异的账户处理

第一节　标准成本系统概述

一、标准成本系统的含义与特点

标准成本系统，又称标准成本制度或标准成本会计。它是一种以标准成本为核心，通过对标准成本进行制定、执行、核算、控制以及差异分析等一系列环节的有机结合，将成本核算、成本控制、成本考核、成本分析融为一体，实现成本管理目的的成本控制系统。这是一种包括了标准成本的制定、差异的分析、差异的处理三个组成部分的完整的成本控制系统，而不是单一的成本计算方法。

通常在进行成本计算时可以采用实际成本法，以实际发生的直接材料、直接人工、分摊后的制造费用来计算产品成本，这种方法客观准确，并且符合一般公认会计

准则的要求。但是实际成本法无法达到控制成本的目的，想要对成本进行控制就要引入标准成本法。

标准成本法是指企业以预先制定的标准成本为基础，通过比较标准成本与实际成本，核算和分析成本差异、揭示成本差异动因、实施成本控制、评价经济业绩的一种成本管理方法。它起源于20世纪初的美国，最初是为了配合泰罗制的实施而引进到会计中来的，随即成为成本会计中的一个重要组成部分。标准成本系统的形成与发展也标志着从原始意义上的成本会计向管理会计的过渡迈出了关键性的一步。

标准成本制度与预算管理的共同之处在于二者都是面向未来，都是企业控制的工具，都是通过将实际结果和标准或预算对比，并采取适当的方法进行偏差纠正，以至于实现控制。二者的不同之处在于，标准成本反映的是单位成本，而预算反映的是计划总成本。另外，标准成本一般只适用于生产作业，是反复进行且产量可以计量的情况，而预算则适用于所有的职能部门，不论其产量是否可以计量。

二、标准成本系统的作用

1. 有利于进行预算控制，便于企业经营决策

标准成本本身反映的就是单位产品的预算成本，在编制直接人工成本预算时，根据预先确定的每生产一个单位产品所需耗费的工时数以及每小时的工资率，乘以预算的产品数量，就可以计算出总人工成本预算数。所以，在编制预算时，标准成本资料可以直接作为其基础，为预算的编制提供了极大的便利且提高了预算的有效性。另外，由于在制定标准成本时进行了多方面的分析，剔除了许多不合理的因素，因此它比实际成本更为客观，可以帮助企业进行产品的价格决策和预测，也为是否接受特殊订单等专项决策提供了依据。

2. 作为成本控制的工具，有利于加强成本控制，有效实施例外管理

标准成本是衡量实际成本的尺度。通过事前的成本确定，能够使成本水平得到事前控制；通过差异分析，能及时发现问题，采取措施对偏离加以控制和纠正，从而降低成本水平，提高经济效益。与此同时，对于标准成本与实际成本进行比较产生的差异，是企业进行例外管理的必要信息。

3. 简化产品成本的计算，减少日常账务处理

在标准成本制度中，将标准成本与成本差异分别列示，原材料、在产品和产成品的成本均以标准成本计价，这样在成本计算方面可以大大简化日常的账务处理和期末的报表编制工作。在标准成本制度下，不是一定要等到实际成本计算完成后才进行报表编制。对于成本差异账户余额，除非所制定的标准同企业现有条件下的正常成本水平差距较大，才有必要在期末在产品、产成品和本期产品销售成本之间按比例分配。否则，脱离标准成本的差异可以看作有关方面工作质量和效果的反映，可以视为本期产品销售成本的调整项目。

4. 有利于激发员工热情，正确评价工作绩效

标准成本是事前经过科学分析所确定的、在正常生产经营条件下应该发生的成本。在实际生产过程中，通过比较实际成本和标准成本，并且进行差异分析，可以区分经济责任，正确评价员工绩效，从而激发其工作积极性，使员工可以主动关心、参与成本的管理和控制工作，挖掘员工的潜力，提高企业整体效益。

三、标准成本的种类

标准成本系统的实施有赖于标准成本的制定，标准成本的制定通常应该是严格的，但是是可以达到的标准。企业在制定标准成本时，由于对标准成本具有何种性质有不同看法，从而使用的成本标准也不同。较为常见的标准成本有三种：理想标准成本、基本标准成本和正常标准成本。

1. 理想标准成本

理想标准成本是以企业现有的技术设备，在最好的经营管理条件下所发生的成本水平作为标准成本。这意味着采用这种标准成本时，企业生产技术达到最高水平、生产经营实现最佳运转、整个产品的生产过程自始至终都处在最先进最完善的状态中，即排除了机器可能发生的故障、材料可能发生的浪费以及工人的不熟练等。其实这种标准要求过于高了，在实践中很难达到。采用这种标准成本失去了控制成本和正确评价工作绩效的作用，甚至会增加员工的抵触情绪，产生负面效应。因此，一般只有在企业面临激烈竞争环境或经营危机时，才主张采用理想标准成本。实际中很少采用此种标准，但作为成本水平的追求目标还是有一定意义的。

2. 基本标准成本

基本标准成本是以上年度或过去某一年度的实际成本为参照确定的标准成本，这种标准成本一经制定，较长一段时间内保持固定不变，以后各年都以它为基础进行比较。这种相对固定的标准，可以使各期的成本在同一基础上进行比较，充当稳定成本变动趋势的尺度。但是基本标准成本有一个明显的缺点，它只说明过去，不能适应未来的要求，即不能反映企业工作效率和经营状况的不断变化，因此在实际工作中，基本标准成本很少被采用。

3. 正常标准成本

正常标准成本是指在现有的生产条件下应该达到的成本水平。虽然针对目前正常的生产条件下制定的标准要严格，但是经过努力是可以达到的。基本标准成本是可以较长一段时间内保持不变的，而正常标准成本是根据现实情况的变化不断进步修改。正常标准成本同时考虑了生产过程中机器设备可能发生的故障、员工必要的休息等待时间、暂时难以避免的材料损耗及废品损失等。其所揭示的成本差异，代表了常态情况下出现的偏差，所以这类标准成本能起到激励作用，调动职工的积极性，是进行成本管理的有效方法。

第二节　标准成本的制定

一、标准成本制定的基本思路

标准成本的确定主要取决于两个尺度：具体的业务活动以及对该业务活动量的描述，用公式表示为

$$标准成本＝数量标准×价格标准 \tag{10-1}$$

式中，数量标准表示以绝对数形式表示的成本要素消耗量；价格标准表示单位成本要素的价格。

二、直接材料标准成本的制定

制定直接材料标准成本时，首先要确定构成产品的直接材料种类，再分别制定各种直接材料的数量标准和价格标准用以确定每种材料的标准成本，最后汇总出该产品的直接材料标准成本。其计算公式为

$$直接材料标准成本＝\sum(直接材料标准用量×直接材料价格标准) \tag{10-2}$$

式中，直接材料标准用量表示单位产品必须耗用各种原料及主要材料的数量，其中包括在生产过程中的正常损耗所必要的材料；直接材料价格标准表示所需各种原料的单价，包括材料的买价与采购费用（含运杂费等）。

【例 10-1】裕源公司生产甲产品所耗用的直接材料 A 的标准成本资料如表 10-1 所示。

表 10-1　裕源公司生产甲产品所耗用的直接材料 A 的标准成本资料

标准	A 材料
价格标准	
发票价格/（元/千克）	16.00
预计采购费用/（元/千克）	3.00
材料价格标准/（元/千克）	19.00
用量标准	
图纸用量/（千克/件）	7.60
正常损耗/（千克/件）	0.40
材料标准用量/（千克/件）	8.00
成本标准	
A 材料/（元/件）	152.00

三、直接人工标准成本的制定

根据标准成本制定的基本思路，直接人工标准成本可以分解为直接人工“数量”标准和直接人工“价格”标准。其计算公式为

直接人工标准成本=∑(各项作业标准工时×相应的标准工资率)　　(10-3)

直接人工“数量”标准是指单位产品必须消耗的生产工人标准工时，其中包括直接加工所需用的工时、必要的间歇和停工时间、不可避免的废品需耗用的时间等。直接人工标准工时是以“时间与动作研究”为基础，按产品加工工序分别计算，然后按照产品分别汇总确定。

直接人工“价格”标准是指工资率标准，即每一标准工时应分配的直接人工工资。

【例 10-2】裕源公司生产甲产品所需的直接人工的标准成本资料如表 10-2 所示。

表 10-2　裕源公司生产甲产品所需的直接人工的标准成本资料

标准	数值
小时工资率	
基本生产工人人数	40
每人平均可用工时/小时	150
每月总工时/小时	6 000
每月生产工人工资总额/元	90 000
每小时工资率	15.00
单位产品工时	
理想作业时间/工时	10.00
调整设备时间/工时	0.50
工休时间/工时	0.30
其他必要时间/工时	0.20
单位产品工时/工时	11.00
直接人工标准成本/元	165.00

四、制造费用标准成本的制定

制造费用标准成本也可以分解为“数量”标准和“价格”标准。“数量”标准是指标准工时，生产单位产品所需的直接人工工时(或机器工时)，“价格”标准是指制造费用的标准分配率，即每一直接人工标准工时（或机器工时）所应当分摊的制造费用。

制造费用分配率标准取决于以下两个因素。

1. 生产量标准

生产量标准是指企业充分利用现有能力所能达到的产品最高生产量。因为多数企业同时生产多种产品，而多种产品的计量单位不都相同，难以综合计算，所以通常用直接人工工时或机器工时来表示生产量标准。

2. 制造费用预算

制造费用预算是指建立在企业充分利用现有生产能力基础上的制造费用预算。要注意变动性制造费用与固定性制造费用预算应分别编制，其中变动性制造费用需按不同的生产水平来编制弹性预算。

制造费用标准分配率等于制造费用预算与标准工时之比，其计算公式为

变动性制造费用标准分配率＝预算变动性制造费用总额÷生产量标准 （10-4）

固定性制造费用标准分配率＝预算固定性制造费用总额÷生产量标准 （10-5）

那么，单位产品制造费用标准成本用公式表示为

变动性制造费用标准成本＝变动性制造费用标准分配率×单位产品标准工时 （10-6）

固定性制造费用标准成本＝固定性制造费用标准分配率×单位产品标准工时 （10-7）

【例 10-3】裕源公司生产甲产品，其变动性制造费用标准成本的制定过程如表 10-3 所示。

表 10-3 甲产品变动性制造费用标准成本的制定过程

标准	数值
变动性制造费用预算/元	
间接材料/元	30 900
间接人工/元	25 400
维护费/元	6 350
水电费/元	4 150
其他/元	5 200
合计/元	72 000
生产量标准/人工工时	6 000
变动性制造费用标准分配率/（元/工时）	12.00
直接人工用量标准/（人工工时/件）	11.00
单位产品变动性制造费用标准成本/元	132.00

【例 10-4】裕源公司生产甲产品，其固定性制造费用标准成本的制定过程如表 10-4 所示。

表 10-4 甲产品固定性制造费用标准成本的制定过程

标准	数值
固定性制造费用预算/元	
折旧费/元	17 000
维护费/元	9 800
管理费/元	4 900
保险费/元	4 300
合计/元	36 000
生产量标准/人工工时	6 000
固定性制造费用标准分配率/（元/工时）	6.00
直接人工用量标准/（人工工时/件）	11.00
单位产品固定性制造费用标准成本/元	66.00

五、单位产品标准成本的确定

直接材料标准成本、直接人工标准成本、制造费用标准成本一经确定，就可以确定产品的变动标准成本或完全标准成本。公式如下：

产品变动标准成本＝直接材料标准成本＋直接人工标准成本＋变动性制造费用标准成本　　（10-8）

产品固定标准成本＝直接材料标准成本＋直接人工标准成本＋变动性制造费用标准成本＋固定性制造费用标准成本　　（10-9）

【例 10-5】裕源公司生产甲产品的完全标准成本卡如表 10-5 所示。

表 10-5　裕源公司生产甲产品的完全标准成本卡

成本项目	用量标准	价格标准（分配率）	标准成本/（元/件）
直接材料（A 材料）	8 千克/件	19 元/千克	152
直接人工	11 工时/件	15 元/工时	165
变动性制造费用	11 工时/件	12 元/工时	132
固定性制造费用	11 工时/件	6 元/工时	66
单位产品完全标准成本			515
单位产品变动标准成本			449

第三节　差异的计算分析及账户处理

产品的标准成本是一种预计成本，在生产经营过程中发生的实际成本可能会高于或者低于标准成本，两者之间的差额即为成本差异。当实际成本高于标准成本时，说明实际成本高于预期水平，形成不利差异，表示成本的浪费，通常用 U 表示；当实际成本低于标准成本时，说明实际成本低于预期水平，就形成了有利差异，表示成本的节约，通常用 F 表示。

成本差异的出现，一方面可能是标准成本制定得过高或过低，此种情况下，企业管理层应该考虑修订或重新制定标准成本。另一方面，如果标准成本制定得合理可行，企业管理层就应该进行差异分析，针对其性质找出差异发生的原因。特别是当出现了不利差异时，企业管理层应该明确差异是否可以控制、由谁负责控制、如何控制，以尽可能地减少甚至消除不利差异，同时提高有利差异，从而有效地控制成本。

一、差异分析通用公式

所谓差异分析就是对成本差异进行分解，从中找出差异形成的原因，以便引导企业组织的成本管理工作。而成本差异，是指产品生产过程中实际成本与标准成本之间的差额。如前所述，产品成本由直接材料、直接人工和制造费用三部分构成，其成本差异的通用计算公式为

成本差异＝实际成本－标准成本

＝实际用量×实际价格－标准用量×标准价格　　　　（10-10）

产品成本受数量与价格两项因素的影响，从式（10-10）中可以看出，影响成本差异的因素也是这两个：价格和数量。为了区分价格和数量对成本差异形成的具体影响，通过数学运算对式（10-10）分别加减“实际用量×标准价格”，然后合并同类项可得

成本差异＝实际用量×实际价格－实际用量×标准价格＋实际用量×标准价格－标准用量×标准价格

＝实际用量×（实际价格－标准价格）＋（实际用量－标准用量）×标准价格

＝价格差异＋数量差异

其中：价格差异＝实际用量×（实际价格－标准价格）

数量差异＝（实际用量－标准用量）×标准价格

通过上述分解，可以很明确地从影响成本差异的价格和数量两个因素上追溯差异形成的原因，从而将实际成本脱离标准成本所形成的差异归咎于价格差异和数量差异。

值得注意的一点是，在成本差异的计算公式中，价格差异的公因子为实际用量，而数量差异的公因子为标准价格。为方便读者记忆，下面通过图 10-1 进行说明。

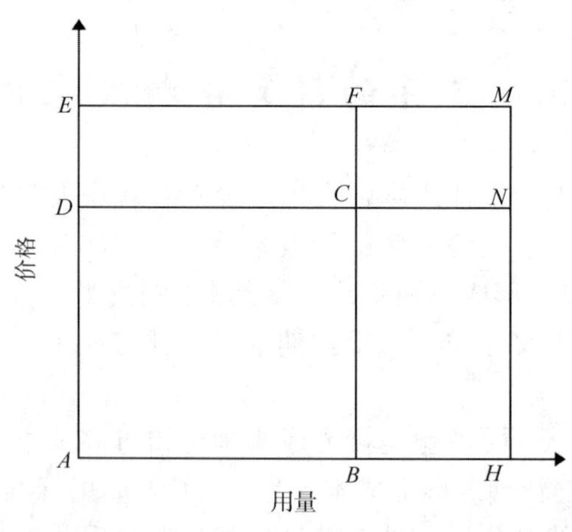

图 10-1　成本差异原理图

在图 10-1 中，*AD* 表示标准价格，*AE* 表示实际价格，*AB* 表示标准用量，*AH* 表示实际用量。矩形 *ABCD* 的面积代表标准成本，矩形 *AEMH* 的面积代表实际成本，两者面积之差代表成本差异。如果价格差异和数量差异的公因子都采用实际用量与实际价格，通过图 10-1 可以看出，必然会造成矩形 *FCNM* 面积在成本差异中的重复计算。

由于价格差异是涉及外部市场的差异，是由实际价格与标准价格之间的差异所引起的，而材料或人工的实际用量都是通过外部市场交易实现的，故进行差异计算时用实际用量更合理。图 10-1 中 *DEMN* 即为价格差异，*FCNM* 为价格－数量差异，故它包

含于价格差异当中。在材料采购中，计算价格差异时可建立在实际采购数量的基础上，反映了企业在实际采购数量水平所产生的全部价格差异。用于直接人工差异时，实际用工工时与工资价格指标——单位小时工资率之差的乘积表示为工资率差异。

数量差异是内部差异，是内部控制的重点，其表现形式应该尽可能纯粹。它是由实际投入量与标准投入量之间的差异所引起的，在计算数量差异时建立在标准价格的基础上，排除了价格因素的干扰，真实反映企业组织在标准价格水平上所产生的数量差异。用于直接人工和制造费用差异时，数量差异通常被称为效率差异。

计算出成本差异并判别其是不利差异还是有利差异，便于管理者对成本的直观控制。但对此也不能简单武断地下结论，差异有时会相互影响，有时矛盾会转化，一种不利差异恰恰是另一种有利差异形成的因素，或者相反，因此，要对差异进行分析，重要差异还要调查分析。而且，企业对于差异的管理并不是一味地力争降低不利差异与提高有利差异，而是取决于企业的经营战略与企业的制约因素。处于激烈竞争行业的企业强调质量的零缺陷和持续改进，对于这些企业来说，成本的不利差异恰恰是提高质量的证据，对这类企业而言，并不意味着降低不利差异，提高有利差异就是好的。另外，约束理论认为企业生产效率往往会受到一些瓶颈因素的限制。瓶颈因素中产生的不利差异，企业应该给予高度重视，而非瓶颈因素的不利差异就可以根据实际情况进行灵活管理。

二、直接材料成本差异的计算分析及账户处理

（一）直接材料的价格差异与数量差异

直接材料成本差异是指直接材料实际成本偏离直接材料标准成本所形成的差异。按照差异分析通用公式，直接材料成本差异可以分解为直接材料价格差异与直接材料数量差异。其计算公式为

直接材料价格差异＝直接材料实际用量×（直接材料实际价格－直接材料标准价格）　（10-11）

直接材料数量差异＝（直接材料实际用量－直接材料标准用量）×直接材料标准价格　（10-12）

直接材料价格差异是指在产品生产过程中，直接材料的实际采购价格偏离标准价格所产生的差异，价格差异是在采购过程中造成的，所以采用标准成本法的企业通常会在采购时点就计算直接材料的价格差异。期末时，将该差异结转至当期损益，这样，直接材料价格差异在采购当期就出现在当期损益中，便于管理人员对采购过程形成的价格差异给予及时关注。而直接材料数量差异是指在产品生产过程中，直接材料实际用量偏离标准用量所产生的差异，是直接材料的使用数量引起的差异。

采购时点计算的材料价格差异计算公式为

直接材料采购价格差异＝直接材料实际采购数量×（直接材料实际价格－直接材料标准价格）　（10-13）

对于实行“零库存”和“适时生产”的企业来说，购入的材料直接投入使用，所

以也就没有必要区分采购时点和使用时点的价格差异了。

【例 10-6】接【例 10-1】资料，裕源公司本期生产甲产品 600 件，实际耗用 A 材料 3800 千克，由于近期原材料涨价，A 材料的实际价格为 20.5 元/千克。

（1）直接材料的成本差异计算：

直接材料成本差异＝3800×20.5－600×8×19＝－13 300（元）（有利差异）

其中：

直接材料价格差异＝3800×（20.5－19）＝5700（元）（不利差异）

直接材料数量差异＝（3800－600×8）×19＝－19 000（元）（有利差异）

（2）账务处理：借：在产品　　91 200

直接材料价格差异　　5 700

贷：原材料——A 材料　　77 900

直接材料数量差异　　19 000

借记在产品按标准成本计入，贷记原材料按实际成本计入，价格差异属于原材料提供单位所产生的差异，本例中属于不利差异，记在差异账户的借方；数量差异属于原材料使用单位产生的差异，本例中属于有利差异，记在差异账户的借方。此法运用在后面账户处理时相同。当企业最后将差异账户用于考核时，存在借方余额说明完成情况不好，存在贷方余额则说明完成情况好。

（3）分析：【例 10-6】中直接材料成本差异总体为有利差异，是直接材料数量有利差异大于直接材料价格不利差异的结果。进一步分析其原因，一是技术工人水平提高减少了材料消耗；二是采购价格的提高提升了材料质量和性能，造成了材料耗用量的下降。

直接材料的价格差异一般由客观原因造成，通常由采购部门负责。虽然材料价格在很大程度上不为采购人员所控制，但材料的实际价格受到多种因素的影响，如采购的批量、交货方式、材料质量、购货折扣、运费等，其中任何一个方面脱离制定标准成本的预定要求都会形成价格差异。因此，对于差异形成的原因，需要根据具体情况做进一步的分析，某些差异可能是由采购工作引起的，而另一些差异又可能是由生产环节造成的。例如，应生产部门要求，对某种材料进行小批量紧急订货，致使购货价格高于正常采购价格而形成的不利差异，就应该由生产部门负责。又如，存货控制不当导致缺货而临时采购，其价格也可能上升，这种情况就应该由仓储部门负责而不是采购部门。

直接材料数量差异一般由生产部门负责，工人处理材料不当、质量控制不当、偷窃、生产流程变化都可能导致不利的数量差异。但有时也可能是由采购部门的工作所引起。例如，采购部门以较低的价格购进了质量较差的材料或购入了不符合规格的材料，而导致材料耗用量增长所形成的不利差异，此时就应该由采购部门负责。

另外，上述对直接材料成本差异的分析是建立在当期购入的材料数量与当期使用数量相等的基础上的，若当期购入的材料数量与当期使用的材料数量不一致，则差异的计算与分析通常分两段进行：根据实际购入数量计算材料的价格差异，在实际产量和标准价格的基础上计算材料的数量差异。

【例 10-7】接【例 10-1】资料，裕源公司 5 月以每千克 20.5 元的价格购入 A 材料 5000 千克，实际生产甲产品 600 件，实际耗用 A 材料 3800 千克。

（1）直接材料的成本差异计算：

直接材料价格差异＝5000×（20.5－19）＝7500（元）（不利差异）

直接材料数量差异＝（3800－600×8）×19＝－19 000（元）（有利差异）

（2）账务处理：

采购：

借：原材料——A 材料　　95 000

　　直接材料价格差异　　7 500

　贷：应付账款　　102 500

生产部门领用：

借：在产品　　91 200

　贷：原材料——A 材料　　72 200

　　　直接材料数量差异　　19 000

这样，原材料——A 材料账户尚有 22 800 元的借方余额［95 000－72 200＝22 800（元）］，是按标准成本入账的，直接材料价格差异账户尚有借方余额 7500 元，在产品账户的借方余额表示的标准价格的投料余额 91 200 元，直接材料数量差异账户有 19 000 元的贷方余额，其累计值用于衡量生产部门的工作成效。

（二）直接材料的混合差异与产出差异

在企业实际的生产当中，许多产品的直接材料不是只有一种，如饲料加工、纺织加工业等，它们的产品往往是几种原材料按照一定比例混合使用的。此时，材料的标准成本是按照计划预定的混合比例而定的。一旦生产中实际投料的比例和计划预定的比例不同，也会产生差异，这种差异是在标准价格下因投料比例不同而产生的，所以可以基于直接材料的数量差异的进一步分解进行分析。以下通过例题来说明这个差异。

【例 10-8】盛泽公司生产某种纺织面料产品，需要 A、B 两种原材料混纺，其单位产品材料的标准成本如表 10-6 所示。

表 10-6　单位产品材料的标准成本

材料名称	标准数量/千克	标准价格/元	标准成本/元
A	0.70	4	2.80
B	0.70	6	4.20
合计	1.40		7.00

本月份生产中的实际投料包括：A 材料 800 千克，B 材料 600 千克；生产出产品 900 件，假定没有期初、期末在产品。据此，该月份总的材料数量差异可按下式计算。

实际用量按标准价格计算：

材料 A：　800×4＝3200

材料 B：600×6＝3600

合计：3200＋3600＝6800

计入产品成本的材料标准成本：900×7.00＝6300

材料数量差异　　＋500

对由此而形成的总的材料数量差异，可按下列方法进行分析：

如按计划预定的投料比例投料，材料每千克的平均单价应为

7.00÷1.40＝5（元/千克）

实际投料的数量按上述平均单价计算，即实际数量按标准价计算的材料成本应该为

（800＋600）×5＝7000（元）

从这里可以看到一个逻辑：800＋600＝1400（千克）的原材料按标准价格计算成本，如果以实际的投料比例计算是 6800 元，如果以标准的投料比例计算是 7000 元，因实际投料比例与标准投料比例之差而形成的成本差异称为材料混合差异。计算公式为

$$材料混合差异=\left(\frac{\sum 材料_i\ 实际用量\times 材料_i\ 标准价格}{材料实际总用量}-\frac{\sum 材料_i\ 标准用量\times 材料_i\ 标准价格}{材料标准总用量}\right)\times 材料实际总用量 \quad (10\text{-}14)$$

本例中：

$$\frac{\sum 材料_i\ 实际用量\times 材料_i\ 标准价格}{材料实际总用量}=\frac{800\times 4+600\times 6}{800+600}\approx 4.8571\ （元/千克）$$

$$\frac{\sum 材料_i\ 标准用量\times 材料_i\ 标准价格}{材料标准总用量}=\frac{0.7\times 4+0.7\times 6}{0.7+0.7}=5\ （元/千克）$$

材料混合差异＝（4.8571－5）×1400≈－200 元（有利差异）（将 4.8571 的原式代入可消除精确性误差）

材料混合差异具有价格差异的计算结构，即因投料结构变化引起的“实际价格”与标准价格之差乘以实际总用量。

对于剩余的差异可理解为产出差异，即计算公式为

$$材料产出差异=（材料实际总用量-材料标准总用量）\times\frac{\sum 材料_i\ 标准用量\times 材料_i\ 标准价格}{材料标准总用量} \quad (10\text{-}15)$$

本例中：

材料的产出差异＝（1400－900×1.4）×5＝7000－（900×7.00）＝700（元）（不利差异）

材料产出差异又具有数量差异的计算特征，即呈现（实际用量－标准用量）×标准价格的特征。由此，材料数量差异被分解为具有价格差异特征的材料混合差异和具有纯粹数量差异特征的材料产出差异：

材料数量差异＝材料混合差异＋材料产出差异＝－200＋700＝500（元）（不利差异）

在本例中，有一个简单计算方法，单位产品材料的标准用量为1.40千克，本期投料1400千克，理应产出产品1000件（1400÷1.4），而实际只产出产品900件，也就是少产出100件，按标准成本计算，每件产品应负担材料成本7.00元。但这100件产品没有生产出来，其负担的材料成本700元（7.00×100）就要转嫁给其余的900件负担，因而使它们增加材料成本700元。这就是材料产出不足而形成的差异。将材料数量差异分解为材料混合差异与材料产出差异，可以使人们进一步明确差异形成的原因和责任，以便针对存在的问题采取相应的措施加以改进。

三、直接人工成本差异的计算分析及账户处理

（一）直接人工的工资率差异与效率差异

直接人工成本差异是指直接人工实际成本偏离直接人工标准成本所形成的差异。按照差异分析通用公式，直接人工成本差异也可以分解为“价格差异”与“数量差异”。类比于直接材料成本差异，直接人工“价格差异”可称为直接人工工资率差异，是指直接人工实际工资率偏离标准工资率所造成的差异；而直接人工“数量差异”可称为直接人工效率差异，是指直接人工的实际工时偏离直接人工的标准工时所造成的差异。计算公式为

直接人工成本总差异＝直接人工实际成本－直接人工标准成本

＝直接人工实际工时×直接人工实际工资率－直接人工标准工时×直接人工标准工资率

＝直接人工工资率差异＋直接人工效率差异　　（10-16）

其中：

直接人工工资率差异＝直接人工实际工时×（直接人工实际工资率－直接人工标准工资率）

直接人工效率差异＝直接人工标准工资率×（直接人工实际工时－直接人工标准工时）

【例 10-9】接【例 10-2】资料，裕源公司本期生产甲产品600件，实际耗用5200工时，实际工资总额为87 360元。

（1）直接人工成本差异计算：

实际工资率＝87 360÷5200＝16.8（元/工时）

实际工时＝5200（工时）

直接人工标准成本＝600×11×15＝99 000（元）

直接人工实际成本＝87 360（元）

直接人工成本总差异＝87 360－99 000＝－11 640（元）（有利差异）

其中：

直接人工工资率差异＝5200×（16.8－15）＝9360（元）（不利差异）

直接人工效率差异＝15×（5200－600×11）＝－21 000（元）（有利差异）

（2）账务处理：借：在产品　　99 000

直接人工工资率差异　　　　9 360
　贷：应付职工薪酬　　　　　87 360
　　直接人工效率差异　　　　21 000

（3）分析：本例中直接人工成本有利差异是直接人工效率，说明生产工序效率很高，工人劳动技能非常突出，尽管直接人工工资率产生了不利差异，综合的结果，仍产生了较大的综合有利差异。是否可以追究其原因：操作工人的技能水平提高使得生产效率提高，或因工资率提高而产生了激励效应，导致生产效率提高和单位工时工资率同时提高。

另外，工种的调配、不同工资级别工人实际工时比例的变化、工人工资级别的调整等可能会造成直接人工工资率差异的直接变化，技术促进的劳动生产率的提高、生产工艺的改变、生产工人配备的合理程度也可能导致直接人工效率差异的直接变化，但两种差异的内在影响不容忽视，即工资率的上升会使得工作效率提升，工资率的下降会使得工作效率大为下降。这是因为工资在提升前将提升的部分是激励因素，而一旦提升后就变为保健因素了。所以，工资率差异保持有利差异并不容易。

（二）直接人工的混合差异

在工业生产中，一种产品的生产可能要由不同工资等级的工人来完成，而不同工资等级的小时工资率是不同的。因此，这种情况就涉及用工比例的问题，此时依然可以使用“两差”的分析方法，即将直接人工成本差异分解为“工资率差异”与“效率差异”，但是这样分析的前提是模糊了不同工资等级的工人完成的工时所占的比重，也就是模糊了用工比例。如果考虑到用工比例的变动，那么，在一定量的总工时中，不同等级的工人完成的工时所占的比重的变动，也是形成直接人工成本差异的一个因素。

这一差异虽然也是通过平均工资率的变动而显现出来的，但它既不是前面所说的直接人工的工资率差异，也不是一般意义上的直接人工效率差异，而应独立地计量，称为直接人工的混合差异，它和前面所说的材料混合差异具有相类似的性质。这样一来，就将直接人工成本差异分解为“三差”：直接人工的工资率差异、直接人工的效率差异和直接人工的混合差异。以下举例做具体的说明。

【例 10-10】正威公司本期实际生产一批产品，完成这批产品产量的过程当中需要用到不同工资等级的工人，相关的直接人工的标准成本与实际成本如表 10-7 所示。

表 10-7　正威公司本期直接人工的标准成本与实际成本

工资等级	标准成本		实际成本	
	总工时/小时	小时工资率/（元/小时）	总工时/小时	小时工资率/（元/小时）
一级工	2000	30	1800	45
二级工	6000	20	6600	24

据此，正威公司直接人工分工资等级的成本总差异如表 10-8 所示。

表 10-8　正威公司直接人工分工资等级的成本总差异（单位：元）

工资等级	直接人工的实际成本	直接人工的标准成本	差异
一级	1 800×45＝81 000	2 000×30＝60 000	＋21 000
二级	6 600×24＝158 400	6 000×20＝120 000	＋38 400
合计	239 400	180 000	＋59 400

据此，正威公司本期的直接人工成本总差异为实际数－预算数，即

（1800×45＋6600×24）－（2000×30＋6000×20）＝59 400（元）

（1）按实际用工比例、实际工时计算直接人工的工资率差异：

直接人工工资率差异＝1800×（45－30）＋6600×（24－20）＝53 400（元）

（2）按标准平均工资率计算直接人工的效率差异：

标准平均工资率＝（2000×30＋6000×20）/（2000＋6000）＝22.5（元/时）

于是：

直接人工效率差异＝［（1800＋6600）－（2000＋6000）］×22.5＝9000（元）

工资率差异与效率差异之和为 53 400＋9000＝62 400（元），不等于直接人工成本差异，多了 3000 元，原因在哪里？就是用工比例与标准不一致。这种不一致会导致工资率变动的另一种形式，是因为不同级别人工混合导致的工资率变动。如果改变工资率差异的计算方法，即按实际工资、实际工时计算出实际加权平均工资率后与标准加权平均工资率比较，再计算工资率差异，则有

实际加权平均工资率＝239 400/（1800＋6600）＝28.5（元/时）

直接人工工资率全差异＝（28.5－22.5）×（1800＋6600）＝50 400（元）

此时，直接人工工资率全差异与直接人工效率差异之和就等于直接人工成本差异了。由于直接人工工资率全差异中包含有生产中用工比例的问题，即级别混合问题，故将此因素提出，进一步分析。

（3）直接人工的混合差异。前已指出，直接人工的混合差异所反映的是一定量的总工时中，不同工资等级的工人完成的工时所占的比重的变动，并通过平均工资率变动的形式表现出来。在本例中，标准工时中不同等级工人的用工比例如表 10-9 所示。

表 10-9　标准工时中不同等级工人的用工比例

工种	工时/小时	比例/%
一级工	2000	25
二级工	6000	75
合计	8000	100

按标准工资率计算的每小时的平均工资率为

30×25%＋20×75%＝22.5（元/小时）

而本期实际工时中不同等级工人的用工比例如表 10-10 所示。

表 10-10 实际工时中不同等级工人的用工比例

工种	工时/小时	比例/%
一级工	1800	21.43
二级工	6600	78.57
合计	8400	100.00

如果按标准工资率实际用工比例计算的每小时的标准平均工资率为

30×21.43%＋20×78.57%＝22.143（元/小时）

回到最初的直接人工工资率差异的计算，发现标准工资率是用 22.143 元/小时计算的，即

直接人工工资率差异＝（28.5－22.143）×8400＝1800×（45－30）＋6600×（24－20）＝53 400（元）

在实际工时合计中，由于一级工所占工时的比重有所下降，二级工所占工时的比重有所提高，同样按标准工资率计算，每小时的平均工资率由 22.5 元/小时下降到了 22.143 元/小时，下降了 0.357 元，可由此而确定直接人工的混合差异是

直接人工混合差异＝8400×（22.143－22.5）≈－2999（元）

由此，我们得出直接人工成本差异的基本结构：

直接人工成本总差异＝直接人工工资率全差异＋直接人工效率差异

直接人工工资率全差异＝直接人工工资率差异＋直接人工混合差异

为什么不将混合差异全面列入工资率差异中？主要考虑用工比例具有综合性特征，有时是生产工序中的问题，有时是劳动市场难以招聘到合适的人工问题，单独列出有助于问题凸显及找到优化用工比例的方法。

通过以上的分析，将直接人工成本差异分解为直接人工的工资率差异、直接人工的效率差异、直接人工的混合差异三个差异，可使直接人工实际成本脱离标准成本的差异得到更为全面而具体的分析。

（三）直接人工效率差异中的材料用量因素

在工业生产中，如果主要是对原材料进行加工，同工时耗用的数量直接相联系的往往更多是加工材料的数量，而不是产品出产的数量，如选矿、煤气提炼等。也就是说，基于上述情况，单位产品的材料用量也是影响直接人工效率的一个重要因素，因而材料的数量差异和人工的效率差异不能割裂开来孤立地进行分析，而是要联系起来同时考虑。以下举例做具体的说明。

【例 10-11】新野公司某种产品单位的材料和人工的标准成本如表 10-11 所示。

表 10-11 新野公司某种产品单位的材料和人工的标准成本

成本项目	标准数量	标准价格	标准成本/元
直接材料	4 千克	3 元/千克	12
直接人工	3 小时	6 元/小时	18
合计			30

本月份生产中共耗用直接材料4000千克，直接人工2950小时，生产出该种产品900件，假定没有期初、期末在产品。据此，该月份总的直接人工效率差异可按下式计算：

6×（2950－900×3）＝1500（元）

对由此而形成的总的直接人工效率差异可按下列方法进行分析：

在标准成本中，同3小时人工工时直接相联系的是加工4千克的材料。单位产品需要直接材料4千克，耗时直接人工3小时，所以标准成本中加工1千克的材料需要人工3/4小时；同理，实际成本中加工1千克的材料需要人工2950/4000小时。

实际产量按材料的标准用量计算需用的人工成本：

$$(900\times 4)\times \frac{3}{4}\times 6=16\ 200\text{（元）}$$

实际产量按材料实际用量计算需用的人工成本：

$$4000\times \frac{3}{4}\times 6=18\ 000\text{（元）}$$

实际工时按标准工资率计算需用的人工成本：

2950×6＝17 700（元）

从这里可以看到，总的直接人工效率差异可具体分解为以下两个方面。

（1）材料用量差异所形成的直接人工效率差异：

$$4000\times \frac{3}{4}\times 6-(900\times 4)\times \frac{3}{4}\times 6=18\ 000-16\ 200=+1800\text{（元）}$$

（2）生产中工效提高所形成的直接人工效率差异：

$$\left(\frac{2950}{4000}-\frac{3}{4}\right)\times 4000\times 6=2950\times 6-4000\times \frac{3}{4}\times 6=17\ 700-18\ 000=-300\text{（元）}$$

由此可见，总的直接人工效率差异表现的超支，是由材料用量超支所造成的，因此，在实际的生产中对于材料的下料一定要精准，否则也会影响到直接人工效率；另外，具有提炼性质的工序在考核工序效率时应将材料用量差异所形成的直接人工效率差异剔除，直接按照生产中材料的实际用量计算直接人工效率差异。本例中，经过客观细致的分析，发现直接人工的工效不仅比预定标准没有降低，反而有所提高。也就是，总的直接人工效率差异表现为超支，是由两个因素综合影响而成的，只有独立计量这两个因素的影响程度，才能明确区分是由于生产中用量超过了标准，还是效率真的下降了。如果贸然认为直接人工效率差异就是1500元，而且是生产工序组造成的，则会挫伤工人积极性。如果将材料用量差异所形成的直接人工效率差异的1800元剔除，从直接人工的实际工作效率这个因素看，不仅没有发生成本超支，而且有一定的节约（300元）。这样分析能较好地说明问题，使某一方面取得的成绩不会被另一方面存在的缺点所掩盖。

四、变动性制造费用差异的计算分析及账户处理

变动性制造费用差异是指变动性制造费用实际发生额与标准发生额之间的差额，按照差异分析通用公式，可以将其分为变动性制造费用耗费差异和变动性制造费用效

率差异。耗费差异即“价格”差异，是指因变动性制造费用实际分配率偏离标准分配率形成的差异；效率差异即“数量”差异，是指因变动性制造费用实际耗用的直接人工工时（或机器工时）偏离预定的标准直接人工工时（或标准机器工时）形成的差异。计算公式为

变动性制造费用总差异＝实际变动性制造费用－标准变动性制造费用　　(10-17)

其中：

变动性制造费用耗费差异＝实际工时×（实际分配率－标准分配率）

变动性制造费用效率差异＝标准分配率×（实际工时－标准工时）

【例 10-12】接【例 10-3】资料，裕源公司本期生产甲产品 600 件，实际耗用 5200 工时，实际发生的变动性制造费用 59 800 元，平均每工时 11.5 元（实际分配率），标准分配率为 12 元/工时，单位产品所耗标准工时为 11 工时/件。

（1）变动性制造费用差异计算：

变动性制造费用总差异＝5200×11.5－600×11×12＝－19 400（元）（有利差异）

其中：

变动性制造费用耗费差异＝5200×（11.5－12）＝－2600（元）（有利差异）

变动性制造费用效率差异＝12×（5200－600×11）＝－16 800（元）（有利差异）

（2）账务处理：借：在产品　　79 200

贷：制造费用　　59 800

变动性制造费用耗费差异　　2 600

变动性制造费用效率差异　　16 800

（3）分析：上例中，变动性制造费用总差异出现的有利差异是变动性制造费用耗用有利差异与变动性制造费用效率有利差异共同叠加的结果。

和直接材料、直接人工差异一样，变动性制造费用差异也可分解为价格差异和数量差异，但其实质内容大不一样，因为变动性制造费用的组成项目很多，如间接材料、间接人工、水电费、维修费等。因此，引起变动性制造费用差异的原因也是多方面的。例如，构成变动性制造费用各组成项目价格与制定的标准价格的偏离、间接材料和间接人工使用的偏离、动力能源和设备使用的偏离等。一般，价格变动的因素是不可控制的，而耗用量的因素是可控的。所以，对于变动性制造费用的耗用差异必须具体情况具体分析，区分变动性制造费用的不同组成项目以及所属责任部门。变动性制造费用的效率差异是同直接人工效率紧密相关的，该指标的恰当与否取决于变动性制造费用和直接人工工时之间的关系，即变动性制造费用是否与直接人工工时成正比？如果成正比，那么负责管理直接人工耗用的生产经理应该承担变动性制造费用效率差异的责任。

五、固定性制造费用差异的计算分析及账户处理

固定性制造费用差异与变动性制造费用差异不同，因为在一定的生产量水平内，固定性制造费用总额不会随着生产量的变化而变化。在实际生产经营中，实际耗用的

工时（或机器工时）总数与预计的标准有所偏离，或者固定性制造费用的实际发生数与预算数不一致都会使得固定性制造费用有差异。固定性制造费用差异的计算通常采用三差异的分析方式：耗费差异、能力差异和效率差异。

耗费差异又称预算差异或耗用差异，是指固定性制造费用实际发生额偏离预算额的程度，两者之间形成的差额表现了费用部门的费用控制水平；能力差异是生产能力的实际利用程度偏离预定的标准生产能力所形成的固定性制造费用差异，反映了生产能力设计与市场需求的偏离度；效率差异是生产单位产品实际耗用工时偏离标准工时而产生的固定性制造费用差异。计算公式为

固定性制造费用总差异＝实际固定性制造费用－标准固定性制造费用　　（10-18）

其中：

标准固定性制造费用＝固定性制造费用标准分配率×标准工时

固定性制造费用标准分配率＝预算固定制造费用/预算工时

在以上两项表达式中，标准固定性制造费用是指一批或定期生产的产品按预算标准所分配的固定性制造费用，标准工时与人工标准工时一致，预算固定制造费用是产能工时设计下按正常业务条件进行预算的，它的大小其实与业务量无关，也与实际所发生的生产工时无关，但仍可根据预算产能工时进行单位工时的分配率计算，并将其定为标准。如果该分配率达不到标准，可能是有些费用发生额高了，称为耗费差异，其含义是实际总量与预算总量之差，也可称为预算差异或耗用差异，其含义是：这不是生产领域的责任，是某些费用部门费用价格提高了或是的确存在浪费的现象。

固定性制造费用耗费差异＝固定性制造费用实际支付数－固定性制造费用预算数

费用分配率达不到标准的另一原因是产能工时（预算工时）利用程度不够所致，如果按预算工时与实际工时之差直接计算差异，则有以下数量差异的表现形式：

固定性制造费用能力差异＝固定性制造费用标准分配率×（预算工时－实际工时）

它说明工时的闲置导致的固定性制造费用浪费。这也可以从预算费用按实际工时的分配率与标准分配率之差来理解，即存在价格差异表现形式：

固定性制造费用能力差异＝实际工时×（预算费用按实际工时分配率－标准分配率）

其中：预算费用按实际工时分配率＝固定性制造费用预算数/实际工时

总差异中剩下的就是效率差异了，它的表现形式与变动性制造费用一致，即

固定性制造费用效率差异＝固定性制造费用标准分配率×（实际工时－标准工时）

由此，固定性制造费用差异由三部分组成，即

固定性制造费用差异＝固定性制造费用耗费差异＋固定性制造费用能力差异＋固定性制造费用效率差异

【例 10-13】接【例 10-4】资料，裕源公司本期生产甲产品 600 件，实际耗用 5200 工时，实际发生固定性制造费用 44 980 元，预计本公司的生产能力为 6000 工时，固定性制造费用预算数为 36 000 元。

（1）固定性制造费用差异计算：

固定性制造费用总差异＝实际数－预算数＝44 980－600×11×6＝5380（元）（不利

差异）

其中：

耗费差异＝实际数－预算数＝44 980－36 000＝8980（元）（不利差异）

能力差异＝标准分配率×（预算工时－实际工时）

＝6×（6000－5200）＝4800（元）（不利差异）

效率差异＝标准分配率×（实际工时－标准工时）

＝6×（5200－600×11）＝－8400（元）（有利差异）

（2）账务处理：借：在产品 39 600

固定性制造费用耗费差异 8 980

固定性制造费用能力差异 4 800

贷：制造费用 44 980

固定性制造费用效率差异 8 400

（3）分析：本例中固定性制造费用总差异 5380 元，费用超标产生了不利的耗费差异 8980 元，产能闲置导致了不利差异 4800 元，但生产效率的提升导致了有利差异 8400 元。

成本差异计算也可以按单位成本进行计算和分析，如每件分摊的固定性制造费用：

标准分配率＝36 000/6000＝6（元/工时）

实际分配率＝44 980/5200＝8.65（元/工时）

预算费用按实际工时分配率＝36 000/5200≈6.92（元/工时）

单位产品标准工时＝11（工时）

单位产品实际工时＝5200/600≈8.67（工时）

单位产品标准成本：6×11＝66（元）

单位产品实际成本：8.65×8.67≈75（元）

单位产品总差异：9（元）

其中：

耗费差异：8.67×（8.65－6.92）≈15（元）

能力差异：8.67×（6.92－6）≈7.98（元）

效率差异：6×（8.67－11）＝－13.98（元）

上述计算中效率差异容易理解，此处不予解释。耗费差异是实际分配率与预算费用按实际工时分配率之差乘以实际工时，对照图 10-2 容易理解。能力差异则使用了前述价格差异的表现形式计算。

图 10-2 中，*OMACN* 的斜率表示标准分配率，*OP* 的斜率表示预算费用按实际工时的分配率，*OQ* 的斜率表示实际分配率。图中清晰表现了以下几何关系：

耗费差异 *QP*＝实际数－预算数＝实际工时×（*OQ* 的斜率－*OP* 的斜率）

能力差异 *PA*＝*CD*＝实际工时×（*OP* 的斜率－*OMACN* 的斜率）

＝（产能工时－实际工时）×*OMACN* 的斜率

效率差异 *AB*＝（实际工时－标准工时）×*OMACN* 的斜率

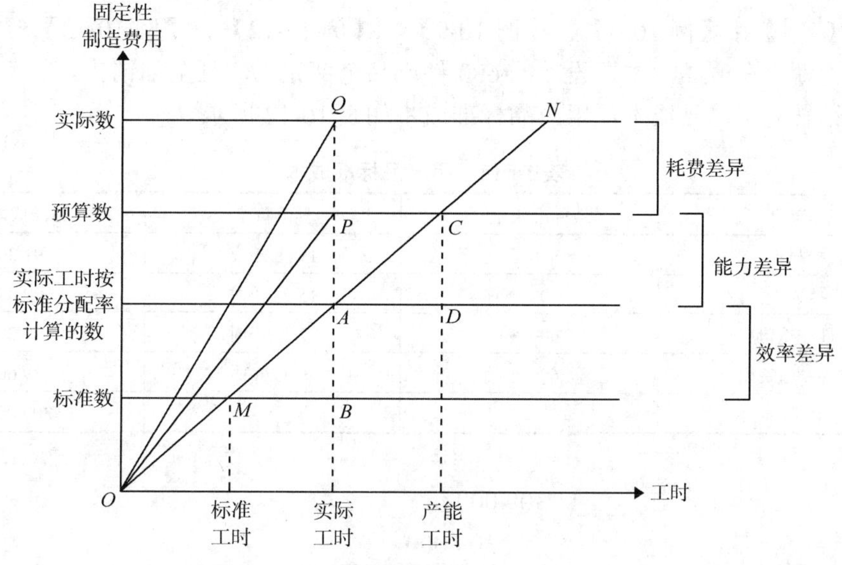

图 10-2　固定性制造费用成本差异的分解图示

六、期末成本差异的账务处理

在标准成本系统下，产品成本是按标准成本在账户之间流动的，所以与实际成本计算相比，产品成本计算和存货的计价就简化很多，因为所有产品都是按一样的标准成本计算的。但是依据生产过程中发生的实际成本与实际产出，与其标准成本之间的差额则应另设差异账户记录反映，根据会计准则，企业可以依照自身实际情况设置差异账户，在期末时对成本差异进行处理。处理的方法一般有以下两种。

1. 递延法

在递延法下，要结清各个差异账户，将本期的各种成本差异，按标准成本的比例分配给期末在产品、期末产成品和本期已销售产品。该法强调成本差异与本期的存货和销货都有关，不能仅由本期销货承担成本差异，还有部分差异随期末存货递延到下期。因此，递延法一般比较复杂，而且不便于本期成本差异分析和控制。所以，递延法不被广泛采用。

2. 直接结转法

在实际生产活动中，如果标准成本设置较合理，期末差异账户的余额不大，或者当期生产的产品基本都在当期实现了销售，则可以采用简化的方式，直接将本期发生的各种成本差异全部转入“产品销售成本”账户，由本期的销售产品负担，并全部从损益表的销售收入项下扣减，不再分配给期末在产品和期末库存产成品。采用这种方法隐含了一个重要假设：标准成本是真正的正常成本，成本差异由不正常、低效率和浪费造成，应直接体现在本期损益中，使得利润能够体现本期工作成绩的好坏。与递延法相比，此方法可以避免期末成本差异分配的复杂性，使得当期经营成果与成本控制的业绩直接挂钩。所以，直接结转法的程序比较简单，广泛地应用于实践当中。

【例 10-14】接【例 10-6】、【例 10-9】、【例 10-12】、【例 10-13】资料，假设裕源公司无期末在产品，本期投产的 600 件产品全部完工，且全部销售。

（1）结转完工产品成本，甲产品标准成本如表 10-12 所示。

表 10-12　甲产品标准成本

成本项目	标准用量	标准价格	标准成本/元
直接材料	4 800 千克	19 元/千克	91 200
直接人工	6 600 小时	15 元/小时	99 000
变动性制造费用	6 600 小时	12 元/小时	79 200
固定性制造费用	6 600 小时	6 元/小时	39 600
合计			309 000

借：产成品　　　　　　　　309 000

　贷：在产品　　　　　　　　309 000

将裕源公司生产 600 件甲产品的成本数据整理进 Excel 工作表，通过 Excel 数据分析工具计算各个差异项目，其成本资料如表 10-13 所示。

表 10-13　裕源公司生产 600 件甲产品发生的成本资料

行号/列标	B	C	D	E	F	G	H
3	成本项目	标准用量/（小时/件）	标准价格/（元/小时）（标准分配率）	实际总用量/小时	实际价格/（元/小时）（实际分配率）	预算工时/小时	预算数/元
4	直接材料	8	19	3 800	20.50		
5	直接人工	11	15	5 200	16.80		
6	变动性制造费用	11	12	5 200	11.50		
7	固定性制造费用	11	6	5 200	8.65	6 000	36 000
8	裕源公司甲产品成本差异计算（单位：元）						
9	差异项目	差异额					
10	直接材料价格差异	5 700					
11	直接材料数量差异	−19 000					
12	直接人工工资率差异	9 360					
13	直接人工效率差异	−21 000					
14	变动性制造费用耗费差异	−2 600					
15	变动性制造费用效率差异	−16 800					
16	固定性制造费用耗费差异	8 980					
17	固定性制造费用能力差异	4 800					
18	固定性制造费用效率差异	−8 400					

（2）期末编制甲产品成本差异汇总表如表 10-14 所示。

表 10-14 甲产品成本差异汇总表（单位：元）

差异项目	借方余额（不利差异）	贷方余额（有利差异）
直接材料价格差异	5 700	
直接材料数量差异		19 000
直接人工工资率差异	9 360	
直接人工效率差异		21 000
变动性制造费用耗费差异		2 600
变动性制造费用效率差异		16 800
固定性制造费用耗费差异	8 980	
固定性制造费用能力差异	4 800	
固定性制造费用效率差异		8 400
合计	28 840	67 800
差异净额		38 960

①结转销售成本：

借：主营业务成本　　309 000

　贷：产成品　　309 000

②结转成本差异：

借：直接材料数量差异　　19 000

　　直接人工效率差异　　21 000

　　变动性制造费用耗费差异　　2 600

　　变动性制造费用效率差异　　16 800

　　固定性制造费用效率差异　　8 400

　贷：主营业务成本　　38 960

　　　直接材料价格差异　　5 700

　　　直接人工工资率差异　　9 360

　　　固定性制造费用耗费差异　　8 980

　　　固定性制造费用能力差异　　4 800

其中，记入“主营业务成本”账户贷方的 38 960 元是各种差异结转后的净额，由于是节约，表明销售成本的减少；否则就表现为销售成本的增加。

思考与练习

一、思考题

1. 理想标准成本、基本标准成本和正常标准成本有什么差别？
2. 进行差异分析时，为什么需要将差异区分为价格差异和数量差异？
3. 产品成本差异的账务处理通常有哪几种方法？各有什么特点？

4. 如何理解固定性制造费用的“三差”含义？

二、单项选择题

1. 与预算成本不同，标准成本是一种（　　）。

A. 总额的概念　　B. 单位成本的概念

C. 历史成本　　D. 实际成本

2. 固定性制造费用的实际差异与固定性制造费用预算金额之间的差异称为(　　)。

A. 效率差异　　B. 耗费差异

C. 闲置差异　　D. 能量差异

3.一经制定将多年保持不变的成本是（　　）。

A. 实际成本　　B. 正常标准成本

C. 理想标准成本　　D. 基本标准成本

4. 直接人工混合差异属于（　　）。

A. 工资率差异的一部分　　B. 人工效率差异的一部分

C. 耗费差异的一部分　　D. 独立差异

5. 下列变动成本差异，无法从生产过程中找到原因的是（　　）。

A. 变动性制造费用耗费差异　　B. 直接材料价格差异

C. 变动性制造费用效率差异　　D. 直接人工耗费差异

6. 固定性制造费用的能力差异是因为（　　）。

A. 质量控制部门　　B. 相关管理部门

C. 生产部门　　D. 销售部门

7. 材料价格差异一般由（　　）负责。

A. 生产部门　　B. 采购部门

C. 财务部门　　D. 工程技术部门

8. 标准成本法下，采用直接处理法进行成本差异的期末结转时，本月发生的各成本差异，应转入（　　）。

A. 生产成本科目　　B. 产成品科目

C. 产品销售成本科目　　D. 管理费用科目

9. 在登记产品成本差异账户时，有利差异记入（　　）。

A. 借方　　B. 贷方

C. 借方或贷方　　D. 根据成本类别不同记入不同方向

三、计算分析题

1. 已知新泰企业生产一种产品，相关资料如表 10-15、表 10-16 所示。

表 10-15　直接材料相关资料

材料品名	标准成本			实际成本			差异/元
	耗用量/千克	单价/（元/千克）	金额/元	耗用量/千克	单价/（元/千克）	金额/元	
甲	1 000	10	10 000	1 200	11	13 200	+3 200
乙	2 000	6	12 000	2 100	5	10 500	−1 500
合计			22 000			23 700	+1 700

表 10-16　制造费用相关资料

项目	预算数（工时：6000 小时）		实际产量标准数（工时：5000 小时）	实际数（工时：5500 小时）
	金额/元	分配率/（元/小时）	金额/元	金额/元
变动性制造费用	2400	0.4	0.4×5000＝2000	2090
固定性制造费用	4800	0.8	0.8×5000＝4000	4675
制造费用合计	7200	1.2	1.2×5000＝6000	6765

要求：

（1）计算直接材料的数量差异、价格差异；

（2）计算变动性制造费用的效率差异、耗费差异；

（3）计算固定性制造费用的耗费差异、能力差异、效率差异。

2. 东信公司计划年度生产空气过滤器 60 000 件，实际耗用工时 12 500 小时，直接人工实际总成本为 62 500 元。生产过滤器的标准工时为每件 0.2 小时，每小时标准工资率为 4.8 元。

要求：计算空气过滤器人工成本总差异、工资率差异、效率差异。

3. 某厂 2019 年 3 月制造费用的有关资料如表 10-17 所示。

表 10-17　某厂 2019 年 3 月制造费用的有关资料

项目	数量
标准产量的工时/小时	36 000
实际人工工时/小时	32 400
实际产量标准人工工时/小时	33 000
预算变动性制造费用/元	55 800
预算固定性制造费用/元	135 000
实际支付变动性制造费用/元	55 080
实际支付固定性制造费用/元	133 500

要求：

（1）计算变动性制造费用和固定性制造费用的标准分配率：

（2）计算变动性制造费用相关差异；

（3）利用三差分析计算固定性制造费用。

1. 刘丽娜. 基于价值链理论的酒店企业成本管理研究——以 M 酒店为例[J].财会通讯，2017（2）：94-97.

2. 李婷，李文兴. 企业环境成本控制模式创新驱动探索[J]. 财会通讯，2016（34）：

15-18.

3. 王纯杰. 运用成本分配法计算“材料成本差异”及“商品进销差价”[J]. 财会月刊，2015（25）：40-42.

4. 韩沚清，刘颖. 价值链视角的成本控制与企业价值增值：文献综述及展望[J]. 财会通讯，2015（9）：98-100.

第四篇

战略、绩效动因与价值管理

一个多世纪以来，管理会计从形成到发展，其基本内容不断丰富，但脉络清晰可见，那就是围绕管理内容而展开，管理内容和方法的升级必然伴随着管理会计内容的跨越。尽管我们的教材内容在沿用原有体系往外延伸，但摆在我们面前的管理会计内容构架是：战略与风险管理、投融资管理、绩效管理等。有人说，构建管控机制是管理会计的核心问题，即解决目标、执行、激励的有机融合。这是管理会计思维方式与逻辑的升级，它亦说明：决策、预算、执行、控制、考核评价是一个整体，分裂分析是解决不了问题的，必须用普遍联系和发展的眼光来分析与解决问题。

本书第四篇定义为战略、绩效动因与价值管理，它归纳了绩效管理、作业成本、资本成本、财务共享与信息化建设等方面的成果，并按一定的逻辑进行整理。

（1）企业综合绩效评价与管理，将战略目标转变为内部一致行动的系统实现方案。

（2）作业成本法，优化作业与资源配置的一种成本管理方法。

（3）资本成本资本化会计，将会计利润转变为经济利润的核算系统，旨在构架“时间＋空间”的利润二元体系。

（4）业务财务一体化下的财务共享服务中心，以信息化为基础，分析业务财务一体化背景下如何构建财务共享服务中心以及对企业会计事务带来的影响与革命。

第十一章 企业综合绩效评价与管理

彼得·德鲁克说过：“如果你不能评价，你就无法管理。”这句话的逻辑即指：评价是管理对策产生的依据，战争中对敌我双方实力的评价是基本战略产生的依据；围棋中“数目”是下一步应该采取冒险还是保守战法的依据。企业绩效评价是企业找到具体问题寻求有针对性管理的基本前提。另外，企业绩效评价应与企业的战略目标、激励机制是相互衔接的统一体，战略目标是企业想得到的，绩效评价就是根据战略目标要求进行评价，评价既是激励的依据，又是实现战略目标的内部系统构架。

学习目标

- 了解传统财务绩效评价的主要缺陷及对应的改进措施
- 了解股东价值创造的动因及基本管理步骤
- 掌握股东价值创造的各种指标的计算及优缺点
- 了解基于股东价值创造绩效指标设计与分解考核指标的内在逻辑关系
- 掌握平衡记分卡四个维度指标的提取方法及战略地图的绘制

第一节　传统财务绩效评价制度

一、传统财务绩效评价概述

财务绩效评价是根据财务信息计量财务指标来评价经营者业绩的一种方法，旨在通过计量的财务指标，分析评价企业的盈利能力、偿债能力、管理效率和管理水平，帮助企业经营者发现经营活动中出现的各种问题，评价自身的业绩。作为一种传统的绩效评价方法，财务绩效评价一方面可以部分反映企业的综合业绩；另一方面也用容易获取的会计数据来计量财务指标，操作简单，易于理解，因此被广泛使用。

二、传统财务绩效评价的缺陷和改进

财务绩效反映了股东最机械、最原始的索求，公司治理结构的外在表现就是让股东得到财务上的剩余。因此，提高财务绩效就是提高股东报酬。但它的弊端就是只能观看过去或当下的股东报酬，其真实意义可能只是看起来的“会计账面利润”。“评价什么，将会得到什么。”评价账面利润，将导致企业不计后果地使账面利润提升，包括使用财务或非财务手段。例如，“债转股”式扭亏，“利息资本化”扭亏，为降低成本而损害消费者利益、损害环境等。随着经济的发展，人类社会从工业时代进入信息时代，企业的经营环境也发生了巨大的变化。企业之间的竞争日益激烈，竞争的加剧使企业经营中不稳定的因素逐渐增多，而企业要在残酷的竞争中立于不败之地，就需要不断为客户创造价值。另外，新的竞争环境对企业的绩效评价体系提出了新的要求，一直以来以财务指标为主、面向企业内部、注重战术性反馈的传统绩效评价已不再适应如今的经营环境。传统财务绩效评价的缺陷主要表现在以下几方面。

（1）传统财务绩效评价基于财务数据，而这些数据大多数是对企业有形资产的确认、计量和列报，对无形资产和智力资产（如员工技能、专有技术、商誉、客户忠诚度等）的确认、计量和列报少之又少，而这些无形资产和智力资产却恰好成为企业在新的竞争环境下能够创造价值的核心竞争力。因此，为适应竞争环境的发展趋势，企业需用更广阔的视野去进行绩效评价，而不应仅局限于财务评价。

（2）传统财务绩效评价注重企业内部，而忽略外部利益相关者。这在竞争日益激烈的环境下，外部利益相关者的索求关系到企业的生存与发展空间，如果企业只注重内部，外部利益相关者索求得不到满足，最终会失去客户。这表明财务绩效评价只看重财务绩效而忽视战略绩效。

（3）传统财务绩效评价体系不能揭示业绩动因，新竞争环境下的业绩评价体系应能够揭示业绩改善的动因。财务指标是滞后指标、结果性指标，只能对企业过去发生的活动和经营决策进行评价，判断企业业绩是得到了改善还是有所下降，而不能揭示出业绩下降或上升的原因。通常情况下，导致企业业绩发生变化的原因有很多，有可控因素，也有不可控因素，应具体情况具体分析。例如，某一部门的业绩得到了明显的改善，但业绩的改善是以降低产品和服务质量、损害其他部门利益为代价的，则这样的业绩是不可取的。只有通过优化内部业务流程、提高劳动生产率、加大技术创新投入来改善业绩，才能保证实现企业的长期战略目标。

（4）传统财务绩效评价主要是对财务业绩的评价，而计算财务指标时，有些指标的数值要到期末才能提供，这样就不能及时对企业的经营情况进行反馈，削弱了信息的及时性，由于不能及时地收集信息并进行评价，就不能有效地进行管理和控制。在新的竞争环境下，绩效评价体系的评价对象应不仅局限于财务业绩，企业应通过扩大评价对象来使信息反馈更加及时，这样可大幅度提高信息报告的频率和及时性。例如，产出率、预算差异可用日报形式报告，交货准确率、客户投诉率可用周报形式报告。

（5）传统财务绩效评价局限于对过去经营活动的财务衡量，以控制短期经营活动，维持短期经营成果，这使得企业目光短浅，为维持短期业绩而投资太多，而忽略了长期的价值创造，尤其是对企业无形资产和智力资产的投资太少，抑制了企业未来创造价值的能力。在如今新的竞争环境下，企业应当主动把握未来，努力提高未来绩效，也就是说，企业应当做出前沿性反应，制定长期战略，将绩效评价与长期战略结合起来，致力于为企业创造更多的价值。

第二节　股东价值创造与管理

价值管理（value based management，VBM）是一种管理方法，它将公司总体目标、分析技术和管理流程统一起来，通过将管理决策聚焦于股东价值的主要动因，帮助公司实现价值最大化。公司高管现在面临着需要不断证明自己在为股东创造价值的压力，也产生了种种旨在量化价值创造绩效的指标。其中的重点就是强调股东价值的计量与管理。为什么要格外突出股东的索求？这是由现有公司制度所决定的，因为，股东的利益索求满足了，包括企业其他利益相关者的索求也满足了，股东作为剩余索取者，他们的利益是在其他人利益完全满足以后实现的。另外，基于资本市场的现实，特别强调股东利益也基于一些被认为广泛存在的理由：①资本市场全球化使投资者随时可以将投资转向收益更高的境外资本市场；②公司治理变革使所有者要求公司高管承担责任，高管必须说明其薪酬水平的合理性，表现不佳公司和薪酬过高的高管会被公之于众；③高管出于自我保护而害怕恶意收购，财务业绩差反而会引发控制权的争夺，这激励着高管去更好地理解、计量、管理股东预期。而基于会计收益和回报指标如每股收益（earnings per share，EPS）、收益增长率之类没有考虑资本成本，而投资性指标如资产收益率会使管理者制定不合理的短期决策，产生投资不足。而且，收益和投资回报指标似乎都难与股票市值关联。亟须有一种能量化管理者为股东创造价值能力的指标，无论是上市公司还是私营企业。

究竟什么是股东价值创造？如何将价值创造与股东财富最大化联系起来？提高绩效乃至提高股东价值创造的财务和经营动因是什么？在股东价值创造和财富最大化背景下，有哪些评估管理绩效的指标？在实施价值管理以提高股东价值创造的过程中，企业将面临哪些挑战？

将股东价值最大化作为经营目标，这并不意味可以忽略其他利益相关者，恰恰相反，价值创造所采纳的决策会使各利益相关者利益均衡。股东是核心利益相关者，如果不满足股东的需求，就会使资本抽离、资本成本提高、劳动生产率下降等，只有创造股东价值才能为所有利益相关者创造较大的价值。价值创造型公司一定是最大化股东财富，同时满足其他利益相关者的需求。

一、股东价值创造的概念

如果企业管理者创造的收入超过了所有发生的经济成本，就创造了价值。成本来自员工工资和福利、材料及资产折旧、税金、资本的机会成本，即只有在收入超过了包括资本成本在内的所有成本时，才创造了价值。这种价值归权益资本所有，因为他们是公司剩余索取者。

股东也期望管理者创造超过所耗用资源成本的价值。如果资本的提供者不能获得合理的回报，以弥补所承担的风险，他们就会撤出资本，以寻找更好的回报，因为价值会受到损失。公司如果在破坏价值，它就总会拼命吸引更多的资本以扩大规模，因为股票价格会低于其资产的基本价值，债权人的贷款利率也会提高，从而使其资本价值整体下降。

股东价值创造是指股东财富在一定期间（年度）的变化。对于上市公司而言，股东财富的变化大多指股票价格、支付的股利和募集的资本在一定期间的变化。因为股票价格反映了投资者对未来现金流的预期，所以股东财富创造就要求公司采纳净现值为正的投资决策。

虽然价值创造与财富创造可以交替使用，但是二者也有细微的差异。价值观基于直接根据会计信息计量价值并做适当调整，而财富观则主要依靠股票市场信息。对于一个上市公司而言，在两种情况下这两个概念没有区别：①资本市场有效且管理层向资本市场提供了全部相关信息；②市场投资者相信管理层，并且对公司前景的信心随着管理层的努力而提升。

二、股东价值创造的决定因素

为了创造价值，企业管理层必须深刻理解推动企业价值的绩效变量，即关键价值动因。企业无法直接根据价值行事，只能依据管理者所能影响的事情，如客户满意度、成本、资本性投资等。价值动因是指任何显著影响企业价值的变量。价值动因要发挥作用，就必须组织起来，管理者就知道哪些动因对价值影响大，然后将绩效责任分配给能够实现目标的人。图 11-1 显示了四种价值动因：无形资产、经营、投资和融资。企业管理的目标是不断增加股东价值。增加股东价值需要经营现金流量的增加及最小化资本成本。经营现金流量由无形资产、经营、投资决定，最小化资本成本由财务与融资决定。

表 11-1 提供了一些可运用的股东价值创造战略，每个公司都可利用各自的竞争优势控制其产品市场，对其经营和资本保持有效的管理，就能创造更大的股东价值。在现实中，成功的公司都综合运用这些战略以实现竞争优势，从而为股东创造价值。然而，价值的创造并非如图表所示的这么简单，在一个不具备持续竞争优势的领域，任何一个战略都很难成功增加股东价值。

战略与价值创造之间存在必然联系，企业一般在两个法则下经营：①管理层必须为股东创造价值；②管理层必须以创造股东价值的方式满足其他所有利益相关者的需求。公司通过增加股东价值而不断增加吸引资本的能力，正因如此，公司能够不断向客户提供具有吸引力的产品，向员工提供具有吸引力的就业，向供应商提供商机。

如果公司能为员工提供一个在健康和积极的环境中的、具有吸引力和挑战性的工作，或许它就能够降低薪酬成本。如果客户总是能够以不变的成本获得更好的服务，那么市场份额就能得到保护。这些特点还能创造竞争优势，而竞争优势又是创造股东价值的必要条件。

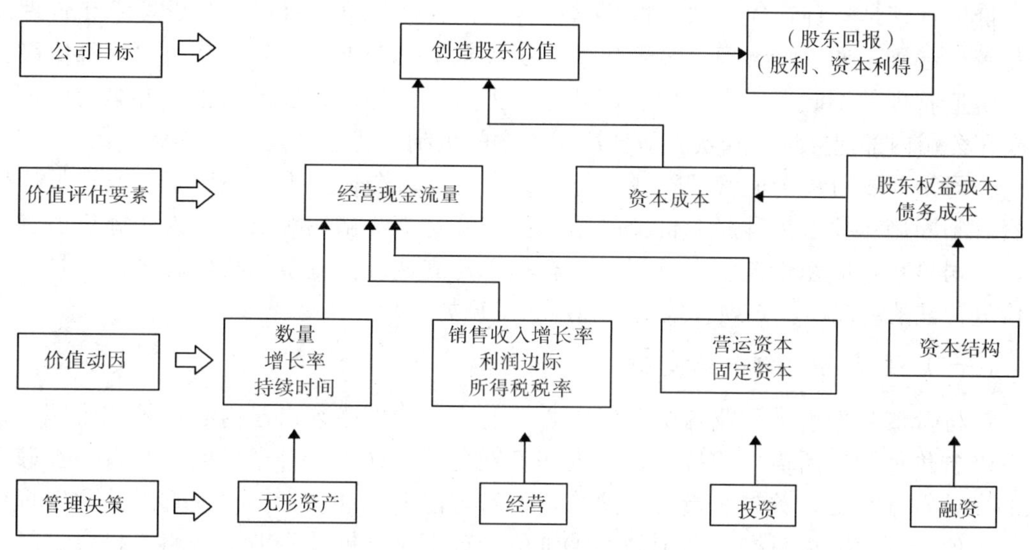

图 11-1　股东价值动因结构

表 11-1　价值动因、目标与战略要求

目标	价值动因	战略要求
增加经营现金流量	营业收入及增长率	专利保护、专有市场、创新产品等
	低成本和低所得税	规模经济、低价获取原材料、提高流程效率、人工效率、税收筹划等
	降低资本支出	有效的资产收购和维护、提高固定资产利用率、有效的营运资本管理、剥离创造负价值的资产等
资本成本降低	降低经营风险	较之竞争者，保持卓越的经营绩效、长期合约、项目融资等
	优化资本结构	实现并维持总成本最小、税收收益最优的资本结构
	降低债务成本	减少突发事件（收益的波动）、设计独特的债务工具等
	降低权益资本的成本	降低经营与财务风险，不断创造价值

股东需要投资报酬、客户需要使用价值、员工需要实现自我。价值管理的成功取决于这三个伙伴（客户、员工和股东）价值观念的和谐统一。而公司高管基于股东价值承诺的价值创造思想，不能以会计指标衡量价值创造，要在绩效目标与价值、薪酬与绩效之间建立紧密的联系。

股东价值创造指标包括哪些？传统的损益表要做哪些调整才能进行基于价值的计算？价值指标与财务及经营动因如何联系起来才能使公司中每个人都朝着提升价值的共同方向努力？如何制订基于价值的薪酬计划——如股票期权等，通过归纳提升价值的各项要素，确定新项目和现有项目能否创造正的净现金流量。

三、管理股东价值

股东价值创造目标不仅是列在公司经营宗旨中的一句口号，而且是公司所有重要决策的基础，即公司不仅要有为股东创造价值的思想，更要有将思想付诸行动的管理流程与管理系统，即股东价值管理系统。

价值管理是一种管理方法，按照这种方法，公司的总体目标、分析技术和管理流程都统一起来，通过将管理决策聚焦于关键股东价值动因，来帮助公司实现价值最大化。价值管理并不确保所有管理决策都完美无缺。但是，通过提高备用方案的质量，以及在公司内部建立选择和实施最佳决策方案的机制，就会极大提高决策质量。

公司为何要引进价值管理？或许是因为市场地位恶化而不得不变革；或许是机构投资者不断施压要求提升股东价值的结果；或许是高管幡然醒悟，认为实施价值管理能使公司聚焦于股东价值创造目标后，有利于建立或维持竞争优势。总之，一旦引进了价值管理的观念，就必须有效地实施，它遵循如下步骤。

（一）确保高管的承诺支持

在将价值管理引进企业各个责任中心之前，高管们必须自己内心体验和了解、认可并准备价值管理所需要的技术、行为和管理变革。作为一种全新的、具有潜在破坏性的变革管理方法，关键人员必须熟悉价值管理的概念和指标，并使它在公司发挥作用。价值管理要得以贯彻，必须是：①价值管理框架能够使企业在战略、投资、经营之间，利益相关者与股东之间建立明确的基于公司价值的联系；②让高管的激励性薪酬与价值创造挂钩，而不是与会计结果或预算协商挂钩；③让高管相信价值管理框架会使公司和竞争者之间、内部经营单元之间去比较基于价值的绩效；④价值管理绩效提升是股东财富最大化的动力。

（二）建立价值管理转型团队

管理变革就意味着要改变公司领导者与受变革影响的人之间沟通方式和渠道。同时，它还意味着对将发生价值管理变革的组织环境的管理。真正对价值管理做出承诺的公司会建立价值管理转型团队来承担此任务。

价值管理转型团队是一个公司变革者团队，向首席执行官报告，全力投入实现价值管理转型的工作。虽然首席执行官必须提供支持环境，并表明价值管理变革计划的愿景，但是解释这些高层目标并确保公司各部门经理和员工予以理解并付诸行动，则需要转型团队。

根据公司规模不同，价值管理转型团队应该由5～8名成员组成，他们要精明能干，享有实现变革的信誉和权力。团队至少应具备的能力包括信息技术、管理会计、人力资源和流程设计。团队成员来自组织的各级、各部门。担任团队领袖的人应该对首席执行官充满信心，并且具备推动项目发展的能力、诚信及对企业的充分了解。

一般而言，价值管理转型团队主要职责是：提供环境和指南、促进对话、协调与统一、确保自上而下保持一致、发现人际关系问题等。

1. 提供环境和指南

高管建立了企业战略愿景和长期目标。但是，愿景和目标必须在整个企业贯彻，向各级员工解释说明。价值管理转型团队要召集公司会议说明价值管理的目的，并帮助别人了解如何协调自身工作，支持公司的整体行动，借此帮助实现转型。这就意味着将经济增加值等价值管理指标与生产周期或存货周转率等主要经营指标联系起来。为了帮助实现价值管理观念的转变，团队应该准备些说明价值管理新举措的印刷资料（通信、小册子、公报和海报）以及宣讲和录像资料。阐明经济增加值如何能帮助公司实现创造股东价值的经营宗旨，强调每名员工必须为本经营单元的受托资本和所创造的净收益负责。发放的宣传册上可用简明的语言介绍公司选定的价值评估指标，回答为什么选用它，它如何发挥作用，谁负责，报告流程如何发挥作用，每名员工如何影响本经营单元所创造的价值。

2. 促进对话

要让公司的员工相信价值管理为什么是基本的组织范例、它如何影响员工的日常活动，以及员工为什么应该对价值管理做出承诺，这需要一定的时间。价值管理转型团队在鼓励职工和领导对话中发挥着重要作用。

3. 协调与统一

价值管理转型团队的职责就是推动管理变革。教育企业部门及员工理解基本规则，使其内部协调统一于价值创造战略。价值管理转型团队应对领导者、变革者自身、管理者和员工均进行培训，让每个人都理解价值管理战略，懂得如何计算价值、经营单位可以采取哪些提高价值的战略、成功实现价值创造对公司和员工的经济意义，这称为“反复沟通”阶段。价值管理转型团队的核心任务就是让各责任单位与公司总体目标协调一致。

高管层必须参与分析目标协调一致问题，不仅是为了了解分析结果，也是为了强化参与意识。在协调统一阶段，就应该调整责任，授权管理者既管理经营现金流，又管理投资，还要明确各责任中心间的相互关系，以强调企业较低层级的潜在利益与整体利益的权衡。

要让其他利益相关者及投资者了解公司的主要变化，让他们理解管理者将如何影响股东价值。公司应该确定一个有影响力的股东群体，对他们说明公司的行动、这些行动如何促进经济增加值的变化。为了赢得信誉，这种投资者沟通计划还必须全面披露相关数据。目标应该是避免不必要的震惊，将投资者的困惑控制在最低限度。

4. 确保自上而下保持一致

采用价值管理就意味着整个公司在管理思想上的变革。为了赢得信任，管理层必须表现出“言行一致”。价值管理转型团队的一个重要职责就是确保各级目标的一致，警惕管理层或经营单元出现偏离轨道的情况，以及采取矫正行动弥补差距。

5. 发现人际关系问题

在向价值管理转型过程中，岗位职责会发生变化，可能要裁员，也可能要进行业务流程重组，还可能要修订薪酬结构。所有这些都会增加紧张气氛，造成对员工士气的消极影响，甚至导致人为抵制。价值管理转型团队应该预见到这些问题，并做好准备。为此，价值管理转型团队的成员应该包括来自人力资源部门的人员。

（三）协调激励以实现变革

协调激励包括两个要素：首先，员工必须从内心对价值管理变革做出承诺，并且愿意为实现价值管理变革承担责任。其次，必须建立奖励这种行为的激励薪酬系统。因为真正的价值管理要求各级决策者思想上的变革，所以它通常需要两年的时间才能实现。第一年，管理者接受培训，学习实用价值管理工具，尤其是价值动因。第二年巩固其理解，在管理者确信价值管理工具能够发挥作用的时候，他们就能接受向基于价值的薪酬系统的转型。

虽然本书不可能提供一种在任何情况下都适用的实用薪酬设计，但是可以为价值管理薪酬计划提供框架。具体而言，符合下列标准的薪酬计划就满足了价值管理薪酬计划的所有要素。

标准一：绩效指标必须与股东价值创造挂钩。这个标准不同于以会计收益指标为中心且不考虑资本使用成本的薪酬计划。在高管薪酬计划中，消除了每股收益、股东权益收益率和每股收益增长率等指标，也排除了投资报酬率和净资产收益率之类的指标，因为它们不考虑资本成本的潜在差异，这对于多种经营公司尤其相关。如果不关注每个业务领域的风险差异而仅以净资产收益率为中心，就表示在稳定的、低风险的经营单元的管理者会受到惩罚（其实低风险的经营单元有资本成本低的优势），这对提升公司价值是不利的。而考虑各自的资本成本就会解决这个问题。

标准二：绩效指标明确且能客观计量。像现金流投资报酬率或计划价值（未来现金流量的估计价值）这样的指标，它们取决于预测价值，容易被人为操纵，故不应该进入指标体系。

标准三：绩效指标必须是管理决策直接影响的指标。这个标准虽有种种质疑，但这的确是与公司股价挂钩的薪酬计划。例如，用股票期权奖励管理者，管理者获得执行价格接近市场价格的股票期权，如果股票价格上涨，管理者就会受益；而如果股票价格下降，管理者只能放弃行权，分文没有。从这个意义上讲，这种方法与股东财富最大化是相连的。为何要谨慎呢？

原因之一就是股票市场的状态是公司管理决策改变不了的，如果是牛市，所有公司的股价都可能上涨，不管单位经理们的绩效如何。如果管理者的薪酬与股价挂钩，则即使股价没有达到股东所期望的要求，或者低于同行的涨幅或投资报酬率，管理者也会受益。这类机制还有一个问题，实证表明授予高管的股票期权执行价格是固定的，不会调整资本的机会成本。而且，如果股票价格下降，许多公司就会下调执行价格。这些调整导致非常慷慨的高管薪酬机制，它无视公司股票价格的表现。避免这种后果的一种替代方法就是以相对的形式评估股票价格，而不是采用绝对数字，即相对于同行业的股票价格表现。另一种方法是将其建立在年经济回报的基础之上，采用股东权益资本估计成本作为再投资的投资报酬率，而不是短期国库券的利率。

原因之二就是因为上市公司规模都较大，一个公司内部经营单位的价值创造绩效无法通过整个公司的股票价格变化表现出来。因此，将各经营单元的管理者的薪酬与整个公司的股票价格挂钩不会提供任何有意义的激励。

将各经营单位的管理者的薪酬与公司整体的绩效挂钩，而不是与公司股价挂钩也符合波特（Porter）关于经营单位管理者的职责的思想。波特认为公司只有在经营单位层面（而不是在公司层面）才能创造价值，因为这才是实现竞争优势的层面。如果真是这样，薪酬就必须与各经营单位的价值创造绩效密切联系起来，而不是与公司的总体绩效联系起来。

因此，绝对依赖股票价格作为薪酬机制的主要决定因素未必能对价值创造提供适当的激励。基于股东总回报、股票价格、年经济回报和市场增加值的指标必须予以认真审视，以确保它们能真正区分创造价值的管理者与破坏价值的管理者。

标准四：指标透明且易于理解。管理者必须了解他们所考核的是什么。有些指标需要对财务报表进行多项调整，使之难以理解，所以不宜采纳。

基于价值管理的薪酬系统的其他重要特征包括：①管理薪酬不应该基于年度绩效，而应基于累计绩效。这就确保了管理者的远见卓识，也意味着管理者的人力资本投入公司。②因为经济增加值计算要求确定资本和资本成本，所以有必要在一开始进行经济增加值的薪酬计划制度化时就确定资本和资本成本。资本（或资产）价值不是账面值，而是接近所运用资本的重置价值（或市场价值），资本成本应根据公司各经营单位面临的不同业务、财务风险分别确定，如果前任管理者的决策质量差，或者由于现任管理者基于过去的激励计划下产生的错误决策，使资产账面价值高于重置价值，此时就必须在实施期初就予以调整，以鼓励管理者认可，这就尤其重要。③应商定税后经营净利润的准确定义，还要讨论并商定研发、培训、准备、坏账损失等的处理。④在周期性行业的企业中，必须商定评估经济增加值绩效所跨的期间。如果在经营周期的高峰期或低谷期引进薪酬计划，这会使后期的绩效体系无法用绝对指标衡量，需要建立一个相对经济增加值指标，即相对可比的公司指标。

无论薪酬计划如何设计，也无论赋予经济增加值多大的权重，如果没有这样的基于价值创造的激励计划，股东和管理者之间的利益就不会协调一致。要避免因薪酬基于净收益而使管理者通过盈余管理或其他最大化当期收益的管理行为，就要正确实施基于价值的指标体系，实施价值管理薪酬系统。

另外，价值管理在实践中还存在许多问题，实施价值管理是一个既漫长又复杂的过程，也需要多次试错。公司经历了试错改错后便实现了跨越，并必将获得理想的收益。

四、公司和管理会计面临的挑战

通过采用股东价值创造而不是将经营收益或报告收益作为基本的经营绩效指标，管理者会受益匪浅。虽然一旦被迫确认其全部经济成本之后，发现经营组合中的一些经营单位不再盈利，会令人十分不安，但这的确是表明一个企业是否经济健康的可靠信号。

大多数公司是没有能力在各经营单位之间或经者单位内部建立可靠的股东价值创造指标的，这意味着在涉及如何制定或从哪里寻找增加股东价值的战略时，公司和经营单位的管理者也会很盲目，要改变管理会计系统，教育管理者如何使用这些新指标，需要大量时间和精力。

管理者必须学会谨慎地区分良性增长和不良增长。如果是股东的钱，即是支撑经营单位或公司的权益资本，要投资于能不断获得正的股东权益差价乃至正的经济利润的战略，催生良性增长。不能投资于不断产生负的股东权益差价乃至产生经济损失的战略，以遏制不良增长。

公司必须不断发展才能创造股东价值，即使能实现规定目标也要求公司不断寻求并投资于产生良性增长的项目。而且，管理者要控制和消除不良增长的投资，避免良性增长战略所创造的股东价值被浪费和破坏。

管理会计必须理解各种股东价值计量技术的优势和劣势，准确判断其对管理行为的影响和在企业中的潜在适用性。管理会计专业人员还必须分析和应用职业判断，选择最佳指标。

有证据表明，在当今的股票市场上，增加股东价值是成功的关键。增加股东价值并不会与其他利益相关者的长期利益冲突。实际上，股东价值管理是支持利益相关者利益实现的，它也会敦促利益相关者去发现、管理并计量股东价值创造，成为导致股东价值提高的动因。

价值管理是将高管层面的战略决策与下面各级决策直到一线管理者和员工所使用的价值动因联系起来的重要工具。最好的价值管理的指标就是能将各责任中心的决策与总体经济增加值联系起来的指标，或者是与股东财富相关的指标。本节介绍了价值管理的主要内容与特征。接下来将具体介绍公司可采纳的计量价值创造程度的指标。（本节涉及的一些指标也可从第三节中寻找。）

第三节　股东价值创造指标

衡量公司股东价值创造的绩效指标可以分为三大类：第一类是以财务报表为基础制作的指标，但需要以资本成本调整成价值创造指标；第二类是适用于上市公司的股票市场数据指标，是对股东财富影响并以此作为反映一定期间绩效的间接指标；第三类是价值与财富创造混合指标。公司由于在财务复杂性、内部报告能力及经营特点上的差异，就需要量身定做价值计量方法。选择时要考虑到每种指标的简捷性与准确性的权衡，简捷指标的优点是指标容易得到和计算方便，但缺点是对价值的计量不大准确。另外，应选择管理层有能力掌控的指标，如果指标不能掌控，就失去了价值管理的意义。当然实施的复杂性也是要考虑的，如在我国，计算经济增加值需要对每个公司计算资本成本，但精确计算资本成本难度很大，这里暂且留个疑问：可不可以采取权宜之计呢？

所有价值创造指标都要求对财务报表数据修订，以消除公司为满足公认会计公告的外部报告要求所做的任何管理式调整，并且使报告收益更接近于现金流量。表 11-2 比较了传统损益表与基于价值的损益表的差异。

表 11-2　传统损益表与基于价值的损益表表现差异

传统损益表	基于价值的损益表
收入	收入
减去：销货成本	减去：销货成本
等于：毛利润	等于：毛利润
减去：折旧、销售和管理费用及其他	减去：折旧、销售和管理费用及其他
等于：息税前利润	等于：息税前利润
减去：利息	减去：调整税金
等于：税前利润	等于：税后经营净利润
减去：税金	减去：资本成本支出
等于：净收益	等于：经济增加值

注：此表计算方法参见第十三章

传统损益表没有反映出公司所创造的收益是否达到了投资者基于公司经营与财务风险的预期。它只是提供了收益数字，人们常称之为净收益。一般而言，如果净收益为正，就说公司经营得好。

基于价值的损益表明确确认资本成本与资本使用的联系，通过聚焦经营现金流量而关注公司的经营绩效，它将公司所有资本都看成权益资本，其价值创造指标有经济增加值、股东权益差价与股东权益价值创造、股东权益的隐含价值、现金流投资报酬率、财富创造指标、价值与财富创造混合指标——市场增加值等。

一、经济增加值

经济增加值，是由美国思腾思特公司针对剩余收益作为单一业绩评价指标所存在的缺陷，开发并于 20 世纪 90 年代中后期推广的一种业绩评价指标。经济增加值在 1993 年 9 月的《财富》杂志上被完整地表达出来，并被该杂志称为“现代公司管理的一场革命”。

经济增加值是指经过调整的企业税后净营业利润扣除全部投入资本成本后的剩余收益，它是评价企业经营者是否有效使用资本为企业创造价值的重要指标。经济增加值为正，表明经营者有效使用资本，为企业创造价值；经济增加值为负，表明经营者滥用资本，损毁企业价值。

经济增加值对于企业业绩评价具有十分重要的意义：第一，经济增加值充分体现了价值创造的理念，有利于引导企业致力于为自身和社会创造价值；第二，经济增加值弥补了会计利润存在的缺陷，有利于消除或降低企业盈余管理的动机；第三，经济增加值全面考虑了企业的资本成本，有利于促进资源合理配置，提高资本使用效率。

经济增加值是在剩余收益的基础上，为了弥补剩余收益在业绩评价中的缺陷，而提出的一种业绩评价指标，两者之间既有联系又有区别。经济增加值与剩余收益进行业绩评价时均涉及投资报酬率。利用剩余收益指标进行业绩评价时，设定部门投资的最低报酬率，旨在防止部门利益损害整体利益；而采用经济增加值进行业绩评价时，使用的是资本成本，旨在使经营者赚取超额报酬，促进股东财富最大化。

经济增加值与剩余收益的区别在于：第一，计算剩余收益时，通常使用税前营业利润和税前投资报酬率；而计算经济增加值时，使用的是税后营业利润和税后加权平均资本成本。当不考虑税收因素时，两者的计算结果相同，只是经济增加值的计算更为复杂；当考虑税收因素时，经济增加值能够更好地反映企业的盈利能力。第二，经济增加值的计算使用的是加权平均资本成本，是基于资本市场的计算方法，当资本市场上的债务资本和股权资本变化时，企业要相应调整加权平均资本成本；而剩余收益的计算使用的是部门要求的资本成本，主要考虑管理的不同要求和部门个别风险的高低，带有一定的主观性。

（一）经济增加值的计算

经济增加值不同于会计利润，它是由经过调整的会计利润和资本成本计算而得的。

经济增加值＝税后经营净利润－平均资本占用×加权平均资本成本　（11-1）

式中，税后经营净利润反映企业的盈利水平；平均资本占用反映企业投入的各种债务资本和股权资本；加权平均资本成本反映企业各种资本的平均成本率。

虽然经济增加值的定义很简单，但其计算却很复杂。要想计算经济增加值，需要先计量经营利润、资本成本、所使用的资本数额，不同的计量方法，形成了不同的经济增加值。

1. 基本经济增加值

基本经济增加值是根据未经调整的经营利润和总资产计算的经济增加值，由于经营利润和总资产未经调整，它们并没有反映企业真实的业绩。

基本经济增加值＝税后经营净利润－总资产×加权平均资本成本　（11-2）

2. 披露的经济增加值

披露的经济增加值是对公开的会计数据进行调整计算出来的，这种调整依据的是企业公开的财务报表及其附注中的信息，据相关统计分析，大多数市场对披露的经济增加值较为敏感，可以部分解释企业股票市场价值变动。

3. 特殊的经济增加值

特殊的经济增加值是使用公司内部数据对会计数据进行调整，它是根据企业自身情况定义的经济增加值，更加适合企业内部业绩管理，调整结果使经济增加值更加接近企业价值。

4. 真实的经济增加值

真实的经济增加值是对企业会计数据进行所有必要的调整，并对企业中每一经营单位都使用不同的、更准确的资本成本，它是对企业经营利润最准确的衡量指标。

（二）经济增加值的评价

1. 经济增加值的优点

经济增加值指标与税后净资产收益率之类的传统绩效指标之间的主要差异在于经济增加值不仅考虑资本成本，而且用易于计量的货币单位表示价值绩效。它的优势来自以下四个方面。

（1）经济增加值明确确认资本成本，激励有效利用资本，资本成本计算使用的是加权平均资本成本，考虑了企业所有投资资本的成本，其本质是高于企业资本成本的盈利才会创造价值，更准确地反映企业的价值创造能力。

（2）能明确资本边际效应，优化资本投入，实现恰当的投资水平，能有效遏制企业通过盲目扩张来追求高利润和高增长率的倾向，引导企业注重长期价值创造。

（3）经济增加值作为一个年度指标，便于评估管理绩效，提供激励。以经济增加值为基础的薪酬激励框架，有效地把企业利益、经营者利益、员工利益统一起来，激励经营者和员工为企业创造更多的价值。

（4）符合标准贴现现金流量计算净现值的框架，体现了时间与空间相对应的二维价值结构。

2. 经济增加值的缺点

（1）经济增加值只对现在和未来几年价值创造情况进行计量与评价，没有考虑企业长期发展战略的价值创造情况，和企业战略没有很高的关联性。

（2）经济增加值的计算主要基于财务数据，没有考虑非财务数据，无法对企业的运营效率和效果进行综合评价。

（3）经济增加值是绝对数指标，且不同行业、不同规模、不同发展阶段的企业经济增加值的计算涉及的会计调整项和加权平均资本成本一般并不相同，计算比较复杂，致使不同企业相互之间没有可比性。

（4）实际计算经济增加值时要求准确估计资本成本，并对财务报表进行适当调整，而将财务报表数字转化为经济增加值信息，有时需要进行多次调整。

（三）经济增加值的调整

对财务信息进行经济增加值方向的调整，应该遵循四项主要原则。

（1）经营现金流量必须对报告收益进行必要调整才能计算出。因此，任何影响损益表（和资产负债表）的计提准备的非现金支出或冲销，都必须予以转回。

（2）必须适当关注可以解释为未来投资的费用的核算。例如，研发费用通常按当期费用进行会计处理，但它可以被视为未来投资。在这种情况下，只有部分研发支出应该在一定年度计入费用，其余可以资本化，以增加资产基数（并期望弥补资本成本）。同样，大型建设项目或主要研发项目的支出一般投放市场的周期都很长，可能不会立即创造现金流量，而是消耗资本。

（3）资产基数必须反映资本重置价值，不应该受商誉冲销、资产冲销或者账面价值未反映重置市场价值的折旧速度快的固定资产基数等的影响。其思想就是确保用于计算资本成本的资本基数反映企业利用的真实资本。

（4）所有调整都必须是重大的、透明的，并且能影响管理决策。

实际上，公司可能要准备三套账簿：第一套要满足审计和报告要求；第二套要满足税务部门的要求；第三套是基于价值的账，用于价值创造决策。另外值得注意的是，第三套账簿反映了不同于报告收益和自由现金流量的经济增加值数字。在计算和解读时，要区分对待。从根本上讲，要权衡简捷性与准确性。人们不会接受需要各种调整得非常复杂的计算，因为它无法理解。管理者不会遵循无法控制或无法理解的指标。

虽然经济增加值是一个比传统损益表更好地反映经济收益的指标，但是它仍然有可能失效。经验表明，财务导向的指标和单纯建立在这些指标基础之上的激励会使人们为了个人利益而走捷径。这种捷径会将一些重要举措排斥在外，如加强和建立长期客户关系、保护公司作为特许经营或雇主的品牌形象或者为未来增长和潜力投资等举措。为了避免这种情形，必须将激励与长期经济增加值创造统一起来。

【例 11-1】永灿公司 2014～2019 年调整后损益表如表 11-3 所示，请计算经济增加值。

表 11-3 永灿公司 2014～2019 年调整后损益表（单位：元）

项目	2014 年	2015 年	2016 年	2017 年	2018 年	2019 年
销售收入	139 595	134 567	155 925	187 671	216 378	233 522
销货成本	135 435	130 537	151 102	181 075	207 804	225 764
毛利润	4 160	4 030	4 823	6 596	8 574	7 758
其他经营（收益）或损失	715	（198）	（1 003）	0	0	（1 035）
折旧	1 328	1 605	1 758	1 817	1 774	1 879
息税前利润	2 117	2 623	4 068	4 779	6 800	6 914
所得税	796	974	1 102	2 091	2 781	3 328
税后经营净利润	1 321	1 649	2 966	2 688	4 019	3 586

注：（1）经济增加值＝税后经营净利润（NOPAT）－所占用的资本×加权平均资本成本（WACC）；
（2）税后经营净利润（NOPAT）＝息税前利润（EBIT）－所得税

税后经营净利润（net operating profit after tax，NOPAT）是全部资本的回报，即股东的剩余所得（净利润）与债权人所得（债息）之和。永灿公司不用再调整税后经营净利润，因为假设公司没有冲销，没有重大研发或培训支出，没有资产重新估值，也没有商誉，等等。计算估计的税率为历史平均税率 39%。

永灿公司所占用的资本如表 11-4 所示。

表 11-4 永灿公司所占用的资本（单位：元）

项目	2014 年	2015 年	2016 年	2017 年	2018 年	2019 年
流动资产总额	34 484	36 222	40 444	46 308	61 544	56 990
减去：						
应付账款	6 620	8 158	8 412	10 241	13 759	11 438
其他流动负债	0	38	438	737	857	1 088
无利息流动负债	6 620	8 196	8 850	10 978	14 616	12 526
营运资本净额	27 864	28 026	31 594	35 330	46 928	44 464
固定资产净额	17 238	18 485	18 850	19 598	20 585	20 936
所占用的资本	45 102	46 511	50 444	54 928	67 513	65 400

加权平均资本成本计算的三个步骤：①为资本结构建立目标市场价值权数；②估计非权益资本的机会成本；③估计权益资本的机会成本。在本例中，假定在所研究的每个年度，加权平均资本成本和权益资本成本分别是9%和12%。

表12-4表明在2015年，年初所占用的资本为45 102元，年资本成本为9.0%，计算出的资本成本支出就是4059元。其他年份的计算也一样，列表11-5所示计算资本成本支出。

表11-5　永灿公司资本成本支出

项目	2015年	2016年	2017年	2018年	2019年
期初占用的资本/元	45 102	46 511	50 444	54 928	67 513
加权平均资本成本/%	9.0	9.0	9.0	9.0	9.0
资本成本支出/元	4 059	4 186	4 540	4 944	6 076

计算经济增加值如表11-6所示。

表11-6　永灿公司经济增加值（单位：元）

项目	2015年	2016年	2017年	2018年	2019年
税后经营净利润	1649	2966	2688	4019	3586
减去：资本成本支出	4059	4186	4540	4944	6076
经济增加值	（2410）	（1220）	（1852）	（925）	（2490）

显然，永灿公司连续5年都在毁灭经济价值。

二、股东权益差价与股东权益价值创造

股东权益差价是将股东权益收益率与所要求的股东权益收益率（权益资本成本）视为价值创造的来源。股东权益价值创造是经济增加值指标的一种变形。

股东权益价值创造没有采用所有资本作为计算资本成本支出的全部基数，而是采用股东权益资本和股东权益资本成本计算股东权益资本成本支出。相应地，它采用股东权益持有者的经济增加值（扣除利息费用后的净额），而不是公司总价值。

如果公司的资本全部是股东权益资本，则经济增加值就等于股东权益价值创造。即使对于部分依赖债务的公司而言，只要不发生非常利得和损失、资本结构稳定并且对股东权益和债务资本的成本重新进行了正确的估计，那么采用这两个指标评估企业就会产生完全一致的效果。

资本市场的长期上涨来自所有上市公司的股东权益差价正增长或经济利润正增长，如果股东权益差价和经济利润为负值，那这个市场就没有吸引力。

接【例11-1】计算股东权益差价及股东权益价值创造，需要比较净收益（而不是税后经营净利润）与权益资本成本。利用权益资本（而不是所占用资本）的价值，就可以计算股东权益价值创造指标。其数学表达式如下：

股东权益价值创造＝（股东权益收益率－股东权益资本成本）×股东权益资本

$$=股东权益差价\times股东权益资本 \tag{11-3}$$

计算永灿公司股东权益差价与股东权益价值创造如表 11-7 所示。

表 11-7 永灿公司股东权益差价与股东权益价值创造

项目	2015 年	2016 年	2017 年	2018 年	2019 年
净收益/元	132	1 453	1 511	2 677	1 824
期初所有者权益/元	24 188	24 320	25 724	27 261	29 506
股东权益收益率（ROE）/%	0.5	6.0	5.9	9.8	6.2
期初股东权益资本成本/%	12.0	12.0	12.0	12.0	12.0
股东权益差价/%	（11.5）	（6.0）	（6.1）	（2.2）	（5.8）
股东权益资本/元	24 188	24 320	25 724	27 261	29 506
股东权益价值创造/元	（2 782）	（1 459）	（1 569）	（600）	（1 711）

显然，永灿公司连续 5 年都在毁灭股东权益价值。

三、股东权益的隐含价值

股东权益的隐含价值（简称“隐含价值”）是对预期绩效的价值评估。它类似于贴现未来市场价值。根据未来现金流评估公司价值，即与贴现现金流量计算净现值框架类似。只不过贴现的对象不是项目而是公司。它强调的不是年度绩效，而是预期绩效的价值评估。估计公司一定期间的未来现金流量，并为期末制定一个持续经营价值（终值），估计资本成本，然后通过计算这些估计现金流量的现值估计公司价值。这种公司价值评估方法与在资本预算中计算净现值时所遵循的方法一样。因为计算可得出公司价值，所以公司股东权益的隐含价值可通过估计公司价值减去负债价值计算得出。这个价值就是公司股东权益的隐含价值。

为了估计公司的管理层是否创造了价值，人们可以用年末估计价值减去年初估计价值。如果差额为正值（当年股东权益的估计价值增加了），则可以说管理层创造了股东价值。

较之采用经济增加值和股东权益差价指标反映价值创造，采用隐含价值的变化作为价值创造指标有两个显著特点。

（1）隐含价值指标基于长期经营观而采用未来现金流量的估计。因此，价值在两年之间的变化可能不同于采用前两种方法估计的经济增加值。因为是采用预测，所以它也会遇到以贴现现金流量计算净现值框架所遇到的同样问题，即公司高管可能会为了得到预期结果而操纵预测。

（2）如果是上市公司，当投资者的预测与企业管理者的预测相同，则隐含价值指标所提供的结果也应该与公司股票市值相同。如果这样，用公司市值变动作为反映价值创造的指标就简单得多了，不用担心估计未来现金流量。如果情况不是这样，那么就应深入调查二者之间的差异（价值差异）。

但是，尽管存在这些差异，隐含价值指标的内在逻辑提供的决策框架也几乎与经济增加值和股东权益差价指标一样。价值创造的前提是，管理层的决策创造的现金流量大于资本成本，并且公司能够长期保持这种绩效。

隐含价值指标要求通过编制一定期间的预测损益表和资产负债表预测未来。以【例 11-1】永灿公司为例，假设我们可以根据永灿公司的历史预测未来，并以表 11-8 做出相关历史绩效的假设，相关预测指标计算列于表 11-9～表 11-14。

表 11-8　永灿公司编制预测报表的假设

销售收入年增长率为 12%
销货成本占销售收入的 96.7%（与 2019 年的价值相同）
年折旧额为固定资产年初净值的 9%
利息费用＝（银行贷款＋长期负债）× 7%
所得税税率为 39%
现金＝0
应收账款＝本年销售收入×12%
存货＝本年销售收入×11.3%
其他流动资产＝950 元
固定资产净额年增长率为 7%
银行贷款是指包括所有超额融资需求，2023 年募集权益资本时除外
应付账款＝销货成本×5.1%
长期债务的流动部分＝上年长期负债余额×5.9%
其他流动负债＝销货成本×0.5%
长期负债＝上年长期负债－本年长期债务的流动部分
递延信用＝销货成本×1.8%
普通股在 2023 年后将增加至 10 000 元
留存收益＝上年留存收益＋本年留存收益
股利派发比率为 20%
2019 年的长期负债为 34 451 元

表 11-9　永灿公司 2020～2024 年预计利润表（单位：元）

项目	2020 年	2021 年	2022 年	2023 年	2024 年
销售收入	261 545	292 930	328 082	367 451	411 546
销货成本	252 914	283 263	317 255	355 325	397 965
毛利润	8 631	9 667	10 827	12 126	13 581
折旧	2 016	2 157	2 308	2 470	2 643
息税前利润	6 615	7 510	8 519	9 656	10 938
利息	2 244	2 541	2 864	2 975	3 350
税前利润	4 371	4 969	5 655	6 681	7 588
所得税	1 705	1 938	2 205	2 606	2 959
股东可获得的收益	2 666	3 031	3 450	4 075	4 629
股利	533	606	690	815	926
留存利润	2 133	2 425	2 760	3 260	3 703

表 11-10　永灿公司 2020～2024 年预计资产额（单位：元）

项目	2020 年	2021 年	2022 年	2023 年	2024 年
流动资产					
现金及现金等价物	0	0	0	0	0
应收账款	31 385	35 152	39 370	44 094	49 386
存货	29 555	33 101	37 073	41 522	46 505
其他流动资产	950	950	950	950	950
流动资产合计	61 890	69 203	77 393	86 566	96 841
固定资产净额	22 401	23 969	25 647	27 442	29 363
资产总额	84 291	93 172	103 040	114 008	126 204

表 11-11　永灿公司 2020～2024 年预计负债与权益（单位：元）

项目	2020 年	2021 年	2022 年	2023 年	2024 年
流动负债					
银行贷款	25 095	29 742	34 745	36 689	42 393
应付账款	12 899	14 446	16 180	18 122	20 269
长期债务的流动部分	436	411	387	364	342
其他流动负债	1 265	1 416	1586	1 777	1 990
流动负债合计	39 695	46 015	52 898	56 952	65 021
非流动负债					
长期债务	6 962	6 551	6 164	5 800	5 458
递延信用	4 552	5 099	5 711	6 396	7 163
非流动负债合计	11 514	11 650	11 875	12 196	12 621
负债总计	51 209	57 665	64 773	69 148	77 642
普通股	6 668	6 668	6 668	10 000	10 000
留存收益	26 414	28 839	31 599	34 860	38 562
股东权益合计	33 082	35 507	38 267	44 860	48 562
负债与所有者权益总计	84 291	93 172	103 040	114 008	126 204

表 11-12　永灿公司 2020～2024 年预计税后经营净利润（单位：元）

项目	2020 年	2021 年	2022 年	2023 年	2024 年
销售收入	261 545	292 930	328 082	367 451	411 546
销货成本	252 914	283 263	317 255	355 325	397 965
毛利润	8 613	9 667	10 827	12 126	13 581
折旧	2 016	2 157	2 308	2 470	2 643
息税前利润	6 615	7 510	8 519	9 656	10 938
所得税	2 580	2 929	3 322	3 766	4 266
税后经营净利润	4 035	4 581	5 197	5 890	6 672

本预测可用于计算未来税后经营净利润和所占用的资本。

表 11-13　永灿公司 2020～2024 年资产（资本）占用额（单位：元）

项目	2020 年	2021 年	2022 年	2023 年	2024 年
营运资本净额	47 726	53 341	59 627	66 667	74 555
固定资产净额	22 401	23 969	25 647	27 442	29 363
所占用资本	70 127	77 310	85 274	94 109	103 918

表 11-14　永灿公司 2020～2024 年自由现金流量（单位：元）

项目	2020 年	2021 年	2022 年	2023 年	2024 年
税后经营净利润	4035	4581	5197	5890	6672
投资	4727	7184	7964	8836	9808
自由现金流量	（692）	（2603）	（2767）	（2946）	（3136）

有了上述报表则可计算自由现金流量。

有了上述预测，就可以计算永灿公司的持续经营价值（或剩余价值、终值）。

因为在本例预测截止到 2024 年末，所以就需要估计 2024 年末的公司价值。本例假设预测期间外的所有未来投资收益都等于预测期末所占用资本的资本成本，并且将按同样的投资报酬率永续下去。因此，2024 年的公司价值就是 2024 年后的永续税后经营净利润的贴现价值。这个税后经营净利润等于预测期最后一年（本例中即为 2024 年）期初资本收益率乘以期末资本，即永续税后经营净利润＝2024 年初所占用资本收益率×2024 年末所占用资本。

2024 年的税后经营净利润为 6672 元，2024 年的所占用资本收益率为 7.1%（6672 除以期初资本余额 94 109）。因为 2024 年末资本价值为 103 918 元，所以 2025 年的永续税后经营净利润估计为 7367 元。然后将税后经营净利润的这个值以 9%的加权平均资本成本按永续年金贴现，就得出 2024 年的公司价值，为 81 859 元。2019 年末的公司隐含市值可以通过计算全部未来现金流量的现值来估计，其估计方法列于表 11-15。

表 11-15　永灿公司 2019 年隐含股东权益价值（单位：元）

项目	2020 年	2021 年	2022 年	2023 年	2024 年	2025 年
2025 年永续税后经营净利润						7 367
2024 年剩余价值					81 859	
自由现金流量	（692）	（2 603）	（2 767）	（2 946）	（3 135）	
自由现金流量现值	（635）	（2 191）	（2 137）	（2 087）	（2 038）	
剩余价值现值					53 203	
隐含市值	44 115					
现有债务价值	34 451					
隐含股东权益价值	9 664					

计算表明，2019 年公司的隐含市值根据预测是 44 115 元，相应的股东权益的隐含价值（减去 34 451 元的债务）为 9664 元。而以后的各年计算相同，股东权益的隐含市值的变化可以视为反映价值创造的一个指标。这些计算都需要估计 2024 年之后的现金

流量和税后经营净利润。虽然此处计算为列示，但是计算方法同2019年一致。

四、现金流投资报酬率

许多投资者认为公司创造现金的能力是股票投资价值的终极衡量标准。而现金流量指标的支持者认为它能使公司管理者像股东一样思考，因为它将管理者的注意力集中在公司的实际价值上。他们认为管理者会聪明地进行比较决定：公司创造的资本是否能按照增加价值的水平再投资。如果不能，他们就可能以股利或回购公司股票的形式退还股东，希望以此提高仍在流通中股票的价值。

波士顿咨询公司（Boston Consulting Group）和博敦咨询公司（Burton Consulting）创造了一种“现金流投资报酬率”（cash flow return on investment，CFROI）方法，用以反映企业所创造的持续现金流占企业投入现金百分比。而投入现金所产生的现金流正好是资产正常经济寿命期内的内含报酬率。现金流投资报酬率与资本成本之间的差异反映了公司的价值创造潜力（正差额越大，价值创造潜力就越大）。现金流投资报酬率在各年度的变化也可用于反映公司年度绩效。

现金流投资报酬率及其他聚焦于现金创造的指标有助于管理者了解掌握经营单位的资本效率。与资产收益率之类的传统会计指标不同，现金流投资报酬率着眼于所投入的实际现金数额。它不会被提高会计收益的手法所愚弄（如经营租赁等），也不会被当前或历史上的通货膨胀所扭曲。这有助于管理者判断每个经营单位的价值创造能力是否能够通过扩张、减少资本配置抑或是提高盈利能力等方法而得到提升。

评估公司可能创造的长期现金流量非常复杂。计算现金流投资报酬率要求：将会计数据（损益表和资产负债表）转化为以当期货币表示的现金；计算以当期货币表示的现金流量（考虑对货币性或准货币性资产的通货膨胀调整，如存货）；估计资产的正常使用寿命，计算非折旧资产的期末价值。然后计算内含报酬率。此外，还必须做出关于经营环境、行业趋势等的假设。许多公司可能都没有如此长远考虑问题的专业知识，特别是中小企业。现金流投资报酬率与实际资本成本之间的差异称为现金流投资报酬率差价（difference in return on cash flow investment），正差价表示预期价值创造的绩效为正。

现金流投资报酬率方法还可用于评估公司价值，即估计所预计期间的年度现金流投资报酬率，而不是采用当期价值估计现金流投资报酬率（许多咨询公司也提供各行业的现金流投资报酬率进行股票价值评估）。各年度估计价值之间的变化（通过重新估计期初和期末价值）可以视同当年的价值创造绩效。波士顿咨询公司还采用一种修订的现金流投资报酬率，即经营总回报（total business return，TBR）。在计算经营总回报时，采用当期资产成本，而不是调整通货膨胀。

需要明确的是预测现金流量的期间由行业特征而定，一般不低于5年，稳定环境下可缩短。总之，现金流预测期应该远超过保持稳定状态的期限，这样才能合理地反映预测现实。这种稳定状态需要长期平稳的经济条件，所以公司必须审慎，避免根据无限持续的繁荣或萧条进行预测。

但是，现金流也不是灵丹妙药，它可能会变得极其复杂，这是普通投资者所不能及的。而机构投资者采用它是理所当然的，企业管理者也可以现金流审视企业，从而动态掌握公司的真正价值。现金流投资报酬率虽然提供了一种长期价值观，但它却比经济增加值复杂，而且不是年度指标。

为了计算现金流投资报酬率，必须估计期初所占用资本的实际价值（考虑通货膨胀）。假设【例 11-1】的永灿公司 2019 年末所占用资本的实际价值为 79 339 元。为了计算各期的现金流投资报酬率，必须估计各期的实际自由现金流量、实际所占用资本和实际加权平均资本成本。

实际货币总现金流量＝税后经营净利润＋折旧

永灿公司 2019 年实际货币总现金流量＝2019 年税后经营净利润＋折旧＝3586＋1879＝5465（元）

假设2019年的现金流量以实际货币计价，因此就必须予以调整。此外，实际货币总现金流量以 2019 年投入的资产 79 339 元为基础计算，并令其在使用寿命期内的剩余各年都保持不变（年金形式）。另外还假设资产的使用寿命为 10 年，到期后将释放的营运资本净额为 44 464 元（表 11-4）。所有这些简化的假设都需要估计，它突出了这种方法的复杂性。根据这些假设，就可以利用内含报酬率公式计算现金流投资报酬率，以“R”表示现金流投资报酬率。则有

$$79\,339=5465/(1+R)+5465/(1+R)^2+5465/(1+R)^3+5465/(1+R)^4+5465/(1+R)^5+5465/(1+R)^6+5465/(1+R)^7+5465/(1+R)^8+5465/(1+R)^9+5465/(1+R)^{10}+44\,464/(1+R)^{10}$$

计算得现金流投资报酬率 $R\approx3.07\%$。这个值还必须与永灿公司的实际资本成本比较，假设2019年初实际资本成本估计为7.2%。因此，2019年现金流投资报酬率差价为－4.13%。

上述计算严重依赖于关于实际资本成本和实际自由现金流量的主观假设。因此，其中的数字只能用来说明计算方法，不能保证实际数字的真实性。

五、财富创造指标

财富创造指标完全依赖于股票市场，不需要对公司财务报表进行任何分析就能计算价值创造绩效。因此，它们主要适用于上市公司，对于上市公司的下属公司或私营公司则不实用。

财富创造指标的使用原则很简单，它假设资本市场强势有效，有能力为所有证券有效定价。任何公司的普通股的价格都是由市场对公司价值创造能力的预期决定的。潜力越大，股票价格与投入资本之比就越大。

有了这个前提，公司管理绩效就可以用股东从投资公司股票中获得的回报率衡量。因为股票价格的变化反映了投资者对未来绩效预期的变化。这些变化可以用作年价值创造绩效的替代指标，所要考虑的两种财富创造指标是：①股东总回报；②年经济回报。

股东总回报是用于估计年度财务创造绩效的一种简明实用的指标，即股东通过价

格变化与股利分配获得的回报率。股东总回报指标可以使管理者适当权衡盈利能力、增长率与自由现金流量，使管理者认真计量每个经营单位对公司投资者的总资本利得和股利收入产生的贡献。

但股东总回报会受资本市场总体条件的影响，而不是受具体管理决策的影响。所以股东总回报一般在调整风险之后才与同行或者广泛使用的标杆（如上证综合指数）比较，以评估相对绩效。如果相对绩效为正值，人们就可以得出结论：投资者对管理层的能力做出了积极反应，因此管理者就创造了股东价值。这项指标完全基于市场对公司未来绩效的看法。

如图 11-2 所示，公司的股东总回报被分为三个财务动因，即盈利能力（投资报酬率）、投入资本增长率、自由现金流量。投资报酬率、投入资本增长率推动资本利得增加，对于投资报酬率高于投资者所要求的报酬率的公司，将吸引更多的资本投入，实现股票价格的上涨。一种替代战略就是提高投入资本报酬率的公司所示范的战略，它也通过资本利得绩效来推动创造较高的股东总回报。而自由现金流量是股利分配的源泉。

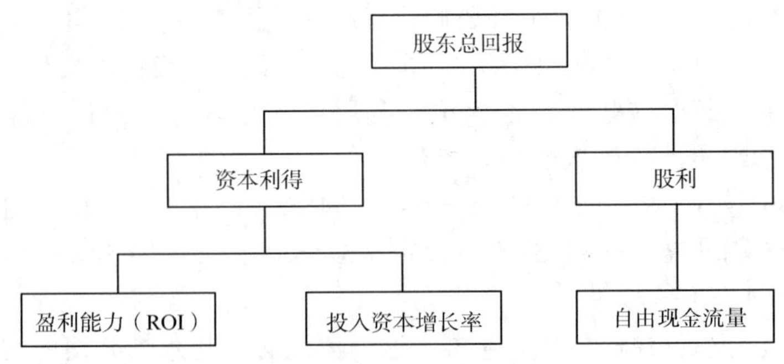

图 11-2　股东回报的财务动因

股东总回报＝（年末股票价格＋股利－年初股票价格）/年初股票价格　　(11-4)

年经济回报（annual economic return，AER）指标计算原理是：假设每年末公司管理者都可以选择按股票市值（扣除任何负债后的净额）清算公司。股东接受这个清算数额，就可以将收入投入其他投资（其收益就是将资金继续留在公司的机会成本，也称替代投资报酬率或资本成本），管理者也可以选择继续经营企业，而且认为能做得比股东将资金投入其他地方更好。如果管理者仍然继续经营企业、派发股利，并且在必要时募集外部资本，管理者创造财富的能力就可以通过比较它所创造的回报与在清算情景下股东所能获得的回报来评估。这种比较计算必须考虑股利和再融资的时间回报问题。

年经济回报计算要求估计股东的替代投资报酬率，这从理论上讲是与公司风险相当的股东权益资本成本。这也是年经济回报作为价值创造指标的一项估计挑战。其实股东总回报作为价值创造指标也无法规避这种挑战，因为实际股东总回报应该与预期股东总回报比较，即与股东所要求的投资报酬率（或者称股东权益资本成本）比较。

由于计算年经济回报必须考虑本年所派发的股利，以及所募集的新权益资本，它还要求估计资金的机会成本。从理论上讲，机会成本就是股东权益资本成本。年经济回报就是公司调整股票市值、对外派发股利和对外募集资本之后的回报。比较简单的解释是：年经济回报（AER）是将年初（或上年末）的股票市值（MV_0）按机会成本投资到年末能取得一个终值（MV_j），这个终值是投资者的年末复利本金，而实际投资者得到的是年末市值（MV_1）减去募集股权资本额（ER）的年末终值（ER_1），再加上派发股利额（DIV）的年末终值（DIV_1），将所有现金流归集到年末一个时间点计算年经济回报，其数学表达式如下：

$$\begin{aligned} AER &= (MV_1 - ER_1 + DIV_1 - MV_j)/MV_j \\ &= (MV_1 - ER_1 + DIV_1)/MV_j - 1 \end{aligned} \tag{11-5}$$

投资者的资本的机会成本就是公司相应的股东权益资本成本。如果回报为正，管理者就创造了投资者财富，因为它比投资者自己投资做得更好。从这个意义上讲，这是公司管理者在考虑机会成本的情况下所提供的一个现金流回报。

【例 11-2】假设辉元公司各年的机会成本均为 5%（相当于投资于短期国库券），并假设股利派发或对外权益资本募集均发生在各年年中。则辉元公司年经济回报如表 11-16 所示。

表 11-16　辉元公司年经济回报

项目	2014 年	2015 年	2016 年	2017 年	2018 年	2019 年
机会成本/%	5	5	5	5	5	5
股票价格/元	1.38	1.20	1.10	0.98	0.93	0.74
股票数量	10 616	10 616	10 616	12 116	12 153	12 466
年末（下年初）股票市值/元	14 597	12 739	11 678	11 874	11 302	9 225
调整：股东权益市值（用 5%）/元	15 327	13 376	12 262	12 468	11 867	9 686
募集的股东权益/元	不详	0	129	578	102	120
调整后的募集的股东权益（用 5%）/元	不详	0	132	592	105	123
股利/元	不详	0	178	552	534	501
调整后的股利（用 5%）/元	不详	0	182	566	547	514
年经济回报/%	不详	（16.9）	（12.3）	（3.4）	（5.8）	（19.0）

六、价值与财富创造混合指标——市场增加值

价值与财富创造混合指标既需要来自财务报表的信息，也需要来自股票市场的信息。实际上，这些指标通过比较公司股票市值与投入资本（初始股东权益）来评估公司的绩效。通过比较公司当期的价值与公司自成立起所投入的资本，投资者就可以看出公司是在创造财富还是在浪费财富，甚至在破坏财富。

公司股票市值与调整后的股东权益差异可以视为反映公司管理层所创造的财富净额的替代变量。在有效的资本市场中，这种差异反映了市场对公司投资机会组合的价值评估。最常见的价值与财富创造混合指标就是市场增加值。

市场增加值（market value added，MVA）本意是指一家上市公司的资本总市值与这家公司的股票与债务调整后的账面价值之间的差额。简言之，市场增加值就是公司所

有资本通过公司累计为其投资者创造的财富，也即公司市值与累计资本投入之间的差额，即市场增加值是企业变现价值与原投入资本之间的差额，它直接表明了一家企业累计为股东和债权人创造了多少财富。

市场增加值 MVA＝未来经济增加值的折现值

＝公司市值－公司账面资本值（调整后）

＝公司市值－累计资本投入（调整后） （11-6）

企业经营目的就是要最大化市场增加值，而不是最大化企业价值，因为最大化企业价值可以通过增资扩股等来实现。计算市场增加值要调整全部资本（负债和股东权益），以反映资本市场对公司未来价值的预期。调整资本价值能确保它反映公司资本提供者的累计投入资本。例如，如果报告账面价值受到了非常损失和正常损失冲销的影响，那么人们就必须相应地调增账面价值。

一种简单修订方法就是用公司股票市值减去调整后的股东权益，因为负债的市值难以获得。调整股东权益在过去的负向变化，并且受股票价格的影响，反映资本市场对公司未来价值创造绩效的预期（这个调整复杂，它类似于用资本成本除权（参见王建文，王强. 股息再投资的股价复权设置及收益率影响实证［J］. 华东经济管理，2018（11）：166-172）。

市场增加值指标为差值，不同规模的企业不能横向比较，故可使用相对数。可以通过用市场价值的变化除以公司股东权益（资本）的上年度末调整价值来实现。有人称之为“标准化市场增加值”（standardized market value added，SMVA），标准化市场增加值可用于提供公司相对于同行的绩效排名。

对于石油和天然气之类的自然资源公司，用市场增加值评价不合适，因为这些公司的资源是不可再生的，资产基数会随着时间的推移而增值——不像机械、制造业存货那样价值会减损。

市场增加值（MVA）可通过比较股票市值（MV）与股东权益调整价值（AEV）计算。如果假定债务的市场价值与债务的账面价值相同，则市场增加值就是权益资本市场增加值。否则，市场增加值计算更为复杂，好在一年内利率不变这个条件不难达到。这种方法也要求先对传统资产负债表的各种会计处理进行必要的调整，再正确估计所投入的资本（股东权益）的价值。因此，简单的市场增加值计算（第 t 年）如下式：

第 t 年市场增加值为 $MVA_t=MV_t-AEV_t$

第 t 年标准化市场增加值 $SMVA_t=(MV_t-AEV_t)/AEV_t$

如果以 MVA 来反映财富创造绩效的指标称市场增加值的变化，ΔMVA_t 为在第 t 年的 MVA_t 变化，可以写为

$$\Delta MVA_t=MVA_t-MVA_{t-1} \quad (11\text{-}7)$$

标准化市场增加值的变化也可称为市场增加值变动率（RMVA），是第 t 年 ΔMVA_t 除以第 $t-1$ 年调整后的股东权益价值（AEV_{t-1}），即

$$RMVA_t=\Delta MVA_t/AEV_{t-1} \quad (11\text{-}8)$$

仍以【例 11-1】为例，对永灿公司市场增加值及相关指标计算列表 11-17 所示。

表 11-17　永灿公司各年市场增加值财富创造绩效的指标

项目	2014 年	2015 年	2016 年	2017 年	2018 年	2019 年
调整后的股东权益价值 AEV_t（期末值）（表 11-7）/元	24 188	24 320	25 724	27 261	29 506	30 949
年末股票市值 MV_t/元	14 597	12 739	11 678	11 874	11 302	9 225
市场增加值 MVA_t/元	（9 591）	（11 581）	（14 046）	（15 387）	（18 204）	（21 724）
市场增加值的变化 ΔMVA_t		（1 990）	（2 465）	（1 341）	（2 817）	（3 520）
标准化的市场增加值 $SMVA_t$	（0.397）	（0.476）	（0.546）	（0.564）	（0.617）	（0.702）
（MVA_t-MVA_{t-1}）/AEV_{t-1}/%		（8.2）	（10.1）	（5.2）	（10.3）	（11.9）

管理层在一定期间的价值创造信息可以通过计算MVA、SMVA年度变化来估计。这个年度财富创造绩效只是管理层在一定期间为股东创造的增量财富。对于投资者而言，市场增加值所能提供的关键洞见就是谨防那些为了增长而追求增长的公司。除非创造收益所运用的资本创造了高于成本的财富，否则市场增加值就会停滞，投资者也不会获利。

表 11-18 比较了本节所讨论的计量股东价值创造绩效指标特点、执行的难点以及对指标的评价，供公司选择参考。

表 11-18　股东价值创造指标比较

绩效指标	估计的重点变量	限制、挑战	其他评价
经济价值	经营经济利润、资本基数和资本成本	区分费用与投资 要求各种调整 支持所创造的自由现金流量	可用于薪酬设计 部门经理易于掌握 可横向比较 需考虑公司投入资本的成本
净资产收益率	采用会计价值	部门间比较很困难 因为它基于比率且忽略资本成本，所以净资产收益率未明确确认价值创造	
股东权益差价（率）	股东权益资本成本和股东权益基数	忽略资本结构变化 因为它只是一个比率，所以它未明确确认价值创造	
现金流投资报酬率/价值创造潜力/隐含价值或规划价值	依靠预测 未来现金流、终值、资本的技术性现值	因为它基于预测，所以它不是直接反映绩效的指标 不适用于薪酬设计 部门经理认为复杂，难以掌握	与贴现现金流量一致 对新企业和老企业没有偏见 类似于内含报酬率和净现值指标
股东总回报	不需要估计 需要股票价格和股利信息	与年度管理绩效不直接相关 要求建立同业小组才能比较 不适用于经营单元或私营公司	不需要会计数据 与股东财富创造直接相关
年经济回报	必须知道数量和时效、所募集的外部股东权益资本 需要调整资本基数	与年度管理绩效不直接相关	对于经营募集资本的公司而言同上，这是一个比股东总回报更好的指标 部分考虑机会成本
市场增加值	决定调整资本后的股东权益价值	比较时不调整规模差异 与年度管理绩效不直接相关 忽略股利 可能对回报较低的创业投资有偏见，可能偏好资产折旧快的企业	反映投资者对未来价值创造绩效的预期 可用于与其他公司的比较 部门经理易于掌握

续表

绩效指标	估计的重点变量	限制、挑战	其他评价
标准化的市场增加值	决定调整资本后的股东权益价值	比较时调整规模差异	反映投资者对未来价值创造绩效的预期 可用于与其他公司的比较 部门经理易于掌握 更适于公司间比较

第四节 基于价值创造的财务指标调整

要确保价值创造指标得到正确计算，就必须进行两个步骤的调整：第一个步骤的调整就是向真实性方向的调整，以确保报告收益能反映企业的真实经营绩效，确保企业资产基数反映股票持有人和债券持有人投入公司的累计资本总数；第二个步骤的调整就是调整费用与投资，如有些费用从会计角度来讲是费用，但从价值角度来讲实际上是投资，那么就必须进行由会计角度向价值角度的调整转换。下面具体说明了两步骤调整中的一些常见调整。

一、调整报告收益和资产以反映经营现金流量和资产

价值创造指标要求在计算中对经营绩效和资产进行正确估计。这就要求调整按照传统会计公告编制的损益表和资产负债表中的报告数字。特别是在计算报告收益和资产时计提了各种准备、进行了各种摊销，并且发生了许多非现金费用时尤其重要。如果存在这种分录，那么用报告收益和资产数字作为经营绩效的替代变量就会误导投资者。表 11-19 说明了常见会计分录对报告收益和资产基数的影响。

表 11-19 常见会计分录对报告收益和资产基数的影响

会计分录	对报告收益的影响	对报告资产（或资本）基数的影响
计提坏账准备	较小	较大
商誉摊销	较小	较小
资产冲销	较小	较小
递延税金增加	较大	较大

表 11-19 显示了最常见的非经营事项，这对收益与资产基数都构成影响。在 A 股实践中，发生这些事项的时间由公司选择公告日（年报或半年报公布前）予以提醒，这反而加大了其间的价格波动，不利于价值管理。为了确保价值创造绩效指标的正确性，这些分录必须转回，如用购买法收购公司所支付的被收购公司的公允价值远高于被收购公司的账面资产基数，产生了较大的商誉资产（2015～2018 年 A 股实践中常使用高商誉价值评估以谋取市场套利，已形成了对整个市场的危害）。因为管理者使用了股东的资本去决定支付较高的购买价格，所以价值创造指标就要求转回商誉的任何摊销，并适当调整税金。同样，在估计资产基数的经济价值时，所有累计商誉支出都要加回报

告资产基数。这些调整就是为了确保报告收益和资产基数以尽可能真实的经营绩效与资产基数显示。

二、费用与投资的调整

确保经营绩效和资产基数的真实可靠只是建立了一个指标基础，但与能够产生价值创造绩效的目标尚远。接下来就是确定真正的费用和未来投资。A股市场的中小投资人一个重大的挑战就是如何避免被费用或投资欺骗。当公司股价处于低位时，可能一项投资被当成费用，利润和资产双双下降，你被迫抛售了股票；当公司股价处于高位时，可能一项费用被当成投资，虚增了利润和资产，你可能高位买入了股票。如果用基于股东的价值创造绩效，这些情况就可以避免。另外，管理者决策时确有长远眼光，决定投资并获得回报，则应进行相应调整。表 11-20 说明了基于价值要求所进行的调整。

表 11-20　基于价值要求所进行的调整

会计分录	对报告收益的价值创造调整	对报告资产（或资本）基数的价值创造调整
研发费用	提高	提高
培训	提高	提高
报告折旧低于（高于）经济折旧	提高（降低）	提高（降低）

例如，研发费用通常被视为设计和开发未来产品或服务的投资。常见的会计实务是将本期发生的研发费用全部计入费用。但是，价值创造观认为只需将部分研发费用计入当期费用。因此，基于价值的收益就会高于报告收益，由此得出的资产基数也会提高。例如，某研发项目的使用年限为 4 年，则基于价值的调整就要求只将 25%计入第 1 年的费用，其余则计入资产基数。在剩余 3 年中，每年均计提 25%作为费用，并相应地冲减资产基数。同样，培训是人力资本投资，可以与处理研发支出相同的方式进行会计处理。

第五节　指标的可控性与相关性

即使假设纯粹的财务创造指标和混合指标都基于股票价格，股票价格反映了市场对公司未来价值创造绩效的预期。股票价格的变化以及由此所造成的市场增加值的变化，都会自动地归因于管理层的价值创造绩效。但是，用股票价格作为衡量管理层价值创造绩效的唯一标准仍存以下质疑。

质疑一：股票市价的总体水平与公司不可控的“牛”“熊”市相关程度更高，也与不可控的宏观经济条件相关。股票市价的变化与管理层的价值创造绩效相关程度不高。

质疑二：假设有这样一种情况，2018 年末一个公司买了一块地准备进行商品住宅建设，年末市场对公司股东权益定的价值为 10 亿元。新的管理层在 2019 年初上任，决定休假一年。这一年里，地产价格飞涨，不确定性也增加了。公司的市值也相应地上升至 15 亿元，有了 50%的股东总回报和年经济回报，以及 5 亿元的市场增加值的变化。

但这些变化与新的管理层的价值创造绩效有什么关系呢，除非人们认为管理层休假一年（而不是开始建房）的决策是一种远见卓识。

质疑三：股票市值无法确定内部子公司或经营单位的价值创造绩效。市场价格充其量只能反映市场对公司管理者经营公司的预期，无法用于为各经营单位指定具体价值，而它们可能在价值创造绩效上存在显著差异。如果将激励薪酬与财富的指标（例如，股票期权）挂钩以促进各经营单位为财富创造努力，则建立在股票价格基础上的财富的指标肯定远远不够。所以必须借助价值创造指标。

一、指标的不可控因素

经济增加值指标显得很完整，但计算烦琐且存在许多管理层不可控因素。例如，钢铁价格的上涨会增加某年度钢铁制造企业的经济增加值，反之则相反。这是管理者不能控制的因素，以此奖励或责备管理者，必须慎重。例如，在价格上涨的期间，管理层为了从钢铁价格上涨中获益，甚至为了提高经济增加值，会产生超额生产或扩大投资行为。这种选择的价值估计必须在经济增加值计算中减去。假如企业没有建立长远的激励机制，只聚焦于一年的经济增加值，则管理层就可能采取符合自己利益最大化的短期行动，它未必符合股东最大的长期利益。

二、价值创造指标与财富创造指标的相关性

股票市场的短期涨跌逻辑复杂，但股票价格是公司绩效预期的基本逻辑不会改变，尤其是它反映了资本市场对公司长期价值创造绩效的预期。由此，一个期限较短的价值创造绩效与股票价格变化体现的财富创造绩效之间未必完全吻合。表 11-21 说明了本期经济增加值创造绩效与财富创造绩效存在的四种可能性。

表 11-21　本期经济增加值创造绩效与财富创造绩效存在的四种可能性

股价高低	经济增加值低	经济增加值高
股价高	本期价值创造绩效不好，市场预期前景好（市场概念主导）	创造财富多，价值创造绩效高，预期持续（概念转化为价值）
股价低	创造财富少，持续低水平的价值创造（已不受欢迎）	价值创造绩效卓越，市场预期前景差（无成长的绩效）

从较长时间周期看，多数公司应落在低—低和高—高的相关性强的象限内。但暂时位于其他两象限的公司，投资者不仅要看现有的经济增加值，还要观察经济增加值的变化趋势。

价值创造绩效指标、财富创造绩效指标、综合指标都应反映管理层每年的价值创造绩效的实质。价值创造绩效指标反映了管理层在一定期间的经营绩效，而财富创造绩效指标则反映了投资者财富在一定期间的变化，即管理层在一定期间的决策导致市场预期发生变化，从而引起投资者财富的变化。市场增加值类的综合指标表明对价值创造绩效的预期得到了公司市值的回报。但是，任何情况下，这些指标都只是量化绩效，而非创造绩效。

第六节　平衡记分卡

一、平衡记分卡的基本概念

两个财务绩效完全相同的公司，其真实绩效就完全相同吗？如果一个公司客户满意而另一个公司客户不满意，则超越财务绩效的评价就产生了，客户是否满意就代表未来的财务；我们继续假设，两个财务绩效完全相同、客户满意度相同的公司绩效就一致了吗？也未必，因为保证客户满意的业务流程存在差别，一个是高效的、进取型、具有多重现代技术应用的流程，另一个则不是，这就说明随着时间推移，一个成本会降低、服务质量会提高而另一个不是，客户满意度和财务在未来都会变化；我们继续假设，两个财务绩效、客户满意度、业务流程完全相同的公司绩效也会一致吗？不是，因为推动业务流程运转的人力其水平、潜力和由此产生的业务内部再造的能力是不相同的，一个能产生与时俱进地适应外部变化的流程再造，另一个不是，这就是企业学习与成长的能力差别。如果显示这些能力的关键指标都能编入绩效评价体系，则我们便能看到一个从当前财务绩效向未来绩效延伸的综合绩效评价体系。作为表现历史的财务指标滞后性地反映了企业的价值，但企业价值绝大部分将体现在那些能超前预知未来财务与成功的指标——领先指标。平衡记分卡（balanced score card，BSC）就是同时计量这些滞后及领先指标的工具。所谓平衡，就是综合性平衡计量过去与未来、财务与非财务、驱动与结果、外部与内部各类关键指标，以达到合理评价与企业战略相关的绩效。

平衡记分卡给公司提供了一种简单的工具，能帮助公司了解具体的财务和非财务指标。平衡记分卡是一种战略性的评估和管理系统，它将公司战略转化成相平衡的四个方面，其中的财务指标揭示的是公司过去的业绩；客户指标、内部业务流程指标以及学习与成长指标则以公司未来的财务绩效为导向。

二、平衡记分卡的功能与特点

平衡记分卡的创始人罗伯特·卡普兰和大卫·诺顿设计该方法的最初理念是：使企业摆脱以往仅关注财务数据的做法，使企业在关注财务信息的同时，创造出长期发展所必需的能力与无形资产。这要求将公司战略转化成相平衡的四个方面，并针对每个方面都设计出具体的量度标准。平衡记分卡作为一种管理工具，可以产生至少四个方面的作用：①阐明和传达公司战略；②将个人目标和部门目标同公司的战略相统一；③将战略与预算编制流程相挂钩；④为持续的战略改进提供反馈信息。

平衡记分卡是一种战略性评估与管理系统，它将公司战略转化为相平衡的四个方面，并针对每一方面设计出具体的度量指标。它作为一种管理工具，能够阐明和传达公司战略；实现个人目标、部门目标、公司战略目标相统一；而且，平衡记分卡有助于将战略与预算编制挂钩，并为持续的战略改进提供反馈意见。

（一）业绩指标与战略联系

平衡记分卡不是简单地将财务指标与非财务指标相结合，而是基于企业战略，设计一套相互联系、反映和实现企业战略目标的业绩指标。当然，平衡记分卡不是将企业战略固定地分解为哪几个维度，而是依据企业经营的实际情况和影响企业竞争能力的重要因素而定，以使每个企业的经济业绩最大化。例如，在实施环境管理的战略中，可以增加环境维度。由于不同的企业在不同的市场环境中经营不同的产品，因此应该依据竞争环境、市场环境、经营单位的能力而采用不同的战略。

（二）主要指标及维度存在因果关系

相比于其他业绩评价体系，平衡记分卡更注重因果关系。设计良好的平衡记分卡能通过贯穿四个维度（如果包括环境在内就有五个维度）的一系列相互联系的目标和指标，清楚地描述企业的工作情况，从而找出影响成功的关键因素。从学习与成长维度的关键因素到财务维度的财务业绩改善之间，这些指标能形成一个因果关系链。这些关系链可以用一连串假设句描述："如果公司引进一条新的产品线，则公司可以吸引大量的新客户；如果公司有了大量新客户，则现存所有产品线都将拥有新客户。"平衡记分卡将这些因果关系链沿着既定维度的逻辑，明确描述着公司战略，也阐明如何评估每个元素，如何为绩效评估流程提供反馈。最后将提取关键绩效指标，并整合到某个因果关系链中。

几个维度的指标也存在大的关联：①客户是实现财务目标的直接源泉。没有客户便没有财务。在同样财务指标下的两个公司，如果客户维度指标差别存在，说明未来财务就会存在差别。②流程优化是保证客户持续满意的基本手段。没有跟进式的流程优化，没有与时代技术相容的创新，客户是不会增加且易被潜在竞争者取代的。③学习与成长是流程优化改进的支撑和动力。如果公司战略确立了远大抱负及创新目标，就需要通过不断学习成长以获得新的能力，这些能力是流程改善的基础支撑及原动力。④环境友好是企业获得持续成长的沃土。这里提供一个大的框架，企业的终极价值是：因为它的存在，这个社会更加美好；因为它的存在，资本获得"财务价值"，客户获得"使用价值"，职工依靠"流程"获得"劳动价值"，社会因企业不断地学习成长而繁荣，税收让财政强大。但所有这些，都不能去影响人类生存的环境，只有环境友好，才可持续发展。

为了使关键绩效指标组成的因果关系链发挥作用，这些因果关系链必须与某个具体结果以及实现该结果的绩效动因相联系。结果度量指标是滞后指标，或是用于度量成功与否的历史指标。例如，获利能力指标、市场份额指标、员工技能指标、客户忠诚度指标等，结果度量指标是综合指标，指其因果链最终达到什么结果。绩效动因指标是领先指标，尽管它不能揭示战略等是否有效，但它能揭示战略实施的路径，而且在需要时能提供最关键的信息。如此，通过识别那些评价企业经营成功与否的指标，管理人员可以确定如何影响这些指标。在此过程中，可以清楚地识别员工在进行这些行为之间不经意的联系，以及从这些行为中得到的期望结果。这样，通过因果关系分析，建立起贯穿平衡记分卡四个（或五个）维度的指标体系。

（三）主要指标之间相互平衡

平衡记分卡的平衡主要体现在财务指标和非财务指标之间的平衡、前沿性指标和滞后性指标之间的平衡、客观指标和主观指标之间的平衡、内部指标和外部指标之间的平衡。财务指标是以货币单位计量的指标，比较综合，反映的是结果；而非财务指标则是以货币以外的单位计量的指标，可深入企业经营业务流程，反映的是过程。滞后性指标是结果指标，反映企业过去经营的成果，而前沿性指标则反映企业未来的业绩，是未来业绩的驱动因素。客观指标是可定量、可验证的指标，而主观指标则是主要依据人的主观判断的指标。内部指标与企业内部业务流程和能力有关，而外部指标则与客户和股东息息相关。前沿性指标的变化可以预示结果指标和财务指标的可能变化趋势，从而使企业及时采取行动，这些指标的平衡将企业的业绩和战略联系起来。

（四）向员工传递企业战略

首先，通过解释特定的行为，以及这些行为与主要财务业绩指标之间的因果关系，平衡记分卡可以将长期的战略行动传递给经营单位，并帮助企业追踪这些业绩；其次，通过平衡记分卡可以将企业的战略传递给员工，使他们理解业绩指标，并为改善企业的业绩而做出贡献；最后，平衡记分卡将战略转化为员工可以理解和观察的指标，使其认识到自身行为的变化会影响到企业战略的实施，并且通过设计与平衡记分卡业绩联系的奖励机制，来影响和改变员工的行为。

三、平衡记分卡框架

平衡记分卡同时考虑财务指标与非财务指标，将企业业绩评价和企业战略目标相结合，设计出了一套能使经营者快速并全面了解企业经营状况的指标体系，用来表达企业进行战略性发展所必须达到的目标。平衡记分卡的目标和指标是基于企业战略制定的，这些目标和指标是从财务、客户、内部业务流程、学习与成长四个维度来对企业的业绩进行评价。

（一）财务维度

财务维度的目标是回答“股东如何看待我们”的问题，该维度表明企业的努力能否对企业的经济收益产生积极作用。众所周知，现代企业财务管理目标是企业价值最大化，而对企业价值进行计量通常是依据相关财务指标来实现的。财务维度指标通常包括投资报酬率、净资产收益率、息税前利润、自由现金流量、资产负债率、总资产周转率等。

（二）客户维度

客户维度的目标是回答“客户如何看待我们”的问题。客户是企业之本，是现代企业的利润来源，客户感受应当成为企业关注的重点。为此，企业可以从时间、质量、服务效率、成本等方面了解市场份额、客户需求和客户满意度。常用的客户维度指标有市场份额、客户满意度、客户获得率、客户保持率、客户获利率、战略客户数量等。

（三）内部业务流程维度

内部业务流程维度的目标是回答“我们的优势是什么”的问题。企业要想留住客户，满足现在客户和潜在客户的需求，最直接的办法就是优化企业内部业务流程，提升自己的核心竞争力。因此，企业应当重视那些对客户满意度影响较大的业务流程，把它们转化为具体可行的目标和指标，明确自身的核心竞争力。常用的反映内部业务流程维度的指标有交货及时率、生产负荷率、产品合格率、存货周转率、单位生产成本等。

（四）学习与成长维度

学习与成长维度的目标是回答“我们能否继续提高并创造价值”的问题。企业要想一直提高和创造价值，只有持续不断地开发新产品、提高经营效率、发现新市场并扩大市场份额，才能赢得客户的满意，从而增加股东价值。学习与成长维度涉及员工的能力、信息系统能力和企业程序的配合等，其常用的维度指标有新产品开发周期、员工满意度、员工保持率、员工生产率、培训计划完成率等。

四、确定关键绩效指标

（一）基于SWOT分析的关键指标

为有效地制定战略，公司需要分析内部优势和劣势，然后分析外部机会与威胁，即实施SWOT（strengths weaknesses opportunities threats，优势、劣势、机会、威胁）分析。

优势包括组织的核心竞争力或公司所擅长的技能。劣势是指会置公司于不利之地的某些特征。机会是指提升收入或利润的可能性。威胁则是公司生存环境中可能会给公司带来麻烦的因素。对公司优劣势以及机会与威胁的分析，能帮助公司确立其关键绩效指标（key performance indicator，KPI）。

关键绩效指标是具体可量度的、为实现公司战略所必须达成的目标。平衡记分卡确认了公司的关键绩效指标，并将这些因素按 SWOT 分析的四个维度进行列示。表 11-22 列示了某公司的关键绩效指标。

表 11-22　某公司的关键绩效指标

维度	关键绩效指标	量度指标举例
财务	销售额	销售预测准确度、销售回报率、销售趋势
	流动性	资产、存货、应收账款周转率、现金流量
	获利能力	投资回报率、剩余所得、经济增加值
	市值	市场增加值、股价
	市场份额	同业协会分析结论、市场定义
客户	客户获得	新客户数量、面向新客户的总销售额
	客户满意度	客户退货、投诉、客户调查
	客户保留	各类客户的保留率、客户增长率
	质量	质保费
	及时性	订货至交货所需时间、及时送货次数

续表

维度	关键绩效指标	量度指标举例
内部业务流程	生产率	周期时间、效益、效率、差异、废料
	质量	缺陷、退货、废料、返工、调查、质保
	安全性	事故、保险索赔、事故后果
	加工时间	准备时间、周转时间、订货交付时间
	品牌管理	广告数量、调查、最新报道
学习与成长	技能发展	员工培训时间、技能改进
	员工激励，授权	员工平均建议量、已采纳的建议
	新产品	新专利、设计变更次数、研发技能
	竞争力	员工流动率、经验、客户满意度
	团队合作表现	调查、与其他团队共享成果的次数、多组合作项目的次数、激励共享所占比例

界定了各个关键绩效指标之后，还必须为每个关键绩效指标指定度量单位。根据平衡记分卡创始人卡普兰和诺顿的说法，“如果你不能量度它，你就不能管理它”。

在确立关键绩效指标时，很可能某些指标会与其他指标相冲突或相矛盾。为避免这种情况的出现，平衡记分卡专门采用了一种整合流程，目的是将关键绩效指标整合到公司战略中。

（二）指标与战略整合

确立了关键绩效指标及其量度指标后，还必须将这些指标同公司战略相整合。如果激励机制的设计导致单个管理者单纯追求自身目标的实现，不惜以牺牲其他目标为代价，这种情况说明绩效评估工具失效。成功的平衡记分卡应在公司内部营造一种相互理解的氛围，并从全局出发来审视个人对公司整体战略的成功有多大贡献。平衡记分卡的各项组成元素不仅应基于战略来设计，而且这些因素本身应能揭示组织的战略是什么。将四个维度同公司战略整合，应注意以下三个原则。

1. 关键绩效指标应存在因果关系

所有的关键绩效指标都应具备因果联系，而对这些指标的评估最终将通向财务指标，并以能部分实现公司战略为目标。因果关系可以用假设句式，如“如果能减少加工准备时间，则可缩短交货期；如果缩短交货期，则可提高客户满意度；如果提高客户满意度，则可提高销售量”之类的话来表述。这些因果关系链应尽可能沿着平衡记分卡的四个维度来推进，所有因果关系链的最终结果都应当明确描述公司的战略，阐明如何评估平衡记分卡中的每个元素，以及如何为整个绩效评估流程提供反馈。最后，所有关键绩效指标都应整合到某个因果关系链中来。

2. 结果量度指标应与绩效动因关联

为使由关键绩效指标组成的因果关系链发挥效用，这些因果关系链必须与某个具体的结果以及阐明如何实现该结果的绩效动因相联系。结果量度指标是滞后性指标，是用于度量成功与否的历史指标，如获利能力指标、市场份额指标、员工技能指标和客户忠诚度指标等。结果量度指标往往是综合指标，度量某些因果链在最终应达成什么结果。绩效动因是领先指标，或是特定业务部门战略的具体动因，如周期时间（cycle time）、准备时间或新专利等。如果结果量度指标缺位，绩效动因虽能指明短期内如何运作，但无法揭示具体战略在长期内是否有效。如果绩效动因缺位，结果量度指标固然能揭示部门或团队应予努力的方向，但无法指明目标的实现路径，也不能在需要时提供相关信息。

3. 挂钩财务指标

无论公司多么专注于某项创新，如全面质量管理、员工授权等，如果不将这些创新活动与财务指标的改善挂钩，这些创新本身将成为单纯的目标，无法带来具体的成效。不仅如此，如果创新方案不能带来可见的效益，会使相关人员产生幻灭感，因为成功与否没有具体的量度指标。因此，所有的因果链最终都应采用财务指标来度量其结果。

五、非财务指标

平衡记分卡的非财务指标表达了未来的财务绩效，应非常细心地制定客户、内部业务流程、学习与成长这三个维度的非财务指标。

（一）客户指标

收入来自客户，客户识别及细分对所有公司都至关重要。与客户维度相关的非财务指标必须包括非常具体的结果量度指标及绩效动因指标。因受能力圈制约，公司不可能在重点关注核心客户时又能兼顾到其他目标客户，因此公司必须针对市场细分及其战略，制定具体的绩效动因（价值主张）。

与客户维度相关的主要结果量度指标包括市场份额、客户获得、客户满意度、客户保留。

1. 市场份额

市场份额是指在特定市场细分中，使用本公司产品或服务的客户占全部市场的比例。市场份额指标还可进一步细分，如客户份额（customer share），它是指客户与公司之间的业务额占客户在公司所在领域的全部开支的比例。例如，某食品销售商可能会度量目标客户对其产品的购买量在客户的食品总购买量中所占的比例，并将该比例称为“食品柜份额”。

公司全部细分市场的规模数据可以通过行业协会、行业团体、政府研究以及客户调查获得。公司的市场份额可以通过客户总数、商品销售量或客户的开支来计算。客户份额则可通过调查估算法计算，粗略估计用户在本公司的开支占用户平均开支的比例。客户数较少的公司可以追踪具体客户，客户数较多的公司则必须追踪客户细分（customer segments）。

2. 客户获得

客户获得是公司增长战略的重要指标，由于客户保留率不可能达到 100%，故所有公司均需要增加新客户。客户获得指标度量就是为获得新客户所投入的资金使用效率，如广告费和其他营销努力。客户获得可以用绝对数指标（新客户数量）或相对数指标（客户净获得）来表示。也可以用客户总销售额表示，或用客户获得数除以客户市场细分来表示。其他指标可重点关注于客户转化率，即新客户人数除以潜在客户人数。

3. 客户满意度

客户满意度指标揭示了公司在满足消费者需要方面的成功度。如果是企业客户，往往可以通过正式的途径获得客户满意度指标，即针对多项因素，让客户给卖主打分，而个人客户的满意度一般通过调查获得。这个指标可用相反指标表示，如客户投诉。客户调查费用取决于调查所使用的媒介及想要获得的响应次数。在线调查和网络追踪使得数据收集快捷便宜。

4. 客户保留

客户保留是一个持续过程，从公司保存的客户全名单册可直接度量客户保留率，如杂志社、股票经纪商、批发商和银行等均可用此方法量度客户保留率。与客户份额相似，客户保留可分解成每个客户业务的百分比变化。零售商的客户保留率及相关数据可以从信用卡收据中得到。有些零售商实施客户忠诚度计划，如会员卡计划，以此来获得客户保留的数据。因客户忠诚度计划对会员客户提供购买优惠，故公司可以精确地追踪客户购买情况。

客户绩效动因是指服务方式和质量类指标。上述结果量度指标虽广泛地被众多行业所用，但绩效动因来自公司战略和市场。绩效动因均建立在满足客户需要的基础上。一些常见的绩效动因包括反应时间、交货表现、产品缺陷、订货交付时间。

（二）内部业务流程指标

财务指标和客户指标是实现公司战略的股东满足与客户满足，内部业务流程指标则是连接财务指标和客户指标的桥梁，是实现客户价值和股东价值的发动机。平衡记分卡在设计相关指标时不局限于改善业务流程，它所基于的理念是：公司应着眼于当前和未来客户需要，沿着因果链的路径，通过营运、营销和因果链上的其他领域，实现销售和为客户服务，并确定保留能给客户带来增值的元素。

内部业务流程指标不同于财务差异指标，它将产出指标包括在内，如质量、周期时间、产量、订单完成量、生产计划、生产能力以及营业额等指标。但这些指标简单改进是不足以取得竞争优势的。如果竞争对手与本公司目标相同，为使公司所有这类指标能同时领先于竞争对手，就可能需要设计全新的内部流程。SWOT 分析可使公司识别劣势以寻求解决方案，这是质变性方案而非量变性方案，如某公司通过激进措施缩短生产周期，以适时供应制度的流程设计直接将货物送达零售机构实现零库存。

能对大多数公司内部业务流程进行改进的商业战略大致有三个方面：创新、营运和售后服务。

1. 创新

创新流程应从 SWOT 分析入手，以明确公司可满足客户的哪些需要。由于巨额研发费用必须作为期间费用核销，因此提高新产品研发效率要比提高生产运营效率更重要，或至少同样重要。率先推出新品的公司一般会在市场份额上领先，故进入市场的时间是评价新产品引进是否成功的重要标准。其他衡量指标有新产品销售额、专利产品销售额占总销售额的比重、新产品与竞争对手新产品比较、新产品开发项目预算差异等。

与新产品开发过程相关的绩效指标有产量、周期时间和成本，如新型计算机芯片研究需要测试许多材料，为保证进一步的研究，所需要的材料量可以根据测试次数来确定。每一个阶段的材料测试均有相关的时间指标（周期时间），且材料加工和研发总成本也可以度量。因此，可以确立与产品投入市场的时间和产品开发总成本相关的结果量度指标。

2. 营运

营运是许多公司擅长使用的绩效评估内容，因为这些指标比较直接地表达了营运过程中削减成本、增大产能方面的绩效。如果仅用财务指标来评估营运过程（如用差异指标、标准成本指标），会导致业务直线经理（line managers）的决策与公司整体战略相悖。例如，直线经理为使某项财务比率与预期相符而增加存货，这不是公司所期待的，公司希望直线经理能根据客户需要调整存货量。尽管财务指标是重要的结果指标，但平衡记分卡给出的答案是不能单纯使用财务指标，必须用其他指标补充，如质量、技术能力等指标。这使公司能不断缩短周期时间，贯彻公司长期战略，实现与竞争对手差别化的行为导向。

3. 售后服务

售后服务旨在给产品或服务创造增值，获得与客户满意度相关的反馈信息。当公司出售复杂产品或服务时，售后服务是战略计划的重要组成部分。售后服务指标一般包括对设备故障的反应时间、接到维修电话的响应时间等，这些指标都可用于衡量售后服务的成效。

（三）学习与成长指标

当明确了财务、客户、内部业务流程方面的战略需要后，公司就需要明确哪些方面能够对上述三个方面形成支持的员工技能素质指标，这类指标就是学习与成长指标。公司战略中的远大抱负和创新目标都需要公司不断学习与成长以获取新的能力。学习与成长虽然是平衡记分卡中设计的最后一个维度，但这个维度的策略在实际中最先实施。因为学习与成长指标是实现想要的战略结果的最初始的绩效动因。如果单纯用财务指标来度量学习与成长，往往只能揭示短期和表面化成果，而且一些短期培训是无法解释财务绩效的。企业长期忽视这一问题可能会导致灾难性的后果，因此引入学习与成长指标不仅利于长期绩效，也利于引导管理人员正确地决策。学习与成长维度包含三类量度指标：员工技能集，信息系统能力，员工授权、激励和组织一致（organization alignment，亦称组织协调）。

1. 员工技能集

员工技能集主要体现员工能否适应工作技能转换，如因重复性工作已实现自动化，这使得员工管理从原来的工业模式转变成以知识为基础的模式。与员工技能相关的结果性量度指标包括员工满意度、员工保留率、员工生产率。只有满意的员工才能带来满意的客户和流程的创新。员工满意度可以采用年度评估或年度调查的方式来获得。员工保留率可以通过员工流动率和员工工作年限来度量。对公司投入精力较多的员工往往会更加满意。员工生产率作为结果量度指标，许多指标是绩效动因的直接产物，如员工培训与自主决策对应相关成果，相关产出能对应获得该产出所需要的员工数。

一种常见且较为简单的生产率指标就是单位员工收入，但该指标过分强调收入，可能会导致员工为追求收入而损伤利润。例如，有些券商为增大营业额而给客户提供过高的佣金折扣等。所以单位员工收入不能作为唯一的度量指标。

企业如果需要发展具有新技能集的员工，可采用以下指标来度量：单位员工需要的培训量、需要培训的员工比例、将不合格员工提升为合格员工需要的培训量和工作经验。这些指标也揭示了公司能力若要提升至想要的战略水平所需的工作量。战略性工作覆盖比率（strategic coverage）是揭示组织技能集中所存在缺口的度量指标，它是用有能力担任战略性工作的员工人数，除以组织需要的这类员工的总数。

2. 信息系统能力

信息系统能力主要是对获得或处理业务信息所需要的时间加以度量的指标，信息系统的能力用反应时间评估，就能揭示出继续投资信息系统基础设施的必要性。战略性信息覆盖比率（strategic information coverage）是用目前的信息系统能力除以预期需要的信息系统能力。

3. 员工授权、激励和组织一致

不善于授权，事必躬亲，这是管理者的大忌。作为管理者如果把大大小小权力都攥在手里，事无巨细，整天疲于奔命，绝不是一个英明的管理者。有效授权必须配备激励管理，用于激发员工的工作动机，调动员工的积极性和创造性，使员工努力完成组织任务、实现组织目标。员工授权和员工激励可以用“员工提出的改进和创新方案的数目”及“方案所产生的影响”来衡量。企业若要鼓励员工为改进产品和流程献计献策，就需要积极认可员工的努力，反过来会促进员工授权和员工激励水平。组织一致是发挥绩效的基础，一个团队如果缺少共同目标和理念，就无法走向意见整合和共识收敛，效率也会随着成员之间的矛盾而降低。相反，拥有一致性就能够激励部属更投入地为共同目标打拼。组织学习和团队工作的衡量指标包括：设定的部门目标与已实现的部门目标比较，基于团队的度量指标有“以团队为基础的奖励”。将个人目标和奖励与组织结果挂钩，对于达成公司的整体战略而言十分重要。另外，与组织一致相关的绩效动因包括定期实施员工调查，以明确在实现平衡记分卡中的关键绩效指标上的员工激励水平。

六、平衡记分卡实例

表 11-23 展示了旭辉公司的平衡记分卡，给出了公司的全局性战略目标以及相关子目标。表 11-23 涵盖了平衡记分卡的四个维度，并指出了这四个维度各自的具体目标。

每个目标都有具体的量度指标，以及在未来两年将要实现的子目标。“方案”里给出了旭辉公司的一项调查结果，目的是将计划方案与特定的战略目标相匹配。各子目标的设定所基于的假设前提是：这些方案将会得到实施。

表 11-23　旭辉公司的平衡记分卡（计划成果）

旭辉公司的平衡记分卡全局目标：销售收入在未来两年内增长 20%					
		当前年度（Y0）	第 1 年（Y1）	第 2 年（Y2）	
销售收入		400 000 万元	432 000 万元	484 000 万元	
维度	战略目标	量度指标	Y1 目标	Y2 目标	方案
财务	F1：最大化股本回报率	股本回报率	9%	13%	
	F2：经济增加值（EVA）为正	EVA	20 000 万元	30 000 万元	
	F3：销售收入增长 10%	销售收入变动	8%	12%	
	F4：资产利用	利用率	85%	88%	
客户	C1：价格	有竞争力	−4%	−5%	
	C2：客户保留	保留率	75%	75%	实施客户关系管理（CRM）计划
	C3：成本最低的供应商	总成本比竞争对手低	−6%	−7%	实施供应商关系管理（SRM）计划
	C4：产品创新	新产品销售额占比	10%	15%	
内部业务流程	P1：改进生产工作流	周期时间	0.30 天	0.25 天	升级企业资源计划（ERP 系统）
	P2：新产品成功投入市场	订单数量	1 000	1 500	
	P3：销售渗透	实际 vs 计划（差异）	0%	0%	
	P4：降低存货	存货占销售	30%	28%	
学习与成长	L1：将战略与奖励制度挂钩	变动性奖励所产生的净利（总计）	65%	68%	实施 CRM
	L2：填补关键竞争力空白	问题追踪表中令人满意的关键竞争力占比	75%	80%	学费报销
	L3：建立客户驱动文化	调查指数	77%	79%	实施 CRM
	L4：高素质的领导人	经理人员平均得分（10 分制）	8.9 分	9.2 分	学费报销

在第 1 年底，实际成果如表 11-24 所示。

表 11-24　旭辉公司的平衡记分卡（实际成果）（单位：万元）

全局目标：销售收入在未来两年内增长 20%					
		Y1 目标	Y2 实际	差异*	
销售收入		432 000 万元	424 000 万元	8 000 万元	不利差异
维度	战略目标				

续表

全局目标：销售收入在未来两年内增长 20%					
		Y1 目标	Y2 实际	差异*	
财务	F1：最大化股本回报率	9%	8%	1%	不利差异
	F2：经济附加值（EVA）为正	20 000 万元	30 000 万元	-10 000 万元	有利差异
	F3：销售收入增长 10%	8%	6%	2%	不利差异
	F4：资产利用	85%	87%	2%	有利差异
客户	C1：价格	−4%	−4%	0	
	C2：客户保留	75%	70%	5%	不利差异
	C3：成本最低的供应商	−6%	−7%	−1%	有利差异
	C4：产品创新	10%	8%	2%	不利差异
内部业务流程	P1：改进生产工作流	0.30 天	0.25 天	0.05 天	有利差异
	P2：新产品成功投入市场	1 000 份订单	800 份订单	200 份订单	不利差异
	P3：销售渗透	0%	−7%	−7%	不利差异
	P4：降低存货	30%	29%	1%	有利差异
学习与成长	L1：将战略与奖励制度挂钩	65%	63%	2%	不利差异
	L2：填补关键竞争力空白	75%	75%	0	
	L3：建立客户驱动文化	77%	74%	3%	不利差异
	L4：高素质的领导人	8.9 分	8.9 分	0	

旭辉公司可以从第 1 年的成果中得出什么结论？公司也许在客户关系管理（customer relationship management，CRM）计划的实施上遇到了问题（计划不周、项目取消或延误等），因为与客户关系管理计划相关联的指标都表现出了不利差异。重新检查客户关系管理计划，也许会找到办法，旭辉公司应以客户需求为导向。

另外，旭辉公司的生产成本和生产效率均显示出了有利差异，这意味着公司采取的供应商关系管理（supplier relationship management，SRM）计划和企业资源计划（enterprise resource planning，ERP）系统富有成效。旭辉公司的员工素质在稳步提高，公司的学费报销计划对员工素质的提高或有帮助。然而，虽然公司员工在核心竞争力和领导力方面的表现均不错，但它们未能以客户为导向，这也是公司失去客户、无法打入新市场并销售新产品的主要原因（公司新产品的设计很可能未以充分了解实际市场需求为前提）。如果旭辉公司想扭转这种情况从而实现其目标，必须增加对客户关系管理计划的投资，包括通过培训使员工的心态转变为以客户为导向。

七、平衡记分卡的实施步骤

由以上分析可知，平衡记分卡有助于战略的执行，因为平衡记分卡本身就是用切实可行的战略描述。以战略为核心的组织具有以下特征：①平衡记分卡中使用的所有财务指标和非财务指标都应源于公司的愿景和战略；②强调过程的参与性而不是指令性；③平衡记分卡应用目的并不局限于成本降低，它重在对公司的战略定位（如新的竞争市场、客户导向、绩效思维等）；④必须采用新的文化价值观和优先权设定。

平衡记分卡能聚集合力将资源集中于战略实施。战略中心型组织是不会鼓励全体员工仅为“改进”或“效率”而努力的；相反，在战略中心型组织中，管理团队、业务部门、信息技术、人力资源、预算和资本投资必须联合起来，共同导向更精准和更紧凑的目标（不一定需要提高资本密集度）。为此，公司必须建立持续改进周期，该周期中包含以下五个步骤。

（一）战略地图——将战略转化成具体的营运目标

战略地图比平衡记分卡增加了两个层次的内容：一是颗粒层，每一个层面下都可以分解为很多要素；二是动态层，即战略地图是动态的，可结合战略规划来绘制。战略地图以财务、客户、内部业务流程、学习与成长为核心，是以它们的相互关系构造而绘制的企业战略因果关系图。其核心内容就是：企业如何运用人力资本、信息资本和组织资本等无形资产（学习与成长），创新和建立战略优势与效率（内部业务流程），使公司能将特定价值带给市场（客户），最终实现股东价值（财务）。图 11-3 就是一个战略地图架构，表示为实现战略如何将无形资产与价值创造连接起来的架构。

1. 财务维度：长短期对立力量的战略平衡

因为企业的最终目标是使企业价值最大化，因此，战略地图保留了财务维度。财务绩效的评价结果，表明战略目标的实施对企业经营状况改善的贡献有多大。财务层面的目标通常与企业盈利能力挂钩，企业财务绩效的改善主要是从提高收入和提升生产力两方面着手的。

2. 客户维度：战略本是基于差异化的价值主张

企业追求收入增长，必须在客户层面中选定价值主张，即企业如何针对目标客户群创造出具有差异化而又可持续长久的价值。企业应对衡量客户层面的指标进行持续不断的改进，来维持现有的客户。不仅如此，战略应该要求企业将客户分成不同的客户群，作为企业成长和盈利的标的。例如，美国西南航空公司就是采用低价战略，满足并维系对价格非常敏感的客户群。当公司清楚了不同客户群的身份特性之后，就可以根据提出的价值主张有针对性地确定目标和衡量指标，对于不同的目标客户群，提供的产品、价格和服务组合往往也不同，因此价值主张可以达到宣传企业竞争优势的目的。

3. 内部业务流程维度：价值是由内部业务流程创造的

内部业务流程完成了企业战略实施中的两个重要过程：一是针对不同客户群的价值主张生产产品并销售，二是为财务维度中生产力要素进行成本降低和流程改善。内部业务流程由营运管理流程、客户管理流程、创新管理流程和法规与社会流程四个流程组成。

4. 学习与成长维度：无形资产的战略性整合

学习与成长维度需要对无形资产进行战略性整合，明确无形资产及它们在战略中的作用。无形资产可归类为人力资本、信息资本和组织资本三类。

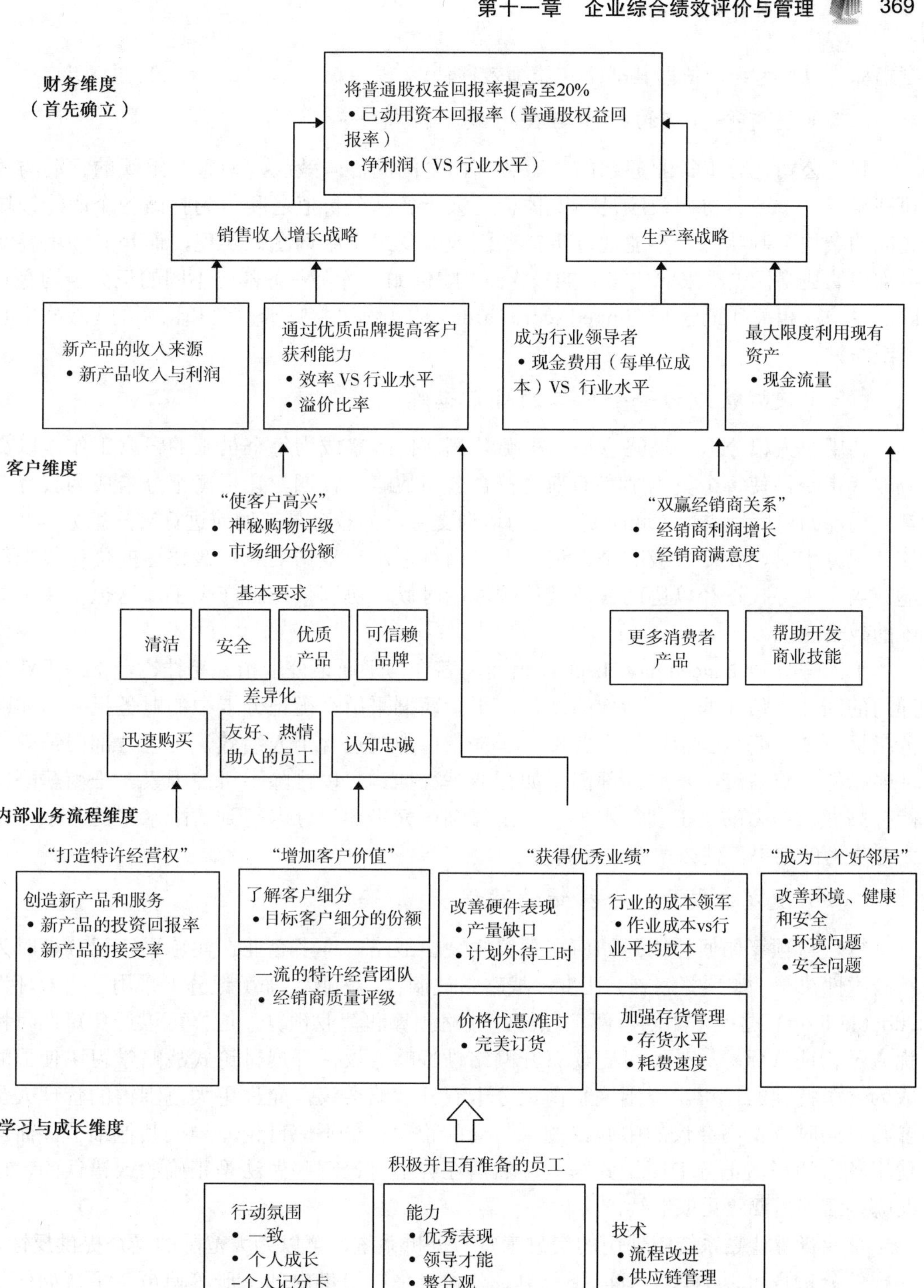

图 11-3　战略地图架构

战略地图有助于从全局审视组织的战略以及相关的优先权设定，帮助组织设计量度指标，以使组织能依据其战略实施绩效评估。

（二）使整个组织的行动与公司战略保持一致

利用公司记分卡、业务部门、服务部门之间的协同效应，使整个组织的行动与公司战略保持一致。协同效应是指整体价值大于各部分价值之和。为打破各个职能领域之间的条块分割状态，不能通过更换部门或改变组织结构图来实现，而是必须用各业务部门的战略优先级来取代正式的报告结构。例如，各个业务部门不同的记分卡均有共同的主题。相关联记分卡（linked score cards）的实例可参见卡普兰和诺顿的《战略中心型组织》。

（三）使战略成为每个员工的日常工作

利用个人记分卡、战略意识和平衡薪酬，使战略成为每个员工的日常工作。以交流取代指令，使每个员工都有清晰且符合公司战略的预期。让平衡记分卡成为教育工具，揭示如何度量成功（这需要正式的培训支持，如教育员工如何进行客户细分等）。设计记分卡时，让低层级的个人记分卡可由终端用户根据上一层级传达的优先级来创建。当个人寻找途径以协助公司其他领域的时候，协同效应就产生了。这也营造了员工的战略意识。

平衡薪酬（balanced pay checks）就是将薪金与平衡记分卡指标相挂钩，常用于业务部门的绩效评估而非个人绩效的评估。平衡薪酬采用平衡记分卡中的财务指标与非财务指标，并权衡这些指标的重要性。一些指标中既包含个人绩效，也包含部门绩效；许多指标还将薪酬与一些外部因素如行业基准挂钩，以排除不可控因素。平衡薪酬应能提高做出努力的员工利益水平。员工仔细研究平衡记分卡得到薪酬水平的暗示，并为之努力的结果，使公司改进了目标。

（四）使战略成为一个持续的过程

战略与预算如何挂钩？如何在预算中突出战略？许多企业在实施平衡记分卡时为给战术性决策（如预算编制）让步，战略常被搁置。为此，平衡记分卡采用了“双环”（double-loop）过程，如创建两项预算：战略预算和营业预算，这样可以避免短期目标优先于长期目标。另外，可定期召开网络性战略会议，开展讨论式战略学习，使战略成为一个持续的过程。或围绕平衡记分卡召开战略会议，允许更大范围内的管理人员参与。同时不偏离会议的中心议题。与会的管理人员不应讨论差异或其他细节，而应使用各自的平衡记分卡度量其绩效，然后在会上讨论哪些做法是正确的或错误的，以及哪些活动需要停止或继续。

企业资源计划系统中使用的信息工具和分析系统，可以为大范围的受众提供反馈，这样的分析也可以纳入平衡记分卡中。公司可采取提供内部手册等使员工了解如何学习和适应公司战略，在特定业务环境中如何使用某类指标。如果有其他公司员工使用过的指标，则可通过分析实际成果来检验记分卡中的因果联系。

（五）加强领导团队建设，推动组织变革

以强有力的领导团队，实施总动员、强化治理过程、建立战略管理系统、推动组

织变革。平衡记分卡实施必须由管理层带头参与，这能使全员获得前进动力。平衡记分卡流程一旦开始，就要对治理过程进行管理，治理过程可采用团队方法，要打破权力结构制约并以战略执行为中心。作为平衡记分卡的最后实施阶段，“治理”将成为一项战略管理系统，使新方法和新价值融入新的企业文化中。治理过程要对有利的改变进行强化，如公司管理层级的记分卡应与哪些层级的记分卡挂钩？如何挂钩？何时挂钩？如何确定高管薪酬指标？由于存在求稳心态，最后的实施阶段很容易出问题，这会使未来更难变革。尽管如此，“确立标准”是所有组织的发展趋势，必须仔细规划各项标准指标，短期尝试，适时评估修改。随着组织战略的演变，标准也能随之改变以适应组织战略。

八、绩效指标与报告机制

平衡记分卡有助于向全体员工传达组织目标，实现组织目标间的协调。如果仔细设计并恰当实施，便能激励员工行为。实施平衡记分卡需要确立相应的绩效评估制度，以支持战略目标的实现并防止出现与战略目标不相符的行为。这需要设计良好的管理控制制度，选择和战略关联的财务绩效指标与非财务绩效指标。

首先，绩效指标必须与战略目标紧密相关。绩效指标与组织目标冲突会引发危害组织的行为。如果绩效指标与组织目标不符，向员工发送的信号也会含糊不清，员工不明白哪些目标对组织十分重要，而考核并奖励与组织目标不一致的行为，将会产生恶劣影响。

其次，绩效指标必须客观且易于度量。经验表明，过于复杂的绩效评估系统不易成功。员工应能理解绩效考核的是什么、绩效评估系统的运行原理、员工行为与绩效考核指标之间的因果关系。这样才能使员工调整行为并与组织目标一致。

另外，绩效指标的应用方式应保持一致性、连贯性和经常性。如果绩效评估不连贯或反复无常，会打击员工士气。

显然，源自平衡记分卡的指标要求有较多的非财务指标，关注非财务指标能改善营运控制。而且，这些非财务指标与较低层级员工的绩效关联度更大。

最后需要提醒，平衡记分卡的绩效评估需要收集和分析数据，成本较高，因此在实施平衡记分卡体系之前，务必要平衡考虑成本。昂贵的绩效评估体系或许能提供极为准确的报告结果，但在绩效评估体系上投入巨资并不值得。因此，最终选用的绩效评估体系是准确性与成本相权衡的结果。

九、平衡记分卡评价

传统业绩评价体系强调控制员工的执行过程，而平衡记分卡注重制定目标的环节。平衡记分卡法认为，制定的目标应当是可达到的目标，这样员工才会采取必要的行动去实现目标。因此，设定业绩评价指标关键在于让员工能够理解企业的战略使命，并为之付出努力，而不是为了控制员工的行为。这是内部控制与管理的一大进步。

传统业绩评价体系将财务指标或非财务指标仅仅提供给管理者，彼此之间没有多大关联，对企业的最终目标也没有多大影响。而平衡记分卡却不一样，它是基于企业战略目标而设计一系列相联系的目标和指标，企业现在的行为与未来的业绩之间存在着一种因果关系。在平衡记分卡中，企业管理者能注意到影响目标的关键因素，并对此进行分析评价，而不是只关注短期财务结果。这将有助于管理者关注企业整个业务流程的改进，使企业当前业绩与长期战略目标一致。

平衡记分卡将企业战略和业绩管理联系起来，为战略执行架构了基础框架；将企业战略目标分解成用来表达生产竞争能力、技术革新竞争环境中所必须达到的、多样的、相互联系的目标和指标，并从财务、客户、内部业务流程以及学习与成长四个维度对企业业绩进行评价，是对企业职能较为全面的定义。

平衡记分卡有几个明显的优点。

(1) 平衡记分卡将战略目标逐层分解并转化为被评价对象的绩效指标和行动方案，帮助企业追踪战略执行情况并进行评价，根据需要适当调整战略、目标和考核指标，使整个企业行动协调一致。

(2) 平衡记分卡能够帮助企业建立跨部门团队合作，促进内部管理过程的顺利进行，四个维度的绩效指标逻辑清晰，评价全面完整。

(3) 平衡记分卡注重员工的发展和无形资产的开发利用，不断提高并创造价值，有利于企业可持续发展。

当然，平衡记分卡也有几个明显的缺点。

(1) 专业性强，工作量大，操作难度高，需要持续地沟通和反馈，实施比较复杂，实施门槛和成本高。

(2) 指标权重分配困难，部分非财务指标难以准确量化。

(3) 系统性强，涉及面广，需要专业人员的指导、企业全员的参与，也需要长期不断的修正和完善，且对企业信息系统、管理能力要求较高。

思考与练习

一、思考题

1. 股东价值需要管理者去实现，体现股东价值创造绩效的指标总是有各种各样的问题和缺陷，你认为中国上市公司如果实施股东价值绩效管理，应选择哪些指标相对合理？或者你认为应如何制定适合中国国情的股东价值创造绩效指标？

2. 在我国，股权激励或股票期权激励实施的主要困难是什么？为达到激励效果，应进行哪些改进？

3. 平衡记分卡的“平衡”本质是什么？为什么需要平衡？

4. 战略绩效指标体系的“目标一致”是什么含义？

5. 试准确描述战略地图的内容和逻辑，并尝试对应某个具体公司再述一遍。

二、单项选择题

1. 传统的企业内部管理与报告系统主要考虑（　　），如预算计划的达成程度、权益报酬率、每股收益等。

A. 销售信息　　B. 管理信息　　C. 财务信息　　D. 现金流量

2. 平衡记分卡不仅是一种日常的考核方法，它更是一个（　　）。

A. 战略管理系统　　B. 财务核算系统

C. 内部流程系统　　D. 管理监督系统

3. 在平衡记分卡当中应当有（　　）的衡量指标是非财务性的。

A. 20%　　B. 45%　　C. 50%　　D. 80%

4. 在平衡记分卡四个考核指标中，最常用的是（　　）。

A. 财务指标　　B. 客户指标

C. 内部业务流程指标　　D. 学习与成长指标

5. 平衡记分卡的以下四个维度中，所有因果链均与哪个维度相关？（　　）

A. 财务　　B. 客户　　C. 内部业务流程　　D. 学习与成长

6.（　　）是建立平衡记分卡客户维度的所有绩效指标的根本原因。

A. 市场份额　　B. 老客户保留率　　C. 客户满意度　　D. 新客户获取率

7. 定期调查员工积极性是以下哪一项的实例？（　　）

A. 学习与成长范畴的结果量度　　B. 学习与成长范畴的绩效动因

C. 客户范畴的结果量度　　D. 客户范畴的绩效动因

8. 关键绩效指标“流程时间”最好采用以下哪种量度指标？（　　）

A. 调查　　B. ROI　　C. 客户退货　　D. 周转时间

9. 通过将管理者的注意力集中在关键绩效指标上，平衡记分卡提供了一项行动计划，以帮助组织在竞争中取得成功。以下哪项不是平衡记分卡中常见的应予重点关注的关键绩效指标？（　　）

A. 财务绩效指标　　B. 内部业务流程

C. 竞争对手的商业战略　　D. 员工创新与学习

10. 按照平衡记分卡，着眼于企业的核心竞争力，解决“我们的优势是什么”的问题时可以利用的考核指标是（　　）。

A. 经济增加值　　B. 客户满意度指数

C. 产出比率　　D. 员工满意度

拓展阅读

1. 朱月，鞠秋萍，金迪. 企业绩效评价制度的演化与启示[J]. 财务与会计（理财版），2014（9）: 71-74.

2. 刘守伟. 企业绩效评价方法的特点与局限性[J]. 中国内部审计，2007（2）: 46-47.

3. 孙铮，吴茜. 经济增加值：盛誉下的思索[J]. 会计研究，2003（3）: 8-14.

4. 郭娟，梁梁. 平衡记分卡在不同类型团队绩效评定中的应用[J]. 管理科学，2004，17（4）: 25-30.

5. 李刚. 平衡记分卡与层次分析法[J]. 商业研究，2003（24）: 95-97.

第十二章

作业成本法

1971 年，乔治·斯托布斯教授出版了一本具有重大影响的书——《作业成本计算和投入产出会计》，这是从理论上和学术上探讨“作业成本计算”的最宝贵的文献之一。但是当时的人们一直习惯于传统的成本会计核算系统，所以作业成本计算并未得到推广。直到 20 世纪 80 年代，传统成本会计的缺陷在高新制造技术蓬勃发展的各类制造业企业中逐渐暴露，美国芝加哥大学的青年学者罗宾·库珀和哈佛大学的罗伯特·卡普兰教授在对多家企业进行调查研究之后，进一步发展了乔治·斯托布斯的思想，通过发表多篇文章明确地解释了作业成本法，奠定了作业成本法研究的基石。

学习目标

- 了解作业成本法产生的背景及意义
- 理解作业成本法的基本概念与主要特征
- 掌握作业成本法计算的基本原理和具体步骤，尤其是制造费用（间接费用）的分配
- 理解作业管理的原理以及作业管理在预算层面的应用
- 掌握作业成本法的特点及其与传统成本计算的区别

第一节　作业成本法产生的背景及意义

一、作业成本法产生的背景

作业成本法是一种成本管理工具和方法，是朝变动成本法相反方向发展的成本计量与控制方法。它的出现对提高会计信息质量、有效控制成本、实施战略管理等都产生了重大影响。

作业成本法的产生与企业经营环境、生产力提升、信息技术升级、管理创新等的巨变密不可分，也使它有了极大的用武之地。

（一）经营环境变化催生的成本管理方法

1. 多样化的市场需求

工业化社会使得社会经济结构发生了巨变，市场由短缺变成了过剩。社会生产力的飞跃使得个人及社会总财富快速增长，消费者已变得越来越挑剔，凭兴致而发的需求更加需要同时能满足经得起挑剔、富于多样化、标新立异的产品。竞争加剧了市场由卖方主导转变为买方主导，引领和跟随顾客需求是企业存活的唯一理由，市场动态及消费者的倾向不仅要去跟踪，更是要去预见。市场竞争的残酷使传统保守产品只能成为纪念品，花样层出的新产品在不断投放于市场之际又要警惕自己不会被立即取代，信息化模仿及由此产生的推陈出新使得产品的生命周期越来越短。企业为经营安全逐渐抛弃了对单一品种的大规模生产，以多品种和小批量生产去满足顾客多样化需求，即由传统的成本领先确立竞争优势的单一做法，转变为低成本、高质量、快速交货、完善售后服务的综合竞争优势发展。

市场需求的多样化不是化解而是加剧了企业间的竞争，那种所谓的“以市场为导向”会因为“市场的拐角太多”或“太锐利”而无法跟随，传统的 “规模经济”产生的低成本无法应对顾客日新月异的需求，取而代之的是能做出迅速反应的“顾客化生产方式”——弹性制造系统。这就是“规模”向“市场应变”屈服，以此来最大限度、最及时地满足真正“上帝”式消费者的需求，并在最短时间内生产并送达至顾客。

企业的经营实践表明，多样化的产品和服务利用多样化的分销与销售渠道，不断增加的产品和服务类型，使得为客户生产产品和提供服务的间接费用正在取代直接费用。企业或多或少存在稳定客户，但企业的服务平台还在不断接纳新客户。客户的细节要求很难统一，这就带来了流程的复杂性，企业需要更多的管理费用来解决难题。不同类型的客户、种类更多的产品和服务，不是用重复发生的人工费用来解决，而是大比例提高管理费用。此时如果仍然采用与成本动因无关的分配因素来分配日益增加的间接费用，恐怕只会越来越不合理。

2. 信息化引领的技术革命

新一代信息技术革命及在商业、物流、自动化生产领域的应用进入一个空前的时代，从产品的订货开始，直到设计、制造、销售、售后等所有阶段，都由 IT（information technology，信息技术）统一调控。这场信息技术革命不仅改变了企业的生产结构、产业结构、劳动结构和社会结构，也改变了人类的生活与工作方式，甚至思维方式。

企业管理上对信息技术的运用可追溯到最早的物料需求计划、制造资源计划，到后来便出现了整合集成式的企业资源规划。因其功能强大被越来越多的企业采用。不仅如此，跟踪改进的制造系统如：弹性制造系统（flexible manufacturing system，FMS）、电脑整合制造系统（computer integrate manufacturing system，CIMS）和适时生产系统也在被一些生产企业开发运用。由于综合了多种信息技术成果，一种新的企业制造环境开始形成，这是一种由信息技术引导的智能化、小批量制造环境，它使企业产品的成本结构改变了，出现了包括制造费用在内的间接费用的大幅度提高，而像直接材料与直接人工之类的直接费用却在不断下降。这种新的制造环境其间接费的分配不是可有可无，而是要科学合理地分配，而分配间接费用是成本核算的关键问题。

（二）经营管理要求催生的成本管理方法

1. 适时生产系统

创建于 20 世纪 70 年代日本的适时生产系统是一种与传统生产系统相反的生产管理系统，所谓相反是指传统生产系统采取由前向后的推动式生产系统，而适时生产系统采取由后向前的拉动式生产系统。

推动式生产系统由原材料仓库向第一道工序提供原材料，加工成在产品、半成品，转入第一道工序的在产品、半成品仓库；接着由第一道工序的在产品、半成品仓库向第二道工序提供在产品、半成品，在第二道工序中进行深加工，依此由前向后顺序推移，直到最终完成全部工序，转入产成品仓库。推动式生产系统使前道工序占据主导地位，后续工序被动承接前道工序转移的加工对象，被动完成当前工序的加工程序。因此，推动式生产系统各个工序中必然存在大量原材料、在产品、产成品、库存产成品。

拉动式生产系统是企业根据顾客订货所提出的有关产品数量、质量、交货时间等特定要求，由后向前制订生产任务计划，以步步推移的方式全面安排生产任务。前道工序只能严格按照后续工序要求在有关在产品、半成品的数量、质量、交货时间上来组织生产，至于生产什么、生产多少、质量要求和交货时间只能根据后续工序提出的具体要求来进行。因此，在这种由后向前的拉动式生产系统中，后续工序居于主导地位，前道工序只能被动地、同时极为严格地按时、按质、按量地完成后续工序所提的生产任务要求。

适时生产系统的"由后向前"拉动的主要作用便是能使企业在供、产、销的链接中尽可能降低库存，实现"零存货"。它创造了企业内部供、产、销各个环节相互协调、准确无误地运转的管理条件。"由后向前"的方式逼迫原材料、外购零部件的供应要"适时"抵达现场，直接交付使用。这样就节省了为建立原材料、外购零部件的库存储备的仓储建设投资及相关成本，降低了存货储存成本（包括占用资金的机会成本）。在生产阶段，前道工序直接听从后道工序，使生产环环相扣，后道工序生根后，前道工序才生枝，保质、保量、保时地生产在产品。在销售阶段，将已根据顾客订单需要的产成品"适时"送到顾客手中，而无须建立产成品库存储备。适时生产系统消除了"进出库"不必要的作业，提高了企业生产经营效率和效益，这为后期推行的作业成本法提供了管理上的基础。

2. 全面质量管理

传统质量管理的重点都是放在生产终结点上。终结点上由专业检验人员进行质检，即使发现产品存在质量问题，只能根据条件，通过追加人力、物力对已发现的质量问题进行修补，将质量管理的重任放在专业人员的事后监控与补救上，并没有从一开始就树立"零缺陷"的理念。

全面质量管理是一种全员参与、全过程进行、以工作质量保证产品质量和服务质量的保证体系，它坚持的管理理念是：从产品的设计和投产开始，就要建立起终极“零缺陷”目标，以实现“零缺陷”作为质量管理的出发点。操作员的每道工序都是重点，连续性的自我质量监控是手段。加工过程发现问题，立即采取措施纠正，不会累积到下道工序。因为缺陷在第一现场瞬时自动控制，所以不会有任何一件有缺陷、不符合质量预定要求的半成品从前道工序转移到后道工序，以保证企业整个生产过程“零缺陷”。

尽管“零缺陷”对生产过程有过于苛刻的要求，但它却是适时生产系统得以顺利运用的一个必要条件。如果生产中的某个环节无法做到 “零缺陷”，废次品的出现将会引起生产秩序的混乱，产生连锁的不良后果，最后导致难以估量的损失与浪费。

（三）经营环境与方式的变化对产品成本及其计量的影响

机器取代劳动是技术进步的标志，它会提升间接成本在总成本中的比重，并成为产品成本的主体。而直接成本（主要是人工成本）在总成本中的比重越来越少，此时，再以比重很低的直接人工费用作为占比较大的间接成本分配的依据，所得到的成本信息就难免产生错误。传统成本法的间接成本分配无法反映实际消耗分配是作业成本法产生的重要原因。细数下来，主要基于如下三点。

（1）现代制造环境下，人工逐步被机器取代。间接费用成为产品成本主要构成，即制造费用占比上升，传统的“数量基础成本计算”不能正确及准确地反映生产产品的资源消耗。企业却利用自认为正确的产品成本的会计信息规划和控制经营活动，会造成事实上的南辕北辙。

（2）越来越多的质检费、试验费、机器调整费是与生产工时毫无关系的，这导致这些费用无法分配。它们与什么有关呢？这就必须追溯因果关系，找到导致这些费用产生的“动因”。

（3）许多费用的实际耗费与批量有关，而不是与直接人工工时相关。

如果企业决策者欲掌握真实的成本信息，就必须掌握驱动成本的因素及行为，但决策者、管理者和员工对迥然不同的成本核算方法（如作业成本法、完全成本法、变动成本法、目标成本管理法等）非常茫然，常被这些纷繁复杂的成本困扰，分不清各种成本的作用与意义。在成本计量史上，为经营管理需要出现了变动成本法取代完全成本法。但变动成本法也有其局限性，在新的制造环境中，变动成本法的缺陷也无处隐藏。

第一，新的制造环境下企业间接成本占绝大部分，此时，变动成本法的模型 $y=a+bx$ 在短期内失去了代表意义，也无法进行本量利分析。随着变动成本的比重缩小，重点控制变动成本意义不大，而比重增加的固定性制造费用作为期间费用归集处理，不利于成本节约与控制。变动成本法就无法为如何控制成本提供良策。

第二，将成本按习性划分为变动成本和固定成本，并建立模型 $y=a+bx$，这是假定有一个“相关范围”，其相关性立足于短期经营、业务量无显著变化的基础上。然而，当企业要应对多变的市场风险、强调长远可持续发展时，固定资产很难保持常态和稳定，绝大部分成本都是变动的。而且，企业间兼并、生产规模化、经营全球化催生了大量跨国企业、跨行业企业，也使行业集中度提升，企业业务量极易突破模型 $y=a+bx$ 的业务量假定。如果管理者以业务量为基础简单划分固定成本和变动成本，管理者真的难以确认某项成本到底是如何变动的，决策中也就无法考虑它所定义的固定成本和变动成本，成本信息也就难以为决策服务。

作业成本法的成本模式就是把企业发生的成本以因果关系联系起来，追溯到发生成本的产品、服务、渠道和客户。假设你和两个朋友去餐厅吃饭，你点了一份沙拉，你的朋友们都点了最贵的精品烤鸭。服务员送来账单的时候，你的朋友们建议三个人平摊账单，此时你的内心会不犯嘀咕吗？你当然会觉得这不公平。这就恰似在传统成本核算中，会计人员从间接费用中拿一大块，然后毫无逻辑地分配为成本，它与产品单独耗费的费用极不相关，很可能造成产品成本归集的扭曲。而作业成本法就避免了这个问题，在餐厅这个例子中，采用作业成本法时就相当于服务员送来了三个单独的账单，每一位消费者都要基于自己所消费的食物而付款。

传统的成本核算方法基于一项分配因素的特性，把间接费用分配给产品乃至任何成本对象，而这项分配因素一般与所耗费的工作类型和水平没有因果关系。传统的成本分配因素包括管理一个经营单位所需要的直接人工小时数、直接人工的成本、外购待销售商品的采购成本，或者占用天数。这些都是泛泛的平均数，不能反映间接费用的因果关系。问题在于，使用这些分配方法会造成分配随着分配基础的变化而变化。作业成本法认为，单个产品或客户并未耗费同等比例的间接费用，相反，它关注生产每种产品或提供每项服务所需要的人和设备的作业及每项作业的耗费量。

二、作业成本法的意义

1. 与适时生产和全面质量管理相互依托

作业成本法支持作业管理，而作业管理的目标就是消除非增值作业和提高增值作业效率。这就要求采用适时生产系统和全面质量管理。适时生产系统要求零库存，消除与库存有关的作业，减少库存上的资源耗费。零库存的基本条件是生产运行畅通无阻，不能有任何质量问题，需要进行全面质量管理。因此，作业成本法、适时生产、全面质量管理是相互依托的整体。

2. 有利于完善企业的预算控制与业绩评价

传统的费用分配方式单一而直接，使得以标准成本和费用计划为基础的预算控制与业绩评价缺乏客观性，使得相应的费用分析和业绩报告缺乏可信性，削弱了预算控制与业绩评价的作业和效果。而作业成本信息可为作业和产品制定合理的成本费用标准，并从多种成本动因分析成本费用变化的真实原因，多种成本动因的形成聚合成本数量，可用于对责任中心的作业成本与效率评价，考核责任中心的业绩，改善作业活动。

3. 满足战略管理的需要

迈克尔·波特在其《竞争优势》一书中提出“价值链”理论，认为不断改进和优化“价值链”，尽可能提高“客户价值”是扩大企业竞争优势的关键。“价值链”理论将企业看成满足客户需要的“一系列”作业集合体，或一个由此及彼、由内到外的作业链。每一项作业都要消耗一定的资源、形成一定的价值，之后再转移到下一个作业，直到将产品提供给企业外部客户。作业成本法以提供作业信息、改进作业管理来提升企业价值链的价值，从而提升企业竞争力，实现战略管理目标。

第二节　作业成本法的基本概念与主要特征

一、作业成本法的基本概念

作业成本法是一种用来确定产品成本、作业绩效、耗用资源及成本标准的方法；是一种以多重的分摊成本的方式，且是通过作业而不是产品来归集和分配成本；是一种将全部资源成本追溯到发生成本的产品、服务、渠道和客户的成本分配方式。

（一）作业、作业链和价值链

1. 作业

作业是指为某一目的而进行的与生产产品或提供劳务有关的耗费资源的具体活动，一项作业可能是一项具体的活动，或是某一部门各项活动中的一项，也可能是泛指某一类活动，甚至是整个部门或过程的代名词，其特征有以下几点。

（1）作业以人为主体。作业是人在操纵机器，离开了人不能称为作业。

（2）作业消耗资源。作业最起码应消耗人力资源，是人力作用于物体，故也会消耗物质资源。

（3）作业的标志是其目的。企业现代化程度越高、分工就越细越专业化、生产经营活动的可区分性就越强。这样就将经营活动按照工作目的区分为若干项作业，并形成一个完备集，以构造完整的经营过程。

（4）作业可分为增值作业和非增值作业。增值作业既消耗资源又产生增值，非增值作业消耗资源但不增值。

（5）依据作业动因划分作业范围。作业动因是指作业贡献于最终产品的方式与原因，区分作业的依据是作业动因，而作业动因的客观存在说明作业范围可以被限定。

2. 作业链

一系列作业的合集称为作业链，作业首尾相连成为一个整体，以将产品与服务送达客户，由此形成企业的作业链。

3. 价值链

完成作业都要消耗资源，并使价值增量后转移到下一项作业，直至形成最终产品，提供给企业的外部客户。最终产品作为企业作业链的最后一环，累积凝结了各项作业所形成的价值。价值沿着作业链移动构成价值链，价值链是一系列价值生产作业构成的价值创造过程。

（二）资源和成本

1. 资源

资源是支持作业的成本、费用来源，是生产产品或提供服务发生的各种成本、费用项目，资源是执行作业的代价。资源与作业的对应关系可以是多对多、一对多、多对一或一对一。只要一项资源被多项作业消耗，就存在资源向作业分配的问题，应以作业为汇集资源耗费的对象进行资源消耗分配，而资源以货币计量。耗费资源是满足客户的手段，所消耗的资源就构成了该项作业的成本，作业与资源的关系可用图 12-1 表示。

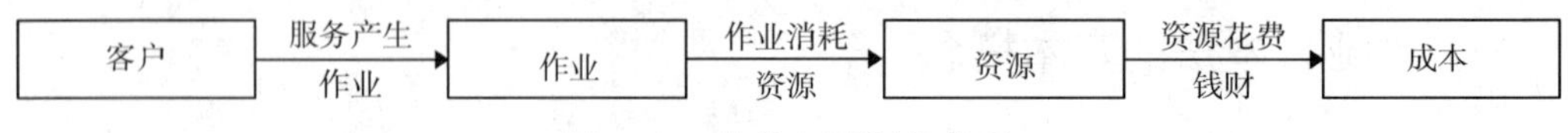

图 12-1　作业与资源的关系

2. 成本对象

成本要分配到成本对象中，选择何种成本对象取决于决策的需要，成本对象可以是产品，也可以是作业、流程、服务、客户或项目。

作业成本法的成本对象按作业的原因归集，而作业作为成本对象，能相对准确地计算产品成本，还能方便地进行成本考核和分析，即以作业消耗的资源数作为标准考核和分析。掌握作业对资源耗费情况，就掌握了资源消耗渠道，这为产品成本控制提供了依据。

3. 成本库与成本库分配率

作业中心是为完成某一项特定产品制造功能而产生的一系列作业集，成本库就是作业集汇聚的成本，即作业集耗费的资源被归集到作业中心，形成作业中心的成本库。

理论上，每项作业都要计算出一个作业分配率。但企业的作业太多太广泛，成百上千个作业产生成百上千个作业分配率，不仅解读困难，而且管理更难。所以应尽可能减少作业分配数量。作业分配率越少，产品成本报告就越清晰，越具可操作性。

为了减少作业分配率数量并使整个过程简洁高效，可以按如下两个标准把同质作业划入同一作业中心：①逻辑相关；②对所有产品都有相同的消耗比率。通过汇总各项作业的成本就使成本与各作业中心发生了联系，归集于每一个作业中心的费用就形成了成本库。

由于在成本库内的作业具有相同的消耗率，每一项作业的作业动因都能够按完全相同的比例把成本分配到产品。这意味着只需要一个作业动因就可以分配成本库的成本，因而，可以减少作业分配率的数量。一旦明确地界定了成本库，一项被选定的作业动因的单位成本就能用成本库的成本除以作业动因的实际容量计算出来，这就是成本库分配率。

（三）成本动因

导致成本发生及增加的同质事项的数量称为成本动因，又称成本驱动因素，对其进行的度量就是对作业的量化。成本动因可能与数量相关（如机器小时），也可能与企业经营活动有关（如机器换模次数）。理论上每项成本都有其动因，不同企业的成本动因种类不同，有些企业有数十种，有些企业达数百种。成本动因通常以相关作业所耗用资源的计量标准来进行度量。例如，研究开发费用的数额与研究计划的数量、研究计划所费工时、研究计划的技术复杂性相关，则它们均是研究开发费用的成本动因。成本动因可以分为资源动因和作业动因。

1. 资源动因

作业量的多少决定着资源的消耗量，资源消耗量与作业量的关系称为资源动因。资源消耗量是与作业量直接相联系的，这种资源消耗量不是与产品产量联系的而是与作业量联系的。

资源动因是一种分配基础，体现了作业中心对资源的耗费，是将资源成本分配到作业中心的标准。在分配过程中，由于资源逐项分配到作业，于是就产生了作业成本要素，将每个作业成本要素汇总就形成了作业成本库。通过对成本要素和成本库的分析，可以揭示哪些资源需要减少，哪些资源需要重新配置，最终确定如何改进和降低作业成本。

2. 作业动因

作业动因是将作业中心的成本分配到成本对象（产品、服务或客户）的标准。作为成本动因的一种形式，它也是将资源消耗与最终产出相联系的中介。通过实际分析，可以揭示哪些作业是多余的、应该减少的，整体成本应该如何改善或降低。

“动因”究竟是什么？是因为“变量 1”变化导致“变量 2”变化，“变量 1”是“变量 2”的动因。“员工完成工作所花费的时间”变化导致“员工资源耗费”的变化。“作业产出量”的变化导致“间接外购材料项目的资源”变化，如“一台机器的耗能源瓦数”变化是因为“作业产出量”变化，“与客户相关的工作作业——处理销售订单的人员耗费”变动是因为“处理销售订单的数量”变动。选择所有动因时的成本核算应坚持一个原则，就是所发生的成本水平应该直接随动因的数量变化而变化的。

（四）作业分类及其成本分级

成本层级是指根据作业的性质确定的动因级别。“单位”级作业动因是指每产生一个单位作业就发生一定比例的成本；“批”级作业动因是指每产生一批作业才发生一次成本；“产品”级作业动因是指为维护产品生产线会发生工程师工作量；“设施”级作业动因是指场所占用面积类的指标，这类似于固定成本，成本层级显示不同层级的成本固定与变动。

1.“单位”层级的作业及其成本动因

这一类型的作业是生产每“单位”的产品都必须发生的，如用机器生产产品，机器必须运转，产品才能生产出来。因而对于操作机器这一作业来说，机器运转小时（以下简称“机器小时”）就是其成本动因，而为保证机器正常运转所发生的成本，包括机器的折旧、维修费用、能源消耗、润滑油消耗都可以归属于与机器相关的作业成本库，并要按机器小时计算其成本库分配率。

2.“批”层级的作业及其成本动因

这一类型的作业是为完成每一“批”产品而不是为完成每一“单位”产品发生

的，如每一“批”产品的投产必须进行机器的准备，它以产品生产中的变换批次数为成本动因，其成本归属于准备成本库，并要按产品生产中变换的批次数计算其成本库分配率。“批”层级的作业成本随批次数的变化而变化，其成本动因是产品批次，如采购次数、机器整理次数、检验次数、运输时间等。典型的“批”层级成本包括订货成本、材料整理成本、包装发运成本等。属于“批”层级的作业还有“接收与测试”“材料整理”“质量保证”“包装与发运”作业，要为它们分别设置成本库，并以每种产品的生产线消耗各作业量的百分比计算各成本库的分配率。

3.“产品”层级的作业及其成本动因

这一类型的作业是为维护一条生产线的整体运作而发生的，并不是直接服务于生产一个新“单位”或新“批”产品的生产，其成本动因是工程师的工作量，其有关成本如工程师的薪金、工程设施的折旧、维修费用等，都归属于工程成本库，并要按各产品耗用工程师工作量的百分比作为其成本库的分配率。

4.“设施”层级的作业及其成本动因

“设施”层级的作业是指那些维持工厂一般制造过程的作业，没有任何特定产品可以从中受益。“设施”层级成本属于企业全部产品的共同成本，如一般管理人员的工资、设备的折旧和维护费、供暖、照明、工厂治安和环境维护、财产保险和财产税等，这类成本属于期间成本或固定成本，它没动，何以找动因？“设施”层级作业面对所有产品，难以识别个体产品如何消耗这些作业。因此，一个纯粹的作业成本法不会将这类成本分配给产品。但是，对“设施”层级成本及其分摊的判断也可能存在例外。如果一个企业按生产线组织生产，就能用空间动因计量“设施”层级作业的消耗。这是因为厂里的地面空间专门用于某种产品或组件的生产。在这种情况下，占地面积可被视为“设施”层级成本的一种可能作业动因。按照空间动因分配“设施”层级成本还可以促进经理人减少生产用地，从而降低“设施”层级成本。

二、作业成本法的主要特征

（一）作业成本法是一种间接的成本分配方法

作业成本法设计了先将消耗的资源分配给“作业”，再将作业成本库中的成本分配给产品的二阶段间接成本分配程序，而传统成本法直接将间接成本分配给产品。

（二）作业成本法是一种追本溯源的间接成本分配方法

作业成本法将作业耗费的资源按各作业的资源消耗动因计入作业成本库，再根据产品的作业成本动因将产品所消耗的作业成本计入产品。也就是说，在被消耗的资源不能直接追溯于产品时，要寻找影响其消耗数量变化的关键因素作为分配基础，而作业和产品则需要根据它们所引起的动因数量来承担相应的间接成本，而传统的间接成本分配是按照与产品消耗的间接成本不大相关的直接人工工时分配的。

（三）作业成本法是一种分配标准多元化的间接成本分配方法

传统的成本计算方法只能把间接费用按产量基础的作业动因比率分配到各产品中

去，使用的是单一的分配率。在企业生产多品种产品的时候，如果间接费用的分配只使用产量基础的作业动因这一个分配率，可能会导致一种产品贴补另一种产品。这种贴补会产生一组产品利润率很高的假象，同时对另一组产品的评估产生不利影响。而作业成本法将制造费用分至若干个成本库分别分配，增加了分配率的个数，使分配率能反映各种产品对间接费用的实际消耗。因此，作业成本法将单一的分配率改为单独计算每一类间接作业分配率的方法，即使用多元化的分配率进行分配。这些分配率是根据衡量作业消耗的驱动因素来计算的。

（四）作业成本法是一种成本计量与成本管理紧密结合的方法

当企业管理深入作业时就形成了作业管理，作业管理需要作业成本的信息，作业成本法以作业为对象进行间接成本归集所提供的成本信息正好是作业管理所需要的。依据作业成本对作业链上的作业分析、改进与调整，能消除许多非增值作业，并减少增值作业的资源消耗，由此促进企业价值链的价值增值。成本动因是作业成本和产品成本形成的原因与方式，是决定作业成本和产品成本高低的关键因素，把握成本动因就控制了成本形成的根源，找到了成本控制的方式。产品成本在计量的同时也计量了作业成本，在寻找间接成本分配依据的同时也找到了控制成本的措施，因此作业成本法是一种成本计量与成本管理相结合的方法。

第三节　作业成本法的计算原理与计算示例

一、作业成本法的计算原理与计算步骤

（一）作业成本法的计算原理

作业成本法是以作业为核心，以资源流动为线索，以成本动因为媒介，依据不同的成本动因分别设置成本库来归集、汇总费用，再以各种产品耗费的作业量将费用分摊至各种产品中，从而汇总计算各种产品总成本和单位成本的一种成本计算制度。通过设置各种成本库，以多样化的成本动因进行费用分配，使成本计算特别是制造费用按照产品进行对象化的过程大大明晰化，且提高了成本的可归属性。以上过程可以归结为图 12-2。

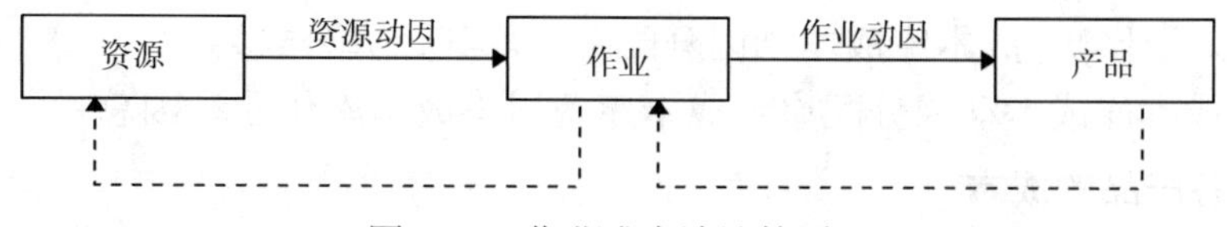

图 12-2　作业成本法计算原理

图 12-2 中，实线表示成本计算和形成过程，虚线表示资源的消耗过程。作业成本法用两阶段分摊成本。阶段 1：选择资源动因将资源成本（间接成本）分配给作业成本库或作业中心；阶段 2：选择作业动因将作业成本分配给成本对象。这即是产品消耗作业，作业消耗资源。

（二）作业成本法的计算步骤

使用作业成本法计算产品成本基本步骤如下。

1. 准确计量各类资源耗费

企业应对被消耗的资源进行分类、归集，便于从总体上反映各类资源的耗用情况，也为各类资源的耗费价值向作业中心成本库进行分配奠定基础。

2. 确立主要作业及作业成本库

作业的目的是实现某种价值，是消耗资源的工作，也是构成产品和服务程序的组成部分。制造企业的作业类型一般有启动准备、材料采购、物料处理、设备维修、质量控制、生产计划、工程处理、动力消耗、存货移动、装运发货、管理协调等。

企业通常有数不清的作业，所以首先应将与制造费用发生有关的作业进行分类。制造业企业生产的产品品种多样，且不同产品在生产过程上差异较大，因此企业要结合其生产特点，以重要性、同质性为原则划分出主要作业，按同质作业设置作业成本库。例如，机器调整是一项作业，于是所有与机器调整有关的费用都可以归属到“机器调整”这一作业成本库中。然后，以资源动因为基础，将制造费用分配至作业成本库中。

如何将资源价值耗费计入作业成本库呢？既然作业消耗资源，就应根据作业量的多少确定资源的耗费量，分配资源价值耗费的基础就是“反映资源消耗量与作业量”的“资源动因”。

资源动因之一：若某项资源耗费可直接确认是被一种产品所消耗，则资源耗费直接计入该产品成本，资源动因也是作业动因，如直接材料费用的分配就适用这个原则。

资源动因之二：若某项资源耗费可以直接从发生领域上划分为各作业所耗，则可计入各作业成本库，此时资源动因是“作业专属消耗”，如不同作业各自发生的办公费一般适用于这个原则。

资源动因之三：若某项资源耗费从最初消耗上就呈现混合性耗费状态，则需要选择合适的量化依据将资源消耗分解到各作业，这个量化的依据就是资源成本动因。

3. 确定作业成本库的作业动因，计算各个成本库的成本分配率

作业成本库的成本最终要分配到产品或劳务中去，用什么去分配呢？当然是作业动因。作业成本库会有多个作业动因，从中选出恰当的动因作为作业成本库的代表性作业动因，以此计算“成本库成本动因分配率”。其计算公式为

成本库成本动因分配率＝成本库费用÷成本库作业动因总量　　（12-1）

4. 计算各产品的成本

统计每种产品从各成本库中分配的费用，得到每种产品的费用分配额，再与直接成本汇总，得到每种产品的成本。

计算步骤：①“资源”归集后按照“资源动因”分配到作业中去；②将有“共同资源动因”的作业确认为“同质作业”，“同质作业归集”在一起形成“作业成本库”；③确定各“作业成本库”的“作业动因”，将“作业成本库”中的费用按照产

品消耗的“作业动因量比例”进行分配，得到产品所分摊的“各成本库”的作业成本；④对产品成本进行整合，得出最终的每种产品的成本。该流程可用图 12-3 表示。

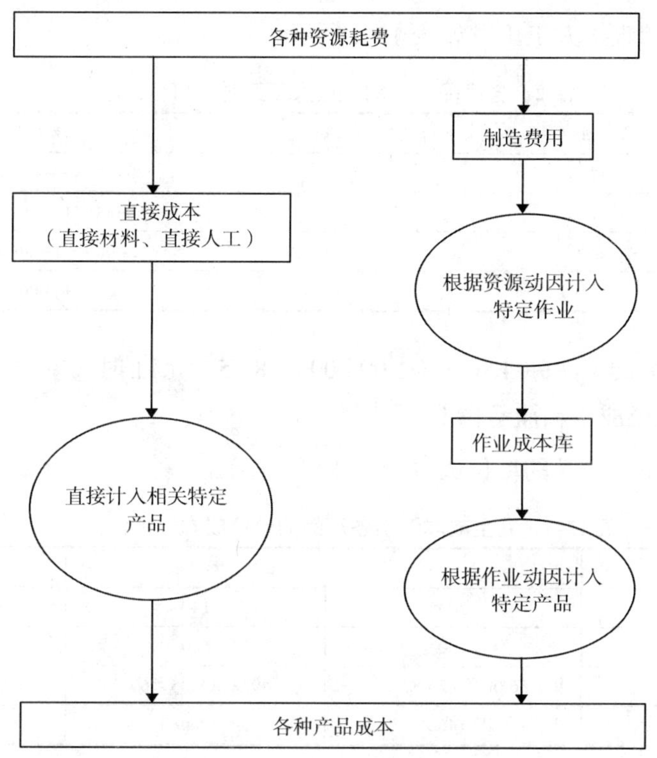

图 12-3　作业成本法核算程序示意图

二、作业成本法的计算示例

【例 12-1】君度公司生产 A、B、C 三种产品，设总间接制造费用为 9 042 000 元，这些费用既有固定的，也有变动的。有关数据如表 12-1 所示。

表 12-1　君度公司生产产品 A、B、C 的有关数据

项目	产品 A	产品 B	产品 C
产量/单位	80 000	60 000	24 000
班次	80 000 单位由 8 个班次完成	60 000 单位由 6 个班次完成	24 000 单位由 24 个班次完成
直接材料/元	200	140	50
直接人工（不包括准备工时）	每单位 8 小时	每单位 6 小时	每单位 4 小时
准备时间	每变换一个班次 20 小时	每变换一个班次 20 小时	每变换一个班次 20 小时
机器小时	每单位 3 小时	每单位 2 小时	每单位 5 小时
直接人工成本/元	每小时 60	每小时 60	每小时 60
准备工时成本/元	每小时 60	每小时 60	每小时 60

要求：根据上述资料，计算 A、B、C 三种产品的单位成本。

（一）按完全成本法计算

1. 以直接人工工时为动因计算制造费用分配率

各产品预计的直接人工工时如表 12-2 所示。

表 12-2　各产品预计的直接人工工时（单位：小时）

产品	预计的直接人工工时
产品 A	80 000×8＝640 000
产品 B	60 000×6＝360 000
产品 C	24 000×4＝96 000
合计	1 096 000

则制造费用分配率＝9 042 000÷1 096 000＝8.25（元/小时）。

2. 各产品单位成本和盈亏情况

完全成本法下各产品的单位成本如表 12-3 所示。

表 12-3　完全成本法下各产品的单位成本（单位：元）

项目	产品 A	产品 B	产品 C
直接材料	200	140	50
直接人工	480	360	240
制造费用	66.00（8.25×8）	49.50（8.25×6）	33.00（8.25×4）
合计	746	549.5	323

君度公司是按成本的 15%加成作为目标售价，则各产品的目标售价分别为 857.90 元、631.93 元、371.45 元。据此，可计算各产品的盈亏情况如表 12-4 所示。

表 12-4　各产品的盈亏情况（单位：元）

项目	产品 A	产品 B	产品 C
单位成本	746.00	549.50	323.00
目标售价 （成本×125%）	857.90	631.93	371.45
实际售价	857.90	600.00	530.00
差异	0.00	−31.93	158.55

表 12-4 的计算表明，产品 C 的实际售价与目标售价的差异最为有利，产品 B 则出现不利差异，产品 A 的差异为零，由此也可以看到按这一成本计算法所显示的各产品的盈利性。

（二）按作业成本法计算

1. 将制造费用资源动因归属于各层级的成本库

某月制造费用为 9 042 000 元，按“资源动因”分配于作业，并以作业同质性归集成本库。

1）资源消耗

（1）工资：1 652 000 元（作业：现场分拣整理人员工资 1 152 000 元，检验人员工资 300 000 元，机器检修人员工资 100 000 元，其余 100 000 元为管理人员工资）。

（2）折旧费（房屋及设备）：固定 941 200 元。

（3）机物料消耗：150 000 元（作业：机器运转）。

（4）包装费：50 000 元（作业：发送产品前打包）。

（5）技术服务费：2 800 000 元（作业：生产线要件调整，各产品根据复杂程度调整）。

（6）运输费：430 000 元（作业：国内发送：230 000 元，国外发送：200 000 元）。

（7）水电费：2 534 000 元（作业：机器运转）。

（8）检验测试及设备调整费：484 800 元（检验作业——按批次送检服务耗材：102 000 元；测试作业——按批测试参数：360 000 元，产品 A 普通测试、产品 B 精确测试、产品 C 特殊测试；设备调整作业：22 800 元）。

2）按资源动因建立作业成本库

（1）建立“单位”层级的机器运转成本库：

水电费　2 534 000 元

机器检修人员工资　100 000 元

机物料消耗　　　　150 000 元

合计：2 784 000 元。

（2）建立“批”层级的成本库：

①准备成本库。

检验测试及设备调整费——设备调整费：22 800 元

合计：22 800 元。

②接收与测试成本库。

检验测试及设备调整费——测试作业：　360 000 元

合计：360 000 元

分摊在产品 A、产品 B、产品 C 上的测试辅助材料占比分别为 6%、24%、70%。

③材料整理成本库。

工资——现场分拣整理人员工资：　　1 152 000 元

合计：　　　　　　　　　　　　　　1 152 000 元

分摊在产品 A、产品 B、产品 C 上的人工占比分别为 8%、30%、62%。

④质量保证成本库。

工资——检验人员工资：　　　　　　　300 000 元

检验测试及设备调整费——送检耗材：102 000 元

合计：402 000 元

分摊在产品 A、产品 B、产品 C 上的耗料占比分别为 20%、40%、40%。

⑤包装与发运成本库。

包装费：50 000 元

运输费：430 000 元

合计：480 000 元

分摊在产品 A、产品 B、产品 C 上的发运成本占比分别为 6%、34%、60%。

（3）“产品”层级的成本库——工程成本库

技术服务费：2 800 000 元

合计：2 800 000 元

分摊在产品 A、产品 B、产品 C 上的占比分别为 25%、45%、30%。

（4）“设施”层级的成本库：

折旧费（房屋及设备）：941 200 元

工资——管理人员工资：100 000 元

合计：1 041 200 元。

2. 成本库成本分配率及产品分配成本计算

成本库成本分配率及产品分配成本计算如表 12-5～表 12-12 所示。

表 12-5 机器运转成本库成本分配

项目	本月发生额/元	动因（机器小时）/小时	分配率/（元/小时）	耗用作业动因/小时	耗用作业成本/元	单位作业成本/（元/单元）
产品 A				240 000	1 392 000	17.40
产品 B				120 000	696 000	11.60
产品 C				120 000	696 000	29.00
合计	2 784 000	480 000	5.80	480 000	2 784 000	

表 12-6 准备成本库成本分配

项目	本月发生额/元	动因（生产变换次数）/次	分配率/（元/次）	耗用作业动因/次	耗用作业成本/元	单位作业成本/（元/单位）
产品 A				8	4 800	0.06
产品 B				6	3 600	0.06
产品 C				24	14 400	0.60
合计	22 800	38	600	38	22 800	

表 12-7 接收与测试成本库成本分配

项目	本月发生额/元	耗用作业动因占比/%	耗用作业成本/元	单位作业成本/（元/单位）
产品 A		6	21 600	0.27
产品 B		24	86 400	1.44
产品 C		70	252 000	10.50
合计	360 000	100	360 000	

表 12-8 材料整理成本库成本分配

项目	本月发生额/元	耗用作业动因占比/%	耗用作业成本/元	单位作业成本/（元/单位）
产品 A		8	92 160	1.152
产品 B		30	345 600	5.760
产品 C		62	714 240	29.760
合计	1 152 000	100	1 152 000	

表 12-9　质量保证成本库成本分配

项目	本月发生额/元	耗用作业动因占比/%	耗用作业成本/元	单位作业成本/（元/单位）
产品 A		20	80 400	1.005
产品 B		40	160 800	2.680
产品 C		40	160 800	6.700
合计	402 000	100	402 000	

表 12-10　包装与发运成本库成本分配

项目	本月发生额/元	耗用作业动因占比/%	耗用作业成本/元	单位作业成本/（元/单位）
产品 A		6	28 800	0.36
产品 B		34	163 200	2.72
产品 C		60	288 000	12.00
合计	480 000	100	480 000	

表 12-11　工程成本库成本分配

项目	本月发生额/元	耗用作业动因占比/%	耗用作业成本/元	单位作业成本/（元/单位）
产品 A		25	700 000	8.75
产品 B		45	1 260 000	21.00
产品 C		30	840 000	35.00
合计	2 800 000	100	2 800 000	

表 12-12　“设施”层级成本库成本分配

项目	本月发生额/元	动因（直接人工小时）/小时	分配率/（元/小时）	耗用作业动因/小时	耗用作业成本/元	单位作业成本/（元/单位）
产品 A				640 000	608 000	7.60
产品 B				360 000	342 000	5.70
产品 C				96 000	91 200	3.80
合计	1 041 200	1 096 000	0.95	1 096 000	1 041 200	

表 12-5 显示机器运转成本库的作业动因是机器小时，计算各产品耗用的作业动因。

产品 A 耗用作业动因＝3×80 000＝240 000（小时）

产品 B 耗用作业动因＝2×60 000＝120 000（小时）

产品 C 耗用作业动因＝5×24 000＝120 000（小时）

机器运转成本库的总的动因机器小时＝240 000＋120 000＋120 000＝480 000（小时）

机器运转成本库的成本分配率＝2 784 000÷480 000＝5.80（元/小时）

得出机器运转成本库的成本分配率之后，计算各产品从机器运转成本库分配所得的耗用作业成本与单位作业成本：

产品 A 耗用作业成本＝5.80×240 000＝1 392 000（元）

产品 B 耗用作业成本＝5.80×120 000＝696 000（元）

产品 C 耗用作业成本＝5.80×120 000＝696 000（元）

产品 A 单位作业成本＝1 392 000÷80 000＝17.40（元/单位）

产品 B 单位作业成本＝696 000÷60 000＝11.60（元/单位）

产品 C 单位作业成本＝696 000÷24 000＝29.00（元/单位）

表 12-6 显示准备成本库的作业动因是生产变换次数，得出各产品耗用的作业动因分别为 8 次、6 次、24 次。

准备成本库的总的动因生产变换次数＝8＋6＋24＝38（次）

准备成本库的成本分配率＝22 800÷38＝600（元/次）

得出准备成本库的成本分配率之后，计算各产品从准备成本库分配所得的耗用作业成本与单位作业成本：

产品 A 耗用作业成本＝600×8＝4800（元）

产品 B 耗用作业成本＝600×6＝3600（元）

产品 C 耗用作业成本＝600×24＝14 400（元）

产品 A 单位作业成本＝4800÷80 000＝0.06（元/单位）

产品 B 单位作业成本＝3600÷60 000＝0.06（元/单位）

产品 C 单位作业成本＝14 400÷24 000＝0.60（元/单位）

表 12-7 显示了接收与测试成本库中的耗用作业动因占比，计算各产品从接收与测试成本库分配所得的耗用作业成本与单位作业成本。

产品 A 耗用作业成本＝360 000×6%＝21 600（元）

产品 B 耗用作业成本＝360 000×24%＝86 400（元）

产品 C 耗用作业成本＝360 000×70%＝252 000（元）

产品 A 单位作业成本＝21 600÷80 000＝0.27（元/单位）

产品 B 单位作业成本＝86 400÷60 000＝1.44（元/单位）

产品 C 单位作业成本＝252 000÷24 000＝10.50（元/单位）

表 12-8 显示了材料整理成本库中的耗用作业动因占比，计算各产品从材料整理成本库分配所得的耗用作业成本与单位作业成本。

产品 A 耗用作业成本＝1 152 000×8%＝92 160（元）

产品 B 耗用作业成本＝1 152 000×30%＝345 600（元）

产品 C 耗用作业成本＝1 152 000×62%＝714 240（元）

产品 A 单位作业成本＝92 160÷80 000＝1.152（元/单位）

产品 B 单位作业成本＝345 600÷60 000＝5.760（元/单位）

产品 C 单位作业成本＝714 240÷24 000＝29.760（元/单位）

表 12-9 显示了质量保证成本库中的耗用作业动因占比，计算各产品从质量保证成本库分配所得的耗用作业成本与单位作业成本。

产品 A 耗用作业成本＝402 000×20%＝80 400（元）

产品 B 耗用作业成本＝402 000×40%＝160 800（元）

产品 C 耗用作业成本＝402 000×40%＝160 800（元）

产品 A 单位作业成本＝80 400÷80 000＝1.005（元/单位）

产品 B 单位作业成本＝160 800÷60 000＝2.680（元/单位）

产品 C 单位作业成本＝160 800÷24 000＝6.700（元/单位）

表 12-10 显示了包装与发运成本库中的耗用作业动因占比，计算各产品从包装与发运成本库分配所得的耗用作业成本与单位作业成本。

产品 A 耗用作业成本＝480 000×6%＝28 800（元）

产品 B 耗用作业成本＝480 000×34%＝163 200（元）

产品 C 耗用作业成本＝480 000×60%＝288 000（元）

产品 A 单位作业成本＝28 800÷80 000＝0.36（元/单位）

产品 B 单位作业成本＝163 200÷60 000＝2.72（元/单位）

产品 C 单位作业成本＝288 000÷24 000＝12.00（元/单位）

表 12-11 显示了工程成本库中的耗用作业动因占比，计算各产品从工程成本库分配所得的耗用作业成本与单位作业成本。

产品 A 耗用作业成本＝2 800 000×25%＝700 000（元）

产品 B 耗用作业成本＝2 800 000×45%＝1 260 000（元）

产品 C 耗用作业成本＝2 800 000×30%＝840 000（元）

产品 A 单位作业成本＝700 000÷80 000＝8.75（元/单位）

产品 B 单位作业成本＝1 260 000÷60 000＝21.00（元/单位）

产品 C 单位作业成本＝840 000÷24 000＝35.00（元/单位）

表 12-12 显示了“设施”层级成本库的作业动因——直接人工工时，计算各产品耗用的作业动因。

产品 A 耗用作业动因＝8×80 000＝640 000（小时）

产品 B 耗用作业动因＝6×60 000＝360 000（小时）

产品 C 耗用作业动因＝4×24 000＝96 000（小时）

机器运转成本库的总的动因机器小时＝640 000＋360 000＋96 000＝1 096 000（小时）

机器运转成本库的成本分配率＝1 041 200÷1 096 000＝0.95（元/小时）

得出“设施”层级成本库的成本分配率之后，计算各产品从“设施”层级成本库分配所得的耗用作业成本与单位作业成本。

产品 A 耗用作业成本＝0.95×640 000＝608 000（元）

产品 B 耗用作业成本＝0.95×360 000＝342 000（元）

产品 C 耗用作业成本＝0.95×96 000＝91 200（元）

产品 A 单位作业成本＝608 000÷80 000＝7.60（元/单位）

产品 B 单位作业成本＝342 000÷60 000＝5.70（元/单位）

产品 C 单位作业成本＝91 200÷24 000＝3.80（元/单位）

综合上述各个成本库的计算，可以合计出采用作业成本法计算之后的产品 A、B、C 的单位成本，如表 12-13 所示。

表 12-13　作业成本计算法下各产品的单位成本（单位：元）

项目	产品 A	产品 B	产品 C
直接材料	200	140	50
直接人工	480	360	240

续表

项目	产品 A	产品 B	产品 C
制造费用			
“单位”层级			
机器运转	17.40	11.60	29.00
“批”层级			
准备成本	0.06	0.06	0.60
接收与测试	0.27	1.44	10.50
材料整理	1.152	5.76	29.76
质量保证	1.005	2.68	6.70
包装与发运	0.36	2.72	12.00
“产品”层级			
工程成本	8.75	21.00	35.00
“设施”层级	7.60	5.70	3.80
合计	716.597	550.96	417.36

将按照传统成本法计算出来的各产品单位成本与按照作业成本法计算得出的各产品单位成本进行比较分析，如表 12-14 所示。

表 12-14　两种成本计算法下各产品单位成本的比较（单位：元）

项目	传统成本计算法	作业成本计算法	差异	总成本差异
产品 A	746.00	716.597	29.403	2 352 240
产品 B	549.50	550.96	−1.46	−87 600
产品 C	323.00	417.36	−94.36	−2 264 640
合计				0

对比两种成本计算法所得到的单位成本，可以看到，在作业成本法下，产品 A 的单位成本有所降低，产品 B 的单位成本略有提高，产品 C 的单位成本大幅提高，而传统成本计算法将企业发生的总成本中产品 B、C 应负担的部分转嫁给了产品 A 来负担，造成了成本指标的一定程度的扭曲，如以成本为基础进行经营决策、产品定价决策会产生严重误导。

作业成本法使成本计算明晰化、计算结果准确化，它将重点放在成本发生的前因后果上。成本由作业引起，因而要分析生产经营中某一作业形成的必要性、作业组成的合理性与有限性、每一项作业预期的资源消耗水平、预期作业的凝聚对客户提供的附加值。另外，作业的完成实际耗费了多少资源？与同行业同类企业的差距多大？这些资源的耗费对产品提供给客户的价值贡献多少？对所有这些问题及时进行动态分析，可以为作业管理提供有效信息，也促进作业改进、提高作业完成效率和质量水平，在作业环节上减少浪费，以使企业价值链增值。

作业成本法使管理者能获悉本部门的成本情况，因此能突出生产流程或产品的竞争优势和劣势，优化价值主张。使用欠精确的成本制度会给企业带来竞争劣势。

作业成本法对以下两类企业尤为重要。

（1）产品极为多样化，流程极其复杂，或产量相当高的企业。

（2）极容易发生成本扭曲的企业，如既采用大批量生产，也采用客户定制生产的企业；既有成熟产品，也有新产品的企业；既有定制分销渠道，也有标准分销渠道的企业。

第四节　基于作业进行成本管理

作业成本法虽然源于产品成本计算的正确性动机，但是其意义已经远远不止是正确地计算成本，而是已经深入企业作业链即价值链的重构，乃至整个企业的结构设计问题中。基于作业成本法，我们认识到了作业链和价值链，但是在作业链与价值链的问题上，仍然存在着值得我们探寻的东西，作业管理即是其中之一。

一、作业管理的基本内容

作业成本法虽然只是成本分配方法的改进，但对管理理念的影响却是重大的。在第二节价值链的概念中介绍到，价值沿着作业链在各项作业之间移动，构成一条价值链。因此，作业链又表现为价值链。这就使得企业管理人员可以通过识别作业、分析引起作业的根源，联系作业成本法来评价各项作业的效率。作业成本法与作业管理相互依存，贯穿于现代企业经营管理的各个方面。

20 世纪 80 年代以来，社会经济环境、条件的重大变化以及科学技术的巅峰发展，促成了现代化企业管理方式的实现。同时，在管理思想上也发生了重大的变革，形成了新的企业观，即把企业看作为最终满足客户需要而设计成的一系列作业的集合体，产品作为这个集合体的最终产出，凝聚了在各个作业上形成而最终转移给客户的价值。因此，作业的推移也表现为价值在企业内部的逐步推移与积累，最终形成转移给企业外部客户的总价值。从企业外部客户手中收回转移给他们的价值就形成企业的收入，收入补偿完各项有关作业所耗费的资源的价值之和后的余额，即为从转移给客户的价值中赢得的利润。再进一步分析价值在各项作业之间游走的过程，不难发现，有些作业可以增加转移给客户的价值，有些作业却不能增加转移给客户的价值。因此，并不是所有的作业都可以增加转移给客户价值，作业对于价值积累的作用有正有负。对于增加转移给客户的价值的作业，称为可增加价值的作业；对于不能增加转移给客户价值的作业，称为非增加价值的作业。将企业管理深入作业水平，尽可能消除不增加价值的作业，对于可增加价值的作业也要尽可能提高其运作的效率，减少完成它们的资源消耗。基于这样的思想，形成“以作业为基础的管理”（activity-based management，ABM）或简称作业管理。

作业管理就是应用作业成本计算信息来改善经营和消除非增值作业的成本，通过改进和优化企业的作业链，来改进和优化企业的价值链管理。作业管理包括作业成本法和过程价值分析两个部分，因此，作业管理模型包括两个维度：作业成本计算维度（成本分配观）和过程价值分析维度（过程分析观）。成本分配观提供关于资源、作业和成本对象的信息，过程分析观提供关于业务流程及其所属的作业的经营（往往是非财务）信息。这两种作业成本核算观可以用图形象地说明，如图 12-4 所示。

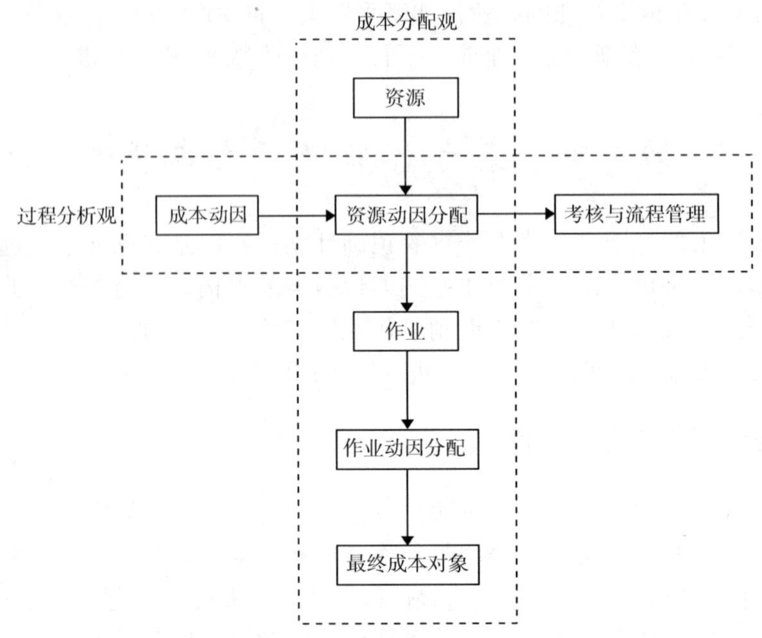

图 12-4 作业管理模型示意图

图 12-4 的垂直部分反映了成本分配观，而水平部分反映了过程分析观，在交叉点的工作作业则是作业成本计算和作业管理的焦点。在计量成本时，其区别在于：成本分配观把资源的费用（如工资、用品）转化为工作作业的成本（人和资产），最终转化为成本对象的成本；过程分析观则按照时间顺序排列工作作业，从一个业务流程的开始到结束归集作业成本。作业成本法从纵横两个方面为企业改进作业链、减少作业耗费、提高作业效率提供有用的信息。

（一）减少非增值作业——持续改进企业价值链

如前所述，并不是所有的作业都增加转移给客户的价值，在价值链中，各项作业耗费的成本不同，对企业的贡献也不同。分析和评价作业、改进作业和消除非增值作业构成过程价值分析的基本内容。改进流程首先要学会辨别当前的作业是属于增值作业，还是属于非增值作业，然后确定应当如何将非增值作业减至最少。

1. 增值作业

增值作业是指那些有必要保留在企业经营活动中的作业，从客户的角度看，增值作业是可以增加转移给客户的价值的。如何判断一项作业可否视为增值作业？要同时满足以下三个条件。

（1）该作业将带来状态的改变（有效率的）。

（2）状态的变化不能由其他的作业完成（必要的）。

（3）该作业使其他作业得以执行（不可消除的）。

2. 非增值作业

从客户的角度看，非增值作业是一种浪费，它不会增加转移给客户的价值，这些作业也是企业经营活动中不必要的或者可以消除的，或者虽然必要但是效率不高。由于非增值作业既消耗时间、又耗费资源，因此，持续改进和流程再造的目标就是寻找非增值作业，并将其减至最少。

执行非增值作业或者低效执行增值作业所发生的成本就是非增值成本，消除这些作业及成本不影响产品或服务的质量、功能和价值等。

一个流程的非增值作业通常包括移动、准备、检查和等待。

（1）移动。移动是指履行增值作业时，在各个工作台之间移动货物的时间。例如，产品在工厂的工作台之间的搬运，该作业本身并不增值，仅仅有助于产品的增值。许多制造业为了减少产品的搬运作业，都重新布局各种设备。

（2）准备。准备是指从事一项增值作业所花的准备时间，准备包括开始工作之前的各项作业。如果在开工时，能减少各项准备工作，则会减少非增值作业。

（3）检查。检查是指检查一项增值作业正确完成所花的时间。检查包括确定产品或服务是否符合质量标准的各项作业。如果能够确保在第一时间内做好所做的工作，可以取消检查作业。

（4）等待。等待是指从事各项增值作业发生的等待时间。

为了节约时间和金钱，寻找非增值作业应该以可能发生浪费的区域为起点。在履行增值作业的过程中，往往由于需要非增值作业的支持作业。因此，要消除非增值作业几乎是不可能的。但是，因增值作业的改变而提高了产品的质量，这将会减少对检查作业的需求。只有在效率100%的情况下，才不需要准备设备，也不需要搬运商品。实际上，即使这些非增值作业并不直接增加客户的价值，这些作业也是有必要存在的。

（二）目标驱动的流程和作业

为了评估各项作业对实现企业目标的贡献，将作业区分为增值作业与非增值作业两类。目标驱动的作业就是增加价值的作业，而非目标驱动的作业就是不增加价值的作业。如果企业的目标是要成为行业高质产品的生产者，那么，为改进质量而发生的作业就是目标驱动的作业。例如，如果企业总体战略目标是生产最佳质量的产品，那么，为支持实现这个目标而实施的质量改进计划就可以描述为目标驱动的作业。

（三）成本节约的措施

一旦非增值作业被确认，企业应当做的就是想方设法降低非增值成本。在作业管理中，通常通过作业消除、作业选择、作业减少和作业共享等措施来实现成本的节约。

1. 作业消除

采用这种方法的时候，假定该项作业完全是不必要的。采取将其消除的办法，去除非增值成本，以减少不必要的耗费，提高成本效率。例如，对购入的材料或零部件的检验作业，可以通过挑选信誉可靠的供货商，保证其供货质量，使检验作业得以消除。

2. 作业选择

作业选择是考虑了所有能达到同样目标的不同作业，选择其中成本最低或成本相同但效率最高的作业。换言之，作业选择就是将最有效的作业从一系列作业中选择出来。例如，企业想要扩大生产规模，可以对现有的生产线进行改造扩张，也可以通过投资一条新的生产线，或者寻求合作伙伴来实现。对于不同的扩大生产规模的措施，其作业构成不同，发生的成本也就随之不同，效果自然也不同。再如，一些企业在进行产品促销活动的时候，可采取的活动或者促销方式多种多样，一旦选择某一种活动或方式，就会产生与之对应的效果与成本。通过作业成本法，比较作业的成本和效率。如果作业的效率相同，则选择其中成本最低的作业；如果成本不相上下，则选择效率最高或者效果最好的作业。

3. 作业减少

作业减少主要是通过减少投入时间或其他资源来减少作业，或者以不断改进的方法降低作业所消耗的资源与时间。对于企业生产经营活动中必要的作业，通过改善以提高效率或降低成本，对于一时无法消除的非增值作业，则可以尽量减少工作量来降低成本消耗。例如，生产过程的半成品搬运，可以通过改进工厂布局，缩短运送距离，从而减少运输作业，缩减作业成本。

4. 作业共享

作业共享是指充分利用企业的生产能力使之达到规模经济效应，提高单位作业的效率。例如，在不增加某种作业成本的时候增加作业的处理量，使得单位成本动因的分配率下降。再如，改善企业工厂布局，在不增加厂房面积的同时增加工厂的产品生产能力，使产品所承担的厂房折旧和维护费用减少。对于无法消除的作业，扩大其共享范围是改进作业、提高效率的最佳方式。

上述任何措施都离不开作业成本法所提供的成本信息。因此，作业成本法是作业管理的基础。在企业实施作业管理的过程中，对流程或作业的评价往往有多种标准或态度，如前所述的“增值作业与非增值作业”和“目标驱动作业与非目标驱动作业”。企业可以用于评价流程和作业的其他标准还包括社会责任、环境效率、全面质量提高和经营流程改进等。确定各项作业的评价标准并计量作业成本，有助于绩效评价。此外，一旦企业的关键作业发生了作业成本，就应该将其与企业的基本标准比较，也可以将其与其他企业的基本标准比较，以此作为绩效评价的基础。综上，作业成本法与作业管理为管理者提供了很多有益的信息。

二、作业预算——作业管理的应用

作业预算是在作业分析与业务流程改进的基础上，结合企业的战略目标和据此预测的作业量，确定企业在每一个部门作业所发生的成本，并运用该信息在预算中规定每一项作业所允许的资源耗费量，实施有效的控制、绩效评价和考核。建立在作业层次上的预算制度是支持持续改进和流程管理的有效手段，因为作业需要消耗资源，所以发生成本，作业预算就成为比传统预算更有力的控制和计划工具。作业预算着重通过消除不必要的作业和提高必要作业的效率来降低成本。

（一）静态作业预算

成本的发生是因为作业消耗了资源，然而，消耗资源的数量取决于作业产出的需求。因此，想要建立一套作业预算，一般需要经历下面三个步骤。

（1）明确企业组织的业务活动。

（2）估计每一项作业的产出需求。

（3）评估产生该层次作业所需的资源成本。

企业实施了作业成本法或作业管理，就已经完成了第一步。作业预算的主要任务就是为每一项作业评估工作量（需求），然后制作出完成这些工作量所需资源的预算，确定接下来的每一项作业的工作量必须能够支持下一时期预期的产品销售作业和生产作业。

与传统预算一样，作业预算也从销售预算和生产预算开始。直接材料和直接人工预算也与作业成本法的构架相容，因为这些生产投入可以直接追溯到各个产品中去。作业预算与传统预算的主要区别，与制造费用、销售和管理费用这些成本种类相关。按照传统方法，这些种类的成本预算通常都是根据成本要素细化的。这些成本要素按照生产量或销售量分为变动部分或固定部分。而且，通常这些预算的编制步骤首先是为部门（职能）内的某个成本项目编制预算，然后把这些成本项目归集起来汇总成制造费用预算。例如，制造费用预算的监管费就是各个不同部门所有监管费用的总和。而作业预算与此不同，作业预算首先确定制造、销售和管理，然后，基于提供要求的作业产出层次所需要的资源，为每一种作业建立预算。成本根据作业动因，而不是仅仅根据产量或销量分为变动成本部分和固定成本部分。

以采购物料为例，采购需求是生产各种产品和提供各种服务所需物料的一个功能。假设订单的数量是采购作业的动因，物料采购预算所标明的物料需要量为 24 000 份订单。为了执行采购作业，采购人员、物料用品（表格、纸、邮票、信封等）、桌椅、计算机和办公场地这些资源都是必需的。假设一名员工每年可以处理4000份订单，这样就需要 6 名员工。同样，还需要为这 6 名员工配备 6 张办公桌、6 台计算机以及相应的办公场地。表 12-15 是一份采购作业预算（折旧费是指桌椅和计算机的折旧，占用费是指办公场地的占用成本）。

表 12-15　采购作业预算（单位：元）

工资	折旧	物料用品	占用费	合计
240 000	6 000	15 000	8 000	269 000

在采购作业消耗的资源中，物料用品是一项弹性资源，因而是变动成本；而其他所耗费的资源是定型资源，表现出一种固定成本性态（如工资、折旧的阶梯式固定成本性态）。然而，有一个重要的差异应当加以注意，就是固定性采购成本和变动性采购成本是根据订单的数量来确定的，而不是根据直接人工小时或产量或生产产出的其他度量来确定的。每一种作业的成本性态都是根据其产出计量来确定的（这不同于传统预算使用的基于生产的动因）。对于产出计量的了解可以使企业组织深刻地洞察作业成本控

制。基于作业框架，控制成本转化为管理作业。例如，通过重新设计产品使产品配备更常用的配件，就可以减少订单的数量。通过减少所需的订单，可以减少弹性资源需要量；再者，所需订单数量的减少还可以降低所需的购买力，因而成本也会下降。

（二）弹性作业预算

作业成本随着作业产出的变化而发生变化，企业的管理人员如果能够发现这种变化的规律，就可以更加细致地规划和监督作业改进。弹性作业预算是对作业产出变化时作业成本大小的预测。基于作业框架的差异分析使得改进传统预算绩效报告成为可能。同时，差异分析也提升了作业管理的能力。

在传统预算形式下，对实际作业层次的预计成本是通过假定以单位为基础的单个动因（产量或直接人工小时）会驱动所有成本而得到的。成本公式是产量或直接人工小时的一个函数，而每一个成本项目都要建立成本公式。然而，如果成本不只随着一个动因变化，并且这些动因与直接人工小时又不是高度相关，那么，预测的成本就可能出错。

当然，解决的办法是建立多种动因的弹性预算公式，成本估计程序（高低点法、最小法等）可以用来估计和证实每项作业的成本公式。从理论上说，每项作业的变动成本构成应当与所需而且已获得的资源（弹性资源）相符，而固定成本构成部分应当与使用前的资源相对应（定型资源）。就像用作业产出计量手段那样，这种多重成本方法使得企业的管理者更合理有效地预测在不同作业层次应该耗用多少成本。这些成本可以与实际相比较以帮助评估预算的绩效，表 12-16 列示了一项弹性作业预算。

表 12-16 弹性作业预算

项目	动因：直接人工小时			
	公式		作业水平	
	固定	变动	15 000（小时）	22 000（小时）
直接材料/元	—	15	225 000	330 000
直接人工/元	—	12	180 000	264 000
小计/元	0	27	405 000	594 000
	动因：机器工时			
	固定	变动	12 000（工时）	16 000（工时）
保养费/元	23 000	5.5	89 000	111 000
机器设备/元	18 000	2	42 000	50 000
小计/元	41 000	7.5	131 000	161 000
	固定	变动	30（个）	36（个）
检查费/元	80 000	2 100	143 000	155 600
安装费/元	—	1 800	54 000	64 800
小计/元	80 000	3 900	197 000	220 400
	动因：订单数			
	固定	变动	24 000（个）	26 000（个）
采购/元	243 000	1	267 000	269 000
小计/元	243 000	1	267 000	269 000
合计/元			1 000 000	1 244 400

在多动因弹性作业预算表中，各项成本的预算与实际发生额计算过程如下：

1. 直接材料

直接材料的预算成本＝15×22 000＋0＝330 000（元）

直接材料的实际成本＝15×15 000＋0＝225 000（元）

2. 直接人工

直接人工的预算成本＝12×22 000＋0＝264 000（元）

直接人工的实际成本＝12×15 000＋0＝180 000（元）

3. 保养费

预算成本＝5.5×16 000＋23 000＝111 000（元）

实际成本＝5.5×12 000＋23 000＝89 000（元）

4. 机器设备

预算成本＝2×16 000＋18 000＝50 000（元）

实际成本＝2×12 000＋18 000＝42 000（元）

5. 检查费

预算成本＝2100×36＋80 000＝155 600（元）

实际成本＝2100×30＋80 000＝143 000（元）

6. 安装费

预算成本＝1800×36＋0＝64 800（元）

实际成本＝1800×30＋0＝54 000（元）

7. 采购

预算成本＝1×26 000＋243 000＝269 000（元）

实际成本＝1×24 000＋243 000＝267 000（元）

8. 总成本

总预算成本＝330 000＋264 000＋111 000＋50 000＋155 600＋64 800＋269 000＝1 244 400（元）

总实际成本＝225 000＋180 000＋89 000＋42 000＋143 000＋54 000＋267 000＝1 000 000（元）

第五节　对作业成本法的评价

一、作业成本法与传统成本法的比较

与传统成本核算方法相比较，作业成本法最大的不同在于成本动因的选择实现了质的突破。它不再是以机器工时、人工工时诸如此类单一的数量标准为分配基础，而是集多元化的分配标准为一体，将财务指标与非财务指标综合考虑在内，提高了产品

与其成本的相关性。作业成本法下的成本是通过将期间费用按不同作业动因分配到相应成本库的方式进行归集的，再按照相应的动因率进行分配。换言之，作业成本法将与产出量相关的间接费用和与非产出量相关的间接费用区别开来，并采用不同动因进行分配，使成本库中归集的间接费用更具同质性，费用的分配与分配标准之间更具因果关系。传统成本法与作业成本法的主要区别如表 12-17 所示。

表 12-17 传统成本法与作业成本法的主要区别

项目	传统成本法	作业成本法
成本库数量	间接费用的成本库数量很少，且缺乏同质性	同质间接成本库较多
成本形态	反映成本发生的静态过程	体现成本形成的动态模式
间接费用的分配标准	间接费用的分配基础多为财务变量	间接费用的分配基础包括财务变量和非财务变量
间接费用的分配方式	仅满足与产出相关的费用分配	兼顾与非产出相关的费用分配
表现方式	揭示了成本的经济实质和形式	贯穿了成本发生的各个环节，体现了成本发生的全过程
成本信息的特点	不精确，与决策相关性弱	较精确，与决策相关性强
成本控制流程	费用→产品	费用→作业→产品
成本控制着眼点	产品	作业
重心	重心放在解决部门间的成本计算和流程问题上	重心放在让各部门经理负责其部门内的各项成本和流程改进
成本管理目的	降低成本	战略成本管理

二、作业成本法的优点与局限性

（一）作业成本法的优点

1. 作业的分析与管理更具效果

作业成本法所提供的精确清晰的成本信息是进行作业管理及作业分析的基础，作业成本法溯本求源核算成本的思想也是作业管理及作业分析的精髓所在。作业成本法延伸到管理层面称为“作业成本管理”，在作业成本管理体系中，企业管理的焦点从传统的“产品或服务”前移到“作业”上来，实行以作业管理为基础的管理思想，企业管理深入基层的作业层次，管理的幅度和深度得到了进一步的拓展。作业成本管理将企业管理深入作业层次后，使得企业管理聚焦于作业，对作业进行分析并理顺作业间的关系，对企业和行业作业链进行整合分析，进一步消除无增值作业，使得增值作业更具效率，同时还使企业管理处于动态改进的环境之中。

2. 成本费用的核算更加合理、准确

传统成本法采用把直接成本同间接成本区分核算的方法，作业成本法则是通过对生产流程中的一系列作业活动进行分析后，无论一项资源是直接消耗还是间接消耗，凡是同某项作业具有关联性、对产品服务有重要影响的成本都会被纳入其中同等对

待。对于成本费用的归集，作业成本法首先分析成本资源发生的原因，通过资源动因将成本资源划分为相对应的作业，再依据作业动因将各种作业归入产品。与传统成本法相比较，运用作业成本法进行成本核算，将原先单一化的成本分配方式转变为按资源动因和作业动因的多指标分配模式，使得成本的核算具有更高的精确度，成本信息也更为真实。

3. 作业成本法是一种成本节约工具

应用作业成本法可以帮助识别出哪些工作不是必需的、哪些报告系统是冗余的、哪些交易流程是重复的，以及哪些空间未被充分利用，虽然这些都无助于提高质量、提升使用效果、改善外观或者识别客户特征，但是这些可以揭示那些被分散在隶属同一部门的不同职能之间的重复工作。在一个职能部门内，工作方式的改变可能会在很大程度上节省其他职能部门的时间和成本。在销售领域，当使用作业成本法来搜索那些无法增值的作业和损耗时，更加有利于资源重新配置。一家美国的自助零售连锁企业发现，销售人员 55%的时间用在与任何销售活动都无关的事情上，这就推动了企业通过重新设计配送系统和更广泛地采用供应商自身的质量检测程序来减少并没有用在客户身上的服务时间，这样会减少占销售额 3%的成本。进一步地，作业成本法可以通过建立成本计算系统，提供关于资源消耗的更准确的信息，推动流程的内部化。

（二）作业成本法的局限性

1. 间接成本与成本动因对应不上

并不是所有的间接成本都和特定的成本动因相关联，有时可能需要随意分配间接成本，尤其是为追踪相关动因，所导致的成本大于从中能获得的效益时。

2. 作业成本法在付诸实践时并不顺畅

即使有现成的软件可供使用，作业成本法仍然需要大量的开发和维护时间。作业成本法改变了管理者已接受的既定规则，因此，管理者会本能地抗拒这种变化。如果高级管理层不积极地支持作业成本法的实施，中低层经理将会不遗余力地寻找各种替代办法。

3. 作业成本法在报表上的影响

作业成本法并不遵循公认会计准则（generally accepted accounting principles，GAAP），所有重新披露财务数据将导致额外的费用，同时会造成混淆。这使得报表使用者不太确定是该信赖作业成本法给出的信息还是外部数据。

4. 作业成本法不是万能灵药

总的来说，作业成本法是为了应对传统成本核算和成本管理实践的失效而发展起来的一种强有力的管理工具。随着人们意识到总账的成本中心和会计科目表式的费用数据在计算成本、明晰成本和理解动因上存在着系统缺陷，作业成本法就赢得了越来越多的倡导者。他们意识到，较之依据作业成本法原理追溯到成本，泛泛的成本分配会制造扭曲的、误导的成本。

但是，同样重要的是，作业成本法不是万能灵药。成本管理应该始终置于集成了时间、质量、服务水平、风险、生产能力规划等战略目标以及成本绩效管理的广泛背景之中。鉴于此，企业理解自身的成本结构就至关重要。建立一个有助于强化这种理解的管理会计系统（例如，作业成本核算系统），对于包括员工、社区、忠实的客户以及股东在内的所有利益相关者都至关重要。

思考与练习

一、思考题

1. 作业成本法是在怎样的背景下产生的？
2. 作业成本法与传统成本计算方法的主要区别是什么？
3. 怎样理解从作业成本计算发展到作业管理的必然趋势？

二、单项选择题

1. 作业成本法所采用的成本动因是（　　）。
A. 不考虑辅助作业　　B. 只考虑某项生产作业
C. 将作业与产品直接联系在一起　　D. 将作业与产品间接联系在一起
2. 作业成本法与传统成本法的区别之一是作业成本法（　　）。
A. 存在较多的同质成本库　　B. 存在较少的同质成本库
C. 间接费用分配基础不一定是成本动因　　D. 成本决策相关性较弱
3. 作业成本法不适用于以下哪种特征的企业？（　　）
A. 企业规模大、产品品种多　　B. 作业环节多且易辨认
C. 生产准备成本较高　　D. 间接生产费用比重较小
4. 下列各项中，属于非增值作业的是（　　）。
A. 产品设计　　B. 产品加工　　C. 过量储存　　D. 产品交付
5. 下列各项中，属于“设施”层级的作业的是（　　）。
A. 材料采购　　B. 设备运行　　C. 厂级行政管理　　D. 直接人工提供
6. 在作业成本法下通常难以找到合适的成本动因来将（　　）作业所消耗的资源分配至产品。
A. 车间管理　　B. 直接人工
C. 质量检验　　D. 机器调试
7. 与数量相关的动因不包括（　　）。
A. 产量　　B. 直接人工工时
C. 机器工时　　D. 生产工人人数
8. 以下哪项陈述准确地指出了作业成本法与作业管理的不同？（　　）
A. 作业成本法提供关于流程、产品和市场绩效的信息，而作业管理寻求改进流程、产品和市场绩效的途径
B. 作业成本法提供诉求的信息，而作业管理是解释性数据的来源

C. 作业成本法寻求改变成本和成本动因，而作业管理注重对成本和成本动因的理解

D. 作业成本法主要面向未来，而作业管理主要关注过去

三、计算分析题

1. 亚东公司生产A、B两种产品，当月全部完工，有关资料如表12-18所示。其中制造费用是由四种作业所发生的，具体资料如表12-19所示。

表 12-18 A、B 两种产品的生产及成本资料

项目	A产品	B产品
产量/件	1 000	500
单位产品机器工作小时/（小时/件）	3	6
单位产品直接人工成本/（元/件）	50	40
单位产品直接材料成本/（元/件）	100	90
制造费用总额/元	300 000	

表 12-19 制造费用作业资料

作业	成本动因	作业成本/元	成本动因数		
			A产品	B产品	合计
机器调整准备	调整机器次数	12 000	8	4	12
签订订单	订单份数	8 000	6	2	8
机器运行	机器工作小时数	250 000	6 000	4 000	10 000
质量检验	检验次数	30 000	20	30	50
合计	—	300 000	—	—	—

要求：根据上述资料，分别采用传统完全成本法与作业成本法计算A、B两种产品的单位成本，并比较说明它们的差异及其原因。

2. 某大型超市应用作业成本法核算三大系列产品：食品、服装和家电。某超市2019年三大系列产品有关资料如表12-20所示。

表 12-20 某超市 2019 年三大系列产品有关资料

财务数据	食品	服装	家电
销售收入/元	1 000 000	600 000	400 000
购货成本/元	600 000	400 000	200 000
作业中心（动因）			
订购（订单数）/份	50	20	10
运输次数	50	30	20
上架耗时/小时	100	50	50
客户服务（销售件数）/件	2 000	500	80

若每份订单成本为100元，每次运输成本为20元，每小时上架费10元，每件产品客户服务费1元。

要求：根据上述资料，采用作业成本法计算各系列产品的盈利能力。

1. 谭浩，李胥丹扬. 基于显著相关性的作业成本动因合并研究[J]. 经济问题，2019（3）：122-129.

2. 何雪锋，陈静利，张鑫. 基于人工智能、大数据和云计算的作业成本法探究——以我国烟草工业企业为例[J]. 财会月刊，2018（17）：69-72.

3.《管理会计应用与发展的典型案例研究》课题组，林斌，刘运国，等. 作业成本法在我国铁路运输企业应用的案例研究[J]. 会计研究，2001（2）：31-39.

4. 崔晓燕. 作业成本法在B企业成本管理中的应用研究[J]. 宏观经济管理，2017（S1）：169-171.

5. 周治江，朱宗乾. 基于作业成本法的企业质量成本核算方法探讨——以某食品加工企业为例[J]. 财会通讯，2017（32）：65-67.

第十三章

资本成本资本化会计

利润是什么？是收入超出所有成本的部分。但现行财务会计只确认、计量和报告企业的生产成本及非生产领域的销售、管理及财务费用，这是全部成本吗？显然不是，这只是一维的“空间成本”，真实的成本是二维的“空间成本+时间成本”。债务资本成本用财务费用作扣除项，而作为权益资本的提供者——股东的资金在财务会计上是无成本的，这给我们考察企业的真实效益带来了困难，模糊了投资者的视线。让资本成本进入会计核算和财务报表内容，必须依托资本市场和企业特征，构架资本成本资本化会计体系。资本成本资本化会计体系就是从确认、计量资本成本到财务报告内容体现资本成本的一套会计分支体系。这套体系能更“真实”地反映企业的经营成效，为评价经营者业绩提供了可借鉴的内容与方法。

学习目标

- 掌握权益资本成本与债权资本成本在传统财务会计上处理的不同之处
- 掌握资本成本资本化会计给资本成本的会计处理方法及对当期损益和资产价值带来的影响
- 了解资本成本计量与资本市场有效性的关系
- 了解“一维时间”会计信息与“时间+空间”会计信息的含义
- 了解资本成本资本化会计“利润”与经济增加值的异同

第一节　资本成本与财务费用

财务会计中认同的成本和费用是一个对已发生的扣减项的计量与归类方法问题，它不能扣除潜在的成本费用，尽管它真实存在。仅仅是因为未被表面化而不被计量，其最终核算的利润未必是真实的。例如，股东投入的资金是有成本的，成本在哪儿呢？是不是真实发生了才计量？其实也不是。因为真实发生的股东回报从来不在成本费用中体现，而是对已计算的利润或累计利润的分配，体现了股东是企业之“本”，是企业的“主人”，而“主人”的钱是不要计算成本的。这个观念在股东能随时到企业了解经营动态的时代或许还适应，但在一个股东分散、经营者和所有者信息不对称、公司经营权与所有权一步步分离的时代，再将股东资金看成所谓“自家”资金，恐怕会对公司治理造成严重的负面影响。因为股东尤其是中小股东并不能主导公司行为，中小股东也仅仅将自己投入的资金作为获利手段，并无“本”之概念。所以，客观看，股东投入的资金也应计量资本成本，并从会计上表象化。

一、资本成本计量与资本市场的有效性

按资本资产定价模型进行资本成本的计量（参见第六章）需要依赖一个成熟有效的资本市场，而资本市场的有效程度就是价格所包含相关信息的全面性，价格对信息的反映越全面，市场有效程度就越高，也就越难通过价格变化或信息不对称获取超额收益。各类资本在市场上的定价均衡准确，也容易计量，但由于不同市场所处的法律制度、人文环境不同，资本市场的有效性存在差别，以此进行筹资的成本必然存在差别。由于资本市场与企业之间存在投融资相互影响机制，资本市场的整体波动（系统性风险）必将影响企业的筹资成本，而企业的经营与财务风险（非系统性风险）以及对系统性风险的反映特征也会在资本成本定价中得到体现，这就是资本成本计量与资本市场有效性之间的关系。

发达有效的资本市场由于有能力消除错误定价，公司便能通过资本市场按合理的资本成本筹资，虽然理论上任何资本市场都不可能达到强势有效的理想状态，但相对强势有效的市场是有足够的市场理性套利力量来支持流动性以方便筹资的，一旦存在错误定价，市场套利的力量便能消除所有错误定价。每个公司都能在资本市场通过优化资本结构降低资本成本，实现资本总市值极大化；每个投资者都能根据自己的风险收益偏好选择投资组合。以此构建的资本价格体系所形成的各公司的资本成本不仅可计量，而且公司可自主调整优化。在这种市场中，企业既可以通过投资优化资产结构，降低经营风险，又可以通过筹资优化资本结构，降低财务风险。

强势有效的资本市场的一个重要条件就是让价格能反映全面的信息，让市场各类投资者尽可能减少信息不对称，让公司的出资者与代理者之间尽可能减少信息不对称。为此，企业会计信息系统的进一步完善，以尽量全面公平的手法计量及评价公司业绩，对建立有效率的资本市场是核心重要的因素。企业的投资和筹资活动以资本市场为导向，会计信息的公开透明为资本市场成熟有效建立了最坚实的基础。如果会计信息反映的内容不完整、不彻底、遮遮掩掩，势必导致其使用者错误决策，对资本市场的稳定会造成严重的负面影响，在一个不稳定的资本市场环境中，资本成本的计量不仅困难，而且根本没有必要。在这样的市场环境下，又如何使企业选择和优化资本结构，实现投资者利益极大化呢？

如何使会计信息更为完整？其核心恰恰体现在企业应对所有资本性投入均按照包括债务资本成本和权益资本成本比例计算加权平均资本成本，投资者更关心企业能否实现超过资本成本的报酬，即投资者关心的是涉及自己的经济利益而非“会计利益”。

因为，投资者仅仅是提供“资金资本”要素的投资者，以“主体”的视角看待股权投资者，对其投入的资金不计成本，不仅从企业资源要素报酬理论上站不住脚，从现实企业的实际运作方式上也站不住脚。企业既然有了独立主体的“化身”——法人，则无论是债权人还是股东，相对于企业“人格化”的法人，都是“外部人”，是投入资金要素的一方，资金都有成本，这个成本应通过会计信息披露出来，以提供正确的投资者决策信息。

二、对财务费用的再认识

财务会计准则虽然对费用的计算有看似严苛的规定，如生产中的费用存在复杂的分配，非生产中的费用有许多作为期间成本当期扣除，但仍然抵挡不住费用资本化或资产化，利息资本化更是打通了便利对利润人为调控的阀门，在表面复杂的核算环节中，掩饰了投资者最为关切的真实收益。复杂而不能求真务实的财务报告内容是阻碍资本市场成熟有效的重要因素。在现代市场环境下，会计要体现要素投入的成本及超过成本的报酬，财务费用只是一部分资金资本要素的成本，而另一部分的权益资本却不计算成本，这在资金混合使用的环境下，显得极不公正客观。

由于财务费用反映的是已发生的利息支出，它的计量不是基于机会成本而是基于事实成本。例如，债息的计算非常简单，却不能反映债券价格的变化对这部分资金使用成本的影响。这从表面上看好像没有多大关系，但深究下去却是计量上的本质区别。资本成本是机会成本，机会成本是被放弃的潜在收益。假如某企业按 10%的利息率发行债券筹集了资金，在不考虑所得税税率的情况下使用这部分资金的成本率就是 10%，但如果发行后不久，债券价格下跌 10%，债券的到期收益率上升到 12%，企业使用资金的成本就不是 10%而是 12%，因为这部分资金存在一个买回债券（狭隘理解）机会，其潜在收益 12%，或当下进行债券筹资的成本也为 12%，这实际上就需要对过去发生的成本进行重置。如果应用到个人，这个问题非常好理解，当你得到一部分资助金是低利率的，但当你投资使用资金时，决策的标准会随市场利率的变化而变化，因为市场利率是你使用这部分资助金唾手可得的潜在收益，你会将其看作机会成本。

只对债务利息资本化使财务费用进一步模糊，现行会计准则将借债投资固定资产的利息部分看成投资的组成部分，使得资本成本的表象计量更为复杂，也使企业横向业绩更不可比。固定资产的账面价值出现可高可低的状态，反而掩饰了真实的价值，不同资本结构产生的投资资产账面价值存在的差异不利于投资者决策，使得用市净率等指标衡量股价高低具有很大的片面性。这影响了资本市场的有效性。

另外，只记债务资本成本、不记权益资本成本，使得税前利润在不同资本结构的企业间横向比较时存在重大缺陷，一模一样的两个企业，可能仅仅因为资本结构不一样而出现负债率高的企业亏损，而负债率低的企业盈利，促使许多保壳类上市公司以改变资本结构扭亏为盈，在这类公司看来，股东的资本是没有成本的，应该增加“零成本资本”，这对于企业优化治理结构是一个极大的伤害。

单纯的债务类财务费用与业务管理中的费用并列扣除是不合理的，业务经营需要销售及管理费用，是业务流程中价值链的一环，是实体运营的付出。仅仅考虑实体运营成效的指标是息税前利润，如果纠结具有结构性特征的财务费用，其业务中的经营性成效也会被结构化的财务费用模糊了。

从损益表列项次序看，以收入为导向的损益表主导了与之相关的成本，扣除项的排序完全是按照与创造收入关联紧密度编排的。从扣除项的第一个层次看，完全成本法认为与创造收入最紧密的关联成本是生产过程的成本，变动成本法则认为是与业务量成正比例的所有变动成本。从扣除项的第二个层次看，完全成本法是用毛利扣减非生产成本，变动成本法用贡献毛益扣减固定成本，两种成本法在此层次的扣减项极度模糊而且充满弹性，而具有结构特征的财务费用正好裹挟其中，在正常的报表体系中，没有体现息税前利润的一个干净的层次，需要事后重新计算。然而，息税前利润却是衡量企业实体获利能力、实体价值、运转效率的一个最重要的综合指标，这个不仅被完全成本法体系模糊了，在变动成本法中，许多教科书里不做探讨地将结构性财务费用列作固定成本，并以此做量本利分析。这至少说明几点：一是决策中让人们将利息看成机会成本是何等艰难，需要强化对所有资源占用需要付出成本的概念——资本成本的概念；二是人们对利润的理解还不透彻，利润是收入覆盖所有成本后的余额；三是报表需要彻底分层。以息税前利润为界限，其上半部分表示业务层，在此层次里，完全成本法按业务功能成本排序，变动成本法按成本与业务相关性排序。其下半部分表示财务层，按照次序，依次是财务费用、保险费用、所得税、股利等，重点体现对息税前利润的分配。或更彻底地以资本成本取代财务费用，通过一定的程序向产品成本分配。

第二节　资本成本资本化会计的设想与逻辑

早在 1973 年，罗伯特 • N. 安东尼（Robert N. Anthony）在《哈佛企业评论》发表了《权益资本成本会计》，权益资本成本便进入财务会计视野，也成为管理会计的重点研究内容，其相关学术问题一直被会计学界所关注。安东尼的主要观点就是企业所使用的所有投入要素是有成本的，而资金占用成本一直存在，它需要按占用的数额与占用的时间进行计量和分配，即比利息资本化更加全面的“资本成本资本化”。当然，他最终没能将复杂问题简化，而是复杂化，后续问题不少，其基本方法和逻辑并没有得到美国财务会计准则委员会（Financial Accounting Standards Board，FASB）的采纳。

一、资本成本资本化会计的基本方法

安东尼认为，利息费用的计算对象既包括债务资本，也包括权益资本。它们以不同的“利息率”计算权益资本成本与债务资本成本。它们与直接材料成本、直接人工成本、间接费用等成本项目在性质上并没有本质的区别，都是投入要素的报酬，只不过是表现形式存在较大差异。他还认为，权益资本成本在会计核算中无法表象体现，属于隐含成本，而债务资本成本、直接材料成本、直接人工成本、间接费用等表现于

各核算科目中，属于显现成本。因此，会计信息系统的表现领域是否应该扩展，财务会计报告是否可能将所有隐含成本表现出来？当然，资本成本显现的方式还存在灵活性。例如，显现在生产经营过程中，使资本成本与企业的直接材料成本、直接人工成本、间接费用等项目一样计入存货成本和商品销售成本。安东尼认为，如果现行财务会计能够确认和计量权益资本成本，将使财务会计报告对管理行为具有更大的指导作用（Anthony，1973）。

姑且将安东尼所提的资本成本计提分配的会计称为资本成本资本化会计，即资本成本通过借记“利息汇总”账户计提，然后将其分配于各项占用资产，包括存货、销售产品、固定资产等。这种计提资本成本的方式无须以真实发生为依据，计提资本成本时的可直接贷记“留存收益”，这是权益随资产增加而增加的部分，故称“资本成本资本化”。它的实施有几个明显困难，其一需要确认资本成本计量范围，从财务结构上分析，流动负债不属于资本，但由于负债临近到期时，变为流动负债，而且又能真实地计量财务费用，故这是计量范围确定的第一大问题；其二就是权益资本成本如何计量的问题，股息是权益资本成本的组成部分却不是全部，以戈登公式去预估显得过于主观，而根据资本资产模型计量又完全依赖市场是否有效，这可能成为资本成本资本化会计实施中的难题；其三就是有无可能将权益资本成本计列于产品成本之中或变成间接费用一次性扣除，由此可能导致一系列变化；其四就是它实施的意义是为了“真实计量与反映”成本还是为了“控制与决策”？如果不产生作用，则实施就会“只有麻烦而无明确意义”。

（一）资本成本资本化会计的核算原则

安东尼提出了一套系统的分配资本成本的原则和方法，他认为，资本成本不是一种简单的扣除，应体现在生产经营各个环节，其目的是更好地加强成本控制，敦促企业降低资本成本。依据安东尼提出的权益资本成本会计核算的总体框架，资本成本的核算原则包括以下几点。

（1）计算年度资本成本总额，并将此除以使用的资本总额，得到资本成本率。

（2）确认需要核算的成本项目，将各个成本目标所对应的资本数额按资本成本率计算分配的资本成本数额。

（3）生产经营过程中的所有资产占用都应负担资本成本，并将其作为产品成本的一个组成部分，同厂房和设备的折旧费一起分配到各种产品中去。

（4）资本成本是新取得的厂房和设备的成本组成部分之一，这里的“资本成本”包括厂房和设备在建造过程中所应用的各种资产的资本成本、与建造过程相联系的其他资本成本。

（5）如果资产以存货的方式持有较长时间，那么资本成本将成为这些资产的成本。当这些存货出售之后，它便表现为销售成本。

（6）根据上述原则进行分配之后，年度资本成本总额中尚未分配出去的部分作为该年度的一般管理费用处理。

（7）普通股权益资本成本记入“留存收益”账户的贷方。

资产负债表的左右两边分别反映了实体资产的构成形式及投入资金的来源结构，所有资产的投入资金来源既有流动负债，也有长期资本。资产负债表只是一个总体抽象的资产负债联系表，各个具体项目的左右两边无法建立直接的、必然的联系，由此，右边所指示的资本成本也就无法直接向左边分配，也决定了资本成本不可能是直接成本，而是间接成本。

资本成本可以通过设立“利息汇总”账户来核算。“利息汇总”账户与间接成本账户相似，计量和确认资本成本时，记入“利息汇总”账户借方，同时根据不同情况分别记入“现金”“应付利息”“留存收益”等账户。但是，因资本成本是税后成本，对于股权资本成本，记入“利息汇总”账户借方的应该是按税前数额记入，“留存收益”账户按资本成本记入贷方，以此建立“应交税金”账户，实际权益资本成本加“应交税金”等于“利息汇总”账户所归集的税前资本成本总额，便得到税前加权平均资本成本率，并以此为基础分配资本成本，对已经确认的分配对象按税前资本成本率分配，分配时，从“利息汇总”账户贷出，再分别记入“销售成本”“存货”“厂房和设备”等账户。“利息汇总”账户的结构如表 13-1 所示。

表 13-1 “利息汇总”账户的结构

债务资本成本 X	销售成本 T
税前权益资本成本 Y	存货 U
	厂房和设备 V
	管理费用 W
合计 Z	合计 Z

（二）资本成本资本化会计的核算方法

【例 13-1】假设某酿酒公司的资本结构是：利率为 5%的债券 10 000 元，权益资本（普通股）为 10 000 元。假设该酿酒公司的权益资本成本为 10%。该公司所生产的白兰地酒价值 5000 元，在生产 5 年之后方可按 15 000 元的价格出售。企业所得税税率 20%，该公司基期资产负债表如表 13-2 所示。（注：此题对安东尼原题有所修改，原因是，原题对债务资本成本并未进行税收调整，但原题按资本成本资本化核算的结果是税前利润为负，债务资本成本缺少了税收调整的基础。）

表 13-2 基期资产负债表（单位：元）

资产	金额	负债及业主权益	金额
现金	15 000	公司债券	10 000
存货	5 000	普通股资本	10 000
合计	20 000	合计	20 000

白兰地需经 5 年的发酵出售，公司必须留足现金以供今后 5 年每年支付公司债券利息费用 500 元。以一般财务会计实务能计算出今后 5 年的损益表及资产负债表分别如表 13-3 和表 13-4 所示。

表 13-3　各年损益表（单位：元）

项目	前四年每年损益	第 5 年损益	合计
销售收入	0	15 000	15 000
减：销售成本	0	5 000	5 000
销售毛利	0	10 000	10 000
减：债务利息费用	500	500	2 500
税前收益（亏损）	−500	9 500	7 500
净利润	−500	7 600	5 600

表 13-4　各年资产负债表（单位：元）

年度	第 1 年	第 2 年	第 3 年	第 4 年	第 5 年
现金	14 500	14 000	13 500	13 000	25 600
存货	5 000	5 000	5 000	5 000	0
资产合计	19 500	19 000	18 500	18 000	25 600
负债	10 000	10 000	10 000	10 000	10 000
普通股	10 000	10 000	10 000	10 000	10 000
留存收益	−500	−1 000	−1 500	−2 000	5 600
权益合计	19 500	19 000	18 500	18 000	25 600

如果按照资本成本资本化设想，公司今后 5 年的账务处理如下：

第 1 年：

（1）用现金支付债务资本成本 500 元（10 000×5%）计入“利息汇总”：

借：利息汇总　　500

　贷：现金　　500

至此，“现金”账户的余额为 14 500 元（15 000−500）。

此处先需要说明：对账务处理方法我们尊重原题，由于资本成本汇集到了存货价值上，留存收益上的增加并未反映已缴纳所得税，故认为应设置“应交税金”账户，“应交税金”账户属于政府的权益，而不是“税金调整”账户。权益资本成本为 10%，在 20%的所得税税率下，税前成本为 12.5%，此处第二笔记账就应该按接下来的方式增加。

（2）权益资本成本 1000 元（10 000×10%）计入“利息汇总”：

借：利息汇总　　1250

　贷：留存收益　　1000

　　　应交税金　　250

至此，“留存收益”账户的贷方余额为 1000 元，“利息汇总”借方余额 1750 元，“应交税金”账户余额 250 元。

（3）期末将“利息汇总”账户的余额 1750 元按资产比例分配到资产账户（注：“现金”账户不能资本化，故全部分配于“存货”账户，下同）：

借：存货　　1750

贷：利息汇总 1750

至此，“利息汇总”账户余额为零，“存货账户”余额 6750 元。

第 2 年：

（1）用现金支付债务资本成本 500 元（10 000×5%）：

借：利息汇总 500

贷：现金 500

至此，“现金”账户的余额为 14 000 元（14 500－500）。

（2）权益资本在虚构的留存收益下变为 11 000 元，计留存收益 1100 元，“应交税金”275 元（下同）：

借：利息汇总 1375

贷：留存收益 1100

应交税金 275

至此，“留存收益”账户的余额为 2100 元（1000＋1100），“应交税金”账户余额 525 元，“利息汇总”账户余额 1875 元。

（3）期末将“利息汇总”账户的余额 1875 元分配到“存货”账户：

借：存货 1875

贷：利息汇总 1875

至此，“存货”账户的余额为 8625 元（6750＋1875）。

第 3 年：

（1）用现金支付债务资本成本 500 元（10 000×5%）：

借：利息汇总 500

贷：现金 500

至此，“现金”账户的余额为 13 500 元（14 000－500）。

（2）权益资本成本 1210 元［（10 000＋2100）×10%］：

借：利息汇总 1513

贷：留存收益 1210

应交税金 303

至此，“留存收益”账户的余额为 3310 元（2100＋1210）。“应交税金”账户余额 828 元。

（3）期末将“利息汇总”账户的余额 2013 元（500＋1513）分配到“存货”账户：

借：存货 2013

贷：利息汇总 2013

至此，“存货”账户的余额为 10 638 元（8625＋2013）。

第 4 年：

（1）用现金支付债务资本成本 500 元（10 000×5%）：

借：利息汇总 500

贷：现金 500

至此，“现金”账户的余额为 13 000 元（13 500－500）。

（2）确认权益资本成本 1331 元［（10 000＋3310）×10%］：

借：利息汇总 1664

  贷：留存收益 1331

    应交税金 333

至此，“留存收益”账户的余额为 4641 元（3310＋1331），“应交税金”账户余额为 1161 元。

（3）期末将“利息汇总”账户的余额 2164 元（500＋1664）分配到“存货”账户：

借：存货 2164

  贷：利息汇总 2164

至此，“存货”账户的余额为 12 802 元（10 638＋2164）。

第 5 年：

（1）用现金支付债务资本成本 500 元（10 000×5%）：

借：利息汇总 500

  贷：现金 500

至此，“现金”账户的余额为 12 500 元（13 000－500）。

（2）确认权益资本成本 1464 元［（10 000＋4641）×10%］，做如下分录：

借：利息汇总 1830

  贷：留存收益 1464

    应交税金 366

至此，“留存收益”账户的余额为 6105 元（4641＋1464）。“应交税金”账户余额为 1527 元（1161＋366）。

（3）期末将“利息汇总”账户的余额 2330（500＋1830）分配到“存货”账户，做如下分录：

借：存货 2330

  贷：利息汇总 2330

至此，“存货”账户的余额为 15 132 元（12 802＋2330）。

（4）将储存 5 年的白兰地以 15 000 元的价格全部出售，做如下分录：

借：现金 15 000

  贷：销货 15 000

借：销售成本 15 132

  贷：存货 15 132

借：销货 15 000

  收益汇总 132

  贷：销售成本 15 132

借：留存收益 132

  贷：收益汇总 132

至此，“现金”账户的余额为 27 500 元（12 500＋15 000）；“留存收益”账户的余额为 5973 元（6105－132）。“应交税金”账户余额为 1527 元。

（5）缴纳所得税，做如下分录：

借：应交税金 1527

　贷：现金 1527

至此，现金账户余额为 25 973 元，“应交税金”账户余额为 0 元。

而公司今后 5 年的损益表和资产负债表如表 13-5 和表 13-6 所示。

表 13-5　各年损益表（单位：元）

项目	前 4 年每年损益	第 5 年损益	合计
销售收入	0	15 000	10 000
减：销售成本	0	15 132	15 132
税前收益（亏损）	0	−132	−132
净利润	0	−132	−132

表 13-6　各年资产负债表（单位：元）

年度	第 1 年	第 2 年	第 3 年	第 4 年	第 5 年
现金	14 500	14 000	13 500	13 000	25 973
存货	6 750	8 625	10 638	12 802	0
资产合计	21 250	22 625	24 138	25 802	25 973
负债	10 000	10 000	10 000	10 000	10 000
普通股	10 000	10 000	10 000	10 000	10 000
留存收益	1 000	2 100	3 310	4 641	5 973
应交税金	250	525	828	1 161	0
权益合计	21 250	22 625	24 138	25 802	25 973

此例就是让资本成本按照计量程序分配到销售成本、存货、厂房和设备以及一般管理费用的简略演示。而分配计入存货、厂房和设备的部分资本化为相应资产的价值，作为资产项目列示于资产负债表上，其中的问题就是这些资产的真实价值并未因占用资金而提升，酿酒只是一个特例，用于其他行业会给决策部门带来误导。可能是因为复杂而不适用，可能是因为虚构的留存收益给税收计算带来麻烦。此例中，留存收益 5973 元，比正常计算的 5600 元多 373 元，正常计算缴纳所得税 1900 元，而资本成本资本化会计经过计算的税收为 1527 元，正好少缴 373 元，这正是留存收益增多的原因。收益汇总 132 元体现为企业主体利润，此例表示亏损。

（三）资本成本资本化会计对财务报表的影响

资本成本资本化因为都需要计算资本，而且以利息的形式存在，以费用的形式分配于占用资产，故在销售商品成本中就包括生产用厂房和设备所占用资产的利息成本、产品成本会有较大的提高，但由于利润计算口径不一，对分期损益影响较大。如果存货置存时间越长，销售或使用存货其成本也将越高，另外，因资本成本（利息）向固定资产分配，也将有所提升，抬高股东权益。假设某公司的“利息汇总”账户结构如表 13-7 所示。

表 13-7　“利息汇总”账户

借方	贷方
债务资本成本 10	分配到商品销售成本的数额 23
税前权益资本成本 30	分配到存货的数额 8
	分配到厂房和设备的数额 4
	分配到一般管理费用的数额 5
合计 40	合计 40

这个账户的内容进一步说明如下。

债务资本成本和权益资本成本记入“利息汇总”账户的借方。权益资本成本实际数额是 15 元，记入“留存收益”，由于所得税的税率是 50%，其税前权益资本成本为 30 元，其余的 15 元记入“应交税金”账户充当短期权益。表 13-7 的年税前资本成本总额为 40 元。期末，将这 40 元的资本成本进行分配：①31 元分配到产品生产成本。年末，其中的 23 元转化为商品销售成本，其余的 8 元仍然滞留在存货上。②4 元资本化为新的厂房及设备的成本。③最后的 5 元由于没有特定的成本目标，作为当年的一般管理费用处理。

根据上述资料，采用现行会计程序和方法与采用资本成本资本化会计程序和方法编制的损益表以及资产负债表如表 13-8 和 13-9 所示。

表 13-8　基于不同程序的收益表比较（单位：元）

项目	现行会计程序	资本成本资本化会计程序
销售收入	1000	1000
销售成本	680	703
一般管理费用	220	215
税前净收益	100	82
所得税	50	41
税后净收益	50	41（主体净收益）

表 13-9　基于不同程序的资产负债表比较（单位：元）

资产	现行会计程序	资本成本资本化会计程序	权益	现行会计程序	资本成本资本化会计程序
存货	150	158	流动负债	150	150
厂房及设备（净值）	300	304	长期负债	250	250
			股本	100	100
其他资产	300	309	留存收益	250	256（241+15）
			应交税金	0	15
合计	750	771	合计	750	771

资本成本的确认和计量对上述报表有关项目的影响说明如下。

（1）销售成本。由于确认和计量资本成本，销售成本增加了 23 元，由原来的 680

元增加到 703 元（680+23）。由于确认和计量资本成本，未来的年度内，销售成本总是比按现行会计程序和方法计算的销售成本来得高。

（2）一般管理费用。一般管理费用减少 10 元，按现行的会计程序和方法，这 10 元是利息费用。同时，由于有 5 元没有特定的成本目标，分配到一般管理费用项目，它又增加了 5 元。综合这两个因素，一般管理费用净减少 5 元（−10+5），从原来的 220 元减少到 215 元。

（3）应交税金。由于权益资本成本计提时，对等计提了应交税金，相当于政府部门的权益，计 15 元。如果期末一起交税，则权益减少 15 元，现金资产也减少 15 元。

（4）净收益。税后净收益减少 9 元，这主要是因为权益资本成本作为成本项目处理。减少的数额 9 元是这样组成的：权益资本成本的数额 30 元减去其中的 12 元滞留于资产项目（其中 8 元滞留于存货项目，4 元滞留于厂房及设备项目），共计应多扣减 18 元，其税前净收益的确少了 18 元，而期末少交所得税 9 元，使得税后净收益正好少 9 元。在未来的年度内，由于确认和计量了权益资本成本，按资本成本资本化会计的程序和方法计算的净收益将低于按现行会计程序和方法计算的净收益。

（5）存货项目。资产负债表上的存货项目增加了 8 元。这是归属于产品生产成本而又尚未销售的存货应负担的部分。未来年度的资产负债表，只要存在存货，同样现象将使资本成本管理会计程序和方法下的存货成本高于现行会计程序和方法下的存货成本。

（6）厂房及设备项目。厂房及设备项目增加 4 元，这是因为有 4 元的资本成本化为厂房及设备的成本。

（7）留存收益项目。留存收益项目增加了 6 元。这是净收益和权益资本成本两个因素综合变化的结果。表 13-10 列示这种变化结果。

表 13-10 留存收益项目变动情况（单位：元）

项目	现行会计程序	资本成本资本化会计程序	两者差异
税后净收益	50	41	−9
权益资本成本	0	15	+15
合计	50	56	+6

（8）其他资产多 9 元，是存在于现金资产，企业少交税 9 元。当企业补交应收税收时，权益项“应收税收”为 0，现金资产再减少 15 元，其他资产合计比正常的资产负债表少 6 元。如表 13-11 所示。

表 13-11 交纳全部所得税后的资产负债表比较（单位：元）

<table>
<tr><th>资产</th><th>现行会计程序</th><th>资本成本资本化会计程序</th><th>权益</th><th>现行会计程序</th><th>资本成本资本化会计程序</th></tr>
<tr><td>存货</td><td>150</td><td>158</td><td>流动负债</td><td>150</td><td>150</td></tr>
<tr><td rowspan="2">厂房及设备（净值）</td><td rowspan="2">300</td><td rowspan="2">304</td><td>长期负债</td><td>250</td><td>250</td></tr>
<tr><td>股本</td><td>100</td><td>100</td></tr>
<tr><td>其他资产</td><td>300</td><td>294</td><td>留存收益</td><td>250</td><td>256（241+15）</td></tr>
<tr><td>合计</td><td>750</td><td>756</td><td>合计</td><td>750</td><td>756</td></tr>
</table>

按照资本成本资本化会计程序和方法，净收益较低，但此时的净收益是企业主体净收益。因增加了权益资本成本，权益资本报酬可以认为是权益资本成本＋企业主体净收益。由于有部分权益资本成本转化为存货和厂房及设备成本，就某年度而言，权益资本成本＋企业主体净收益不一定等于正常核算程序下的净收益。企业主体净收益与经济附加值也存在差别。但是，这是一种暂时的现象，从长远的角度来看，两种会计程序和方法下的留存收益增加的总额大致相同。不过，这时的留存收益总额将分为两部分：权益资本成本和主体净收益。

二、资本成本资本化会计的机理分析

（一）企业的归属

企业究竟是谁的？是属于资金资本提供者的还是属于人力资本提供者的？或者两者都不是。利兰与派尔（1977）认为利益相关者理论虽然具有较高的合理性，但股东应该还是剩余控制权与索取权的掌控者。企业应该是属于资本所有者的企业，由此，企业的宗旨就应该是实现所有者利益的最大化，企业本来就是由不同生产要素所有者共同缔结的合约集合，但由于信息是不完全的，合约是不完备的，这些缺陷的存在要求必须防范企业管理者的机会主义行为，而合理地配置剩余权益是至关重要的。由于物质资本的所有者投入的资产具有一定的专用性和可抵押性，具有不可逆转性，当企业倒闭时，这些资产将严重贬值和不可回收，从而认为物质资本的所有者才是企业风险的唯一承担者，故出资人拥有剩余权益是最有效率和合乎逻辑的。股东至上理论过于强调股东的作用与风险，忽视了人力资本在其中发挥的重要作用和所承担的风险，是一种完全按雇佣与被雇佣关系建立的公司治理理论，其核心内涵就是“资本雇佣劳动”，股东是主人，其利益是至高无上的，劳动者是被雇用的，因而处于被动地位，必须依附于资本。所有者是企业的唯一主人，所以，公司治理的核心就是要约束被雇用者侵犯与危害主人利益的机会主义行为。

在现代企业的管理实践中，所有权与经营权分离成为一大趋势，股东的集中被分散代替，股东立刻变成游离于企业之外的“外部人”，企业的经营管理职能就落到了经理人的头上，创造企业价值的重任就完全由经营者承担。从这个意义上分析，人力资本才是企业成长过程的主动性、创造性资本，企业的经营管理人员及技术创新人员是企业的成长核心要素，应该处于企业的中心地位，而不应该成为依附于资本并被其所激励的或被雇用的对象。早期的工厂式生产环境下，资本是最重要的要素，因为早期企业的物质资本的投入是稀缺的，也是实现价值增值的关键因素，但现代企业发展的稀缺因素已越来越从“物”转移到“人”，人力资本等非物质因素的投入决定了企业的发展方向和能力，这些因素的投入量虽无法计量，但作为企业的无形资产，也成为企业价值的重要组成部分，它们应该是被牢牢锁定在公司当中的资产或要素。其实，所有的人力资本也和股东一样承担了部分与企业经营效益相关的风险。虽然员工的劳动获取了预先议定的工资，企业经营失败时看似可以比较随意地转移其所拥有的劳动力资源，但这是以这种劳动具有普遍适应性为前提的，在科技日益发达的现代经济生活中，员工的劳动技能越来越具有较强的专属性、独特性，此时他们所投入企业当中的时间和精力，以及与资金投入一起成长起来的劳动力价值就会和企业兴衰命运密切相关，当企业经营破产失败时，他们完全有可能面临劳动力价值降低甚至丧失的风险。因此，对于一些科技含量高且具有较高专属性的人力资本所有者而言，企业的决策带给管理者及员工的人力资本风险与带给物质资本投资者的风险是联系的、共同的。

企业通过契约将要素组合起来，又通过契约与市场发生联系，企业仅仅是将要素资源组合起来的契约聚合中心，它或许真的不属于某一个或某一部分要素。那么，企业是否能从属于某类要素转变为主导要素交易的主体？

安东尼在《还其本来面目——一个财务会计概念框架》的第四章“主体权益与权益资本利息”中，提出权益资本会计的理论思想，即以股东为导向的企业资产负债表右边应该进行修正，把原来的股东权益分成两个部分：股东权益和主体权益。根据企业性质以及会计信息系统的目标，财务报表应该客观报告主体本身的活动状态，而不应该以股东索求要求去报告。股东与企业的关系是整体契约中的一个部分，财务报告不能仅仅报告这一部分契约的履约状态而应是全部。因为与外界存在许多的契约隐含的经济利益关系多元且复杂，财务报表都应该反映。

（二）不同资本索求权差异与游离出来的企业主体

资本市场的存在，让企业的股东变得游离不定，但企业并没有因此改变，主体概念已经从实质上取代了所有权概念。尽管现行会计实务及会计准则中，仍是以所有权占主导，即所谓“资产就是资源，而负债和股东权益就是这些资源的两类索求权”，股东权益就是所有者的“剩余权益”。

资本是有需求的，具有不同索求权的资本统一于公司主体，分列于资产负债表右边，体现出共同治理以满足自己索求的结构，如果公司运转是这些索求推动的，则索求权结构代表公司主体的灵魂。这个索求权结构是：①负债是资产的刚性索求，反映了各种信贷者的刚性财务利益，列示于资产负债表最上方；②优先股具有轻柔刚性索求，即具有可违约特征的刚性索求，列示于资产负债表中间；③普通股权益是对资产柔性至极的索求，其本质不是索求而是信任，它得到的不是财务兑现利益而是信任利益。因为权益的实现要等到作为主体的企业进行清算，而清算既表现为时间不确定，又表现为数额不确定。所以代表这些“索求权”大小的股东权益列示于资产负债表最下方。

从至刚到至柔的资本索求，谁更接近或更能代表主体，从关系上看当然应该是股东，然而，在高效运转的资本市场中，游离的股东已与企业主体的关系模糊，至柔的索求权无足轻重，企业主体轮廓渐现，一个说不清谁将是企业终极利益索求者的企业“主体”被股东的游离脱位出来了。

企业主体观念说明存在超级所有者，这个超级所有者很模糊。从债务的角度，股东只有有限责任；从资产获取的角度，股东也只有有限权力，剩余的权力与责任到哪里去了？超级所有者应该是独立于其他所有者的隐含所有者。企业资不抵债时是债权人和清算机构；企业并购时是新入驻大股东；企业资产可置换，权益也可置换；股权或期权激励时可变为职工与高管层。一切潜在的剩余索取者都是其超级所有者，企业的终极剩余属于整个社会。

（三）资本成本资本化会计的资产负债表的结构

企业主体的存在说明企业的资产负债表应该报告主体的财务利益而不是其所有者的财务利益。资产负债表是企业整体投资和筹资活动的汇总报告，其会计恒等式是“资产＝负债＋股东权益＋主体权益”。

尽管主体权益与股东权益在划分的界限上存在较多问题，为了努力说明其存在及划分的必要，还是进行一下浅显的说明。

(1) 负债。负债是贷款人、供应商（以应付账款形式表现）、员工（以应付工资及退休金等形式表现）、政府（以递延所得税形式表现）提供的资本数额。

(2) 股东权益。股东权益只需指出股东所提供的实际资本数额。实际资本大于实收资本，用于反映股东原始投入的数额，而留存收益不在其内，因为它不代表股东的贡献，而是主体本身的贡献。

股东实际资本大于实收资本数额，还可扩大到与使用这些实际资本相联系而又尚未以股利的形式支付给他们的权益资本成本部分。股东权益不是一种剩余索取权，不是资产总额减去负债总额后的差额，它可以通过实际资本加上尚未支付的权益资本成本进行直接计量。因此，股东权益代表着股东提供资本的数额，它包括直接投入的数额加上这些资本应计的资本成本。

(3) 主体权益。企业主体存在三种类型的资本来源。负债、股东权益及主体本身努力所创造的资本来源，这就是主体权益。主体权益不等于留存收益。主体本身所创造的资本来源数额是通过净收益来计量的。净收益就是各种收入与各种费用（包括损失和权益资本成本）之差。各会计期间的累计净收益就是主体权益。因权益资本成本在资本成本资本化会计中作为成本项目确认和计量，其净收益会比现行会计程序下的净收益小。主体权益是资产总额与负债总额及股东权益总额之间的差额，其主要来源是主体的经营活动。

由此，资产负债表的会计恒等式为“资产＝负债＋股东权益＋主体权益”。资产负债表左边所列示的资产项目不是资本提供者直接提供的，而是他们提供资本后，企业主体再去取得各项资产。因此，资产负债表右边反映各种资本来源，其简明格式如表 13-12 所示。

表 13-12　资产负债表的简明格式

资产	资本来源
主体的资本存在形态及数额	主体资本来源渠道及数额
一、货币性资产：包括现金及银行存款、应收款、有价证券投资。 二、待转化成本：各类存货、固定资产，是尚待转化为费用的资产。 三、对外投资：投资于其他企业的投资项目，为原始投资额加上应收其他主体收益数额	一、负债：权益投资者以外的贷款人、供应商、员工和政府提供的各种资本来源。 二、股东权益：权益投资者提供的资本，包括直接投入的实际资本及尚未支付的权益资本成本。 三、主体权益：主体努力所创造的资本

有关资本成本账务处理也要调整，即将前述的资本成本核算原则中的第7条：普通股权益资本成本记入“留存收益”账户的贷方修改为：普通股权益资本成本记入“权益利息”账户的贷方。企业宣布发放股利时，则记入“权益利息”账户的借方和“应付股利”的贷方。实际支付股利时，再记入“应付股利”账户借方和“现金”账户贷方。据此，前述的表13-11应该进行修改，表13-13列示了修改的结果。

表13-13 基于不同程序的资产负债表比较（单位：元）

<table>
<tr><th>资产</th><th>现行会计程序</th><th>资本成本资本化会计程序</th><th>权益</th><th>现行会计程序</th><th>资本成本资本化会计程序</th></tr>
<tr><td>存货</td><td>150</td><td>158</td><td>流动负债</td><td>150</td><td>150</td></tr>
<tr><td rowspan="2">厂房及设备（净值）</td><td rowspan="2">300</td><td rowspan="2">304</td><td>长期负债</td><td>250</td><td>250</td></tr>
<tr><td>股东权益</td><td>350</td><td>115</td></tr>
<tr><td>其他资产</td><td>300</td><td>294</td><td>主体收益</td><td></td><td>241</td></tr>
<tr><td>合计</td><td>750</td><td>756</td><td>合计</td><td>750</td><td>756</td></tr>
</table>

注：表13-13中，现行会计程序下，股东权益350元，包括股本100元和留存收益250元(其中，本期净收益为50元)，而在资本成本资本化会计下，股东权益115元，包括股本（实收资本）100元和权益资本成本15元，主体权益241元（其中，本例主体净收益41元）

第三节 资本成本资本化会计的价值与意义

资本成本资本化会计——主体会计在财务报表上的独特体现，其意义超越了以财务报表为中心的财务会计信息系统本身。

一、资本成本资本化会计体现的意义

尽管资本成本在计量上仍有巨大的模糊空间，但资本成本资本化会计提供了提取成本的方法，它为会计中如何体现资产的持有成本，进而准确计量利润指明了一条可行之路。这对企业决策也将产生影响，即投资时是要增加持有资产的，而持有资产是有时间成本的，它会直接导致销售产品成本上升。应该说，资本成本资本化会计将资本成本计入产品成本，与变动成本法反其道而行之，是一种贯彻到底的完全成本法，主要体现“完全真实”反映企业会计信息，使企业决策层对提高资金使用效率、降低资本成本在产品中的分配比例具有重要意义。

（一）使会计信息由“一维”扩展至“二维”

任何企业的盈利从本质上是收入覆盖包括资本成本在内的全部成本后的余额，由于收入是容易计量的，故盈利计量的关键就在于成本计量，成本计量其实是“空间成本＋时间成本”，“空间成本”是某一特定时期为生产销售产品而发生的成本，如“料、工、费”等，这是当代会计研究的重点，而“时间成本”是在一段时间因占用资源的成本，它就是资本成本。传统的会计只能反映“一维”的“空间成本”，而资本成本资本化会计——主体会计却能反映“二维”的“空间成本＋时间成本”，这对会计表现方法是个重大突破，也给未来会计研究领域提供了一个新的方向。而由于管

理会计的决策、控制等内容需要有更加真实全面的信息，这给资本成本资本化会计的应用打开了一扇窗户。

由于现行财务会计没有确认和计量权益资本成本，当企业净收益为零时，就说明并未补偿权益资本成本，权益资本成本成为净收益的组成部分，高估了净收益，可能使企业决策者及股东等决策失误，最终殃及资本市场，影响到市场对资源优化配置的功能发挥。资本成本资本化使净收益真实化，真实化将推动市场有效化。

（二）使会计信息的数据互相关联

会计信息系统应该反映主体的经营成果和财务状况，这些经营指标与财务指标是存在强关联性的，但如果缺少了关联性，会计信息之间互相矛盾，相互不能解释，会计的个体信息就成为一个个孤岛，不能称为信息系统了。资本成本资本化确认和计量了权益资本成本，将所使用的资金统一计量成本，并以占用资产的权重分配成本，能够发现财务成本对生产经营的直接影响，而且，由于分配方式类似于固定性制造费用的分配，对经营决策而言，又不影响变动成本及贡献毛益（注：对原材料分配的资本成本一定要有所注明，否则，不宜分配）。资本成本资本化最大的好处就是让不同资本结构的公司都能计量分配资本成本，公司的业绩就不会被财务费用所模糊，公司的销售额、毛利、息税前利润与每股盈余之间就有了直接的关联，评价企业经营决策者的业绩就有了可比基础。

（三）增强会计信息可比性

将全部资本成本分类计量、加权计算确认，增强了不同资本结构或债务权益比率所提供会计信息的可比性，这种业绩计量核算方法从本质上与经济增加值如出一辙，只是经济增加值的计量是一次性的，不存在分配，不存在结转，统一扣除，它只能用于评价业绩，但资本成本资本化会计存在一套计量、核算、评价的体系，更加注重细节，所以，业绩不仅可以横向比较，还可以纵向比较。

（四）将企业理财过程与会计信息紧密联系在一起

资本成本资本化使资产的价值与时间成本挂钩，有助于企业提高投资效率，综合运用资本市场工具投融资，利用久期匹配投资项目与融资工具，规避利率风险。企业会计信息系统所提供的资产价值信息不仅可以如实地反映企业所持有的资产成本，便于与市场交易确认的经济价值比较，而且可以把企业资本的筹集、运用及其效益联系在一起，更全面地揭示企业的财务状况和经营成果，从而把企业理财过程与会计信息紧密地联系在一起。这就破解了长期以来公司理财与财务会计割裂的局面。

（五）可以将资本市场与企业资本成本联系起来

长期以来，企业资本成本是企业内部封闭计算，似乎是企业个体内部能决定的事情，然而，资本成本是一项机会成本，是资本投资于市场所能产生的潜在收益，计算资本成本绝不是企业内部按实际发生额便能解决的事情，尤其是权益资本成本，由于权益资本定价的模糊性，其收益波动会随资本市场波动做较大波动，设置“留存收益”与“利息汇总”账户，对权益资本而言，根本就不是按实际发生额进行核算的，而是按“应计资本成本”计算后，通过虚设账户将资本成本汇集，然后分配于各类资产。这就要先计算资本成本率，它的标准必须按市场定价进行计算。如果市场定价不稳定至无法通过市场价格计算资本成本，则计量的资本成本无法反映投资人的索求，也就失去了资本成本资本化的意义。当资本成本通过主观计算高估了，则反映出过大的当期留存收益计提，高估成本产生产品定价错误或其他决策失误；如果低估了资本成本，则会过于乐观地估计投资形势，进行过于扩张的投资，产生财务困难。因此，资本成本资本化将使企业用较多的精力去观察资本市场，不仅影响投资决策，还将影响筹资决策。

如前所述，资本成本资本化会计的实施必须以资本市场有效性为依托。但我国以A 股市场的情况而言，市场趋势投资者过多，价值投资者太少，市场极不稳定，投资者对投资公司的索求就是希望公司产生某些行为以刺激公司股价上涨，基本上谈不上有较长期限的预期收益，散户是这样，机构投资者也不成熟，受短期业绩要求，他们也希望公司能在自己买入股票后产生饮鸩止渴的投资行为。这些情况说明，我国尚不完全具备推行资本成本资本化会计的条件。

然而，我国国有企业普遍实施的责任预算与责任考核使资本成本资本化会计有了用武之地，资本成本资本化所核算的利润犹如经济附加值，而且是动态的、能跟踪的经济附加值，这有助于随时考核和跟踪调查。另外，在投资中心考核指标中有一个剩余利润指标，这也是可以用资本成本资本化会计来核算的，这对大型公司全面推进责任会计体系是有较大帮助的。

二、资本成本资本化会计体现了会计方法与经济决策的融合

管理会计和财务会计的分离是因为企业所有权的分散与代理人出现产生的向“内”向“外”服务会计，其本来面目都是信息发送系统，管理会计向内传递和发送信息，财务会计向外传递和发送信息。因使用者的要求不同而向不同方向发展。20 世纪的会计实践证明了管理会计与财务会计的分离是主流。或许是“合久必分，分久必合”的缘故，信息技术的发展使得传统的财务会计智能化，包括业务中的原始凭证电子化给财务会计智能化提供了更为广阔的应用空间，财务会计不是被淘汰了而是人工智能化了，财会人员的转型升级势在必行。而我们的问题是：对智能化财务报告的不可取代的人工分析，对预期环境变化采取的财务应对策略，对可投资机会的风险分析与企业先行财务可能实现非系统性风险抵消式融合，等等。财会人员的转型升级标志着会计工作的重点向上转移，围绕决策与控制、与业务能融为一体的财务控制中心或财务共享中心诞生了。这就是一种高层次复杂融合，传统机械的财务会计被推向基础后台程序，而在此之上构架着一个新的融合体——业财一体化下的财务共享中心。从100多年会计发展史看，这种先“分”后“合”就是“对立统一”的辩证关系。

让机会成本进入会计核算系统，这是资本成本资本化会计的一个创举。这是财务会计融合管理会计内容向有利于决策（包括企业管理者和投资者）方面的转变，是财务会计由“会计的合规性”向“会计的有用性”的转变，这些转变给立足于财务会计信息

进行管理会计方面的资料加工延伸带来了很大的便利。

资本成本资本化会计的利润是企业主体创造的价值，这对于建立企业评价考核系统提供了方便，由于净收益非常接近经济附加值（但不完全是，经济附加值不存在资本成本向产品的分摊），将有助于财务会计核算主体由权益资本转向企业主体，实现会计利润与经济利润的统一。由于利润是经济意义上的利润，这也会对减少投资决策失误有所帮助。尤其是一些项目实施中，投资项目立项时的评价标准与投资项目建成投产之后的评价标准如果脱节，企业就无法掌握投资项目所要求的投资报酬率在后续生产经营中出现了多大偏差，但资本成本资本化会计提供了过程中精准控制的依据。

从跨期限成本总额看，资本成本资本化会计统一了财务会计与管理会计的“总成本”口径，使成本由单一的“空间成本”变为“空间成本＋时间成本”，其计量核算方法由被动的“发生记录式”核算转变为具有预期性的“预期提取式”核算，这与已发生费用分摊还是有本质区别的。这也让财务会计主动接纳了管理会计的功能与内容，其意义是不言而喻的。

三、资本成本资本化会计体现了公司治理结构的多元统一

资本成本资本化会计将企业的客体与主题重新划分，将所有资金资本要素全部独立，组成客体的资本投入方，其索求即成本，可按统一的资本成本率分配费用至占用资金资源的资产。实现主体升格，而主体的所属被淡化了，主体就是主体。这从本质上看，是对存在几百年的由财务资本或权益资本支配和拥有企业的治理结构的变相否定。以权益资本利益为核心的会计核算，无视工业化社会诞生以来一直存在的股东越来越分散、与投资企业越来越远的趋势（越来越客体化趋势），信息不对称使得代理冲突问题愈加突出，股东这个“主人”难以到位，却强行被扣上“主人”的帽子。

暂且不去讨论企业主人究竟是谁，企业主体权益的崛起将有助于企业实现全要素投入混合治理或利益相关者混合治理。在信息化时代，传统的资金资本要素在企业中本来就是被动的，它的重要性远逊于具有主动性的人力资本要素。信息与知识的专有性、不可替代性需要企业核心技术及管理人员以主人身份加入企业，成为企业永久的战略核心，这不正是主体的概念吗？

其实，各个国家在治理结构上也是存在差别的，我国也经历过全民所有制及职工当家做主的年代，并作为社会主义的基本制度。问题在于实施中有些“平等”的概念被“平均”概念的“大锅饭”取代了，使之没有了效率。而在同一年代的日本，并非股东一元化控制模式，日本公司对人力资本的保护程度是相当高的，当然这也有些负面影响，但能强化核心人员与公司的紧密度。股东投资股票是为了财务利益而非控制利益，公司的剩余分配以职工保障为上。股东一般能收获固定比例的股利而不是剩余索取者。企业具有支配分配股利后剩余的权力（刘小玄，1996）。即便在美国，20 世纪 80 年代也有超过半数的州修改了公司法，要求公司经理为“利益相关者”服务，股东当然也是利益相关者的一部分（崔之元，1996）。美国多个州的公司法变革，动摇了以“资”为“本”社会原则。

“利益相关者”是一个广泛的概念，他们可能是企业契约关系中的一环，也可能没有明确的契约关系，企业为“利益相关者”服务强化的是松下幸之助提出的“企业是社会的公器”概念。企业为资本谋利而经营，为使职工得到工资维系生活而运转，为使上下游产业链连接而伸开双臂，为使消费者得到需求满足而提供商品，更能使一个社会拥有丰富的财政收入而改善地区的生活生态环境，共同创造美好生活。这些都是“利益相关者”。因此，企业应对环境和社会负责，必须做到因为拥有你这个“主体”，社会变得更美好。

我们只能说，“利益相关者”中拥有“直接相关”和“间接相关”，毫无疑问，资本提供者、职工是直接“利益相关者”，这些“利益相关者”的利益以非常刚性的契约关系将他们的利益与企业联系在一起，他们隐含的经济利益关系都应该在财务报表中体现出来。由此，企业决策者不仅要为所有者服务，也要为另外一类直接“利益相关者”服务。现代企业在披露财务报告的同时也要披露社会责任报告，这说明，企业也要为间接“利益相关者”服务。

尽管在现代公司制度下，各国的公司治理结构存在差别，有些侧重于权益资本所有者，有些侧重于债务资本的所有者，有些侧重于人力资本的所有者，有些则侧重于企业主体。但不管怎样，公司治理结构模式的趋势都是股权弱化，企业法人权力强化（刘小玄，1996）。

其实，弗兰科·莫迪格利安尼（Franco Modigliani）和默顿·米勒（Merton Miller）的资本结构理论对企业价值的研究就超越了股东拥有企业的概念，其理论有了权益资本所有者与债权资本所有者同等的概念。企业经营的目的是资本整体利益极大化而非股东权益极大化。从优化资本结构到优化资源结构，再到优化治理结构，以背后隐含的契约关系为出发点，深究企业剩余支配权和索取权的分享制度安排，会计理论研究才可走向一个新的层次。不可否认的是：“会计理论是企业理论的一个部分。”

四、问题与结论

资本成本资本化会计拓宽了会计学的理论视野，会计成本不仅可以核算已发生的“事实成本”，也可以核算并未“真实发生”的、仅有经济意义的机会成本，从而使会计利润向经济利润靠拢。这里的主要疑问是当无法计量资本成本或找不到统一准则计量并核算资本成本时，该如何办？我们需要财务会计做什么？真实反映过去的经营财务状况，这种“真实”是使用具有法律意义的会计语言表达的，是为了应对所有“利益相关者”索求而“不偏不倚”表达的“真实可信”，所以，对发布信息方在使用对机会成本计提时，存在过大的“管理空间”，使信息发布者能够“无中生有”或“有中生无”并不合适。

正是因为上述因素，资本成本资本化会计只能在企业内部使用，即作为会计决策信息系统的一个组成部分，让决策者掌握经济成本、决策相关成本很有益处。

资本成本资本化会计如果作为管理会计内容，对于资本成本的资产增值性分摊的确多余，这会使得成本结构复杂难辨，这是不利于决策与控制的。如此，将成本结构加一层并单独结转明示，以利决策者能辨识成本。从商品的市场价值与使用价值的角度，商品不会因为你存放的时间长而提升价值。本章例题中白兰地是个特例，因为酒类产品的确会因存放时间久而增值。但不能以特殊替代一般。

资本成本资本化会计给企业税收筹划提供了太大空间，不利于建立较为标准统一的纳税基础，至少对税收冲击很大。它牵涉的面很宽，只有计量性的账面升值是没有税额增加的，但成本的提升使企业少缴纳所得税。而且从核算程序上显得不太严谨，提取股权资本成本时应提所得税，变为应交税金。但我们发现留存收益的提升与应缴税收并无关系。

资本成本资本化会计会使企业经营目标从股东财富极大化转移到资本价值极大化上来，资本成本资本化让管理者努力寻找报酬率超过资本成本的项目，去实现所有投资者的索求，实现主体所属的经济附加值（尽管资本成本资本化会计核算利润有所区别，但思路是吻合的）。但主体所属的利润从本质上仍然是股东所有，这对资本成本资本化会计在逻辑上的重新构架是一个新的问题，它走出迷雾还需企业制度不断创新。

思考与练习

思考题

1. 资本成本资本化与利息资本化究竟有何不同？

2.“会计利润”观与“经济利润”观对成本的认识存在哪些差别？为什么要重视“经济利润”？

3. 让机会成本进入会计核算成本的主要障碍是什么？

4. 传统会计的财务费用就一定是债权资本成本吗？

1. 黄平. 股权资本成本会计与传统会计的比较[J]. 财会月刊（A会计），2001（6）: 47-48.

2. 胡玉明. 资本成本会计若干理论问题研究[J]. 厦门大学学报（哲学社会科学版），1996（2）: 65-70.

3. 颉茂华，薛志丽，王崴. 资本成本管理会计应用研究[J]. 财会通讯，2012（10）: 12-16.

4. 姜付秀，陆正飞. 多元化与资本成本的关系——来自中国股票市场的证据[J]. 会计研究，2006（6）: 48-55.

5. 毛新述，叶康涛，张頔. 上市公司权益资本成本的测度与评价——基于我国证券市场的经验检验[J]. 会计研究，2012（11）: 12-22.

第十四章

共享服务中心

任何有效的经营战略都需要持续改进，改进的目的是更好地利用组织的资源为客户及其他关键利益相关者创造最大价值。

- 掌握共享服务中心的概念、定义、应涵盖的领域
- 掌握共享服务与管理会计的关系及财务人员转型
- 掌握共享服务中心与组织战略的关系
- 了解创建共享服务中心的基本步骤和实施陷阱

第一节　共享服务中心概述

一、共享服务中心的定义

所谓共享，就是将分散的相似性工作统一与聚集，相似性就是指流程的相似。聚集地就是提供相似性工作流程服务的中心，称为共享服务中心。共享的目的是节约资源、提升效率，为达到共享，许多社会单元或企业内部单元会进行流程整合，提炼可以实现共享的流程与工作，实现流程的标准化。随着社会环境、商业环境及技术环境的变化，公司复杂的内部财务流程同样可以整合，提炼相似性流程，经整合后实现共享。

共享服务中心的基本要素是提供共同使用的服务，即由一个组织机构处理两个或多个经营单位的同质化流程。提供服务的机构就是共享服务中心。

共享服务中心是独立的经营单位，它作为一个企业运行，且不止为一个公司或分部、经营单位提供明确定义的流程或知识型服务，它拥有自己专用的资源，利用与其内部客户的“服务水平协议”定义所提供的服务的类型、范围和价格，全面负责管理其服务的成本、质量和时效。

共享服务中心有效地重组了大量支持领域，其中许多领域都是交易导向型、数量敏感型服务，要求专门的职能知识，但也存在例外。只有在能够利用技术实现规模经济的时候，共享服务中心才能发挥最大效益。表 14-1 就显示了常见的共享服务领域。

表 14-1　常见的共享服务领域

财务	总账	应收账款	税法合规
	应付账款	采购	现金管理
	内部审计	保险	外汇
人力资源	工资单处理	福利管理	重新安置服务
	薪酬管理	培训与教育	
信息服务	标准	应用发展	电信
	技术和发展	应用维护	硬件与软件购置
法律	诉讼支持与协调	环境、健康与安全咨询/审计	法律遵守
公司事务	沟通服务	媒体关系	

二、共享服务中心的建立

建立共享服务中心是企业的发展战略，必须根据业务需要及对员工士气的影响决定。另外，必须对其各种优劣势进行权衡。

不利的方面主要有：①要建立一个场所、安装电信和数据系统及将员工重新配置到中心，往往需要大量资本支出；②合并不同数据来源，以及将数据转换为中央系统共同的格式，也需要成本；③不能面对面服务，可能会助长自由化，降低内部交流和互相牵制。

有利的方面主要有：①通过集中能实现组织效率、成本降低及责任合并；②通过合并服务和数据，组织就有机会实现规模经济和真正消除冗余，如以知识丰富的专门代表公布的统一信息，能使客户服务水平提高，还能够提供 24 小时服务或延时服务，沟通的质量也会提高；③专家会聚的共享服务中心会产生协同作用和知识传递，使个人在不同经营场所获得的经验可以合并，为解决问题创造最佳方案；④共享服务环境使培训工作更有效、更统一，人员周转率和缺勤的影响会降至最低，因为总是有经过同样培训的个人可以填补空缺；⑤跨领域服务中心使工作更有趣、回报更大、更具挑战性；⑥如果作为一个利润中心运行共享服务中心，如以客户服务质量为中心能创造强烈的激励；⑦标准化流程和集成技术能帮助确保有效维护的可靠数据，并使企业能够更快地调用数据且实施数据库；⑧客户导向和集成技术的结合能确保提供满足管理决策需求的个性化报告；⑨资源整合使人们能够有效规划工作量，实现生产能力的总体最优化；⑩共享服务将显著缓和财务与业务人员之间的紧张关系，经营单位可以聚焦于提高核心业务领域的绩效，消除数据录入冗余及其他非增值流程。

共享服务中心并非造成服务水平降低的一个成本削减计划，它与其他成本削减方法不同的是：①共享服务中心从客户需求开始，目的是提高所提供的服务水平；②共享服务中心用客户满意度和外部绩效标杆平衡成本与努力，以确保成本与质量权衡不会威胁到对客户需求的满足；③共享服务中心依赖于工作方式的根本性再设计，以及人员如何配置才能确保消除浪费和非增值作业，为增加客户（内部和外部）价值创造铺平道路。

从基本经营动因看，共享服务中心的建立使成本降低了，因为消除了冗余服务及其相关系统和人员成本，并且减少了冗余数据录入和非增值工作。由于减少了数据录入的重复和失误，就会实现卓越运营并满足更高的信息需求，从而提高整合后数据库的统一性和可靠性。各经营单位从共享的服务责任中解放出来，能更多地以价值为中心，足以抵消建立共享服务中心的成本和付出。从总体上讲，共享服务方法反映了多元化组织的一种潜在优势来源，如图 14-1 所示。

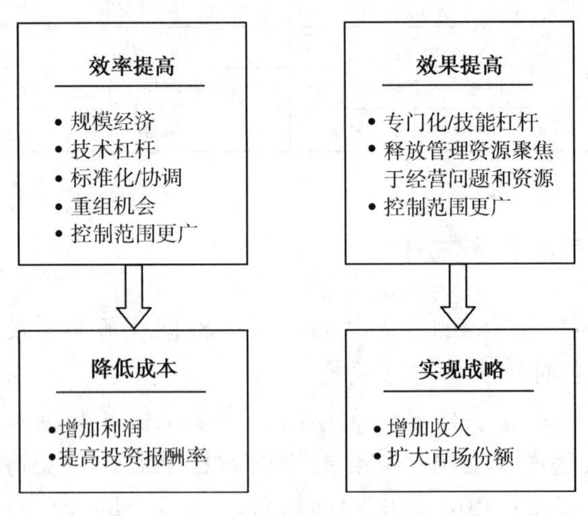

图 14-1 共享服务中心的好处

第二节 财务共享服务中心

一、财务共享服务与财务职能重新划分

作为共享服务中心最重要的组成部分——财务共享服务中心（Financial Shared Service Center，FSSC）于 20 世纪 80 年代起源于美国，是指将原来分散在不同业务单位财务部门的人员、活动、资源整合到一起，进行流程再造，建立一个新的、半自治业务部门，为企业集团内部的不同业务单位提供专业化、标准化、流程化的打包财务服务。财务共享服务中心被大量欧美企业尤其是跨国公司广泛应用，而中国企业在谋求提升效益、降低成本、支撑企业业务扩张的过程中，越来越多地开始搭建自己的财务共享服务中心。2013 年 12 月 6 日，财政部以财会〔2013〕20 号印发《企业会计信息化工作规范》，明确要求："分公司、子公司数量多、分布广的大型企业、企业集团应当探索利用信息技术促进会计工作的集中，逐步建立财务共享服务中心。"此后，财务共享服务中心建立成为财务行业工作变革的一种模式，这也是大势所趋。

信息技术的推进使共享的财务流程越发广泛，可提炼的标准化共享流程越来越多，以企业业务特征进行的财务标准化整合不仅改变了财务人员的服务功能、加速其财务转型，也推动了业务财务一体化。共享服务中心因为集中处理大量的相似性工作、重复性工作，故它极易实现自动化、智能化。财务功能就这样升级了。信息技术作为源动力推动了财务转型，促成许多企业实现财务共享，而财务共享又加速财务转型。财务共享通过再造财务组织和流程，帮助财务职能实现从会计核算型向价值创造型转变，这是促进财务管理效率提升和企业快速发展的有力支撑。

企业集团建立财务共享服务中心的过程实质就是财务流程再造的过程，它是一种管理变革，通过信息技术手段，保证物流、信息流、资金流有机整合。财务共享服务中心实施的最为普遍业务流程包括应付应收账款、总账管理、资产管理、成本管理、现金管理、费用报销等。财务共享服务中心最核心的管理就是对流程的管理。流程管理能够提升成本优势和应变能力、创造可持续发展能力。

简单来讲，财务共享服务中心就是将集体内分散在各分（子）公司的共同业务提取出来放到财务共享服务中心完成。传统财务架构与财务共享模式架构的对比如图 14-2 所示。

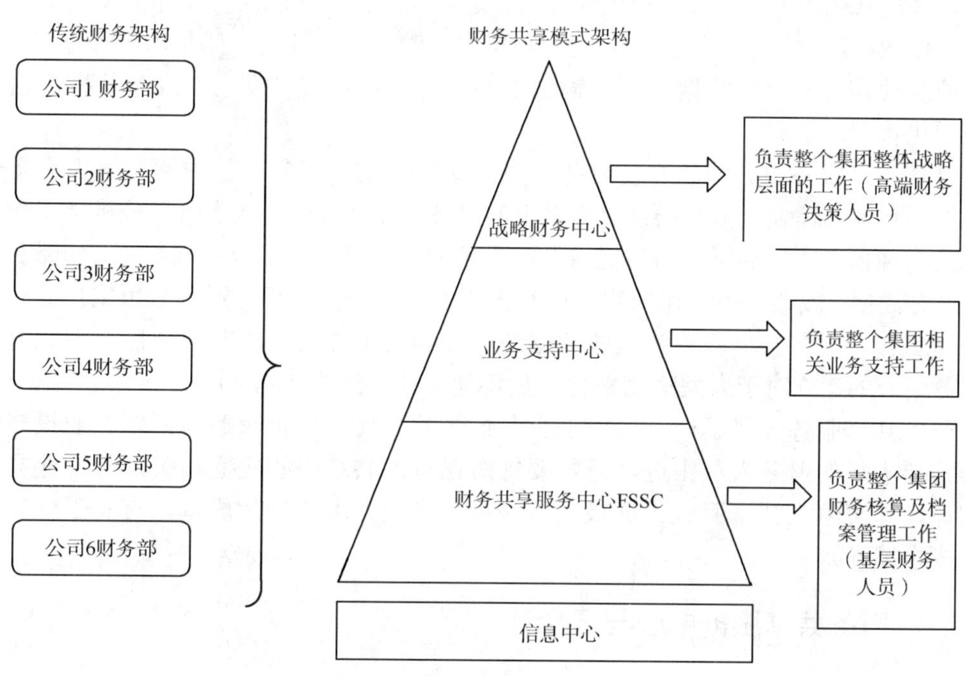

图 14-2　传统财务架构与财务共享模式架构的对比

一个大型的企业集团其财务职能及相关中心划分如下：①战略财务中心：主要负责集团整体战略层面的工作，如全面预算管理、资金管理、投融资、财务制度流程制定、税务管理。从事此项工作的人员主要是高端财务决策人员，对人员的整体素质要求比较高，尤其要求专业知识扎实。②业务支持中心：负责整个集团相关业务（如销售、采购、物流、人力资源等，各大业务类项目下也可以进行进一步细分）支持工作，具体工作诸如业务分析及决策、合同管理、往来账务管理、风险控制等。这个层面的人员是财务管理及管理会计人员，主要对各类业务支持与监督，需要熟知相应业务知识，还需要具备一定的管理能力、沟通能力、Excel 技能等。③财务共享服务中心：负责整个集团财务核算、档案管理与财务报表出具等基础工作，也承担整个集团数据的输入输出工作，建立大数据分析系统。这个层面的人员主要是基层财务人员，一般人员只要具有基本的电脑操作技能即可胜任。④信息中心：负责信息化建设工作，一般由外部顾问、内部信息专业人员和一般工作人员组成，工作人员以财务人员居多，充当企业信息系统开发与专业开发公司的桥梁。

二、财务共享服务中心与企业战略

财务共享服务中心建立需要依托强大的信息技术支持，它也并不是简单地把各分（子）公司抽离出来的财务工作集合起来，而是重新划分职能部门及工作流程，以科目（如应收账款、应付账款、固定资产等）比对业务（如对账、资金结算、税务等）划分部门，而这个部门需要做此科目下整个集团的工作内容。

由于共享流程不再需要录入凭证及借贷分录，只需要录入单据上基础数据（金额、日期、公司代码等），系统自动生成凭证，这大大降低了基础财务工作的变动成本，提高了工作效率及质量，便于标准、统一和集中化管理，有效地降低了内部操作风险。

因实现信息共享，数据输入及输出中心拥有大量真实可靠的低成本数据，这有利于集团化管理。

财务共享服务中心的建立使财务人员从繁杂的基础财务工作中解放出来，实现财务职能的转变，需要更多高层次、高水平的财务工作者。这对从事财务分析类工作的人员也是一种福音，能够更容易地提取及时准确的实时数据。而以往要数据、审数据、贴数据、对数据、改数据等工作繁重，而且出来的结果并不理想，财务分析工作其实是数据统计工作。财务共享服务让这些数据统计变为真正意义上的财务分析，因此财务共享服务中心的建立对于大型集团来说，是管理会计工作的基础。

财务共享服务构建了一个可用于企业扩张的流程，当企业购并或新企业投产时，不再需要大量的财务人员跟进，只需要针对已有的共享中心建立相关账号，建立基础数据库，即可纳入共享服务。这极大地减少了企业资本的边际成本，有利于优势企业的低成本扩张。

三、财务共享服务中心与云会计

共享服务是一种管理模式，它以信息化为手段，将这种管理理念和架构组织嵌入系统软件中，形成共享服务中心，是组织的进化和管理理念的升级实践。但共享服务中心的服务范围可以包含企业外部经营单位，企业外部存在的共享服务中心的服务也可被企业内部经营单位购买，共享服务中心就是企业内部的利润中心或投资中心，是基于利益的运行机制而非内部行政命令机制。并非所有公司都适合建立财务共享服务中心，它只适应于大型集团公司，规模过小的公司就不大适应。这犹如本量利决策分析中的自制与外购决策一样，自己组建财务共享服务中心需要一定的规模，只有拥有充分规模才能有足够的内部共享单位；反之，则难以支持其持续运行。

标准化会计流程的另一种形式是：中小企业可以通过在线会计（云会计）注册用户来解决会计“共享式”服务问题，这与大型企业共享服务中心不同，大型企业共享服务是“自制型共享”，云会计提供的共享是由第三方提供会计标准程序化服务，是中小企业以支付服务费用方式获得的“云会计外购式共享”。这种“会计服务共享平台”是通过普遍使用的互联网来实现共享的，但企业内部的共享服务是通过构建局域网实现的（基于此，它更具有安全性），云服务共享则需要被服务者构建各自相对封闭信息子系统，因为云服务共享是流程共享而非信息共享，它只能提供通用式服务。大型企业的共享服务中心却能成为资源整合与优化平台，信息监测与绩效评价中心。这是面向社会的第三方平台——“云服务共享中心”所不能做到的。因为它仅仅是一个实现“会计服务产业化”的“专业共享平台”。它极大地节约了财会上的人力资源及各企业投入局域网络的硬件资源，也能推动财务会计人员从基础性会计工作向高一层次的管理会计工作的转变。

四、管理会计在共享服务中心的作用

管理会计为共享服务中心设计、实施和管理提供核心信息，概括起来，其在共享服务中心的主要作用包括如下方面。

（1）为纳入共享的目标领域提供最新单位交易的平均成本。

（2）为建立共享服务中心的候选对象编写商业案例或提供支持。

（3）确定共享服务能提供节约最大的财务领域。

（4）与设计团队一起分析各种共享服务中心方法的潜在成本和效益。

（5）评估共享服务中心的替代解决方案，包括外包，以确保所选择的方案最佳。

（6）对成本和绩效追踪评估，支持实施团队。

（7）收集最佳实践数据，研究确立标杆管理，建立共享服务中心标准。

（8）建立现实的实施前后的计量与考核，支持改进工作。

(9)与共享服务中心管理者合作，帮助他们发展必要的业务知识，了解各自的“业务”及其基本经济意义。

（10）支持实施团队评估长期信息系统战略，并制订高水平的发展规划，估计资源需求。

由此，管理会计在任何共享服务中心的所有实施阶段都发挥着关键作用。为确保企业高管了解现有绩效，记录基于最佳实践的改进潜力，以及为实现目标所需要的财务专门知识。如果共享服务中心针对的是财务领域，如应收、应付账款，则财务人员就必须提供相关知识信息并辅助实现流程。

许多财务人员有着一系列的“职业毛病”，如对工具和技术常有偏见；常聚焦于问题的“答案”、注重内容而不注重流程；习惯于按项目零散完成工作而不是所有项目一道完成工作。但共享服务管理概念是流程密集型的，需将财务人员注意力引向更好的管理工作流程而不是职能内容。

财务核算业务和基础财务分析工作被财务共享服务中心所替代，意味着将有大批财务人员从财务核算工作中脱离出来，原财务部门人员（主要是基础性财务工作人员）编制得以释放，那么释放的财务人员该如何安置？财务人员又如何实现能力转型？

（一）转型成为管理会计——风险管理人员

财务与风险管理中心职能的内在体现是将财务信息与非财务信息融合，辅助公司的品牌和市场战略，参与研究产业价值链对企业价值的影响，评估阻碍企业实现战略目标的风险并进行科学管理，提供战略成本信息，支撑企业建立合理的商业模式；外在体现是跟踪国家经济形势和市场环境变化，综合考虑经营计划的影响因素，确定未来投资方向和资源配置方案，向董事会和管理层提供决策信息。

作为高层财务与风险管理者，需要围绕公司价值，站在企业全局的角度，评价战略并做出战略选择，规划企业的财务资源，为实现企业的战略目标提出建设性意见。因此，想要转型成为财务与风险管理中心人员的财务人员，必须具有战略思想与发展的眼光，除了要具备财务报告、财务分析、风险管理、成本管理等专业知识之外，还应具有价值管理、战略管理、公司治理、营销管理、谈判技能、资产管理等相关技能。总体来看，此类转型对财务人员素质能力和知识结构要求都较高，是优秀财务人员从传统财务人员脱颖而出的良好机遇。

（二）转型成为管理会计——业务财务人员

长期以来，财务人员工作脱离业务一直被企业的业务部门、管理部门所诟病，而业务财务人员的产生正是针对这一问题的有力改变。业务财务人员可深入各项业务之中，利用财务知识推动业务决策的科学化，同时把业务数据转化成财务信息，将业务一线发现的问题反馈到财务与风险管理中心，从而让决策机构得到业务单位的重要信息。业务财务人员可在产品研发环节、产品投入市场初期、产品销售环节、投资环节等各项业务关键环节发挥前所未有的积极作用。

对业务财务人员的技能要求远高于传统财务人员，从业者除了要掌握传统财务知识外，还需要掌握和具备战略管理、融资、风险管理、金融、贸易、营销以及其他领域的知识和良好的沟通能力。业务财务人员突破了传统的财务领域，做的大多是非财务工作，对从业者的综合素质要求达到了前所未有的新高度，要求财务从业者成为深入了解企业业务运作核心环节的跨专业复合型“财务通才”。

五、财务共享的发展阶段

中国企业集团财务共享的应用实践充分证明了是新兴技术的发展在推动和影响财务共享模式的变化与发展。财务共享服务中心的建设水平主要依据企业的管理成熟度及信息化水平两大核心要素，如此，对财务共享的发展阶段也可依据这两大核心要素划分，分别为：核算共享、报账共享、标准财务共享、业财一体财务共享及大共享，如图 14-3 所示。

财务共享的五个阶段是一个由低向高循序演进的以信息技术为基础推动力的优化过程。核算共享和报账共享模式是共享的初级阶段，只是解决了财务人员成本大量投入的问题。标准财务共享模式下企业成立独立的财务共享服务中心，组织、人员等均有了根本性变革。业财一体财务共享模式下，财务管理实现了管控前移，降低了财务风险，支撑了企业精细化管理及内控落地。大共享则是将企业内部的财务、采购、人力资源等能集中的都进行共享。

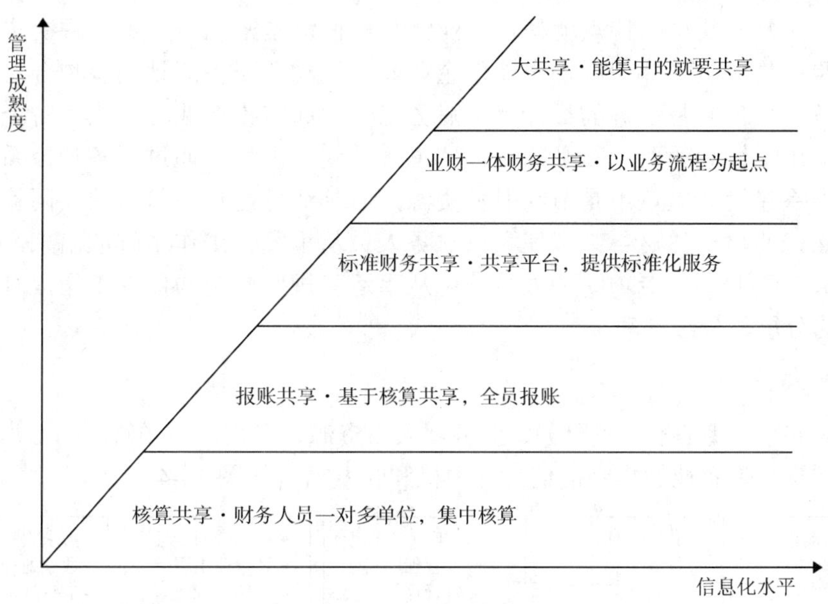

图 14-3　财务共享发展五阶段

（一）核算共享

该阶段依托财务系统的集中核算功能，在企业实际组织架构、人员岗位及职责分工没有很大调整的前提下，通过授权管理的方式，由财务人员完成多个会计主体的财务核算工作。该阶段是企业的一种经营战略，其原有核算流程及相关标准不变，侧重于财务资源的集中管理、成本的控制及降低。

（二）报账共享

该阶段是在核算共享的基础上，把前端内部员工的网上报账业务纳入进来，借助影像系统，由财务人员完成共享模式下多单位的报账稽核及核算工作。该阶段依赖的信息系统主要包含集中核算系统、网上报账系统和影像系统，实现财务人员处理多主体单位的报账稽核等财务业务。费用报销业务是多数企业建设财务共享服务中心的切入点，该阶段属于共享模式的初级阶段——会计共享阶段。

（三）标准财务共享

该阶段的典型标志是成立独立的财务共享服务中心，将财务人员集中并进行专业化分工，搭建财务共享平台，实现财务职能的分离。以财务视角对整体组织架构及资源进行优化调整，财务共享服务中心作为专门的服务机构为企业提供标准化服务，所有中心财务人员进行专业分组，并集中统一管理，结合业务的专业化分工提升了企业整体的财务与业务能力。

（四）业财一体财务共享

该阶段是在原财务共享服务中心的基础上，将财务管理向业务延伸，将以报账为起点的财务变为以业务为起点的财务，因财务管控前移，故能有效降低财务风险，支撑企业精细化管理及企业外部交易内控化。

业财一体财务共享的特点就是让作业链与价值链紧密相连，重点解决了业务财务上的实时监控与风险管理问题，也能使企业业务活动和财务活动同步吻合，以达到财务支持业务、财务监督业务的目标。将财务工作的起点推至业务源头，对企业信息化整体水平提出了较高的要求。必须做好信息系统底层内控，通过业务管控系统来支撑财务共享体系建设，重点不是节约财务资源，而是业务与财务风险的共同管理及流程优化。当然，业财一体财务共享使大量财务人员从重复性工作中解放出来，向业务前端延伸，成为懂业务的专项财务人员，可从事运营规则制定与监控工作，有利于实现整个财务的分层、分级管理。

（五）大共享

所谓大共享，就是指涵盖财务、业务、人力资源、采购、市场管理、信息技术等在内的完全共享，是企业的集中的信息处理机和收发器。如图 14-4 所示。

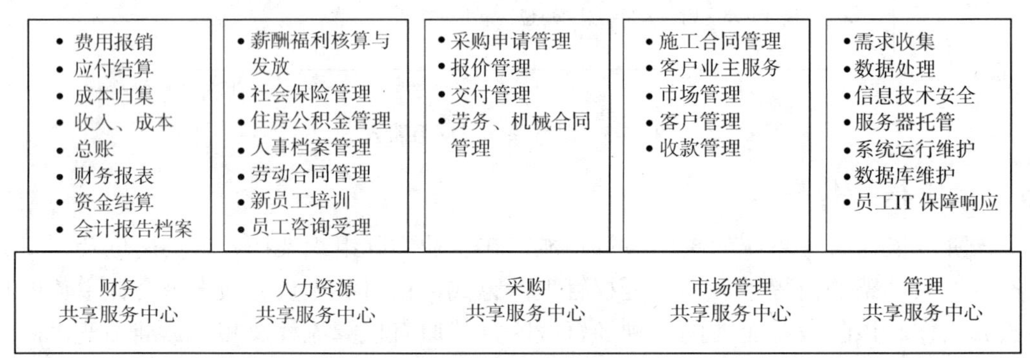

图 14-4 共享服务中心管理范畴

共享服务中心应以财务共享先行，因为财务共享是实现内部管控的核心，绩效与价值管理都离不开财务，它是企业信息化建设水平的基础体现。共享服务中心的理念与评价企业战略绩效的平衡记分卡的维度表达不谋而合，使它成为一个有层次的、相互关联的信息系统、控制系统、数据分析系统、决策支持系统等。以财务大数据为核心的新财务、大共享、业财融合是未来的企业内部共享的发展趋势。企业集团应结合自身的管理现状、业务需求，从财务共享开始，选择适合企业的财务共享模式，并明确未来的管理路线图。

第三节 共享服务的实施步骤

如果没有合理的实施战略，共享服务中心就会增加无效的成本和失误。关键是要建立起反应灵活的客户驱动型流程。成功推动共享服务方法的实施，就应该遵循以下四个关键步骤：①机会评估；②设计共享服务中心；③建立共享服务中心组织；④优化共享服务。

机会评估需要广泛审查共享服务中心的所有潜在应用领域及所能提供的成本与改进潜力。在评估中还包括广泛的战略、策略、经营和经济问题，如共享服务中心会如何影响经营单位对其特殊客户需求的反应能力等。

设计共享服务中心时需要考虑的问题包括决定如何运用共享服务概念、制定系统规格、建立评估程序和指标。

建立共享服务中心时，重点是基础设施建设及制订实现既定目标的发展规划。

在追求绩效最优化的过程中，共享服务中心将成为持续改进的对象。

有两个基本原则始终推动着共享服务中心的建立：一是人员配备与作业和服务相吻合，二是提供的服务价值标准与客户愿意且有能力支付的价格相吻合。共享服务的规则是：如果内部供应商无法像外包供应商一样满足客户需求，就必须允许内部客户从外部组织采购所需要的服务。从这个意义上，必须让共享服务中心成为一个独立的经营单位，独立于其他经营单位运行。不能对其滥用权力和控制。

一、机会评估

此阶段需决定实施共享的范围，选择要共享的服务，根据行业标杆及相关数据确定绩效差距，决定实现共享服务中心目标的路径。机会评估将聚焦于为所提供的服务建立高水平的未来模式，它包括描述受影响的流程、人员和技术。虽然每个组织关于共享哪些服务的决策都有所不同，但是，在任何环境中，评估和选择建立共享服务中心的最佳候选对象都遵循相同的路径。

虽然评估的目标范围很广，但可分解为五个步骤，这五个步骤为评估和选择共享服务中心最初实施与下游实施的最佳候选对象提供了框架。

（一）确定实施的范围

共享服务中心的实施范围应该尽早确定。范围包含三个维度：地域、经营单位、职能与流程。地域就是共享服务中心举措的地理范围。共享服务是涵盖全部地域还是局部地域？如果受益地域十分广泛，则系统中所包含的最佳发展路径是什么？定义共享服务中心举措的地域范围是为确保所需资源明确并且能够获得。

必须在实施初期选择实施中涵盖的经营单位，并决定将哪些职能（财务、人力资源）或流程（应付账款、信贷）纳入共享服务模型。因为这些决策定义了共享服务中心的规模和复杂性。尤其是公司首次实施，更应明确共享服务中心最初实施的范围，以确保共享服务中心顺利、成功完成实施工作。

决定哪些流程需纳入共享服务中心，组织必须评估流程对经营战略的重要性、服务需求在组织中的普遍性，如图 14-5 所示。该图表明，如果流程具有战略性，就不可能成为建立共享服务中心的候选对象。共享服务中心最适宜于对经营单位的核心业务不重要的职能或流程（如应付账款），或目前企业的多个经营场所都采取相同的方式执行的职能或流程。交易密集型领域往往是在初期建立共享服务中心的最佳候选对象，因为在消除冗余并提高了效率之后，它们有显著降低成本的潜力。

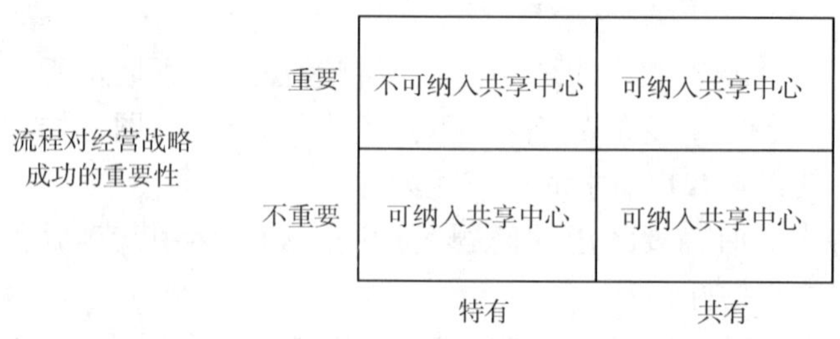

图 14-5　纳入共享服务的标准

在确定实施范围时不应该仅考虑行政管理单元，如保险公司的理赔处理就是一个极其成功的共享服务中心的焦点。在这种情况下，如果提高了效率和一致性，就会使组织的外部客户直接受益。如果在保险行业的这个核心职能采用共享服务中心，就为提高组织对客户服务需求的反应能力提供了手段，同时消除了内部系统的浪费。只要共享服务中心能够使内部与外部客户受益，就应该积极采用共享服务中心。

共享服务中心局限于那些对经营单位的生存并非关键的领域。最佳的候选对象是交易密集型领域，经营单位需要保留自身在受影响领域的决策支持能力。为了解决这些问题，每个经营单位都保留了几个财务人员，提供决策支持。在这种情况下，共享服务中心的范围就可以灵活调整，以适应各经营单位的特殊需求。

无论共享服务中心项目选择了哪个职能、哪个流程、哪个经营单位或哪些地域范围，一经定义就不许再扩大范围。如果实施期间其他地域、经营单位、流程或职能也会从共享服务中心的建立中受益，就应该列入下游处理之列。如果预先没有明确定义范围，或者在实施期间前后应用不一致，那么就难以实现显著的、明确的结果。这也会造成共享服务中心举措的放弃或失败。

（二）组建项目团队

组建项目团队包括确定实施工作计划、选择并培训项目团队、定义数据采集要求。项目团队包括指导委员会和项目团队本身。指导委员会监督实施，确保组织支持，提供所需要的资源，以及解决高层面的权限或经营单位争端，它应该既包含来自公司总部的人员，又包含来自受影响的经营单位的代表。它对共享服务中心举措发挥着支持和监督作用，确保项目团队的核心成员不会被抽离，而核心共享服务中心项目团队应该从公司、职能和经营单位人员中抽调等量的全职成员。项目团队既要灵活快捷，又要涵盖关键职能和客户群代表。

一项规模适中的核心项目团队一般拥有 6～10 个全职人员。如图 14-6 所示，项目团队必须完成大量任务。

正如图 14-6 所列的，团队要形成一个具有凝聚力、共同愿景、能力互补的集合体，任务艰巨。这是在共享服务中心项目最重要的决策。正是核心团队通过其洞见、知识、能力和贡献及其对共享服务中心项目的愿景，决定了项目成功与否。

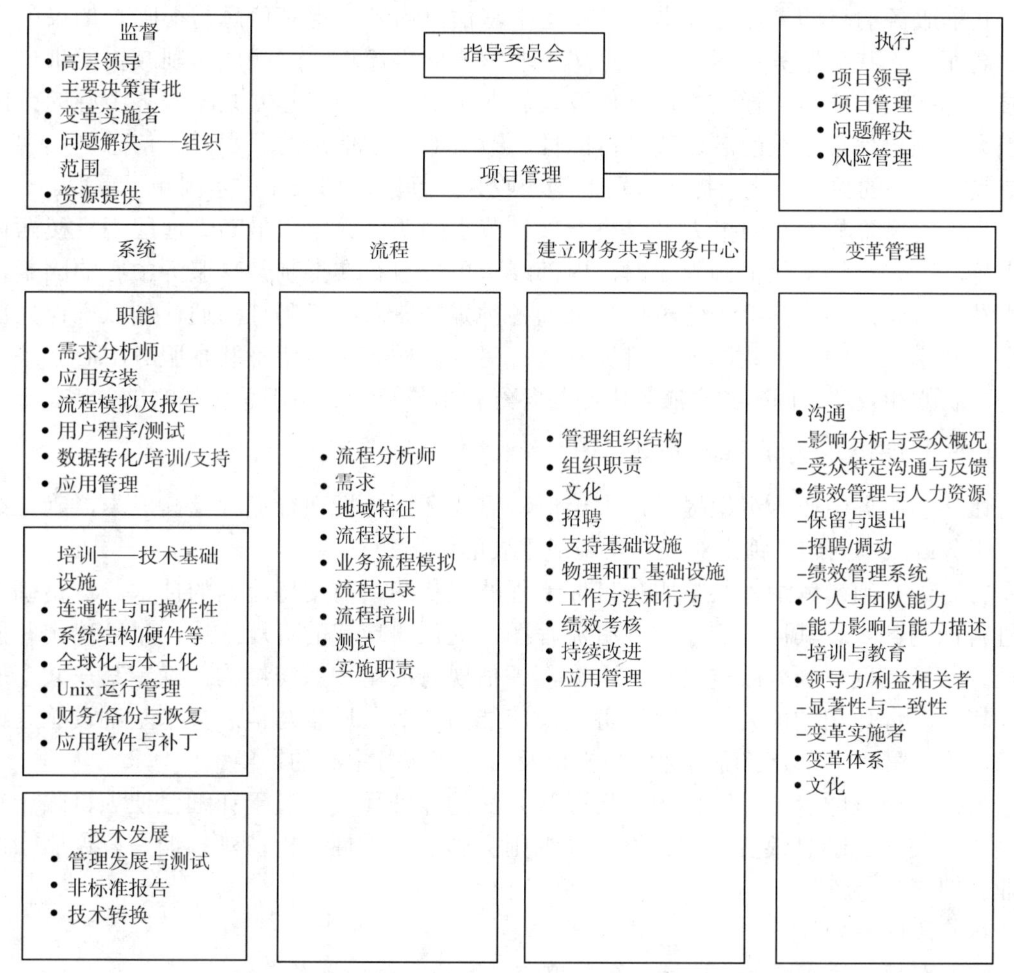

图 14-6　项目团队组织结构——职责

（三）建立愿景和方向

愿景就是希望达到的状态，也是系统建立的目标方向。愿景目标应囊括共享的范围，如流程、职能、系统等。愿景目标应能反映这些共享举措期望达成的结果，如目标成本削减、质量及服务改进程度等。愿景的表述应明确，它既是赢得高管认可支持的关键手段，也是为制定的战略和策略能明确定义与沟通，使项目赢得认可，并最终实现愿景目标。

在建立愿景和方向时，首先应通过高管调查访谈确定高管们对项目的偏好与期望，其次是评估公司战略与建立共享服务中心之间的关联度，最后是召开“高管建立愿景会议”。愿景会议内容包括：确定项目的预期结果并安排优先顺序，详细说明共享服务的范围和定义，发现并评估主要问题和机会，挖掘并质疑项目假设，建立实现项目的目标，决定哪些流程、职能和系统应纳入共享服务分析，以及确定高管的责任。

纳入共享服务的范围需平衡各流程、职能、系统的改进机会与流程的重要性，一旦决定下来，愿景会议就可制定围绕共享服务中心的变革战略。

共享服务的目的重点是成本削减还是丰富信息内容、提高信息易得呢？如果因为成本高而纳入共享服务方案，多数是属于非核心服务流程。这些成本削减主要来自信息技术基础设施成本、行政管理支持及设施费用等。然而，建立共享服务中心的关键动因大多来自信息系统的潜在改进可能性、改进对问题信息的获得等。信息是实现战略或策略优势的关键，这会提高公司的销售收入，而收入增长比成本削减更重要。

实施的风险与潜在回报大多取决于项目范围的明确界定、最高管理层不模棱两可的支持。有些组织文化很顽固守旧，内部经营单位也存在抵制共享服务中心的因素，则需花较多时间强调其给经营单位带来的各种好处。对此可制订沟通计划以确保人们都了解共享服务中心，共同朝着目标发展。另外，愿景中应明确共享服务中心下组织结构、职能和效益，明确共享服务中心与各经营单位目标和组织总体战略的关系。

（四）调查现行流程和成本

让共享服务中心为组织提供最大价值，需要全面分析现行流程及其成本，确定存在的服务或成本问题，锁定对成功实施最重要的问题和领域。

首先，必须了解纳入共享服务目标流程的现状和当前支持流程的技术。这是确定改进目标的起点。其次，应绘制现有流程图，提供对现状的直观描述，帮助确定共同路径、共同问题及绩效改进潜力。再次，评估现有应用和系统结构，确定其在共享服务环境中发挥作用的能力。共享服务的反应能力和服务质量与信息技术基础设施是密切相关的。最后，充分了解内部客户需求及对共享服务中心的期望。

另外，应该明确各种流程图、指标和方法的详细程度。过于详细会使项目陷于初始困境，使人无趣且浪费时间。不够详细则会影响敏感性分析，难以编写有说服力的商业案例。

这阶段的系列任务如下。

（1）对核心流程成员、现场、经营单位、客户进行访谈及调查。

（2）确定主要问题、作业和动因。

（3）分析数据，绘制流程图，建立相关的成本、非成本指标。

（4）记录业务流程的流动。

（5）评估共享客户的需求和组织绩效。

（6）开展组织分析。

（7）利用收集的信息开展交易或作业量分析。

（8）确定关键经营动因和关键绩效指标。

（9）评估现有信息系统环境及其对共享服务绩效的影响。

通过调查流程和业务流现状、比较现有绩效、定义客户需求后，共享服务中心项目团队就能了解主要的缺陷和改进的机会，了解建立共享服务中心的重大障碍，为此可确定并分析作业、成本和动因，为推动绩效提高及评估下游效果提供基准指标。

调查环节的核心是确定关键指标和标杆标准，以评估现有流程绩效为共享服务中心举措建立一个可行的实施目标与路径。大型企业的共享服务中心要符合独立实体的标准，使它能够在关键标杆指标上与外部市场竞争，共享服务中心也必须能够表明其单位成本提供的价值高于外部市场。

（五）为变革编写商业案例书

编写商业案例书是为了详细说明建立共享服务中心（及下游作业）的目标、效益、成本及组织的结构和性质。编写商业案例书可以比较绩效“现状”与“最佳实践”差距，从而确定改进机会并安排其优先顺序。商业案例书还包括对建立共享服务中心的人员、流程和技术建议，并进行高水平的“未来”分析，也包括围绕共享服务转型的成本效益分析。商业案例书是赢得高管支持和承诺的书面报告及进入共享服务中心项目设计阶段的工具。

商业案例书的主要内容就是拟建的共享服务中心所提供的基本服务、组织的成本和效益。表 14-2 列示了一个虚构商业案例的差异分析表。技术解决方案及改进影响也在文件中指出（如高管们会对共享服务中心的潜在组织结构概览感兴趣），以便他们能够评估实现既定目标的可能性。

表 14-2　某共享项目差异分析表（单位：万元）

成本	2015/2016 年	2016/2017 年	2017/2018 年	2018/2019 年	合计
项目团队成本	1386	2331	0	0	3717
团队差旅费	162	310	0	0	472
软件许可	150	0	0	0	150
服务器折旧	0	85	99	99	283
设计、开发与转换成本	0	350	0	0	350
电脑及设施成本——折旧	0	14	32	32	78
实施中的增量数据库	0	110	0	0	110
专门报告撰写	0	100	0	0	100
实施中复制工厂实验设备	0	390	0	0	390
冗余成本	165	1103	157	0	1425
顾问职员转换	25	25	0	0	50
实施后额外支持成本	0	0	80	80	160
招聘与重新安置	18	93	0	0	111
总成本	1906	4911	368	211	7396
效益					
工厂试验设备的减少	0	581	1062	1062	2705
成本基数降低	0	183	458	458	1099
信息技术支持	0	140	280	280	700
设施节约（一）	0	69	344	344	757
设施节约（二）	0	2545	0	0	2545
现有系统的信息技术升级	0	3518	2144	2144	7806
净节约（成本）	（1906）	（1393）	1776	1933	410

一个精彩的商业案例必须包括以下内容。

（1）以头脑风暴和分析确定机会并安排优先顺序，详细列出合并的最佳候选对象、成效快的机会及长期机会。

（2）与“最佳实践”比较。

（3）比较内部与外部标杆。

（4）开展高层差距分析。

（5）开展成本效益分析。

（6）评估长期信息系统战略。

（7）提出技术替代解决方案。

（8）审查变革的障碍与动因。

（9）制定高层发展规划及资源需求。

（10）向管理层报告。

优秀的商业案例不会只用承诺收益的方式为变革辩护，而应该提供准确的“现时”成本的详细信息。这些对于组织高层而言往往是新信息，可能需要一定的讨论和解读，才能赢得认可。共享服务中心是个利润中心，其隐性目标是按提供服务的单位实际成本向内部客户计费，这些计费本质上都是基于市场的，它们为内部客户提供了基于使用的服务收费，从而使这些管理者能更好地控制成本。因为这些基本成本估计乍看起来往往十分惊人，但是它们推动着内部客户更审慎地对待如何使用内部支持服务，以及在多大程度上使用。这种激励有助于长期控制辅助人员成本。

商业案例书包含建立共享服务中心的变革管理计划和沟通计划。变革管理计划包含主要项目目标、培训与教育计划，以确保用户、服务提供单位中受影响个人能够在共享服务中心环境中有效地发挥作用。沟通计划包括争取组织对变革的承诺、减少变革的误解和压力举措等，如采用广泛的手段宣传，定期召开信息沟通会议，采用周备忘录或简报跟踪工作进展，重新审查共享服务中心内在的范围、宗旨、愿景和改进机会。其目的是向受影响的人员最大限度地提供信息，确保他们既了解变革工作，又支持变革工作。

与共享服务中心环境相适应的组织结构和激励系统，必须反映现行组织及文化和期望，必须反映所影响的所有参与者日常生活的约束和要求。合理设计要从要实现什么，已经存在什么以及如何最好地利用稀缺资源获得最大效益开始。

二、设计共享服务中心

共享服务中心的预期收益与标准化流程和技术息息相关。在其绩效和成本约束中，80%～90%定型于设计阶段。

设计阶段要决定共享服务中心建址、成功所需要的因素、获取人力资源、议定和设计服务水平协议等。此阶段必须实现下列主要目标。

（1）选址分析。

（2）设计标准流程。

（3）评估经营风险与控制环境。

（4）设计服务水平协议。

（5）建立共享服务中心治理结构。

（6）建立流程绩效指标。

共享服务中心的设计与实施是个迭代过程，它与支持服务作业和成本的总体发展战略密切相关。在共享服务领域所能实现的总节约中，50%来源于合并，25%来源于标准化，25%来源于重组。这表明，要实现共享服务中心举措的全部效益，从项目最初确定范围，到最后战略的制定与实施，各个阶段都必须实现持续改进。

（一）选址分析

共享服务中心经理应决定是接近客户重要，还是让共享服务中心团队成员彼此接近更重要。事实证明：所提供的服务越需要事必躬亲，共享服务中心的选址接近客户就越重要。在制定选址决策时，需要完成下列任务。

（1）确定选址分析标准：交通、人力资源、房地产价格、场地基础设施、税收、其他成本因素、建筑物的易得性、场所提供的财务激励。

（2）审查确定共享服务中心对空间大小和类型的要求。

（3）确定场所备选，依据定义的选址标准进行分析。

（4）为不同备选方案建立成本模型。

（5）将最初确定的场所缩小为两三个场所，深入分析，确定潜在的适宜性及成本。

（6）采用选址分析标准和成本估计评估每种选择，对每个场所的潜在建筑物进行深入分析。

（7）做出选择，并安排获得该场所。

另外，选址比较时，对已有场地的分析应与建设一个新场地一样看待，客观比较成本和潜在收益。

（二）设计标准流程

标准化核心流程是共享服务中心实现成本与绩效改进的重要因素。使流程设计成功必须做到以下几方面。

（1）新流程必须达到业务标准。

（2）新流程必须简单、快捷和无纸化。

（3）实施流程管理并倡导流程管理概念。

（4）集成个人、团队和部门的优秀绩效指标，让每个人都聚焦于经营宗旨和目标。

（5）优秀计量标准的自动化。

（6）审慎定义能力要求。

（7）职业生涯规划。

（8）支持并认可团队协作。

设计标准化流程应从期望目标开始，做到流程合理、简单、无纸化，能最大限度地利用现有人员和实物资源，实现最大的绩效改进，流程和共享服务中心能实现绩效管理，建立反映共享服务中心关键标准的新考核与晋升体系。

流程标准化是渐进过程，合并流程一般伴随着标准化，也会在后期的重组和流程改进的下游中得到巩固与提高。这是项目团队难以预见的，所以标准化无须做到无懈可击。运营时，根据客户和共享服务中心员工经验，可确定标准化能够提高可靠性和绩效的领域。与客户及员工的持续对话及对变革的承诺是企业实施标准化战略的基础。

标准流程确定了建立共享服务中心的规格、要求、技术基础设施，也确定了与其他系统连接的应用软件及其安全性、报告格式、频率以及沟通战略等，选择使用公共系统能提高流程效率，降低设计与实施总成本。

定义标准化流程需完成以下几项重要任务。

（1）确定共享的流程、职能要求，确定系统规格和关系，估计交易量。

（2）评估现有职能应用能否作为标准化解决方案的基础。

（3）必要时开展软件选择分析。

（4）设计技术基础设施与网络。

（5）定义硬件，包括局域网、广域网和网络。

（6）建立与确定核心系统。

（7）建立系统界面。

（8）定义安全要求。

（9）设计报告。

（10）开发转换程序。

（11）进行会议室模拟试验。

如前所述，此时虽未完全实现标准化，但有两项关键任务：一是确定与评估各经营单位运行最佳的流程，并纳入共享服务中心体系。这是通过流程分析、标杆管理、绘制流程图、为标准化流程建立工作流设计与路径而完成的。二是以内部最佳实践去提高实施速度及组织的认可度。最好是将内部最佳实践编纂为一个综合的“忠诚尽职的”共享服务中心体系，它能涵盖每个现有服务领域的许多特征。这种混合模型能够赢得受影响人员和经营单位的认可与支持，它增强了人们对共享服务中心体系的职能和责任的理解。总之，必须提高标准化战略的程度和效果，以此能部分化解和控制共享服务中心项目的经营风险。

（三）评估经营风险与控制环境

共享服务中心项目的经营风险可定义为任何可能影响项目目标实现的因素，而项目风险管理贯穿于共享服务中心设计与实施的整个过程。风险管理流程的四项关键作业是风险识别、风险量化、风险响应（化解战略）和风险监控。

风险识别是指鉴别设计及实施中的每个潜在风险或不确定因素，并记录每个风险的特征。风险识别工作贯穿于建立共享服务中心的始终，它要求持续重复地分析、评估和审查内外部环境，确保变革的意义不会被忽略。

风险量化是指评估所识别的风险，确定其对共享服务中心举措的影响范围。确定哪些风险需要进一步调查，明确潜在风险来临时应做出的反应。例如，一个潜在竞争者——外包公司将瞄准内部经营单位的需求。这将对共享服务中心产生重大损失，为保留经营单位可能增加成本，此时则应对共享服务中心的成本、效率和绩效变动影响予以评估。行为反应可能是降低成本、增加服务，或增加提供价值，推行提高经营单位忠诚度的附加条款，等等。

风险响应有规避、化解和接受三种方式。规避战略是通过消除问题的成因消除风险；化解战略是通过降低风险发生的可能性，或在风险发生时减少它对实施的影响实现的；接受即指完全承担风险。例如，某科技公司应对共享服务中心实施风险的化解战略：一是广泛协调并严格执行项目管理。二是完整、周密规划和及时的沟通，避免劳动生产率损失的风险。三是依靠最高管者的支持。四是选择以下方式通知受影响的经营单位管理者：①必须一次性通知管理者，以避免二手沟通和感知偏爱；②期望受影响的管理者沟通各自报告的信息，材料必须附有如何沟通信息的具体说明；③管理层沟通的信息必须具体（如时间安排、薪酬、期望、未来沟通）等。五是明确表述两领域的备份转型计划：①与客户直接联系的流程；②敏感领域，如工资单和应付账款。六是共享服务转型的顺利与否将显著影响共享服务中心的持续信誉。七是将关键管理者留在“特殊项目”职责上，以避免缺乏执行关键工作的合格人员。

接受风险后果就是没有对流程或共享服务中心举措实施积极变化。接受可能是积极性的，也可能是消极性的。积极的响应是指制订危机计划，而消极的响应则是接受成本的提高或潜在收益的降低。项目团队承认风险存在，但是选择了接受，说明这是不可避免的或是不重要的事件。

作为风险响应工作的成果——风险管理规划包括以下几方面。

（1）对每种风险的响应。

（2）触发响应的事件。

（3）负责响应的实施人员。

风险监控、执行风险管理规划、应对可能变为现实的任何风险，这涉及危机计划的实施、围绕问题的设计变革或项目变革。

风险评估常采用评分机制决定哪些风险最值得项目团队注意。有各种各样的评级，最简单的评级莫过于高、中、低三个等级，这也可能有效。高风险是指阻止或延迟共享服务中心提供潜在收益、从根本上增加其成本或显著降低其收益；中等风险是指导致一定延迟、成本降低或绩效缺陷但又不会威胁项目的持续生存能力的事件；低风险则是指可能在一定程度上影响项目，从而导致些微延迟或成本增加的事件。

团队注意力应该放在高风险事项上，制订危机计划，避免诱发问题是共享服务中心项目团队的首要任务。接受低风险，化解中风险，以确保共享服务中心能够实现既定目标，包括在服务水平协议中详细列出的目标。

（四）设计服务水平协议

服务水平协议是共享服务提供者与其客户之间达成的正式合同或协议。采用服务水平协议，能够促进共享服务的提供者与使用者之间明确理解和定义所要提供的服务及所计收的费用。有效的服务水平协议不仅是计费协议，而且包括供应者与使用者关系的其他关键领域，如预计数量、计费标准、质量、服务期望及指南，以及争议解决方法。客户定义的绩效指标也常常纳入服务水平协议，如所提供服务的及时性和准确性。

服务水平协议设计最好是共享服务提供者与每个潜在客户（经营单位）面对面协商。协商会议通常会加快共识的建立，并且在任何问题发生之前指出潜在的争议领域。

设计服务水平协议时应考虑各个客户的兴趣。因为不同经营单位往往有不同的需求，共享服务中心管理者可让各经营单位协商，并做出必要的权衡，最大限度地让每个人都对标准化流程和服务水平满意。多个使用者之间的会议往往用来解决潜在冲突，达成所有受影响客户群都能接受的折中解决方案。

成功的共享服务中心是以市场为驱动的。这就转化为对共享服务中心的持续压力，迫使其在竞争者设定的价格和质量限制内提供服务。服务水平协议通常包括如下内容。

（1）服务描述：提供的最终产品、供应者具备的能力、提供的服务水平。

（2）服务标准：期限、响应时间、具体绩效指标。

（3）定价：服务计费（年度预算数额和计费方法）。

（4）运行原则：处理需求过剩、分配预算差异等。

（5）改进举措：为选定的成本和服务标准指标建立具体改进目标。

服务定价可以是固定的、变动的、基于使用量的、基于价值的。定价机制的最终选择是对现有市场实践、管理要求和客户使用便利性的综合反应。计费的基础可以是对客户特定服务的收费、经营单位所发生的实际成本，或者基于共享服务中心的人员数量、场地面积或成本动因的某种逻辑替代变量分配。

（五）建立共享服务中心治理结构

共享服务中心设计不仅涵盖技术与标准化流程等，还包括自身的治理结构。建立治理结构的内容有制定共享服务中心政策、解决计费和服务水平争议、增添或消除作业中的服务、建立绩效目标、建立奖励体系等。可由经营单位代表和公司高管组成指导委员会（共享服务委员会），或由各个受影响公司的职能高管（首席财务官、负责法律服务的副总裁或负责人力资源的副总裁）组成共享服务委员会。共享服务委员会不监管共享服务中心的日常活动，而只会提供如供讨论的服务水平协议的契约形式和内容、共享服务中心运行的政策和程序、标准化、跨经营单位或共享服务中心集成解决方案的可能性，还有建立愿景的论坛等。它不干涉争议，而是让共享服务中心和经营单位在提供服务时自由裁量解决。如果无法达成意见一致，问题就要上报，直到问题得以解决。

共享服务中心也可建立分部指导委员会，它当然是由分部共享部门的管理者组成的。这些委员会聚焦于各分部的预算和资源分配决策。

高管参与的高级指导委员会主要功能是便于高管了解发展情况、为什么需要更多人员、为什么存在问题等。其目的是信息共享，而不是控制。

（六）建立流程绩效指标

建立有效的流程计量指标，涵盖客户需求并反映公司的战略和目标，是共享服务中心举措设计阶段的最后一步。

计量指标是将行为和绩效改进相连接的环扣。它能清晰描绘成功与进展的评估标准，是保障共享服务中心有效设计或运行的控制器。计量指标即绩效指标，它既可作为设计服务水平协议及客户定价的基础，又可用来定义和计量共享服务中心与员工的成功。

计量指标无须面面俱到，只需计量关键绩效指标。有效的绩效管理体系有以下三个关键要素：绩效管理流程、基础设施和文化。绩效管理流程必须是集成的、持续的，它反映了公司战略、资源、流程与行动之间的系统联系。故选择的计量指标不应该造成彼此矛盾的绩效信息，而必须无缝整合与评估从个人到企业层面的结果。

共享服务中心的绩效管理流程可以按下列步骤设计。

（1）有效表述共享服务中心战略、简要说明共享服务中心的目标，说明这些目标与公司总体战略的联系。

（2）将共享服务中心战略与企业和支持服务的关键价值动因联系起来，以确保建立的指标及目标与股东价值创造、内外客户价值创造是一致的。

（3）建立能够反映价值创造及战略绩效的指标和目标。以此建立的关键绩效指标应该作为采用共同语言沟通经营结果的基本手段。每个关键绩效指标都应该制订短期目标与长期目标，以鼓励持续或突破性改进。

（4）制订能够促使组织实现关键绩效指标的绩效计划。这些计划将有助于安排共享服务中心现有及未来举措的优先顺序，优化资源及协调业务流程。

（5）持续监控与考核绩效结果。持续监控会使绩效管理系统制度化，成为讨论经营结果及聚焦于重要战略或经营问题的共同语言。

（6）鼓励实现绩效结果所需要的预期行为。将个人行为和动机与共享服务中心及企业的行为和动机协调一致，建立以绩效为中心的文化氛围。

绩效管理文化对绩效管理流程起着支持作用。共享服务中心会改变组织现有的职责、权力和责任体系关系。必须让绩效指标及其集成与组织的目标和环境协调一致，并指明责、权、利的各自配置。绩效管理文化将会推动组织实施人力资源战略，确保个人在共享服务中心得到公正、有效的考核与激励。

绩效管理基础设施包括用于规划、执行、监控及考核共享服务中心绩效的考核者、考核程序和技术。其中：所要编制的报告详细列表、提供数据或接收结果的人员、基本硬件和软件选择，都会影响绩效考核流程的性质与反应能力。信息的价值体现在及时、客观、准确和相关四个方面。任何形式的信息，无论是描述市场趋势的信息还是追踪共享服务中心绩效的信息，绩效考核系统的基础设施会对信息使用者在其可用性、价值和信息量方面产生重要影响。

共享服务中心存在的一些绩效考核指标，如客户满意度、提供的价值与所收取的费用、财务数据和经营结果、服务价值与收取的费用之比、准时交付率、作业成本核算的平均成本等。将绩效考核基于作业，并与关键指标挂钩。

平衡记分卡明确了质量、成本、反应能力、交付和创新之间的权衡，而建立个人绩效指标是共享服务中心的绩效考核设计中的重要部分。它包括岗位职责和报告的关系，以此评估现有能力、确定培训与招聘需求，以及制定包含解聘与保留方案的发展战略，避免有才干的员工流失。共享服务中心的绩效考核设计必须以绩效考核战略建立能力模型，以减少员工的模糊性和不适感，化解或规避知识从组织中流失的重大经营风险。

为了确保共享服务模式的发展演变对组织有利，必须降低对核心人力资源的消极影响，可以采取的措施如下。

（1）采用流程团队式的组织结构，缩减等级和层级控制，明确界定客户服务责任，明确每个核心作业的人员配置需求。

（2）绩效报告与岗位职责关联，评估每个员工执行多种任务或工作以创造团队协作绩效、消除工作量高峰的能力，协调所有工作与人力资源，定义职务。

（3）确定团队与个人绩效指标。

（4）评估员工能力。

（5）确定招聘与培训需求，包括设计客观的招聘标准。

（6）确定调任到共享服务中心的主要员工。

（7）建立并协调组织解聘与保留方案。

（8）与受影响的员工开展初步讨论。

（9）再设计政策与程序，考虑标准化流程、系统和新组织结构。

（10）确保个人和团队指标与共享服务中心绩效考核指标目标一致。

绩效考核指标的效果体现在：能定义、监控和调整个人、团队及管理者的工作，并促使其在各自所定义的成本约束内最大限度地向客户提供高质量服务，这也决定了共享服务中心的效果。如果建立了平衡有效的绩效考核指标，共享服务中心就更有可能实现既定目标，为组织提供绩效和利润改进。

三、建立共享服务中心组织

建立共享服务中心是为了变革管理和流程改进，当共享流程及支持流程的方法到位后，项目团队及指导委员会需决定是渐进式推行还是一步到位地进行共享服务。核心内容就是建立以客户为中心的组织并配备有能力的员工。共享服务组织的核心目标即是制订变革管理计划，倡导成本意识和以客户为中心的思想。

（一）制订变革管理计划

共享服务中心是在变革管理流程的框架内建立的，它的建立过程始终聚焦于能降低经营风险及客户服务的中断，减少对员工的总体影响。组织必须预先处理相关问题，消除模糊、误解和沟通不畅。让员工或客户从传统支持服务向共享服务转变，需做好充分的思想和行动准备，使组织上下士气高昂，聚集有益气氛。

变革管理计划包括项目启动、招聘与培训、变革管理战略等内容。

1. 项目启动

项目启动计划、人员配置决策、变革管理流程的效果好坏是共享服务项目最初成功的标志，也显示了实现共享服务目标的能力。项目启动时，项目团队需决定是渐进式变革——试验性启动，还是一步到位变革——全面启动。决策因素有项目资金的易得性、组织是否需要立竿见影、项目带给组织的风险等。如果赞成全面启动，理由会是：变革会在短期内产生有力的结果和显著的成本节约；如果反对全面启动，理由会是：比渐进式方法成本更高、太招摇且风险大，较之只将几个主要职能转型为新模式，将所有职能都转型为共享服务中心模式，远不止要求更多的资源那么简单。

采用模拟试验，对项目推行的深度和强度决策十分有用。模拟试验项目是在一个中心场所建立最低限度的新硬件和软件，并与几个远程场所连接，用以测试整体设计及其功能。中心场所模拟试验可确定共享服务中心项目的全面实施的特殊要求，以及评估项目的总体风险。而且还可弄清项目实施中的详细要求、协调组织工作流，产生更好的共享服务设计。技术支持和系统也在模拟试验环境中投入使用，能分别测试所选择的经营情境，确定一旦全面实施流程将运行得怎样。

当项目实施从模拟转入正式时，就应该实施变革管理和流程改进。新的流程处理方法将付诸实施，所有未经测试的经营情境将受到质询。当共享服务中心向在线处理发展时，数据转换和测试就开始了。在共享服务中心分步推行的过程中，必须执行的几项作业包括转换系统、人员配置、将各项职能汇聚为共享服务中心、最终确定服务水平协议（包括定价选择）、实施绩效指标、流程再设计、召开培训会议、制订持续改进计划等。

2. 招聘与培训

如果不在乎以后的裁员及人员结构变动，人员配置的适当水平就完全由内部需求或外部标杆数据决定。作业成本分析可让人们了解在给定的可比外包服务价格下所允许的成本水平。

一项“人员联盟研究”根据公司规模及工作类型确定了执行各种职能所需人员的大致数量，可作为初始建议提交给设计团队。当然在建立目标时需要比较最佳实践。

共享服务中心最佳实践组织所采用的核心职位人员配置流程总结在图 14-7 中。通常，新组织结构中需保留重要员工，若它与找到最优人员配置冲突，为使共享服务中心成功运作，会有麻烦的解聘问题等。当终于让共享服务中心配置了人员，又需培训一线人员，使其了解服务成本和效率，建立客户需求关系，教授其运行和使用新的技术系统。

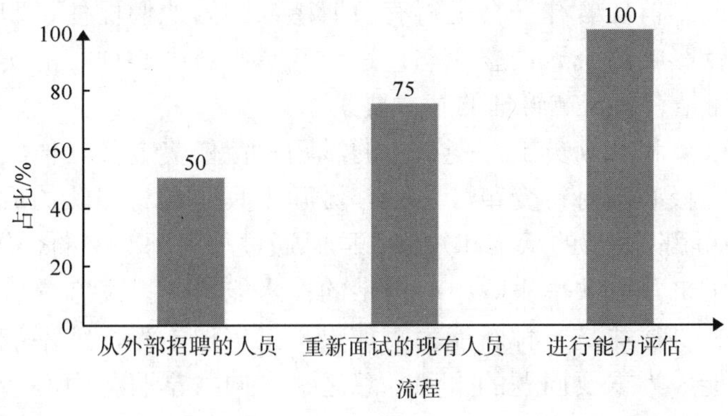

图 14-7　最佳实践组织的共享服务中心人员配置流程

定义共享服务中心员工的关键技能、评估其现有能力水平，以及制订培训和教育计划帮助个人克服特有缺点，这都是共享服务中心人员招聘与培训工作的内容。还有观念更新，从完成机械工作的员工思想转变为以客户为中心的组织，以体现共享服务中心的本质。有些员工无法完成转变，在选择人员及实施变革流程时，必须考验员工的适应性和对客户的反应能力，这会在人员的选择上发挥作用。

3. 变革管理战略

变革管理需要沟通，使人们了解目前的发展状况及其对自身的影响。高管在聚焦于项目目标时，也需要与核心项目管理团队积极、频繁地沟通。

向新组织结构转型时，必须观察经营单位和员工是否抵制。促进经营单位转型，就要注意经营单位管理者权力丧失问题，注意他们对服务质量、支持反应能力降低的潜在风险担忧，这些风险可能在公司以前集中权力时曾经历过。

克服经营单位抵制的关键是：明确共享服务中心对经营单位的价值，并让经营单位管理者参与变革流程，定义共享服务中心设计及其在组织中的实施。经营单位部分职能在转型为共享服务后它们放弃了控制，但可以肯定的是：在以客户为中心的环境中，它们仍然保留着对服务标准的绝对影响。尽管控制与影响之间存在显著差别。

促进员工转型的步骤较多：一是必须设计并执行一个合理的沟通计划；二是必须制订调离和“留任”员工的支持计划；三是转型中必须充分激励员工；四是采用团队形式增加员工对变革的参与，如设计团队和实施团队参与；五是组织教育与培训，帮助员工实现向新组织结构和新工作要求转型。

过多裁员会对员工士气产生负面影响。因此，应成立员工服务团队，并对其进行特定培训，让其有能力辨别员工什么时候需要外部帮助、辨别员工对变革的抵制，以及其他相关话题。

沟通计划是为了赢得人们对共享服务中心概念意识的理解、赢得管理层对变革的承诺。在共享服务中心项目实施的关键点需要公开沟通，以减少人们对新系统的忧虑，增强对新系统的适应。

支持计划能帮助个人了解变革的动态及其对各自职位的影响，还能确定哪些员工在转型中需要帮助。留任者往往会觉得有负罪感，因为他们保住了职位，而同事却丢掉了饭碗。帮助受影响的个人调整心态，适应共享服务中心项目的实施。这不是为了“感觉良好”，而是有效变革管理的基本要素。

转型中，应鼓舞和激励员工，变革中的激励、留任奖金及其他相关奖励都非常重要，能让员工以积极心态对待变革。另外，激励工具对参与团队的成员可以发挥更好的作用，它可增加团队成员的承诺和知识，同时通过与主题专家的合作改进实施。

教育和培训用来升级共享服务中心员工的技术能力，提高客户服务和咨询能力。咨询能力对员工来讲往往是一种新能力，如果员工培训不当，就不能在新环境中有效发挥作用，就可能成为重要问题的来源。总之，在向共享服务中心转型中产生的压力和问题都可以通过认真规划、持续沟通、教育和员工参与等进行有效管理。

（二）倡导成本意识和以客户为中心的思想

变革的主要困难来自员工的态度及共享服务中心的总体文化，这个文化需要转变，既要强调成本意识又要以客户为中心，且要在共享服务中心项目的实施前、中、后不断关注和强化。共享服务中心是一个独立的企业（利润中心），其成功取决于对客户需求的满足程度。如果要保持各经营单位对共享服务中心的支持，就必须让经营单位觉得“物有所值”。如果经营单位（客户）对共享服务中心的服务不满意，可能会转向其他解决方案（如外包始终是经营单位的一种选择）。这就是共享服务中心的一种风险，必须以优质服务予以积极防范。

强化以客户为中心，可以采用的措施有为客户提供反馈路径、接受客户的反馈、薪酬与客户服务绩效挂钩、为客户指定人员等。

与经营单位（客户）沟通是共享服务中心有效管理的持续组成部分，需向他们提供服务使用和成本的清单及总结，以让他们优化需求和控制成本。指定专门人员为经营单位提供内部咨询，帮助其改进绩效，这也是“服务包”中的一部分。

以客户需求为驱动的共享服务中心，绩效考核就必须有客户服务绩效指标，它包括定义目标和宗旨方面的内容，也包括既定目标实现方面内容。客户服务绩效指标可通过客户反馈获得，如通过客户满意度调查、客户用量监控、焦点小组、客户对定价的反应分析获得，也可通过达成服务水平协议的磋商获得。利用客户反馈的根本目的就是改进服务方式，提高服务绩效。

比较一些“最佳实践”组织，发现巧用激励薪酬可改善服务，如让共享服务中心的每个员工薪酬的一部分（通常为10%～50%）作为“风险薪酬”，“风险薪酬”与服务绩效挂钩，服务绩效与“服务水平协议”中的指标和要求挂钩，其中高管的“风险薪酬”的比例更高。互相影响的“风险薪酬”机制对创造以客户为中心的文化有促进作用。

为经营单位或客户直接指定人员来消除客户与单个员工之间的鸿沟，也是建立客户中心文化的一种方式。通过共享服务的提供者和客户之间直接、统一的联系和影响，就能增进沟通和理解。可通过派遣员工进入客户经营场所强化联系，也可通过电子链接替代现场联系。增进共享服务的供需双方互相理解，以此优化资源配置并改进工作。

四、优化共享服务

最后实施阶段的主要目标是：以持续的技术改进和流程变革实现流程最优化，推动创造效率和提升服务质量，获取相关收益。为此，共享服务组织可以采取下列步骤。

（1）制订持续改进计划。

（2）评估组织的职责和作用并做必要调整。

（3）为了支持流程再设计而适当升级系统。

持续改进计划本是最初的共享服务中心章程的一部分，也是考核的持续标准。改进数据来自标杆研究，即与最佳实践组织比较说明现有绩效，确定关键绩效差距。改进计划内容有追踪改进的计量指标、总体改进目标、与各个阶段目标挂钩的收益或激励、为实现改进而进行的重组、相关作业资源的易得性等。

应持续监控共享服务中心组织的绩效，以确保它正在实现目标，增加客户价值创造。这种监控既有直接计量的差距，也有来自客户的反馈。监控与反馈促进了共享服务中心的成熟，形成一条趋向理想的学习收益曲线。

信息技术的不断进步使共享服务中心的流程不断革新，必须适时升级系统。内部服务提供者要真正与外部服务渠道竞争，就必须能够始终处于关键技术的前沿，提高其为客户服务的质量和价值。“市场”总会约束那些不必要的支出，共享服务中心一定要为技术支出提供有效的筛选机制。只有当某项技术应用能让整个企业受益，具有成本意识、客户中心意识的共享服务中心才可能接受改进升级。

五、实施陷阱

如果缺乏高管的有力支持，共享服务中心是行政运作而非像独立企业一样运行，共享服务中心从一开始就会遇到麻烦。

如果基准成本定义不充分、实现的效益跟踪不及时、资源配置不合理，也未调动和激励内部经验丰富人员使用自己所表现的最佳实践，不能从旧组织结构、流程及收益之类的范例中走出来，共享流程设计就会存在危机性缺陷。

如果不能创造和培养项目实施中的责任感及相应的团队环境，项目的组成必然松垮。

如果不能聚焦于生产周期、单位成本、次品率和服务机会的持续改进，就不能实现共享服务中心提供客户服务的全部收益。

如果不能建立或定义绩效指标和服务水平协议，就不能实现共享服务中心式组织结构的全部价值。

如果不注重共享服务中心式组织结构的发展，就不能建立和保持转型紧迫感。

为了避免这些“如果”，共享服务中心管理者必须尽可能地利用全部成功动因。其中包括变革的文化支持、高管的大力支持以及信息技术支持等。而调动这些因素需要“有效沟通”。

最大限度地利用成功动因，尽可能避免致命陷阱的关键成功因素如表 14-3 所示。

表 14-3　共享服务中心关键成功因素

战略	策略	人
与流程合并后的企业战略目标统一	快速动员	与员工和客户全面沟通
始终如一的坚强领导力	聚集于细节	严格的团队组织结构
有预见的规划	共同的分析与决策框架	合并整合协调项目团队（协同作用研究）
一套明确的指导原则	明确的优先顺序（例如，标准化和合并与重组）	考虑变革的机制
建立绩效标杆	以客户为中心	综合培训举措
	符合实际的期望	知识传递机制

总结起来就是：合理规划、有效领导与沟通、持续关注客户需求、可行的绩效管

理流程，共同创造了共享服务中心蓬勃发展的文化和背景，而任何行业、任何组织，都能够创造这种环境。

共享服务中心举措可发生在财务、人力资源、经营设施、法律服务领域或其他支持领域，其目的是更好地利用资源创造价值、降低成本和提高支持工作的质量。其释放的资源不仅是增加了利润。在许多组织中，基于共享服务中心的节约都重新投资，增加组织产品和服务的增值内容，从而造就竞争收益、市场收入的增长。但共享服务中心不是万能的，也不是一时的狂热，它们是在竞争环境中满足控制不重要成本的长期降低的实际解决方案。

思考与练习

思考题

1. 共享服务中心的建立与企业发展战略存在何种关系？
2. 管理会计在共享服务中心中发挥怎样的作用？财会人员应该如何转型？
3. 共享服务中心应该成为企业的什么样的责任中心？为什么？
4. 请描述一下创建共享服务中心应重点考虑的问题。
5. 共享服务中心建立后变革管理计划的关键点是什么？
6. 纳入共享的业务流程应具备怎样的特点？

1. 陈剑，梅震. 构建财务共享服务中心[M]. 北京：清华大学出版社，2017.
2. 马建军. 财务共享实训教程[M]. 北京：电子工业出版社，2017.
3. 陈虎，孙艳丛. 财务共享服务[M]. 北京：中国财政经济出版社，2014.
4. 刘玉. 财务人员转型问题解析及应对策略[J]. 会计之友，2014（33）：56-57.
5. 胡格格，杨汉明，周莉. 海尔集团的财务共享之路[J]. 财务与会计（理财版），2013（9）：12-14.

思考与练习参考答案

第一章　总论

一、思考题（略）

二、单项选择题

1. B　2. D　3. B　4. C　5. D　6. D　7. B　8. A

第二章　成本性态与变动成本法

一、思考题（略）

二、单项选择题

1. D　2. C　3. D　4. D　5. B　6. D　7. D　8. A　9. B　10. D

三、计算分析题

1. 高低点法：$y=14\,500+2260x$

回归分析法：$y=13\,813.59+2366.72x$

2. 变动成本法：第 1 年的利润为 30 000 元，第 2 年的利润为 65 000 元。

完全成本法：第 1 年的利润为 60 000 元，第 2 年的利润为 45 000 元。

3.（1）变动成本法：第 1 年单位产品成本为 12 元，第 2 年单位产品成本为 12 元。

完全成本法：第 1 年单位产品成本为 21 元，第 2 年单位产品成本为 28.2 元。

（2）变动成本法：第 1 年营业利润为 260 500 元，第 2 年营业利润为 173 500 元。

完全成本法：第 1 年营业利润为 269 500 元，第 2 年营业利润为 164 500 元。

（3）略。

第三章　本量利分析

一、思考题（略）

二、单项选择题

1. B　2. B　3. A　4. B　5. B　6. D　7. D　8. D　9. A　10. A

三、计算分析题

1.（1）20 000；（2）60 000；（3）480 000。

2.（1）100；（2）125；（3）90；（4）22。

3.（1）综合保本额为 80 000 元，甲产品保本量为 24 件，乙产品保本量为 12 件，丙产品保本量为 26 件。

（2）29 700；60%；24.75%；14.85%；1.67。

（3）略。

4.（1）30 000；（2）40 000。

5. 1.67。

第四章　预测分析

一、思考题（略）

二、单项选择题

1. B　2. D　3. C　4. D　5. D　6. C　7. C

三、计算分析题

1. 108 800。

2.（1）算术平均法：44 000；移动加权平均法：44 500。（2）44 200。

3. 高低点法：总成本为 51 625 元，单位成本为 448.91 元/台；

回归分析法：总成本为 47 240 元，单位成本为 410.78 元/台。

4. 1.5。

5.（1）5；（2）32 000；（3）140。

第五章　短期经营决策

一、思考题（略）

二、单项选择题

1. B　2. D　3. A　4. D　5. B　6. A　7. C　8. C　9. D

三、计算分析题

1. 开发新产品 A。

2.（1）开发丙产品；（2）丙产品生产 500 件，乙产品生产 150 件，不生产甲产品。

3. 自制。

第六章　长期投资决策

一、思考题（略）

二、单项选择题

1. B　2. B　3. B　4. A　5. C　6. A　7. D

三、计算分析题

1. 100；－1000；200；5（不包含建设期）；117.194；12.18%；该项目在财务上基本上具有可行性。

2. 旧设备可比较的年使用成本为 7155.57 元，新设备的年使用成本为 15 192.61 元，旧设备可比较的现时价值为 55 469.38 元，不应该更新旧设备。

3. 选择 A 项目。

4. 乙项目的净现值高。当利率下降不低于 10%时，应选择甲项目；当利率下降低于 10%时，应选择乙项目。

第七章　全面预算

一、思考题（略）

二、单项选择题

1. D　2. B　3. C　4. C　5. D　6. D　7. B　8. A　9. B　10. D

三、计算分析题

（1）全年预计销售额为 252 000 元，预计现金收入总额为 264 200 元。

（2）全年预计生产量为 640 件。

（3）全年预计直接材料采购额为 96 450 元，预计直接材料现金支出总额为 92 440 元。

（4）全年预计直接人工为 46 080 元。

（5）全年预计现金支付的制造费用 47 680 元。

（6）全年预计销售及管理费用 42 072 元。

（7）预计期末产成品存货 7416 元。

（8）预计期末现金余额 26 103 元。

（9）预计税后净利润 2433 元。

（10）预计资产总额 129 419 元。

第八章　责任会计

一、思考题（略）

二、单项选择题

1. A　2. D　3. D　4. C　5. D　6. B　7. B　8. D　9. A　10. B　11. D　12. D

三、计算分析题

1.（1）30%；8。（2）28.33%；10。（3）若以投资报酬率考核甲分厂的经营业绩，甲分厂不乐意接受新的投资；若以剩余收益考核甲分厂的经营业绩，甲分厂乐意接受新的投资。

2.（1）乙投资中心较优。（2）乙投资中心较优。（3）剩余收益；第二问略。

3.（1）①600 000，600 000；②840 000，840 000；③1 380 000，1 380 000；④2 070 000，2 070 000；⑤3 450 000；3 450 000。

（2）第三个标准；第五个标准。

第九章　存货控制

一、思考题（略）

二、单项选择题

1. A　2. B　3. D　4. B　5. A　6. B　7. D　8. D　9. B　10. C

三、计算分析题

1.（1）400；（2）1600；（3）20。

2.（1）400；（2）经济订货批量为每次 2000 千克时，年总成本最低。

3.（1）600；60。（2）12 000。（3）100。（4）1100。

4. 1200。

第十章　标准成本系统

一、思考题（略）

二、单项选择题

1. B　2. D　3. D　4. D　5. B　6. C　7. B　8. C　9. B

三、计算分析题

1.（1）2600，－900；（2）200，－110；

（3）固定性制造费用的耗费差异为－125 元，能力差异为 400 元，效率差异为 400 元。

2. 人工成本总差异为 4900 元，工资率差异为 2500 元，效率差异为 2400 元。

3.（1）变动性制造费用的标准分配率为 1.55；固定性制造费用的标准分配率为 3.75。

（2）变动性制造费用总差异为－720 元，其中：耗费差异为 4860 元，效率差异为－5580 元。

（3）固定性制造费用耗费差异为－1500 元，能力差异为 13 500 元，效率差异为－2250 元。

第十一章　企业综合绩效评价与管理

一、思考题（略）

二、单项选择题

1. C　2. A　3. D　4. A　5. A　6. C　7. B　8. D　9. C　10. C

第十二章　作业成本法

一、思考题（略）

二、单项选择题

1. C　2. A　3. D　4. D　5. B　6. A　7. D　8. A

三、计算分析题

1. 作业成本法：A 产品单位成本为 326 元，B 产品单位成本为 378 元。
传统成本法：A 产品单位成本为 300 元，B 产品单位成本为 430 元。

2. 食品：391 000 元；服装：196 400 元；家电：198 020 元。

第十三章　资本成本资本化会计

思考题（略）

第十四章　共享服务中心

思考题（略）

参考文献

《管理会计应用与发展的典型案例研究》课题组，林斌，刘运国，等. 2001. 作业成本法在我国铁路运输企业应用的案例研究[J]. 会计研究（2）：31-39.

奥斯特瓦德 A，皮尼厄 Y，Osterwalder A，et al. 2011. 商业模式新生代[M]. 王帅，毛心宇，严威，译. 北京：机械工业出版社.

曹中. 2012. 管理会计学 [M]. 2 版. 上海：立信会计出版社.

查普曼 C S，霍普伍 A G. 2009. 管理会计研究[M]. 王立彦，吕长江，汤谷良，译. 北京：中国人民大学出版社.

池国华. 2017. 经营分析[M]. 北京：经济科学出版社.

崔之元. 1996. 美国二十九个州公司法变革的理论背景[J]. 经济研究（4）：35-40，60.

符蓉. 2002. 存货管理的优化——从沃尔玛公司的供应链管理谈起[J]. 财务与会计（9）：19-20.

傅元略，余绪缨. 2007. 企业创新与管理会计创新的相关问题研究[M]. 北京：中国财政经济出版社.

傅元略. 2011. 管理会计[M]. 北京：经济科学出版社.

龚巧丽. 2004. 全面预算管理案例与实务指引[M]. 北京：机械工业出版社.

郭晓梅. 2005. 高级管理会计理论与实务[M]. 北京：中国财政经济出版社.

何苗. 2013. 再议全部成本法与变动成本法结合[J]. 财会通讯（7）：66-67.

贺永振. 1986. 浅谈成本无差别点决策分析[J]. 会计之友（5）：39-41.

亨格瑞 C T，等. 2009. 会计学[M]. 北京：清华大学出版社.

胡玉明. 2002. 高级成本管理会计[M]. 厦门：厦门大学出版社.

胡玉明. 2002. 高级管理会计[M]. 厦门：厦门大学出版社.

卡普兰 R，诺顿 D. 2004.平衡计分卡[M]. 刘俊勇，孙薇，译. 广州：广东经济出版社.

廖敏霞. 2013. 我国企业实施全面预算管理的实践与探讨[J]. 企业经济，32（5）：42-45.

林泓. 2010. 完全成本法与变动成本法下利润计算差异的模型分析[J]. 财会月刊（21）：57-59.

刘小玄. 1996. 现代企业的激励机制：剩余支配权[J]. 经济研究（5）：3-11.

刘运国. 2015. 管理会计学[M]. 北京：中国人民大学出版社.

美国管理会计师协会. 2012. 管理会计公告：第 1 辑[M]. 北京：人民邮电出版社.

美国管理会计师协会. 2013. 管理会计公告：第 2 辑[M]. 北京：人民邮电出版社.

美国管理会计师协会. 2013. 管理会计公告：第 3 辑[M]. 北京：人民邮电出版社.

美国管理会计师协会. 2013. 管理会计公告：第 4 辑[M]. 北京：人民邮电出版社.

美国管理会计师协会. 2015. 财务报告、规划、绩效与控制[M]. 北京：经济科学出版社.

美国管理会计师协会. 2015. 财务决策[M]. 北京：经济科学出版社.

潘爱香，景东丽. 2002. 如何解读全面预算管理[J]. 财务与会计（8）：30-32.

任生明. 2009. 存货管理的问题及对策[J]. 会计之友（30）：64-65.

孙茂竹，文光伟，杨万贵. 2012. 管理会计学[M]. 6 版. 北京：中国人民大学出版社.

汤贡亮. 2017. 税务管理与企业价值再造[M]. 北京：经济科学出版社.
田高良，张原. 2017. 管理会计[M]. 北京：高等教育出版社.
王建文，龙会莉. 2019. 固定资产更新的递推式二维决策选择[J]. 财会月刊（19）：36-42.
王建文，王强. 2018. 股息再投资的股价复权设置及收益率影响实证[J]. 华东经济管理（11）：166-172.
王丽莉. 2011. 企业存货管理中存在的问题及对策[J]. 会计之友（35）：72-73.
王永才，范婷，陈轶斌. 2017. 基于大数据的电网生产、经营预测分析应用[J]. 微型电脑应用，33（12）：61-63.
温坤. 2004. 管理会计学[M]. 3 版. 北京：中国人民大学出版社.
希尔顿 R W. 2009. 管理会计学：在动态商业环境中创造价值[M]. 杜美杰，陈宋生，译. 北京：机械工业出版社.
肖文峰. 2012. Excel 在长期投资决策中的应用[J]. 会计师（16）：21-22.
徐祥龙. 2014. 现代企业制度下责任会计运用浅探[J]. 财会通讯（10）：24-25.
徐中平. 1999. 浅谈确定型条件下短期经营决策分析方法[J].技术经济（12）：48-50.
杨瑞涛. 2010. 从成本性态谈燃油税费改革[J]. 会计之友（中旬刊）（20）：98-99.
杨淑娥. 2014. 财务管理学[M]. 2 版. 北京：高等教育出版社.
尤高会. 2011. 企业存货管理“三大链条”分析及完善建议[J]. 财会月刊（8）：10-11.
于岩岩. 2017. 企业战略与风险管理[M]. 北京：经济科学出版社.
于增彪. 2007. 管理会计研究[M]. 北京：中国金融出版社.
于增彪. 2014. 管理会计[M]. 北京：清华大学出版社.
余恕莲，李相志，吴革. 2013. 管理会计[M]. 3 版. 北京：对外经济贸易大学出版社.
余绪缨，汪一凡. 2009. 管理会计[M]. 3 版. 沈阳：辽宁人民出版社.
袁小勇. 2017. 内部控制与审计[M]. 北京：经济科学出版社.
张长胜. 2012. 企业全面预算管理教程[M]. 北京：北京大学出版社.
中国注册会计师协会. 2018. 财务成本管理[M]. 北京：经济科学出版社.
周国海. 2017. 全面预算管理与实务[M]. 北京：经济科学出版社.
周航，徐晶. 2013. 管理会计[M]. 2 版. 北京：科学出版社.
庄维雨. 2017. 管理会计与信息技术应用[M]. 北京：经济科学出版社.

科学出版社

教师教学服务指南

为了更好服务于广大教师的教学工作，科学出版社打造了“科学 EDU”教学服务公众号，教师可通过扫描下方二维码，享受样书、课件、会议信息等服务。

样书、电子课件仅为任课教师获得，并保证只能用于教学，不得复制传播用于商业用途。否则，科学出版社保留诉诸法律的权利。

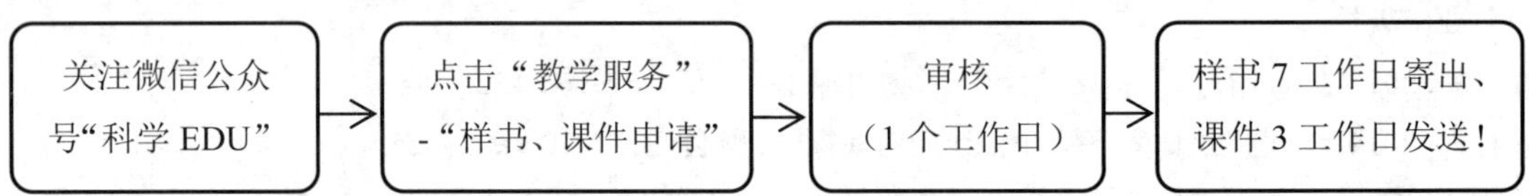

科学 EDU

关注科学 EDU，获取教学样书、课件资源

面向高校教师，提供优质教学、会议信息

分享行业动态，关注最新教育、科研资讯

学生学习服务指南

为了更好服务于广大学生的学习，科学出版社打造了“学子参考”公众号，学生可通过扫描下方二维码，了解海量经典教材、教辅信息，轻松面对考试。

学子参考

面向高校学子，提供优秀教材、教辅信息

分享热点资讯，解读专业前景、学科现状

为大家提供海量学习指导，轻松面对考试

教师咨询：010-64033787　QQ：2405112526　yuyuanchun@mail.sciencep.com

学生咨询：010-64014701　QQ：2862000482　zhangjianpeng@mail.sciencep.com